2012 雨花年鉴

南京市雨花台区地方志编纂委员会

YUHUA ALMANAC

图书在版编目(CIP)数据

雨花年鉴.2012/南京市雨花台区地方志编纂委员会办公室编.—北京:方志出版社,2012.9
ISBN 978-7-5144-0575-0

Ⅰ.①雨… Ⅱ.②南… Ⅲ.①区(城市)—南京市—2012—年鉴 Ⅳ.①Z525.31

中国版本图书馆 CIP 数据核字(2012)第 218676 号

雨花年鉴(2012)

编　　者:南京市雨花台区地方志编纂委员会办公室
责任编辑:徐　宏

出 版 者:方志出版社
(北京市东城区夕照寺 14 号院富瑞苑公寓 6 层)
邮编　100061
网址　http://www.fzph.org
发　　行:方志出版社发行部
(010)67120966-6008
经　　销:新华书店总店北京发行所
法律顾问:北京市大禹律师事务所
印　　刷:南京四彩印刷有限公司

开　　本:889×1194　　1/16
印　　张:28
字　　数:908 千
版　　次:2012 年 9 月第 1 版　2012 年 9 月第 1 次印刷
印　　数:0001~650 册

ISBN 978-7-5144-0575-0/K·468　　定价:150.00 元

雨花台区地方志编纂委员会

《雨花年鉴(2012)》编辑部

《雨花年鉴(2012)》主审

编纂说明

一、《雨花年鉴》是由南京市雨花台区人民政府主办、雨花台区地方志编纂委员会编纂出版的具有政府公报性质的地方综合资料。

二、《雨花年鉴(2012)》主要载录2011年雨花台区政治、经济、文化和社会发展情况，为各级领导决策提供依据，为各行各业、中外人士了解和研究雨花台区提供资料。

三、《雨花年鉴》按分类编辑法，设类目、分目、条目三个层次，部分分目下设副分目，以条目为基本层次。2012年卷设：特载、专文、大事记、概览、中国(南京)软件谷、雨花经济开发区、板桥新城、城市建设与管理、生态环境建设、商贸、对外及对港澳台经济贸易与合作、旅游、工业、民营经济、农业·水利、经济管理与监督、财政·税务、党政机关、民主党派·工商联·人民团体、政法、国防建设、教育、科技、文化、医疗卫生、体育、人力资源和社会保障、社会生活、街道、人物、统计资料、附录共32个类目。

四、为便于阅读，类目、分目、副分目、条目标题及相关链接、附表，按照不同字体、字号全彩印刷。

五、全书记述的地域范围以现行雨花台区行政区划为界，一些驻区企事业单位发生在外地、但与雨花台区关系密切的重要信息也予记载；为便于读者查找和了解事物的连续性，对于2011年以前的个别重大事件仍予简略追溯；“特载”类目中《政府工作报告》为跨年度记述。

六、本年鉴采用的稿件均由雨花台区党政部门、各单位专人撰写，经主管负责人审核，区四套班子领导审查。组织机构及负责人名单由区委组织部和各部门、各单位提供并审核；“大事记”由区档案馆提供，“统计资料”由区统计局提供。由于统计口径、方法、时间不同，有些单位提供的数据与统计局数据有差异，一般以统计局资料为准。

七、为方便读者检索，《雨花年鉴》卷首有目录和英文简目，卷末有索引。索引采用主题索引方法，依据主题词首字汉语拼音字母顺序排列。

八、《雨花年鉴(2012)》编辑工作得到全区各街道、各部门和驻区企事业单位，大中专院校、科研院所的大力支持和积极配合，也得到市地方志办公室领导和专家的指导帮助，在此深表感谢。对年鉴中的疏漏和不足之处，恳请读者批评指正。

5月30日，中共江苏省委书记、省人大常委会主任罗志军在雨花外国语小学与少先队员共庆“六一”

视察调研

SHICHA DIAOYAN

7月30日，新闻出版总署署长、国家版权局局长柳斌杰与中共江苏省委副书记、省长李学勇为江苏国家数字出版基地揭牌

4月10日，中共江苏省委常委、南京市委书记杨卫泽考察雨花软件园

视察调研

SHICHA DIAOYAN

6月20日，南京市人大常委会主任陈家宝视察岱山保障房建设工地

4月30日，中共南京市委副书记、市长季建业视察南京南站建设工地

视察调研

SHICHA DIAOYAN

6月14日，南京市政协主席缪合林就“关于建设更高水平软件名城”提案在雨花台区调研

5月4日，南京市副市长、雨花台区委书记李侃桢调研雨花台区人力资源和社会保障工作平台

要事集萃

YAOSHI JICUI

1月5日，区委副书记、区长张一新在区第十六届人大常委会第四次会议上作政府工作报告

1月4日，副市长、区委书记李侃桢在区政协七届四次会议上讲话

3月29日，区人大常委会主任费永远视察雄峰农贸市场

3月18日，区政协主席吴本忠等视察板桥河应急整治工程和板桥河王家山消除现场

YAOSHI JICUI

7月23日，中国共产党南京市雨花台区第十次代表大会召开

1月5日，雨花台区第十六届人民代表大会第四次会议召开

要事集萃

YAOSHI JICUI

2月9日，雨花台区经济工作现场会暨重大工商业项目开工仪式在雨花经济开发区举行

YAO SHI JICUI

6月20日，徐工集团——委内瑞拉项目首批790台设备发车仪式举行

6月27日，铁路南京南站市政配套一期工程竣工仪式在南京南站地铁项目工程现场举行

11月25日，南京中船绿洲机器有限公司与瑞典卡哥特科麦基嘉吊机公司签订合作协议

12月30日，上海梅山矿业有限公司召开建矿五十周年座谈会

12月28日，南京明发商业广场举行十大主力商家开业庆典

要事集萃

YAOSHI JICUI

3月25日，奥林匹克会旗南京传递活动雨花台区迎旗仪式

1月25日，李佩桢等市、区领导与女企业家代表共同启动女企业家社区行活动

4月27日，市、区领导与市劳动模范、“五一”劳动奖章获得者合影

5月4日，雨花台区召开纪念“五四”运动92周年暨2011年度“雨花十大杰出青年”表彰大会

5月31日，南京市10万名被征地人员享受城镇社会保险待遇发放仪式雨花台区人力资源和社会保障局举行

7月1日，雨花台区卫生系统举行庆祝中国共产党建党90周年先进事迹演讲比赛

9月8日，雨花台区第27个教师节庆祝表彰大会在雨花台中学学术报告厅举行

11月24日，卫生部疾控局副局长孔灵芝视察雨花台区慢性病综合防控工作

XINMAO
CHENGSHI

南京南站

城市新貌

CHENGSHI XINMAO

铁心新貌

南京科技馆

板桥新城

中国(南京)软件谷
CHINA (NANJING) SOFTWARE VALLEY

软件崛起

RUANJIAN JUEQI

地址：南京市雨花台区软件大道186号
电话：025-52887700
邮编：210012

驻有IBM中国软件授权培训中心、戴尔、中兴、华为、东软、文思创新等国内知名软件企业277家，软件人才6万人，软件建筑面积229多万平方米，2011年软件产值占全市1/3以上。

中国（南京）软件谷一角

中国（南京）软件谷全景模型

南京（雨花）国际软件外包产业园

中国电子科技集团公司第十四研究所

软件崛起

RUANJIAN JUEQI

国家火炬计划现代通讯软件产业基地
中国服务外包基地城市示范区
国家级科技企业孵化器
国家级数字出版基地

中国（南京）软件谷地处南京主城南部雨花台区，紧邻河西新城与南部新城，规划总面积约74.5平方公里。全年实现地区生产总值86亿元，地方一般预算收入9亿元，两项指标分别占全区的42.5%、34.4%；软件及信息服务业收入520.6亿元，较上年增长69.0%，总量占全市1/3以上，新增软件产业面积43万平方米、软件企业55家，引进软件人才1.7万人。

华为软件技术有限公司

软通动力

宏图高科产业制造基地

ZTE中兴全球云计算中心

东软集团

中国(南京)软件谷
CHINA (NANJING) SOFTWARE VALLEY

软件崛起

RUANJIAN JUEQI

地址：南京市雨花台区软件大道186号 电话：025-52887700 邮编：210012

9月5日，第七届南京软博会——中国（南京）软件谷“中以合作周”活动在南京（雨花）国际软件外包产业园举行

7月16日，江苏赛联信息产业研究院成立大会暨江苏信息产业创新成果孵化中心、江苏云计算产业服务中心揭牌仪式举行，江苏省副省长史和平现场启动水晶球

6月21日，IBM中国软件授权培训中心揭牌仪式在麦瑞克科技发展有限公司举行，江苏省委常委、南京市委书记杨卫泽为“IBM中国软件授权培训中心”揭牌

月21日，中国（南京）软件谷与英国桑德兰软件城举行合作签约仪式

11月11日，中国（南京）软件谷与北京大学工学院签署合作协议

9月15日，“中国南京软件谷•资金+人才+项目对接会”在雨花经济开发区举行

YUHUA JINGJIKAIFAQU

雨花经济开发区

地址：南京市龙飞路16号　电话：025-86728040　邮编：210039

4月10日，江苏省委常委、南京市委书记杨卫泽听取开发区领导关于开发区城市森林项目情况汇报

7月30日，新闻出版总署与省政府战略合作框架协议签字暨国家数字出版基地揭牌仪式举行

2011年，雨花经济开发区实现地区生产总值24.50亿元；完成一般预算收入1.97亿元；完成全社会固定资产投资63.70亿元，其中工业投入37.3亿元；完成软件及信息服务收入11亿元；注册外资实际到账4000万美元；新增500万元以上楼宇企业1家，新增软件面积5.1万平方米；引进软件企业9家，新增软件人才120人。

8月23日，江苏省副省长曹卫星到开发区调研

8月24日，南京市委常委、宣传部长许慧玲到开发区调研

雨花经济开发区湿地公园

霞光映双桥

板桥新城

BANQIAO XINCHENG

地址：南京市板谷路1号
电话：025-86726907
邮编：210039

4月10日，江苏省委常委、南京市委书记杨卫泽视察板桥新城

4月9日，南京雨花“春牛首”踏青节开幕式在莲花湖畔举行

7月2日，召开上半年总结大会

12月26日，副区长迟延安视察金地自在城力学分校施工现场

2011年，板桥新城完成地区生产总值4.81亿元，同比增长23.13%；完成全社会固定资产投资20.51亿元，同比增长25.9%；完成地方一般预算收入1.70亿元，同比增长44.7%；实现商品房开工24万平方米，竣工27万平方米。新增总部企业2家，引进规模以上项目5个，新增注册资本2.8亿元、商贸商务设施3.5万平方米。

莲花湖公园鸟瞰

雨花新村街道

YUHUAXINCUN JIEDAO

地址：南京市普德村153号 电话：025-52885977 邮编：210012

6月26日，召开庆祝中国共产党成立90周年大会

雨花新村街道位于雨花台风景区东麓，面积1.32平方公里，辖共青团路、邓府山、雨花台、普德村、能仁里、凤凰山、云台山、青龙山、吉山9个社区居委会。2011年，街道实现财政收入2亿元，同比增长23.94%；完成地区生产总值5.50亿元，全社会固定资产投资2.26亿元；规模以上工业总产值14亿元，新增注册资本0.94亿元，计划总投资2.33亿元，注册外资100万美元，引进规模以上项目3家，完成全年目标100%。

6月29日，举办高举团旗跟党走——庆祝中国共产党建党90周年知识竞赛

7月26日，南京市副市长、区委书记李侃桢调研普德村社区“五老委员会”创新居民自治情况

11月1日，开展“增强国防意识，打靶射击体验”活动

11月16日，南京东郧百货市场有限公司党支部成立

12月20日，召开2011年度落实党风廉政建设责任制情况汇报会

宁南街道

NINGNAN JIEDAO

地址：南京市花神大道3号　电话：025-52413571　邮编：210012

宁南街道辖丁墙、雨花、花神庙、康盛花园、翠竹园、翠岛花城6个社区（村），2011年实现地区生产总值22.20亿元，完成一般预算收入2.07亿元；完成固定资产投资15.46亿元；实际利用外资1153万美元；完成软件及信息服务销售收入3.5亿元；完成社会消费品零售总额114.5亿元；新增商务商贸设施面积48万平方米，新增注册资本4.8亿元。是年，街道获“市级和谐示范街道”荣誉称号。

7月22日，举办“军民团结一家亲 双拥共建促和谐”——康盛之夏广场文艺演出

6月28日，召开庆祝中国共产党成立90周年大会

7月8日，召开学习贯彻区委常委（扩大）会议精神 全力以赴做好下半年工作会议

9月29日，市纪委在宁南街道召开全市“阳光村居”管理系统推进工作会议

12月3日，召开2012年工作务虚会

3月7日，开展“迎青奥 展风采 促和谐”暨三八国际妇女节庆祝活动

赛虹桥街道

SAIHONGQIAO JIEDAO

地址：南京市应天大街8号　电话：025-52468927　邮编：210012

雨花台区赛虹桥街道位于南京主城西南，辖区面积6.4平方公里。辖7个社区居委会，户籍人口3.78万，常住人口6.76万。2011年，街道完成地区生产总值21.40亿元；完成财政地方一般预算收入3.40亿元，完成期成目标105.6%,同比增长26.70%，提前并超额完成全年财政地方一般预算收入目标任务，总量排名全区第二；全社会固定资产投资完成34.82亿元，为全年任务105.51%；外资实际到账700万美元，为全年任务100%；新增总部企业3个，为全年计划100%。

3月25日，副市长、区委书记李侃桢到街道调研民生工作

3月26日，街道工会开展“迎青奥盛会 建绿色雨花”植树活动

6月，召开深化文明城市创建动员大会

8月，社区建设推进大会召开

12月21日，召开“科学规划十二五 构建和谐新赛虹”解放思想务虚会议

铁心桥街道

TIEXINQIAO JIEDAO

地址：南京市铁心桥大街　　电话：025-52355899　　邮编：210012

铁心桥街道坐落在六朝古都南京南部，辖区总面积24平方公里，辖2个社区管委会（景明佳园、春江新城）、6个社区居委会（翠岭银河、铁心、尹西、定坊、马家店、高家库），人口15万。全年实现地区生产总值13.1亿元，一般预算收入完成1.62亿元，为期成指标101%，同比增长21%；财政总收入完成3.17亿元，同比增长33%，增幅列全区第四位；全社会固定资产投资实现24.20亿元。签约项目计划投资49亿元，为全年计划233%；引进规模以上项目16个，为年计划100%。

铁心桥大街夜景

3月10日，雨花台区清明祭扫工作推进会在街道召开

12月20日，区政协主席吴本忠调研凤翔新城农民安置房建设情况

12月25日，召开2012年工作务虚会

12月28日，召开2011年度总结表彰暨2012年工作动员大会

西善桥街道

XISHANQIAO JIEDAO

地址：南京市西善桥北街68号 电话：025-52815700 邮编：210041

3月16日，全省基层文联干部培训班现场观摩会在街道召开

5月4日，副市长、区委书记李侃桢调研农民自主创业工作

西善桥街道坐落在雨花台区西南部，面积16.14平方公里，下辖5个社区居委会，户籍人口1.35万。2011年，街道实现地区生产总值22.60亿元，实现地方一般预算收入1.99亿元，为年计划107.34%，同比增长26.94%；实现全社会固定资产投资23.46亿元，同比增长41.07%；新增注册资本3.68亿元，为年计划184%，同比增长103.31%；实际利用外资2150万美元，为年计划215%。

7月1日，举办清风颂歌献给党——纪念中国共产党建党90周年专场演出

6月30日，街道领导走访慰问困难户

9月15日，街道财政所争创"省级青年文明号"验收现场会

12月11日，七彩阳光幼儿园社区服务行

板桥街道

BANQIAO JIEDAO

地址：南京市振兴路59号　电话：025-86732287　邮编：210039

5月1日，街道党工委书记郭幼佩在“和谐板桥 欢乐五一”活动上发言

2011年，板桥街道实现地区生产总值19.50亿元，完成地方一般预算收入1.98亿元，同比增长15%；完成规模以上工业总产值60.2亿元，同比增长26%；完成高新技术产业销售收入12亿元，同比增长72%；实现软件及信息服务业收入6.03亿元，同比增长30.40%；完成全社会固定资产投资22.15亿元，增长42.80%；注册外资实际到账775万美元，占年计划110%；新增注册资本2.06亿元，增长4.60%。

3月4日，举办“迎春风架金桥”招聘暨政策咨询会

5月28日，举办校外教育中心指导站成立仪式暨老少携手庆“六一”活动

6月11日，召开理论中心组学习暨“双过半”动员会

6月30日，召开庆祝中国共产党成立90周年暨上半年总结大会

梅山街道

地址：南京市中华门外新建 电话：025-86364770 邮编：210039

MEISHAN JIEDAO

1月25日，深入敬老院进行新春慰问演出

梅山街道辖区包含上怡新村、上怡二村、梅清苑、中兴路、梅欣、梅岭、梅苑7个社区。占地面积10平方公里，常住人口7万人。2011年，完成地区生产总值22.25亿元；完成地方一般预算收入7787万元；完成全社会固定资产投资4.06亿元；完成规模以上工业总产值10.52亿元；完成软件及信息服务销售收入8.27亿元；新增300万元以上注册企业4家；新增注册资本0.42亿元。

3月5日，开展学雷锋便民服务活动

5月4日，南京市副市长、区委书记李侃桢等调研梅清苑社区教育工作

5月25日，原江苏省委书记陈焕友视察梅清苑社区

7月1日，召开出席区第十次党代会代表选举工作动员大会

10月12日，举办“和谐文化社区行——金色梅山”艺术节开幕式文艺演出

JINGJI ZHONGHE SHILI TUSHI

经济综合实力图示

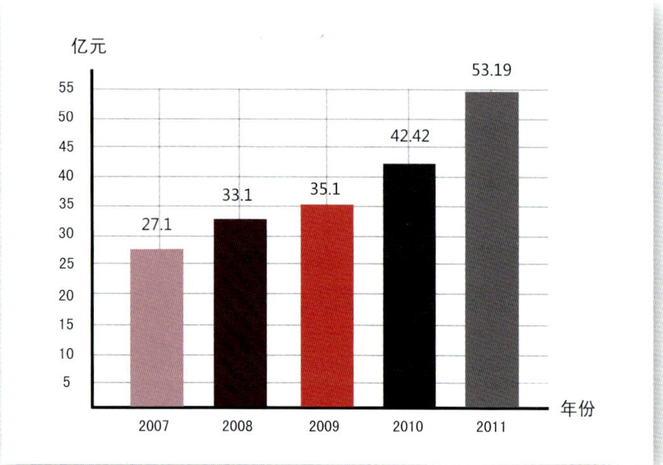

财政总收入

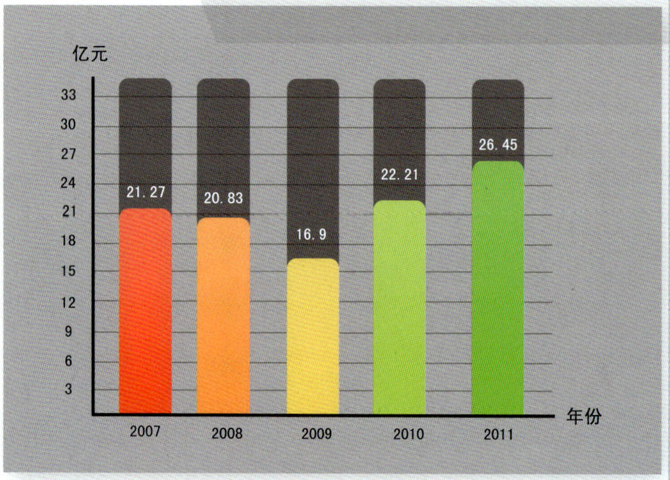

财政总支出

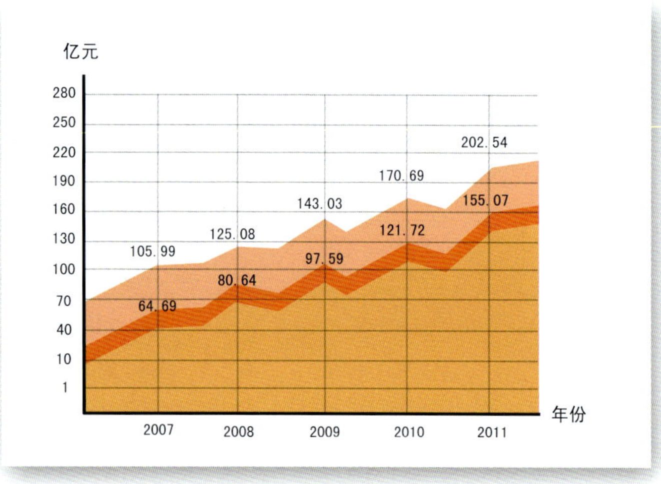

地区生产总值 社会消费品零售总额

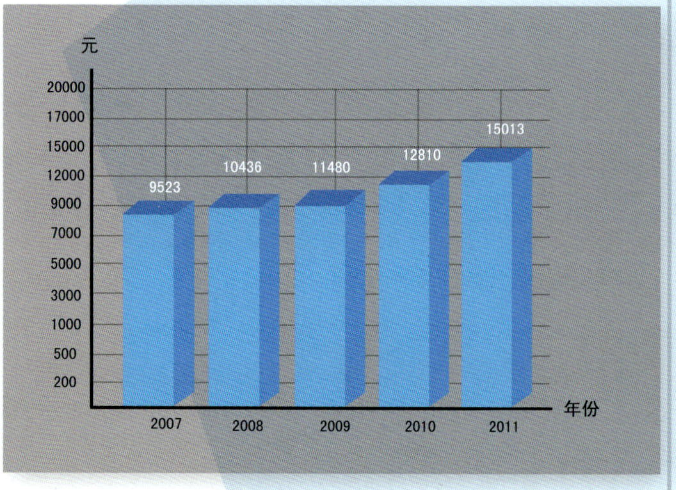

农民年人均纯收入

总　目

Mian Contents

目　录

特　载

专　文

大　事　记

概　览

中国(南京)软件谷

雨花经济开发区

板　桥　新　城

城市建设与管理

生态环境建设

商　贸

对外及对港澳台经济贸易与合作

旅　游

工　业

民 营 经 济

农业·水利

经济管理与监督

财政·税务

党　政　机　关

民主党派·工商联·人民团体

政　　法

国　防　建　设

教　　育

科　技

文　化

医　疗　卫　生

体　　育

人力资源和社会保障

社　会　生　活

街　　道

人　　物

统　计　资　料

附　　录

索　　引

彩　　页

Contents

Urban Construction and Management

Environment Protection & Ecological Construction

Commerce & Trade

Foreign Economic & Trade With HongKong, Macao and Taiwan

Tourism

Industry

Private Economy

Agriculture & Wate Conservancy

Economic Management and Supervision

Finance & Tax

Party and Government Organs

Democratic Parties,Association of Industry and Commerce,People's Organizations

Politics and Law

National Defense Construction

Education

Technology

Culture

Public Health

Sports

Human Resources & Social Security

Social Life

Subdistrict

Figurse

Statistics Information

Appendix

Index

雨花年鉴 2012

特　　载

全面落实　全力实施
加快建设现代化创新型生态新城区
——在中共南京市雨花台区委十届五次全体(扩大)会议上的报告

南京市人民政府副市长、中共雨花台区委书记　李侃桢

(2012年1月7日)

现在,我代表区委常委会,向全会报告工作,请予审议。

这次全会的主要任务是:深入贯彻中央和省市委全会、中央和省市经济工作会议精神,全面落实省市区党代会要求,回顾总结去年工作,部署安排今年工作,组织动员全区上下在新的发展起点上,加快建设现代化创新型生态新城区。

一、2011年工作回顾

2011年,在市委、市政府的正确领导下,区委常委会团结带领全区上下,认真贯彻落实省市委决策部署,落实"三争一创"要求,明确发展战略,创新思路举措,克难奋力进取,构建了历史最高的发展平台,创造了优质的外部环境,实现了空间布局的优化集聚,争取了政策效应的历史最大化,产业结构发生了根本性转型,社会事业取得了全面提升,为雨花的未来发展奠定了坚实基础、增添了强大动力。

科学发展开创了新局面。九届三十三次全会明确了经济发展的主导方向,即走以现代服务业为主导的城市经济发展之路;三十六次全会,科学制定了"十二五"国民经济和社会发展规划纲要,开启了雨花率先实现基本现代化的新篇章;特别是区第十次党代会后,雨花迈上了抢抓机遇,争当第一,全面建设现代化创新型生态新城区的伟大征程。全区人民与时代同步,与发展俱进,目标定位越来越明确,发展路径越来越清晰,高度共识,行动一致。按照发展的新定位,创新思路,创新方法,创新举措,全力实施"五项工程",实现了"十二五"发展良好开局,综合实力跃上了新的平台。预计全年地区生产总值突破200亿元,达到202.54

亿元，同比增长13.4%；财政总收入突破50亿元，达到53.18亿元，同比增长24.9%；财政一般预算收入达到26.05亿元，同比增长26.2%，实现了五年来的最高增长，预计增幅列全市各区县第二；实现社会消费品零售总额150亿元，同比增长23%，增幅在全市名列前茅；实际利用外资1.2亿美元，同比增长24.8%。特别是在税收结构上，软件和信息服务业税收贡献比重增加了3个百分点以上，占全区税收比重达到27%，商贸服务业税收占全区税收比重超过20%，房地产、能源、制造业、采矿业税收贡献明显下降，税收结构不断优化。在全力加快经济发展、产业转型的同时，协调推进政治、文化、社会建设以及生态文明建设和党的建设，保持和巩固了科学发展的好势头、和谐稳定的好局面。

转型发展迈出了新步伐。从"3+2"到"1+3"产业工程，把软件和信息服务业作为我们的重点产业发展方向，作为转型发展的重要推手，抢抓南京"一谷两园"软件和信息服务业集聚区、第八家国家数字出版基地规划建设机遇，通过了首批"国家软件及信息服务业示范园"的初评，获批"省信息化和工业化融合服务业示范区"，成为"省博士后创新示范基地"。发挥亚洲第一大站南京南站由"站"到"中心"的带动效应，出台了雨花台区落实市委、市政府"1+8"行动计划的工作意见，启动了科技创业特别社区建设，设立了创业种子投资基金和创业引导资金，积极盘活闲置资产资源，申报国家级、省级、市级各类科技发展计划项目49项，新增高新技术企业12家，全区高新技术企业总量达到41家，对GDP增加值的贡献率达24%以上，比去年提高了3个百分点，再获"全国科技进步先进区"称号，带动商务商贸业、服务型制造业、生物医药和文化创意产业蓬勃发展，开发区国际汽贸区项目快速推进，明发商业广场十大主力商家即将正式营业，新华传媒签约落户，凤凰传媒、江苏广电等一批项目正在推进，规划建设生物医药健康产业园，建成泰融生物医药专业孵化器。截至去年底，全区三次产业结构调整为0.2:44.8:55，第三产业增加值占GDP比重提升3.1个百分点，文化产业增加值占全区GDP比重提高到2.4%。

软件和信息服务业实现了新突破。落实市委、市政府创新驱动、内生增长、绿色发展的要求，将市委、市政府给予软件谷的特殊政策落地运行，在提高速度、扩大总量的基础上，优化结构、提升质量，整合资源、集成政策，实施"移植大树"和"育苗造林"双轮驱动，心无旁骛发展软件和信息服务业。中国(南京)软件谷从规划设想变为现实，成立了南京软件谷管委会并实现了正常运转，并以"区谷联动"的雨花特色模式，全面启动了软件谷的规划、建设和管理，软件谷规划建设将纳入国家工信部和江苏省的会商机制，完成了软件谷Logo设计，基本完成了软件谷45平方千米(南园和北园)控制性详细规划和城市设计，开发区(西园)25平方千米控制性详细规划修订工作全面启动。优化发展软环境，利用软博会、金洽会、香港推介会等各种宣传平台，加大软件谷宣传招商力度，IBM中国第四家软件授权培训中心、IBM SPSS行业方案解决中心、北大工学院南京研究院、中科院软件所和声学所、江苏赛联信息产业研究院、江苏创新成果孵化中心、江苏云计算产业服务中心等一批公共服务平台落户雨花，江苏移动基地、丰盛产业园等一批项目实现竣工。全年实现软件和信息服务业收入520亿元，占全市比重第一次真正意义上超过了三分之一，新增软件企业55家，新增软件产业建筑面积40万平方米，新增软件产业从业人员1.7万人，总数达到6万人，国家"千人计划"创新人才实现零的突破。

城市形象得到了新提升。以设施配套、功能提升、环境改善为重点，积极开展南京南站周边环境综合整治工作，完成了玉兰路、纬八路、共青团路等综合整治，开展了小区综合环境整治，启动了34个小区的雨污分流工程，城市形象、居民生活环境得到了很大改善。保障房开工建设39万平方米，竣工交付42万平方米。保障房周边配套设施建设不断完善，岱山地区5条道路全部建成。整合拆迁工作资源，整合成立了区征收拆迁安置办公室，完成了南站地区、岱山保障房片区等拆迁面积100万平方米。加大生态和环境建设力度，完成了绿化造林面积143.33公顷，城市绿化覆盖率和林木覆盖率分别提高到48.3%和28.7%。大力推进"三高两低"企业整治，完成了首批8家污染企业关停搬迁工作，预计全年万元工业增加值能耗降低6%。加大城市管理工作力度，成立了南京南站综合管理办公室并正式运作。推进管理重心下沉，健全了街、村(社区)网格管理责任制，开展了违法建筑、违规户外广告专项治理，顺利通过文明城市国查复查，2011年，雨花城市文明指数综合测评位列全市各区县第一。

社会事业取得了新发展。从居民增收工作意见，到"116"民生幸福工程，再到"和谐社会"工程，社会事业工作目标体系越来越清晰，工作抓手越来越具体，保障措施越来越完善。为民办实事、重大决策，更加考虑民生为先，广泛开展问计于民、问政于民、问需于民，教育、民政、劳动、卫生、文化、体育等各项事业都取得了长足的进步。全面推进失地农民进保工作，实现了城乡低保人群统筹同标，与市民政局共建民政创新发展先导区，和谐文化社区行、全民健康生活、慢病综合防治等活动全面开展。全年为民办实事投入4.7亿元，城乡居民收入分别达到29321元和14796元，通过了国家慢病综合防治示范区验收，建成1个省级和谐社区示范街道、3个省级和谐社区示范社区。平安雨花、法治雨花建设成效显著，成功创建“省社会治安综合治理先进区”和“平安南京建设先进区”，为雨花经济社会发展营造了良好的环境。统计、计生、物价、审计、档案、人防、残联等部门围绕中心、主动履职，促进了经济社会协调发展。国土、工商、国税、地税、质监、规划等市垂直管理部门主动融入雨花发展，作出了重要贡献。

党的建设得到了新加强。成功召开了区第十次党代会，圆满完成了区委换届工作，科学确定了雨花未来科学发展的宏伟蓝图。加强制度建设，修改完善了常委会议事决策规则，出台了全委会议事决策规则，出台了党建工作创新工程意见。深入推进“创先争优”，开展了学习“创先典范”武家嘴村、“争优标兵”嵇艳霞、“教师楷模”徐其军等活动，精心组织开展了建党90周年系列庆祝活动，编写完成了中国共产党南京市雨花台区历史大事记、地方史，为雨花发展营造了昂扬向上的生动局面。推进干部公推竞岗选拔，开展新一轮干部培训，增强了党员干部推进发展、服务发展的能力和信心。开展了走进龙虎直播间、政风行风热线户外直播、领导干部下基层、接访约访下访等活动，各级干部深入基层、深入群众，了解民情民意，倾听民生诉求，解决了一大批群众反映强烈的热点难点问题，化解了长期存在的一批信访积案，钝化了一批影响社会稳定的突出矛盾。严格执行党风廉政建设责任制，深入推进权力阳光运行，创新“派驻直管”，加强权力运行监督，推行公廉拆迁行动，加强对违纪违法案件严厉查处，保持了风清气正的发展环境。工会、共青团、妇联、红十字会等群众团体的桥梁纽带作用不断增强，统战、人武、老干部、关心下一代等工作迈上了新的台阶。

这些成绩的取得，凝聚了全区各级党政机关、人大代表、政协委员、民主党派、各企事业单位、驻军指战员以及全区广大干部群众的心血和汗水。在此，我代表区委常委会，向大家致以真挚的感谢和崇高的敬意！

回顾我们共同奋斗的过程、感受创业的艰辛、分享收获的喜悦，成绩来之不易，经验弥足珍贵。一是得益于战略思路上的统一和坚持。过去的一年，我们把率先实现基本现代化，建设现代化创新型生态新城区作为未来发展的总目标，把“五项工程”作为工作的着力点，抓住了软件谷和软件产业这个主攻方向，不争论，不犹豫，以高目标倒逼工作进度，确保了各项任务的顺利完成。二是得益于全区上下的自强不息和奋力拼搏。过去的一年，我们大力发扬凝心聚力、同心同德、自强奋进的雨花精神，按照既定目标团结一致向前走。各级各部门对软件谷的成长给予了大力支持，融入软件谷、支持软件谷、服务软件谷的氛围在全区已经形成。三是得益于工作策略上把握了主动权。过去的一年，我们立足主动，早谋划，早部署，年初召开了经济工作现场会，推进全年经济工作，三季度对冲刺全年目标进行了部署，针对错综复杂的经济形势进行了积极应对，牢牢掌握了工作主动权。四是得益于目标上的高标准和眼光上的国际化。过去的一年，无论是在软件谷建设上，还是在其他各项工作上，我们一大批干部走出去，学习了苏锡常、上海、北京、成都和深圳等先进城市(园区)的宝贵经验，借鉴了美国、以色列、印度、欧洲一些国家和台湾、香港等地区的成功范例和先进理念，昨天又分赴12个区县学习亮点，对标找差，开阔了视野，开拓了思路，在国内国际上寻找发展的参照系，找到了发展标杆，高点定位，为雨花科学发展提供了坚强保证。

与此同时，我们也清醒地看到，立足新平台、高目标和大空间，我们还存在着与新的科学发展不适应的问题。创新创业的氛围还不浓，思路没有完全打开，举措上创新不多；部分干部责任意识不强，破解难题的能力、落实执行的能力还需要进一步快速提高；基础设施、城市功能与先进园区相比差距较大，服务的理念、模式还需要再提升、再优化；与现在发展的高平台、高要求相比，我们在投融资、产学研合作等方面，迫切需要进行大胆地尝试、深入地改革。

二、2012年发展目标和工作思路

2012年，是十八大召开的喜庆之年，是落实省市区党代会精神的关键之年，也是雨花转型发展的关键之年，更是雨花的建设年、提升年。做好今年的工作，我们既面临着压力和挑战，更面临着难得的机遇。从压力和挑战看，世界经济复苏充满变数，国际市场需求萎缩；国内整体发展环境仍然偏紧，经济发展的潜在风险加大，发展中各种不确定因素明显增多。应对复杂的发展环境，省委把加快经济转型升级作为工作的着力点，促进经济在转型升级中又好又快发展；市委找准了“改革攻坚、创新突破年”的工作抓手，推动南京实现“稳中求进，进中求新，新中求好，好中求快”的工作目标。面对复杂的经济发展形势，雨花在保持经济持续增长、加速转型发展、快出形象进度、提高投融资水平和维护社会稳定等方面，都存在着很大的压力；在发展的观念、能力、环境和体制等方面，也面临着更大的挑战。但我们有信心面对困难、有勇气迎接挑战。因为，我们的信心和勇气来自于对机遇的正确把握。市委、市政府打造“一谷两园”软件和信息服务业集聚区，为我们带来了范围最广、力度最大的政策机遇；中国（南京）软件谷、亚洲第一大站、国家数字出版基地，开辟了雨花国内国际广合作、大交流的通道，越来越多的政策、资源、要素也都在向雨花集聚，为雨花产业调整、发展转型提供了有利条件。我们的信心和勇气来自于对自身实力的正确评价。从总量看，雨花经济总量突破200亿元、主导产业突破500亿元、财政收入突破50亿元，迈上了经济发展的高平台，经济增长走出了谷底，进入了良性的上升通道；从结构看，第三产业增加值比重超过了55%，高新技术产业成为了雨花的绝对支柱，创新经济、服务经济成为雨花发展的重要驱动力。对照省30个大项、44个小项的现代化指标体系，截至目前，我们已经有17项指标顺利完成，我们完全有信心2014年在全市率先实现基本现代化。我们的信心和勇气来自于对转型道路的正确选择。经过去年的努力，大家形成了这样的共识，雨花未来的发展，困难在转型，阵痛在转型，但希望也在转型，成功也在转型，不转不行，转慢也不行，大家心无旁骛，走以软件和信息服务业为主导的城市经济之路，以创新促转型、以转型促发展的意识和愿望更加强烈。总的来说，雨花仍处在转型发展的关键期，仍处在大有作为的战略机遇期和黄金发展期。

2012年的指导思想是，以科学发展观为统领，深入贯彻落实党的十七届六中全会、省市党代会和省市委全会精神，牢牢把握工作主题主线，以“三争一创”为目标提升发展层次，以“五项工程”为路径推进工作落实，以中国（南京）软件谷为重点带动全局工作，全面提速基本现代化进程，加快建设现代化创新型生态新城区，推动雨花走在全市新一轮科学发展前列。

今年工作的主题主线，就是要全面落实“三争一创”，全力实施“五项工程”，高标准建设软件谷，率先实现基本现代化。

“三争一创”是要求、是追求。在科学发展、改革创新、和谐稳定上“争首位”，在党的建设上“创先进”，是我们看得见、摸得着、完得成的目标追求。未来的发展，我们就是要瞄准最强竞争对手，瞄准最高行业标准，推动各项工作实现跨越发展。我们既要有发展的动力，更要有超越的决心；既要超越别人，更要超越自己。

“五项工程”是载体、是抓手。“五项工程”，是落实党代会任务的具体抓手，是落实省市委要求的具体抓手，也是把雨花的宏伟蓝图变为美好现实的具体抓手。“1+3”产业工程是产业基础，“软件谷”工程是工作重点，“生态新城”工程是发展载体，“和谐社会”工程是发展目标，“党的建设”工程是发展保障。

“软件谷”建设是重点、是特色。中国（南京）软件谷是雨花经济社会发展的新的更高平台，也是雨花引领江苏软件发展、控股南京软件总量的希望所在。未来的发展，软件谷就是我们的经济主战场、主阵地。要发挥软件产业特色优势，以软件谷的高标准建设，来带动雨花产业发展的大提升，来助推雨花城市形象的大提升，来促进雨花社会建设的大提升。

“率先实现基本现代化”是目标、是检验。现代化是人类文明进步的重要标志，率先实现基本现代化是雨花发展进入新阶段的内在要求，更是雨花敢为人先再创战略机遇期和黄金发展期的重要选择。未来的发展，雨花要以省市现代化评价指标体系为参照、为依据，作为我们检验各项工作推进成效的标准，推动雨花在率先发展、科学发展、和谐发展上走在全市前列。

2012年的发展目标是：在综合指标方面，地区生产总值增长13%以上；地方财政一般预算收入增长18%以上，力争20%；服务业增加值增幅达到20%以上，第三产业增加值占GDP比重提高5个百分点；社会消费品零售总额增长20%以上；全社会研发经费支出占GDP比重达到3.5%，培育高新技术企业、创新型企业8家，培养科技创业家5人；新增世界500强和中国500强企业研发机构2家；集聚科技创业企业70家；新增工程研究中心1个；文化产业增加值占GDP比重达到4%；城乡居民收入分别增长16%以上。在特色指标方面，软件和信息服务业收入达到750亿元，占全市比重提高到37%~38%，力争达到40%；全年新增软件产业建筑面积达到100万平方米；新增孵化器孵化面积15万平方米；新引进软件企业100家；新增认定软件企业50家;新增认定软件产品70件;完成发明专利授权230件;新增软件从业人员2万人;力争培育百亿级软件企业2个,启动国家级经济技术开发区或国家级高新技术园区创建工作。

三、2012年重点工作任务

今年是落实省市区党代会精神,加快建设现代化创新型生态新城区的关键之年。今年工作的重点,就是要坚定不移地全力推进好“五项工程”。

(一)坚定不移地推进“1+3”产业工程

经济社会发展,产业是基础,产业是支撑。要围绕“1+3”产业工程,加快构建最具竞争力的现代产业体系。

要加快项目推进。项目是经济的命脉,项目是发展的动力。要研判项目信息、快速引进项目、全力推进项目,建成更多的名企。要发挥软件产业在推进“两化融合”上的重要作用,新项目要符合产业定位,老项目要转型升级。除软件产业项目外,商务商贸业,重点推动明发商业广场全面营业、德盈国际广场全面建成并投入使用,加快建设紫荆商业广场等项目,加快板桥新城区域商务商贸中心建设,完善西善桥保障房片区商贸服务功能。服务型制造业,重点加快西善桥圣戈班整体搬迁、板桥徐工集团项目建设,推进梅山钢铁等企业大力发展生产性服务业。文化创意产业,要快速启动国家数字出版基地建设,推进新华传媒、凤凰传媒、江苏广电、南京广电和中国移动手机游戏基地等一批项目建设,同时,整合全区文化、旅游资源,充分发挥将军山、大石湖资源效应。生物医药产业,要加快推进中牧实业、诺康医药、奇冠医药等一批项目建设。

要强化择商选资。要围绕“1+3”产业工程,围绕主导产业爆发式增长,开展专业招商、定点招商,完成在北京、深圳驻点招商布局,积极探索代理招商、合作招商、以商引商等多种模式,积极参加国家、省市招商合作活动,走出去、请进来,引进更多的名牌,扩大雨花国际国内知名度和影响力。在产业方向上,重点突出软件产品开发、行业解决方案、系统集成服务、移动互联网,以及云计算等业务模式,引进和培育一批平台软件、应用软件和互联网公司。在企业选择上,重点引进具有带动效应的“引领型企业”,以及处于价值链高端的“主力型企业”,指引产业发展方向,带动上下游关联企业,延伸产业链条。今年,要完成注册外资实际到账1.4亿美元,实现服务外包执行额10.7亿美元。

要提升载体建设。要以发展载体的优化、提升,来承载产业的快速发展。以软件谷规划建设为龙头、为引领,促进全区统筹发展、全面提升,建设产业发展的名区。加快南站现代高端商务商贸区建设,加快形成宁南、赛虹桥、雨花新村大宁南商务商贸区,配合市委、市政府完成南站周边地区汽车4S店、汽配城等搬迁,高起点规划建设南京南站周边高端商务商贸区,提升雨花城市整体形象。加快战略性新兴产业发展载体建设,高标准完成国家级数字出版基地发展规划,大力发展数字出版、移动多媒体、动漫游戏等新兴产业,形成辐射皖江经济带的新媒体产业集聚优势,打造南京又一张文化产业名片。要放大“花神”品牌,打造独特花神产业,完成文化综合大厦的选址。加快生物医药产业园、生物医药创业孵化园建设,打造赛虹桥、西善桥生物医药发展集聚区。16万平方米的科创特别社区,要在上半年全面建成并投入使用。

要推进集约发展。要牢固树立节约集约使用土地的意识,严格准入门槛,提高开发强度,加强供地管理,盘活低效用地,实现土地使用集约化、精细化、高效化。突出增量带动和存量调整,以满足项目建设为前提,控制用地规模,重点保障具有带动作用的龙头型、基地型优质项目用地。重点建设地块,实施整体规划,多主体建设,提升发展档次。特别是要盘活90多万平方米空置楼宇、3000多亩闲置土地,加快互联网产业园的改造提升和明发工业原料城的功能转换,加快引进成长性强、发展前景好、技术含量高的中小型企业快速入驻。成长型、处于培育期的项目,一律进孵化器;较成熟的项目、较优质的项目,先供房后供地。

(二)坚定不移地推进“软件谷”工程

要加速软件谷由空间集聚向产业集聚转变,全面启动秦淮新河以南核心区建设,拉开道路框架,快见成效、快出形象。

要加快营造高效能的组织运作环境。要在高平台上创新软件谷发展的体制机制,既要突出硬件环境建设,为产业发展提供完善的功能配套,又要突出服务环境的打造,加快从自然物质环境向营造社会文化氛围的演化。软件谷要切实履行好经济发展主载体、主阵地的职能,实施“园区化”的管理模式,强化“公司化”的专业化运作模式,弱化“行政化”惯性方式,打造服务型、创新型园区,实现软件谷高效、专业的组织运行。继续加大区谷联动工作力度,各级各部门在事关软件谷发展的工作大局中,要主动融入,积极参与,全力支持。软件谷规划范围内的街道(园区)都要适应软件产业高平台发展需要，加快空间布局调整，优化城市生活环境，为软件产业发展储备空间。在氛围营造上，要出台加快软件产业发展的政策性意见，出台知识产权创新服务体系建设的工作性意见，创建“全省知识产权创新服务标志区”，营造创业有支持、创新受鼓励、成果受保护的工作环境，更好地促进科技与经济一体化、成果与转化本土化。

要加快打造高成长的软件产业集群。围绕软件和信息服务业，继续实施“移植大树”和“育苗造林”双轮驱动，加速企业空间集聚向产业聚变升级演化，实现高端化、国际化、品牌化发展。要以新的增长点推进结构优化、质量提升，带动速度提高、总量扩张。重点促进中国移动手机游戏基地、丰盛产业园投入使用，加快推进中兴三区、江苏集群、微软（南京）云计算孵化中心等一批重大软件项目开工建设，推进硅谷科技园、中以智慧园、台商IT产业园、南京信息工程大学科技园、十四所雨花创新基地等一批创新园区建设，使雨花的发展更具稳定性、更富竞争力。要鼓励支持高成长型企业通过多种渠道上市，扩大品牌影响力，今年，要力争新增上市或三板挂牌企业2家。要加快企业孵化力度，完善政策配套，今年在孵企业要达到350家，毕业30家。

要加快建设高品质的公共服务平台。一流的公共服务平台，决定着优质的软件产业发展环境。我们不仅要让平台落户，更要发挥好平台的作用。要结合软件谷规划，确定企业孵化、投资融资、人才服务、公共技术服务、交流合作、基础设施和服务设施、创新服务，以及行政管理服务、中介服务、招商服务等平台建设具体工作目标，强化政策支撑，争取国家、省市建设更多的试验区、实训基地，争取更多的政策、资金支持，建设多主体、多渠道、开放式公共服务平台运作体系。重点是加快江苏省云计算服务中心、南京市软件产业综合服务中心、江苏省虚拟软件园等公共技术服务平台建设。上半年建成南京软件产业博览馆，全年引进风险投资机构3家。

要加快培育高素质的软件人才队伍。突出人才引领、人才支撑，在统筹推进各类人才队伍建设的同时，突出软件产业发展需要，推进区人才“1234”计划，成立区人才工作办公室，引进更多的创新科技人才和创新科研团队，培养更多的本土科技创业家，为软件和信息服务业发展提供强大的智力支撑。重点加快推进江苏省软件人才培训联盟、北大软件与微电子学院实训基地，争取软件大学落户雨花。2012年，引进领军型科技创业人才60人，建设人才公寓26万平方米。

（三）坚定不移地推进“生态新城”工程

城市是产业发展的载体、社会文明的标志、要素集聚的平台。要按照“生态新城”工程各项要求，全面抓好落实、抓好执行。

要以高标准规划提升城市水平。按照规划统一、资源共享、发展统筹的要求，对接软件谷规划，以现代化城区作为我们城市规划的引领和标杆，维护规划的权威性和严肃性，引领雨花提升城市环境、城市品质、人居质量，努力打造完备的公共设施、舒适的居住条件、良好的城市环境和高度的社会文明。大宁南地区重点做好功能提升、环境提升和形象提升工作，依托南部新城规划，建设南京的“城市客厅”，雨花的形象窗口。板桥新城地区重点加快综合商业配套建设，快速积聚人气，尽快形成新的区域中心。板桥南部地区要加快资源整合，以生态环境开发为切入点，以重大项目推进为突破口，加速开发建设步伐，尽快形成雨花经济社会发展的新增长极。

要以高质量建设优化城市功能。以软件谷建设为突破点，加大基础设施投入力度，加快重大项目推进速度，全面提升城市功能品质。重点推进滨江大道南延、宁丹路、凤渡路（机场二通道）等一批道路和桥梁设施建设，启动秦淮新河南部地区骨干路网建设，营造好水环境，同步推进水、电、气、通信、排污等管网建设，为软件谷开发建设打下良好基础。特别是宁丹路和大周路，要加快完成方案设计、立项审批工作，抓紧启动拆迁，今年4月份要实现正式开工。要继续开展好城市综合环境整治工作，加快推进软件大道环境综合整治项目，抓好路网改造、景观提升等工程，营造优美的发展环境。要配合做好岱山等保障房地区基础设施建设工作，完善配套服务，提升建设水平。

要以高品位生态彰显城市特色。要推进生态环境建设，给雨花人民和投资者蓝天、清水、绿色的优质工作生活环境。加快秦淮新河风光带、城市森林项目建设，完成城南污水处理厂主干管网一期工程，推进梅山、华润、梅宝等企业节能减排工作，单位GDP化学需氧量、二氧化硫、氨氮、氮氧化物排放强度分别控制在1.48千克/万元、1.55千克/万元、0.36千克/万元、1.13千克/万元，万元增加值能耗降到2.16吨标准煤。配合市相关部门，全面完成西善桥地区工业企业综合整治，梅山化工地区工业企业全部关停。启动梅山钢铁周边地区污染企业整治与居民搬迁工程，加快治理梅山钢铁粉尘等污染，完成梅山钢铁周边地区第一批污染企业关停、搬迁与治理,环境综合指数达到83分以上。

要以高水平管理提升城市文明。要紧紧围绕建设现代化创新型生态新城区的要求,实施建管融合,管到边,管到位,管到老百姓满意,以管理出形象,以管理出环境。以网格化巡防建设为抓手,扎实推进市、区、街三级网格联动管理,建立问题发现、问题整改常态化工作机制。重点解决好主次干道市容管理、渣土管理、控违拆违等城市管理顽疾,严控占道经营和倚门开店,打击偷倒乱倒、非法运土及私设土场行为,保持违建管控的高压态势,打造整洁有序的城市环境。同时,完善主次干道及重点区域美化亮化,完成数字化城管系统的运用和完善,建成并启用市、区、街一体共享的数字化城管考评体系,巩固文明城市创建复查成果,为发展营造良好的环境,为群众营造宜居的空间。

(四)坚定不移地推进“和谐社会”工程

发展是永恒的主题,民生是永远的追求。全面推进“116”民生幸福工程,办实办好民生实事,让发展成果更多地惠及民生、惠及百姓。

要繁荣和发展社会事业。要坚持办人民满意的教育,积极创建江苏省义务教育优质均衡改革发展示范区,加快金地小学、板桥中学高中部2期建设,启动雨花外国语小学扩建工程,创建省优质幼儿园1所,省平安校园2所。文化事业发展围绕社会主义核心价值体系建设,深入开展文化品质提升活动,全年组织大型群众文化活动38场,新闻及文艺作品创优20件。加快文体设施建设,新建体育场地面积2300平方米,每万人拥有公共文化体育设施面积达到921平方米。深化医疗卫生改革,建立健全基层医疗机构补偿机制,实现所有基本药物在所有社区卫生服务机构、所有人群中实行零差率销售,创建11个市级健康社区,实现健康社区全覆盖。按照市统一部署,实施事业单位绩效工资改革。

要完善社会保障体系。要突出民生需求保障的工作目标,在经济社会发展的过程中,更加注重社会保障体系建设,让人民群众共享改革发展的成果。加快就业服务体系建设,启动软件人才市场建设,全面落实创业扶持政策,全年举办现场招聘会120场以上,软件人才大型招聘会和校园招聘活动15场以上,扶持自主创业600人,带动就业5000人。提升社会保障水平,健全最低生活保障自然增长机制,完善养老服务体系,城镇养老保险覆盖率达到99%以上,适时提高城乡低保标准,全年新增养老机构床位数400张以上。加大保障性住房建设力度,完善面向困难群体的廉租房制度,提高低收入群体住房保障能力,全年开工建设保障房6万平方米,竣工交付22.3万平方米。

要拓宽城乡居民增收渠道。要把增加城乡居民收入作为保障和改善民生的突破点,实施城乡居民收入“双倍增”计划,促进城乡居民收入持续增长,增加财富积累。创造条件增加城乡居民工资性收入,引导城乡居民就业致富,全年新增城镇单位就业人数4600人,帮扶困难就业人员300人,农村劳动力转移就业1500人,职业技能培训5800人。加大财政转移支付力度,巩固和完善被征地人员、失地农民进保工作,增加城乡居民财产性和转移性收入。全面推行企业工资集体协商制度,实现城乡居民收入增长和经济发展同步、劳动报酬增长和劳动生产率提高同步。2012年,城乡居民收入分别要达到3.4万元和1.7万元左右。

要加强和创新社会管理。要强化以群众工作统揽信访工作,加强和创新社会管理,推动资源下移、重心下移,全面落实领导下基层、接访约访下访等工作要求,推进“五有五无”社区创建、“一委一居一站一办”建设,增强与基层群众的血肉联系。实施管理和服务“双轮驱动”,积极探索第三方参与的社会工作机制,建成雨花台区社会组织孵化中心,更好地发挥社会组织和公民个人在社会管理中的协同自治、自律、他律和互律作用,提升社会管理创新水平。2012年,要净增社会组织20个以上。切实落实维护稳定的各项责任和措施,进一步加强源头预防、矛盾排查、纠纷化解、应急处置、网络管理等机制建设,进一步加大安全生产监督管理工作力度,营造和谐稳定的社会环境。

(五)坚定不移地推进“党的建设”工程

大力实施党的建设创新工程,全面加强党的思想、组织、作风、制度和反腐倡廉建设,把雨花建设成为党的建设“先进区”。

要强化坚强有力的组织保障。要紧紧围绕市委“三争一创”活动,瞄准最强竞争对手,瞄准最高行业标准,为雨花科学发展确定新的坐标,树立新的标杆。发挥常委会领导集体核心作用,带头践行“三争一创”活动,当好改革攻坚和创新发展的带头人,打造“善学民主创新”、“为民务实清廉”的领导集体。精心组织,保证人大、政府、政协换届工作顺利进行、圆满完成,选出能够加快转变经济发展方式、开创科学发展新局面,能够促进经济平稳加快发展和社会和谐稳定的新的领导集体。引导基层党组织和广大党员干部,在各自工作领域履行承诺,全力以赴争科学发展之先、党建创新之先,同心同德创党内和谐之优、社会和谐之优。

要打造奋发有为的干部队伍。要不断推进和完善干部人事制度改革,坚持公开公平公正,重用坚持原则的老实人,不用不讲原则的老好人,调整不负责任的庸懒人,追责工作严重失误的决策人。制定年轻干部成长行动计划,加大区管干部交流任职力度,加大竞争性选拔干部的比例和力度,新提拔的区管干部中,通过竞争性选拔、差额选拔方式产生的不少于50%。在干部队伍建设上,广泛开展各类业务培训和技能培训,特别是在鼓励干部加强学习的同时,对想做事、能做事、能够做成事的干部,要压担子,给舞台,拓宽干部的眼界,丰富干部的知识,锻炼干部的能力。

要营造积极良好的发展氛围。支持人大、政府、政协、司法机关依照法律和各自章程,独立负责、协调一致地开展工作,保证党委决策和雨花科学发展的各项部署贯彻落实。实施法治建设工程,落实市法治政府建设行动计划,建立健全行政执法规范化工作机制,提高依法治区水平。做好新一届人大代表、政协委员的培训工作,提高人大代表的履职能力、政协委员参政议政水平。充分发挥工会、共青团、妇联、红十字会等人民团体联系和服务群众的纽带作用,不断加强和改进党的群众工作。加强统战工作,不断巩固和壮大爱国统一战线。继续做好人武、双拥、残联、党史、文联、老干部、关心下一代等工作,形成凝聚党心民心的强大力量。

要形成健康清廉的工作环境。加大以完善惩治和预防腐败体系为重点的反腐倡廉制度执行工作力度,认真落实党风廉政建设责任制,加强对领导干部执行《廉政准则》情况的监督检查,以增强执行力为关键,深化权力阳光运行机制,深化民主评议政风行风活动,进一步推进街道"派驻直管"改革,推动反腐倡廉建设向新经济组织和新社会组织延伸,为率先实现基本现代化提供坚强的纪律保障和作风保障,把清正廉洁更加鲜明地写在雨花干部队伍的旗帜上。重点抓住"人、财、物、权"等关键环节和工程、土地等重点领域,建立健全制度,着力提高制度的约束力和执行力。

四、全身心投入雨花科学发展创新发展伟大事业

实现今年工作目标任务,是立足新平台、完成高目标、拓展大空间的新的发展环境下的新工作要求,需要我们以发展雨花为己任,和雨花共成长,在雨花科学发展事业中成就自己的光荣与梦想。

要在思想观念上有大的提升。推动和加快转型发展,思想是关键,观念是先导。要加快从原来的思维方式、发展模式、运作机制中转变出来。继承雨花"兼容并包"的美德,成就"海纳百川"的雨花,以国际眼光和开阔胸怀,引进国际高端企业、世界一流人才,集聚先进发展要素,不拘一格,为我所用;继承雨花"厚德务实"的美德,成就"敢为人先"的雨花,树立争先领先率先的志气和豪气,在发展上争一流,在事业中展风采,抢抓机遇,争当第一;继承雨花"自强奋进"的美德,成就"活力开放"的雨花,加大与国内国际的交流,在国家和世界的平台上,塑造雨花品牌。

要在工作能力上有大的提升。工作高平台的变化,能力不提升,就不能适应"高铁时代"的发展,就会出现"小马力、大承载"的问题。要提升科学发展的能力,树立强烈的责任意识,把责任刻在心上、担在肩上。要开阔视野、开拓思路,多学广思,把知识转化为发展的动力,在实践中锻炼和提升解决实际问题、推动科学发展的能力。要提升创新发展的能力,不能满足于传统的办法、过去的经验,要能够顺时应势,多到基层去,多到群众中去,多到矛盾多的地方去,摸实情、出实招、求实效,不断开创工作和事业发展的新局面。要提升落实执行的能力,坐言起行,决策了的事情,不争议,不徘徊,一定要动真碰硬,一抓到底,抓出成效。要提升破解难题的能力,遇到困难不绕行、不回避,真正做到敢于担当、勇于担当、善于担当。重点在破解投资融资、项目拆迁、项目推进、节能减排、维护稳定等方面,鼓励敢闯先试,宽容创新中的失误。

要在体制机制上有大的提升。雨花要实现更好更快发展,就要建立更加充满活力的体制机制,最大限度地调动和激发全区上下的发展热情和工作激情,让发展的活力充分迸发。要抓住南京简政强区县(园区)政策的机遇,以自我革命的勇气,全面推进财政体制、人事制度、国有资产管理体制、科技体制和投融资体制等改革。元月份启动雨花的综合体制改革,三月份完成并上报方案。特别是要推行国有资产优化整合,推动投融资平台转型发展,做大做强国资经济,破解资金瓶颈难题,为雨花的大发展注入强劲的内生增长动力。要继续推行好目标任务工程化管理、项目化推进工作机制,完善"五项工程"责任分解考核评价体系,以考核引导发展方向,以考核促进科学发展,让能够干成事业、干出成绩的街道、部门得到鼓励、得到表

扬，让不干事、只议论的干部没有市场。要继续完善软件谷高效运行工作体制机制，把软件谷职能重点放在经济组织和经济运行上来，建立精干高效的干部队伍，制定科学合理的评价导向体系，更好地承担起雨花发展的重任，真正做到重心向基层下移、资源向基层集聚。

要在软硬环境上有大的提升。环境是品牌、是资源，是生产力和竞争力。雨花硬环境的优化，需要大量投入，是一个客观的过程。雨花软环境的优化，更多地是需要我们主观上的努力。从现在开始，大家都要树立“我是雨花发展环境”的意识，都来参与到优化发展环境、塑造良好形象的环境提升行动中来。每个人、每个窗口、每个单位，都要想一想，围绕科学发展，立足岗位能为雨花多做些什么，能在工作方式上改变些什么，能在服务意识上提高些什么。“桃李不言，下自成蹊”，要以专业化、人性化、优质化的服务，以自身良好的形象，展现现代雨花的风采，营造雨花优质的发展环境，提升雨花的吸引汇聚力，让软环境成为雨花的硬名片。

同志们！思路已经清晰，目标已经明确。做好今年的工作，任务艰巨，责任重大。过去的一年，我们已经取得了骄人的业绩，为今年的发展奠定了基础。新的一年，让我们紧密团结在以胡锦涛同志为总书记的党中央周围，在省市委的坚强领导下，紧紧围绕区委的工作部署，进一步解放思想，开拓进取，全面开创雨花现代化创新型生态新城区建设新局面，以更加优异的成绩迎接党的十八大胜利召开！

雨花台区政府工作报告
——在雨花台区第十七届人民代表大会第一次会议上

区　长　张一新

2012年3月29日

各位代表：

现在，我代表雨花台区人民政府向大会作工作报告，请予以审议，并请政协委员和其他列席人员提出意见。

本届政府工作回顾

2007年12月换届以来的四年，是我区奋力前行、加快发展的四年。在市委、市政府和区委的正确领导下，在区人大、区政协的监督支持下，全区人民高举邓小平理论和“三个代表”重要思想伟大旗帜，深入贯彻落实科学发展观，坚持创新驱动，推进发展转型，全面超额完成区十六届人大一次会议确定的各项目标任务，为率先基本实现现代化打下了坚实基础。

*产业转型速度加快，综合实力显著提升。*四年来，我们坚持发展第一要务，迅速做大做强经济总量。2011年，全区地区生产总值首次突破200亿元，达到202.5亿元，年均增幅17.6%，是2007年的1.9倍；财政收入首次突破50亿元，达到53.2亿元，年均增幅18.4%，是2007年的2.0倍；地方一般预算收入达到26.1亿元，年均增幅21.2%，是2007年的2.2倍；社会消费品零售总额达到155.1亿元，年均增幅27.6%，是2007年的2.7倍；全社会固定资产投资达到230.7亿元，年均增幅14.7%，是2007年的1.7倍。2010年，我区迈入全市综合考核第一方阵。2011年，我区在全市综合考评中荣获区县一等奖。招商引资和项目推进取得重大成果。四年共引进重点工商业项目570个，其中亿元以上内资项目122个、千万美元以上外资项目20个，实际利用外资3.9亿美元。累计完成工商业投入402亿元，华为、中电十四所等289个项目建成投产，中兴通讯三区一期、紫荆商业广场等65个项目加快建设。创新要素加快集聚。自主创新能力不断增强，四年累计引进产学研项目180个，组建省市级工程技术中心18个。申请发明专利1684件，完成专利授权524件。成功创建国家火炬计划南京(雨花)现代通信软件产业基地、国家数字出版基地、国家级科技企业孵化器、中国服务外包基地城市示范区、国家级服务业标准化试点区，获得“国家科技进步先进区”称号。产业转型成效明显。坚持走以现代服务业为主导的城市经济发展道路，在软件产业快速崛起的同时，梅山钢铁、绿洲机械等先进制造业加快向服务型制造业转型。现代商务商贸业和生物医药、文化创意两大战略性新兴产业集聚发展，新增明发商业广场、德盈国际广场等商务商贸设施面积246万平方米，引进艾德凯腾等一批优质生物医药项目和时代传媒等一批龙头型文化产业项目，生物医药产业销售收入由5亿元增加到27亿元，文化产业产值由3亿元增加到20亿元。服务业增加值由41.4亿元增加到111.4亿元，年均增幅28.1%。全区三次产业结构比由0.7:60.2:39.1调整到0.2:44.8:55，第三产业比重提高近15.9个百分点。以“1+3”产业为主导的现代城市经济体系基本形成。

*软件产业高速发展，竞争优势明显增强。*四年来，我们抢抓发展机遇，举全区之力，将信息软件产业作为“第一支柱产业”培育壮大。2011年，软件及信息服务业收入首次突破500亿元，达到520.5亿元，年均增幅79.6%，是2007年的10.4倍，软件产业总量在全市“三分天下有其一”。四年来，全区新增软件企业240家，总数达到277家；新增软件产业建筑面积200万平方米，总面积达到229万平方米；新引进软件人才4.8万人，总数达6万人。2011年，中国(南京)软件谷成功挂牌。全区上下乘势而上，迅速启动了70平方千米软件谷建设。高起点构建软件谷运行体制机制。按照打造“中国第一软件产业基地”的发展目标，积极借鉴国内外先进软件园区经验，借力世界顶级咨询公司，对软件谷进行策划，构建起“区谷联动”的运行体制机制，形成了“政府主导、公司化运作”的开发建设模式。高标准推进软件谷规划建设。按照“国际化、高端化、品牌化”的发展定位，完成了软件谷东园45平方千米控制性详规编制，实施了软件谷城市设计、紫金(雨花)科创特区规划及其一期16万平方米的改造。确定了宁丹路、凤渡路和滨江大道跨秦淮新河大桥等重点基础设施的建设方案。高质量推进软件谷择商引智。积极组团赴海内外招商，向世界全方位推介软件谷，成功引进了微软云计算、美国美满、戴尔、中以智慧园等国内外优质软件企业项目。集聚国家“千人计划”人才7人。引进领军型科技创业人才33人、科技创业家10人，分别占全市的10%和21%。高水平构建公共服务平台。IBM中国授权培训中心及SPSS研发中心、北大工学院南京研究院、省云计算中心等近30个公共服务平台相继挂牌运作。目前，一系列扶持软件产业发展的政策正加快聚焦，一批国家、省市软件公共服务平台正加快聚集，一批高端软件产业人才正加快聚合，雨花软件产业成为全市软件产业的核心力量。

*城建城管力度加大，城市功能大幅提升。*坚持以城市化带动区域现代化，现代化新城区建设步伐加快。规划编制力度进一步加大。先后完成了雨花台区新一轮城市总体规划及20多项专业规划的修编，实现了控制性详规全覆盖。完成了新一轮土地利用总体规划修编工作，全区新增建设用地指标1681.4公顷。城市基础设施日益健全。四年累计投入81亿元，建成西春路、宁丹路二期、天保立交等道路226.1千米，建成跨板桥河大桥等桥梁8座，完成农路改造60千米，全区规划道路实现率达到62.7%。累计建成变电站16座。建成春江新城自来水增压站。完成板桥集镇水系改造、丁墙河水系改造等一批水利工程。启动并实施小区雨污分流工程34个。新城建设和老城改造加快推进。宁南新区、板桥新城城市功能日益凸

显。宏图上水园、万科金色里程、凤凰和美、金地自在城等中高档楼盘相继建成,完成“城中村”改造项目11个,危旧房片区改造项目7个,房屋整治256幢,小区出新19个。经济适用房建设步伐加快,四年累计开工563万平方米、竣工343万平方米。四年累计完成京沪高铁、岱山保障房、火车南站地区等拆迁项目120多个、拆迁面积近600万平方米。生态雨花建设成效显著。累计投入12亿元,完成环梅山防护林等生态建设项目63个,完成花神大道等11条城市干道环境综合整治,人均公共绿地面积达到18.4平方米,森林覆盖率、城市绿化覆盖率分别达到26.2%、48.4%。加大“三高两低”污染企业治理力度,累计关停、搬迁污染企业24家,万元工业增加值综合能耗下降36%,环境质量综合指数达到82分,位居全市前列。城市管理水平显著提升。全面实施网格化巡防管理,城市长效管理机制基本建立。加强道路两侧违章建筑、违规广告牌和占道经营摊点的整治,全力服务高铁南京南站运营,城市精细化管理水平得到明显提升,连续四年获得全市城市管理优胜奖,在全市江南八区城市长效综合管理考核中位居前列。不断巩固全国文明城市创建成果,顺利通过全国文明城市复查。

*社会事业协调发展,人民生活显著改善。*始终把建设幸福雨花作为经济社会发展的出发点和落脚点,不断健全社会保障体系,加快发展各项社会事业。扎实做好为民办实事工作。累计投入15.4亿元,完成群众就业、就医等243件实事。千方百计提高城乡居民收入,2011年城镇居民人均可支配收入达到29321元,农民人均纯收入达到15013元、保持全市第一。社会保障体系更加健全。四年累计增加就业岗位4.78万个,实现就业再就业1.88万人次,开展各类职业技能培训2.95万人次,成功创建市级充分就业区。新型农村合作医疗实现全覆盖,人均筹资额由189元提高到486元,筹资水平居全市之首。城乡居民低保实现统筹同标,低保标准分别由300元、200元提高到500元,四年累计发放低保资金8650余万元。稳步推进失地人员进保工作。教育教学质量稳步提升。建成板桥中学高中部一期、西善花苑幼儿园等一批教育重点项目,培养了一批名师名校。雨花外国语小学成功创建南京市首批现代化小学,雨花台中学连续七年荣获全市高中发展性评估综合奖,我区被评为省教育现代化先进区、省义务教育均衡发展先进区。医疗卫生服务体系逐步完善。建成区公共卫生应急中心、新板桥医院等一批卫生重点项目,建成12个社区卫生服务精品站、7个三甲医院社区卫生指导基地和30个市级健康社区。雨花医院重新挂牌并提档升级。成功创建全国慢病综合防控示范区、全国社区中医药工作先进单位。开展了“瘦肉精”“地沟油”等专项整治活动,确保了全区人民饮食用药安全。文体事业蓬勃发展。四年新发展有线电视用户3.4万户,在全省率先实现城乡数字电视全覆盖。建成开放莲花湖体育公园等一批文体设施,城乡体育健身设施覆盖率达96%。累计举办全国航模公开赛等149场大型群众文体活动。成功举办区第五届运动会。顺利通过全国文化先进区、国家一级文化馆复查。社区建设成效显著。整合社区公共资源,提升社区服务功能,成功创建1个全国和谐社区建设示范街道、1个全国和谐示范社区、9个省级和谐社区建设示范社区(村),先后荣获全国农村社区建设实验全覆盖示范区、全国村务公开民主管理示范区等称号。景明佳园经济适用房社区管理经验在省、市推广。“平安雨花”建设取得新成效。安全生产保持良好态势,未发生重大安全生产责任事故。全面推行“大调解”、“大防控”机制,各类矛盾纠纷得到有效化解,社会和谐稳定,连续四年被评为省社会治安安全区。全面完成“五五普法”任务,被评为省市“五五”普法工作先进区、有功区。国资、旅游、物价、统计、工商、质监、档案、人武、人防、双拥、助残、对台、侨务、外事、保密、民族宗教、人口计生、妇女儿童、红十字、对口援助等各项工作取得新成绩。

*自身建设不断加强,政府服务更加高效。*依法行政,从严治政,政府行政效能和公共服务职能显著提升。依法行政能力显著增强。坚持区政府常务会议制度,重大问题集体讨论决定,做到科学决策、民主决策;认真执行人大及其常委会的决议、决定,自觉接受人大的监督,支持政协参政议政,认真做好人大代表建议和政协提案的办理工作,四年累计办理建议408件、提案664件。服务型政府建设取得实效。深入开展了政风行风评议活动,组织大型政风行风热线户外直播和热线互动活动,着力解决了一批群众关心的热点难点问题。扎实开展“12345”政府服务热线办理工作,累计答复群众诉求5731件,综合办结率达99.8%,综合满意率达81%。政府效能建设不断提升。强化公务员队伍能力建设,在全市率先探索建立经济指标差异化考核机制,大力推进事业单位用人招录工作和绩效工资改革,深入推进政事分开。扎实开展“百企走访”、“公务员下基层”等主题活动,切实转变政府工作作风。廉政建设深入推进。进一步规范政府投资工程招

投标管理、政府采购等工作。深入开展“拆迁公廉行动”,征收拆迁工作日益制度化、规范化。加大领导干部经济责任审计监督力度,规范财政财务收支,形成了勤政廉政的良好氛围。

各位代表,过去四年,我们经受了全球金融危机和全区产业转型的严峻考验,在经济发展质量、城乡面貌改善、社会建设成效、民生水平提升等方面,取得了突破性进展。这些成绩的取得,是市委、市政府和区委正确领导的结果,是全体人大代表、政协委员支持监督的结果,是全区干部群众团结奋斗的结果,也是社会各界关心帮助的结果。在此,我代表雨花台区人民政府,向在各行各业辛勤工作的全区人民,向区人大代表、政协委员,向为雨花经济社会发展作出贡献的驻区部队、企事业单位,向关心支持雨花工作的各民主党派、人民团体和社会各界人士,以及离退休老同志,表示衷心的感谢!

各位代表,回顾四年的发展历程,成就令人振奋,经验弥足珍贵:一是始终将科学发展作为第一要务。我们审时度势,抢抓机遇,坚持不懈用科学发展的新思想、新战略、新目标,动员和引领全区上下全力以赴,顽强拼搏,在建设现代化创新型生态新城区方面迈出了坚实的步伐,荣登全市基本现代化指标综合考评榜首。二是始终将项目建设作为第一抓手。狠抓重大项目推进,突出做优生态环境,着力增强城市功能,实现了区域综合竞争力的持续提升。特别是,我们紧紧抓住南京建设人才与软件名城的重大历史机遇,加快引进国内外一流软件项目,构筑了软件产业集聚发展的新优势。三是始终将改善民生作为第一追求。我们集中力量解决城乡居民最关心、最直接、最现实的利益问题,让改革发展成果最大限度地惠及人民群众,农民人均纯收入始终位居全市之首,卫生、民政、教育等社会事业蓬勃发展,走在了省市乃至全国的前列。四是始终将团结实干作为第一保障。用团结凝聚人心,以实干推动发展,形成干事创业的强大合力和浓厚氛围。这既是我们以往成功的经验和法宝,也是今后必须坚持的原则和方向。

总结本届政府四年来的工作,我们也存在一些问题和不足。主要有:全区整体经济规模仍然偏小,除软件业务收入在全市比重较大外,其他经济指标占全市的比重还较低;城市功能还不够完善,现代商务商贸业发展相对滞后,与软件产业迅速发展的需求相比,还有较大差距;社会管理创新不够,改革发展中长期积淀的一些社会矛盾未能有效化解;少数政府部门的责任意识和工作效能有待进一步提高等。对此,我们必须高度重视,采取有效措施切实加以解决。

今后五年发展思路和目标

未来五年,是倾全区之力,快速做大做强中国(南京)软件谷的关键五年,也是完成“十二五”各项目标任务,率先基本实现现代化、建成现代化创新型生态新城区的关键五年。南京深入开展“三争一创”实践活动、深入推进“三名城、三都市”建设,将为雨花创业创新创优增添新的活力。南部新城加快建设将把雨花从南京地理中心变成真正意义上的城市新中心,青奥会在南京举办将加速雨花城市面貌的整体提升,南京南站全面运营将促进雨花高端商务商贸业加快发展。市委、市政府将我区定位为软件名城的“核心区、标志区”,必将助推雨花成为全市科学发展的生力军和排头兵。可以预见,未来五年,将是雨花站在新的历史起点,抢抓重大战略机遇,推进跨越发展、转型发展的黄金发展期。同时,我们也清醒地看到,未来五年,受国家宏观调控趋紧、省市加快产业转型升级等因素的影响,全区资源、环境瓶颈的制约和财政供给的压力将更加突出,转型发展、城市建设、民生改善和社会稳定的任务将更加繁重。我们必须用更加智慧、科学、理性的办法,推进“稳增长、抓创新、调结构、促和谐”等各项重点工作,保持全区经济社会平稳较快发展。

做好未来五年的工作,关键是要坚持“五个发展”的理念:一是坚持创新发展。将创新作为发展的核心驱动力,坚持人才引领,集聚创新要素,完善创新体系,促进人才创新创业,实现创新型、服务型经济的新跃升。二是坚持跨越发展。立足区情,重点突破,倾全区之力打造中国(南京)软件谷,加快集聚发展要素,初步建成中国软件名城核心区、标志区,实现软件及信息服务业收入从全市“三分天下有其一”向“半壁江山”的新跨越。三是坚持转型发展。在发展中促转型、在转型中谋发展,以更大的力度调结构、促转型,增创区域发展新优势,重点加快发展现代服务业和文化创意、生物医药等新兴产业,实现现代服务业和战略性新兴产业在雨花的新聚合。四是坚持绿色发展。发挥生态优势,释放生态效益,大力发展低碳产业,切实增强可持续发展能力,提高生态文明水平,实现创新创业环境的新提升。五是坚持和谐发展。突出以民为本、执政为民,加大公共服务投入,大力完善社会保障体系,着力提升民生幸福指数,让更多雨花群众共享跨越发展的新成果。

今后五年,政府工作的总体思路是:坚持以邓小平理论和“三个代表”重要思想为指导,深入贯彻科学发展观,全面落实区第十次党代会精神,抢抓机遇,争当第一,以率先基本实现现代化为目标,以深入实施“五项工程”为总揽,以加快建设中国(南京)软件谷为核心,以推进民生幸福事业为基础,加快构建现代产业体系、城市功能体系、科技创新体系、社会保障体系和公共服务体系,打造中国第一软件产业基地,保持综合实力位列南京第一方阵,把雨花建设成为现代化创新型生态新城区。

未来五年,雨花要全面完成“十二五”各项经济社会发展目标,并为“十三五”发展奠定坚实基础:

——*综合实力跨越增长*。到2016年,全区地区生产总值实现翻番,年均增长13%;第三产业增加值占GDP比重提高到78%;地方一般预算收入突破50亿元,年均增长15%;社会消费品零售总额达到350亿元,年均增长18%。区域综合实力保持南京城区前列。

——*软件谷初步建成*。到2016年,软件谷建设成为中国软件产业集聚度最高、配套设施最完善、服务功能最强、发展质量最好的软件产业基地,成为“中国第一软件产业基地”、南京人才与软件名城“核心区、标志区”。软件及信息服务业收入突破2000亿元,占全市50%以上。成功创建国家级高新技术开发区。

——*创新能力大幅增强*。到2016年,全社会研究与发展经费投入占GDP比重超过5%,人力资本投资占GDP比重达到17%。科技创新体系更加健全,形成一批拥有自主知识产权和知名品牌的优势企业,百亿元GDP专利授权数达到370件以上,自主知识产权数超过1100件,省市著名商标及自主产品品牌超过100件。在集聚国家“千人计划”人才、培养科技创业家和引进领军型科技创业人才等方面取得新突破。

——*城市品质显著提升*。加快宁南地区城市现代化进程,推进板桥新城区域中心建设,全面建成布局优化、设施健全,功能完善、管理科学的现代化生态新城区。到2016年,实现城市化率97%,建成现代化的交通路网,供水、供电、供气、排水、排污等基础设施健全,规划道路实现率达63.2%,城市生活垃圾无害化处理率达98%,城市信息化指数达92分以上。城市管理更加高效有序。

——*生态环境更加优良*。全面完成“生态新城”工程各项目标任务,实现经济发展与生态建设的相互促进,城市建设与生态保护相互协调,资源节约型和环境友好型社会基本建成。到2016年,环境质量综合指数提高到85分以上;万元工业增加值综合能耗下降15%;林木覆盖率提高到30%,城市绿化覆盖率提高到48.9%,城区人均公共绿地面积达到20.8平方米。

——*人民生活富裕安康*。基本完成“116”民生幸福工程体系建设,群众幸福感和满意度显著提高。到2016年,城镇居民人均可支配收入达5.64万元,农民人均纯收入达到2.8万元;年新增城镇就业7800人,城镇登记失业率控制在3.5%以下;基本社会保障覆盖率达到99%以上。人民群众的收入水平、消费能力、生活质量和幸福指数普遍提升。

——*社会建设全面加强*。文明城市、和谐社区建设内涵更加丰富。法治雨花、平安雨花建设水平显著提高。社会事业更加协调发展,公共服务更加完善。到2016年,全社会教育支出占地区生产总值的4%,市民文化消费占可支配收入的0.7%以上,全社会文明素质普遍提高。居民平均预期寿命78岁以上;万人医生数超过22人;人民群众公共安全感达到90%以上。

2012年主要目标任务

2012年是实施“十二五”规划承上启下的重要一年,也是新一届政府的开局之年,更是全面实施“五项工程”、迅速推进软件谷开发建设的关键之年。全区经济社会发展的主要目标如下:地区生产总值增长13%,其中服务业增加值增长18%;地方一般预算收入增长15%;实现软件及信息服业收入640亿元;全社会固定资产投资240亿元;社会消费品零售总额增长20%;万元工业增加值综合能耗下降7.5%;城镇居民人均可支配收入增长14%;农民人均纯收入增长14%;城镇登记失业率控制在3.5%以下。

为实现上述目标,新一届政府将按照区第十次党代会精神,着重做好以下五个方面工作:

一、加快转型升级步伐,构建现代产业体系

加快构建“1+3”产业体系,大力发展以现代服务业为主导的城市经济,促进区域经济发展跃上新台阶。

巩固软件产业发展优势。加快引进国内外领军型、骨干型软件企业,促进中小软件企业裂变成长,积极孵化创新型、成长型本土企业,推动产业链向高端延伸,加快形成“大软件”产业发展格局。确保软件及信息服务业收入640亿元;实现服务外包执行额13

亿美元，其中离岸外包执行额6亿美元；新引进涉软企业40家；新增软件产业建筑面积35万平方米、软件从业人员1万人；新增认定软件企业44家；新增自主品牌4件；完成发明专利申请量660件，发明专利授权量230件。

推动高端商务商贸业提速发展。以建成服务功能完善、运作模式与国际接轨的商务商贸中心为目标，高起点规划建设南京南站周边高端商务商贸区。加快建设紫荆商业广场、善水湾商业街等41个重点商务商贸项目，推进软件谷A8地块商业项目的策划与运作，加快开发区国际汽贸区规划建设。全年新增商务商贸设施面积60万平方米，新增总部企业20家，新增500万元以上税收楼宇7幢。

加快先进制造业转型升级。引导和支持制造业内部活动服务化、服务活动外部化、外部交易市场化，以研发、创新和增值为重点，加快“千企升级”和两化融合步伐。大力推进梅钢发展转型，加大徐工集团、圣戈班等项目的推进力度，尽快形成对全区经济的有效支撑，努力实现制造业优化升级、质量提高、效益提升。全区培育国家高新技术企业、创新型企业6家，规模以上工业增加值增长8%，高新技术产业产值占规模以上工业总产值比重提高2个百分点。

实现战略性新兴产业倍增。重点建设泰融医药创新园、健康医药产业园、西善桥生物医药孵化园等项目，打造赛虹桥、西善桥生物医药发展集聚区，全区生物医药产业销售收入力争超过30亿元。高标准完成国家数字出版基地发展规划。加快宝德科技、新华传媒和中国移动游戏基地等一批文化创意项目建设，重点打造互联网软件产业园等七大文化产业园区，促进全区文化产业发展质量提升、总量扩张，全年实现文化产业产值突破40亿元。

提升择商选资和企业服务水平。围绕“1+3”现代产业体系，创新招商引资方式，不断提升招商国际化水平。全年确保引进规模以上项目120个、签约项目计划总投资150亿元，新增注册资本35亿元，注册外资实际到账1.4亿美元。积极落实各项扶持政策，完善金融服务体系，解决企业实际困难，着力优化企业发展环境。

二、依托创新驱动引擎，狠抓软件谷早出形象

软件谷是全区经济发展的“主战场”、软件名城建设重点承载区，必须聚焦环境抓提升、紧盯项目抓建设，全力以赴狠抓软件谷早出形象、快出效益。

全面拉开软件谷建设框架。完成宁丹路拓宽改造工程。推进冯韦、定坊启动区等地块的拆迁，适时推进杨家坟国际总部区的拆迁，全年完成拆迁面积77万平方米。尽快启动滨江大道跨秦淮新河大桥、凤渡路等工程建设。加强软件大道沿线、大周路和中心河等周边环境整治，加快道路、水电、通信等基础配套设施建设。

加大重点软件项目推进力度。全面梳理在手重点软件项目，大力提升国际化招商水平，加快推进美国微软、德国SAP等国际一流软件项目落户。着力推进戴尔采购中心、中兴三区一期、海能达等一批新签约项目完成用地招拍挂，尽快开工建设。加快邦宁科技、中兴技术研发等25个在建项目建设。积极推进中国移动手机游戏基地、丰盛软件园投入使用。全年确保实现10个以上重点软件项目竣工投产，12个以上重点软件项目主体建成。

加快集聚创新要素。建立健全公共服务平台体系，积极引进云端虚拟孵化器、中科院声学所、软研所创新中心，加快市软件产业综合服务中心、软件国际交流合作中心等一批公共平台的规划建设，大力推进省软件质检中心挂牌，推动赛联研究院、省云计算中心投入运营，建成南京软件产业博览馆。加快软件人才公寓的规划建设。加强科技人才队伍建设，大力培养和引进一批国家“千人计划”人才、领军型科技创业人才和科技创业家。积极争取国家、省市政策支持，让支撑创新发展的各类要素加快向软件谷集聚。

加快实施园区化、专业化、企业化管理。全力推动科技、资本、人才加速向园区汇聚。强化科创特区的运营和管理，快速实施开发区16万平米科创中心改造并完成招商。推进46万平方米明发楼宇的改造转型，并完成50%以上的招商任务。坚持“移栽大树”和“育苗造林”并举，全年确保引进创新创业类企业200家以上。按照现代企业制度的原则，切实强化软件谷发展公司投融资、资产管理和商业运行功能，推进发展公司向多元化、集团化方向发展。积极探索发行信托、企业债及引进BT等多种融资方式，为软件谷开发建设提供有效资金保障。迅速启动数字出版园区投资发展公司注册和运营，以凤凰传媒等重大项目落户为契机，加大项目引进力度，确保全年新引进数字出版类优质项目8家，着力培育软件谷新兴增长点。

三、加快融入主城步伐，全面提升城市功能

深入实施“生态新城”工程，彰显新型城区特色，提升城市管理水平，打造南部城市新中心。

大力完善城市基础设施。全年计划投资9.8亿元，建设岱山南路等城市道路15条。建成城南污水处理厂、铁心桥中心小学片区等给排水项目8个。大力实施长江干堤防洪能力提升工程,加快推进板桥河、江宁河河道综合治理和板桥河闸扩建等一批重点水利工程,提升全区防讯排涝能力。加快推进赛虹桥、铁心桥、西善桥等地区的雨污分流和街巷出新工程。加大雨花大道、凤台南路等主次干道、农民集中居住区等环境综合整治力度,营造全区整洁优美环境。

加快推进新城建设和旧城改造。加快推进板桥新城在手地块的挂牌运作,稳步推进金域华府、朗诗绿色街区等中高档商住项目建设,建成花样年、金地乐活大街等商业街区。加快建设跨秦淮新河大桥,启动开发区城市森林项目,大力提升板桥新城辐射带动功能。加快推进贾西、板桥绿洲南路等8个经济适用房项目建设,确保全年开工6万平方米、竣工22万平方米。全面启动安德门、小行里、王家村等12个“城中村”改造和建通片区危旧房改造。全力实施“双百”拆迁行动,完成梅山环保搬迁、宁南站东路等项目拆迁35个、拆迁面积100万平方米。

切实提升生态环境水平。深入实施生态雨花建设规划,以宁南、铁心桥、板桥为重点,加快建设“生态湿地、防护林、生态林”三大工程,完成绿化造林500亩以上,新增绿地15万平方米,林木覆盖率达29.7%。完成宁丹路、长虹路等沿线绿化工程改造,加快推进秦淮新河百里风光带雨花段绿化建设、莲花湖公园周边绿化等工程。全力实施“清水蓝天”工程,加大建筑工地、道路扬尘和工业粉尘、烟气整治力度,加大重点企业节能减排力度,促进“三高两低”污染企业关停搬迁,全年关停“三高两低”污染企业11家,万元工业增加值综合能耗下降7.5%。实施污染物排放总量控制,单位GDP氮氧化物、二氧化硫排放强度等指标控制在市下达指标以内,环境质量综合指数达到83分。

着力提升城市管理水平。坚持建管并重,着力完善网格化巡防机制,建立健全及时发现问题、及时整改问题的自我管理、自我纠偏机制。不断提升城市精细化管理水平,深入推进主次干道出新整治工作,加大占道经营、控违拆违、渣土车管理等重难点问题整治力度。积极探索实施智慧城区工程,建成并启用市、区、街一体共享的数字化城管考评体系,全面巩固文明城市创建复查成果,打造一流宜居宜业空间,在全市城市长效管理考核中继续保持前列。

四、优先发展民生事业,加快建设幸福雨花

坚持“民生为先”的发展理念,紧紧围绕“116”民生幸福工程体系,突出工作重点,强化执行落实,不断提高居民幸福指数和满意度。

千方百计促进就业。把促进就业作为民生之本,坚持就业、创业双轮驱动,全面落实小额信贷、种子基金等各项创业扶持政策,加快构建多元化、多层次的创业就业服务体系,全年扶持自主创业600人,创业带动就业5000人次。深化职业技能“订单式”特色培训,全年开展各类职业技能培训5800人次。新增城镇就业7800人,其中城镇单位就业4600人。农村劳动力转移就业1500人次。城镇登记失业率控制在3.5%以下。以就业促增收,深入实施城乡居民收入“双倍增计划”,全年城镇居民人均可支配收入达到33426元,农民人均纯收入达到17115元。

加快完善社会保障体系。加大社会保险扩面征缴力度,加快推进失地农民进保工作,城镇养老保险覆盖率达到99.1%。进一步提高新型农村合作医疗筹资水平,全年人均筹资额提高到500元,受益面达90%以上。逐步提高城乡低保标准,及时足额发放低保金,切实保障低收入群体生活。不断强化社区居家养老服务网络建设,实现社区居家养老服务中心全覆盖。完善社会救助体系,健全最低生活保障资金投入自然增长机制。加大保障性住房建设力度,提高低收入群体住房保障能力。

促进社会事业全面协调发展。坚持教育优先,深入实施名师、名校工程,加强名师培养和骨干教师队伍建设,进一步提高教育教学质量。加快板桥中学扩建二期工程建设,推进雨花外国语小学扩建工程,着力解决群众关心的入托入园难问题,创建省优质幼儿园2所、省平安校园3所,努力创建省义务教育优质均衡改革发展示范区。扎实推进全民健康工程,继续深化医药卫生体制改革,推进公共卫生体系建设。全面启动雨花医院二甲创建工作,推进新板桥医院全面投入使用,新建宁南社区卫生服务中心及翠岛花城、西善花苑两个社区卫生服务精品站,积极创建“国家级血吸虫病传播阻断标准”达标区。不断丰富群众文化体育生活,建设一批文化设施和文化阵地,积极打造群众文艺精品,不断提升群众文化生活质量,每万人拥有公共文化设施面积达921平方米,全年创建1家省级公共文化服务体系示范街道,新发展有线电视用户6000户,举办大型群众文化活动38场次,送电影进社区(村)300场次。

维护社会和谐稳定。加强和创新社会管理,完善“一委一居一站一办”、多类型社会组织参与的“4+x”社

区管理体系,推进扁平化、网格化管理,全区85%的城乡社区达到省级和谐社区建设标准。强化食品药品监管,确保公众食品药品安全。全面落实安全生产责任制,积极推进企业安全生产标准化,扎实开展市“安全街镇”创建活动,加强安全隐患排查和治理,确保全区安全生产形势总体平稳。深入推进平安雨花、法治雨花建设,着力化解社会矛盾,推进公正廉洁执法,认真落实领导干部“三访一包”制度,确保社会和谐稳定。

五、大力推进作风建设,打造高效务实政府

推动科学发展、建设幸福雨花,人民寄予厚望,政府责任重大。我们必须以敢于担当的勇气,善打硬仗的锐气,进一步转变政府职能,加强自身建设,切实提高服务发展和管理社会的能力,不断优化科学发展的软环境。

打造奋发有为、敢于负责的政府。始终保持勇于担当、敢于担当、善于担当的良好精神状态。全面营造顾全大局、甘于奉献、共谋发展的工作氛围。坚持以发展为己任,在项目建设、拆迁拆违、社会稳定等重点难点工作面前,不退缩、不回避,大胆创新,勇破难题。努力打造一支主动谋事、积极作为、群众信赖的公务员队伍,不断提升工作效能,确保政府各项目标任务顺利完成。

打造求真务实、执行有力的政府。大力倡导立说立行、硬朗高效的工作作风,引导广大干部集中精力谋大事,集中时间抓要事,集中力量干实事。对重点工作、重点项目、重点工程,强力推进,务求实效,确保问题在一线解决、工作在一线落实、任务在一线完成。切实加大督查问责力度,坚决消除办事拖拉、中层梗阻等现象,确保各项决策决定执行到位。建立健全雨花基本现代化指标考核体系,推行个性化、差异化考核办法,用科学的考核办法确保各项工作任务的高效落实。

打造以人为本、为民谋利的政府。进一步规范行政权力运行机制,推进电子政务系统建设,加快推进行政事务网上运行。深入开展“四解四促”[10]、“公务员下基层”活动,充分利用区长信箱、网络问政、群众来访等渠道,广泛听取人民群众意见和建议。充分发挥“12345”政府服务热线作用,扎实提高群众诉求“办结率、满意率”,使之成为政府联系群众最重要、最畅通、最便捷的渠道。继续办好“政风行风热线进社区”活动,不断完善政风行风媒体监督联动机制,及时有效解决群众关心的热点难点问题。

打造依法行政、风清气正的政府。提高依法行政能力,建立和完善重大问题集体决策制度、专家咨询制度、公示听证制度和决策责任制度,增强政府决策的公开性、透明度和科学性。认真接受人大及其常委会的监督,主动报告工作;积极支持人民政协履行政治协商、民主监督、参政议政职能;广泛听取各民主党派、工商联、无党派人士以及各人民团体的意见和建议,切实办好人大代表、政协委员各类建议、议案和提案。深入开展“六五”普法,继续推进行政执法规范化建设,不断提高行政执法效能。进一步健全预防和惩治腐败体系,完善领导干部廉洁从政的长效机制。加强部门预算和非税收入管理,实施国库集中支付制度。深入推进事业单位绩效工资改革。严格招投标监管。加强行政监察、财政监管和审计监督,确保行政权力在阳光下运行。

各位代表,雨花大发展、大建设、大跨越的宏伟蓝图已经绘就。时代赋予重任,奋斗铸就辉煌!让我们在市委、市政府和区委的正确领导下,在区人大、区政协的支持监督下,进一步解放思想,开拓创新,求真务实,团结奋进,以优异的成绩迎接党的十八大胜利召开,为早日建成现代化创新型生态新城区而努力奋斗!

注释:

综合考评:即率先基本实现现代化指标体系综合考评。市委、市政府以着力破解现代化进程中的突出矛盾和问题为突破口,以提高人民群众的认可度为重要评价标准,制定的具有南京特点的发展模式和实践样本。涵盖经济发展、人民生活、社会发展、生态环境四大类三十六个指标。其中,区县综合考评由共性目标和个性目标两部分组成。共性目标主要是落实市率先基本实现现代化目标要求,包括市率先基本实现现代化指标体系区县年度分解目标要求以及年度人代会目标,相关过程性支撑目标,市委、市政府重大决策部署所确定的年度目标任务。个性目标体现特色发展要求,根据区县资源禀赋及主导功能定位,实施分类指导,设置区县主导产业功能相关指标、重点工作、重点项目和工程。重点开发区和功能区作为区县特色功能载体,纳入所在区县个性目标体系中。

以“1+3”产业为主导的现代城市经济体系:以软件和信息服务业为主导,统筹和助推高端商务商贸业、服务型制造业和以生物医药、文化创意为主的战略性新兴产业协调发展,促进产业整体水平全面提升。

国家“千人计划”:所谓“千人计划”指的是中国将在未来5到10年内吸引千名左右海外高层次人才到中

国工作，并建立40至50个海外高层次人才创新基地，所以也称为海外高层次人才引进计划。

“三争一创”：市十三次党代会提出，要争当科学发展、改革创新、和谐稳定“首位市”和争创党的建设“先进市”。

南京“三名城、三都市”建设：市第十三次党代会提出，未来南京要建设“三名城、三都市、一乡村”，现代化国际性人文绿都。其中，三名城：即打造中国人才与科技创新名城、软件与新兴产业名城、航运(空)与综合枢纽名城；三都市：即把南京都市区建成独具魅力的人文都市、绿色都市、幸福都市。

“五项工程”：2011年8月，区第十次党代会提出，即，实施“1+3产业”工程，构建最具竞争力的现代产业体系；实施“生态新城”工程，打造功能完善、品质一流的发展载体；实施“软件谷”工程，建设中国第一软件产业基地；实施“和谐社会”工程，建设生活富裕、社会安定的幸福雨花；全面推进党的建设新的伟大工程。

“116”民生幸福工程体系：2011年8月，区第十次党代会提出，要构建“116”民生幸福工程体系。第一个“1”是一个目标，就是城乡居民增收，确保实现农民人均纯收入5年倍增，城市居民收入6年倍增。第二个“1”是一个保障，就是公共安全体系，健全安全生产监督管理体系、食品安全保障体系和公共安全保障体系，确保群众生命财产安全，确保社会和谐稳定。“6”是“六大保障体系”，重点构建终身教育、就业服务、社会保障、基本医疗卫生、住房保障、养老服务六大保障体系。此是民生幸福工程的基础。

BT：BT(Build—Transfer，建设一移交)模式是由项目发起方通过招标的方式确定投资方，然后由投资方负责项目资金筹措和工程建设，并承担项目的建设风险，项目建成竣工验收合格后，项目发起方按照签署的回购协议接管项目，并向投资方支付回购价款的一种融资建设方式。引入BT模式，可实现投资多元化，有效缓解政府财政压力，通过合理分散风险、共享利益和明确权责，有效提高建设效率和管理效率。

“一委一居一站一办”：为了有效提升社区公共服务效率与管理水平，2011年8月起，江苏省全面推广“一委一居一站一办”社区组织架构。“一委”即党委，“一居”即居委会、“一站”即管理服务站、“一办”即综合治理办公室。在这一新型社区治理架构下，居委会有望从原先承担的繁重行政事务中解脱出来，集中精力组织发动群众，搞好社区自治。

“四解四促”活动：按照省、市委关于开展领导干部下基层的统一要求，去年，南京市开展了“了解社情民意、破解发展难题、化解社会矛盾、力解机制束缚，促进干群关系融洽、促进基层发展稳定、促进机关作风转变、促进机关执行力提升”为主题的“四解四促”活动。

水景辉映

雨花年鉴 2012

专　文

现代化雨花建设研究报告

区发改局

(2011 年 3 月)

前言:本报告根据区委关于开展重点课题研究的工作部署,针对雨花现代化创新型生态新城区的建设任务,在深入研究国内外现代化理论实践以及衡量标准的基础上,系统性、前瞻性、创造性地提出了现代化雨花建设的一个目标、三条路径、四大战略、十三项举措以及一个衡量现代化水平的指标评价体系,旨在为区委区政府科学决策提供依据和参考。

第一部分 现代化概念及衡量标准

一、现代化的概念和进程

(一)现代化概念

现代化是经济社会发展的一种概念,是指从传统社会向现代社会发展的过程,以及这种发展过程的结果。现代化的内涵和外延是动态的,根据国内外的研究,现代化的基本涵义归纳为两种表述:一是指人类从传统的农业社会向工业社会的转变过程;二是指人类从传统社会向现代社会的转变进程。现代化具有进步性、变革性、动态性、相对性、渐进性、全球性和区域性等本质特征。

20 世纪 50 年代以来, 西方历时 50 年形成了经典现代化理论体系,认为:从农业经济向工业经济、农业社会向工业社会、农业文明向工业文明转变的历史过程就是现代化。此后,相继出现生态现代化、再现代化、继续现代化等理论,不断充实现代化理论。

我国众多专家学者广泛开展了现代化理论研究。具有指导意义的是把世界现代化进程划分为第一次和第二次现代化两个阶段的“第二次现代化理论”(见图 1), 和以此为依据的发展中国家以赶上发达国家第二次现代化发展水平为阶段性目标、两次现代化协调发展的“综合现代化模式”。

图 1 第二次现代化理论

(二)现代化进程

现代化运动起源于 18 世纪后期, 经历了蒸汽机时代(18 世纪后期~19 世纪中叶)、电气时代(1870~1913 年)、互联网时代(1946~1970 年)、知识化时代(1970 年~至今)四次大的浪潮(见图 2)。

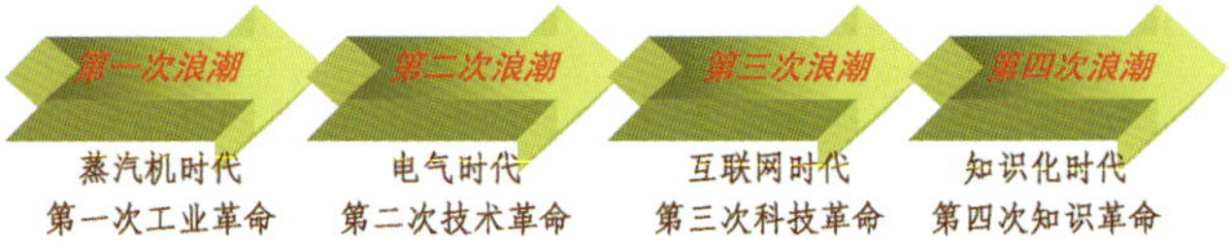

图 2 世界现代化运动四次浪潮

第一次浪潮:引导人类社会由农业文明进入工业文明时代。

第二次浪潮:电的广泛应用开辟了一个新的经济技术时代。

第三次浪潮:以原子能、电子计算机和空间技术的广泛应用为主要标志,涉及诸多领域信息控制技术革命, 世界不同发展程度的国家分别进入现代化的初、中、高级阶段。

第四次浪潮:由知识革命推动,全球由工业化转入知识化、工业经济转为知识经济形态。发达国家第四次浪潮预计在 2020 年前后结束。

据中国科学院 2011 年 1 月 16 日发布的《2011 中国现代化报告》认为:中国目前属于发展中国家里的初等发达国家,居发展中国家中间水平,处于第一次现代化的成熟期,有些地区已进入第二次现代化,多数地区尚处于第一次现代化。中国可选择综合现代化路径,两次现代化协调发展并加速向第二次现代化转型,以迎头赶上 21 世纪后期的世界先进水平。

现代化历史进程和理论观点都显示:现代化是由科学技术、知识经济等最先进因素推动社会进步的过程。

二、现代化评价指标体系和衡量标准

现代化是一个涉及经济、社会、政治、环境、文化的复杂系统,目前国内外尚未形成统一、公认的指标体系和衡量标准。

(一)国际现代化指标体系和标准简介

国际上现代化指标体系,主要包括美国英格尔斯的11项指标、世界银行和联合国划分高中低收入国家的标准、日本箱根"国际现代化会议"提出的8项标准等。国际上的具有代表性的现代化指标体系,侧重于工业化、城市化和民主化方面,难以反映当前时代特征和未来发展趋势,特别是在城市现代化指标体系上缺乏系统研究。比较常用的是美国英格尔斯现代化11个评价指标和标准。

英格尔斯现代化评价指标体系(1970年)

表1

指　　标	单位	标准值
1.人均国内生产总值	美元	>3000
2.农业增加值占GDP比重	%	<15
3.服务业增加值占GDP比重	%	>45
4.非农业从业人员占全部从业人员比重	%	>70
5.城市化水平(城市人口占总人口比例)	%	>50
6.成人识字率	%	>80
7.大学入学率(在校大学生占20~24岁人口比例)	%	10~15
8.每个医生服务的人数	人	<1000
9.人口平均预期寿命	岁	>70
10.婴儿死亡率	%	<3
11.人口自然增长率	‰	<1

(二)国内现代化衡量指标体系综述

中国社会科学院、中国科学院等对中国现代化标准,北京、天津、重庆、江苏、浙江、广东、福建以及深圳、苏州、常州、昆明、南通等就省市基本现代化指标体系进行了系统化的研究。

对比中国社会科学院以及江苏、浙江、南通、深圳等省市的基本现代化指标体系,可以看出,国内制定的现代化衡量评价指标体系出现新的趋势和特点:一是涵盖面越来越广。二是定性与定量结合。三是具有动态性。四是由单项趋向综合。五是体现时代特征。六是呈区域性特点。

三、雨花基本现代化衡量指标体系综述

2007年,雨花台区首次研究制定《雨花台区基本现代化指标体系》。该体系共分为经济发展、社会发展、城市发展、可持续发展、和谐发展五大类37项指标。

该指标体系的设计,为雨花前期的经济社会发展起到了较好地导向、评价作用。模拟测算表明:雨花现

雨花台区基本现代化指标体系及2010年模拟测算

表2

指标名称	单　位	权　重	参照值	2010年数值	2010年得分
一、经济发展	-	35	-	-	-
1.人均生产总值	美元	4	10000	8200	3.28
2.人均财政收入(户籍人口)	元	3	25000	17870	2.14
3.其中:人均一般预算收入	元	2	10000	8700	1.74
4.第三产业增加值占生产总值比重	%	3	≥60	52.4	2.62
5.软件企业增加值占GDP比重	%	3	≥40	30	2.25
6.软件服务外包收入占软件业销售收入比重	%	2	≥10	8	1.6
7.工业高新技术企业产值占工业总产值比重	%	2	≥30	26	1.73
8.经济外向度	-	2	≥20	17	1.7
9.文化产业增加值占GDP比重	%	2	≥6	1.6	1.53
10.R&D经费支出占生产总值比率	%	2	≥2.6	2.5	1.92
11.万人专利申请数	件	2	30	14	0.93
12.农村居民人均纯收入	元	4	>13000	12628	3.89
13.城镇居民人均可支配收入	元	4	>26000	25543	3.93
二、社会发展	-	28	-	-	-
14.全社会教育支出占生产总值比重	%	3	≥3.2	2.5	2.4
15.19周岁人口高等教育毛入学率	%	3	≥55	60	3

续表

指标名称	单　位	权　重	参照值	2010年数值	2010年得分
16.信息化综合指数	%	3	≥200	80	1.2
17.社会保险覆盖率	%	–	–	–	–
其中:城镇保险覆盖率	–	2	≥98	98.5	2
农民保险覆盖率	–	2	≥95	>95	2
18.城镇登记失业率	%	4	≤3.4	3.4	4
19.平均预期寿命	岁	2	≥78	78	2
20.万人医生数	人	2	≥30	30	2
21.婴儿死亡率	‰	2	≤3	3	2
22.人均住房使用面积	平方米	2	≥25	24.8	1.98
23.恩格尔系数	%	3	≤30	30	3
三、城市发展	–	12	–	–	–
24.城市人口比重	%	2	≥95	87	1.83
25.规划道路实现率	%	3	≥95	62.6	1.98
26.城市公共交通分担率	%	3	≥24	20	2.5
27.城市生活污水处理率	%	2	≥80	85	2
28.城市生活垃圾无害化处理率	%	2	≥98	98	2
四、可持续发展	–	13	–	–	–
29.每平方公里土地生产总值	万美元	2	≥3000	1940	1.29
30.万元生产总值能耗	千克标准煤	3	≤1200	1654	2.18
31.环保投入占生产总值比重	%	3	≥3	2	2
32.环境质量综合指数	分	3	≥90	82	2.73
33.城市绿化覆盖率	%	2	≥49	48.3	1.97
五、和谐发展	–	12	–	–	–
34.基尼系数	–	4	≤0.3	0.335	3.58
35.万人律师数(按户籍人口计算)	人	2	≥4	3.2	1.6
36.每万人刑事案件发生率	万分之	3	≤60	58	3
37.文明、和谐社区(村)占总社区(村)比重	%	3	≥85	80	2.82
合　计	–	100	–	–	86.32

代化发展，到2010年共有11项指标达到目标值,26项指标未达目标值,总得分86.32分,与基本现代化还有一定差距。

第二部分　现代化雨花建设目标及指标体系构建

一、雨花现代化历史进程

雨花现代化进程分为三个阶段。

第一阶段:起步阶段(1981~1990年)。该阶段特点是传统农业逐渐萎缩,乡镇工业加速发展并成为雨花发展新动力,二产比重超过并取代一产。雨花由农业经济向乡镇型工业经济、传统农村向郊区第一次转型,社会发展由贫困向温饱社会进步。

第二阶段:加速阶段(1991~2000年)。该阶段特点是一产比重持续大幅下降,初级工业化向新型工业化升级，并主导雨花发展，三次产业增加值比重由1991年的29.2:42.6:28.2调整为2000年的8.7:69:22.3。雨花由乡镇工业经济向新型工业经济、郊区向城乡结合部第二次转型,社会发展由温饱向小康社会迈进。

第三阶段:提升阶段(2001~2010年)。该阶段特点是信息软件产业发展迅猛,第三产业成为推动雨花发展的主动力。2010年三次产业结构调整为0.3:47.3:52.4,工业主导向二、三产业并重转变,标志着雨花由工业化向服务化、城乡结合部向主城区跨越的第三次重大转型,社会发展由小康社会向更高水平小康和基

国内部分省市基本现代化指标体系

表3

	中国社会科学院	江苏省	浙江省	南通市	深圳市
指标体系	中国社会科学院2000年确定的现代化指标体系 一、经济发展 1.人均GDP 2.人均地方财政收入 3.工业企业总资产贡献率 4.人均固定资产投资额 5.人均实际利用外资 二、社会发展 6.非农人口占总人口比重 7.第三产业从业人员比重 8.人口自然增长率 9.每万职工拥有专业技术人员数 10.人均教育经费 11.每万人口在校大学生数 三、生活质量 12.城镇居民人均可支配收入 13.恩格尔系数 14.人均住房使用面积 15.人均生活用电量 16.每百户拥有电话 17.每百户拥有电脑 18.每万人拥有医生数 19.平均预期寿命 20.人均储蓄余额 四、基础设施与环境保护 21.人均生活用水量 22.人均道路面积 23.绿化覆盖率 24.空气污染综合指数 25.工业废水排放达标率	《江苏省基本实现现代化评价指标体系（到2020年）》 一、经济发展现代化 1.人均GDP 2.外贸依存度 3.工业科技进步贡献率 农业科技进步贡献率 二、社会结构现代化 4.农业增加值占GDP比重 5.第三产业增加值占GDP比重 6.城市化水平 7.非农业劳动者占社会劳动者比重 三、国民素质优良化 8.人均预期寿命 9.平均受教育年限 10.适龄青年高等教育入学率 11.每千人拥有医生数 四、生活质量现代化 12.恩格尔系数 13.收入分配指数 城镇居民人均可支配收入 农民人均纯收入 城乡居民收入比 14.人均居住面积 15.信息化指数 五、社会发展协调化 16.人口自然增长率 17.社会保险覆盖率 18.失业率 19.贫富差距 20.“三废”综合治理率	1998年制定的《浙江省基本实现现代化评价指标体系（到2020年）》 一、经济发展 1.人均GDP 2.农业增加值占GDP的比重 3.第三产业增加值占GDP的比重 二、社会结构 4.城市化水平 5.非农产业从业人口占全部从业人口比重 三、国民素质 6.R&D经费占GDP比重 7.大学入学率 8.公共教育经费占GDP比重 四、生活质量和社会事业 9.恩格尔系数 10.社会保险覆盖率 11.每千人拥有医生数 12.环境综合评分	2010年制定的《南通基本现代化指标体系》 一、经济发展 1.人均GDP 2.知识产业占整个产业的比重 3.万元GDP能耗 4.创业比率 二、社会进步 5.城市化率 6.基尼系数 7.社会保险覆盖率 8.社会平安指数 9.常住外籍人口占总人口比重 三、科技创新 10.R&D投入占GDP比重 11.万人科技人员数 12.万人发明专利授权数 13.万人互联网用户数 四、生态环境 14.万人公交车辆拥有量 15.人均公共绿地面积 16.二氧化碳排放强度 17.万人拥有文化体育设施面积 五、居民素质 18.高等教育毛入学率 19.人均受教育年限 20.平均预期寿命 21.恩格尔系数	2004年制定的《深圳市基本实现现代化指标体系（到2010年）》 一、经济发展 1.人均GDP 2.工业增加值占生产总值比重 3.高新技术产品产值占工业总产值比重 4.自主知识产权高新技术产品产值占高新技 术产品产值比重 5.高新技术产品出口额占外贸出口额比重 6.研究与发展支出占生产总值比率 7.第三产业增加值占生产总值比重 8.金融保险业增加值占第三产业增加值比重 9.进出口贸易总额与生产总值比率 10.恩格尔系数 二、社会发展 11.基尼系数 12.登记失业率 13.平均预期寿命 14.全社会教育支出占生产总值比重 15.每万人拥有大专以上受教育程度人口数 16.人均信息消费支出占消费总支出比重 17.人均公共馆藏图书数 18.社会保险综合参保率 19.人均住房使用面积 20.万人医生数 21.万人律师数 三、城市发展 22.港口集装箱吞吐量 23.国际机场旅客吞吐量 24.公共交通分担率 25.高峰时段城市平均车速 26.海外游客与常住人口比率 27.社会服务英语普及率 28.政府公共服务上网率 29.万人专利申请数 30.年会展数 四、可持续发展 31.每平方公里土地生产总值 32.万元生产总值能耗 33.环保投入占生产总值比重 34.绿化覆盖率 35.人均二氧化硫排放量 36.工业废水排放达标率 37.城市生活污水处理率 38.城市生活垃圾无害化处理率
统计	四大类25项指标	五大类20项指标	四大类12项指标	五大类21项指标	四大类38项指标

本现代化迈进。该阶段在雨花现代化进程中具有重要里程碑意义。

对于雨花现代化进程,按照世界现代化四次浪潮分析,雨花正处于加速完成第三次现代化并向第四次现代化迈进阶段;按照国内“第二次现代化理论”分析,雨花正处于加速完成第一次现代化并向第二次现代化跨越的关键时期。“十二五”初,雨花提出要在全市率先实现基本现代化的新目标,标志着雨花现代化建设进入了一个新的历史时期。

二、雨花现代化建设SWOT分析

采取SWOT分析模型,对雨花现代化进程中的优势、弱势、机遇和挑战进行分析情况如下(见图3):

(一)雨花现代化建设的优势

1.区位交通优势带来持续发展契机。雨花地处长三角重要中心城市南京市南部,对接皖江经济带,在国家战略规划的由东向西经济辐射和南京新一轮城市发展中承接经济重心转移的重任。坐拥国家级综合交通枢纽——南京南站,西临长江,南接禄口国际机场,通江达海、上天入地的交通网络,凸显雨花中心枢纽优势。

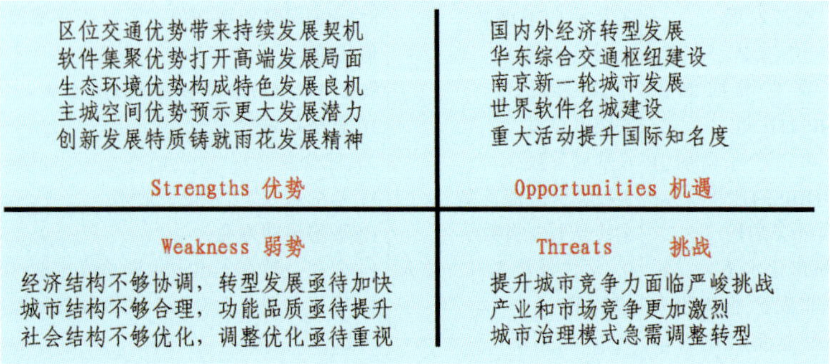

图3 雨花现代化建设的SWOT分析

2.软件集聚优势打开高端发展局面。雨花的转型发展起步于2000年。特别是2005年以后,实施了信息产业发展规划,软件产业以年均98.6%的增幅高速发展,到2010年形成了4.3万从业人员、222家企业、281亿元软件及信息服务销售收入的产业规模,推动雨花跨越式进入后工业化时期,并加速向知识经济时代迈进。

3.生态环境优势构成特色发展良机。雨花境内,汇集了5个森林景区、2个湖泊、7条河流,具有其他主城区无法企及的生态资源。全区森林覆盖率达26%,城市绿化覆盖率达48.3%,生态环境在省、市领先。优美的生态环境,将为雨花打造创新发展环境、居住生活环境、城市休闲旅游环境提供重要支撑。

4.主城空间优势预示更大发展潜力。机场搬迁净空管制解除,雨花城市全新规划建设,将能够整合释放出更多的土地空间资源发展经济、保障民生。同时,雨花作为南京新的主城区,具有生活成本、劳动力成本、投资发展成本等综合成本优势,凸显投资创业发展潜力。

5.创新发展特质铸就雨花发展精神。雨花曾经历2次大的区划调整,管辖区域由300平方公里缩小到134.6平方公里。虽然每次区划调整都消减了雨花实力,但每次雨花都能快速恢复经济发展能力。这种特有的现象,凸显雨花具有敢于创新发展的特质,具有一种在变革中求发展、逆境中敢拼搏的创新精神。这将为雨花率先实现现代化提供强大精神动力和重要素质保障。

(二)雨花现代化建设的弱势

1.经济结构不够协调,转型发展亟待加快。从经济结构看,投资拉动经济增长70%左右,消费和出口贡献率不足30%,投资成为拉动雨花经济增长的第一动力,但投资效率低。从产业结构看,二产中先进制造业比重仅37%,三产则主要依靠软件业支撑。从发展经济能力看,城市经济的统筹管理水平不高,创新发展、抗风险和可持续发展能力还比较弱。

2.城市结构不够合理,功能品质亟待提升。城市化水平不高,城市空间结构缺乏统一、科学的规划和建设,基础设施配套薄弱环节较多,各区域之间资源整合难度较大,城郊结合部的形态功能比较明显,制约了经济发展承载能力的提高和城市功能品质的提升。虽提出三大产业集聚区、四大城市功能区的规划思路,但建设发展的任务十分繁重和艰巨。

3.社会结构不够优化,调整优化亟待重视。雨花仍有近3万农民,统筹城乡发展、缩小城乡差距的压力大;大量低技能、低收入的拆迁居民、失地农民安置到雨花,占雨花总人口比例过大。目前的人口结构、收入分配结构、消费结构、社会阶层结构难以适应雨花经济发展国际化、高端化、特色化的要求,将成为雨花社会结构调整、现代化目标实现的障碍。

(三)雨花现代化建设面临的机遇

1.国内外经济转型发展的机遇。国家、省市致力于加快转变经济发展方式,为雨花大力发展城市经济提供了有力的政策支持和良好的外部环境。金融危机后,全球经济重心向中国转移,南京成为国际高端产业转移首选地;国家实施东部率先发展和长三角一体化战略，更多优质、高端资源将优先向长三角地区配置。雨花凭借综合优势，将迎来承接国内外高端产业转移的机遇。

2.华东综合交通枢纽建设的机遇。京沪高铁南京南站的建设，将汇集巨大的人流、物流、资金流、信息流，不仅使雨花成为长三角乃至华东地区重要的综合交通枢纽和枢纽经济核心区，成为吸引高端产业、发展总部经济的最具潜力地区，更为雨花扩大对外交往、大幅提升经济外向度，吸附人才、信息、资金等各种高端要素创造了新优势。

3.南京新一轮城市发展的机遇。南京新一轮的城市规划发展，将雨花秦淮新河北部地区列入主城区，大板桥地区列入八新城之一。特别是南部新城的规划建设，不仅为雨花加快推进大宁南片区升级改造，着力提升区域性服务能力、集中度和辐射范围带来了重要机遇，更为雨花提升整个区域的城市地位和功能品质，推动雨花城市化和城市现代化提供了前所未有的发展机遇。

4.世界软件名城建设的机遇。雨花软件产业以占全市三分之一规模和年均98.6%的发展速度，成为南京聚焦发展的重点。2009年，南京市提出聚焦大企业、聚焦雨花基地的“聚焦战略”，2010年又提出世界软件名城的建设目标。中国(南京)软件谷的规划建设，将助推雨花成为“世界知名、中国一流”的中国软件名区。

5.重大活动提升国际知名度的机遇。近年来，雨花参与或承办了软件产品博览会、服务外包合作大会等重大活动，国际影响力不断增强。2013年“亚青会”和2014年“青奥会”在南京举办，将为雨花加速城市化进程，提高国际知名度，促进经济和城市发展的国际化带来新机遇。

(四)雨花现代化建设面临的挑战

1.城市竞争力面临严峻挑战。雨花作为南京新的主城区，在加速发展经济、推进城市化进程、提升城市竞争力过程中，内有南京市各区县更加注重科学规划城市环境、产业、功能、价值，从拼资源要素向拼理念制度创新转变的挑战，外有长三角区域中心城市群规划发展的城市间竞争压力。

2.产业和市场竞争更加激烈。雨花现代服务业发展目前仍处初级阶段。最具优势的软件产业面临市内“两园多基地”的同质化竞争、国内其他软件名城的优势竞争、国际软件产业高端化发展的行业竞争等挑战。商贸商务业则面临新街口、河西两大CBD以及江宁区的挤压，文化创意产业又将应对秦淮区的挑战。

3.城市治理模式急需调整转型。雨花当前城市管理的智能化、社会化水平不高，原有的城乡管理模式已难以适应现代化城市的发展要求。如何推动城市管理的历史性转型，如何转变政府职能，充分发挥公众和社会的力量共同治理城市，推动城市科学发展是雨花台区在现代化征程中面临的一个重要挑战。

(五)综合分析

根据雨花多年的经济社会发展成就，分析雨花现代化进程中的各种内外因素，可以归纳为：

1.雨花现代化建设的机遇十分难得。必须牢牢把握好战略机遇期，充分利用各种有利因素，以跨越式发展的思路确定现代化发展战略，统筹协调经济发展与生活质量的目标追求，加快现代化发展步伐。

2.雨花现代化建设的优势十分突出。必须紧盯世界现代化发展趋势，基于现状展望未来，制定雨花现代化发展的目标，并以此为引领，将潜在优势转化为现实优势，现实优势转化为可持续发展优势，不断推进现代化建设。

3.雨花现代化建设的动力十分充足。必须找准雨花现代化发展的动力，在加快发展经济和推进城市化过程中，更加注重知识创新、制度创新和人才建设，注重发展方式的转变以及经济、城市和社会结构的调整，构筑向知识经济时代发展的持续动力。

4.雨花现代化建设的压力十分明显。必须正视雨花现代化发展中的突出矛盾和问题，通过创新促转型、特色聚优势、品质赢竞争、富民创和谐，以内部制约瓶颈的突破化解外部的挑战压力，在固强补弱中实现雨花现代化建设的提速。

三、现代化雨花建设目标及评价指标

(一)现代化雨花建设总目标及阶段目标

根据世界现代化发展趋势以及雨花发展的机遇优势和功能定位，雨花的现代化建设总目标应确定为：发达的创新服务经济、卓越的生态智慧都市、富裕的文明幸福社会。

发达的创新服务经济是：构建形成以知识经济为核心，以服务经济为主导的都市经济体系、经济形态和经济功能，经济总量和经济实力处于南京第一方阵前列，成为国际化、高端化、特色化的知识经济核心发展区。

卓越的生态智慧都市是：融合生态产业、生态环境、生态文化形成生态城市特色，汇集信息中枢、智能管理、智慧服务形成智慧城市亮点，城市结构优化，功能完善,成为宜居宜业的最新型的现代化国际都市区。

富裕的文明幸福社会是:社会管理治理通畅有序,社会组织作用明显,社会保障体系健全,公共服务优质配套,人民群众安居乐业,收入跨越式增长,物质和精神生活质量大幅提高,城市文明指数、幸福指数处于南京市前列。

基于雨花现阶段经济发展的速度与城市化发展的水平还不相一致,并考虑到国内外发展环境变化以及红花机场搬迁进度等因素的制约影响,雨花现代化发展可分为三个阶段。

2011~2015 年(基本现代化阶段):完成由城郊结合部向主城区、城郊经济向城市经济、更高水平小康社会向基本现代化跨越的"三个转变",在全市率先实现基本现代化。

2016~2020 年(更高水平现代化阶段):完成由主城区向国际化都市区、城市经济向都市经济、基本现代化向更高水平现代化的更高层次的"三个转变",在全市率先实现更高水平现代化。

2021~2025 年(全面现代化阶段):全面形成"创新服务型经济、生态智慧型都市、文明幸福型社会"的发展局面,在全市率先全面实现现代化。

现代化实现程度分为基本现代化、更高水平现代化、全面现代化,表明与现代化标准的差距。"实现程度"达到现代化标准的 85%,即为基本现代化;达到现代化标准的 95%,即为更高水平现代化;超过现代化标准的 98%,即为全面现代化。

(二)现代化雨花评价指标体系选择及标准确定

根据雨花发展现状,参照国内外最新的现代化评估标准和发展态势,我们从经济发展、城市发展、社会发展三方面拟定《雨花台区现代化评价指标体系(到 2025 年)》。指标体系由三大类 26 项指标构成:第一类:经济发展,7 项指标。第二类:城市发展,6 项指标。第三类:社会发展,13 项指标。

《雨花台区现代化评价指标体系(到 2025 年)》与 2007 年的《雨花台区基本现代化指标体系》相比,有四个方面的不同。一是涵盖现代化整个过程。原《雨花

雨花台区现代化评价指标体系(到 2025 年)及目标值

表 4

类别	编号	指标名称	单位	权重	现代化标准值	2015 年基本现代化目标值	2020 年更高水平现代化目标值	2025 年全面现代化目标值
经济发展30分	1	人均 GDP	美元	6	≥30000	12000	20000	32000
	2	第三产业增加值占 GDP 比重	%	6	≥90	75	85	90
	3	知识产业占整个产业的比重	%	5	≥70	55	60	70
	4	R&D 投入占 GDP 的比重	%	3	>5	5	5	5
	5	万人科技人员数	人	3	≥70	60	65	70
	6	百亿元 GDP 专利授权数	件	3	≥400	360	380	400
	7	万元 GDP 能耗	吨标准煤	4	<1000	1170	1050	950
城市发展25分	8	城市绿化覆盖率	%	4	≥50	49	49.5	50
	9	森林覆盖率	%	4	≥27	26.5	26.8	27
	10	环境质量综合指数	分	5	≥90	85	87	90
	11	信息化综合指数	%	4	≥90	86	88	90
	12	万人拥有公共文体设施面积	平方米	4	>22000	18000	20000	22000
	13	城市公共交通分担率	%	4	≥40	27	33	40
社会发展45分	14	城市化率	%	4	≥100	95	97	100
	15	城镇居民人均可支配收入	元	5	≥100000	45520	76700	12900
	16	基尼系数	–	4	≤0.3	0.3	0.28	0.25
	17	恩格尔系数	%	3	<20	23	20	18
	18	社会保险覆盖率	%	3	≥99.5	99	99.5	99.5
	19	城镇登记失业率	%	3	<3	3	3	3
	20	千名老人拥有养老床位数	张	2	>40	30	35	40

续表

类别	编号	指标名称	单位	权重	现代化标准值	2015年基本现代化目标值	2020年更高水平现代化目标值	2025年全面现代化目标值
社会发展45分	21	高等教育毛入学率	%	3	>70	65	68	70
	22	万人医生数	人	3	>30	30	30	30
	23	平均预期寿命	岁	3	≥79	79	79	80
	24	社会平安指数	%	3	≥95	95	96	97
	25	公共文明指数	分	3	≥80	50	70	85
	26	幸福指数	分	6	≥90	85	88	90
模拟测算得分			分			85.16	95.24	99以上

注:1.人口按常住人口统计计算(预计:2015年为53万人,2020年为64万人,2025年为75万人)

2.关于指标体系指标及目标值的设计见附件说明

3.目标值的确定由统计局最终审定

台区基本现代化评价指标体系》仅仅涉及基本现代化阶段,现体系包含了基本现代化、更高水平现代化、全面现代化的指标。二是分类更具有发展导向性。将原来经济、社会、城市、可持续、和谐发展五大类调整为经济、城市、社会发展三大类,主要考虑未来雨花现代化发展的动力来源于经济发展、城市发展和社会发展,而可持续发展、和谐发展本应属于经济和城市发展、社会发展的内容,归入这三大类有利于统筹雨花现代化建设。三是指标设置更具雨花发展特征。指标总数由原来的37项调整为现在的26项,增加指标8项,删除指标19项,调整指标3项。主要考虑到原指标体系过于细化,但又无法体现未来雨花经济发展的时代特征、民生幸福的社会发展要求和雨花现代化发展的工作重点,如软件产业、文化产业并不能涵盖和代表雨花所有知识产业,部分指标(如人均住房面积、规划道路实现率等)只是阶段性具体目标任务,需要强化知识经济时代的发展指向。四是指标评价参照值的设置体现了动态发展要求。原来的参照值以实现基本现代化为目标,修改后的参照值按照全面实现现代化的目标拟制。

第三部分　现代化雨花建设战略思路

一、现代化雨花建设的战略选择

(一)三条发展路径

根据雨花的综合发展环境分析,雨花现代化建设应采取“综合现代化模式”,通过经济发展现代化、城市发展现代化、社会发展现代化三条路径同步推进,实现总体发展目标。

经济发展现代化:就是加速产业结构调整,加快转变经济发展方式,加大人才汇聚力度,推进雨花的经济发展由城郊经济快速进入都市经济、服务经济、创新经济时代。

城市发展现代化:就是加快城市整体规划建设,加速城市化进程,着力打造优化、完善、卓越的城市结构、功能和品质,推动城市发展由城郊结合部快速进入生态智慧型现代都市形态。

社会发展现代化:就是加快提高社会管理治理能力,加速提升社会公共服务水平,着力提高文明素养,调整优化社会结构,促进人的发展,推进社会发展由更高水平小康社会快速进入富裕和谐的文明幸福社会。

(二)四大发展战略

应围绕现代化发展目标,重点实施四大发展战略。

1.以现代服务业为主导的城市经济发展战略。利用华东综合交通枢纽建设、南部新城建设、世界软件名城建设三大战略聚焦推力,坚持差异化、高端化发展,主攻知识产业,强攻现代服务业,优化结构,完善体系,提升层次,做大规模,做强能级,全面形成以知识产业为核心的现代城市经济体系。

2.以高端人才为核心的创新驱动发展战略。紧盯当今世界发展动力的转变,加快发展理念、发展机制、发展模式的创新,大力推进科教事业发展,着力汇聚各类高端人才,大幅提升科技创新、知识创新的能力和对经济增长的贡献,培育持续发展、决胜未来的持久动力和核心竞争力。

3.以生态智慧为特色的城市化发展战略。利用雨花台区独特的环境、产业优势,借力智慧南京建设,以低碳的经济活动、生态的发展环境、智慧的城市功能为导向,全新规划城市建设,着力构建生态化的创新产业环境、居住生活环境和城市休闲环境,实现经济发展、城市管理、公共服务、居家生活的有机融合，成为现代智慧型城市建设的领跑者。

4.以富裕和谐为导向的文明幸福社会发展战略。坚持以人为本，统筹协调推进经济发展与生活质量提高，以经济高速发展带动社会富裕，实施创业致富、民生保障、公共服务、社会治理、社会文明等各项社会发展工程，加快社会结构的优化调整，不断提高人民群众的生活质量和幸福感。

二、现代化雨花建设的推进举措

雨花现代化建设目标的实现依赖于战略举措的支撑。根据雨花现代化建设的战略目标和实现路径，建议在经济发展、城市发展、社会发展方面采取十三个战略举措，确保雨花现代化目标的实现。

1.大力发展城市经济的战略举措

发挥经济结构优化对现代化建设的主导性、基础性作用，坚持产业高端化、经济服务化方向，大力发展以现代服务业为主导的城市经济，实现城市综合竞争力的大幅度提升。具体着力于四大产业领域：

(1)壮大信息软件产业优势

在南京建设“世界软件名城”中争先进位，按照“高端化、国际化、特色化”标准，壮大雨花通讯软件、服务外包、互联网产业优势。紧随国际信息技术革新浪潮，提高产业开放度，引导性发展移动互联网、物联网、三网融合、云计算、地球空间信息、高端软件等新一代信息技术产业，以国际化标准加快中国(南京)软件谷建设，在集聚高端软件人才、新一代技术研发、知识产权保护、园区国际化营销管理等方面大幅度提升雨花软件产业的核心竞争力，把雨花建设成为“中国软件产业第一基地”和“国际化软件名区”，综合实力跨入世界软件产业第一方阵。

(2)打造高端商贸商务业新高地

大力发展高端商贸流通、商务服务、科技服务、金融服务、现代物流等生产性服务业和高科技服务业。借助“南部新城”建设之力，以大宁南片区、秦淮新河沿岸以及板桥新城莲花湖周边区域为重点，着力推进宁南商贸商务圈、板桥新城、城市森林等城市综合体建设；提升高端商贸商务业的产业集聚力和辐射力，立足于南京新商贸商务中心，积极打造辐射皖江地带的区域性商贸商务中心；大力引进国内外商业银行、保险、证券和信托、投资公司入区发展，提升区域金融市场的服务功能。

(3)提高新兴战略性产业能级

加大新兴战略性产业的筛选和培育力度，选择具有比较优势的新兴产业作为雨花经济发展的新增长极。重点是加快生物医药、新材料、文化创意等产业的发展。大力扶持生物医药产业，发展生物疫苗、试剂、基因工程药物、生物中药等技术，搭建新药研发、服务外包、营销物流产业平台；加快新材料产业发展，建设先进的新材料研发转化生产基地。大力发展功能复合型材料、电子信息新材料、新型建筑材料以及特种功能材料等，提高新兴产业的对产业升级、技术创新和经济发展的推动作用。

(4)加快制造业的服务化转型

大力发展现代制造服务业。以信息化带动工业化，加快装备制造、能源冶金业信息化步伐，积极引导制造业向“服务型”经济转变。鼓励和支持制造企业就地设立全国性、区域性总部，优化制造业总部——生产基地的空间布局。围绕产业链的研发设计、材料采购、内部管理、资本运作、包装运输、产品配送以及后台服务等关键环节，剥离发展工业设计、软件研发、产权交易、现代物流、金融保险等生产性服务业，将雨花建设成为辐射江宁、高淳、溧水等地的区域性生产服务配套中心。

2.积极融入南京都市圈战略举措

借力南京都市圈新一轮扩容升级，打造华东地区知名、皖江地带有较大影响力的现代化新城，整体提高雨花的城市辐射力和区域影响力。站在长三角核心区经济结构调整的高度，发挥雨花作为南部新城核心区、华东地区重要交通枢纽的中心区位优势，推进区域资源共享，引导资源合理聚集，推进雨花产业布局

雨花台区现代化建设战略举措

表5

三方面	十三个战略举措
经济发展	1.大力发展城市经济战略举措 2.积极融入南京都市圈战略举措 3.区域统筹发展战略举措 4.科技创新引领战略举措 5.资本市场推动战略举措 6.资源集约利用战略举措
城市发展	7.智能化基础设施支撑战略举措 8.生态环境保护战略举措
社会发展	9.富民惠民福民战略举措 10.市民素质提升战略举措 11.塑造城市主题文化战略举措 12.公共服务提升战略举措 13.社会和谐发展战略举措

与南京都市圈协同发展，加快与周边马鞍山、芜湖等城市形成资源共享、优势互补、整体联动、合作共赢的发展格局，将雨花建设成为南京的新城市中心和辐射周边城市、区域的窗口区。

3.区域统筹发展战略举措

以“由北向南、块状带动”的快速城市化带动区域经济协调发展。着眼大局，科学统筹，精心谋划，统一实施，尽快消除雨花的城乡二元结构，整合全区行政、人才、土地、资金、项目等资源要素，构建南北、东西区域协调发展的新城市发展格局。以“三大平台”为依托，发挥宁南、软件园、板桥新城等块状经济带动优势，以中国(南京)软件谷、板桥新城、秦淮河风光带打造等重大载体建设为抓手，大力引导商务商贸、休闲娱乐等生产、生活性服务业向绕城公路以南欠发达地区拓展。加快宁南、软件园、赛虹桥、板桥新城等片区经济社会更好更快发展，辐射带动板桥、西善、铁心桥等欠发达地区又好又快发展。

4.科技创新引领战略举措

着力构建区域科技创新体系。编制发布“全国信息软件产业创新指数”，打造全国“软件知识产权保护示范区”。积极引进建设一批重大科技创新项目，在信息软件、生物医药、新材料等产业领域培育一批拥有关键、核心技术的科技型龙头企业。组织以科技支撑转型、跨越发展为主题的大型产学研活动，为企业搭建与国内外重点科研院所和院士合作对接的平台。实施创新人才倍增和科技领军人才创业计划，建立高层次人才引进培养机制，面向海内外重点引进院士及其创新团队、外籍科学家和留学归国人员等高层次创新人才。

5.资本市场推动战略举措

实施金融产业发展“蓓蕾计划”，在较短时间内实现雨花资本市场的“从无到有、从小到大”。充分发挥资本市场服务实体经济的功能，大力促进区内企业与资本市场的联动，以资本市场壮大雨花主导产业优势，推动新兴产业发展，为科技创新提供资金支持。扶持优势产业和支柱企业上市融资，争取更多企业进入代办股份转让系统。构建包括政府、银行、风投以及信用担保等在内的多层次金融支持体系。吸引国际、国内资本运作机构在雨花设点，将雨花打造成国家级的互联网、信息软件类风险投资中心。设立信息软件技术产权交易市场，培育成为长三角区域乃至全国的产权交易中心。开展项目投融资创新，选择城市森林、中国(南京)软件谷等重大城建或产业项目开展项目融资、发行信托投资计划、组建产业投资基金或进行资产证券化试点工作。

6.资源集约利用战略举措

统筹全区土地资源利用和城市空间发展，提高资源集约化水平，提升城市经济效益。依托交通枢纽优势，将商务楼宇、商业设施以及生活服务设施合理有效地集中，形成地下、地上共同发展的局面，建成集商业服务、商务办公、文化娱乐、中档居住、交通枢纽功能于一体的都市综合体。加快实施板桥、西善、铁心桥等地旧城改造，盘活存量工业用地，加快闲置厂房升级改造，为城市经济发展拓展空间。加快推进土地整理开发，加强对企业、项目供地的管理，切实把有限资源优化配置到优质大项目，实现城市资源的经济效益、环境效益和社会效益最大化。

7.智能化基础设施支撑战略举措

高标准、高起点规划建设智能化基础设施。前瞻性、渐进式地利用高新技术装备城市基础设施，使城市基础设施成为带动全区实现现代化、国际化的先行官。加快综合交通、电网、水利及区域供水、通信等基础设施建设，建成枢纽型、功能性、网络化的现代基础设施体系，打造具有国际水平的基础设施平台。发挥国家级综合交通枢纽优势，着力构筑国际、城际、都市圈、市域“四位一体”的大通道格局。加大现代化的通讯网络、信息基础设施和信息高速网络建设投入，加大对基础传输网、宽带接入网、固定电话网、移动通信网、有线电视网等基础性网络设施建设的投入。加强城市形象外在景观的综合规划建设，在城市布局、建筑、道路、标志、生态等方面建设充满活力的智慧型城市。

8.生态环境保护战略举措

进一步保护好生态竞争优势，把生态环保作为率先实现现代化的先行指标。启动实施生态功能区规划，构建全区生态安全网。通过合理划定生态功能区，构建雨花生态安全保障体系，实现生态保护建设、自然资源有序开发和产业合理布局的有机统一。进一步加大环境监管和节能减排工作力度，提高环境准入门槛，严格建设项目环境管理，坚持工程减排、结构减排和监管减排三管齐下。加大环境执法力度，加强对重点区域流域、重点行业和重点污染源的监管，严肃查处环境违法行为。

9.富民惠民福民战略举措

全面实施居民收入倍增计划。通过大力发展现代服务业，引导企业提高生产效率，增加工资性收入。广开增收渠道，活跃民间资本，鼓励和支持居民自主创业，增加经营性收入、财产性收入。以提升人民群众生活品质为中心，以产业优化升级和全域城市化为支撑，提升人民群众生活质量和幸福指数。大力发展科技、教育、文化、卫生、体育等社会事业，提高改善民生的支出比重，建立惠及全民的基本公共服务体系，建立与经济发展水平相适应、和慈善事业相衔接的社会保险、社会救助、社会福利等社会保障体系。以增强发展的稳定性、协调性和可持续性为导向，建设宜居宜业幸福品质城区，将雨花台区建设成居民幸福感最强的地区之一。

10.市民素质提升战略举措

提高居民整体素质和社会文明程度。建立开放的国际化市民教育体系，加快培育形成健康科学的现代生活方式。提升全民文明科学素养，提高居民的科学技术、外语水平以及使用信息技术的能力。着力构建服务型、开放型、终身型的社会化教育、网络教育体系，加快全民学习型城市建设。实施公民道德教育工程，普及社会主义核心价值理念。培育不同行业、不同群体的主导价值取向。倡导形成文明、健康的生活方式，改变不文明的旧习陋习，形成热爱雨花、建设雨花、争作贡献的新风气和注重公德、秩序井然的社会新风尚。

11.城市主题文化塑造举措

挖掘雨花历史文化并与现代化融合，形成具有时代特征、雨花特质的城市主题文化。发扬雨花“坚韧务实、创新进取”的新城市精神，以文化软实力建设促进城市新发展。加强文化宣导与公民参与，让雨花精神深入人心，扩大其影响力和知名度。统一规划城市的经济文化、建筑景观、产业建设、空间布局、宣传推广等系统，打造统一的城市主题文化展示体系，彰显雨花城市特色，形成城市文化核心竞争力。规划建设公共图书馆、博物馆、美术馆、文化广场等一批综合性、多功能的城市文化设施，打造国际化城市文化交流中心。加快建设一批具有重大示范效应的重大文化项目，提高文化产业的规模化、集约化和专业化水平。

12.公共服务能力提升举措

提高社会公共服务水平，实现公共服务的优质化、均等化。优化政府组织结构，规范机构设置，完善管理体制和运行机制，构建一个“权责一致、分工合理、决策科学、执行顺畅、监督有力”的服务型政府。建设与现代化城区相适应的公共事务管理体系、社会福利体系、灾害救助体系和社会组织管理体系。全面推进依法行政，加快建设法治政府，确保权力规范透明运行，提高政府的公共政策能力，建立政府绩效制度，完善政府信息公开制度，增强行政行为公信力。

13.社会和谐发展战略举措

树立以人为本、统筹发展的发展新思维，创新社会管理，提高社会管理科学化水平，提高社会共同治理水平，保证社会既充满活力又和谐稳定。建设橄榄形社会，促进社会公平正义，处理好劳资关系、干群关系，建设和谐文化，推动社会建设与经济建设、政治建设、文化建设以及生态文明建设协调发展。以和谐平安社区建设作为构建和谐社会的切入点，积极创建“和谐首善之区”。以国内外先进城区为榜样，统筹功能规划、产业规划和空间规划，努力建设管理有序、服务完善、环境优美、治安良好、人际和谐的新型现代化城市，将雨花台区打造成为产业与城市、工作与居住完美融合的“和谐发展之城”。

三、现代化雨花建设的战略管理

雨花现代化建设是一项复杂的系统工程，涉及面广，需要将目标任务进行具体分解，并建立联动控制机制，统一行动计划。

(一)雨花现代化建设的目标分解

(二)雨花现代化建设的组织保障

雨花现代化建设，在区委、区政府领导下组织实

雨花台区现代化目标指标责任部门

表6

类别	编号	指标名称	责任部门
经济发展	1	人均 GDP	发改局
	2	第三产业增加值占 GDP 比重	发改局
	3	知识产业占整个产业的比重	科技局、文化局
	4	R&D 投入占 GDP 的比重	科技局
	5	万人科技人员数	科技局
	6	百亿元 GDP 专利授权数	科技局
	7	万元 GDP 能耗	发改局

续表

类别	编号	指标名称	责任部门
城市发展	8	城市绿化覆盖率	住建局
	9	森林覆盖率	农业局
	10	环境质量综合指数	环保局
	11	信息化综合指数	发改局、住建局、科技局
	12	万人拥有公共文体设施面积	文化局、体育局
	13	城市公共交通分担率	住建局、交通局
社会发展	14	城市化率	统计局
	15	城镇居民人均可支配收入	人社局
	16	基尼系数	人社局
	17	恩格尔系数	发改局
	18	社会保险覆盖率	人社局
	19	城镇登记失业率	人社局
	20	千名老人拥有养老床位数	民政局
	21	高等教育毛入学率	教育局
	22	万人医生数	卫生局
	23	平均预期寿命	卫生局
	24	社会平安指数	综治办
	25	公共文明指数	文明办
	26	幸福指数	文明办

施。各职能部门作为主要责任单位，按照现代化建设目标、指标、战略、举措和任务，承担具体工作的推进和落实。

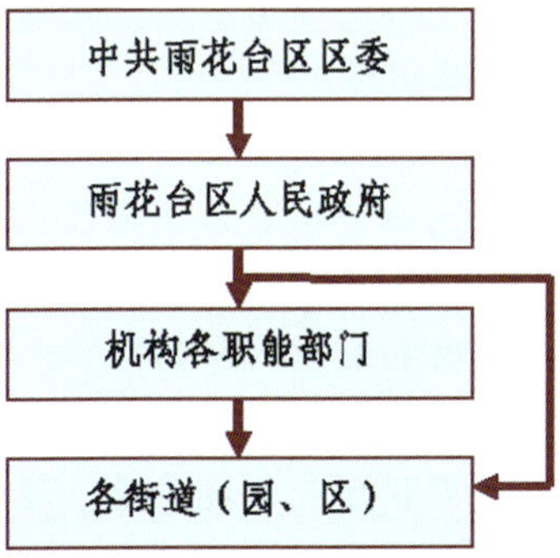

图4 组织管理

区委、区政府主要负责人为雨花现代化建设总目标的第一责任人；各责任单位主要负责人为雨花现代化建设各分项目标、指标的第一责任人。

（三）雨花现代化建设的联动控制

1.联动机制。雨花现代化建设是一项涉及各职能部门、各街道（园、区）的战略性、综合性任务。成立由区委区政府主要领导牵头的区现代化建设领导小组，并设立由区领导牵头的经济发展现代化、城市发展现代化、社会发展现代化三个联动推进协调组。

区现代化建设领导小组负责统筹总的目标进度、战略举措。三个联动推进协调组分别负责经济、城市和社会发展现代化的目标落实、战略推进、举措实施、任务展开，并加强组与组之间的沟通协调，解决关联问题。建立联席会议制度，现代化建设领导小组每半年、三个联动推进协调组每季度，分析现代化建设推进情况，研究解决需要协调推进的问题，形成各部门和各街道（园、区）共同高效运转的联动局面。

2.控制机制。建立战略控制机制，借鉴和采用目前被很多城市、企业成功运用，比较适合全程控制和管理的平衡计分卡（BSC）、关键绩效指标法（KPI）等战略管理工具，更好地统筹管理控制现代化战略的

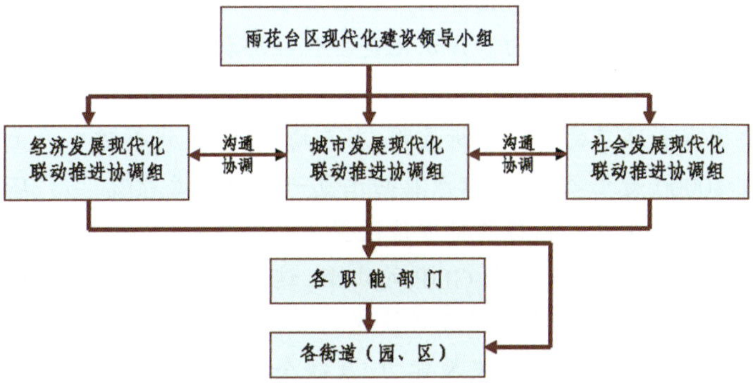

图5 联动机制示意图

实施。

3.考评机制。建立现代化建设进程绩效考评的信息收集和分析制度,借鉴国际常用的先进绩效管理方法,加强信息收集、分析和激励评价。运用工作计划法、满意度调查法和排序配比法等较为成熟的定性考评方法,定期对责任部门开展绩效评估。

附:雨花台区现代化评价指标及目标值设计说明

——人均 GDP(常住人口)。人均 GDP 是指国内生产总值与年平均人口之比,反映一个国家(或地区)在一定时期内提供的人均产品增加值之和。该指标是反映一个国家或地区经济现代化以及经济实力和富裕程度的最重要指标,也是雨花现代化评价指标体系中居于极端重要的指标,反映雨花经济发展的绝对水平。按照世界银行的衡量标准:人均 GDP 超过 10000 美元是公认的从发展中状态进入发达状态的标线。结合雨花当前发展现状,我们将雨花人均 GDP(常住人口)30000 美元作为雨花实现现代化的达标参照值。

——第三产业增加值占 GDP 比重。第三产业是推进城市经济发展的首要动力,其增加值占 GDP 比重直接反应出城市经济发展水平。南京市主城 7 区中,玄武、鼓楼、白下区第三产业增加值比重接近或超过 90%,下关、建邺、秦淮区第三产业增加值比重在 60%~80%之间。雨花台区要实现经济结构向服务经济的全面转型,必须大力发展现代服务业。我们将第三产业增加值占 GDP 比重达到 90%作为雨花现代化的达标参照值。

——知识产业占整个产业的比重。这是反映知识经济发展水平和产业结构变化的重要指标。这一比重越高,产业结构越高级化,经济发展越现代化。21 世纪全球知识革命浪潮风起云涌,一个国家或地区要实现经济现代化,就必须把知识产业的发展作为一个新的产业发展的战略方向。知识化是当代经济社会发展的重要内容,应成为未来现代化一项重要指标。对世界主要国家和城市的资料分析表明,当人均 GDP 达到或超过 10000 美元之后,知识产业的比重一般会接近 60%。我们将雨花这一指标的标准值设置为大于 70%。

——R&D 投入占 GDP 的比重。这是衡量一个国家或地区科技活动规模及科技投入强度,反映其经济增长的潜力和可持续发展能力,反映全社会科技投入和创新情况,是综合实力和竞争力的核心指标,具有较强的国际、国内可比性。国际上通常把 R&D 投入支出占 GDP 比重达到 2%,作为衡量一个地区科技发展水平达到临界点、进入突变期的标准。发达国家 R&D 占 GDP 比重为 2%至 5%。2009 年已经达到 1.8%。因此,我们将该指标的标准值设置为>5%。

——万人科技人员数。人才是第一资源,是富民强区、创新驱动的重要基础。科技人员数是反映一个城市的科技人才实力情况,是衡量科技发展、科技进步和科技创新程度的重要指标,可以是具有农、林、电、工、理、医、法、经济等各个学科领域相关技术的人才。2009 年中关村万人科技人员数达到 65 人,我们将指标设定为大于或等于 70 人。

——百亿元 GDP 专利授权数。这是反映自主知识产权和自主创新能力的指标,能够体现一个地区创新能力和结果,具有很强的导向性,南京市十二五规划中将该项指标作为预期性指标列入指标体系。我们将该指标设定为大于或等于 400 件。

——万元 GDP 能耗。万元 GDP 能耗是指每产生万元 GDP(国内生产总值)所消耗掉的能源(折算为标准煤),它反映经济增长对能源的依赖程度,以及经济增长可能产生的环境影响。该指标是综合反映能源消费所获得的经济成果的重要指标,是体现能源利用效率和经济增长方式转变的标志性指标。该指标说明一个国家或地区经济活动中对能源的利用程度,反映经济质量和能源利用效率的变化。我们将万元 GDP 能耗小于 1000 千克标准煤 (2007 年基本现代化数据为1200)作为雨花现代化参照指标。

——城市绿化率和森林覆盖率。生态环境优良是雨花现代化的三大特色之一,能够反映出环境优化程度和城市生活质量的提高状况。我们将这两项作为现代化参照指标,参照值分别确定为 50%和 27%。

——环境质量综合指数。该项指标集中反应了区域大气、水体和土壤环境污染程度或环境质量。近几年雨花台区环境质量综合指数始终保持在 82 分左右,南京市对雨花台区考核数据为 80 分,“十二五”期间,雨花台区提出了环境质量综合指数达到 85 分以上的目标。结合当前的指标体系和环境现状,我们将环境质量综合指数达到 90 分作为现代化参照指标。

——信息化综合指数。信息化是当今促进社会经济发展的重要推动力,是衡量一个国家或地区的经济社会发展水平的重要标志,国内一般从信息化基础设施水平、信息应用水平两个方面来测度区域的信息化水平。据测算,2001~2006 年江苏省信息化综合指数分别为 38.2、42.8、46.6、49.8、54.4 和 57.1，六年增长了 18.9 个百分点，年均增长 3.1 个百分点，与全国发达地区相比，信息化水平处于中等水平。南京市十二五规划将该项指标确定为 86，我们将该项指标参照值确定为 90。

——万人拥有公共文化体育设施面积。这是反映公共文化、体育产品提供的指标，是政府重要的公共服务职能，包括文化和体育两个方面，既有数量要求又有质量要求。各地都十分重视公共文化体育设施建设，在“十一五”规划中提出了明确的目标：上海万人拥有公共文化设施面积要达到 1800 平方米，广州每万人拥有公益文化设施面积 853 平方米，苏州万人拥有公益性文化活动设施面积达 1200 平方米，万人体育设施面积 2 万平方米以上；参照各地的目标，考虑到雨花台区加快城市化进程中人口激增的因素，我们建议把万人拥有公共文化和体育设施面积的参照值分别设定为 2000 平方米和 2 万平方米，合计为 2.2 万平方米。

——城市公共交通分担率。大城市交通拥堵是世界性难题，解决交通拥堵就要大力发展公共交通，北京、上海等大城市的公交出行分担率若能达到 50%~60%，堵车就会成为偶然现象。浙江省“十二五”规划中提出，争取到“十二五”末，在浙江目前 17%~18%的公交出行分担率的基础上实现“4030”的目标：开通轨道交通的城市达到 40%，其他城市 30%。南京市到“十二五”末，城市公共交通分担率预计在 27%左右。随着多条轨道交通的建设运营，我们将该项指标参照值确定为 40%。

——城市化率。城市化率是衡量一个国家或地区的城市化最主要的指标，由城镇人口占总人口的比重表示。城市化水平是反映社会结构及其现代化水平的重要标志，是社会进步在人口结构上的表现。当今发达国家城市化水平达到 76%，而日本、美国等发达国家的城市化率都在 80%以上。2010 年中国城市化水平将达到 50%。2010 年雨花城市化率已达到 87%。考虑到城乡统筹发展因素，我们把该参照值设定为 100%。

——城镇居民人均可支配收入。指城镇居民家庭人均可用于最终消费支出和其他非义务性支出以及储蓄的总和，即居民家庭可以用来自由支配的收入。在评价发展阶段的判断中，有专家把人均收入 2 万美元作为列入发达国际的标准。考虑到汇率、物价等不可控因素，我们将城镇居民人均可支配收入达到 10 万元人民币作为雨花现代化指标参照值。

——基尼系数。国际上常用此项指标进行社会发展状况和居民收入分配的比较。它反映社会收入分配差异的程度，是体现现代化公平表征的重要指标。目前，国际上用来分析和反映居民收入分配差距的方法和指标很多。基尼系数由于给出了反映居民之间贫富差异程度的数量界线，可以较客观、直观地反映和监测居民之间的贫富差距，预报、预警和防止居民之间出现贫富两极分化，因此得到世界各国的广泛认同和普遍采用。联合国有关组织规定：基尼系数低于 0.2 表示收入绝对平均，0.2~0.3 表示相对平均，0.3~0.4 表示比较合理。同时，国际上通常把 0.4 作为收入分配差距的“警戒线”，认为 0.4~0.6 为“差距偏大”，0.6 以上为“高度不平均”。我们把该指标值设为小于或等于 0.30。

——恩格尔系数。恩格尔系数指居民的食品消费支出占家庭总收入的比例。国际上常用恩格尔系数来衡量一个国家和地区人民生活水平的状况，是国际比较通行的一个指标。由于许多国家在经济发展过程中的资料表明恩格尔定律是正确的，因此用恩格尔系数来衡量一个国家或者地区的居民生活水平就成为一种非常普及并且易被接受的方法。一个国家或家庭生活越贫困，恩格尔系数就越大；反之，生活越富裕，恩格尔系数就越小。世界银行将恩格尔系数在 50%以上划为一般生活水平，40%~50%为小康生活水平，30%~40%为富裕生活水平，30%以内为发达国家生活水平，欧美国家完成现代化时，恩格尔系数一般低于 30%，目前美国、欧洲主要城市这一指数落在 12%~16%之间。我们将该指标的标准值设为小于 20%。

——社会保险覆盖率。社会保险覆盖率是指参加社会保险的劳动者人数占全社会劳动者的比率，是反映一个国家或地区社会保险事业发展和社会保险工作状况的重要统计指标，是社会保障体系的核心。目前，世界上社会保障水平高和覆盖面广是一国现代文明程度的重要标志，所以许多发达国家和地区的社会保险覆盖率都达到 100%。我们将该指标设定为大于或等于 99.5%。

——城镇登记失业率。城镇登记失业率，是指在报告期末城镇登记失业人数占期末城镇从业人员总数与期末实有城镇登记失业人数之和的比重。南京市“十二五”规划将该项指标的目标值确定为小于 3.5%。我们将城镇登记失业率控制在 3%以下确定为现代化指标参照值。

——千名老人拥有养老床位数。人口老龄化是中国社会未来二十年面临的重要社会问题之一,也是关系民生的重要工作方向之一。南京市已将此项指标作为民生重点之一列入“十二五”规划,指标值为30张,雨花台区“十二五”规划目标值与之保持同步。我们将千名老人拥有养老床位数大于40张作为雨花现代化指标参照值。

——高等教育毛入学率。高等教育毛入学率是指18~22周岁人口中接受高等教育的人数比重,包括普通高等教育和高等职业技术教育。这是反映一个国家或地区高等教育普及程度和人的全面发展程度的重要指标,也反映了人口的素质。国际上根据高等教育毛入学率把高等教育分为3个阶段,15%以下为高等教育精英阶段,15%~50%为高等教育大众化阶段,50%以上为高等教育普及化阶段。我国最新公布的《国家中长期教育改革和发展规划纲要(2010~2020年)》规划提出:到2020年,高等教育毛入学率达到40%的目标,每年将增长1.6%。2009年江苏省高等教育毛入学率首次达40%,进入高等教育大众化的后期阶段,预计到2020年江苏省高等教育毛入学率达60%,达到国际先进水平。雨花台区“十二五”规划该项指标目标值为65%。我们将该指标的参照值设为大于70%。

——万人医生拥有数。该项指标是国际通用现代化指标之一,能够直接反应出地区医疗服务水平。2009年我国万人医生拥有数为17人,美国为26人。我们将万人医生拥有数大于30作为雨花现代化指标参照值。

——平均预期寿命。这是国际通行的反映人口身体素质的指标,同时也是综合反映生活质量的指标,它在很大程度上反映了一个地区的生活水平、医疗水平、环境质量和居民健康水平的高低。从世界各国来看,生活质量越高的国家,平均预期寿命越长,反之越短。2005年,世界平均预期寿命为67.6岁,中等收入国家为70.42岁,高收入国家为79岁,中国为72.95岁。我国的平均预期寿命显著地高于同等发展水平的发展中国家。预计2020年我国平均预期寿命可达到75岁。2005年江苏省平均预期寿命为75.32岁。我们将该指标定位大于79岁。

——社会平安指数。“平安指数”就是衡量社会系统的安全状态的客观指标数值及居民安全感的主观指标数值。平安指数是表征社会安全和民众心理安全的指数。近几年,“平安建设”作为一项蕴涵着“以人为本、关注民生”的时代新内容的社会治理实践,平安雨花建设也取得了斐然成效。我们将雨花平安指数定为大于95。

——公共文明指数。公共文明指数可以反应出一个地区的社会文明程度。南京市2010年公布的全市公共文明指数在36分左右,年均增加5个点。我们将公共文明指数达到80作为雨花现代化指标参照值。

——幸福指数。近年来,美国、英国、荷兰、日本等发达国家都开始了幸福指数的研究,并创设了不同模式的幸福指数。指数的评价有三类指标,其中A类指标:涉及认知范畴的生活满意程度,包括生存状况满意度(如就业、收入、社会保障等),生活质量满意度(如居住状况、医疗状况、教育状况等)。B类指标:涉及情感范畴的心态和情绪愉悦程度,包括精神紧张程度、心态等。C类指标:指人际以及个体与社会的和谐。英国“新经济基金”组织公布的2009年度《幸福星球报告》中,中国内地排名第20位,中国香港则位列第84位,美国排在114位。前10名国家中,哥斯达黎加高居榜首,人民幸福指数为76.1。南京市锁金村幸福指数抽样调查中,居民幸福指数为81.7%。其中设置幸福指数=综合测评值×0.3+居民测评值×0.7。指数大于90为“非常幸福”;小于90大于80为“幸福”;小于80大于70为“基本幸福”。我们将幸福指数大于90确定为雨花现代化指标参照值。

南京南站建成并投入运营对雨花台区的影响及对策

区发改局

（2011年9月）

南京南站于今年6月底正式投入运营，快速、高效、便捷的交通体系，大量的人流、物流、信息流，为雨花高端商务业加速集聚提供了重要环境，成为雨花未来发展的重要机遇之一。深入研究南京南站建成并投入运营对雨花台区的影响，积极探索应对举措，化机遇为优势，推动雨花在新一轮发展中赢得先机，成为雨花台区当前工作中一项重要课题。

一、南京南站简要情况

南京南站位于雨花台区宁南街道农花片区，总占地66.67公顷，建筑面积40万平方米，规模是现南京火车站的六倍。南京南站将汇集京沪高铁、沪汉蓉高铁以及宁杭、宁安、宁通、宁启、宁合城际等多条高铁线路，承担南京70%以上铁路客运任务。除铁路客运站外，南京南站还集中城市轨道、长途汽车、常规公交、出租车以及小汽车等多样化交通方式，形成南京及华东地区重要的现代化综合客运交通枢纽。

南站地区由绕城公路以南、秦淮新河以北、机场高速以东、宁溧路以西6平方公里区域组成。规划形成一个公建发展带（沿中轴线由北到南为公共服务设施区、商业区、文娱区），一个对外交通设施区、四个居住社区、两个混合建设区等10个功能片区的总体布局（见图1），规划居住人口10万人。规划道路包括高速路、主干道、次干道、支路四大城市路网（见图2）。

二、南京南站建成并投入运营对雨花台区的影响

（一）国内外综合交通枢纽对城市、产业的影响

经济全球化背景下，综合交通枢纽对城市产业布局及空间结构的影响日益凸显，成为各城市在区域、国家和全球体系中整体竞争力提升的关键节点。

从全球范围看：随着现代交通系统的转型和发展，现代化大型综合客运枢纽及其周边地区均呈现出一种新型的社会文化、经济交流地的发展趋势。如：德国柏林火车站、澳大利亚悉尼火车站、日本札幌火车站等，都由城市边缘带逐步发展成为云集多种业态、具有综合功能的城市新中心。

从国内城市看：高铁时代来临，不仅改变城市间空间距离，更促成城市结构、产业能级、生活节奏、思想观念的巨变，并将改写中国经济版图。国内四大直辖市以及南京、广州、西安等省会城市和众多地级市高度重视综合交通枢纽对城市和产业的影响，纷纷加快综合交通枢纽区域建设发展步伐。如：上海虹桥综合交通枢纽汇集航空、高铁、地铁、磁悬浮等多种交通方式，推动虹桥地区成为上海城市西部的新增长极、经济发展的新引擎。

从南京区域看：南京市抢抓国家级综合交通枢纽

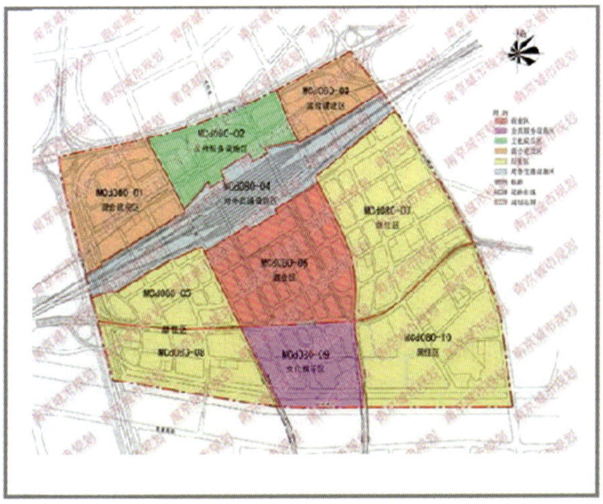

图1

图2

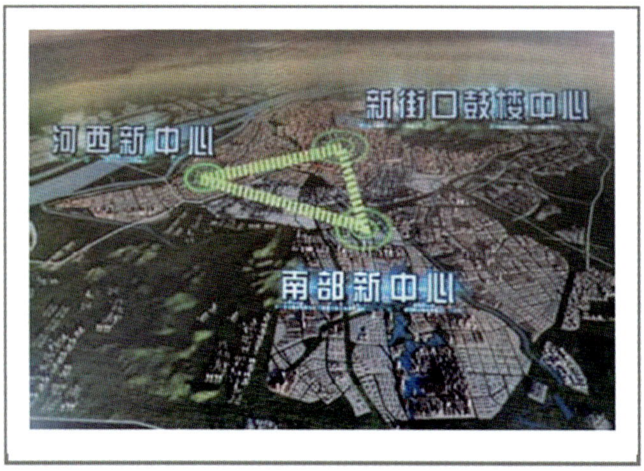

图3

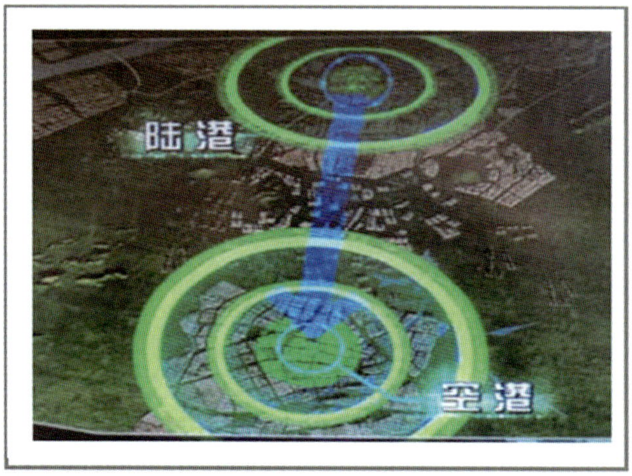

图4

建设机遇,统筹南部新城164平方公里区域包括南站地区规划发展,着力推动南京主城重心南移,形成“三足鼎立”(见图3)、“双港联动”格局(见图4)。按南部新城建设规划,雨花台区秦淮新河以北区域纳入南部新城66平方公里建设协调板块,雨花软件园和宁南商贸汽贸区纳入32平方公里核心发展板块。原宁南商贸汽贸区域,将重点发展总部经济和高端商贸商务业,打造成具有智慧城市标志性形象的南京南部新中心,率领南站地区枢纽经济区构成华东区域性商贸商务中心板块。

(二)南京南站建成运营对雨花台区的影响

1.极大提升雨花的城市地位和国际知名度。南京南站建成运营,使雨花由普通新城区地位快速上升到国家级枢纽中心战略地位,并由此形成联系我国重要发展地区的1~3小时交流圈,成为南京城市地位和竞争力提升的空间载体、区域一体化战略实施的关键地区、多中心网络化城市结构的重要一环。多条线路高铁、城铁列车的穿梭运行,国内外宾客的往来汇聚,都成为提升雨花国际知名度的重要宣传渠道和免费宣传载体。

2.有效强化雨花特色优势和城市竞争力。南京南站建成运营,强化了雨花区位交通、时间成本、资源信息、产业空间、人才吸引等综合优势,凸显雨花坐拥华东重要交通枢纽,掌控华东枢纽经济核心;坐拥南京高端资源,占据中国信息软件产业高地;坐拥生态城市空间,引领现代城市经济生活方向的三大区域价值,并快速提升雨花发展总部经济、推升产业能级的竞争力。

3.现实提供枢纽经济中心全新发展机遇。国际经验表明,现代化交通枢纽的发展,将激发枢纽及周边区域最终形成城市新兴地区。南站每年巨大的人流、物流、信息流的汇聚,周边超过160万的居住人口、南站15万商贸服务人员、软件谷40万高端从业人员,预示着现代服务业巨大市场和发展空间。采取高端化、差异化策略将流动资源固化为发展资源,将促使南站地区发展成为南京都市圈综合性商贸商务中心、长三角区域性经济文化交流中心。

4.突出带动雨花城市现代化建设。南京南站投入运营,使雨花成为南京迎接国内外宾客的城市门户和形象展示。要求雨花必须高标准推进城市规划设计和改造升级,消除城郊结合部形态与现代化南站的巨大反差;必须实施城市经济发展战略,推进产业结构战略性调整,形成与软件产业国家发展战略的承载地、中国软件名城的核心区、华东地区重要交通枢纽、南部新城中心区相符的城市功能;必须加快城市环境品质提档升级,打造生态特色和智慧特质,成为南京现代化城市的标志。

5.迫切要求雨花提升城市管理服务水平。南京南站高铁列车长途客车巨大客流、4条地铁城轨换乘客流、南部新中心商业客流,都将使南站及周边地区汇聚巨大的人海车流,必然给市容管理、社会治安管理、流动人口管理等带来诸多难题,也将造成城市交通及城市服务的明显压力。雨花台区必须尽快寻求巨大交通流量应对解决方案,防止大宁南片区成为无法运行的道路停车场;必须加快发展住宿餐饮、金融邮电、文化娱乐、商业等服务业,快速提升雨花配套服务能力。

三、应对南京南站建成并投入运营的对策建议

(一)加快谋划与雨花地位相一致的城市发展战略

南京南站建成并投入运营,为雨花台区带来提升

城市地位的机遇,同时也挑战雨花台区区域发展谋划能力。

1.着力促进思想观念和发展理念的深刻变革。把推动思想观念、发展理念的深刻变革,作为引领雨花经济社会发展的关键环节。思想观念更新上,突出主城区意识、区域中心意识、集约高效发展意识的强化和形成;发展理念创新上,突出战略思维、创新思维、辩证思维的训练和培养;方法手段运用上,突出参观考察、专题讲座、系统学习、传媒宣传、政策引导等多种方式的有机结合和全面覆盖。

2. 深度谋划雨花台区城市与产业发展的长远战略。要站在南京都市圈扩容升级的高度、长三角区域辐射中西部的大局、参与国际竞争与合作的层面谋划雨花台区发展战略。一是深入研究将综合交通优势转化为资源和资金优势、人才和创新优势、开放和信息优势、经济和贸易优势的发展策略;二是系统性谋划枢纽中枢向服务中枢、中国软件名城核心区向世界软件名城核心区、绿色城区向生态智慧型主城区跨越发展的战略思路;三是科学制定融入长三角沪宁杭三个经济中心极、南京市"三足鼎立"多中心发展格局的城市和产业发展长远战略。

3.全力推动发展模式、动力和路径的全面转型。推动发展模式转型,着力解决投入产出、项目质量、土地开发等制约可持续发展的突出问题,实现粗放发展向集约发展转变。推动发展动力转型,把握综合交通枢纽带动雨花台区城市建设和经济发展的机遇,促成投资"单引擎"向投资、创新、服务"多动力"转变。推动发展路径转型,促使单纯依靠外部引进向外部引进、本土培育、对外扩张相结合转变。

(二)加快实施与雨花价值相适应的区域营销战略

南京南站建成并投入运营,为雨花台区带来强化竞争优势的机遇,同时也挑战雨花台区城市经营能力。

1.着力实施价值营销,掌控竞争主动权。突出推介雨花"坐拥综合交通枢纽,掌控华东枢纽经济核心的价值",强化外界对南京主城新空间、南部新城市中心的印象和对雨花枢纽经济核心区的投资选择;突出推介雨花"坐拥南京高端资源,占据中国信息软件产业高地的价值",强化中国信息软件产业高地的效应和跨国公司投资雨花的选择动因;突出推介雨花"坐拥生态城市空间,引领现代经济生活方向的价值",强化雨花宜居宜业创新型现代化国际都市区的形象。

2.着力实施高端营销,培育价值认同感。一是把价值高端领域作为区域营销首选,围绕"1+3"产业体系,突出产业链两端高附加值、高关联度、高外向性、高竞争力的研发设计、营销服务等创新服务经济。二是把产业高端领域作为营销细分重点,按照高端控制能力、资源整合能力、市场集聚能力、产业引领能力的标准,细分软件特色产业、现代商贸商务产业,实施选商选资选企。三是把总部经济领域作为区域营销关键,加大总部经济营销力度,推动雨花价值向高端提升。

3.着力实施国际营销,吸引全球注意力。一是积极参与国际性活动,充分利用具有国际影响力的营销机构、交流中心、合作平台等载体,全面实施国际营销,提升雨花国际知名度。二是以雨花三大价值为核心实施国际高端营销,引进具有全球影响力、高端控制力的国内外著名公司、龙头企业,促使雨花成为全球投资目光聚焦点。三是把雨花优势产业、优势企业作为国际营销推介重点,加大全球宣传力度,提升国际影响力和竞争力,开拓国际市场。

(三)加快发展与区域中心相符合的城市服务经济

南京南站建成并投入运营,为雨花台区带来发展枢纽经济的机遇,同时也挑战雨花台区经济发展眼光。

1.高端谋划产业发展的全新空间。聚焦发展软件和信息服务业,同时大力发展商贸商务等现代服务业,形成以软件为核心、商贸商务重点支撑的全新发展局面。一是发挥综合交通枢纽优势,以大宁南片区和秦淮新河区域为重点,谋划高档酒店、高端餐饮等枢纽型旅游服务经济全新发展空间。二是发挥城市中心区位优势,以南京南站区域为核心,赛虹桥、安德门、板桥新城等为配套发展区域,谋划商贸、商务、金融、中介、商业地产等城市经济全新发展空间。三是发挥软件产业集聚优势,以软件谷为重点区域,谋划软件产业链研发、孵化、营销、服务等生产型服务经济全新发展空间。

2.有序推进产业结构的战略调整。把握南部新城规划建设和红花机场搬迁进度,采取有效措施防止产业空心化。一是以汽贸区搬迁为契机壮大雨花台区汽车商贸服务业,在开发区高标准规划建设雨花国际汽车商贸区,形成对大明路汽车街、宁南汽贸区汽车销售服务企业搬迁吸引力。二是坚决推进各功能区产业结构调整。按照"1+3"产业规划,采取引进、淘汰、搬迁、转型相结合,调整产业结构。三是合理安排产业结构调整时序。加快软件谷高端规划建设、宁南商贸商务中心高端规划营销,先行推动赛虹桥、铁心桥、西善桥等区域旧城改造和软件、商贸商务业发展。

3.抓紧实施节地增效的发展举措。一是坚决实施低效土地资源的高效使用,重点发展楼宇,充分利用地下、地面、空中立体空间资源。二是坚决实施分散土地资源的集中使用,结合城市改造,加速推进产业园区、商贸商务中心、居住片区规模化建设。三是坚决实施闲置土地资源的激活使用,全面清理并重新使用前期圈地囤地的企业项目、长期闲置的厂房楼宇。

(四)加快推进与门户形象相协调的城市规划建设

南京南站建成并投入运营,为雨花台区带来塑造城市形象的机遇,同时也挑战雨花台区城市规划建设品味。

1.高标准推进城市规划建设。一是全面启动雨花城市规划设计和提升改造,形成具有智慧城市标志、交通枢纽特征、南京门户形象的城市形态。二是按照国际一流标准打造大宁南片区,构筑与世界级交通枢纽地位相适配、与南部新城中心区相符合的城市新中心。三是以重大项目为推手,加快推进新城建设、旧城改造,完善现代化城市基础设施,形成与现代化主城区要求相一致的城市形态、结构和布局。

2.高水准打造生态城市特色。加快生态环境提档升级,以"城市中的花园、花园式的城市"标准,推进生态雨花建设规划,形成卓越、独特的优美环境。坚持生态产业发展方向,聚焦发展信息软件等研发创新型服务业,大力发展商务商贸等智慧型服务业,构建生态化研发环境和商务空间。重视形成生态文化,发挥高铁、轨道等低碳交通及南站绿色能源的影响力,推广应用节能减排新产品、新工艺、新材料,倡导节约、健康、文明、科学的经济生活方式。

3.高水平塑造智慧城市形象。加快城市信息中枢建设,加大信息基础设施建设投入,着力引进信息采集、传播、服务企业,构筑区域性信息中枢。加快城市智能系统建设,高起点规划建设智能化基础设施,推进城市的智能化管理。加快城市智慧型服务经济发展,突出信息服务、智力服务等产业,打造以知识经济为核心、服务经济为主导的区域性智慧中心。

(五)加快提升与枢纽中心相匹配的管理服务能力

南京南站建成并投入运营,为雨花台区带来促进城市繁荣发达的机遇,同时也挑战雨花台区城市管理服务能力。

1.积极应对交通拥堵突出难题。抓紧组织交通路网规划研究,加强与南部新城建设指挥部对接协调,争取市政府支持,推进软件大道、铁心桥大道等城市主次干道的规划、改造和建设,避免交通流量大增和主要干道改造形成交通堵塞"双重叠加"。加强现有城市道路交通的科学管理,加大关键路段、交通瓶颈等管控力度,增加交协警、志愿服务者配备,实施轨道、公交、自行车交通优先鼓励措施。

2.着力提升城市管理综合能力。一是加强城市治安管理,积极开展南站地区社会矛盾纠纷、突发应急事件的预研演练,完善治安监控体系和应急处置预案。二是加强流动人口管理,重点掌控街头流浪人员、各居住小区暂住人员,实施群防群治。三是加强市容管理,积极应对流动人口、车辆突然增多给雨花台区卫生环境造成的影响,保持雨花优美的城市环境和形象。

3.加快提升枢纽核心服务能力。发挥交通枢纽的功能,积极发展宾馆酒店、旅游公司等旅游服务业,推进餐饮、文化、休闲、娱乐、商贸业等现代服务业快速发展,加快邮电通信、金融服务等公共服务网店布局,形成留住本区消费、满足旅游消费、吸引外来消费的服务能力,将巨大的人流量变成在雨花的消费量,避免雨花成为人流、物流的走廊和过境交通流而不聚的尴尬。

创新型雨花建设的路径探析

雨花台区委党校

（2011 年 6 月）

人类社会发展史就是一部不断创新的历史。一位哲学家曾经说过，人按其本质来说是一个创造者，是自身和自己世界的创造者。一个国家、一座城市、一个城区的自主创新能力，是它繁荣昌盛的根本源泉。美籍经济学家熊彼特认为，创新是指把一种新的生产要素和生产条件的“新结合”引入生产体系，它包括：主体性要素、资源型要素和环境性要素。当今世界现代城市发展趋势表明，资源、能源与环境对经济发展制约性不断增大，主要依靠资源高投入和高消耗的传统增长方式已难以为继，而依靠知识和人才的创新正产生巨大的能量，越来越成为国家经济发展的核心驱动力，成为世界各国发展的战略选择，展示出广阔的发展前景。

2011 年 7 月 1 日，中共南京市委十二届 22 次全体（扩大）会议上，市委书记杨卫泽提出，南京必须聚焦人才第一资源、教育第一基础、科技第一生产力、创新第一驱动力，应时因地精准定位城市发展的最适战略，走“创新驱动、内生增长、绿色发展”之路，准确及时推动城市发展重大转型。雨花台区作为南京市最近几年发展起来的新兴城区，在南京市城市发展转型中起着举足轻重的作用。区委九届 36 次全会提出在全市率先实现基本现代化，把雨花建设成为现代化、创新型、生态新城区的目标任务。本课题就如何提升雨花台区创新能力开展调研，以进一步认清不足，找准优势，探索发展新思路，为加快经济社会发展提供决策参考和依据。

一、创新发展现状分析

（一）科技创新体系状况

1.创新基础。全区拥有三江学院等 4 家高校，南京玻璃纤维研究院等 8 家科研所，1 家省级重大研发机构（江苏省城市轨道交通研究设计院）。拥有国家级工程技术中心 1 家（国家玻璃纤维及制品工程技术研究中心）；拥有省级工程技术中心 8 家，拥有市级工程技术中心 3 家，工程技术中心拥有量在全市处于平均水平，与主导产业发展关联度不高。截止到 2011 年 5 月，全区所有企业的经营管理类人才总量约为 1.51 万人，专业技术类人才总量约为 6.05 万人（其中，软件专业技术人才约为 4.95 万人），300 人左右有海外留学、工作背景，拥有 2 个博士后工作站（设于中电十四所，中材集团），拥有工程院院士 3 人，享受国务院政府特殊津贴人员 16 人，国家“百千万人才工程”培养对象 2 人，国家级有突出贡献中青年专家 3 人，江苏省有突出贡献的中青年专家 8 人，省“333 工程”培养对象 34 人。

南京市各区县工程技术中心统计一览

（截至 2010 年 2 月）

表 7

区　县	国家级	省级	市级	区　县	国家级	省级	市级
雨花台区	1	8	3	秦淮区		4	1
浦口区	1	6	2	江宁区		78	3
玄武区	6	30	15	六合区		8	2
白下区	2	9	2	高淳县		14	1
鼓楼区	2	34	5	溧水县		15	
建邺区		9		新港开发区	1	18	1
栖霞区		17		高新区		19	2
下关区		3		合　计	13	272	37

注：区内中船绿洲、十四所、中兴、华为等大型科技型企业均设有研发机构，但未纳入南京市科技局统计，其中中船绿洲机器有限公司技术中心 2010 年底被评为国家级企业技术中心，实现了 5 年三级跳；华为南京研发所通过 CMM5 级国际认证，华为公司还是国内唯一一家在无线通信接入技术领域建立国家重点实验室的企业

2.创新主体：全区共有科技型企业 340 家，其中包括以中兴和华为为代表的 29 家高新技术企业。

中兴通讯是全球领先的综合通信解决方案提供商，拥有通信业界最完整的、端到端的产品线和融合解决方案。公司在全球设有 18 个全球研发机构，2.5 万名国内外研发人员专注于行业技术创新，2010 年凭借 1863 件国际专利申请总量，排名跃居

全球第二位。

华为长期坚持不少于销售收入10%的研发投入,并坚持将研发投入的10%用于预研,在国内外设立了众多的研发机构,其中,印度所、南京所、中央软件部和上海研究所通过了CMM5级国际认证,公司成为目前国内唯一一家在无线通信接入技术领域建立国家重点实验室的企业。目前,华为已在FMC、IMS、WiMAX、IPTV等新技术和新应用领域,都已经成功推出了解决方案。

十四所从事专业和开发产品覆盖了微波、通信等数十个技术领域,在系统集成等10多个技术领域处于国内领先地位,部分已达到国际先进水平。近60年来,先后研制出300余型具有先进水平、填补国内空白的大型电子系统工程产品,取得科研成果近4000项,其中国家级成果奖近60项,部、省级成果奖300余项,。2008年底,研究所与南京大学签署了全面合作协议,双方将共同建设"南京大学电子与通信工程学院"。

此外还要看到,区内高新技术企业集中度过高,大多集中在电子信息、软件和先进制造业等领域,在其他领域分布较少。

3.创新效率。2008年以来,共争取到省市科技扶持资金达4650万元,区财政每年拿出占GDP和财政收入0.32%和1.3%的5490万元作为科技投入资金,设立了3年1亿元的软件产业发展专项资金,安排了3000万元的财政贴息和5000万元的创新创业补助经费,对各层次的软件人才,根据其贡献度大小,在培训、房租、交通等方面给予不同标准的政策反哺。在一系列优惠政策激励下,2010全区专利申请量(发明专利)和授权量(发明专利)分别达到646件(188件)和404件 (74件),2010年共完成高新技术产业销售收入300亿元。同时也要看到,全区高校数量偏少,专利申请量和授权量总量与先进区相比还有一定差距。

科技创新及创新能力主要指标2009年一览
(雨花台、鼓楼、白下、玄武、江宁)

表8

指　标	雨花台	鼓楼	玄武	白下	江宁
地区生产总值(亿元)	143.03	343.74	237.95	250.3	503.4
产值构成比重	0.3:50.7:49	0:7.7:92.3	0.04:7.50:92.46	0:13.9:86.1	6.0:31.9:62.1
财政性科技经费投入(万元)	5490	5289.4	4638	3570	8000
高新技术企业数	29	59	38		110
高新技术产业产值(亿元)	250	151		53.8	653
专利申请量(发明专利)(件)	765(465)	2546	2406(1400)	2042(859)	2736(701)
专利授权量(发明专利)(件)	442(219)	1195	1442(508)	684(192)	1144
每万人口专利授权量	19.92	17.74	27.98	14.66	12.34
驻区高校	3	11	4	3	25
国省市科技立项	20	73	54		58

4.创新园区

(1)软件谷。正在规划中的软件谷,将努力建成中国软件名城的核心区和标志区。范围涵盖雨花软件园、雨花经济开发区、铁心桥工业园等,总占地面积约75平方公里,主要发展4G核心网、互联网、物联网关键技术、云计算技术平台及应用、未来通讯网络等高端软件产业。同时适度发展电子商务、金融、法律服务、高档公寓、文化娱乐等适应高级白领人才办公、生活需要的现代服务业。预计"十二五"末全面建成后,软件谷将实现软件及系统集成销售收入超过2000亿元,软件从业人员达40万人以上。

(2)软件园。8平方公里区域已入驻186家软件企业,基本构建成10里软件大道核心区,初步形成通信软件、软件外包、信息服务三大特色鲜明的产业集群,发展成为全国最大的通信软件产业基地,被国家科技部评为国家火炬计划南京雨花现代通信软件产业基地,园区还被批准为全省首批软件和信息服务产业示范园,2010年被省委组织部评为省高层次人才创新创业基地。2010年全年软件及系统集成收入实现220.39亿元,全年共引进软件企业46家,引进软件人才7100人。

(3)南京互联网产业园。目前已吸引38家企业入驻办公,创造销售收入1.14亿元,企业总办公人数达340人左右,其中博士学历8人,硕士以上学历28人,海归、华侨类高级人才10人。经过孵化,园区37家企业各自潜心研发的产品已不同程度地上线运营,渐渐在各自的软件领域里崭露头角。企业研发上线的产品涉及网络视频、在线财务管理等各方面,软件项目多达60多种。其中,投资1亿元的江苏炬腾网络公司和浙江广电新蓝网联合打造的"哈皮星球"大型网络社交游戏已正式上线,并创下中国网游业4项第一。

(4)生物医药产业园。依托南京医药产业集团所属艾德凯腾生物医药公司,有效整合我区现有的医药产业,已进驻艾德凯腾医药公司、南京同仁堂、中山制药等32家生物医药企业,2009年实现销售产值3.6亿元,实现税收5000万元。其中,南京同仁堂药业有限责任公司是南京市唯一一家以现代科技生产古方传统品种和综合新剂型,集科、工、贸为一体的中药大型企业。

(5)中材科技新材料产业园。中材科技股份有限公司是我国两大建材央企集团的又一分支,2008年被命名为国家创新型企业,是我国纤维复合材料行业唯一的集研究开发、设计、制造于一体的高新技术企业。公司玻璃纤维方面研究成果产业化的进程日益加快,核心竞争力在于特种玻纤的生产和纤维复合材料的加工技术能力与国际一流水平基本持平,正在规划中的中材新材料产业园总体规划已上报北京总部待批。

5.创新创业服务

创业服务平台方面,全区拥有2家省级科技孵化器,1家国家级科技孵化器(雨花台科技创业中心),目前在孵企业数达101家,"十一五"期间毕业企业数57家,累计入孵企业达179家,从业人员4200人左右,孵化面积12.82万平方米。

科技创新服务平台方面,五年来全区共建立产学研合作项目100个,实施科技成果转化300项,获得省市科技进步奖16项;建立了江苏省软件人才实训基地,成立了江苏省软件人才交流服务中心,并与东大、南邮等高校共建了5处软件人才实习基地,软件园先后搭建了南京大学—雨花软件园研讨交流会等产学研合作载体。

科技融资服务平台方面,为解决科技企业融资难的问题,先后组建了3家科技金融机构:区科技局与江苏省风险补偿资金管理服务中心、江苏银行合作建立的投融资平台,区政府牵头成立的南京雨安投资担保有限公司(仅2010年上半年就为11位创业人士担保融资4.23亿元),雨银农村小额贷款有限公司(依靠其资本金发放贷款,贷款利率由借贷双方自主约定)。此外,区政府还出资150万元作为地方风险补偿资金,鼓励、支持国际、国内著名风险投资机构(VC)/私募股权投资机构(PE)参与战略投资。

(二)管理服务创新状况

1.工作机制不断完善,创新环境逐步优化

为促进软件产业的迅速发展,区政府成立了软件产业发展领导小组,先后制定并出台了《关于鼓励和扶持企业自主创新、加快发展的意见》、《进一步扶持雨花软件园发展的意见》、《我区关于进一步推进软件产业发展的若干政策意见》及实施细则等一系列文件,逐年增加科学技术经费,由2008年的900万元,增长至2010年的1250万元,重点扶持了南京中船绿洲机器有限公司的产品数据管理及数据集成系统开发项目等一批技术含量高、市场前景好的企业和项目。从组织上、资金上和政策上营造了良好的环境,给予了科技创新以强有力的支持。

2.计划项目管理加强,企业创新能力不断提升

组织科技项目申报工作,帮助更多科技企业获得科技创新扶持资金;加强科技政策的宣传,积极有效开展高新技术企业、科技创新型企业和民营科技企业的培育和创建工作;大力实施知识产权带动战略,促进专利转化,将专利工作纳入街道考核目标,建立健全知识产权管理工作网络,近几年来先后举办了7期不同主题形式的企业知识产权沙龙;加强政府与高校的合作,与三江学院知识产权管理学院顺利签署了全面合作协议。

3.工作方法进一步改进,科技创新人才引进和培养加快

区委组织部、区科技局、区人事局于2009年和2010年,联合举办了2场软件人才专场招聘会,累计有近80家软件企业参加了招聘会,进场人数达8000多人;实施了省高层次创新创业人才引进计划、省市科技人才计划申报工作,全区共申报双新创业人才28名、创新团队8个,申报省科技进步奖21项、省自然基金项目人才专项1项、市创新创业人才计划11项。此外,结合区科技项目计划申报指南,建立了区级人才计划专项,并初步建立了软件企业人才公共培训平台。

4.科技创新载体逐步健全

努力推进开发区旺雨互联网产业园、生物医药产业园、新材料产业园、东方娃娃动漫创意产业园、区科技创业中心等五大科技载体的建设。其中,新材料产业园占地20公顷,是依托南京玻璃纤维研究设计院,利用该院无机非金属材料产业的资源,打造新材料产业研发基地和总部经济;东方娃娃动漫创意产业园由中国金钥匙文化教育(集团)有限公司投资打造,总建筑面积5.2万平方米,计划总投资4.6亿人民币,是迄今为止全球规模最大、场景最多、角色体验最全面的社会职业体验平台;区科技创业中心共有8个分部,孵化总面积达12万平方米,入驻180多家企业中大多为通讯软件、电子信息、新材料及生物医药企业,从

创办至2010年底累计实现税收1.91亿元。

(三)社会发展创新

政府不断加大投入，为推动民生事业的繁荣发展。以“十一五”期间为例,区财政积极克服财政收支的紧张矛盾,保证了民生支出稳定增长,保障了社会事业协调发展。

1.城市管理创新。依托高位指挥、高位组织、高位协调的城管平台,以长效管理为目标,城市管理水平大大提高。主要表现在,美化亮化及景观建设工程不断拓展,占道经营有效控制,渣土整治规范有力,违法建筑得以有效遏制,保洁实现了机械化、快速化。

2. 社会管理创新。开创出了一套景明佳园创新“2+4”的经济适用房社区管理体制,“2”指成立社区党委和社区管委会,“4”是指社区管委会领导、协调四个具体工作机构,即城管综合执法组、公安组、社区居委会以及物业公司。通过“2+4”社区管理模式,景明佳园社区形成了在管委会统一领导下“四驾马车”共同拉动社区建设的格局;社会服务不断完善,政府专门成立了为民办实事工作领导小组，由区长任组长,区委、区政府分管领导任副组长,各责任单位主要负责人为成员，领导小组办公室通过多种渠道向全社会、区人大代表和政协委员广泛征求意见,研究为民办实事具体项目,实时督查落实情况,保证了办实事工作紧张有序地开展。2010年就超额或提前完成31项目标任务。

3.文卫体事业创新。通过省教育现代化区验收,在全省率先开办公立外来子弟学校;卫生系统在全国率先实行药房托管模式的基础上又探索实行医用耗材、试剂托管,让百姓看得起病。同时,在全国率先实行“全民健康一卡通”,让群众在看好病的同时少生大病、少得重病。我区城乡体育健身设施覆盖率达100%,2010年区财政投入资金90万元,大力实施“社区体育设施提档升级计划”,方便了群众的健身活动。

二、雨花台区创新型区域建设中存在的主要问题

(一)区域创新体系建设水平不高

从创新基础来看,高校数量偏少,工程技术中心拥有量占全市比例较低，与主导产业发展的关联不大;人才总量缺口不足,高精尖人才缺乏,人才结构不够合理,青年专业技术人才短缺。从创新主体来看,高新技术企业数量不多而且集中度过高,大多集中在电子信息、软件和先进制造业等领域,主导产业有待加强，生物医药和文化创意等第二梯队产业发展不够,与“3+2”现代产业体系的目标要求还有一定距离;产学研合作水平还有待提高,合作载体偏少,短期合作较多,缺乏长效机制,合作方式比较单一。此外,国家、省、市科技立项数占全市比例也较低;从创新成果来看,专利申请量(发明专利)和授权量(发明专利)与先进城区相比,还有一定差距。

(二)创新链不够完善

政产学研合作的有效载体(企业研发中心、院士工作站、博士后工作站)数量稀少,多数企业没有建立适合自己的产学研合作载体；促进企业创新和产学研结合没有详细全面的规划和措施，推动产学研对接的长效机制还未形成;产学研对接模式还比较单一,政府机关在推动产学研合作上承担的功能偏多，而专业中介服务机构承担的功能较少;科技金融和中介机构偏少,与产业发展还不相适应,影响了创新环境的形成。

(三)新兴产业结构过于集中

从产业结构看,主导产业主要集中在软件、现代商贸业和先进制造业等领域,2010年全区软件产业增加值38.32亿元，占GDP比重为22.5%，商贸业15.7亿,占GDP比重为9.2%,三大产业领域中,软件产业又占了绝对优势,软件产业的过度集中,当国际市场变化起伏,必然对经济造成冲击,形成产业风险。

(四)科技人才缺乏

人才总量欠缺,拥有各类人才约8.9万人,距离“十二五”人才规划编制的目标总量42万,缺口较大,拥有国家、省部级中青年专家或享受政府特殊津贴人员较少,扩充高尖人才和高技能人才总量的任务还相当艰巨;人才结构不尽合理,在专业技术人才中,初级职称以下占58%,中级职称以上占52%,在技能人才中,初级工、中级工、高级工、技师、高级技师所占比例分别为63.6%,中级工以上36.4%,人才总量中大专以上学历占33.4%。

(五)服务机构十分欠缺

科技金融机构偏少,由于地处城郊结合部,会计师事务所、熟悉知识产权保护的律师事务所、投资咨询公司等分布很少,发展较为缓慢,目前全区尚无一家科技中介组织,仅有3家科技金融机构,企业通过银行贷款获得创新发展资金相当困难;科技中介服务组织偏少,难以满足科技发展需要。

(六)政府创新管理效率不够高

与创新相关的组织机构不够健全,创新建设领导小组尚未建立,更没有搭建创新区域建设专家咨询委员会,也未设立创新型城区建设专项资金;政府服务创新的意识还不够强,人才建设工作刚刚起步,人才资源开发经费投入还远远不够,人才政策环境还不尽如人意,机制还不够灵活,影响了人才积极性的发挥;教育培训的形式单一,培训力度不大,培训经费投入不足;职业教育发展水平与区产业结构调整以及高新技术产业的发展还不相适应,缺乏一支高层次的、基础性和通用性较强的应用型人才队伍,中高等职业教育专业结构、学科分布和培训内容有待调整和完善。

三、创新型区域建设的理论依据

(一)创新型区域的内涵与特征

创新型区域是指以技术创新为经济社会发展核心驱动力、经济社会实现一体化发展的区域。主要表现为:整个社会对创新活动的投入较高,重要产业的国际技术竞争力较强,投入产出的绩效较高,科技进步和技术创新在产业发展和财富增长中起重要作用。作为创新型区域,应具备以下四个特征:创新投入高,研发投入即R&D(研究与开发)支出占GDP的比例一般在2.5%以上,超过创新型国家的平均水平;科技进步贡献率达70%以上;自主创新能力强地区的对外技术依存度指标通常在30%以下;创新产出高。

(二)创新型区域建设的基本途径

就创新型区域在科技创新效率、技术对外依存度以及科技进步贡献率等方面的基本要求来看,创新型区域建设应以构建区域创新系统和完善创新链与产业化链为主要着力点,在区域层面和产业层面来提升区域创新能力。

1.构建区域创新系统。迄今为止,区域创新系统还没有一个被普遍接受的定义。许多研究表明,区域创新系统应具有如下特征:①具有一定的地域空间和开放的边界;②以企业、研发机构、高等院校、地方政府机构和服务机构为主要的创新主体;③不同创新主体之间的社会交互作用,构成了创新系统的组织和空间结构,从而形成一个社会系统;④强调制度安排对于知识的创造、应用和扩散的重要作用;⑤强调创新环境对创新活动的支撑作用,以便增强区域创新能力和区域竞争力。

从空间布局来看,区域创新系统的内层是以高校、科研院所为主构成的研发核心区,其中间带是科技企业孵化区,外围是一个个特色产业园区构成的产业化环带,进而呈现出知识创造源和知识扩散圈的特征。

从城市功能定位来看,在创新型区域的核心是以研发区为主的集科技创新、商务会展、社会交流、购物休闲娱乐、生活上学为一体的高技能人才密集的社区;其外围是以产业化为特征的中低技能人才密集的一般社区。彼此开放、相互往来,但是技能水平要求和生活成本差异形成了自然的界限。

2.完善创新链和产业化链。创新链是指围绕某一个创新的核心主体,以满足市场需求为导向,通过知识创新活动为主线将相关的创新参与主体串联起来,共同实现知识创造的全过程。创新链一般包含社会创新需求、政府政策引导与支持、产学研合作创新、研发外包(如科技查新、数据挖掘、试验材料制作、材料试验、产品检测等)、创新成果转化等环节。科技成果只有通过产业化过程,才能转化为社会生产力。创新成果的产业化链包括科技成果交易平台、科技创业辅导、科技企业孵化、生产性服务外包机构、科技金融以及科技担保等中介机构,以便形成具有竞争力的现代产业体系。

(三)创新型区域建设的主要内容

创新型区域建设应以完善创新链和产业化链为核心内容,通过转变政府服务理念、培育创新环境、集聚创新要素、创建研发基础设施和孵化设施等来构建区域创新系统,进而通过政策引导与合理布局,形成现代产业体系和财富创造体系,

四、创新型雨花建设的对策建议

鉴于高昂的生活成本与房地产价格、有限的土地资源与发展空间,经济增长方式应向以创新推动为主的内涵式增长转变,雨花台区在接轨与推动南京市的城市功能、产业结构和经济增长方式的转型中,应创造性发挥现有产业基础与创新能力,积极培育未来发展动力源,提升经济增长质量。

(一)构建区域创新系统

1.转变政府的经济发展理念

要依靠紧邻南京主城区的优势,通过承接国内外先进地区和主城区的产业转移,率先实现从传统制造业向先进制造业的转变,率先实现从最富工业化时代特色的、先进制造业为主的产业结构向最富信息化特征的电子通讯产业转变,建立以软件业和国际软件外包为主的“3+2”现代产业体系。

在土地资源日益紧张和劳动者生活成本日益上升的情况下,经济发展方式应从规模化量的扩张向集约式质的提升转变,通过发展创新型经济来提升区域经济增长质量。然而,支撑新兴产业发展的科研院所、重点实验室、共性技术平台、产学研合作机制以及科技金融等方面都十分欠缺。因此,经济发展职能应率先实现经济服务重心的转变,由追求规模扩大为主导

的发展理念向追求创新能力提升为主导的发展理念转变,培育以创新为主要驱动力的区域经济体系。

2.集聚创新人才

对人才的培育是建设创新型经济的核心手段,应坚持实施多渠道开放型的人才培育机制,从根本上解决创新基础能力。面向海内外引进能引领产业发展的高层次人才是下一步人才工作重点,应加快由项目带人才向人才带项目转变,引进一批引领产业发展的领军人才和创新团队。经过对人才个人及其团队的整体引入,促进人才向企业、产业集聚,形成“产业企业集聚人才、人才引领发展产业”的态势。对于本地人才,以软件产业、电子信息与生物医药等领域为重点,加快培养一批高层次创新创业人才,支撑和引领产业发展。

3.培育创新环境

一个有效的区域创新系统好比是一个各创新主体密切交流的关系网络。在创新主体之间、创新人才之间形成交互式关系网络有利于对科技创新至关重要的隐性技术知识的传播和扩散。在地理空间上集聚的关系网络更利于知识扩散与传播。应以软件谷的规划建设为契机,一方面,通过建设良好的交通运输系统、信息通讯网络、创新人才交流聚会场所等基础设施,创造有吸引力的人文环境;另一方面,积极制定各种创新激励政策,并提高知识产权保护的执行力度,确保创新成果内部化和共性知识的局域性溢出,进而提升自主创新能力。

(二)完善创新链与产业化链

产业创新链条包括技术需求、技术对接、技术研发、成果转化和成果产业化等阶段,各个阶段都有其特有的规律。

1.建立产学研合作的的长效机制

区内没有知名高校和科研院所,但是一直积极探索产学研合作的形式,诸如软件园与南京大学、东南大学的研讨交流会、合作洽谈会等等。然而合作形式单一、层次较低也缺乏长效机制,以至于鲜见产学研合作典范。

在经济全球化的时代,科技创新的资源要素沿着高效率的轨道向能产生高效益的地区流动,已经成为一条普遍规律。应充分借用外力,鼓励外资研发机构加强本土合作,安排专项资金支持区内企业和在宁外资研发机构开展合作研发,整合区外高质量的科教资源,弥补自身缺陷。如开展国内国际科技合作,鼓励国内外名校、科研机构和高科技企业在区内设立分支机构等研发机构,增强企业技术水平。目前,通过引进国内外知名软件研发总部、通信软件领军企业以及科研院所和大学研究生院等研发机构,积极筹建南京软件学院就是推进产业升级发展的一个很好的思路。

2. 创建支撑主导产业发展的研发机构与研发基础设施

软件业是全区支柱和主导产业,区内创新资源和产业发展状况是相分离的,无论国家、省还是市级工程技术中心与“3+2”产业发展体系的发展需求不相适应。在创新型区域建设中,应大力强化电子通讯、先进制造和生物医药产业的实验室、工程技术中心、共性技术平台等研发机构和研发基础设施的建设力度,完善创新链,提升科技创新效率。

3.创建共性技术研究院、培育专业化研发接包机构

在电子通信行业中,尤其是在软件业、互联网以及物联网之间具有许多共性技术,由于缺乏合作研究机制或存在竞争关系,致使重复研发屡见不鲜。再者,许多基础性、共性技术研发任务需要具备强大实力的研究团队来完成。因此,应创建软件共性技术研究院和物联网共性技术研究院,有利于降低重复研发、提升创新效率和企业竞争力。同理,宜培育和引进一批与“3+2”现代产业体系相一致的专业化研发接包机构,创造研发的范围经济优势,以便提升创新能力和创新效率。

4.完善创新创业服务体系

完善科技金融体系。一方面,要组建科技银行,加大对企业技术创新的融资支持力度,着力形成以企业为创新主体的制度环境;另一方面,应创造条件与国内知名风险投资企业及平台形成对接机制,积极引进种子基金、天使基金、政府引导基金和风险投资,促使企业到创业板和主板市场筹资。按照产业发展阶段设立合理的创新引导基金和高端人才创业支持基金,支持创新创业活动。

搭建创新服务平台,完善中介服务体系。要建立科技资源共享平台,实现科技资源的共享,提高科技公共服务能力;建设技术产权交易市场,创新交易模式和运作机制;发展专利、商标和版权等知识产权中介服务机构,保护企业科技创新成果;依托产业集聚地建设以高新技术改造传统产业为重点的公共技术平台,提高行业技术水平和竞争力。要强化孵化器的管理、协调与规划布局,实现科技企业孵化器的网络化、专业化与国际化。

（三）打造创新驱动的现代产业体系

1.提升产业创新能力、做强支柱产业

（1）软件业：软件信息产业虽已经成为区支柱产业，但这种"一超"的产业结构略显单薄，抵抗市场风险的能力较差，保持经济持续增长的能力略显不足，从而区域经济可持续性发展缺乏保障。应以规划发展中国南京软件谷和无线谷为契机，充分利用区内现代通信产业基地的特色和优势，加快实现从通信技术链向通信产业链的转化，最终形成集国家实验室、工程技术中心、企业研发中心和制销售、服务企业于一体的产学研联合创新与产业化生态圈。同时，大力加强软件产业的技术创新能力和业态创新能力建设，在规模扩大中提升产业的发展质量，做强软件产业，真正形成一个具有高度集聚力、创新能力的软件业局域创新系统，唱响"中国南京软件谷"品牌。

（2）现代商贸业：一方面注重规划引导，找准功能定位，秉承自身的生态优势，突出生态、休闲和文化特色，坚持走差异化的特色发展之路；另一方面，要注重业态互补，巩固与周边城区的传统战略伙伴关系，着力构建业态互补、错位竞争的发展格局，实现资源优势互补，将雨花台区打造成为交通畅达、功能完善、管理规范、商贸繁荣、环境优美，具有辐射南京东南片区能力的大型区域商业中心。宁南地区要结合南京南站与南部新城建设规划，打造全市独特的开放式生态购物公园，打造南京地区汽车消费文化的典范，着力建设有车一族购物、娱乐、游憩、交流、休闲等多种功能融为一体的城市公共活动社区。大板桥地区要结合自身产业和社会发展需要，大力引进以科研创意、商业文化、休闲娱乐、酒店服务业以及金融、会计、法律、中介等为主的国际、国内知名企业入驻新城，加快商贸综合体—特色街区—社区商业三级商业网络的建成。

（3）先进制造业：坚持以信息化带动工业化，加快壮大以十四所为引领的电子信息制造业，优化提升以梅山钢铁和华润电厂为主体的能源冶金产业，积极培育以中船绿洲、中传重机为龙头的装备制造业。大力推进制造业升级发展，加速淘汰落后产能，积极引进技术密集和智力密集的先进生产力，推动制造业向研发设计、产品营销、渠道管理、售后服务等高附加值环节攀升，实现技术、人才、工艺、管理、品牌升级。着力完善先进制造业布局，建设以雨花经济开发区、板桥南部工业园、梅山钢铁基地为重点的电子信息、能源冶金、装备制造以及高新技术产业基地。

2.培育龙头企业、加速发展新兴产业

在聚焦软件业、大力发展高端商贸服务业和用高新技术提升传统制造业的同时，在政府政策、人力引进、资金保障等方面积极保证其他新兴产业的发展需要，使区域产业结构呈现良性发展的局面。尤其是可以龙头企业带动一批相关中小企业的发展，如以艾德凯腾、同仁堂、中医药国际健康产业园与中牧实业四大生物医药企业为龙头带动生物医药产业的发展；以南京中船绿洲环保有限公司带动节能环保产业发展等；依托南京玻璃纤维研究设计院打造的新材料产业园也是发展新材料产业的重大契机。此外，要加速文化产业经济向高层次、高附加值、深度开发发展，大力建设文化创意产业集聚区，加快构建区域性文化物流中心、创意文化中心和传媒产业中心。

（四）加大创新投入、提升创新潜力

1.建立创新引导基金

为了做强软件产业、加速新兴产业发展速度、建设创新型区域，应加大对科技三项费用的拨款力度，逐渐提高科技拨款在财政总支出中的比重，力争在"十二五"期间达到或超过发达区县水平。在区级财政中设立创新引导基金，重点支持应用基础研究、社会公益研究、前沿技术研究、重大关键技术研究以及创新基础设施建设和科学技术普及，以提升区域创新能力。

财政性科技经费投入占地方财政总支出比例
2009年一览
（雨花台、鼓楼、白下、玄武、江宁）

表9

指　　标	雨花台	鼓楼	白下	玄武	江宁
地方财政总支出（万元）	168532	219558	137939	171899	658100
科技经费投入（万元）	3879	12676	4638	4264	10430
占　比（%）	2.3	5.8	3.4	2.5	1.58

2.建立产业发展基金

2008年以来，区政府已经设立了3年1亿元的软件产业发展专项资金，为软件产业快速发展提供了资金保障。在培育发展新兴产业过程中，还应设立通信软件、互联网——物联网等产业发展专项基金，以便在未来居民生活方式信息化、绿色化进程中获得先发优势，进而为产业结构多元化、区域经济可持续发展做足准备。

3.加强科技金融支持力度

区内先后组建了3家科技金融机构，对科技企业融资难问题起到一定的缓解。但是大部分资本流入成长型和骨干型企业,成就“锦上添花”的功能,对于居于较强风险的科技创新项目,缺乏风险资本介入机制。应聚焦创新层面,引入不同层次风险资本进驻或设立办事处,比如天使基金等,完善科技贷款、信用担保、科技保险和创新创业风险投资构成科技金融体系。

(五)提升城市品质,提高地区人才吸引力

1.塑造区域品牌,提升城市竞争力

应以南京承办“亚青会”和“青奥会”为契机,推进艺术中心、全运场馆、博物馆等重大文体设施建设,促进体育设施向全民开放,提升人们的文化体育休闲品味。借助南京“亚青会”和“青奥会”,寻找科技创新的灵感,促进文化创意产业快速发展;积极支持软件产业创新产品广泛应用于“青奥会”和“青年残奥会”等各种大型活动,提高“中国南京软件谷”品牌的国际知名度。同时,可以针对“中国南京软件谷”专门开展一系列的策划、包装、宣传和推介工作,迅速提高品牌效应。

2.加强城市管理,改善城市环境

应以规划为先导,加快城市建设,加强城市管理,着力改善城市环境。不断优化城市空间布局,健全基础设施和公共服务设施,增强南部新城和板桥新城的区域中心职能,城市规划品位、建设水平、管理效率、服务功能、承载能力大幅提升,全面形成主城区城市形态。

3.推进社区智能化建设

针对社区生活的复杂性和急需解决问题的特点,进一步创新社区管理模式,以“智能化”、“人性化”为建设目标,针对社区活动、社区医疗等重点领域,开发具备网络化实时远程监测特点的社区医疗产品、具备精神关怀特点的社区服务产品、具备日常生活便捷性的社区生活类产品、具备新颖实用特点的智能化家居产品。社区智能化建设应分阶段逐步实施,可选择符合条件的社区先期开始智能化社区的试点建设工作,及时展示和推广应用效果好的智能化产品。

4.建立可持续发展的社会保障体系

应加快建立可持续发展的社会保险制度,与社会救助、社会福利、优抚安置和社会慈善事业共同形成完善的社会保障体系,消除创新发展的后顾之忧。建立具有地方风格特色的生态住宅,建设接近自然、低能耗、无污染、环境宜人的生态社区。完善交通、教育、医疗等配套环境,建设国际化商务中心和高标准住宅区,满足创新人才的工作生活需要。尤其是对引进的高层次、紧缺和急需人才在购房、交通以及子女就学等方面提供优质的服务,从而增加宜居程度,增强对人才的吸引力。

(六)提高社会民生建设的机制体制创新能力

1.树立创新意识,营造有利于创新的社会环境

创新型区域,以技术创新为核心,但思想观念、体制机制、服务的创新也是不可缺少的。政府及相关部门积极引导全社会树立强烈的创新意识和创新思维,培育尊重创新、尊重知识、尊重人才的城市创新文化,营造全民学习氛围。大力宣传以创新为核心的时代精神,积极倡导敢冒风险、鼓励成功、宽容失败的创新理念,营造有利于创新的社会环境。

2.深化政府管理体制改革,提高创新决策水平

深化政府管理体制改革,制定支持创新、服务创新的政府考核制度,建立高效服务型政府;完善政府管理决策程序,健全听证公示、社会咨询、专家论证和效果评估制度,提高创新决策的科学化、民主化水平。深化事业管理体系改革,完善教育、文化、基本医疗、深化保障等社会基本公共服务体系,消除人才留的体制障碍。

雨花年鉴 2012

大 事 记

1 月

1 日　省委常委、市委书记朱善璐调研雨花台烈士纪念馆改造工程和中国(南京)软件谷规划建设。副市长、区委书记李侃桢陪同调研。

△　"迎接青奥会,建设新雨花"——2011年雨花台区(街)机关干部健步行活动在雨花台风景区举行。全区机关部门、各直属单位及市垂直管理部门60个单位1000余人参加。

△　梅山第一小学金翅膀鼓乐团赴港参加"2010香港国际步操管乐节"比赛,夺得"管乐节金奖""特别优秀表演奖""最佳场景奖"和"国际对抗银奖"4项大奖。

4~6 日　政协雨花台区第七届委员会第四次会议在雨花台中学学术报告厅召开。会议讨论副市长、区委书记李侃桢代表中共雨花台区委所作重要讲话;审议政协主席吴本忠代表区政协七届常务委员会所作工作报告;选举增补吴文根、孙红霞、梁汶等3人为区政协七届委员会常务委员。

5 日　省检察院党组书记、检察长徐安到区社区矫正管理教育服务中心视察。

△　区人民广播电台获2010年度全市广播电视新闻报道先进单位称号。

5~7 日　区第十六届人大常委会第四次会议在雨花台中学学术报告厅召开。会议听取和审议《雨花台区人民政府工作报告》《雨花台区人大常委会工作报告》《雨花台区人民法院工作报告》《雨花台区人民检察院工作报告》,审查和批准《雨花台区国民经济和社会发展第十二个五年规划纲要》《雨花台区2010年国民经济和社会发展计划执行情况与2011年国民经济和社会发展计划草案的报告》等,大会选举张一新任区长,丁慧、于志珍、史红宝、周远平、夏风、徐家保等6人任区第十六届人大常委会委员。

7 日　"雨花软件园杯"南京市2010年大学生服务外包创意大赛(决赛)颁奖典礼暨就业对接会签约仪式举行。

11 日　区文化局被省广播电视局授予"省广播电视技术维护先进集体"称号。

12 日　雨花台区书法水平等级证书考试工作委员会成立。

13 日　区妇联第九届五次执委(扩大)会议在区政府九楼会议室召开。会议总结2010年全区妇女工作,部署2011年妇联工作。

△　区法律援助中心被省人社厅和司法厅表彰为"全省司法行政系统先进集体"。

14 日　雨花台区召开大板桥新城区域发展部署会,统筹开发区、板桥新城、板桥街道、西善桥街道在内的60平方公里大板桥新城区域一体化发展。

16~19 日　副市长、区委书记李侃桢,区人大常委会主任费永远率代表团参加南京市第十四届人大第四次会议。区长张一新列席会议。

18 日　"打造中国云——云计算促进产业转型升级"研讨会在雨花软件园管委会多功能厅举行,会议就云计算产业发展及促进产业转型升级展开研讨。

△　区物价局获2010年江苏省价格工作先进单位称号。

19 日　团区委召开第十一届八次全体(扩大)会议。大会总结2010年工作,部署2011年工作。

20 日　雨花台区李智毅、丁坤、束敏轶、戴凤、石化英、李华琴等6人被授予"南京好市民"称号。

22~24 日　2010年全国青少年阳光测向总决赛在雨花台中学举行。来自全国10个省市代表队700余名选手参加比赛。雨花台区学校代表队夺得初中女子、初中男子和高中女子组3项团体一等奖。

24 日　雨花台区首个园区保安大队——板桥新城保安大队成立。

25 日　省政府副秘书长肖泉,市委常委、副市长郑泽光到区调研创建国家级数字出版产业基地建设工作。

△　2011年雨花台区"三下乡""四进社区"启动仪式在板桥街道市民广场举行。

26 日　最高人民检察院检察长曹建明到区考察知识产权保护工作,并走访雨花软件园知识产权一站式服务中心。林祥国等省市政法委领导暨徐安等省市检察院领导,市领导季建业、李侃桢等陪同调研。

△　雨花台区召开第九届纪律检查委员会第八次全体会议。会议通过《中共雨花台区第九届纪律检查委员会第八次全体会议工作报告》《中共雨花台区第九届纪律检查委员会第八次全体会议决议(草案)》。

△　全国首批廉政教育基地——雨花台烈士陵园"正气乾坤"廉政教育馆举行揭牌仪式。省纪委副书记王中远,市委常委、市纪委书记龙翔出席揭牌仪式。

2 月

9 日　雨花台区2011年经济工作现场会暨重大

工商业项目开工仪式在雨花经济开发区召开,集中开工17个重大工商业项目。

16日 在宁部分院士与拔尖人才元宵节联谊活动在区举办,35位院士与35位各学科拔尖人才参加活动。

△ "2011年在宁台胞元宵节同乐会"在宁南街道举行。市委常委、统战部部长钱继红,副市长、区委书记李侃桢等出席联谊会。100多名在宁台商、台胞代表和各界人士参加活动。

17日 全区负责干部大会召开。会议总结部署机关思想作风建设工作,通报2010年度群众评议机关结果,表彰130个先进集体和323名先进个人。

△ 省市各民主党派、工商联负责人和无党派人士"看南京"活动到雨花软件园考察参观。

18日 区人大常委会与"一府两院"联席会议举行。会议通报区人大常委会2011年主要议题和有关工作,并征求"一府两院"领导对议题和工作安排意见及建议。

22日 AAAA级景区——南京科技馆对未成年人免费开放。

28日 南京市"区县长环保工作目标考核组"组长周斌率队考核区2010年度区长环保工作目标完成情况。

3 月

2日 市长季建业,副市长沈健、陈维健、罗群、陆冰、陆志鹏一行检查高铁南京南站以及周边配套设施的建设工作。

3日 区残疾少年儿童医疗康复系列活动启动仪式在区特殊儿童康复教育培训指导站——雨花婷婷聋童幼儿园举行。

△ 市委常委、副市长郑泽光率队调研雨花台区文化工作。

△ 公安雨花台分局举行"雨花智慧眼"工程启动暨移动图像车配发仪式。

10日 雨花台区软件产业银保企对接会在软件园举行。民生银行、招商银行、光大银行等十余家银行、担保公司代表及50余家软件企业代表参加。

△ 省委常委、市委书记朱善璐赴雨花台烈士陵园调研,听取雨花台烈士陵园规划改造建设情况汇报。

15日 中国科学院软件研究所与雨花台区达成合作协议,建立南京技术创新与成果孵化中心。

△ 江苏集群信息产业基地项目落户雨花软件园。该项目注册资金5000万元。

16日 由区文联主办的《雨花文艺》2011年第一期出版发行。

△ 德盈集团虹悦城举行商家签约仪式,沃尔玛、麦当劳、中影院线、汤姆熊科技游戏等6家商户签约入驻。

23日 江苏正欣和通信研发中心开工奠基仪式在铁心桥街道工业园举行。该企业是中国(南京)软件谷规划建设确定后落户的首家大型软件企业。

△ 2011年雨花台区首场软件人才专场招聘会在区人力资源市场举办。67家软件企业提供岗位1300多个,进场2600余人次。

25日 "'激情青奥盛会,活力现代雨花'奥林匹克会旗雨花台区传递迎旗活动"在区政府东门广场举行。

4 月

2日 雨花经济开发区管委会与欧帝科技有限公司举行项目签约仪式。该项目投资1亿元,注册资本3000万元。

9日 市长季建业在雨花台区现场办公,要求加快南站集疏运系统等配套工程建设,整治南站周边环境,按期保质完成各项目标任务。

△ 第12届南京雨花"春牛首"踏青节在板桥新城莲花湖公园开幕。键桥通讯、国睿软件园等9个项目现场举行签约仪式,签约项目总投资21.38亿元。

10日 省委常委、市委书记杨卫泽,市领导刘以安、罗群、陆冰、李侃桢一行到区调研,视察高铁南京南站、中兴通讯二区、板桥新城莲花湖公园和雨花软件园等。

11日 雨花台区板桥新城管委会与南京市航空运动协会签订协议,合作建设莲花湖科技体育运动基地。该基地位于莲花湖公园西侧,由航空模型机场和航海模型码头及相关配套用房三大部分组成,是南京市首个科技体育训练基地。

18日 全国政协经济委员会副主任李德水率调研组到区专题调研"加强和改善宏观调控,加快推进经济结构战略性调整"。

21日 由区文联组织的"走进板桥,感受雨花"作家采风活动在板桥街道举办。省作家协会副主席鲁敏、国家一级作家姜琍敏、市文联作协副秘书长毛敏等省市知名作家参加活动。

23日 雨花台区宁南街道花神庙社区、铁心桥街道定坊社区远程教育终端接收站点被省委组织部授予“全省首批远程教育示范站点”称号。

24 日　智汇魔方科技产业园落户软件大道。该产业园是垠坤投资实业有限公司开发的第四个创意产业园区。

25 日　香港中华网全球服务集团CEO、中华网软件集团有限公司副主席黄仲翘一行考察雨花软件园。

29 日　区委常委(扩大)会召开。会议传达贯彻省委全会,全市负责干部大会、服务业大会精神及市委书记杨卫泽重要讲话和批示,研究《关于加快水利改革发展的意见 (讨论稿)》《雨花台区软件产业人才队伍建设若干政策规定(讨论稿)》。

30 日　市长季建业率队视察高铁南京南站建设情况。

5 月

3 日　南京(雨花)生物医药创新园项目落户赛虹桥街道。该项目以医药研发为主业、生命科学试剂和亚健康服务为辅业,计划投资6亿元,注册资本2亿元。

4 日　雨花台区纪念“五四”运动92周年暨2011年度“雨花杰出青年”颁奖晚会在雨花台中学学术报告厅举行。大会表彰2011年度“雨花十大杰出青年”和“雨花新长征突击手”。

5 日　省委常委、市委书记杨卫泽调研区非公企业发展情况。

△　市领导季建业、陆冰一行到区检查岱山保障房项目建设推进工作。区长张一新陪同检查。

△　IBM中国研发云计算中心总经理秦磊率领IBM公司代表团到区参观考察。

△　国家新闻出版总署出版产业发展司副司长张亮一行到区考察 “江苏雨花国家数字出版基地”筹建情况。

8 日　全国政协副主席、民建中央第一副主席张榕明到区视察南京民间抗日战争博物馆。

9 日　江苏瑞保投资有限公司落户赛虹桥街道。该项目计划投资1.2亿元,注册资本3000万元,主要从事电子产品研发、生产、销售等、。

10 日　市人大常委会副主任杨植调研雨花台区“人大代表之家”工作开展情况。

11 日　南京建设发展集团雨花房地产公司落户西善桥街道。该项目投资25亿元,注册资本5000万元,主要从事房地产开发经营。

12 日　南京雨运软件科技公司项目落户雨花经济开发区。该项目为高端电子信息项目,投资7000万元,注册资本1000万元。

13 日　区纪委、监察局集中派驻区直机关部门纪检监察工作室举行授牌仪式。市委常委、市纪委书记龙翔为新成立的3个纪检监察工作室授牌。

15 日　2011年全国科技活动周暨江苏省、南京市第23届科普宣传周启动仪式在南京科技馆举行。活动主题:携手建设创新型省份。

23 日　在2011江苏国际服务外包对接洽谈会上,雨花软件园和美国FIC咨询有限公司、国际软件合作体系共同签订《中美互动型服务外包合作协议》。

25 日　全省“老少携手学党史、颂党恩、跟党走”主题教育观摩会在雨花台区举行。省市130多位关工委领导观摩区实验小学、梅山街道梅清苑社区、雨花台烈士陵园等。

26 日　雨花软件产业联保基金成立仪式暨VC/PE(风险投资和私募股份投资)雨花行活动在区举行。该基金是全国第一家针对软件行业的产业联保基金,首期募集基金4000万元。

30 日　省委书记罗志军,省委常委、组织部长石泰峰一行到雨花外国语小学参加 “争当四好少年,我是党的好孩子”全省少先队员“六一”联欢活动。

31 日　南京市10万名被征地人员城镇社会保险待遇发放仪式在区举行。

6 月

2 日　市委副书记陈绍泽专题调研区统筹城乡及科技创新工作。

3 日　省委常委、政法委书记李小敏到区调研。李小敏一行先后考察区检察院雨花软件园知识产权一站式服务中心、区司法局安德门民工市场法律援助中心、区公安分局办证服务大厅和区法院诉讼服务中心。

6 日　副省长、省高校招生委员会主任曹卫星一行到雨花台中学考点检查高考准备情况。

8 日　副市长、区委书记李侃桢会见以色列国家信息技术协会、软件与电子协会主席阿米拉姆·索尔一行,双方就中以智慧园推进等事宜交换意见。

9 日　戴尔全球采购中心落户软件园。该项目投资总额5亿元,注册资本1000万美元。

10 日　第七届“将军山啤酒节”在雨花台区将军

山风景区开幕。

11日 2011年南京市第三届全民健身节启动仪式在板桥新城莲花湖体育公园举行。活动主题:“全民动起来,青奥更精彩”。

14日 市政协主席缪合林,副主席刘建、朱晓进、王建华等到区督办“关于建设更高水平软件名城的建议”重要提案。

16日 副市长、区委书记李侃桢,区领导孙朝晖、薛国安等出席在大连世界博览广场召开的第九届中国国际软件和信息服务交易会。

19日 中国致公党江苏省委组织66名海外留学博士到区参观考察润和软件、华为软件、艾德凯腾生物医药等公司。

21日 IBM中国软件授权培训中心揭牌仪式在雨花软件园麦瑞克科技发展有限公司举行。省委常委、市委书记杨卫泽,市领导刘以安、罗群、李侃桢、张新年,区领导张一新、孙朝晖、薛国安等出席仪式。

22日 雨花软件园与中华网全球服务公司举行项目合作签约仪式。

23日 江苏经贸职业技术学院实习基地揭牌暨雨花台公安分局保安特勤中队成立授旗仪式在江苏经贸职业技术学院举行。

24日 2011年“海外华侨华人高层次人才江苏行”雨花洽谈会在区举行。

26日 雨花软件园与南京阿尔法迪电子科技有限公司举行合作签约仪式。

28日 高铁南京南站正式投入使用。该站位于雨花台区与江宁区交界处,主体部分位于雨花台区宁南街道,占地面积66.67公顷,建筑面积40万平方米。

29日 雨花台烈士纪念馆新馆开馆。

30日 雨花台区召开庆祝中国共产党成立90周年大会。大会表彰区先进基层党组织、优秀共产党员和优秀党务工作者,举办《中国共产党南京市雨花台区历史大事记(1989~2008)》首发式。

△ 奥拓南京工业园项目在雨花经济开发区举行奠基仪式。该项目主要从事LED综合信息发布与指示系统、金融电子设备、LED显示系统研发与生产,投资1.5亿元,注册资金2000万元。

7 月

4日 雨花台中学高三年级学生刘艺函被市人口计生委、团市委授予“全市十佳自强女孩”称号。

4日 雨花新村街道举办法制文化楼揭牌仪式。

5日 雨花台中学、中华中等专业学校和区实验幼儿园校园网站被评为“省中小学优秀校园网站”一等奖。

△ 南京天溯自动化控制系统有限公司落户软件园。该公司从事电力自动化系统研发、生产、销售和工程服务,注册资本2000万元,计划投资5000万元。

8日 省委常委、市委书记杨卫泽,市领导沈健、刘以安、周谦等到区调研软件产业发展情况。

△ 市区县政协主席联席会议在区召开。市政协主席缪合林,副主席刘建、王建华、鲍永安及各区县政协主席出席会议。

△ 全市人大工作理论研究会常务理事会在区召开。会议交流主题:地方人大常委会如何在依法保障和改善民生方面发挥重要作用。

12~14日 区委召开座谈会,专题听取全区部分工委、部分党代表和基层党组织负责人、部分驻区企业负责人以及人大代表、政协委员、各民主党派和无党派人士、群团组织代表对《中国共产党南京市雨花台区第十次代表大会工作报告(讨论稿)》意见和建议。

15日 全国政协常委、教科文卫体委员会副主任胡家燕率全国政协“加强全民健身组织建设”专题调研组调研区全民健身组织建设情况。

△ 雨花台区《辉煌七年》摄影画册出版。

19日 IBM SPSS行业解决方案中心及南京培训中心揭牌仪式在雨花软件园麦瑞克科技发展有限公司举行。

21~24日 中国共产党雨花台区第十次代表大会召开。大会选举产生第十届区委、区纪委和区出席南京市第十三届党代会代表,审议通过区委《抢抓机遇 争当第一 全面建设现代化创新型生态新城区》报告和区纪委《全面提高反腐倡廉建设科学化水平,为建设现代化创新型生态新城区提供坚强保证》工作报告。

21日 雨花台中学男子足球队在内蒙古包头市举行的第11届全国中学生运动会足球决赛中获得第三名。

22日 由雨花软件园、中兴通讯、Novell(诺威勒)网络公司、Radware(瑞得韦尔)公司共同主办的“2011中兴通讯(南京雨花)云计算技术研讨会”在南京金陵会议中心举办。

28日 区餐饮服务业商会成立。

△ 国民党中央委员会、台湾“大台南妇女会”理

事长郑女勤率“大台南妇女会”考察团一行32人到区考察社区妇女工作。

△　在全省召开的第14次法制宣传教育工作会议上,雨花台区被省委、省政府表彰为2006~2010年全省法制宣传教育先进区。

30日　署省战略合作框架协议签约暨江苏国家数字出版基地授牌仪式在西康宾馆举行,江苏国家数字出版基地正式落户雨花经济开发区。

△　新闻出版总署署长、国家版权局局长柳斌杰一行10人视察江苏国家数字出版基地南京园区。

8　月

1日　区政府召开第八次全体(扩大)会议。会议贯彻落实省市政府全会、区第十次党代会精神,总结上半年工作,部署下半年任务。区政府全体成员出席会议。

2日　南京市高标准建设中国软件名城再动员大会在南京科技馆会议中心召开。省委常委、市委书记杨卫泽,市长季建业共同为“中国(南京)软件谷管理委员会”成立揭牌。

3日　雨花台区首期IBM中国软件授权培训开班。培训为期6个月,招收学员46名。

10日　南京泰融生物医药创新园项目落户赛虹桥街道。该项目位于小行丁树村,主要从事新药和生化试剂技术研发、转让咨询和管理,注册资金1亿元,项目一期计划投资6.5亿元。

17日　《中国(南京)软件谷控制性详细规划》征询意见会召开。副市长、区委书记、中国(南京)软件谷工委书记李侃桢,区领导张一新、孙朝晖、艾长青出席会议。

△　海能达无线集群项目落户雨花经济开发区。该项目主要从事专业通信系统和终端产品研发、生产、销售,投资5亿元,注册资金1亿元。

19日　副市长陆冰,市政府副秘书长、市规划局局长赵晶夫一行调研区城建工作并现场办公。

△　副市长、区委书记李侃桢会见微软高层代表团。

20日　副市长、区委书记李侃桢会见中国软件与技术有限公司董事长兼总经理程春平、党委书记崔辉一行。

△　共青团雨花台区第十二次代表大会召开。大会明确全区共青团工作指导思想和奋斗目标,选举产生十二届团区委委员16名、候补委员7名。

23日　副省长曹卫星一行调研区文化产业发展情况。

24日　市委常委、宣传部部长、市总工会主席许慧玲到雨花经济开发区调研文化创意产业发展情况。

25日　区委召开常委会议,研究《中共雨花台区委关于充分发挥统一战线在推进社会建设创新社会管理中作用的意见》《关于实施“和谐社会”工程、建设幸福雨花的工作意见》,听取“软博会”“金洽会”筹备情况等相关事宜汇报。

△　雨花台区首批离退休党员干部和“五老”志愿者与大学生村官“结对帮扶”签约仪式在西善桥福润社区举行。

26日　副市长、区委书记李侃桢会见微软(中国)有限公司公共事业部解决方案总监黄金平和战略合作总监刘润一行。

△　市“政风行风热线”媒体联动举办“关注民生走进雨花”专场活动。

△　副市长许仲梓调研区软件学院筹建工作。

29日　区领导张一新、薛国安会见联想集团移动互联副总裁关伟、中国平台副总裁戴京彤一行。

30日　“雨花丰盛百万元教育奖”捐赠仪式举行。

9　月

5日　副市长、区委书记李侃桢会见台湾资讯产业策进会执行长李世光一行。

△　中国(南京)软件谷“中以合作周”活动在南京(雨花)国际软件外包产业园启动。

△　全国妇联副主席孟晓驷一行到区考察尹西社区家庭驿站建设情况。

7日　中国(南京)软件谷推介会在南京国际博览中心举行。省委常委、市委书记杨卫泽为中国(南京)软件谷紫金(雨花)科技创业特别社区等6个项目揭牌,中以(南京)智慧园等4个重点项目在会上签约。

△　副市长、区委书记、中国(南京)软件谷工委书记李侃桢会见出席南京第七届软件博览会的以色列国家信息技术协会、软件与电子协会主席阿米拉姆·索尔,双方就中以(南京)智慧园加快推进等事宜交换意见。

8日　戴尔采购研发中心等5个项目在第七届中国(南京)软件博览会上签约雨花台区。

8~9日　区检察院承办市“保护知识产权助推创

新驱动”研讨会。

15日 在2011中国南京金秋经贸洽谈会暨南京台湾名品交易会上，雨花台区与微软(中国)有限公司签署总投资4亿元微软云计算运用孵化中心战略合作协议。

△ 由市委统战部、雨花台区、中国(南京)软件谷管委会承办的“中国南京软件谷·资金+人才+项目对接会”在雨花经济开发区举行，总投资36亿元的15个项目现场签约。

16日 中国(南京)软件谷与北京大学工学院“千人计划”专家对接会在区举行。副市长、区委书记、中国(南京)软件谷工委书记李侃桢等会见由院长陈十一率领的“千人计划”获得者一行，双方就加强战略合作等相关事宜交换意见。

21日 雨花台区举行“聚焦中国(南京)软件谷——海外华文媒体雨花行”活动。美国、加拿大等十多个国家或地区、30多家华文媒体传媒业者参加活动。

△ 中国(南京)软件谷与英国桑德兰软件城举行合作备忘录签约仪式。

△ 中国(南京)软件谷IEEE802.1云计算及以太交换网技术标准研讨会软件谷推介会在水游城召开。20多位IEEE美国电气及电子工程师学会成员参加会议。

21~22日 卫生部专家考核组到雨花台区全面检查创建国家慢性非传染性疾病综合防控示范区工作情况，并现场宣布该区创建工作达标。

23日 区委常委会议召开，研究中国(南京)软件谷组织运行框架、《关于充分利用存量资源加快建设中国(南京)软件谷的行动计划》等工作。

△ 中兴通讯离岸开发中心启动仪式暨南京橙红信息、绛门通讯ODC揭牌仪式在郁金香软件大厦举行。

24日 省委书记、省人大常委会主任罗志军调研区软件产业发展情况。

27日 副市长、区委书记李侃桢参加龙虎网“我有话对书记说”网络“问计、问需、问政”活动，就未来5年雨花台区的经济社会发展和网民关心的热点问题进行交流。

28日 2011年第四届雨花生态休闲旅游节开幕式在铁心桥街道尹西社区凤翔新城广场举行。

29日 区委常委会议召开，研究《关于高标准建设中国(南京)软件谷的行动计划》等工作。

△ 雨花台区梅山居家养老服务中心启用。

10 月

4日 2011“板桥新城杯”全国航空模型公开赛在南京板桥新城莲花湖体育公园开幕。

8日 软件谷工程推进大会召开。常务副区长孙朝晖宣布软件谷运行及筹备事项，区长、软件谷管委会主任张一新和软件谷管委会各职能局(办)签订责任状并举行授牌仪式。

△ 中国(南京)软件谷召开第一次全体会议。会议宣布软件谷主任、副主任、主任助理分工及软件谷工作人员调配名单。

12日 “和谐文化社区行——金色梅山”艺术节开幕式在梅山社区市民广场举行。

13日 南京市纪念中国少年先锋队建队62周年暨“走进科学 拥抱青奥”少年科学院主题展示活动在南京科技馆举行。

14日 市政府与省新闻出版局共同推进南京新闻出版业发展战略合作框架协议签约暨江苏国家数字出版基地(南京园区)挂牌仪式在紫金山庄举行。会上，雨花经济开发区管委会与新华报业集团、海能达通讯股份有限公司等入驻企业签署合作协议。

15日 省总工会“环卫女工金秋助学”活动在市青少年科技活动中心启动，雨花台区20名环卫女工及其子女成为受助对象。

20日 由区物价局、司法局共同成立的“雨花台区社会矛盾纠纷调解工作价格服务中心”挂牌。

22日 2011深圳“创新投”投资企业联谊俱乐部移动通信和三网融合产业发展论坛在紫金山庄会议中心开幕。

27日 中宣部副部长、国务院新闻办主任、国家互联网信息办主任王晨到区考察中国(南京)软件谷建设发展情况。

△ 副省长史和平调研区软件企业发展情况。

△ 省委组织部考察区非公党建工作开展情况。

△ 中国通信学会通信软件与新媒体技术发展论坛在区举行。

28日 省政协副主席、统战部部长罗一民率省民主党派、工商联、无党派人士调研组调研区“一站式服务”知识产权保护工作开展情况。

△ 副市长、区委书记、中国(南京)软件谷工委书记李侃桢，区领导张一新、薛国安会见以色列国家信息技术协会、软件与电子协会主席阿米拉姆·索尔，双方

就加快推进中以(南京)智慧园建设事宜进行交流。

31 日　区法院软件谷（知识产权）法庭在中国(南京)软件谷管委会举行成立和揭牌仪式。

11　月

2 日　省委常委、副省长黄莉新,省军区司令员孙心良,南京军区装备部副部长黄企生一行到区征兵体检站视察征兵工作。

△　省委常委、市委书记杨卫泽到区调研,并会见中兴通讯股份有限公司董事长侯为贵。

△　市委常委、副市长沈健调研雨花台区失地人员社会保障工作。

3 日　市长季建业到区专题调研中国（南京)软件谷规划建设、城市建设、文物保护等工作。

4 日　全国人大常委会委员、全国人大内务司法委员会主任委员黄镇东,全国人大外事委员会副主任委员郑斯林率中央直属单位全国人大代表调研组到区调研软件产业发展情况。

5 日　全国高中名校名师特色课堂现场观摩活动暨"全国高中名校名校长高层论坛"在雨花台中学举行。来自全国各地专家、校长近600人参加论坛。

9 日　副市长许仲梓一行调研区幼儿教育工作。

10 日　雨花台区创建全国计划生育优质服务先进区工作通过国家人口计生委验收。

15 日　副市长、区委书记李侃桢会见甲骨文软件公司全球高级副总裁约翰·霍尔一行。

16 日　副市长、区委书记李侃桢，区领导张一新、薛国安等会见联想集团高级副总裁乔松,中国区副总裁、中国平台总经理戴京彤一行。

17 日　江苏省委常委、纪委书记弘强率省纪委全体常委到雨花台烈士陵园参观雨花台烈士纪念馆廉政专题展厅。

△　副市长、区委书记李侃桢会见中华总商会会长、新华集团主席蔡冠深一行。

19 日　"南京青奥会倒计时1000天" 开幕式暨2011全国高中足球联赛总决赛在雨花台中学举行。

23 日　省政协副主席、副市长许仲梓调研区软件大学建设工作,副区长薛国安陪同调研。

△　全国、省级"巾帼文明岗"授牌仪式在区法院举行,区法院刑事审判庭等5家单位获全国、省级"巾帼文明岗"称号。

26 日　区政协举办第四届 "促进发展，富裕百姓"论坛,市政协主席缪合林,副市长、区委书记李侃桢等出席活动。

28 日　全市科技创业特别社区暨高标准建设中国软件名城领导小组会议在区召开。省委常委、市委书记杨卫泽,市区领导季建业、陈绍泽、周谦、罗群、李琦、李侃桢、张一新等出席会议。

12　月

1 日　全区人大换届选举工作会议召开。会议贯彻中央、省市委有关要求和省市人大有关决定精神,部署全区人大换届选举工作。

2 日　江苏省民政厅厅长吴洪彪到宁南街道花神庙社区调研社区民政工作。

△　美国乔治亚大学理工学院总裁班访问团一行47人到软件谷参观考察。

5 日　雨花台区被国家科技部授予全国科技进步先进区称号。

7 日　市民政局与雨花台区签署共同推进雨花加快建设民政创新发展先导区合作协议。

8 日　中国软件行业协会会长赵小凡到软件谷参观考察。

10 日　全省"废纸换贺卡　感恩寄真情"活动在雨花台中学举行。

16~18 日　中共雨花台区委务虚会在杭州召开。

19 日　中国(南京)软件谷与支付宝——集分宝项目战略合作框架协议签约仪式举行。

△　位于雨花台区的天隆寺塔林和姚南村明墓石刻被省政府命名为第七批省级文物保护单位。

24 日　市长季建业,市委常委、副市长郑泽光,副市长许仲梓、陈维健、罗群、李琦、陆冰一行实地检查区民生建设重点工程。副市长、区委书记李侃桢等陪同检查。

28 日　雨花台区召开十六届人大代表全体会议,通报2011年以来区人大常委会和"一府两院"工作情况,总结区十六届人大代表工作。

△　安防投资(中国)有限公司与雨花台区签署合作战略框架协议。

30~31 日　区委常委会议召开。会议讨论区委十届五次全会报告和会议议程、区委常委会《关于落实党风廉政建设责任制和廉洁从政情况报告》；听取区直机关部门纪检监察工作室实行"派驻直管"改革情况汇报；研究2012年经济发展、社会建设、政治文化工作目标等。

雨花年鉴 2012

概　览

基　本　情　况

【地理位置】 雨花台区坐落在六朝古都南京西南郊，长江之滨，雨花台畔，东、南与江宁区接壤，西隔长江与浦口区相望，北与秦淮区、建邺区相邻，是金陵的“南大门”。雨花台区名源于雨花台，雨花台系二三百万年前古长江及其支流古秦淮河的堆积物所形成，相传梁代高僧云光法师在此设坛讲经，感泣天神，落花如雨，故名雨花台。该区地理坐标为北纬 31°53′50″~32°05′40″，东经 118°36′00″~118°52′30″。全区面积 134.62 平方公里，户籍人口 23.19 万。

雨花台区是南京主城东进南延的重要发展区域，区内交通便捷，距离南京市中心新街口 3 千米，距长江新生圩港 18 千米，距离南京禄口国际机场 20 千米，是南京进出空港的必经之路。境内有“黄金水道”——长江和 5 条通江河道，宁合、宁芜、宁溧、宁丹、宁马、沪宁、绕城、绕越、机场高速公路等 20 多条城市主干道穿区而过，京沪高速铁路、宁芜铁路贯穿全境。赛虹桥立交、长江三桥、南京地铁总站以及高铁南京南站等重要交通枢纽均位于本区，形成快速便捷的内部路网，成为南京连接江南与江北、主城与郊区的重要交通门户，辐射皖南、皖北、苏南、苏北、浙北的重要窗口和连接华东、华中、华南、华北的重要交通枢纽。

【地质地貌】 雨花台区地处长江下游，地势东南高，西北低。属丘陵平原地区，境内有山、有水、有圩、有洲。地形可分为平原圩区、黄土高岗和低山丘陵 3 种地貌形态。

平原圩区。宁芜铁路以西，是广阔的平原，地面高程为 5 米~9 米，由长江、秦淮河冲积而成，分为长江圩区和秦淮河圩区。分布面积占全区总面积的 72.4%，是主要的蔬菜粮食生产基地。长江圩区包括板桥、西善桥街道的部分村，由长江泥沙冲击而成的河漫滩地逐渐发育形成平坦的冲积平原。秦淮河圩区是平原。

黄土高岗。在平原与丘陵之间是一片岗地，由长江冲积平原随着地面三次抬升而形成的一级比一级高的三级阶地。由于长期受水流冲刷被切割成零星分布的垄岗高丘。最高的砂、砾石岗地，分布在宁南、铁心桥、西善桥、板桥街道的部分村，分布面积占全区总面积 20.9%，顶部高程 50 米~60 米，蕴藏名闻遐迩的雨花石。属南京地区沿河一、二级阶地，顶部多为茶果林地，水旱地、冲地多开发为水田。

低山丘陵。主要分布在东南端的铁心桥、西善桥、板桥街道一带，高程 60 米~240 米，以韩府山、将军山、虎头山、岱山、罐子山为主体，分布面积占全区总面积的 6.7%，由于地势较陡，风化层较薄，是成片林木出产的基地。素有“春游登牛首”美名的旅游胜地牛首山，坐落在辖区南部境界线上，主峰海拔 242.8 米，是南京市第三高峰。

雨花台景色

【自然资源】 雨花台区位于南京南部主要的绿色走廊之上，山清水秀，风景优美。2011 年，全区人均公共绿地面积 18.4 平方米，森林绿化覆盖率、城市绿化覆盖率分别达到 26.2%和 48.4%，林木覆盖率 48.4%。境内牛首山、将军山、韩府山自然植被保存完好。区域西南为滨江圩田、洲地。地势东南高、西北低，西北圩田、洲地最低海拔仅有 6 米。境内河流、湖泊、水库交织成网，山丘植被被松、竹、茶、果、药材覆盖。

土壤资源。该区位于地带性土壤黄棕壤的分布区域内，有耕地2232 公顷，其中基本农田1892公顷。丘陵岗地的土壤类型划分为黄棕壤土、紫包土、水稻土、菜园土、潮土5个土类和8个亚类、16个土属、47个土种，且以后3个土类为主。山间谷地黄棕壤受到人类生活的长期影响，形成以水稻、菜园土为主的耕作土壤。紫色土则是在紫色砂页岩风化物的基础上形成的一种地域性土壤。作为农业生产基地的平原圩区土壤类型为水稻土、菜园土。水稻土分布于板桥、西善桥、铁心桥；菜园土分布于雨花、板桥、西善桥。

外秦淮河新景

森林资源。全区有林地2576公顷，特灌林地478公顷，四旁树折算562公顷。生态公益林主要分布在韩府山、将军山、牛首山为主体的省级南郊森林公园和绕城公路、205国道、宁马公路、机场路、宁芜铁路两侧山林。秦淮新河、长江两岸林地树种主要以松、杉、柏、意杨、垂柳、杂阔等为主；近年着力打造韩府山、将军山主题山头，大量栽种栾树、马褂木、香樟、紫叶李、广玉兰、红玉兰、枫香、女贞等树种。商品林主要以茶叶、桃、梨等为主。

矿产资源。全区矿产资源种类和数量总体比较贫乏，区境东南为丘陵地区，东南山丘平均海拔25米，最高山岭达183米(牛首山除外)。丘陵山区产片石、卵石、砂石、陶土和雨花石；铁矿资源较为丰富，境内梅山矿业公司是国内重点黑色金属矿山企业之一，梅山矿具有矿体集中、储藏量大、品位较高、易于开采等独特赋存条件，具备年采选综合生产能力400万吨生产规模，根据储量，可开采年限40年。

水资源。流经雨花台区主要的河流有长江和江宁河。浩瀚的长江从板桥镇入境，沿西北边缘流过雨花台区，至秦淮新河入江口。内河有江宁河、板桥河、工农河、秦淮新河、南河、送驾河、迎驾河7条；有莲花湖等3座小型湖泊，总库容量75万立方米。可利用水资源为长江、江宁河、板桥河、工农河、秦淮新河及3座小型湖泊，除生态、水源、运输外，主要功能为农田灌溉及雨水排放。

旅游资源。雨花台区历史遗存众多，文化底蕴深厚，在古金陵48景中独占10景。有国内外闻名的红色旅游经典景区——雨花台风景区(国家AAAA级风景区)、宋代牛首山大捷的古战场——将军山风景区(国家AAA级风景区)、全国重点文物保护单位——浡泥国王墓(国家AA级风景区)、大石湖生态旅游度假区、菊花台风景区、佛教古刹——龙泉寺等特色风景名胜20多处。新开发建设的将军山风景区(国家AAA级旅游景区)，以山深、林茂、水明、古迹众多被誉为“南京九寨沟”“金陵第一景”。莲花湖生态环境绝佳，秦淮新河两岸风光宜人，是繁华大都市中难得的一片“世外桃源”。

【气候特征】 雨花台区气候属北亚热带湿润气候，受西北风环流控制，季候风明显，四季分明，冬冷夏热，光照充足，雨量充沛。年平均气温16.7℃，无霜期230天，年降水量1156毫米。

【建置沿革】 雨花台区距今5000年前便有居民生息繁衍，散布着原始聚落。春秋时属吴国，周元王四年(公元前472年)，越王勾践灭吴后命范蠡在古长干里筑城堡，称越城。周显王三十六年(公元前333年)，楚战败越国，属楚国金陵邑。秦代属秣陵县。汉代属丹阳郡秣陵县。三国东吴时，属建业。东晋及南朝宋、齐、梁、陈属秣陵、江宁县。隋朝属江宁县。唐属江宁(上元)县。从五代十国时期的杨吴、南唐至民国初年属江宁县。清代，辖区内设置乡、镇。民国元年(1912年)，废上元、江宁县，属南京府。同年12月16日，复置江宁县。民国5年(1916年)，江宁全县改划7市、9乡，今雨花台区区境在江宁市、凤台乡、江东乡等市、乡地域。民国16年(1927年)，国民政府在南京建特别市后，始有区的建置。民国24年(1935年)，燕子矶、孝陵卫、上新河等3个乡并入，南以铁心桥、西善桥、大胜关一线与江宁县为邻。民国34年(1945年)秋，在孝陵卫至上新河以东地区安德门一带设置南京市第十一区，上新河一带设南京市第十二区。1949年1月，将江心洲从第十二区划出，建南京市第十五区。

1949年4月23日，南京解放。以旧十一、十二区和旧十区之牌楼乡以及从江宁县划入的1镇、5乡，组成辖区基本范围，1955年8月成立雨花台区。1958年10月，撤销雨花台区，改并为南京市郊区。1963年4月分建雨花区(不久改称雨花台区)和江东区。1965年5月，江东区、雨花台区全部和中山陵园部分调整合并为雨花台区。1983年实行政社分开，重建各乡，雨花台区设5镇、9乡(雨花镇、七里镇、板桥镇、西善桥镇、上新河镇，石门坎乡、红花乡、雨花乡、江东乡、沙洲乡、西善桥乡、铁心桥乡、双闸乡、江心洲乡)。1984年2月，按《南京市城市总体规划》调整区界，区内通济门居委会、桥北生产队划归白下区，七里街、扇骨营2个居委会划归秦淮区，江东乡凤凰二队、三队、跃进生产队及上新河镇凤凰西街、茶亭2个居委会划归建邺区。1995年4月，南京市扩大城区范围。雨花台区划出石门坎、红花和江东3镇，分别将石门坎镇划归白下区，红花镇划归秦淮区，江东镇划归鼓楼区和建邺区。同时将江宁县东山镇农花村，江宁镇永安、孙家、邵庄、新建、三山5个村和谷里乡梅村、冶金公司用地范围划入。2002年10月，南京市区划调整，雨花台区原江心洲镇、沙洲街道和双闸街道秦淮新河以北地区划入建邺区。

【行政区划】 至2011年末，雨花台区辖中国(南京)软件谷，雨花经济开发区、板桥新城2个管委会，雨花新村、宁南、赛虹桥、铁心桥、板桥、西善桥、梅山等7个街道；有52个社区(其中含7个厂居社区)、9个行政村。区政府设在宁南街道地界内。

【人　口】 截至2011年底，雨花台区人口总户数82461户，户籍人口231937人，比上年增加1769人，增长2.2%。全区人口中，男性120853人，女性111084人，男女性别比108.79:100。全年新生人口2209人，人口出生率9.64‰；死亡人口1150人，死亡

2011年雨花台区行政区划

表10

园区或街道	面积(平方公里)	人口(人)	居、村民委员会
雨花新村街道 (普德村153号)	1.32	34580	9居：共青团路社区、邓府山社区、普德村社区、能仁里社区、雨花台社区、凤凰山社区、云台山社区、吉山社区、青龙山社区
宁南街道 (花神大道3号)	11.13	37613	6居：康盛社区、翠竹园社区、翠岛花城社区、丁墙社区、花神庙社区、雨花社区
西善桥街道 (西善桥北路68号)	16.14	14402	5居：西善桥社区、油坊社区、古遗井社区、福润社区、西善花苑社区
板桥街道 (振兴路59号)	32.01	18380	3居：板桥社区、绿洲新村社区、建通社区 4村：三山村、永安村、孙家村、新建村
铁心桥街道 (铁心桥大街)	28.23	31556	13居：景明佳园第一、第二、第三社区居委会，春江新城第一、第二、第三、第四社区居委会，铁心社区、尹西社区、定坊社区、高家库村社区、马家店社区、翠岭银河社区
赛虹桥街道 (应天西路8号)	6.7	37443	7居：赛虹桥社区、长虹路社区、玻纤院社区、小行社区、菊花里社区、安德门社区、龙福社区
梅山街道 (中华门外新建)	10	29774	7居：中兴路社区、上怡新村社区、上怡二村社区、梅清苑社区、梅岭社区、梅欣社区、梅苑社区
雨花经济开发区 (龙飞路16号)	27.8	16170	2居：近华社区、天保社区 2村：西寇村、天后村
板桥新城 (板谷路1号)	11.29	12019	3村：古雄村、大方村、柿子树村

注：表中人口不含流动人口，面积不含河湖面积；梅山街道面积含在板桥街道、西善桥街道面积中；该表含中国(南京)软件谷行政区划，具体划分区域参见"中国(南京)软件谷"类目

率 5.02‰；人口自然增长率 4.62‰，比上年增加 0.16‰；迁入 7319 人，迁出 5476 人。全区暂住人口 223758 人。

经济社会发展

【概　况】 2011 年，在区委、区政府的领导下，全区上下贯彻落实党的十七届五中、六中全会精神，深入落实科学发展观，坚持创新驱动，推进发展转型，全面超额完成区十六届人大一次会议确定的各项目标任务，取得“十二五”良好开局。调整产业结构，经济实力显著提升；培育支柱产业，软件和信息服务业高速发展；加强城建城管力度，城市功能大幅提升；健全社会保障体系，社会事业协调发展。加强政府行政效能建设，公共服务水平显著提升。

【经济发展】 2011 年，雨花台区落实“三争一创”要求，实施“1+3”产业发展战略，坚持走现代化服务业为主导的城市经济发展之路，加快建设现代工业化创新型生态新城区，区域经济保持稳步增长态势。

经济总量显著提升。全区地区生产总值首次突破 200 亿元，达到 202.54 亿元，同比增长 13.4%。地方财政收入首次突破 50 亿元，达到 53.19 亿元，同比增长 25.4%。其中地方一般预算收入达到 26.06 亿元，同比增长 26.6%。全社会固定资产投资 230.72 亿元，同比增长 7.7%。社会消费品零售总额 155.07 亿元，同比增长 27.4%，实际利用外资 1.2 亿美元，同比增长 25.2%。

转型发展速度加快。创新要素加快集聚。启动科技创业特别社区建设，设立创业种子投资基金和创业引导资金，申报国家级、省市级各类科技发展计划项目 49 项，新认定高新技术企业 12 家。引进国内外研发机构 3 家，建立产学研合作项目数 42 个。完成专利申请量 1706 个，其中发明类专利申请量 628 件；完成专利授权量 674 件，其中授权发明专利 235 件。通过首批“国家软件及信息服务业示范园”初评，创建国家数字出版基地、国家级服务业标准化试点区、省信息化和工业化融合服务业示范区，再获“国家科技进步先进区”称号。产业转型成效明显。抓住南京“一谷两园”软件和信息服务业集聚区、第八家国家数字出版基地规划建设机遇，重点发展软件和信息服务业；发挥南京南站中心带动作用，带动商务商贸业、服务型制造业、生物医药和文化创意业蓬勃发展。新增明发商业广场、德盈国际广场等商务商贸设施面积 81.3 万平方米；梅山钢铁、绿洲机械等先进制造业加快向服务型制造业转型；引进艾德凯腾等一批优质生物医药项目和时代传媒等一批龙头型文化产业项目。至年末，生物医药产业销售收入增加到 27 亿元，文化产业产值增加到 20 亿元，服务业增加值增加到 111.4 亿元，全区三次产业结构调整为 0.2:44.8:55，第三产业增加值占 GDP 比重提高 3.1 个百分点。以“1+3”产业为主导的现代城市经济体基本形成。

招商引资和项目推进取得新进展。国家级数字出版基地授牌运作，明发商业广场、德盈国际广场建成招商，东方院线五星级影院、苏宁电器等一批高端商务商贸项目建成营业，中国电子科技集团公司第十四研究所二期、华士电源、紫荆商业广场、开发区国际汽贸区等项目开工建设，集群软件、花样年和绿城房产等项目成功签约。全年引进重点工商业项目 374 个，计划总投资 187 亿元，其中亿元以上项目 38 个，千万美元以上外资项目 7 个；全年注册外资实际到账 1.2 亿美元；服务外包执行额 8.3 亿美元，其中离岸执行

南京南站

额 4.8 亿美元；发展私营企业 1086 家、个体工商户 3281 户；引进软件企业 55 家，新增软件产业面积 43 万平方米；新增科技创业孵化面积 2 万平方米。

软件和信息服务业实现新突破。推进软件谷规划建设。挂牌成立中国(南京)软件谷管委会并实现正常运转，并以"区谷联动"运行体制机制模式、"政府主导、公司化运作"开发建设模式，推动软件谷的规划、建设和管理，完成软件谷 Logo 设计，基本完成软件谷 45 平方公里(南园和北园)控制性详细规划和城市设计，启动西园 25 平方公里控制性详细规划修订。优化软件发展软环境。利用中国(南京)国际软件产品博览会、南京金秋经贸洽谈会等各种宣传平台，加大软件谷宣传招商力度，成功引进微软云计算、中以智慧园、戴尔采购中心、中兴通讯(南京)三区研发基地、海能达通信等国内外优质软件项目。建立健全公共服务平台体系。IBM 中国第四家软件授权培训中心、IBM SPSS 行业方案解决中心、北大工学院南京研究院、中科院软件所和声学所、江苏赛联信息产业研究院、江苏创新成果孵化中心、江苏云计算产业服务中心等一批公共服务平台成功落户。全年实现软件和信息服务业收入 520 亿元，新引进软件企业 55 家，新增认为软件企业 26 家，新认定软件产品 72 件，新增软件产业建筑面积 43 万平方米，新增软件产业从业人员 1.7 万人，总数达到 6 万人，引进国家"千人计划"创新人才 7 人、领军型科技创业人才 33 人、科技创业家 10 人。

【城市建设和管理】 2011 年，雨花台区坚持以城市化带动区域现代化，现代化新城区建设步伐加快。

规划编制力度进一步加大。完成《南京市雨花台区总体规划(2010~2030)》修编，实现控制性详规全覆盖；完成新一轮土地利用总体规划修编，全区新增建设用地指标 1681 公顷；完成《铁心桥街道城乡统筹试点街镇控制性详细规划》编制，推动雨花台区统筹城乡发展试点工作；启动《中国(南京)软件谷控制性详细规划》，基本完成软件谷 45 平方公里(南园和北园)控制性详细规划和城市设计；制订《秦淮新河风光带雨花段整治方案》，推动秦淮新河风光带雨花段打造成文化旅游景观带。

城市基础设施日益健全。年内以设施配套、功能提升、环境改善为重点，开展南京南站周边环境综合整治工作，完成玉兰路、纬八路、共青团路等综合整治，开展小区综合环境整治，启动 34 个小区的雨污分流工程，城市形象、居民生活环境得到改善。

新城建设和老城改造加快推进。宏图上水园、万科金色里程、凤凰和美、金地自在城等中高档楼盘相继建成。开工建设保障性房 35 万平方米，竣工交付 49 万平方米；完善保障房配套设施建，投资 3.38 亿元建成岱山保障房片区 5 条配套道路。整合拆迁工作资源，整合成立区征收拆迁安置办公室，完成南京南站地区、岱山保障房片区等拆迁面积 100 万平方米。

将军山风景

生态和环境建设成效。完成环梅山防护林等生态建设项目建设，完成绿化造林面积 143 公顷，森林绿化覆盖率、城市绿化覆盖率分别提高到 26.2% 和 48.4%。大力推进"三高两低"企业整治，年内排查重点排污企业 67 家，完成首批 8 家污染企业关停搬迁工作。万元工业增加值能耗降低 6%。环境质量综合指数 82 分，位居全市前列。

城市管理水平显著提升。成立南京南站综合管理办公室并正式运作。实施网格化巡防管理，推进管理重心下沉，街、村(社区)网格管理责任制度得到健全，城市精细化管理水平显著提升,在全市江南八区城市长效综合管理考评中位居第二；加强道路两侧违章建筑、违规户外广告和占道经营摊点整治,并顺利通过文明城市国查复查,城市文明指数综合测评位列全市各区县第一。

【社会事业】 2011年，雨花台区不断健全社会保障体系,着力保障和改善民生,各项社会事业统筹发展,群众的幸福度和满意度不断提高。

做好为民办实事工作。全年为民办实事投入4.7亿元,完成群众就业、就医等14件实事办理。提高居民收入，实现全年城镇居民人均可支配收入2.93万元,同比增长14.6%;农民人均纯收入1.5万元,同比增长17.2%。

健全社会保障体系。全年新增城镇就业9905人,城镇登记失业率控制在3.5%以内，开展各类职业技能培训15282人次。新型农村合作医疗实现全覆盖,人均筹资额提高到486元,筹资水平居全市之首。城乡居民低保实现统筹同标,按人均500元标准,累计发放低保资金2653.7万元。稳步推进失地人员进保工作。

教育条件教学质量稳步提升。全区幼儿园三年入园率99.6%,九年义务教育巩固率100%,高考录取率90%,高等教育毛入学率63%,全区新增劳动力受教育年限15.1年，外来务工农民子女义务教育入学率99.8%。全年投入资金2086.05万元，建成建筑面积2016平方米的学生公寓1幢,维修校舍12.55万平方米。雨花外国语小学成功创建南京市首批现代化小学,雨花台中学连续第七年荣获市高中发展性综合评估一等奖(最高奖)。成功创建南京市推进素质教育示范初中1所,省优质幼儿园4所、省平安校园4所。

医疗卫生服务体系逐步完善。新农合筹资标准提高到486元/人,居全市最高。建成新板桥医院和中国(南京)软件谷、安德里2个社区卫生服务精品站;雨花医院重新挂牌并提档升级;社区卫生服务中心人员编制总数由152人增至430人;成功创建“国家慢病综合防控示范区”，率先通过省级卫生监督体系达标示范区评估,连续第7年居全市卫生工作考核评比第一方阵。

文体事业蓬勃发展。全年新发展有线电视用户7827户,在全省率先实现城乡数字电视全覆盖。全年投入85余万元，举办大型文化活动37场，送电影280场,为社区(村)配送图书1万多册;投资近60万元改造区文化馆，年内通过国家一级馆复查验收,近50件文艺作品在全国、省市评比中获奖。建成开放莲花湖体育公园等一批文体设施,城乡体育健身设施覆盖率96%。

社区建设成效显著。建成1个省级和谐社区示范街道、3个省级和谐社区示范社区。平安雨花、法治雨花建设成效显著,成功创建“省社会治安综合治理先进区”和“平安南京建设先进区”。

【政府效能建设】 2011年，雨花台区加强政府效能建设,政府公共服务水平显著提升。

依法行政能力显著增强。坚持区政府常务会议制度,重大问题集体讨论决定,做到科学决策、民主决策;认真执行区人大及其常委会的决议、决定,自觉接受区人大的监督,支持区政协参政议政,认真做好人大代表建议和政协提案办理,全年办理建议95件、提案165件,满意、基本满意率100%。

服务型政府建设取得实效。深入开展政风行风评议活动，组织大型政风行风热线户外直播和热线互动活动,着力解决一批群众关心的热点难点问题。扎实开展“12345”政府服务热线办理工作,累计答复群众诉求5731件，综合办结率99.8%，综合满意率81%。

政府效能建设不断提升。强化公务员队伍能力建设，在全市率先探索建立经济指标差异化考核机制,大力推进事业单位用人招录工作和绩效工资改革,深入推进政事分开。扎实开展“百企走访”“公务员下基层”等主题活动,切实转变政府工作作风。

廉政建设深入推进。进一步规范政府投资工程招投标管理、政府采购等工作;深入开展“拆迁公廉行动”,征收拆迁工作日益制度化、规范化;加大领导干部经济责任审计监督力度,规范财政财务收支,形成勤政廉政的良好氛围。

2011年组织机构及领导人名录

·雨花台区·

中共雨花台区委员会

书　记:李侃桢
副书记:张一新
　　戎保忠(6月免)
　　黄唯佳(6月任)
常　委:王国亮(1月免)
　　吴勇强(6月免)
　　黄唯佳(女)
　　杨　明
　　李邦全
　　孙朝晖
　　谢　山(女,6月任)
　　肖　彬
　　艾长青(7月任)
　　袁传军(6月任)
　　蒋　冰(6月任)
　　杨昌生(6月任)

雨花台区人大常委会

主　任:费永远
副主任:王有仁
　　刘　英
　　孙凯荣
　　李丽英(女)
委　员:丁　慧(女,1月任)
　　于志珍(女,1月任)
　　王伟忠
　　王瑞军
　　孔　建
　　史红宝(1月任)
　　卢祥江
　　朱　平
　　孙京忠
　　张桂芳(女)
　　陈传贵
　　周远平(1月任)
　　周春燕(女)
　　房传安
　　袁利萍(女)
　　夏　风(1月任)
　　夏桂芳(女)
　　徐　姝(女)
　　徐家宝(1月任)
　　徐怀生
　　章历明
　　缪文新

雨花台区人民政府

区　长:张一新(1月任)
副区长:王国亮(2月免)
　　孙朝晖(7月任)
　　艾长青
　　薛国安
　　迟延安
　　周　雯(女,7月免)
　　吴　炜
　　姜纯公
　　凌向前
　　袁传军(7月免)

政协雨花台区委员会

主　席:吴本忠
副主席:何宗春
　　孙晓燕(女)
　　戴仲琦
　　张志强(8月免)
　　杨广平
秘书长:屠义祥

中共雨花台区纪律检查委员会

书　记:杨　明
副书记:周荣庭(6月免)
　　黄伟国
　　张建设(6月任)
常　委:徐秋霞(女,7月任)
　　张良云
　　任伯亭
　　邵军芳(女,7月任)

办公室
主　任：张　伟

党风廉政建设室
主　任：邵军芳（女）

执法监察室
主　任：张良云

纪检监察室
主　任：任伯亭

案件审理室
主　任：章万富

信访室
主　任：唐长泉（4 月任）

宣传教育室
主　任：空

纠风室（效能监察室）
主　任：郜叶红（女，12 月任）

区监察局（与区纪律检查委员会机关合署）
局　长：周荣庭（7 月免）
　　　　黄伟国（7 月任）
副局长：张良云
　　　　郜叶红（女，7 月任）

第一纪检监察工作室
主　任：王永昌
副主任：戴新民（9 月免）
　　　　管　艳（女，12 月任）

第二纪检监察工作室
主　任：刘继忠
副主任：杨春新
　　　　管　艳（女，12 月免）

第三纪检监察工作室
主　任：徐秋霞（女）
副主任：高志武（12 月免）
　　　　郑　强（12 月任）

中共雨花台区委工作机构及直属单位

区委办公室
主　任：张亚军
副主任：徐　立
　　　　葛宗超
　　　　叶黎伟（4 月任）

区委机要局（保密局）
局　长：徐　立

区委政策研究室
主　任：葛宗超（10 月任）
副主任：葛宗超（10 月免）

区信访局
局　长：郭治宇
副局长：许绍习
　　　　安彦霞（女）
督查专员：许绍习（12 月任）

区委组织部
部　长：孙朝晖（6 月免）
　　　　袁传军（6 月任）
副部长：袁　伟（9 月免）
　　　　梁　汶（女）
　　　　孙　凯（9 月免）

组织员办公室
主　任：夏　风
副主任：俞　蓉（女）

区党代表联络办公室
主　任：梁　汶（女）

区委老干部局
局　长：李　南
副局长：鲍福华（女）

区委宣传部
部　长：黄唯佳（女，6 月免）
　　　　谢　山（6 月任）

副部长：李定慧
　　施冬咏(女)
　　沈晓莺(女)

区精神文明建设指导委员会办公室
主　任：施冬咏(女)
副主任：魏福春

区委统一战线工作部
部　长：张志强(兼，6 月免)
　　杨昌生(6 月任)
副部长：许　慎(12 月免)
　　吴文根
　　林志良

区工商业联合会
会　长：孙晓燕(女，兼，12 月任)
副会长：夏龙发
　　孟　煜(12 月任)

区委台湾事务(侨务)工作办公室
主　任：许　慎(12 月免)
副主任：陈维炜(4 月任)

民族宗教事务局(与统战部合署)
局　长：林志良

区委政法委员会
书　记：吴勇强(6 月免)
　　李邦全(6 月任)
副书记：娄华训
　　房传安

综治办
主　任：娄华训
副主任：龙锦林(12 月免)
　　刘正怀
　　张　晔(女)

机构编制委员会办公室
主　任：袁　伟(12 月免)
　　周荣庭(12 月任)
副主任：周荣庭(7 月任)
　　王连顺(12 月免)

区级机关工委
书　记：程　康
副书记：蒋　红(女)
纪工委书记：蒋　红(女)

区委党校
校　长：戎保忠(兼，8 月免)
　　黄唯佳(兼，8 月任)
副校长：陈正儒
　　马俊生

群众团体

雨花台区总工会
主　席：王有仁(兼)
副主席：章历明
　　季昌锁
　　刘晓燕(女)

共青团雨花台区委员会
书　记：吴　曦(女)
副书记：徐新斌(8 月免)
　　伍　洋(8 月任，12 月免)

雨花台区妇女联合会
主　席：徐　姝(女，12 月免)
　　褚堂琴(女，12 月任)
副主席：郑荣英(女)
　　邵美玲(女)

雨花台区红十字会
会　长：孙红霞(女)

雨花台区人民政府工作机构及直属单位

区人民政府办公室
主　任：杨宝龙
副主任：钱　军(12 月免)
　　李君毅(12 月任)
　　陈明太
　　李家祥
　　李　睿
　　李　茜(女)

伍葵阳

外事办公室

主　任:杨宝龙

法制办公室

主　任:李家祥

副主任:陈志康

行政管理中心

主　任:钱　军(12月免)

李君毅(12月任)

发展和改革局

局　长:王永进

副局长:王　健

陈国刚

翟青尧(女)

朱盘江

党工委书记:空

党工委副书记:王永进

区经济和信息化办公室

主　任:王永进

区住房和建设局

局　长:张　虎

副局长:尹　波(兼拆迁办主任)(10月免)

张福喜

施晓明

沈国生(12月免)

刘　东

党工委书记:金守芳(女)

党工委副书记:张　虎

纪工委书记:金守芳(女)

区科学技术局

局　长:卞艳艳(女)

副局长:王　胜

黄　蓓(女)

朱后祥

耿殿元(12月免)

张　川(12月任)

俞巍蔚(女,4月任)

党工委书记:谷兴亚

党工委副书记:卞艳艳(女)

纪工委书记:黄　蓓(女)

区知识产权局

局　长:卞艳艳(女)

区科学技术协会

主　席:王　胜

教育局

局　长:冯建强

副局长:褚堂琴(女,12月免)

戴　云(12月免)

穆耕森

郜叶红(女,6月免))

刘善海

党工委书记:褚堂琴(女,12月免)

党工委副书记:冯建强

纪工委书记:褚堂琴(女,12月免)

教育督导室

主　任:戴　云(12月免)

区民政局

局　长:高崇利(女)

副局长:胡建忠

陈宝华(女)

杨　彬

党工委书记:魏义社

党工委副书记:高崇利(女)

纪工委书记:陈宝华(女)

区司法局

局　长:孙跃进

副局长:崔　臻

褚堂桂

区财政局

局　长:赵明顺

副局长:纪博生

杨　凌(女,兼税源办主任)

　　　　汤有国

区国有资产监督管理委员会办公室
主　任:纪博生
副主任:郑　强(12月免)

区会计结算中心
主　任:汤有国

区人力资源和社会保障局
局　长:董卫军
副局长:李声琪
　　　　梁建中(12月免)
　　　　蒋朝晖
　　　　陈天寿
　　　　王德伟
　　　　钱扬才
党工委书记:陈传文
党工委副书记:董卫军
纪工委书记:陈传文

区公务员局(在区人力资源和社会保障局挂牌)
局　长:梁建中(12月免)
　　　　蒋朝晖(12月任)

区审计局
局　长:姜　静(女)
副局长:王　强
　　　　尹湘麟

区统计局
局　长:宋海红(女)
副局长:王纯阳
　　　　白　静(女)

区物价局
局　长:尹　宏
副局长:张陵建
　　　　李建华
　　　　曹冬梅(女)
　　　　刘德政(4月任)

区安全生产监督局
局　长:花如心
副局长:陈海淞
　　　　张　川(12月免)

区环境保护局
局　长:姜胜明
副局长:吴昌发
　　　　王国成
　　　　朱永俊

区城市管理局
局　长:衡长华
副局长:戴稳喜
　　　　程金虎
　　　　翟高峰(兼区爱卫办主任)
　　　　胡顺喜
党工委书记:周长巡(12月免)
党工委副书记:衡长华
纪工委书记:周长巡(12月免)

区城市管理行政执法局(在区城市管理局挂牌)
局　长:衡长华
副局长:程金虎

区交通运输局
局　长:金海波
副局长:周德喜
党工委书记:李容年(12月免)
党工委副书记:金海波
　　　　　　周德喜
纪工委书记:李容年(12月免)

区农业局
局　长:杨建胜
副局长:程建平
　　　　李正福

区委农村工作委员会(与区农业局合署)
主　任:程建平

区水利局
局　长:向连宝

副局长：顾晓春（兼防汛办主任）
　　　刘章松
　　　许乐芬（女）

区商务局

局　长：彭金斌
副局长：周洪涛
　　　李小平（女）
　　　戎金荣
　　　陶　文
　　　宋玉会（女）
党工委书记：刘德金
党工委副书记：彭金斌
纪工委书记：刘德金
贸促会会长：周洪涛

区投资促进局（在商务局挂牌）

局　长：彭金斌

供销合作联社

主　任：彭金斌（兼）

区文化局

局　长：朱天燕（女）
副局长：曾　毅
　　　孙　辰
　　　丁文隽（女）
　　　王　建（12月免）
　　　石明舟（12月任）
党工委书记：张苏海
党工委副书记：朱天燕（女）
纪工委书记：张苏海

区旅游局（在区文化局挂牌）

局　长：朱天燕

区卫生局

局　长：钱　颐
副局长：朱家翔
　　　刘文江
　　　张婉如（女）
党工委书记：谢长和
党工委副书记：钱　颐
纪工委书记：谢长和

区食品药品监管管理局

局　长：张心坚
副局长：张宋祥

区人口和计划生育局

局　长：黄春平（女）
副局长：林晓慧（女）
　　　杨春霞（女）
　　　谢声萍（女）

区人民防空办公室

主　任：徐以华
副主任：储德宝（12月免）
　　　刘松久
　　　陈礼正
　　　黄子权（2月任）

区残疾人联合会

理事长：韩　峰
副理事长：丰春福（12月免）

区体育局

局　长：顾培康（12月免）
　　　刘光琴（12月任）
副局长：刘光琴（女，12月免）
　　　潘建达

区档案局

局　长：谢宝龙
副局长：朱宝兰（女，12月免）
　　　过大江
　　　鲍　黎（女）
　　　张　镭（女）
　　　徐明桂

区档案馆

馆　长：空

区委党史工办

主　任：朱宝兰（女，12月免）

区地方志编纂委员会办公室

主　任:谢宝龙

南京市铁路南站地区综合管理办公室

主　任:蒋　冰(兼,9 月任)
副主任:戴新民(9 月任)
　　　　邱　兵(9 月任)

区征收拆迁安置办公室

主　任:尹　波(10 月任)
副主任:王瑞荣(10 月任)
　　　　薛　伟(10 月任)

雨花台区人大常委会工作机构

办公室

主　任:缪文新
副主任:徐美如(女)
　　　　丁以昌

财政经济工委

主　任:卢祥江(12 月免)

内务司法工委

主　任:徐家保

人事代表联络工委

主　任:袁利萍(女)

科教文卫工委

主　任:于志珍

城建环保工委

主　任:徐怀生(12 月免)
专　委:陈传贵
　　　　夏桂芳

政协雨花台区委员会工作机构

办公室

主　任:屠义祥(12 月免)
　　　　钱　军(12 月任)

提案委员会

主　任:空

经济科技委员会

主　任:施石生

人口资源环境和城市建设委员会

主　任:吴银宝

教卫文体和学习文史委员会

主　任:程顺友

社会法制和民族宗教委员会

主　任:贾　静

委员工作委员会

主　任:空

雨花台区人民法院

院　长:姚志坚
副院长:张云萍(女)
　　　　程强民
　　　　金　晖
　　　　王　强(3 月任)
　　　　韩　芳(女)
纪检组长:王　强
政治处主任:祝　怡(女)
专　委:陶福友

雨花台区人民法院软件谷法庭

庭　长:韩　芳(女,兼,12 月任)

雨花台区人民检察院

检察长:张宁生
副检察长:顾晓宁
　　　　张　峰
　　　　顾华春
　　　　何立超(女)
　　　　王金凤(3 月免)
纪检组长:吴晓玉
专　委:吕齐斌

反贪污贿赂局

局　长:顾华春

街道、园区

雨花新村街道

党工委书记:李广庆
党工委副书记:汪丹彦(女)
孔　建
沈　强
朱汉奎
郝明英(女)
纪工委书记:郝明英
办事处主任:汪丹彦(女)
办事处副主任:沈　强
朱汉奎
苟小平
孙安生
石明舟(12 月免)
王　建(12 月任)
王　鹏(4 月任)
人大工委主任:孔　建
人大工委副主任:吴传根
政协工委主任:汪丹彦(女)
人武部部长:苟小平
统战干事:李帮建

宁南街道

党工委书记:李　辉(女)
党工委副书记:赵道韡(12 月免)
许　慎(12 月任)
董　亮
李君毅(12 月免)
徐建平
纪工委书记:徐建平
办事处主任:赵道韡(12 月免)
许　慎(12 月任)
办事处副主任:李君毅(12 月免)
魏　平
黄景华(女)
臧忠仁
耿殿元(12 月任)
樊　勇
王喜洲(4 月任)
人大工委主任:董　亮
人大工委副主任:邓宁友
政协工委主任:赵道韡(12 月免)
许　慎(12 月任)
人武部部长:邱　兵(9 月免)
统战干事:邓宁友(兼)

赛虹桥街道

党工委书记:宋玉强
党工委副书记:唐明珠(女)
吴　曦(女,兼,8 月任)
林文辉
纪工委书记:空
办事处主任:唐明珠
办事处副主任:吴　曦(女,兼,8 月任)
林文辉
周建华
邵春宝
蒋顺录
陈新建
李　云(4 月任)
人大工委主任:空
人大工委副主任:赵立华
储　正
杨和春
政协工委主任:唐明珠(女,8 月任)
人武部部长:管仁平(12 月免)
统战干事:昝明霞(女)

铁心桥街道

党工委书记:陈明贵
党工委副书记:黄海泉
周远平
王瑞荣(10 月免)
马丽敏(女)
纪工委书记:马丽敏(女)
办事处主任:黄海泉
办事处副主任:王瑞荣(10 月免)
杨荣海
夏玉祥
李古财
曹玉山(6 月免)
王庆华
施兴宝
欧仁谷(4 月任)

人大工委主任:周远平
人大工委副主任:艾宝祥
陈迈林
龚昌发
政协工委主任:黄海泉
人武部部长:郭华林(12月免)
统战干事:艾宝祥(兼)

板桥街道

党工委书记:郭幼佩
党工委副书记:杨　洋
吴金涛
陈志新
刘　军(女)
纪工委书记:刘　军(女)
办事处主任:杨　洋
办事处副主任:李　平
欧宝华
尚奋荣
李来娣(女)
赵　勇
陆苏燕(女)
林文庆(9月免)
崔　伟(9月任)
人大工委主任:吴金涛
人大工委副主任:刘会田
周正兴
政协工委主任:杨　洋
人武部部长:张贵其(12月免)
统战干事:倪海啸

西善桥街道

党工委书记:李　明
党工委副书记:王金玉
魏宝林
张　波
赵章进
纪工委书记:赵章进
办事处主任:王金玉
办事处副主任:张　波
朱向东
乔兰俊
陈　涯
刘　涛(女)
胡正军
刘　佳(4月任)
人大工委主任:魏宝林
人大工委副主任:姚江华
姚大荣
林启宝
政协工委主任:王金玉
人武部部长:王有成
统战干事:贾乐根

梅山街道

党工委书记:孙　凯
党工委副书记:杨德生
史红宝
王兆强
孙忠南
纪工委书记:孙忠南
办事处主任:杨德生
办事处副主任:王兆强
顾春晖
徐　焱
骆付勇
李　斌
王　钢
孟　煜(女,12月免)
人大工委主任:史红宝
人大工委副主任:李述银
政协工委主任:杨德生
人武部部长:周志明
统战干事:刘光春

雨花经济开发区

党工委第一书记:李邦全(兼,1月免)
党工委书记:王德洋
党工委副书记:黄　进
张剑飞
张建设(6月免)
纪工委书记:张建设(6月免)
管委会第一主任:李邦全(兼,1月免)
管委会主任:黄　进
管委会副主任:张剑飞
张建设(6月免)

俞建宁
董善龙
马荣官
徐新斌(8月任)
夏红忠(9月免)
刘建立
任金忠
薛　伟(10月免)
人大工委主任:空
人大工委副主任:单春香(女)
杨念东
政协工委主任:黄　进
统战干事:范春生

雨花软件园(9月撤)

党工委书记:杨昌生(9月免)
党工委副书记:程道伟(9月免)
管委会主任:程道伟(9月免)
管委会副主任:娄　伟(9月免)
张　晋(女,9月免)
项　前(女,9月免)
高建平(9月免)
孙雁飞(9月免)
郑诗宁(4月任,9月免)

板桥新城

党工委书记:贾乐实
副书记:徐　姝(女,12月任)
邓宁成(12月免)
孙　跃
纪工委书记:孙　跃(5月任)
管委会主任:徐　姝(12月任)
管委会副主任:邓宁成(12月免)
孙大彪
戴　俊(女)
缪小明
周海平(4月任)

·中国(南京)软件谷·(8月建)

中共南京市委中国(南京)软件谷工委

党工委书记:李侃桢(8月任)
党工委副书记:张一新(8月任)

中国(南京)软件谷管委会

管委会主任:张一新(8月任)
管委会副主任:孙朝晖(9月任)
杨昌生(9月任)
薛国安(9月任)
主任助理:王　辉(9月任)
黄敖齐(9月任)

中国(南京)软件谷工作机构及直属单位

党政办公室

主　任:赵道韡(12月任)
副主任:伍葵阳(兼,9月任)
郑诗宁(9月任)

战略发展局

局　长:黄敖齐(兼,9月任)
副局长:张　晋(女,9月任)

规划建设局

局　长:王　辉(兼,9月任)
副局长:邓宁成(12月任)
娄　伟(9月任)

招商合作局

局　长:程道伟(9月任)
副局长:孙雁飞(9月任)

科技人才局

局　长:卞艳艳(女,兼,9月任)
副局长:高建平(9月任)

财政国资局

局　长:赵明顺(兼,9月任)
副局长:夏红忠(9月任)

项　前(女,9月任)

发展公司

常务副总经理:彭金斌(9月任)
副经理:邓宁成(12月任)

·市垂直管理机构·

南京市质量技术监督局雨花台分局

局　长:钱友宏
副局长:龚红旗
　　徐　方
党组书记:钱友宏

南京市公安局雨花台分局

局　长:姜纯公
政　委:尹志祥
副局长:肖世泉(4月免)
　　王　锋
　　韩启中(4月任)
纪委书记:林　霞(女)
党委委员兼110指挥室主任:韩焕新

交警八大队

大队长:潘　维
教导员:金银涛
交通科科长:常　宇
副大队长:郑延园
　　丁　坤
　　骆兴龙

雨花台区人民武装部

部　长:史　军
政　委:肖　彬
副部长:张正茂(3月免)
　　燕殿山(3月任)

南京市雨花台区国家税务局

局　长:顾梅平
副局长:马鲁港
　　李厚亮
　　李　毅

南京市地方税务局雨花台分局

局　长:胡小青(6月免)
　　王桃之(6月任)
副局长:汪临清
　　戴文新
　　陶向武
　　吕　艳(6月任)

南京市工商行政管理局雨花台分局

局　长:王　庆
副局长:田　明
　　李家顺
　　路　川
　　裘　骏(3月任)
　　周慧芬(女,1月任)
　　陈仪敏(3月免)
　　刘元奕(女,1月免)

南京市国土资源局雨花台分局

局　长:朱　健
副局长:李　军
　　陈　霞

南京市烟草专卖局雨花台分局

局　长:戴康乐
副局长:董王林
副经理:余　晗(女,5月免)
　　沈　菁(1月任)
　　韩军纪(1月任)

雨花台烈士陵园管理局

局　长:徐雪琴(女,兼党委书记)
党委副书记:陈建军
副局长:郭益力
　　刘建国
　　张文杰
纪委书记:陈建军

雨花年鉴 2012

中国（南京）软件谷

综　　述

【概　况】8月2日，中国(南京)软件谷(以下简称软件谷)正式揭牌，10月进入实质性运作。软件谷地处南京主城南部雨花台区，紧邻河西新城与南部新城，规划总面积74.5平方公里。全年实现地区生产总值86亿元，地方一般预算收入9亿元，两项指标分别占全区的42.5%、34.4%；软件及信息服务业收入520.6亿元，较上年增长69.0%，总量占全市1/3以上，新增软件产业面积43万平方米、软件企业55家，引进软件人才1.7万人。全年通过软件产品认证23个、软件企业认证8家；完成专利申报451件，其中发明专利318件，发明专利授权量45件，增幅分别为356%、1345%、450%。初步建成中国首条软件大道，汇聚IBM中国软件授权培训中心、戴尔、中兴通讯、华为科技、东软研发、文思创新等国内外知名软件企业277家，软件人才6万人，软件建筑面积229万平方米。辖区内南京玻纤院是国家无机非金属新材料领域重点企业，建有企业博士后科研工作站和国家重点实验室。江苏信息研究院、江苏软件人才交流中心和软件人才培训联盟均挂牌落户。至年末，园区有服务外包企业40余家，其中东软、海辉、润和、富士通、中软等5家企业位列全国软件服务外包及出口前20强；中兴软创、润和、安讯科技等3家企业获得省“骨干型服务外包企业”称号。形成通信软件、软件外包和信息服务三大产业集群，先后被批准为国家火炬计划现代通讯软件产业基地、国家服务外包示范区、国家级科技企业孵化器、国家最佳投资环境软件园区、省中小企业产业集聚示范区、省现代服务业集聚区、省高层次人才创新创业基地等。是年，软件谷获“2010年度中国软件与信息服务外包最佳投资环境奖”称号。

四至及范围。中国(南京)软件谷位于雨花台区，包括原雨花软件园、雨花经济开发区、宁南街道、铁心桥街道、赛虹桥街道、西善桥街道等部分范围，总规划面积74.5平方公里。四至：东至宁溧路、绕城公路、将军路、秦淮新河、将军山(雨花台区行政边界)，南至将军山、牛首山(雨花台区行政边界)、梅山选矿厂东侧、管道路西延段、圣韩玻璃南侧、宁芜公路、雨花经济开发区东南边界，西至长江、秦淮新河、南河，北至纬八路。

地理位置。中国(南京)软件谷，是南京都市发展的地理中心，是南京现代服务业集聚区，是华东地区重要交通枢纽。软件谷距离长江最主要内河外贸港——新生圩港18公里，距离南京禄口国际机场19公里，是南京进出空港的必经之路。世界最大交通枢纽之一的高铁南京南站位于软件谷，与北京、上海等地快速对接；宁合、宁芜、宁丹、宁高、绕城、绕越等高速公路在软件谷均有道口，地铁1号线、3号线、12号线以及多条在建或待建交通线路途经软件谷。

生态环境。区域内山青水秀、人文荟萃、风景优美，名胜古迹众多，有国家AAAA级旅游景区——雨花台风景区，国家AAA级旅游景区——将军山风景区，以及浡泥国王墓、菊花台、花神庙、龙泉寺、牛首山等。软件谷山水湖泊资源丰富，毗邻长江和秦淮新河，区域绿化覆盖率48.4%以上。

配套服务。软件谷区域内拥有金融理财、管理咨询、法律事务、人才服务等高端生产配套；集休闲、娱乐、餐饮、办公、超市于一体的成熟商业街区；体育公园、医院、科技活动中心，国家级重点高中、外国语小学、人才公寓等生活配套设施健全。至年末，软件谷按国际标准构建的企业孵化平台、投融资平台、人才服务平台、公共技术服务平台、合作交流平台、基础和服务设施平台、创业创新服务平台、行政管理服务平台等八大公共服务平台逐步完善。

目标定位。建成具有较强自主创新能力和软件产业发展能力，产业集聚、结构合理、配套完善、生态优越的软件产业园区；建成中国第一软件产业基地，中国(南京)软件名城的核心区和标志区，高端化、国

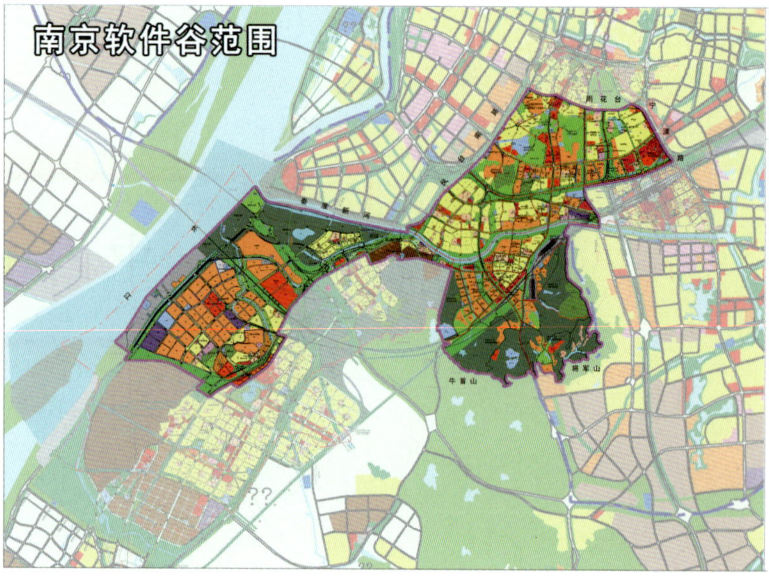

际化、品牌化的软件产业集聚区；努力创建国家级高新技术开发区。到2015年，认定软件企业500家以上，基础软件收入占总收入比重5%以上，信息服务业收入占总收入比重30%以上。确保软件和信息服务业收入突破2000亿元，累计建成软件和信息服务业建筑面积1200万平方米，雨花台区百亿级软件和信息服务业企业5家以上，软件从业人员40万人左右。到2020年，确保软件和信息服务业收入突破4000亿元。

1月18日，“打造中国云—云计算促进产业转型升级”研讨会在雨花软件园管委会多功能厅举行

【中国(南京)软件谷成立】 8月2日，省委常委、南京市委书记杨卫泽，市长季建业在南京科技馆共同为“中国(南京)软件谷管理委员会”成立揭牌，宣布中国(南京)软件谷正式成立，进入实质性运作阶段。同时，市委、市政府决定成立中共南京市委中国(南京)软件谷工作委员会、中国(南京)软件谷管理委员会，挂雨花经济开发区党工委、雨花经济开发区管理委员会牌子，实行“两块牌子、一套班子”体制，由副市长、雨花台区委书记李侃桢担任中国(南京)软件谷工委书记，雨花台区区长张一新担任中国(南京)软件谷管委会主任，党工委和管委会均为市委、市政府派出机构，委托雨花台区管理。党工委、管委会主要负责承担软件谷所涉及的区域行政、经济管理、干部管理和党建工作职能，辖区内街道(园区)划由党工委、管委会统一管理，统筹协调软件谷涉及区域的基础建设、产业发展和政策服务。9月29日，雨花软件园撤销。

【召开两场云计算研讨会】 1月18日，“打造中国云—云计算促进产业转型升级”研讨会在雨花软件园管委会多功能厅举行。中国工程院院士李德毅，南京市副市长、雨花台区委书记李侃桢，南京邮电大学副校长朱洪波，赛迪集团、微软中国、中兴通讯、区科技局、区商务局等企事业单位领导及专家60多人参加会议，就云计算产业发展及促进产业转型升级展开研讨。7月22日，“2011中兴通讯(南京雨花)云计算技术研讨会”在南京金陵会议中心举行。研讨会由雨花软件园、中兴通讯、Novell(诺威勒)网络公司、Radware(瑞得韦尔)共同主办，清华大学、复旦大学、中国科技大学、华中科技大学等高校专家学者及HP公司、Novell公司、Radware公司等40余家企事业单位领导共150余人出席。研讨会旨在推动云计算领域产业链各方交流与沟通，促进合作与共赢，引领业界致力于云计算产业创新与发展。

【中兴通讯（南京雨花）移动互联网领域研讨会】 4月29日，在南京紫金山庄举行。研讨会由雨花软件园、中兴通讯、IBM等共同主办，雨花软件园相关负责人和中国移动、中国联通、中国电信、腾讯、淘宝、南京大学等32个企事业单位120余名企业家和专家学者出席研讨会。会上，14人进行演讲，展开全方位、开放式讨论，深入分析移动新技术、新应用和新思路。研讨会旨在推动移动互联网领域产业链各方交流与沟通，促进合作与共赢，引领业界致力于移动互联网开放与融合，走产业创新与发展之路。

【中兴通讯建成全球云计算中心】 5月17日，世界电信日当天，中兴通讯宣布在南京建成全球云计算中心，并将南京作为云应用示范基地。该中心首先用于中兴通讯南京上万名员工，通过企业内部全方位“云化”★，通过“研发——实验——商用——改进”方式不断完善解决方案，并树立一个可用性大规模样板。中兴通讯宣布战略性进军云计算领域，并藉此规模进入IT领域，同时成立云计算与IT经营部，并投入3000多人进行云计算研发。同时，中兴通讯开发企业商旅服务、全球客服中心服务等专项云应用，为云计算实践积累丰富经验。至年末，中兴通讯在国内申请107件云专利，位列国内厂商第一，同时成为国际电信联盟通信局ITU-T下属云焦点组副主席，在技术储备上处于领先地位。

★链接 云化——在客户端，中兴通讯优先部署“桌面云”。桌面云部署后,电脑主机被取消,所有人都将通过显示屏和搜客户端性质“盒子”接入。所有相关人员可以通过PC机、笔记本电脑、搜客户端、智能移动终端等登录到虚拟桌面,只要输入账号密码,系统会根据员工身份识别分配不同权限来使用相应系统。在服务器端,中兴通讯将实现“IT系统和数据中心的云化”,部署真正的云计算数据中心。通过计算虚拟化、存储虚拟化、云运营管理,CPU和服务器为主的计算能力、以存储为核心的存储能力、以及其他IT资产得到最佳调度,满足客户端“按需分配”、服务器端“物尽其用”。

【创投行业圆桌讨论会举行】 10月22日,2011深圳“创新投”投资企业联谊俱乐部移动通信、三网融合产业发展论坛★系列活动之一——创投行业圆桌讨论会在区举行,参加该论坛代表,区领导孙朝晖、薛国安等出席活动。会前,与会人员到软件谷参观,实地察看中兴通讯二期、华为南京基地,详细了解雨花台区软件产业发展环境。会上,网宿科技有限公司、乐视网信息技术(北京)股份有限公司、上海博康智能网络科技有限公司等7家企业家代表围绕企业技术创新、企业上市以及运营模式等发表演讲;与会近百名企业家就行业热点难点问题,特别是软件谷扶持政策等话题进行交流。

★链接 2011深圳“创新投”投资企业联谊俱乐部移动通信、三网融合产业发展论坛由深圳市创新投资集团有限公司、中国(南京)软件谷管委会、南京市发改委、市经信委主办。论坛以加强中国(南京)软件谷和深创投及其控股企业战略合作、探讨创业投资又好又快发展为主题,就行业发展趋势、市场开拓、会员单位优势互补、产业链合作等方面进行经验交流。

【省电子学会物联网专业委员会成立大会暨物联网高层论坛】 12月16日,在软件谷举行。南京大学、东南大学等高校,无锡物联网产业研究院、江苏省赛联信息产业研究院等研发机构,华为软件、中兴通讯、三宝科技等相关企业专家和学者近60人出席大会。大会宣布江苏省电子学会物联网专业委员会正式成立,并举办“物联网高层论坛”。中国(南京)软件谷招商合作局副局长孙雁飞博士当选专委会主任,无锡物联网产业研究院院长刘海涛、江苏赛联信息产业研究院院长祁晓荔等专家学者当选专委会副主任。

【软件企业服务南京青奥对接会】 12月26日,在软件谷举行。对接会由软件谷管委会组织召开,市青奥组委会相关领导、专家以及近30家软件企业代表与会。会上,软件谷管委会主任助理、战略发展局局长黄敖齐致欢迎辞,青奥组委会技术部部长喻红介绍青奥会筹备工作及软件企业服务青奥方式和要求,中兴通讯等企业提出服务青奥具体设想,并与青奥组委会初步达成合作意向。 (邹晶晶)

园　区　规　划

【概　况】 中国(南京)软件谷产业定位,重点突出通信软件、互联网服务和服务外包,云计算、金融服务以及数字新媒体,基础软件、物联网、三网融合和工业信息化软件等三大领域。入驻企业定位,重点引进领导型、骨干型国内外软件企业,孵化扶持创新型、成长型本土软件企业。业务模式涵盖软件产品开发商、行业解决方案提供商、系统集成商、服务提供商、综合性产品和服务提供商等。服务配套,建立完善以市场为导向、企业为主体、产学研金结合的科技创新体系,加快建设具备国际水准软件公共服务平台,为企业和创业者提供便利、优质支撑服务。按国际标准规划建设企业孵化平台、投融资平台、人才服务平台、公共技术服务平台,合作交流平台、基础和服务设施平台,创业创新服务平台、行政管理服务平台等八大公共服务平台。功能布局,按照“板块规划、组团发展、片区开发”原则,软件谷规划为产业强化区、产业拓展区和产业提升区等三大板块。至年末,按照“国际化、高端化、品牌化”发展定位,形成软件谷东园45平方公里控制性详规编制基本骨架,实施软件谷城市设计、紫金(雨花)科创特区规划及其一期16万平方米改造。确定宁丹路、凤渡路和滨江大道跨秦淮新河大桥等重点基础设施建设方案。 (邹晶晶)

【完成软件谷东园控制性详规修编60%】 2011年上半年,原软件园控规修编由东南大学城市规划设计研究院负责展开,雨花台区住建局配合,因软件谷成立暂停。8月,软件谷挂牌成立后,软件谷东园约45平方公里控规在原软件园控规基础上由软件谷规划建设局主持、东南大学城市规划设计研究院继续开展。雨花台区配合软件谷规划建设局、东南大学城市规划设计研究院,按照“国际化、高端化、品牌化”发展定位,高标准推进软件谷各项规划设计工作。全面梳理、科学排定软件谷拆迁和建设工作计划,线性调整机场二通道、研究12号线南绕等重大问题,确定跨秦淮新河大桥和宁丹路、凤渡路(机场二通道)、大周路、管道路等道路框架建设改造方案。至年末,形成软件谷东片45平方公里控制性详规编制基本骨架、城市设计等工作,用地基本稳定,整个控规修编完成60%。

【完成软件谷西园控制性详规修编70%】 2011年上半年,原雨花经济开发区控规修编由南京市规划设计研究院有限公司负责展开,因软件谷成立暂停。8月,软件谷成立。10月,软件谷西园约30平方公里控规在原雨花经济开发区控规基础上由软件谷规划建设局主持,由南京市规划设计研究院有限公司继续开展。年内,完成400万平方米科创特区选址、总体规划,推进完成一期16万平方米改造设计方案;全面启动产业用地、收储用地和基础设施用地近36万平方米拆迁准备工作。至年末,软件谷西园控规修编完成约70%。 (袁天燚)

【完成紫金(雨花)科创特区规划编制】 2011年,雨花台区完成紫金(雨花)科创特区规划编制(东、西片区控详,城市设计文本),并上报市规划局审批。该科创特区规划分东、西2个片区,面积2.96平方公里,其中东片区面积1.78平方公里、西片区面积1.18平方公里。规划建筑面积超过500万平方米,其中孵化器建筑面积占25%、中试和加速器建筑面积占50%、配套设施建筑面积占12.5%、人才公寓建筑面积占12.5%。 (邹晶晶)

【软件谷东园城市设计国际方案招标揭晓】 9月,软件谷东园城市设计国际方案征集招标启动,南京大学建筑规划设计研究院和英国宝麦蓝(上海)建筑设计咨询有限公司联合体、东南大学城市规划设计研究院、上海同济城市规划设计研究院和英国杰同(上海)建筑设计咨询有限公司联合体等3家单位 (联合体)投标应征。11月18日,“软件谷强化拓展区城市设计国际方案征集”应征方案评选会(强化拓展区即东园)在软件谷管委会召开。经过评选,南京大学建筑规划设计研究院和英国宝麦蓝(上海)建筑设计咨询有限公司联合体方案获得第一名。相关方案上报市委书记杨卫泽阅示后,由南京大学团队继续完善和深化设计。 (袁天燚)

【有奖征集中国(南京)软件谷LOGO】 9月22日~10月8日,软件谷管委会举办“中国(南京)软件谷LOGO征集大赛”,面向社会有奖征集中国(南京)软件谷形象标识(LOGO)。大赛要求LOGO图标主题鲜明、简洁明快、内涵丰富、寓意深刻,符合中国(南京)软件谷发展定位,同时易于识别记忆和推广宣传;LOGO图标具备较强应用性,可在各种场合、标牌和载体上使用,符合不同材质制作需要,同时与软件谷整体风格相融合,具有良好视觉传播效果。大赛组委会规定:图标征集活动设中选奖1名,奖金10万元;入围奖5名,奖金1万元。至10月8日截稿收到参赛作品1171件。软件谷管委会将组织专家评委会综合评议应征作品,预计2012年上半年确定入围作品进行公示,最终中奖作品将被确定为中国(南京)软件谷正式使用标识。 (邹晶晶)

招商引资与项目建设

【概　况】 2011年,软件谷管委会利用市“软博会”“金洽会”等重大招商活动平台,邀请国内外客商、专家到软件谷考察,举办软件谷专场推介会、中以合作周、软件谷项目人才资金专场对接会、软件谷与北京大学“千人计划”专家对接会、通信技术论坛、大学生软件设计大赛等宣传活动,组团赴港台地区和美国、日本、爱尔兰、以色列、英国、印度等软件产业发达国家全方位推介洽谈。全年引进研祥科技、金龙软件、中兴技术、微软云计算、戴尔、美国美满、中以智慧园等国内外优质软件企业55家,计划投资129亿元;新增总部企业9家;外资实际到账8129万美元;与SAP、微软亚洲研究院、美国思杰、中国移动游戏基地等一批国内外知名软件项目接洽进入实质阶段;集聚国家“千人计划”人才7人,引进领军型科技创业人才33人、科技创业家10人,分别占全市10%和21%。加速一批高水平公共服务平台落户和建设,构建创新支撑体系。IBM中国授权培训中心及SPSS研发中心、江苏信息产业研究院、省云计算中心、北京大学工学院南

2011 年软件谷重点项目建设情况一览

表 11

类别	项目名称	当年完成投资(万元)	建筑面积(平方米)	主营
建成入驻(16 项)	诚迈科技	2000	6000	软件及外包业务
	虹亚研发	5600	1900	多媒体技术研发
	软通动力	3000	15000	软件及外包业务
	伟思医疗	3000	3000	医疗服务
	易达康	4200	1800	软件及外包业务
	南京徐工技改项目	11500	生产线投入使用	重型汽车生产
	南京爱德程科技项目改造	2603	2000	医药研发,设备购置
	特能电子项目二期	2097	9000	电动车充电器研发、生产
	信诚艾尔克项目二期	2079	10000	消防灭火设备制造
	三桥气体项目二期	3102	3000	氮、氩气等惰性工业气体生产销售
	华润热电脱硫设备技改工程	5084	发电机组脱硫设备升级改造,竣工投产	
	苏宁电器数据中心技改项目	5914		系统程序升级改造
	国睿酒店设施提档升级工程	3102	原址配套设施提档升级改造	
	三鸿放心早餐配送基地	2586	1700	早餐配送
	旺雨在线二期改造	5241	10000	在线软件产业运行管理及企业培育
	华润电厂热能项目一期	15000	铺设至火车南站供热管道系统,全长 23 千米	
主体建成、封顶(14 项)	安全厅总部楼	38100	55000	机关办公
	丰盛 A 地块二期	20200	20000	总部研发及商业办公
	宏图研发	5000	144000	软件研发及总部办公
	国泰紫金	3000	28000	软件研发
	华驰外包园	3000	22000	软件研发
	南海生物一期	15000	30000	软件研发与总部办公
	中兴技术研发	4000	15000	软件开发
	邦宁科技	3500	18000	软件研发
	博建科技项目	4760	12000	药品和医疗器械研发、生产、销售
	宏图高科产业制造基地三期	30000	105000	汽车消费电子、通信产品研发制造
	中电十四所产业基地二期	15000	20000	国防军工研究与生产
	泰通科技二期	2502	7000	铁路专网无线通信、轨道研发生产
	中骏伟项目	5021	15000	滤油机研发生产
	板桥消防钢瓶项目	12000	18000	无缝钢瓶研发生产
新开工项目(8 项)	沁恒科技二期	1500	15500	IC 芯片研发
	吉美思	8000	28000	物流管理软件开发
	凯润新能源	6000	22000	
	轴承厂项目一期	11000	50000	汽车轴承、变速箱轴承研发生产
	天福科技一期	20000	58000	三维成像产品、质谱仪研发及生产
	奥拓电子项目一期	15000	43000	LED、金融电子信息发布与系统研发生产
	长江能源集团总部一期	20000	21000	总部、物流结算及科技研发中心
	国图软件项目一期	2000	7000	数据测绘、网络工程类研发

(上表由软件谷招商办李忠兵、区发改局提供)

京研究院、省软件产品测试中心、省软件协会软件谷办事处等近30个公共服务平台相继挂牌运作。南京软件产业博览馆、软件产业综合服务中心、南京联合产权(科技)交易所进入建设期。与中国科学院软件研究所、南京大学软件学院、南京信息工程大学、台湾育成中心等单位达成合作意向。

2011年，软件谷范围内列入区重点工商业项目56项(原软件园19项、原开发区27项、原铁心桥街道10项)。至年末，建成入驻16项，主体建成或封顶14项，新开工项目8项，亟待开工及存在问题项目18项。

【4个重大项目签约软件谷】 9月7日，中国(南京)软件谷推介会上，中以(南京)智慧园*、江苏集群软创国际信息园*、凯捷软件测试公共服务平台、台商IT产业园等4个重点项目签约软件谷。同日，省委常委、市委书记杨卫泽为中国(南京)软件谷紫金(雨花)科技创业特别社区、江苏省软件人才培训联盟、中国(南京)软件谷通信软件开发与测试公共服务平台、中国(南京)软件谷公共支撑服务平台、中国(南京)软件谷深港产学研基地、中国(南京)软件谷归国留学人员创业园等揭牌。同期，建行江苏省分行、南京银行、紫金农商行等3家银行，与中国(南京)软件谷签署授信协议，授信额度60亿元。

★链接 中以智慧园立足打造以色列在华企业总部经济和中以国际联合研发基地。项目投资12亿元，注册资本1亿元。规划占地7.33公顷，建设15万平方米研发办公楼宇，建设周期1年半。园区将分为以色列独资企业区、中以合资合作企业区、中以国际联合研发中心区和行政管理公共服务区等四大区域，重点建设IT解决方案交付中心及以色列技术产品销售中心、生物工程和智能医疗管理方案及产品市场中心、电网智能监测管理运营系统等项目。该园将引入国际化资本和运营模式，构建知识创新平台、技术创新中心、产业服务环境、国际投融资平台和成果转化体系，汇聚中以双方高端创新企业和创新创业人才，高标准建成国际一流软件产业创新创业园区。

★链接 江苏集群软创国际信息园为软创国际信息产业集团投资兴建，占地4.67公顷，投资8.6亿元，注册资金5000万元。主营业务IT咨询与行业解决方案、计算机软件与硬件开发，机电一体化产品开发、销售、安装，服务外包和技术咨询服务等。

【软博会签约5个重大项目】 9月8日，在第七届中国(南京)国际软件产品和信息服务博览会重大项目签约仪式上，戴尔采购研发中心*、怡化软件总部*、中兴移动南京研发中心*、博彦软件研发总部(南京博彦科技信息技术有限公司)*、十四所——雨花科技创业中心*等5个代表性项目签约雨花台区。5个技术含量高、投资强度大、市场前景好，对中国(南京)软件谷软件和信息服务相关产业发展产生积极作用。

★链接 戴尔全球采购研发中心项目占地4公顷，投资总额5亿元，注册资本1000万美元。其中，外资600万美元。

★链接 怡化电脑南京研发中心由深圳市怡化电脑有限公司投资兴办。南京研发中心规划面积3.93公顷，注册资本1亿元，投资额5亿多元，主要从事软件研发、ATM机售后服务、金融服务以及服务外包。

★链接 中兴移动南京研发中心占地面积1.47公顷，投资4亿元，注册资本1亿元，建立2G/3G无线终端产品、智能手机研发、生产及增值业务中心。该项目由深圳市中兴移动通信有限公司投资兴建，是中兴通讯股份有限公司控股子公司，国家高新技术企业。

★链接 南京博彦科技信息技术有限公司为博彦软件研发总部在软件谷设立的独立法人公司，投资5000万元，从事IT咨询、应用程序开发和维护、业务流程外包等。

★链接 十四所——雨花科技创业中心投资2亿元，主要针对十四所软件、高端芯片所有相关企业及孵化器建设。

【吉美思物联网研发中心入驻园区】 2011年，南京吉美思系统集成有限公司研发中心入驻园区花神大厦办公，在软件谷建设从事物流管理软件开发的物联网相关项目。该项目占地面积1.04公顷，建筑面积2.8万平方米，计划投资8000万元，注册资金1000万元,由南京吉美思系统集成有限公司投资建设。1月29日,土地摘牌,并相继办结节能、备案、环评等手续,完成现场场地平整、临时搭建和施工围挡,10月18日开工建设。项目建成后预计年税收1200万元。

【华驰软件外包基地主体建设竣工】 1月,华驰软件外包基地项目开工建设。该项目总占地面积1.2公顷,计划投资8000万元,主要从事软件外包服务和软件生产,年内完成投资3000万元。由南京华驰科技发展有限公司投资建设,拟建研发大楼1栋,包括研发、行政办公、销售、食堂等功能区域,建筑面积2.2万平方米。至年末,主体建设竣工。

【智汇魔方科技产业园落户软件大道】 4月,智汇魔方科技产业园落户软件大道。该产业园位于地铁1号线南延线软件大道花神庙站出站口150米,距离高铁南京南站1公里,步行5分钟可达明发商业广场,交通便利,商业配套成熟。该产业园为垠坤投资实业有限公司开发的第四个创意产业园区,在拥有雨花台区扶持服务政策基础上,还拥有全面客户服务制度、综合餐厅、24小时监控安保、智能停车系统等自有租金奖励政策和个性服务体系,为行业工作者提供集创作、工作、休憩为一体空间。至年末,包括生物科技、交通科技、电子科技等领域十余家企业签约入驻。

【中华网软件集团有限公司全球服务集团落户软件园】 6月22日,雨花软件园与中华网全球服务集团举行项目合作签约仪式。副市长、区委书记李侃桢,副区长艾长青出席仪式并会见中华网全球服务集团CEO黄仲翘一行。新签约的项目旨在开拓移动技术有关应用,开发知识产权方面软件业务。

【"中以合作周"启动】 9月5日,第七届南京软件博览会——中国(南京)软件谷"中以合作周"活动在南京(雨花)国际软件外包产业园启动,市委副书记陈绍泽,市领导钱继红、张宁生、李侃桢、王留平,区领导黄唯佳、杨明、孙朝晖、谢山、杨昌生等中方代表,以色列国家信息技术协会、软件与电子协会主席阿米拉姆·索尔,以色列驻上海总领馆副总领事罗松泊等以方代表共同出席启动仪式并为活动剪彩。由30多位IT产业企业家组成的以色列代表团和国内80多家相关知名企业参加活动周。"中以合作周"由雨花台区人民政府、中国(南京)软件谷管委会主办,雨花台区科技局、麦瑞克科技发展有限公司承办,历时5天。活动期间,举行中以企业对接会、以色列企业技术全面展示会、中以企业项目对接会、中以合作项目签约仪式、企业参观与自由洽谈等活动;中以(南京)智慧园落户软件谷。至年末,以色列Acrylicom公司高清塑料通信光纤(POF)和Optimum集团3D可视化解决方案2个项目落户,一体化智能节能软件平台、桌面虚拟化及数据迁移软件、云计算ERP软件、管理软件等4个项目确定合作意向。

【中国(南京)软件谷·资金+人才+项目对接会】 9月15日,在软件谷举行。会议由市委统战部、雨花台区政府、中国(南京)软件谷管委会承办,市各民主党派、工商联、侨联、台联等协办。市委常委、统战部长钱继红,副市长、雨花台区委书记、中国(南京)软件谷工委书记李侃桢等出席仪式。对接会上,英国英华国际事务发展有限公司、香港迈创集团、深港产学研基地、研祥高科技控股集团有限公司等10家企业签订总投资36亿元15个项目投资协议。深圳创新投资集团、平安证券、深圳同创伟业创业投资有限公司等4家企业与雨花台区政府签订培育企业上市融资合作协议。美国硅谷企业微宁汇智软件公司、美国新动力网络加速技术公司、趋势科技中国研发中心、华为软件技术有限公司、青岛海尔软件有限公司、江苏高科技投资有限公司等15家知名企业客商和英、法、日等国,港澳台地区及内地近百名客商参加对接会。

【与英国桑德兰软件城签署合作备忘录】 9月21日,中国(南京)软件谷与英国桑德兰软件城★签署软件名城合作备忘录,宣布双方结成战略伙伴,共同推进创新合作,成为中国(南京)软件谷8月正式成立以来,首次与国外软件园区展开深度合作。区委常委、统战部部长、软件谷管委会副主任杨昌生与桑德兰软件城首席执行官贝尔尼·柯朗汉分别代表双方在合作备忘录上签字。副市长、雨花台区委书记、中国(南京)软件谷工委书记李侃桢,桑德兰软件城首席执行官贝尔尼·柯朗汉等出席签字仪式。根据合作备忘录,双方将在园区建设、科技创新、人员互访交流、企业对接、创新成果转移等方面进行战略合作;交流创新平台建设、创新载体建设、园区运营等方面经验;鼓励园区企业开展商务、技术和人员等方面对接交流;共同推进联合研究,在国际传播领域进行密切合作。

★链接 桑德兰软件城位于英国东北部,成立

9月21日,中国(南京)软件谷与英国桑德兰软件城合作签约仪式

于2008年,是一个由政府投资建立、旨在帮助并激励地区软件产业发展的园区管理机构,园区聚集约350家软件公司。

(邹晶晶)

基础配套设施建设

【概 况】 2011年,南京市委、市政府高度关心和重视软件谷建设,给予财政返还、土地封闭运作等一系列扶持发展政策,以及市权限范围内规划、建设、土地及项目审批等管理权限下放,批准设立软件谷土地储备分中心。落实宁丹路、凤渡路、跨秦淮新河大桥等重大基础设施项目,给予全方位政策倾斜,并确定将软件谷建设工作列入部省市会商议题。年内,雨花台区开展软件谷基础建设,启动宁丹路拓宽工程前期准备工作。完成400万平方米科创特区选址、总体规划,完成一期16万平方米创业特区改造设计方案。全面梳理、科学排定软件谷拆迁和建设工作计划,确定跨秦淮新河大桥和宁丹路、凤渡路(机场二通道)等道路框架建设改造方案。全面启动产业用地、收储用地和基础设施用地近40万平方米拆迁准备工作。

【园区建设市场化运作】 2011年,软件谷按照企业化管理、市场化运营思路,开展软件谷可利用楼宇资源调查和整合利用,牵头实施16万平方米雨花科技创业特别社区升级改造,与明发集团达成明发工业原料城46万平方米用地建设房产合作协议。同时,积极破解软件谷开发建设难题,启动A8地块建筑规划和商业策划,推进定坊、冯韦等地块商业运作,与深圳安防集团等多个BT(建设—移交)项目洽谈,获得30亿元以上可用额度。

(邹晶晶)

【软件大道环境综合整治工程竣工】 2011年,软件大道环境综合整治及周边道路景观提档升级工程列入市环境综合整治计划。软件大道西起小行立交,东至宁溧路,全长近6公里。整治工程投资500万元,包括全线杆管线下地、道路路面整修、立面挡护墙绿化、店招店牌出新、公共配套、休闲广场、公交站台、道路指示牌、亮化工程等。3月,雨花台区专题召开软件大道环境综合整治设计方案评审会,围绕"狠抓工程推进,确保整治完成后成为全市最具特色景观大道"宗旨,明确方案设计定位"现代化城市大道、高品质景观大道、软件集聚区特色大道"要求,遵循"道路改造与景观整治相结合,在原设计方案上综合规划设计;科学规划设计道路断面、软件大道指示牌、公交地铁站周边环境等细节,保证高水准整治效果"原则。至年末,软件大道环境综合整治及周边道路景观提档升级工程如期竣工。 (吴传标 杨云头)

管 理 服 务

【概 况】 2011年,中国(南京)软件谷大力推进与东软集团合作,专项投入150万元创建全省首家软件人才实训基地;与省人才网合作,建立省首家软件人才交流服务中心;与省风险补偿资金管理服务中心、江苏银行合作,设立150万元地方风险补偿资金,帮助7家企业申请专项资金贷款1470万元;与中信银行、江苏联盛投资等企业合作,采用"种子基金+联保"模式创新成立"雨花软件产业联保基金",为软件企业融资提供贷款担保;建立软件企业人才沙龙,构建全区软件企业人才沟通信息、交流智慧重要平台。软件谷管委会与清华大学、中兴通讯、省经信委等单位联系,利用软件谷各类资源,加快软件谷公共技术服务平台、人才培训平台等各类公共服务平台建设。7月16日,作为中国(南京)软件谷标志性平台,由联创、中兴软创、三宝、焦点等全市15家知名IT企业参与成立的江苏赛联信息产业研究院及江苏信息产业创新成果孵化中心、江苏省云计算产业服务中心在雨花台区成立。6月21日,由雨花软件园、IBM和南京麦瑞克科技发展有限公司共同合作的IBM中国软件授权培训中心在雨花台区揭牌。

【六项举措拓展服务企业渠道】 2011年，雨花台区采取六项举措拓展服务软件企业渠道。摸清企业困难,围绕资金、人才和配套设施等需求,摸底调查软件谷内软件企业，整理和汇总意见、建议17条，组织召开区和软件谷相关部门负责人会议,研究讨论解决措施；搭建战略合作平台,举办银企对接会,协助解决软件企业融资难题,帮助谷内橙红科技、城际在线等6家企业申请科技贷款1500万元；加大政策扶持力度,组织谷内企业申报国家、省、市、区级各类科技发展计划91项,争取科技项目政策支持;建立创业人才体系,编制《软件谷“321”创业人才计划实施方案(草案)》,从实施计划、工作组织、运行机制、公共服务载体等多方面系统化建立软件谷“321”人才实施体系;强化人才培育服务,建立软件企业高层次人才信息数据库,推进高层次人才专项培训,组织软件谷6家企业高层管理人员参加省软件企业创新经营清华大学高研班;提供便利环境,推进省软件协会在软件谷设立办事处,提供“双软”认定、申报软件著作权和技术合同登记等相关业务,缩短办事路程,提高企业相关资质认定效率。

【人才服务体系建设】 2011年，软件谷采取五项举措强化人才服务体系建设。梳理人才资源,调研、摸底和梳理软件谷内100多家企业人才资源；组织20家企业申报全区科技计划项目、9家企业申报南京市现代服务业(软件产业)发展专项,获批省科学技术奖二等奖2项、市工程技术研究中心3家;抓紧实施科创特区标识设计及制作，做好特区功能布局设计方案优化工作;与北大工学院签订框架协议,与创新公司、南京研究院对接注册,与南京大学软件学院商讨分院设立事宜;搭建交流平台,组织参加市第三届“科洽会”，协助市科委举办中意高层论坛暨技术对接大会等。

【软件产业银保企对接会举行】 3月10日，雨花台区软件产业银保企对接会在软件园举行，民生银行、招商银行、光大银行等十余家银行及担保公司代表，

3月10日,雨花台区软件产业银保企合作对接会在雨花软件园举行

50余家软件企业代表参加活动。活动旨在深化园区企业服务,完善融资平台建设,依托自身融资平台,建立园区银保企对接机制,为园区企业与银行搭建沟通桥梁,推动园区企业多融资渠道。会上,软件园在落实3年1亿元区级软件产业发展专项资金基础上,陆续安排3000万元财政贴息和5000万元创新创业补助,帮助创业者把发明成果尽快形成商品进入市场。

【《软件产业人才队伍建设若干政策规定》出台】 5月,《雨花台区软件产业人才队伍建设若干政策规定(试行)》(以下简称《规定》)出台。该《规定》根据近年来区域软件产业倍速增长、软件人才高度集聚状况,制定专门针对软件人才专项扶持政策,设立软件人才专项资金,规定四类表彰奖励政策和创业补贴、安家补贴、项目补贴、综合补贴等十大类优惠扶持政策。年

内,软件谷某软件企业依据该《规定》引进1位拥有自主知识产权的哈佛博士,区有关部门在第一时间兑现“优先安排子女入学”等优惠政策。

【雨花软件产业联保基金成立】 5月,雨花软件园与中信银行、江苏联盛投资、南京希迪置业咨询有限公司等4家企业合作成立江苏雨华高科投资管理有限公司,采用“种子基金+联保”模式成立国内首家软件产业联保基金,专门为雨花台区中小软件企业融资提供贷款担保。雨华公司作为基金管理人,将运用专业化管理团队、市场化运作模式,管理该联保基金。新成立的雨花软件产业联保基金首期募集基金4000万元,通过基金联保机制,获取中信银行贷款资金2亿元,帮助企业解决融资困难。由雨花软件产业联保基金所担保的企业,最高可获得1500万元贷款额度。11月4日,雨花软件产业联保基金与南京银行科技支行在中国(南京)软件谷与南京银行合作框架协议下,签订合作协议,建立雨花软件产业联保基金与南京银行科技支行紧密业务合作关系,共同为园区中小软件企业提供贷款担保,推动软件企业快速发展。至年末,促成南京威特曼生物科技有限公司引进中科招商风险投资金1200万元,并向中兴创投基金、南京留学人员创投基金重点推荐雨花经济开发区等12家科技软件企业。

【2011江苏国际服务外包对接洽谈会召开】 (参见“对外经济贸易与合作”类目,第137页)

【IBM中国软件授权培训中心落户】 6月21日,IBM中国软件授权培训中心揭牌仪式在雨花软件园麦瑞克科技发展有限公司举行。省委常委、市委书记杨卫泽,IBM全球副总裁王阳共同为该培训中心揭牌。IBM中国软件授权培训中心项目是IBM、雨花软件园和麦瑞克科技发展有限公司共同合作软件人才实训项目,是继北京、上海和深圳之后,IBM在国内设立的第四个最高等级授权培训中心。该项目立足软件产业高中端人才创新性培养与实训,按照国际一流企业标准设计培训平台,融合IBM业务流程、行业专业经验等多方面优势,贯穿职业素养训练、IT技能实训、业务流程实践等实训内容。项目建成后计划每年为南京培训3000名以上高中端软件和服务外包人才,弥补南京软件产业发展人才短缺问题。8月3日,雨花台区首期IBM中国软件授权培训班开班,培训期6个月,招收学员46名。

【IBM SPSS行业解决方案中心等两中心揭牌】 7月19日,IBM SPSS(统计产品与服务解决方案)行业解决方案中心、SPSS南京培训中心揭牌。两中心项目由IBM SPSS与雨花软件园、麦瑞克科技发展(集团)有限公司三方共同合作建设,成为继上月IMB中国软件授权培训中心落户软件园后,IBM在软件园落户的第二和第三个项目。副市长、雨花台区委书记、中国(南京)软件谷工委书记李侃桢,IBM SPSS中国总裁Jhinsup Jhung等出席揭牌仪式。SPSS行业解决方案中心,是SPSS CHINA在总部之外设立的第一个行业解决方案运营中心,旨在面向金融、电信、政府、零售、医疗、制造等各行业客户提供SPSS软件研发创新平台,为客户提供相应解决方案和产品,后续拟建立SPSS华东销售中心,力争3年内营业额达到5亿元。同时揭牌的SPSS南京培训中心,旨在培养SPSS高中端人才,为SPSS业务开展提供本土化人才资源,近期将联合IBM研发部门,推动教育云和企业公共服务平台云合作建设。

6月21日,IBM中国软件授权培训中心揭牌仪式在雨花软件园麦瑞克科技发展有限公司举行

【江苏赛联信息产业研究院挂牌暨创新成果孵化中心成立】 7月16日，江苏赛联信息产业研究院成立大会暨江苏信息产业创新成果孵化中心、江苏云计算产业服务中心揭牌成立，并落户雨花软件园，工信部副部长杨学山、副省长史和平出席揭牌仪式。江苏赛联信息产业研究院采取政府主导、民办公诸体制机制，下设政策投资研究、应用创新研究等15个专业分院。孵化中心以信息产业研究院为核心，整合国内知名大学、研究院所、骨干企业研发中心等创新资源，构建全省信息产业创新服务平台，并以信息产业专家委员会、信息产业发展基金会和信息创新成果孵化中心作为支撑，共同构成江苏信息产业研发创新和产业化生态环境，为雨花软件产业发展打造新的公共服务平台。该研究院等落户软件园，将有效整合全国乃至全球创新资源和公共服务资源为雨花台区服务，强化“政产学研金”★等创新要素融合，推进创新成果在雨花台区孵化、转化，推动雨花软件园打造中国第一软件产业基地。

7月16日，江苏赛联信息产业研究院成立大会暨创新成果孵化中心、云计算产业服务中心揭牌成立

★**链接**　“政产学研金”合作是以企业、高校、科研机构为主体层，金融机构为支撑层，政府为组织层的“政产学研金”战略联盟基本架构。

【软件谷与北京大学工学院合作启动】 9月16日，软件谷与北京大学工学院“千人计划”★专家对接会在区召开。副市长、区委书记、中国(南京)软件谷工委书记李侃桢，区领导黄唯佳、孙朝晖、袁传军、杨昌生、薛国安等会见由北京大学工学院院长陈十一率领的“千人计划”获得者一行，双方就加强战略合作等相关事宜交换意见，并就创建北京大学工学院南京研究院等院地合作内容达成共识。雨花台区作为中国软件名城核心区和标志区，正处于发展关键转折期，专家团一行为雨花台区新一轮发展出谋划策、提出建议和指导，共同寻求便捷有效、互利共赢合作渠道和路径。北京大学工学院有良好理论基础，学院在生物医药、能源、材料、纳米、力学等领域成绩突出，产学研合作是学院工作重要组成部分，该院与软件谷合作将进一步推动与地方联系，加速科技成果转换并为南京经济发展作出贡献。11月11日，中国(南京)软件谷·北京大学工学院合作签约仪式在北大博雅国际会议中心举行，中国(南京)软件谷与北京大学工学院合作正式启动。

★**链接**　中央人才工作协调小组关于实施(中央层面)“海外高层次人才引进计划”简称“千人计划”，主要围绕国家发展战略目标，从2008年开始，用5到10年，在国家重点创新项目、重点学科和重点实验室、中央企业和国有商业金融机构、以高新技术产业开发区为主的各类园区等，引进2000名左右人才并有重点地支持一批能够突破关键技术、发展高新产业、带动新兴学科的战略科学家和领军人才回国(来华)创新创业。

【举办伦敦交易所标准版上市推介会】 10月17日，雨花软件产业联保基金举办伦敦交易所标准版上市推介会，目的在于增进软件谷企业了解资本市场，推动企业上市融资，帮助企业实现跨越式发展。大会邀请英格兰和威尔士最高法院律师顾问、纽约州律师协会会员 Andrew Lawrence Greystoke (安得烈·劳伦斯·雷斯托克)主讲，其中国合作伙伴天达律师事务所合伙人、律师王述前一并出席会议。软件谷20多家有上市愿望的企业参与大会对接交流。会上，Andrew

Lawrence Greystoke 从伦敦交易所标准版发展现状、具备优势、企业上市条件、上市流程等方面作详细推介。同时,王述前律师进一步说明企业上市过程中涉及法律、税务等问题。与会企业代表结合企业发展状况,相继提出一些具体问题,与 Andrew Lawrence Greystoke 共同探讨。

【筹建国家软件检测中心】 10月21日,省、市质量技术监督局领导带领相关处室负责人到软件谷评审省软件产品质量检验中心筹建工作。随着软件谷软件企业数量不断积聚,软件产品数量急剧增加,软件谷内尚未建设软件检测中心,大量软件数据检测工作需到外地完成。上半年,雨花台区质监分局会同市质检院等单位调研该区筹建国家软件检测中心可行性,为入谷软件企业搭建公共服务技术平台。根据调研情况,区质监分局起草《关于在我区建立国家软件产品质量监督检验中心的思考及建议的报告》(以下简称《报告》),得到省、市质监局高度重视。至年末,该《报告》得到省质监局批复,同意市质检院联合省计量院等单位共同筹建江苏省首个软件产品质量监督检验中心。中心计划投资1.7亿元,将在市质检院计算机网络工程测试中心基础上组建,在原有产品测试线、测试设备、软件工具外,完成10名硕士以上计算机及软件专业人才(其中博士2名)引进工作,整合北京中关村国家应用软件质检中心技术与业务资源,获得南京大学、东南大学、河海大学、南京邮电大学、中国电子工程第四研究所、中国电子工程第十四研究所等高等院校及科研院所支持,并与中国(南京)软件谷达成入驻意向。
(邹晶晶)

【软件谷银企对接会】 11月28日,在戴斯酒店召开。软件谷22家软件企业、全市32家金融机构参加对接会。会上,江苏诚迈科技有限公司、南京大手笔电子科技有限公司、南京城际在线信息技术有限公司等多家软件企业代表围绕经营状况、发展战略及相关融资需求作交流发言。建设银行、工商银行、交通银行、华夏银行等多家金融机构分别介绍相关政策、融资模式等,并表示顺应国家产业政策调整步伐,加大软件企业融资需求分析,创新渠道,为企业提供简单、便捷、有效融资服务,与企业共同应对金融危机和经济转型等发展压力,助推谷内软件产业快速发展。会议希望软件谷内软件企业要有长远发展目标,讲信用、壮实力、促转型,迅速提升自身综合实力。同时建议金融机构转变经营理念,主动深入企业服务,不断开拓创新,强化金融服务支撑;软件谷相关职能部门将积极搭建交流平台,促进银企双方沟通合作,共同为软件谷发展作出新贡献。
(区财政局)

重点企业选介

【中兴通讯股份有限公司南京研发中心】 1993年9月,中兴通讯股份有限公司南京研发中心(以下简称中兴通讯南研所)成立,2001年3月,入驻雨花台区。南研所是中兴通讯全球15个研发机构之一,是中兴通讯重要研发基地,承担中兴通讯大型交换系统、数据网络、网络增值业务以及面向未来的网络核心设备等重要研发任务。至2011年末,南京研发中心入驻人员1.3万人,取得300多项专利,其中90%以上是发明专利。2011年,中兴通讯南研所上缴利税6.02亿元,比上年同期增长12.31%。

中兴通讯南研所一区一期项目占地8公顷,于2001年3月投资建设,2002年2月竣工并投入使用,

6月21日,中兴通讯新加坡通信展

建筑面积4.5万平方米;中兴通讯南研所一区二期项目占地5.8公顷，于2005年7月开工建设,2006年11月南楼建成投入使用,2009年12月北楼建成投入使用,总建筑面积约6万平方米。中兴通讯南研所二区占地面积38.27公顷,计划投资11.88亿元,一期建筑面积约20万平方米,2009年4月开工建设,2011年初竣工并入驻。南京研发中心成为国内最大的以未来通讯为核心的生产、研发基地,也是公司国际市场展示中心，先后邀请多位各国政要到研发基地考察,并与国内外技术专家进行研发合作。中兴通讯三区南研所项目占地133.33公顷,投资160亿元,建筑面积150万平方米。年末,完成签约和项目拆迁前期准备工作。2011年，中兴通讯宣布战略性进军云计算领域、并藉此规模进入IT领域，同时成立云计算与IT经营部,投入3000多人进行云计算研发。是年,中兴通讯获2010金蜜蜂企业社会责任·中国榜“2010金蜜蜂·领袖型企业”奖项,获Frost & Sullivan(弗罗斯特–沙利文)2011“最佳光传输厂商”和“最佳IPTV厂商”两项大奖,荣膺亚洲电信“2011年度宽带创新大奖”。　(曾小玥)

【华为软件技术有限公司南京软件研发基地】 2005年9月,华为软件技术有限公司南京软件研发基地在雨花台区注册成立,注册资金5亿元。该基地作为华为四大产业之一,专注全球电信运营商,通过开放的应用环境、智慧运营平台、快速专业服务帮助运营商增加运营收入、提高运营效率并最终获得商业成功。华为软件技术有限公司1988年创立于深圳,1993年开始从事电信增值业务研究和开发,1995年成立专门业务与软件产品线，是全球电信解决方案供应商。在全球设立3个本地研发中心,形成以南京、深圳、印度为中心的全球研发网络。华为南京软件研发基地,投资29亿元,占地面积87.27公顷。一期投资20亿元,用地面积45万平方米,建筑面积32万多平方米,规划容纳约1万人,12栋建筑,其中9栋研发楼、2栋食堂、1栋数据中心。华为南京软件研发基地由英国RMJM(罗麦庄马)公司设计,整体采用园林式建筑风格建造,2007年1月开工建设,2010年3月建成入驻。至2011年末,入驻员工5000人。2011年实现销售入99.7亿元,缴税7.57亿元。是年,华为软件获IPTV全球论坛 (IWF–IPTV)“最佳IPTV业务部署平台奖”奖项。　(孟庆尧)

华为软件技术有限公司南京软件研发基地

【东软集团南京研发基地】 东软集团南京研发基地位于宁南大道以南,共青团路以西,绕城公路以北,占地面积4.8公顷,建筑面积1.6万平方米。2006年入驻雨花台区。该研发基地主要进行多媒体个人电脑(MPC)产品研发、烟草行业开发、企业管理解决方案支持服务、满足中小企业(SMB)的支持服务、社保研发中心等。2007年启动与江苏省内高校联合进行人才培养,为东软及其他从事服务外包企业输送高质量软件人才;2009年，东软南京实训中心建立;2010年，东软集团携手南京市政府在雨花软件园共同搭建江苏省示范性软件人才实训基地。至2011年末,南京研发中心有员工800多人。

【江苏润和国际软件外包研发总部基地】 江苏润和软件股份有限公司成立于1998年,是一家专注于从事国际软件外包业务的民营股份制软件公司。2006年,该公司与雨花台区签署合作协议,建设润和国际软件外包研发总部基地,2007年底入驻。基地位于雨花台区宁丹路以西、纬九路以南,占地面积4.67公顷,总投资2亿元,建筑面积 6 万平方米。2008 年 9 月,润和软件外包园一期工程建成投入使用,2010 年末整个园区建成。至 2011 年末,基地入驻员工 1300 多人,主要从事国际软件外包研发、软件产品研发及销售,成功实施数百个国际国内大中型软件系统开发项目;引进 30 多位海外中高层次人才,新研发自主知识产权十余个;直接接包作业模式日趋成熟,成为江苏本土软件外包品牌龙头企业;公司上市工作进入中国证监会审批阶段。2011 年销售收入 2.22 亿元。

【趋势科技南京研发中心】 2008 年 6 月,趋势科技南京研发中心入驻雨花台区宁南大道苏豪国际广场 B 栋,建筑面积 1.1 万平方米。至 2011 年末,有 380 多名员工。其中,75%员工毕业于国家重点高等院校(含南京地区),65%员工拥有计算机硕士及以上学位,65%员工毕业于南京本地高校或是来自南京周边地区,8%外籍员工。趋势科技(TREND MICRO)于1988 年成立于美国加州,总部位于日本东京和美国硅谷,在全球 40 个国家和地区设有分公司,200 余家合作伙伴,员工总数超过 4000 人。南京研发中心是最大的研发中心,开发产品超过趋势科技全球产品 1/2,2011 年销售收入 1.77 亿元。

【南京富士通南大软件技术有限公司】 南京富士通南大软件技术有限公司(以下简称富士通南大软件)由日本富士通株式会社和南京大学于 1999 年合资组建,是富士通集团首家通过 CMMI5(能力成熟度集成模型)级的子公司。主要承接富士通软件事业本部和富士通集团面向服务器系统软件、中间件和嵌入式软件等高端软件研发 ITO(国际贸易组织)外包业务。2010 年 10 月,富士通南大软件 8000 平方米雨花研发大楼建成启用,公司整体入驻雨花软件园。2011 年末有各类员工 734 人。2011 年销售收入 1.62 亿元。是年,富士通南大软件连续七年入围中国软件出口和服务外包 20 强排行榜,软件出口由上届第十一名上升到第十名,服务外包由上届第十八名上升到第十六名,同时该公司荣获"2010 中国软件和服务外包品牌之星"称号。

【麦瑞克科技发展(集团)有限公司】 麦瑞克科技发展(集团)有限公司(以下简称麦瑞克集团)成立于 2005 年 9 月,是一个产业多元化高科技集团公司,集团总部位于南京(雨花)国际软件外包产业园。该公司主要提供软件和服务外包、通讯设备及技术研发、电子政务等行业解决方案,承担国际技术成果转移和贸易在软件产业园区运营、IT 人才培训等。至 2011 年末,麦瑞克集团下辖南京麦瑞克科技发展有限公司、南京麦瑞克信息技术有限公司、南京豪成职业培训学校、麦瑞克艾可勒考姆通讯技术有限公司等多家全资或合资子公司。

至 2011 年末,公司承接多项欧美、日本离岸外包业务,并成功跻身于亚信联创、中兴通讯、OKI、IBM 等知名企业核心外包供应商行列;和以色列、印度、爱尔兰等国家软件协会建立良好合作关系;科技成果转化 30 多项,涉及计算机、机电/自动化、生物医药、农业、电子技术、能源工程、材料科技、土木建筑、化学化工、安全工程等领域;推动中以双边互访、成果转化等逐步形成常态化,每年都有多项高科技成果转化项目签署。2011 年,公司创办的南京市软件人才培训实训基地启动开班;由软件谷、IBM 和麦瑞克三方共建 IBM 中国软件授权培训中心、IBM SPSS 行业解决方案中心、IBM SPSS 南京培训中心陆续落户软件谷;由公司参与招商引资的中以(南京)智慧园与软件谷签约。

(邹晶晶)

视察、考察与友好往来

·上级领导视察、考察·

【杨卫泽等调研区软件产业】 5 月 5 日,省委常委、市委书记杨卫泽一行到雨花软件园调研,视察江苏润和软件有限公司。7 月 8 日,省委常委、市委书记杨卫泽,市领导沈健、刘以安、周谦等一行到雨花台区调研软件产业发展情况,副市长、区委书记李侃桢,区长、中国(南京)软件谷管委会主任张一新陪同调研。杨卫泽先后到南京互联网产业园及其园区孵化企业——南京安讯网络有限公司,听取园区发展现状、未来规划、企业在研产品等情况介绍,希望产业园搭建好中小企业发展测试、培训、认证等公共服务平台,为中小企业孵化服务。同时,希望企业开发设计青奥会竞技类游戏时,融入青奥会主题教育游戏软件设计,传播青奥会精神,以游戏方式宣传青奥,让青奥概念家喻户晓、深入人心。11 月 2 日,省委常委、市委书记杨卫泽赴中兴通讯南京研发中心调研,并会见中兴通讯董事长侯为贵,市领导罗群、李侃桢等陪同调研。

【李侃桢调研区软件产业公共服务平台建设】 6月20日,副市长、区委书记李侃桢,区领导孙朝晖、薛国安,区科技局、发改局、软件园等部门负责人到软件园驻园企业,实地调研软件产业公共服务平台建设情况。调研中,李侃桢一行先后到软通动力信息技术有限公司、中兴通讯软件测试公共服务平台中心、省软件人才交流服务中心、省软件人才实训基地——东软集团等,与企业负责人开展座谈,分别听取软通动力和中兴通讯通信软件开发与测试平台建设、网上虚拟软件大道建设情况;听取省软件人才交流服务中心人才招聘、就业推荐、社会培训、企业联合、高校合作等多项业务领域成果汇报;参观东软集团实训基地培训教室,了解企业与南京大学等高校校企合作情况。至年末,软通动力通信软件开发与测试平台服务华为软件、文思创新等9家企业;中兴通讯软件测试公共服务平台中心加快推进网上虚拟软件大道建设;省软件人才交流服务中心建立软件企业人才沙龙,成为全区软件企业人才沟通信息、交流智慧重要平台;省软件人才实训基地将增设职业经理人课程纳入规划。软件谷形成人才、公共技术、企业孵化等八大公共服务平台,先后被授予省人才交流服务中心、省软件人才实训基地等称号。

【许仲梓到软件谷调研】 8月30日,省政协副主席、南京市副市长许仲梓到软件谷参观,调研软件学院筹建情况。区长、中国(南京)软件谷管委会主任张一新接待。许仲梓一行到软件谷多媒体展示中心,听取关于雨花软件园发展现状及规划介绍,详细了解雨花软件园规划布局、孵化平台建设、创新载体建设等方面情况,并观看专题片,随后展开座谈。

【罗志军一行莅临中兴通讯视察】 9月24日,省委书记罗志军、省委秘书长李云峰,在省委常委、南京市委书记杨卫泽和市长季建业,副市长、区委书记、中国(南京)软件谷工委书记李侃桢,区长、中国(南京)软件谷管委会主任张一新等陪同下,到位于软件谷的中兴通讯南京研发中心二区实地考察,并观看中兴通讯南京云计算数据中心演示,深入了解该公司在云计算领域研究开发进展,肯定企业在南京发展速度。罗志军强调,云计算产业前景很好,南京致力打造软件名城和智慧城市,为中兴通讯等知名软件企业提供更大发展空间,希望南京市充分发挥科教基础雄厚等优势,进一步优化发展环境,推动软件产业取得更大发展。

【中宣部副部长王晨到软件谷考察调研】 10月27日,中宣部副部长、国务院新闻办公室主任王晨一行在市领导许慧玲、李侃桢陪同下,到软件谷考察调研。王晨听取副市长、区委书记、中国(南京)软件谷工委书记李侃桢介绍软件谷产业基础、发展规划、功能定位、运作模式等,并观看园区宣传片,详细了解软件谷总体情况。王晨一行到中兴通讯二区,听取中科院声学所建立网络数字版权监管和服务支撑技术保障网络平台项目介绍。

【史和平视察调研软件谷企业】 10月27日,副省长史和平调研软件谷企业,先后走访十四所、富士通南大、润和软件等企业,仔细询问各家企业运营情况、遇到困难等,和企业老总一起把脉市场、分析产业动态,市领导罗群、李侃桢等陪同调研。在润和软件股份有限公司,史和平详细听取公司负责人就企业事业领域、核心技术、项目管理、人才培养等方面介绍,并询问公司服务外包领域销售、科技创新等情况。

【季建业视察软件谷】 11月3日,市长季建业到软件谷,专题调研软件谷规划建设、城市建设等。调研中,季建业听取雨花台区经济社会发展情况汇报和软件谷规划建设进展汇报,并实地查看软件谷启动区建设情况,同时指出,雨花台区要坚定不移把软件和信息服务业作为主导产业,在产业集聚度和产业竞争力上实现质的提升、新的跨越,把软件和信息服务业培育成为雨花台区支柱产业。按照市委、市政府打造"一谷两园"总体部署,加快推进软件谷建设,深化规划设计,优化功能布局,突出产业定位,狠抓龙头项目,着力集聚人才,为南京建设更高水平中国软件名城,加快向世界软件名城迈进作出更大贡献。副市长、雨花台区委书记、中国(南京)软件谷工委书记李侃桢参加调研。

(邹晶晶)

·友好往来·

【湖南省委书记周强到园区参观指导】 4月22日,湖南省委书记周强率湖南省党政代表团到南京雨花软件园参观指导,省委书记罗志军接待代表团一行。

代表团到雨花软件园多媒体展示中心,听取雨花软件园发展现状及规划介绍,详细了解雨花软件园规划布局、孵化平台建、创新载体建设等方面情况,并观看专题片。

【香港中华网全球服务集团 CEO 黄仲翘考察区投资环境】 4月25日,香港中华网全球服务集团CEO、中华网软件集团有限公司副主席兼董事黄仲翘到区参观考察投资环境。副区长艾长青陪同考察。双方就中华网软件落户雨花软件园投资发展相关事宜展开洽谈。

【李侃桢两次会见以色列信息技术协会主席阿米拉姆·索尔】 6月8日,副市长、区委书记李侃桢会见以色列国家软件协会主席阿米拉姆·索尔一行, 双方就中以智慧园推进等事宜交换意见。9月7日,副市长、区委书记、软件谷工委书记李侃桢会见出席南京第七届软件博览会的以色列国家信息技术协会主席阿米拉姆·索尔, 双方就南京软件谷以色列智慧园选址、需求规划、加快建设主体对接等事宜交换意见,副区长薛国安参加会见。

【国际华人科技企业协会到园参观】 7月13日,国际华人科技企业协会创业交流团到南京雨花软件园参观考察投资环境。交流团一行到雨花软件园多媒体展示中心, 听取雨花软件园发展现状及规划介绍,详细了解雨花软件园规划布局、孵化平台建、创新载体建设等方面情况,并观看专题片,随后展开座谈。

【微软高层代表团到软件谷参观】 8月19日, 微软高层代表团到南京软件谷参观。副市长、区委书记、中国(南京)软件谷工委书记李侃桢接待代表团一行。微软高层代表团一行在软件谷多媒体展示中心听取关于雨花软件园发展现状及规划介绍,详细了解雨花软件园规划布局、孵化平台建设、创新载体建设等方面情况,并观看专题片。随后到软件谷重点企业中兴通讯南京研发中心、华为软件有限公司参观。

【福建省委书记孙春兰到软件谷考察】 9月19日,中共福建省委书记、省人大常委会主任孙春兰一行90人到软件谷考察。省委书记罗志军、省长李学勇等接待代表团一行。孙春兰一行到软件谷多媒体展示中心,听取关于软件谷发展现状及规划介绍,详细了解软件谷规划布局、孵化平台建设、创新载体建设等方面情况,并观看专题片,随后展开座谈。

【李侃桢、张一新会见联想集团高级副总裁乔松一行】 11月16日,副市长、区委书记、中国(南京)软件谷工委书记李侃桢,区领导张一新、薛国安等会见到访的联想集团高级副总裁乔松,中国区副总裁、中国平台总经理戴京彤一行。乔松一行是联想集团高层管理人员第二次到该区考察。乔松表示,联想集团将认真研究讨论细节问题,力争早日在雨花台区落户。

【美国硅谷高创会考察团到软件谷参观调研】 12月3日, 美国硅谷高创会考察团一行28人到软件谷参观考察。

【微软(亚洲)互联网工程院院长王永东到软件谷考察交流】 12月14日,微软(亚洲)互联网工程院院长王永东一行10人到软件谷考察交流。副市长、区委书记、中国(南京)软件谷工委书记李侃桢,区长、中国(南京)软件谷管委会主任张一新等陪同考察。

(邹晶晶)

企业产品获奖

【中兴通讯获 Frost & Sullivan 2011 “最佳光传输厂商”和“最佳 IPTV 厂商”两项大奖】 6月,全球知名咨询公司 Frost & Sullivan 年度光传输以及 IPTV 大奖揭晓,中兴通讯获“2011 最佳光传输厂商”以及“2011 最佳 IPTV 厂商”两项大奖,连续三年获得最佳 IPTV 设备奖。该公司以 11%的市场份额保持 IPTV 中间件市场用户数全球前三、亚洲第一、中国第一。中兴通讯承载网产品线坚持成本领先、快速定制和持续创新经营思路,充分利用技术变革机会,通过差异化、快速定制化能力,提供低 TCO(总体拥有成本)高效、融合网络解决方案。中兴通讯光传输在中国,PTN 大规模销售以及 40G 部署业绩突出;在海外,中兴光网络传输产品 EMEA、AP 以及 SCA 等多个地区不断获得规模商用,产品在中南美地区跻身第一,在巴西大规模应用对中兴通讯领跑 SCA 市场具有重大意义。至年末,中兴通讯部署超过 500 万网上用户、900 万线系统总容量超过 33 个世界商用 IPTV 案件。

【中兴通讯获 Frost&Sullivan "2011 年度 LTE 设备商"大奖】 11 月,全球知名咨询机构 Frost & Sullivan 向中兴通讯颁发"2011 年度 LTE 设备商"大奖,并肯定中兴通讯在 LTE(3G 的演进)领域贡献。年内,中兴通讯在商用合同和专利申请等方面取得高速增长,系统设备规模进入欧美、日等高端市场,领先技术解决方案,成为最具竞争力 LTE 设备供应商。2011 年上半年新增 LTE 商用合同数超越 2010 年全年 LTE 合同数。至年末,中兴通讯获包括 CSL,Telenor,Sonaecom,Hi3G 等 28 个 LTE 商用合同,与全球 90 多家运营商开展 LTE 合作和试验,LTE 终端订货量超过 10 万部,供应全球高端运营商。专利申请方面,中兴通讯向 ETSI(欧洲电信标准化协会)声明拥有 235 件 LTE 标准必须使用的基本专利(Essential Patent、简称 EP),约占 LTE 声明标准基本专利总数 7%,迈入 4G 标准 EP 实力"第一阵营"。

(曾小玥)

【华为软件公司获"全球 IPTV 最佳业务部署平台奖"】 3 月 23 日,在英国伦敦举办的 IPTV(交互式网络电视)全球论坛(IWF-IPTV)中,华为软件公司获"最佳 IPTV 业务部署平台奖"奖项,成为亚洲首个获此殊荣厂商,也是全球 IPTV 业界最高级别奖项。该公司 IPTV 业务部署平台可根据客户不同诉求,提供 Hybrid,OTT,多屏等完善、有针对性方案,为终端用户提供多项业务和服务,同时简化运营商业务流程,帮助运营商节省投资,创造更多新收益渠道,增强综合竞争力。至年末,华为 IPTV 服务于全球 37 个运营商,系统容量可服务超过 669 万用户。

【华为软件公司荣获和连任多个重要国际标准组织主席职务】 10 月 25 日 TMF(荷兰音乐大奖)年会上,华为软件公司当选 TMF 新一届董事,研究部多名研究员获"TMF 杰出贡献奖",并获 TMF-eTOM(世界电信管理论坛—增强的电信运营图,电信行业广泛使用的业务流程标准,是信息和通信服务行业业务流程框架/模型)工作组主席职务。该公司研究部博士张永靖 4 月当选为 ETSI M2M WG5(与物联网相关的标准组织职位)工作组主席,主持 M2M 设备管理工作组国际标准工作,该关键职位的获取奠定公司在 ETSI-M2M 业务标准中核心地位。年内,研究部连任 OMA DM(开放移动联盟)工作组主席。11 月 9 日,OMA 与 CCSA(中国通信标准化协会)联合在北京举办 OMA(无线应用协议论坛和开放式移动体系结构 2 个标准化组织合并成立)年度峰会(OMA/CCSA Symposium),其中华为公司 OMA 标准研究和创新的诸多移动业务原型在峰会创新业务展台专区展出,同时负责全程主持会议,并发表主题演讲。

(孟庆尧)

位于雨花台区的中国电子科技集团公司第十四研究所内景

雨花年鉴 2012

雨花经济开发区

综　述

【概　况】 2011年,雨花经济开发区(以下简称开发区)实现地区生产总值24.50亿元;完成一般预算收入1.97亿元;完成全社会固定资产投资63.70亿元,其中工业投入37.3亿元;完成软件及信息服务收入11亿元;注册外资实际到账4000万美元;新增500万元以上楼宇企业1家,新增软件面积5.1万平方米;引进软件企业9家,新增软件人才120人。全年帮助15家企业争取银行贷款4.06亿元;帮助园区企业申请122项专利;帮助泰通科技、中达电子等入园企业,争取各类产业扶持发展资金3800万元。8月,雨花经济开发区纳入中国(南京)软件谷管辖。

【城市建设】 2011年,投资4亿元开发区内22万平方米锦华新城一期工程,16幢小高层2300户拆迁安置房土建工程基本完工,进入小区配套设施和环境建设,预计2012年上半年全面交付使用;4900平方米天保社区服务中心年底竣工,2012年交付使用;滨江大道一期建成,具备通车条件;投资1.5亿元的板桥汽渡线拓宽工程基本建成,板桥汽渡线拓宽工程从刘村立交到青年路,长3300米,沿原有道路南侧拓宽15米,工程涉及赵家沟桥、跨板桥等桥梁拓宽工程。投资1亿元的中兴路北延下穿三桥连接线涵道工程基本建成,该工程是开发区龙藏大道北延对接河西江东南路南下工程重要节点项目。全年投资2400万元完成板桥河、凤集桥至中心桥,园区主干道绿化,龙藏大道景观提升等工程,植树5万株;投资2800万元完成板桥河堤防加固、下闸老机站改建等水利工程。

【社会事业】 全年,开发区发放各类慰问金以及低保资金、助学金、临时救助金等各类补助650万元。园区实现再就业180人次,完成农村劳动力转移117人次;培育自主创业者29人次;举办劳动力就业培训5期,参训人数超过380人次,推荐就业350人次。丰富居民文化生活,举办"老少同乐迎青奥、欢乐和谐庆六一"等大型联欢会6场,邀请区文化馆播放电影10场。开展各类安全生产大检查2172次,整改大小隐患187处;开展安全知识培训9场,培训人员519人次。

【开发区纳入中国(南京)软件谷管辖】 8月1日,根据《关于以打造"一谷两园"软件产业集聚区为重点高标准建设中国软件名城的意见》,开发区纳入中国(南京)软件谷管辖。中国(南京)软件谷位于雨花台区,范围涵盖雨花软件园、雨花经济开发区和铁心桥工业园,规划面积约70平方公里;成立中国南京软件谷工委管委会,挂雨花经济开发区党工委、雨花经济开发区管理委员会牌子,实行"两块牌子,一套班子"管理体制。

【打造紫金(雨花)科技创业特别社区】 9月7日,紫金(雨花)科技创业特别社区在开发区揭牌,成为全市首个挂牌科创特区。该特区作为中国(南京)软件谷组成部分,以软件业为主导产业,规划面积246万平方米,分布雨花经济开发区(特区西区)和铁心桥街道(特区南区)。先行启动的特区西区规划面积112万平方米,一期占地17.33公顷,建筑面积16.5万平方米,以"集约化、专业化、信息化、社区化、国际化"为建设和运营标准,构建"创业导师+专业孵化+创业投资"服务模式,坚持"服务科技创新创业人才、孵化科技创业企业、培育软件产业和信息服务业"服务理念,打造具有"特殊的制度创新、特别的政策支撑、特定的区域载体、特有的功能体系"软件专业孵化载体。该特区先导区由全国首家成立的互联网产业园——南京互联网产业园组成,至年末,产业园有在孵企业46家,园区企业主要从事大型网络游戏、SNS社区、web游戏、网络安全、视频会议、在线出版办公、在线投稿平台、在线考试、移动互联网3G应用、电子商务及云存储等项目开发及推广,有60项产品研发成功并上线运营。

【雨花国家数字出版基地(南京园区)挂牌】 10月14日,江苏国家数字出版基地(南京园区)在开发区挂牌。该基地总投资20亿元,由雨花经济开发区、南京报业集团、宝德科技、新华报业集团等共同投资,区域内拥有企业30多家。占地面积40.67公顷,分两期建设。一期占地面积18.67公顷,计划完成基地初期主体部分建设,主体建筑面积30万平方米,包括时代传媒文化创意园、宝德网游创意园、国图信息产业园、南京互联网软件产业园、汇文物流产业园等。二期规划22公顷,规划建设基地核心区,北大方正数字出版"云计算中心",南京大学、南京理工大学等高校产学研基地,引进电信三大运营商游戏基地等相关产业。

7月30日，国家新闻出版总署署长柳斌杰一行来开发区时代传媒考察调研，图为汇报现场

【国际汽车商贸区完成规划调整】 2011年，国际汽贸区完成开发区总部经济园地块规划调整，商贸区规划总面积47.67公顷。成立南京雨花国际汽贸区办公室，启动与宁南街道及宁南汽贸城管理办公室对接，制定南京雨花国际汽贸区汽车4S品牌经营企业及相关项目入驻管理办法；启动承接宁南汽贸区搬迁和高档品牌企业入驻的相关准备工作。委托东南大学设计院完成项目规划设计方案，完成项目规划用地性质的调整。该项目计划分两期实施建设，一期规划33.33公顷，至年末，完成规划设计要点办理。奥迪、奔驰等知名品牌汽车进入选址阶段。

【引进10家ISV企业】 2011年，开发区引进品良良品、世谊博丰、方磊信息等10家ISV(独立软件开发商)企业，总注册资金2300万元，计划总投资1.15亿元，办公面积2500平方米，主要从事电子商务、电网系统平台、“云管理”项目产品研发销售等。

招 商 引 资

【概　况】 2011年，雨花经济开发区培育软件信息业、文化创意产业、高端商务商贸业等三大产业，引进南京海能达有限公司、南京键桥通讯有限公司、南京经欧帝科技有限公司等项目23个，计划总投资40亿元。完成软件及新型产业收入11亿元，南京互联网软件园步入快速发展轨道，品良良品、方磊科技、思维空间等10家独立软件开发商(ISV)签约，办公人数300人，其中归国创业人才2人，硕士以上学历专业人才50人。

【深圳键桥通讯有限公司签约】 4月6日，深圳键桥通讯有限公司项目签约开发区。该项目开发区总投资2亿元，注册资金3000万元，占地面积1.6公顷，主要从事专网通讯技术研发和解决方案提供。项目投资方深圳键桥通讯技术股份有限公司是国内民营能源交通领域通讯技术解决方案服务商，2009年10月在深交所中小板A股成功上市(代码002316)，为国内第一家专网通信上市公司，多年来为电力、城市交通、轨道交通、煤炭、石油等系统企业提供专网通讯技术解决方案，以及相关软硬件产品设计、开发和制造。

【南京恒天伟智能科技有限公司签约】 6月15日，南京恒天伟智能科技有限公司签约开发区。该项目为恒天伟集团研发基地项目，由江苏恒天伟智能科技实业有限公司投资兴办。该项目占地约0.68公顷，容积率2.5，总投资5000万元，注册资本1000万元，主要从事建筑智能化及系统集成、污水污泥干燥项目研发等。投资方连续多年进入全国智能建筑行业企业前50强，为AAA资信企业，连续3年公司合同定额超亿元。

【深圳海能达有限公司签约】 8月7日，深圳海能达有限公司签约开发区。该项目由海能达通讯股份有限公司投资建设，项目总投资5亿元，注册资金1亿元，占地5.33公顷，主建筑楼10层以上，主要从事专业通信系统和终端产品研发、生产、销售，计划建设成为华东地区运营总部。

【T-Zone产业园正式揭牌】 11月28日，在开发区举行中软国际与雨花经济开发区共建T-Zone产业园(即：互联网产业园)揭牌仪式。副区长、中国(南京)软件谷管委会副主任薛国安、开发区工委书记王德阳、中软国际总裁助理蒋唯游、中软国际南京卓越培训中心执行总经理金晓丰等领导出席。会上签署《共建T-Zone产业园战略合作协议》。双方将共建新型人才和产学研合作体系。开发区给予提供配套服务和政策支持,双方每年合作举办 1~2 次科技成果对接交流活动。中软国际卓越培训中心作为集团人才供给平台,与全国近 400 所高等院校建立长期合作关系,6 年来累计培养合格员工超过 6 万人。

【华商数字文化产业基地项目签约】 12 月 19 日,华商数字文化产业基地项目签约开发区。该项目为开发区内雨花国家数字出版基地引进的文化创意产业项目。项目计划总投资 1.5 亿元,注册资本 3000 万元,占地 1.33 公顷,项目每亩投资强度 600 万元,容积率不低于 3.5,办公研发楼不低于 16 层。基地建成后将吸引上下游数字化企业和相关类企业进入基地,进行系统管理营运。

项 目 建 设

【概　况】 2011 年,雨花经济开发区全年推动南京博健科技有限公司、南京奥拓电子有限公司等 12 个建设项目开工,计划总投资 20 亿元。建成南京特能电子有限公司二期、南京信诚艾尔克有限公司二期等 12 个项目,竣工面积 21 万平方米;投产达效南京三鸿食品有限公司、南京三桥气体有限公司等 5 个项目。

【华士电源设备项目开工】 3 月 20 日,华士电源设备项目动工。项目总投资 1.5 亿元,注册资本 4680 万元,占地 4 公顷,计划建筑面积 5.2 万平方米。主要从事轨道交通车辆配套大功率辅助电源、核心自动化电气设备为主研发、生产与销售。至年末,一期 3 万平米开工建设。

【奥拓电子南京工业园项目开工】 6 月 30 日,位于开发区的奥拓南京工业园项目正式奠基。该项目总投资 1 亿元,注册资金 2000 万元,占地 2.07 公顷,建筑面积约 4 万平方米。主要从事 LED 综合信息发布与指示系统、金融电子设备、LED 显示系统研发与生产,项目建成后年产值 2 亿元。

【南京普天鸿雁电器科技有限公司项目开工】 7 月 8 日,南京普天鸿雁电器科技有限公司项目动工。该项目总投资 1.2 亿元,注册资本 1200 万元,占地面积 3.33 公顷,公司主营通信设备的生产、制造和销售,主导产品数据通信设备、配线分线设备、有线通信设备、无线通信设备等四大系列。主要从事开关、插座、小型断路器、电线电缆等研发、生产、销售。

【江苏国图信息产业园项目开工】 9 月 8 日,江苏国图信息产业园项目举行开工仪式。10 月 18 日,江苏国图信息产业有限公司系南京国图信息产业股份有限公司在开发区成立的全资子公司动工,注册资本 1000 万元。该项目占地 1.27 公顷,总建筑面积 2.4 万平米,计划总投资 5000 万元。于年底完成主体 3 层建设,2012 年 6 月竣工并投产。

9 月 8 日,国图信息产业园开工典礼

【南京宝庆银楼有限公司项目投产】 12 月,南京宝庆银楼有限公司正式投产。该公司由南京宝庆银楼加盟连锁发展有限公司投资建设,项目占地 1.8 公顷,总投资 5000 万元,注册资金 2560 万元,总建筑面积 3.3 万平方米,主营珠宝首饰加工的研发、生产,至年末一期 1.6 万平米正式投产。 (陈　友)

雨花年鉴 2012

板桥新城

综　　述

【概　况】2011年，板桥新城完成地区生产总值4.81亿元，同比增长23.13%；完成全社会固定资产投资20.51亿元，同比增长25.9%；完成地方一般预算收入1.70亿元，同比增长44.70%；实现商品房开工24万平方米，竣工27万平方米。新增总部企业2家，引进规模以上项目5个，新增注册资本2.8亿元、商贸商务设施3.5万平方米。

城市功能显著完善。加快基础设施、公共配套和生态环境建设，提升城市形象和功能品质；建成江大路下穿涵、绿洲东路北延道路、古雄路、二号街、新林芳庭一期等一批重点工程。

土地运作取得新成效。因受土地市场影响，四期地块(位于绿洲路东侧、龙藏大道北侧)及信息工程大学收回商贸地块推迟挂牌；落实14.67公顷农转用指标；七期地块(位于绿洲东路东侧、板东路西侧、华新路北侧、一号路难测)完成设计要点和地类调查，具备上报土地批次条件；五期地块(位于三号街以东、五号街以西、三号路以北、华新路以南)完成外部条件，启动申领规划设计要点；年新增贷款2.65亿元。

城市管理实施新举措。全年拆除建章建筑40起，面积1842平方米，查扣乱倒渣土350台，维护新城文明有序建设环境；加强小区物业管理，完善"两站一中心"服务机制，选拔聘用17名楼栋长，充实物业服务队伍，提升服务水平，全年接报处理业主报修600余项。

民生维稳开创新局面。全年，向319人发放低保金26.2万元、大病医疗补偿和救助资金43万元；投入1.1亿元为2027名被征地人员办理"转企保"手续；开展"金秋圆梦助你起航"助学奖学活动，向29名困难学生发放助学金3.26万元及49名考取大专院校的学生发放奖励金7.27万元；建立机关干部与困难群众结对帮扶长效机制，帮扶资金3.35万元；加强失地人员就业保障，出台《板桥新城促进就业补贴暂行办法》，鼓励新城居民自谋职业、自主创业。全年新增就业岗位480个，推荐就业680人次，帮扶困难人员就业15人次，农村劳动转移就业600人次。

【全区首个园区保安大队成立】1月24日，雨花台区首个园区保安大队——板桥新城保安大队成立。该大队由南京市保安服务总公司雨花台分公司提供，履行维护辖区内治安秩序，弥补新城治安人力不足，做好"防火、防盗、防事故"等工作。大队有队员50人，设队长1人，全面负责巡逻、守护工作；20人全天12小时安全巡逻板桥新城主干线，4人全天12小时守护莲花湖公园。

【古雄新居幼儿园开园】3月，古雄新居幼儿园开园，开设8个班，招收290名幼儿。该项目总投资600万元，建设面积3320平方米，主体结构3层，内设12个幼儿班，可容纳420名幼儿，解决新城古雄新居周边居民"入托难"矛盾。

【举办失地农民专场招聘会】3月5日，板桥新城管委会在古雄新居经济适用房小区南门举办"迎春风、架金桥"失地农民就业专场招聘会，区劳动和社会保障局等多个部门联手收集岗位，帮助个私民营企业招聘急需人才、缓解劳动用工问题，解决失业人员、农民工等群体就业问题，促进各类群体实现就业再就业。邀请区内110家企业单位参与，提供各类工种岗位680个，近千名群众参与，现场156人登记意向岗位。

3月5日，举行失地农民专场招聘会

【全市首个科技体育训练基地落户】 4月，南京市首个科技体育训练基地正式落户板桥新城，市航空运动协会与板桥新城管委会签订合作建设莲花湖科技体育运动基地协议。该基地位于莲花湖公园西侧，由航空模型机场、航海模型码头及相关配套用房三大部分组成。基地以南京市航空运动协会作为运营主体，采取引进航空航海俱乐部加盟方式参与，通过每年举办不少于6次国际、国内活动赛事来打造新城科技体育运动特色品牌，提升新城莲花湖科技体育公园在国内知名度。

【第三届全民健身节启动】 6月11日，“全民动起来，青奥更精彩”南京市第三届全民健身节启动仪式在板桥新城莲花湖体育中心举行。市委常委、宣传部长许慧玲出席启动仪式，并参观省内唯一采用覆膜式充气结构的室内网球场和集羽毛球、篮球功能为一体的室内篮球场等体育场馆设施。全区各街道、园区千名体育爱好者参加“群龙飞舞、武术、健身操”等全民健身精品项目展示。

【“板桥新城杯”全国航空模型赛开幕】 10月4日，“板桥新城杯”全国航空模型公开赛在莲花湖体育公园开幕。航模大赛由国家体育总局无线电模型运动管理中心、中国航空运动协会、南京市体育局、南京市体育总会、南京市航模协会、雨花台区体育局和板桥新城管委会联合举办。为期2天的比赛包括电动式无线电遥控定翼水上飞机竞时赛、无线电遥控特技等七大竞赛项目，吸引来自全国各地60多名航模爱好者报名参赛，带来航空器和器材100多架(具)，500人观摩比赛。

基础设施建设

【概　况】 2011年，板桥新城以科学规划为引领，加快基础设施、公共配套和生态环境建设，城市形象和功能品质明显提升。先后建成江大路下穿涵、绿洲东路北延道路、板桥中学扩建一期、马岗变电站、新板桥医院主体等一批配套设施；建成莲花湖公园航模基地、西、西北入口及木栈道、江大路下穿涵排水泵站，施家洼排水沟、板桥河王家山段消险、莲花湖污水管道、1号污水泵站到2号污水泵站污水管道、岱山西路到江小路污水管网等工程；完成各类管网铺设及信号灯、标识标牌制作、新林芳庭一期工程；进一步完善城市路网、生态环境；城市功能得到提升。

【江大路下穿涵建成通车】 1月10日，由南京建工集团路桥公司承建的板桥江大路下穿涵工程，完成主体结构、快车道沥青摊铺、下穿涵装饰工程通车。该工程全长约1千米，红线宽54米，设计概算2.14亿元。江大路下穿桥涵建设工程道路西起江大路开发区段，下穿宁芜公路、宁芜铁路及一号街后与板桥大道平交，终点接江大路一期工程。与宁芜公路相交段设置匝道转换交通，下穿宁芜公路段。

【绿洲东路北延竣工通车】 6月，全长2.02千米，路幅宽度50米，总投资1.5亿元的绿洲东路北延竣工通车。该工程于2008年3月开工建设，包括道路主体工程、慢车道和人行道两侧花岗岩砌筑工序，直接连接宁马高速绕城段，形成新城对接主城区的又一主通道。

【莲花湖体育公园开园】 6月11日，位于板桥新城，由板桥新城管委会与金地集团共同投资建设的莲花湖体育公园正式开园。该园占地86.67公顷，2008年启动建设，有26.67公顷水域、14万平方米湿地。配套建设体育场馆，添置体育健身器材。该公园先后造林40公顷，形成独特景观休闲场所。年末，公园1号茶社主体工程竣工。茶社位于公园东入口，占地面积950平方米，建筑面积1792平方米，主体结构两层为公园配套娱乐场所。

【板桥中学教学楼建成投入使用】 2011年，板桥中学高中部教学楼交付使用。该工程2009年4月开工建设，教育用房建筑面积5.8万平方米，其中教学楼、实验楼、体育馆、学生食堂等用房3.5万平方米，学生宿舍0.68万平方米，配套教室办公用房0.34万平方米，地下车库1.08万平方米，项目总投资9500万元。

【古雄村华兴侨史展览馆落户】 10月，见证民国时期归侨实业兴国史实的文物——华兴农业发展有限公司办公楼维修工程竣工，该建筑作为“华兴侨史文化展览馆”，是第三批市级文物保护单位，也是南京唯一侨史展览馆，经古雄村移址重新修建后对外开放。展览馆坐落在板桥新城，建筑面积约300平方米，总投资80多万元，馆外观保留原华兴楼巴洛克式建筑风格，由两层主体建筑构成，一层作为图书阅览室，藏书2000余册,配备电动跑步机、羽毛球、跳绳等各类健身器材;二层作为华兴村侨史展览室,展现民国初期归侨办厂盛况。

【古雄新居社区活动中心开放使用】 11月30日,古雄新居社区活动中心投入使用,总建筑面积702平方米,投入350万元。该活动中心位于古雄新居小区南门,配有健身活动室、图书阅览室等公共活动空间。前期物业公司指派专人管理活动中心,引导群众文明健康活动。

项 目 建 设

【概　况】 2011年,板桥新城拉开莲花湖商贸综合体、特色街区等商贸商务发展格局,金地、朗诗等品牌地产项目加快建设,总体销售形势平稳。年内,商品房开工21万平方米,竣工27万平方米,实现销售17.7万平方米,销售额18.7亿元。新城管委会加大项目引进和推进力度,提高服务企业能力和水平,从企业注册、税务办理、项目报建等方面实行全方位服务,狠抓项目推进关键环节,帮助企业排扰解难,促进重点项目快速推进。

【金地自在城1期交付】 6月20日,金地自在城1期住宅楼15万平方米交付使用,66户入住,在建面积65万平方米。金地自在城项目投资80亿元,占地面积60.40公顷,建筑面积130万平方米。其中,地上建筑面积103万平方米,建设高层52幢,87万平方米;花园洋房18幢,4.5万平方米;联排别墅31幢,5.5万平方米。内设小学、幼儿园、农贸市场、商业、社区用房等配套设施6万平方米。地下建筑面积27万平方米。

【朗诗绿色街区主体在建】 年内,朗诗绿色街区在建30万平方米。项目计划投资18亿元,占地面积12.93公顷,地上建筑面积25.85万平方米。其中,住宅面积22.1万平方米、配套公建面积3.75万平方米。规划户数1983户,由25幢18层高层建筑物(其中地上17层,地下1层)组成。地下室面积6.87万平方米,小区内设幼儿园、社区服务中心、商业等生活配套设施。8月开工10万平方米。

【金域华府项目】 2011年,金域华府项目开工建设。该项目由广东世纪城集团和浙江昆仑置业集团投资建设,计划投资20.25亿元,其中土地出让金6.5亿元。建筑面积33万平方米,由9栋高层住宅、1栋综合楼及沿街商铺组成。小区内设社区商业金融业服务中心、基层社区中心、幼儿园、农贸市场等配套设施。该项目传递平衡社区理念,采用超百米楼间距、全能配套、印象画派景观等打造奥南最宜居社区。至年末,样板区和营销中心建成,一期12万平方米进行桩基建设。

【新林芳庭1期交付使用】 9月,新林芳庭1期竣工交付。该项目位于板桥,东至规划板桥大道,西至古雄,16幢楼,1172套房屋,投资7.98亿元。主要建设普通住宅以及与之相关配套设施。年内交付业主房屋500套。

【古雄总部经济商业街区交付使用】 6月,板桥新城重点工程建设项目之一的古雄总部经济区商业街区项目交付使用。该项目位于新亭大街南侧,古雄新居小区旁。建筑面积1.2万平方米,投资3600万元,2011年6月交付使用。至年末,古雄总部经济商业街区26间商铺,有20间开始营业,包括移动通讯、中国电信、药房、摄影、餐饮酒店等。主要以社区配套项目功能为主,方便周边居民生活需求。

【莲花湖花生town对外开放】 12月3日,莲花湖花生town(花生唐)项目对外开放。该项目位于板桥新城莲花湖畔,占地面积5.53公顷,总建筑面积地上6.5万平方米,地下2.5万平方米,是花样年控股集团有限公司在南京首个商业项目,也是板桥新城首个大型商业项目。项目打破传统单一形态空间,设计全新生态体验街区,采用体验式休闲的全新商业模式进行运营。开放当日,板桥新城管委会联合365地产网举行“论剑莲花湖——2012奥南商业机会”论坛。

【南京信大高科技发展有限公司落户板桥新城】 12月12日,南京信大高科技发展有限公司在新城注册成立,注册资本6956万元,主要进行气象业务云平台开发及应用、科技产业技术开发、技术转让等。年内,该公司“气象业务云平台开发及应用”项目获得国家教育部科技发展中心同意批准筹建。南京信大科技产业园项目占地面积3.33公顷,建筑面积9.5万平方米,计划投资9000万元。　(朱晶晶)

雨花年鉴 2012

城市建设与管理

综　　述

【概　况】 2011年，雨花台区城市建设与管理工作把握软件谷建设、秦淮新河百里风光带雨花段建设、“迎青奥”3年环境综合整治、新一轮“城中村”改造和大面积保障性住房建设等机遇，加快城市规划建设和管理，改善民生和服务全区经济发展，完成农村二次改水81.6千米、改厕406座，城市现代化建设和城市功能品质提升取得较大成绩。

道路工程建设。承建岱山保障房片区岱山南路、岱山中路、岱山东路、岱山北路、管道路东延5条配套道路，总投资3.38亿元，主体工程年末全部完工；小行规二路9月下旬开工建设，年底前竣工。全区规划道路实现率62.7%。

城市精细化管理。年内，该区城市长效综合管理考评成绩保持平稳；提升城市管理应急能力，对接高铁南京南站通车；落实“生态新城”工程项目，城市管理有序规范、有效推进；城乡环境管理取得新成效，全区新增绿地15万平方米，绿化覆盖率48.4%，城市人均绿地18.4平方米。至年末，软件大道试验段、雨花南路、雨花西路、花神大道完工；安小线、小行路特色街巷整治出新完成。

全年，该区投入53万元资金组织公房大中修，完成上新河42号、47号房屋综合维修；完成直管公房房改售房89套、“窗改”193户以及长虹路389号小区出新扫尾工作。完成为民办实事涉及城市建设项目八个方面56个具体项目，项目总投资4.74亿元。受理民工投诉30件，办结30件，清欠工程欠款735.2万元；办理人大建议及政协提案46件、人民来信138件、网络问政11件、“12345”服务平台投诉919件；受理居民小区房屋安全投诉60件，办结率100%。完成房屋安全行政许可7件。　（吴传标）

【投资3.7亿元提升城市建设等级】 2011年，雨花台区投资1.5亿元资金改造大宁南环境。财政投入5000万元，支持宁丹路二期改造。安排专项资金400万元，出新街巷16条道路4382米。安排专项资金200万元，拆除违建328处45万平方米。安排整治资金1500万元，综合整治软件大道、雨花西路、花神大道、雨花南路、雨花东路和雨花大道等主干道。安排资金6400万元，支持宁丹路拆迁和拓宽。投资1600万元绿化美化花卉主题大道等。按照城市综合管理目标，安排资金3000万元为街巷保洁、综合巡查执法、“双拆”和城市长效综合管理提供资金保障。投入生态雨花建设资金2000万元实施“蓝天工程”。安排资金188万元建设环梅山防污林41.67公顷（其中提档升级景观林26.67公顷）。安排资金75万元，绿化铁心桥街道和板桥三山矶山头，提高全区森林覆盖率。安排资金909万元建设景观绿化，提升宁丹路、软件大道和软件企业绿化景观等级。安排环境整治资金770万元，重点监测辖区95家企业废水、废气，并新建大气监测站。　（财政局）

园林工人养护区道路花木

【三项举措推进城乡统筹发展试点】 2011年，南京市启动统筹城乡发展试点工作，全市确定11个城乡统筹先导试点镇街作为城乡统筹一体发展试点，铁心桥街道成为雨花台区唯一入选城乡统筹一体发展试点单位。雨花台区按照市委、市政府《统筹城乡发展　推进城乡一体化行动纲要》目标任务要求，完成《城乡统筹试点街镇控制性详细规划》编制。采取三项举措推进铁心桥街道城乡统筹发展试点工作。规划先行，6月在全市11个城乡统筹试点中率先推进区域控制性详规；推进产业转型升级，改造升级铁心桥街道核心区范围内10万平方米企业，搬迁20万平方米低档企业，拆迁和集中居住20万平方米17个自然村组农户；统筹发展，推进道路、水、电、气等一体化基础设施建设，高标准建设干线公路和农村道路，与都市圈路网内联外接，形成干支相连、无缝对接、城乡通达的交通网络。（吴传标）

【高铁南京南站投入运营】 6月28日，亚洲最大的火车站——高铁南京南站正式投入使用。该站位于雨花台区与江宁区交界处，主体部分位于雨花台区宁南街道，占地面积66.67公顷，建筑面积40万平方米，是京沪高速铁路五大客运枢纽站之一，汇集京沪高铁、沪汉蓉铁路、宁安城际铁路、宁杭城际铁路等四大客运专线。南站站房占地20万平方米，分为高架、站台、地面、地下空间、地铁等5个层次。出发层主候车面积5.8万平方米，最高聚集人数8000人。同日，投资4.21亿元汽车客运南站启用。

【《无障碍设施施工验收及维护规范》获建设部批准】 1月，由丰盛集团旗下建筑产业和江苏省金陵建工集团有限公司会同有关单位共同编制完成的《无障碍设施施工验收及维护规范》(以下简称《规范》)通过中华人民共和国住房和城乡建设部正式公告，公告号“第886号”，批准为国家标准，自2011年6月1日起实施。该《规范》编制工作历时2年时间，填补国内空白，是建筑产业技术工作重大成果。《规范》分4章和7个附录，约5万字。主要技术内容包括：无障碍设施的施工验收、维护等，涵盖缘石坡道、盲道、无障碍通道、无障碍停车位、无障碍出入口、低位服务设施、无障碍标志、盲文标志等17项无障碍设施施工验收和维护标准，重点阐述和定位“无障碍设施验收与建设项目整体验收关系”“无障碍设施地面防滑性能指标”“无障碍设施管理和维护单位”等3个问题。

【丰盛集团编写和参与编写的两部工法获国家级工法】 7月27日，2009~2010年度国家级工法名单正式公布，丰盛集团旗下建筑产业编写的《近浅基础旁多层地下室悬挑结构施工工法》名列其中。该工法具有增加工程地下室面积，提高建筑物可利用率；有效解决地下室外墙挑出结构部防水处理、含有内支撑基坑外围护桩换撑等问题；降低工程成本，缩短施工工期，提高社会经济效益等优点。丰盛集团旗下建筑产业参与编写的《ALC板内隔断非承重墙安装工法》(升级版)同期获得2009~2010年度国家级工法。

（杭素华）

城　市　建　设

·城市规划·

【概　况】 2011年，雨花台区住建部门协助市规划编制部门修编完成《南京市雨花台区总体规划(2010~2030)》，协助铁心桥街道完成《城乡统筹试点街镇控制性详细规划》编制，协助市规划编制部门完成“《中国（南京）软件谷控制性详细规划》——城市设计方案”编制。完成2011年新一轮“城中村”改造地块核查摸底工作，待市政府确认后组织实施；协助市有关部门制订《秦淮新河风光带雨花段整治方案》，年末完成前期手续并进入实施阶段；办理开发区招拍挂初审11件、设计要点8件、规划方案12件、工程规划许可证18件、规划验收11件。

【区城乡统筹试点工作汇报会】 5月25日召开。会议听取区城乡统筹试点街道——铁心桥街道《城乡统筹试点街镇控制性详细规划》编制情况汇报。副市长、区委书记李侃桢，区领导张一新、戎保忠、薛国安、迟延安等出席汇报会。区发改局、科技局、住建局等有关部门和铁心桥街道主要负责人，市规划设计院相关专家参加会议。会上，市、区领导听取规划设计单位介绍规划主要内容、功能布局等4个方面编制情况。会议明确，必须把握好“城乡统筹规划是助推南京软件谷建设重要动力；是区域城市化发展需要；以第三产业为主导产业导向，做成一流、高标准的规划”等3个定位。遵循“围绕软件产业发展总体布局，做好铁心桥街道总体布局；进一步细化近期规划、目标、方案；具备可以承载上述目标的承载空间”等3项原则，提高土地使用强度和使用效率，保护好生态资源，在保护中寻求发展。

【滨江大道跨秦淮新河桥梁建设工程获正式立项】 6月29日，滨江大道跨秦淮新河桥梁建设工程方案获正式立项，10月30日取得南京市规划局核发的建设项目选址意见书。滨江大道雨花段跨秦淮新河大桥是雨花经济开发区对接河西、融入河西关键节点，该工程为滨江大道桥建工程，计划总投资4亿元，工程实施范围南起长江三桥天后村立交，北接滨江大道河西新城区南段，全长1.48千米，采用双向六车道城市快速路标准建设，设计速度主线80千米/小时，立交匝道35千米/小时，桥梁及路基单向基本宽度12米，具体从左至右为3.5米人非通道、2米布索区、12米车行道、1米中分带、12米车行道、2米布索区、3.5米人非通道。桥型设计为三跨连续混凝土梁斜拉桥。

【中国(南京)软件谷控制性详规征询意见会】 8月17日召开。会议由副市长、区委书记、中国(南京)软件谷工委书记李侃桢主持，区领导张一新、孙朝晖、艾长青出席会议。区相关部门、街道(园区)主要负责人以及东南大学设计规划院，南京凯捷公司设计、策划专家参加会议。会上，东大设计院专家就《中国(南京)软件谷控制性详细规划》(以下简称《软件谷控制性详规》)内容进行说明，区相关部门、街道(园区)负责人作交流发言。与会领导和和行业专家学者根据规划具体细节，提出：产业用地要提升高度、品质，提高土地使用效率；提升原有用地，形成相对独立产业源；正确处理公共设施、基础设施需求，提高公共设施、市政配套标准，营造一流教育、文化、医疗等环境；人才公寓建设是软件产业发展支撑，人才公寓用地要适当拓展，提高容积率；在利用中保护、在保护中利用雨花台区生态资源，落实大生态框架理念，强化生态、水系、绿化，形成绿和水成系、成网；交通管理部分设计必须体现现代化新区交通布局和管理等意见。 (吴传标)

·国土资源管理·

【概　况】 2011年，雨花台区国土资源管理工作围绕服务全区发展目标，按照“保发展、守红线、促稳定、惠民生”总体思路，突出重点、强化协调，设法保障重大项目用地；创新思路、严格执法，开展违法用地整改工作，规范用地行为。监控和治理全区14个地质灾害隐患点，完成邓愈墓等处隐患点治理任务。开展创建“人民满意国土资源所”活动，建立所长职责、档案管理制度、考勤管理制度、对外服务承诺制度等一系列工作制度。是年，区国土分局被区委、区政府评为先进集体，板桥、铁心桥国土所被评为江苏省优秀国土所，宁南、西善桥国土所被评为南京市优秀国土所。赵明菊被省国土资源厅评为信访工作先进个人，王旭东、吴昊被省国土资源厅评为地籍管理工作先进个人。

土地规划预审。2011年，区国土资源管理部门主动和市国土资源局对接中兴通讯、保障性住房、中国(南京)软件谷等重点项目和重点区域用地保障问题；与保障房、地铁等建设部门对接，明确保障房项目和地铁8号线储备一期项目用地范围、项目总面积，分析建设用地缺口，争取流量指标项目用地；按照要求，规划核查2010年和2011年度获得市国土资源局批准的12个批次、22个城镇村批次用地以及独立选址项目；及时根据岱山经济适用房最新规划方案修改土地利用总体规划成果，并上报省国土资源厅土地勘察规划院复检。

土地执法监管。全年，区国土资源管理部门开展土地动态巡查140余次，发现新增违法用地13宗，面积42.6公顷，耕地面积7.47公顷，经制止后停工或整改2宗，消除违法用地0.47公顷。2010年度全国卫星遥感监测图片(以下简称卫片)执法检查涉及辖区29宗违法用地，非立案处理11件(含自行拆除)；立案处理18件，下达处罚决定书18份，处罚没款金额190.75万元；拆除违法建筑4000平方米，依法追究党政纪责任7人。2011年度全国卫片执法检查涉及辖区238个图斑，面积223.73公顷（其中，耕地面积54.73公顷)，经核查确认，违法用地图斑6个，面积2.67公顷(其中，耕地面积0.93公顷)；疑似违法用地图斑40个，面积37.27公顷(其中，耕地面积6.13公顷)。

地籍地政管理。2011年，区国土资源管理部门全面清理初始登记成果，开展二、三、四层次农村宅基地登记工作，不能登记的公告告知。至年末，完成板桥街道永安村、柿子树村、三山村、大方村宅基地发证工作，做好油坊村二、三层次前期发证审核工作。2011年新发农村宅基地土地使用证400余本，办理国有土地使用证登记7宗。完善国家建设用地涉及范围内原土地使用权注销登记，办理9家企业收回公告和注销土地证公告。在市局协助下完成定坊工业园招拍挂、定坊经济适用房、江大路、玉兰路等四个项目勘测定界工作。

【重点项目用地保障】 2011年，区国土资源管理部门办理秦淮新河—土城头百里风光带建设、上海铁路局西善桥集资建房、南站地区农花河河道工程等18个项目规划预审，用地面积151.49公顷，其中农用地19.06公顷；配合市局完成2011年全市工业企业50

强和新型工业化50项重点投资项目、工业产业升级重点投资项目、科技创新重点项目信息补充工作;为雨花台区看守所搬迁、省公安厅居民身份证制作中心、220千伏秦淮输变电工程等7个单独选址项目争取农用地转用计划32.27公顷;为中船重工项目争取点供指标15.5公顷。

【清查闲置土地77.74公顷】 2011年,区国土资源管理部门"拉网式"调查核实辖区内未利用土地情况,逐宗调查核实项目用地概况、土地开发建设情况等,并建立台账,清查出闲置土地6宗,面积77.74公顷。至年末,2宗开工建设、3宗发放限期开工通知、1宗有偿收回处理。对照土地出让合同,列出到期仍未供应出去的土地清单,落实专人督办、协办;限期办理地块成熟、具备供地条件地块供地手续;基本成熟地块,因批后实施未完成项目一时不具备供地条件地块,同时进行供地和征转用手续;查找未供出地块问题所在,强化措施,进一步跟踪管理。全年完成土地划拨、协议出让、工业用地招拍挂出让方案拟定项目等25宗,完成供地面积196.11公顷,奠定项目按期开工建设基础。

【地质灾害隐患点整治】 2011年,雨花台区全面调查梳理辖区14个地质灾害点,研究地质灾害数量、类型、特征、危害程度;依据地质灾害隐患报告书,做好消险、治理前期准备工作;制订地质灾害防治方案,发放地质灾害点明白卡和避险卡至全区地质灾害点居民,同时落实责任单位,完成群测群防员网络建立。通知各街道地质灾害点情况,建议及时开展整治工作,防患于未然;跟踪监督地质灾害点整治情况、整治工作进度并及时上报,确保雨季、汛期全区不发生任何地质灾害安全事故。至年末,全区14处地质灾害隐患点中雨花南路邓府山、铁心桥街道春江新城西侧、西善桥街道福润雅居樟香园内、西善桥街道古遗井村天保二组、雨花新村普德村后山、赛虹桥除尘设备厂北侧等6处灾害点整治到位。梅山铁矿塌陷区涉及范围广、险情重,经多次报告,在区政府协调下塌陷区内企业和民房实施拆迁,全面消除安全隐患,确保国家财产和人民生命财产安全。

【落实耕地保护制度】 2011年,雨花台区严格耕地保护制度,根据市政府与区政府耕地保护目标责任书,分解全区耕地保护任务,区国土分局与辖区内三个国土所签订耕地保护目标责任书;提请区政府与相关街道、街道与村委会分别签订年度耕地保护目标责任书,确保耕地保护目标责任制落实。自查近五年耕地保护工作,更新巡查网络,健全完善基本农田保护制度,强化保护责任目标履行。

【区土地利用总体规划(2006~2020年)修编完成】 2011年,区国土资源管理部门编制完成《南京市雨花台区土地利用总体规划(2006~2020)大纲》(以下简称《大纲》)。《大纲》明确2006~2020年间全区土地利用基本战略和土地利用主要目标,合理调整土地利用结构和布局,划分土地用途分区,划定城镇村规模边界和扩展边界,提出管制规则和实施规划目标针对性保障措施。《大纲》规划至2020年,全区耕地保有量1063.70公顷,划定基本农田保护面积312.10公顷;新增城乡建设用地规模1753.59公顷(含306.76公顷新增流量指标),新增建设用地指标分配主要依据"区别对待、有保有压"原则,优先安排给秦淮新河以北中心城区、中国(南京)软件谷、南京南站、南京市保障房、板桥新城等社会经济重点发展区域;有条件建设区规模543.65公顷,主要分布在中国(南京)软件谷、小河以北地区,建立有条件建设区,确保用地布局在刚性基础上,具有适应城市未来发展弹性。11月,雨花台区区级以及街道级土地利用总体规划成果通过省政府审批,并报省国土资源厅备案。

【国土城管联动执法】 2011年,雨花台区创新建立国土城管违法用地联动执法机制,国土所和城管行政执法中队在辖区内对接巡查、联动执法、信息互通,加大执法巡查频率和扩大巡查面,确保巡查工作纵向到底、横向到边,不留死角,及时发现、及时通报违法用地情况,共同维护辖区良好用地秩序。

【集体土地所有权登记发证试点工作】 6月,全市农村集体土地所有权登记发证试点工作在板桥街道启动。区国土资源管理部门组织专门力量,在市国土资源局指导下,审核板桥街道7个村、123个村民小组450宗土地所有权登记资料,其中符合发证条件的346宗土地颁发集体土地所有权证书。试点工作进一步核实集体土地所有权现状,摸清土地家底,事先处理用地可能出现的矛盾和问题,为辖区用地决策提供正确、详实基础资料。8月5日,全市集体土地所有权登记发证工作动员大会在区国土分局召开,向全市各

区县推广该区试点工作经验和作法。 (孙春阳)

·市政建设·

【概 况】 2011年，雨花台区城市建设工作立足城市发展，围绕生态新城建设目标任务，按照形象进度和时间节点要求扎实推进。投资2.81亿元，完成岱山保障房片区5条配套道路、小行规二路等道路建设任务；投资1.8亿元，按照全市工程进度统一推进宁南、赛虹桥、雨花新村、铁心桥等片区雨污分流工程。至年末，完成软件大道试验段、雨花西路、雨花南路、花神大道等干道雨污分流4.2千米及环境综合整治。完成安小线、小行路等特色街巷整治出新任务；投资2200万元，完成纬九路环境整治工程。5月，花神大道排水改造工程进场施工，年末完成沉井和顶管工程。

市政工人整修共青团路市政设施

【秦淮河百里风光带建设】 2011年，雨花台区启动秦淮新河宁丹路至凤渡路段建设拆迁工程。该段工程是明外郭——秦淮河百里风光带⋆建设3个示范段之一，根据设计方案，整个风光带将以明代古迹文化恢复和绿色景观建设为重点，形成环绕于主城长约100里人文绿色生态长廊。至年末，完成大面积地形整理、树木栽植等工程，拆迁工程进展顺利，为风光带栽植作准备的大苗储备基地栽种银杏、木荷、法桐等近万株。

★链接 明外郭——秦淮新河建百里绿色长廊包括秦淮新河和土城头绿化2个部分。该廊道西起秦淮新河入口，连接卡子门土城头直到栖霞燕子矶，全长106里。秦淮新河部分重点打造秦淮新河河西新区入江口段、雨花台区西善桥段、江宁区东善桥段；土城头部分重点打造仙林部分地段、幕燕风景区片段、玄武区聚宝山城市公园。2014年青奥会前全面建成。

【岱山保障房5条配套道路竣工】 2011年末，区住建部门承建的西善桥岱山保障房项目5条配套主干道工程竣工，为即将入住近9万市民提供出行方便。

西善桥岱山保障房是南京在建四大保障房组团项目中规模最大的，配套道路建设任务和规模也相对较大。全部工程包括岱山南路、岱山中路、岱山东路、岱山北路、管道路东延等5条配套道路，总投资3.38亿元，2月开工建设。先行修建的岱山南路和管道路东延2条路呈“十字交叉状”，5条路路幅均在35米以上。

【凤台南路(亿源商城段)排水管网改造工程】 5月28日，凤台南路(亿源商城段)排水管网改造工程开工建设。该工程是雨花台区2011年防洪排涝重点工程，投资219.42万元，全部工程包括排水管网改造、周边箱涵管道清淤等。一期资金投入约140万元，工期45天；二期追加投入雨水管直径400毫米~600毫米排水沟33米，12月30日工程竣工。

【宁芜铁路线建宁站排水系统消险工作】 6月，岱山保障房项目建设造成宁芜铁路线建宁站排水系统遭到破坏，给列车正常运行和周边群众生命财产安全带来严重安全隐患。

雨花台区西善桥街道采取4项措施做好该区域消险工作：成立城市防洪工作指挥部，全面负责辖区城市防洪排涝工作；成立205国道和宁芜铁路沿线防洪排涝工作组，负责落实区域防汛计划。第一时间联系岱山保障房项目部，对接上海铁路局南京桥工段，安排车辆及时清理弃土、建筑垃圾；调配作业工具疏通原排水系统，改变环卫部门冲水清洁道路作业方式减少流入排水系统水量，同时联合铁路方面，尽快增设排水沟和过水涵管；加强监控上报，实行24小时监控，紧急情况及时汇报，全力保障国家和人民生命财产安全。

【马岗变电站竣工】 8月，板桥新城马岗变电站项目正式竣工。该项目占地约3000平方米,投资2000万元,是新城规划中2个110千伏变电站之一。建成后将为古雄新居、金地自在城、金域华府、莲花湖总部经济区等提供电力保障。

【丁墙河水系改造工程移交给市住建委】 11月,丁墙河水系改造工程通过评审,正式向区市政平台办理移交手续,交由市住建委管理。丁墙河水系改造工程于2009年7月竣工并投入使用。总投资约900万元,沿原道路埋设涵管至送驾河,长约360米,与原水系沟通,并建设水闸、机站各1座。该工程汛期时将丁墙河水提升后排入送驾河,有效提高河道防汛排涝能力,解决宁南商贸区及周边地区雨季内涝问题。

(吴传标　石　昕)

·高铁南京南站市政及配套建设·

【高铁南京南站配套设施拆迁工作】 2011年,雨花台区采取两项措施推进高铁南京南站市政配套设施建设地块拆迁工作。辖区宁南街道雨花社区配合区拆迁指挥部与园区内16家企业签订拆迁协议,促成盖迪电力器材有限公司、佳和五金有限公司和雨花铸造有限责任公司等提前搬迁;与金路土复合有限责任公司达成口头搬迁协议,6月15日按计划进场启动拆迁。至年末,完成汇通电力设备有限公司、业基电器等12家企业拆迁协议签订工作,并顺利搬迁。

【4条道路环境综合整治工程竣工】 2011年,雨花台区抓住高铁南京南站通车契机,多措并举,快速推进雨花大道、共青团路、雨花南路、雨花东路等4条道路环境综合整治,完善城市道路系统功能。施工前,区住建部门联合南站指挥部完成应急库招投标代理抽取、竞争性谈判和确定工作,确定4条道路市民监督员,负责监督施工图设计、交通疏导方案确定、施工单位和监理单位招投标等。整治期间,区住建局定期召开职能部门和街道参加的工程推进协调会,明确职责,与责任单位签订目标责任书;每一个路段明确一位路长,签订路长责任书,全权负责工程前期、施工管理、矛盾调处等。同时,高铁南京南站建设指挥部联合设计单位,实地调查拆除量,形成菜单反馈至相关街道,由街道联合城管部门拆除违章建筑、亭棚摊点、广告牌。6月,4条道路环境综合整治工程竣工。

【季建业等视察南部新城建设现场】 4月30日,市长季建业、副市长陆冰,副市长、区委书记李侃桢等领导视察南部新城建设现场。季建业一行先后到玉兰路、南站集疏运系统、北广场工程现场、绕城公路城市化改造石杨路工程现场等,看望慰问加班加点的一线建设者,了解新城规划和项目建设情况。雨花台区、宁南街道相关领导陪同参加视察。

【玉兰路拓宽改造完成】 6月,玉兰路拓宽改造工程完工,与高铁南京南站周边快速环线等工程形成南站"快速交通圈"。玉兰路为高铁南京南站北侧中轴景观路,拓宽改造工程北到纬八路,沿线横跨丁墙路、软件大道等,全长2.36千米。该工程从绕城公路南延0.8千米(软件大道)至南站北大门拓宽至100米,建成双向十车道,在全市率先配备双向四车道公交专用道。其中,玉兰路南段(软件大道至绕城公路段)设计为主干路,以扩宽改造和环境整治为主,充分考虑城市交通和景观功能,拓宽至100米;两侧各设9米绿化带,利用原有植物着重建设绿化带,增加2条侧分带和1条中分带,中分带种植40多种植物,保持四季常青;优化交通流线,将原有分隔带改为非机动车道,增加侧分带及中分带,原有分隔带中植物就近移至两旁绿化带中,提升玉兰路景观效果。玉兰路北段(雨花南路至软件大道段)设计为次干路,以提档升级出新改造为主,以原小区围墙为界线整治出新改造老路,道路宽度从30米到42米不等。同时,玉兰路改造工程融入绿色环保和人文理念,在非机动车道采用透水路面,低碳节能、减少能耗;人行道慢行系统中间有一些弯道设置,给人身临其境、赏心悦目的感觉。(吴传标)

城　市　管　理

·概　述·

【概　况】 2011年,雨花台区城市管理工作按照区委、区政府提出的在全市城市长效综合管理考核中"继续保持前列"目标,重新修订《雨花台区城市长效综合管理考核办法》,实行统一标准的市区相结合、全区一体化考核机制;区数字化城管系统通过市城管指挥中心专家及移动公司技术人员初步论证;加强问题整改组织管理,建立菜单问题责任追究制度,全区城管问题整改率保持较高水平；建立全区网格化巡防管理体系和街、村（社区）网格管理责任制度，制定《雨花台区网格化巡防管理实施意见》和《雨花台区城市网格化巡防管理工作手册》，组建区级网格化巡防队伍；参与文明城市测评迎国查工作，开展主次干道环境综合整治，提升道路机械化作业、快速化保洁水平，主次干道机械化作业率提升到40%，主次干道快速化保洁覆盖面提升到60%，街巷快速化保洁覆盖面提升到20%；实施主干道两侧、重点发展区域亮化美化，在全区集中开展违法建筑拆除专项整治行动，严查渣土运输车辆，严厉打击偷倒乱倒和非法土场，拆除违规户外广告，开展高铁南京南站应急城市管理工作；加强市政设施和园林绿化日常维护管理，高质量做好游园广场提档升级，制定城市防汛工作预案，确立全区18个城市防汛重点路段；成立防汛抢险突击队；检修辖区泵站设施，维修解决集合村泵站、古雄泵站、新和泵站设施老化及运转中存在的问题；改造凤台南路(亿源商城段)易淹水地段排水系统，疏通清理地下管网、箱涵、河道等排水设施；督促、协调相关街道和部门切实抓好城市防汛，全区安全度汛。完成车行道维修1.75万平方米，人行道维修2600平方米，维修道路4002平方米，栽植乔木79株，灌木4.9万株。

是年，区政府在南京市江南八区城市长效综合管理考评中名列第二名，获先进区称号；区城市管理局(以下简称区城管局)分别获市委、市政府和区委、区政府授予的全国文明城市复查立功单位和先进单位；区城市管理行政执法大队获区委、区政府先进集体和市城市管理行政执法总队创先争优二等奖；区环境卫生所获市城管局“金牌环卫所”；区市政设施综合养护管理所获市城管局“梅花杯”绿化养护竞赛三等奖。

【建立网格化巡防管理体系】 2011年，区城管部门制定《雨花台区网格化巡防管理实施意见》和《雨花台区城市网格化巡防管理工作手册》，由区城管局等5个部门11人组成区级网格化巡防队伍，配备专用设施装备、每天三班14小时巡查。街道(园区管委会)先后建立“片长、路长、段长”管制片区网格管理制度，成立网格化巡防管理服务站，明确各社区网格单元各级责任人；建立辐射47条道路、82人[由城管执法队员、街道(相关管委会)协管员、保洁员等组成]的网格化管理责任体系，负责相应网格片区责任管理。区城市长效综合管理工作点面结合到位、动静防控有序、责任落实到人。

9月7日，区街网格化巡防队伍联合整治夜市排档

【城市长效综合管理考评】 3月，南京市实施新的城市长效综合管理考核办法，雨花台区街道全部纳入城区组考核。区城管局借助区大城管监督考核平台综合协调作用，重新修订区城市长效综合管理考核奖惩办法及实施细则，实行市区相结合、全区一体化考核机制，加大问题整改考核比重，提升问题整改奖惩分量，取消城郊双轨制，坚持周检查、月通报制度。全年组织118次检查考评和1次街道之间互查，下发区查菜单73批，整改率96%，转发市查菜单111批，整改率98%。

【古雄桥(板桥)实施消险加固】 年初，区城管部门及时排查古雄桥安全隐患并实行交通管制，经市批复立项后实施消险加固维修工程。10月12日，古雄桥(板桥)消险加固工程开工，由江苏江南园林建筑工程公司负责施工。全部工程包括，河道分次围堰、桥梁整体支撑、搭设便桥、更换破损石拱圈、绑扎钢筋、浇筑刚性防水混凝土及桥面青石铺设和墙砖砌筑等工作，同时实施桥梁基础和桥侧青石及拱圈二次压密注浆。至年末，完成桥梁主体修缮工作，进入河堤修缮及绿化补植阶段。

（石　昕）

·市政管理·

【概　况】 2011年，雨花台区市政设施和园林绿化养护管理完成车行道维修1.75万平方米，人行道维修2600平方米，维修雨花西路、软件大道车辙面1500平方米；新增雨水井21座，整治窨井19座，维修井周路面19处90平方米；专项整治检查桥梁伸缩缝，清理毛公渡桥、拖板桥、南河西桥伸缩缝650米，加固维修古雄桥；道路和广场补植乔木56株、花灌木3.5万株、草坪及地被1820平方米；修补全区城市管养范围536株法桐树洞树洞805个。

园林工人修剪雨花台区道路沿线花木

【道路养护】 2011年，区市政设施养护管理部门加大巡查力度，提前发现问题，及时处置。全面完成全区道路管养范围内坑洞修复工作，道路大面积集中病害整治初见成效，完成软件大道、花神大道、雨花东路、共青团路等病害专项整治，全年道路维修面积4002平方米。

【市政设施日常养护和专项维修】 2011年，雨花台区完成车行道维修1.75万平方米，人行道维修2600平方米，路牙沿2100米。清疏绞拉管线96%、支管疏通98%，清捞窨井130%、雨水井150%，新增雨水井21座；开展车辙、下沉路面专项维修，维修车辙面1500平方米；完成冬季雨雪后坑洞专项维修150平方米；完成道路下沉、裂缝病害专项整治3029平方米；完成挡墙维修2700平方米，其中维修共青团路、雨花东路等挡墙面积195平方米；开展挡墙护栏防锈刷漆、隐患排查工作，维修损坏护栏3处，护栏刷漆1270米；开展窨井周边路面病害专项维修，完成整治窨井19座，维修井周路面19处90平方米；发函提醒南京晨光机器厂处理围墙基础损坏安全隐患，督促宇振公司到现场查看并排除晨光厂片石基础损坏隐患，勾缝修补安全隐患地段；专项整治检查桥梁伸缩缝，清理毛公渡桥、拖板桥、南河西桥伸缩缝650米，维修桥梁护栏5座，桥面120平方米；及时排查古雄桥安全隐患，实施加固维修；梳理毛公渡桥、拖板桥、雨花人行天桥安全隐患，并上报市主管部门立项维修。

【树木科学养护】 3月，区市政设施养护管理所抓住植物生长季节，及时修剪树木，实施科学养护管理。通过修剪，一方面均衡树势，调节水份、养分供应，使之生长健壮，树形整齐、美观，同时通过修剪病虫枝、枯萎枝、内膛枝、弓背枝、交叉枝、重叠枝，达到通风、透光、减少病虫危害目的；另一方面，解决树木生长与架空线路及交通之间矛盾。全区修剪行道树1209株，提高道路服务质量，改善区域生态环境，消除噪音、净化空气、调节气候以及涵养水源；全年修补区城市管养范围内536株法桐树洞805个。 （石　昕）

·市容管理·

【概　况】 2011年，雨花台区城市管理部门开展渣土运输和非法乱倒等联合专项整治行动33次；推行快速精细环卫保洁，年内新购置30辆电动保洁车、11辆洒水车和洗扫车，全区主干道机扫率达到70%~80%；强化道路动态保洁，加大洒水次数，切实降低路面扬尘；实施市政绿化管养新举措，结合市“梅花杯”考核，开展星级广场、公园、优质养护片区等创建活动；加强全区绿化设施维护，抓紧有利时节种植、培育和养护花草树木；抓好城市道路、绿化挖掘、占用工地监管，参与地铁三号线、十号线树木移植和现场恢复；开展花神湖广场提档升级、菊花台公园环境整治改造工作，为市民提供良好休闲场所。健全违法建设查处工作协调机制，及时发现、制止、查处、拆除违法建设，全年拆除违章建筑45.4万平方米；结合高速公路沿线广告设施整治，登记调查、拆除高速公路两侧雨花段护栏以外30米~100米范围内户外广告；全年办结行政处罚案件2328件，其中一般程序372件，没有发生一起行政诉讼败诉或行政复议被撤销案件。全年，区环境卫生管理所清运垃圾16.4万吨，其中义务清运垃圾1100多吨；完成各类保障150多起，清扫保洁面积650万平方米，其中主干道529.25万平方米、街巷120.85万平方米，保证120条主要道路和69条街巷天天干净和垃圾日产日清；新建垃圾中转站1座、翻建1座，新建公厕2座，改建公厕1座。

【拆除违法建筑45.4万平方米】 2011年，雨花台区集中开展违法建筑拆除专项整治行动。区城管执法部门发现违法建设行为，及时制止、查处，围绕举报办理抓拆违、围绕重点工程抓拆违、围绕网格化巡防抓拆违、围绕制度保障抓拆违，杜绝新违法建设产生。拆除新增赛虹桥社区3000多平方米违建、春江新城300平方米地下室违建、安中仪表厂729平方米违建等。配合全区重点工程建设，助拆、自拆老旧违建，重点拆除西善桥岱山经适房建设片区近10万平方米违建厂房、赛虹桥街道和尚山1万余平方米违建披棚、影响高铁南京南站建设的3万多平方米企业违建及玉兰路拓宽工程范围3家汽车4S店5088平方米违建。至年末，全区拆除违建45.4万平方米。

花神大道拆违

【游园广场提档升级】 2011年，区城管部门亮化雨花广场地灯，翻修紫藤长廊100米，重新铺设大理石地面202平方米；维修并亮化花神湖广场围墙300米，新增20张休息桌椅和20个垃圾桶，预铺电缆1000米、自来水管1000米；更换五贵里小游园8张防腐木坐凳，补植200平方米麦冬；更换机场路小游园花岗岩，油漆出新长廊和坐凳；绿化改造开源广场，清除部分老化色块，增加红枫及红叶石楠球、铺设草坪百余平方米并增设盲道。

【主干道机扫率70%】 2011年，区环卫所自筹资金400多万元，添置和更新垃圾车、清扫车等19辆，新购置电动三轮保洁车30辆、洒水车和洗扫车11辆。在全市率先采取GPS信息化监管60多辆环卫作业车；提升道路机械化作业、快速化保洁水平，每天120辆电动三轮保洁车在道路上作业，每间隔15分钟保洁1次，形成以机械化作业为主，人工保洁为辅的冲、扫、洒、保一体化主次干道环卫作业模式。全年，该区主次干道机械化作业率提升到40%，主次干道快速化保洁覆盖面提升到60%，主干道机扫率70%；街巷的快速化保洁覆盖面提升到20%。

【摊点规范管理】 2011年，区城管部门按照市摊点设置标准和要求，联合各街道核实低保户和低保边缘户符合做早点摊、修旧点、疏导摊群条件的经营户档案，报市城管局年审后进行持证经营(亮证经营)。全区年审早点摊107户、修旧经营户72个、其他摊群3个119户。夏季，按照市关于对瓜农进城直销西瓜管理工作要求，论证全区9个街道(园区管委会)西瓜摊点设置问题，确定66个销售点，下发136个临时摊位许可证，方便瓜农进城售瓜和老百姓购买。同时，区城管执法大队死看硬守重点地段，在夜市摊点高发中华门地铁站周边和占道卖水果农用车扎堆的宜家商场对面、景明佳园周边、雨花西路等，安排工作人员定岗，严防摊点乱摆乱占；加强网格化巡防，开展错时管理和联合整治，取缔夜市排档群6处，清理农用车占道水果摊200余起。

【查处渣土车违章行为450起】 2011年，区城管执法部门强化工地源头、渣土运输、土场弃置规范三位一体监管，及时洒水降尘、冲洗进出车辆，防止二次扬尘；加大重点线路、重点地点、重点时间段查处，严管重罚违规行为；将渣土运输纳入考核体系。重点加大夜间渣土车运输查处力度,将夜班分为2个组每天轮换巡查,每组7人~8人,从晚上21点至第二天早晨6点同时出动2辆执法车辆,查处偷倒乱倒等违章运输渣土车辆和农用车以及非法土场;市区结合、条块联动监管全区在建出土工地,打击偷倒乱倒和非法土场,从重处罚;加强与市公安局治安巡逻管理警察支队雨花台大队和公交治安卡口大队协作。至年末,开展渣土运输和非法乱倒等联合专项整治行动33次,查处各类违章行为450起,中止车辆运行334辆,查处违章工地76次,发现清理偷倒乱倒124次,处理渣土违章举报案件464起,查处抛洒车轮带泥污染路面9000平方米,查封私设非法土场43次,辖区渣土运输秩序初步规范。

【清理违规户外广告】 2011年,区城管执法部门开展高速公路沿线广告设施整治,登记调查高速公路两侧雨花段护栏以外30米~100米范围内户外广告,拆除机场连接线2处高炮,出新绕城公路2处楼顶广告;拆除205国道梅山段路中绿岛广告牌35块,拆除雨花南路"锦江之星"和亚东国际小区围墙边多处无手续户外广告、灯箱等,清除横幅、条幅230条,拱门4处;拆除影响高铁南京南站周边空间1处高炮、17块1000多平方米楼顶广告牌;清理整顿11条主次干道户外广告,拆除21块违规户外广告。

【"清路治乱、美化环境"专项整治行动】 2~9月,雨花台区开展为期8个月的"清路治乱、美化环境"专项整治活动,区城市管理行政执法大队将软件大道、长虹南路、应天大街(雨花段)、紫荆花路、共青团路、雨花西路、雨花东路、雨花南路、花神大道、安德门大街、郁金香路等11条主次干道列入整治菜单。行动中,各执法中队开展联合整治行动12次,交警、街道等部门参加大规模集中整治6次;取缔各类占道摊点156个,拆除郁金香、卡子门大街违规广告牌5个,清除横幅、条幅40条,拱门1处。 (石　昕)

·高铁南京南站地区管理·

【概　况】 6月28日,高铁南京南站正式开通。经市编委同意,成立南京市铁路南京南站地区综合管理办公室(以下简称南站综管办),统筹协调有关方面和部门做好南京南站地区综合管理工作。办公室成立后,围绕规范、优质、精细、高效目标,组织协调公安、城管等部门,稳步推进南站地区社会治安、交通秩序、市容卫生管理及相关配套设施综合管养等工作,实现社会治安平稳、运营秩序良好、市容保洁到位预期目标。南站综管办各项工作经受暑运、中秋和国庆长假等3个客运高峰考验,实现从管建并行向以管理为主的方式转变。

【南京南站应急城市管理工作】 6月28日,高铁南京南站建成通车。区城管局由12名行政执法人员和16名协管员组成应急管理中队,采取定人定岗与巡查相结合方式,从早7点至晚19点分成2班实施12小时管理,重点打击占道经营、流动摊贩、水果摊(车)、排档和烧烤等违章现象;区网格化巡防中队将南站周边地区作为巡防管理重点,每天组织4次巡防;区环卫所抽调30多名保洁员,安排机扫车、洒水车、电瓶车等冲洒和清扫南站周围路段,实行早上5点到下午18点不间断巡回保洁,保障南站广场及周边道路市容环境卫生。

【南站综管办正式成立】 7月22日,经市编委同意正式成立南京市铁路南京南站地区综合管理办公室,为正处级全民事业单位,隶属雨花台区政府领导(市属区管)。承担统筹协调有关方面和部门做好高铁南京南站地区社会治安、交通秩序、市容卫生管理及相关配套设施综合管养等工作。南站综管办内设机构、人员编制和领导职数规定为:设置办公室、设施管理科和综合执法大队3个内设机构,科级职数为正科3名、副科6名;财政全额拨款;全民事业编制25名,领导职数一正二副。 (任姝婕)

房产建设与管理

【概　况】 2011年,雨花台区经济适用房建设开工35万平方米,其中农花村经济适用房项目二期10万平方米、大定坊一期10万平方米、西善桥贾西经济适用房项目二期10万平方米、板桥古雄经济适用房项目二期2万平方米、建通危旧房片区改造项目3万平方米。竣工49万平方米,其中铁心桥大定坊一期10万平方米、西善桥贾西一期10万平方米、锦华新城一期24万平方米、板桥路西二期5万平方米。是年,南京建设发展集团雨花房地产公司落户西善桥街道,投

西善桥岱山保障房项目工程建设进展顺利

资25亿元,注册资本5000万元,主要从事房地产开发经营。

【农花经济适用房项目】 农花经济适用房2009年7月启动建设,全部项目占地面积17.13公顷,计划投资6亿元,规划总建筑面积24.30万平方米,其中17幢2554套23.03万平方米。配套建设4.32万平方米,其中幼儿园3055.47平方米、综合楼6948.29平方米、商业设施6194平方米、1号车库8058.87平方米、2号车库5372.22平方米、三期地下车库1.36万平方米。2011年,一期工程竣工,二期主体建设完成。至年末,农花一期5、6、9、10、11等幢602套开始交付;农花二期1、2、3、4、7、8、12、13等幢1418套开始交付;农花三期14、15、16、17等幢因空军要求限高,提前封顶,套数减为534套(6万平方米),进入室内装饰施工阶段。

【住房保障服务】 2011年,雨花台区加强拆迁居民申购保障性住房政策宣传、初审和选房等工作,受理申购保障房材料9137份,组织选房5679套;全区低收入住房困难家庭534户,组织选房380套;做好住房保障政策推行落实工作,按时足额为全区999户在保户发放租赁补贴372万元;做好实物配租选房和改制企业退休职工住房补贴发放工作,落实14户实物配租选房,为9名退休职工发放住房补贴;协办春江新城一期、永安花园、金叶花园等楼盘居民土地证、房产证工作,办妥4119户申请登记,3293户领取“两证”。

【完成建筑税、租赁税征收任务】 2011年,区住建部门提前完成建筑税、租赁税等代征税收任务。实现房屋代征租赁税5185.4万元,超额完成3750万元征收目标,完成年计划138%;完成外地在宁施工企业建筑税征收2.6亿元,超额完成全年2.5亿元建筑税征收目标。

【物业属地化管理指导服务】 2011年,区住建部门指导辖区各街道、园区“两站一中心”业务工作,联合审计、财政部门组织专项检查,规范物业专项资金使用,帮助宁南街道翠岛花城小区完成业委会换届选举工作,协调处理蓝岸尚城、四季阳光小区物业移交等各类物业矛盾。基本完成全区物业公司数据采集工作,完成国资大厦和君悦湖滨等4个物管小区(项目)申报市优、亚东国际公寓申报国优项目指导及初评工作。

【工程安全质量管理】 2011年,区住建部门加大在建工地安全生产及扬尘监管力度,实行每周抽查、每月普查、节假日必查、不定期检查与专项治理工作有机结合。联合区国土资源管理部门开展预防破坏地下管线、高处坠落和坍塌等建筑施工安全专项整治工作,严格落实建筑施工、监管企业安全生产责任和施工现场安全管理措施。加强监督西善桥保障房、高铁南京南站拆迁工地等9家拆迁施工单位,检查施工现场深基坑、脚手架工程、模板工程、起重机械、临时用电、食堂食品安全以及危险性较大工程专项施工方案编制、论证、审查、验收等落实情况;落实新进施工人员三级教育,特种设备操作人员持证上岗等培训制度;查工地扬尘治理,在建工地扬尘治理实施方案报环保部门备案情况,督促施工单位强化管理、安全施工,消除事故隐患,降低扬尘污染;督促建设单位按合同支付工程款、施工单位调整资金及时支付民工工资等。至年末,检查在建项目72个,建筑面积420万平方米，督促施工单位整改施工隐患120多处。加强工程质量与节能监管，深化住宅工程分户验收监督工作，年内受监工程547项，建筑面积358万平方米；住宅分户验收85项、8390套、建筑面积62万平方米。

【紫荆广场项目启动】 1月，雨花台区紫荆广场开始平整场地。该项目位于宁南街道养回红村158号，由康益房地产开发有限公司投资建设。预计投资5亿元，占地2067公顷，建筑面积8.5万平方米，其中商业建筑面积2万平方米，为综合型商贸业开发类项目。全部工程建设周期两年半，2011年投资1.4亿元，启动主体建设。商业项目涵盖酒店式公寓、高档百货主力店、大型超市、游乐城等多项内容，为市民提供集商业、酒店、办公、娱乐、金融及相关配套设施为一体的24小时“全时段、全业态、全客群、全龄段、全方位”“一站式”服务。项目采用国际先进的“主力店+步行街”全新商业形态，营造极具文化品味的商业氛围和购物环境。 （吴传标）

爱国卫生

【概　况】 2011年，雨花台区爱国卫生工作围绕爱卫先进创建、公共环境病媒生物防制（PCO）市场化服务、城乡环境卫生整治、为民办实事、健康促进行动等重点，调整充实区爱国卫生委员会委员部门及组成人员，制定下发《2011年雨花台区爱国卫生工作任务书》，实施委员部门及各街道（园区）目标、任务责任制，明确工作职责和年度工作任务。全年投资1443万元，完成全区农村二次改水81.6千米，新增受益人口1.43万人；投资60万元完成农村改厕406座。帮助指导梅山街道与帮帮控虫公司签订除“四害”专业化服务合同。至年末，全区组织“健康讲座进街道、社区”90多次、“健康社区行”大型活动15次；举办“雨花台区第23个爱卫月”大型广场主题活动和健康促进大型活动十多场次，发放各类健康教育资料数万份；在区机关中开展创建无烟单位、无烟办公楼、无烟办公区、无烟办公室活动，全区25家医疗机构顺利通过市级禁烟考评验收，达到无烟医疗机构创建标准；全区54家医疗机构全部完成无烟医疗机构创建任务。开展“清洁家园日”“小区清洁月”等整治行动，组织区级义务劳动70多次，出动清运车辆180多台次，清除卫生死角2100多处、“四害”孳生地3000多处、楼道车棚杂物540多吨、小广告9500多条，清理河道15条。是年，上海宝化梅山公司创建为南京市唯一的“江苏省健康促进示范企业”，江苏红太阳工业原料城创建成为省级“爱国卫生先进单位”，宁南、雨花新村、梅山等3个街道创建成为市级“公民健康素养促进行动示范街道”。

【系列开展健康促进行动】 2011年，雨花台区利用广播、电视、橱窗、专栏、电子屏等大众媒介，通过广场活动、健康讲座、编发健康资料等多种形式，在城乡居民和机关、学校、企事业单位中，有计划、有组织开展健康教育活动。年初，区、街两级制定年度健康教育计划，各社区（村）每月举办1次健康教育讲座，街道（园区）全年安排2次以上大型专家讲座；制作健康知识展板，在社区巡展。至年末，组织“健康讲座进街道、社区”90多次、“健康社区行”大型活动15次、更换健康宣传橱窗400多块；区爱卫办开展“健康促进对提高南京市雨花台区居民健康素养作用的研究”，撰写2篇科研论文在国内核心期刊发表，爱国卫生科研工作走在全市前列。

【病媒生物防制在全市长效管理综合考核中获第一】 3月，区爱卫办帮助指导梅山街道与帮帮控虫公司签订除“四害”专业化服务合同，在全市率先实现公共环境病媒生物防制（PCO）市场化服务全覆盖。该区构建“政府出资购买、专业公司服务”除“四害”工作机制和运行机制，在全市率先组建病媒生物防制长效管理考核队伍，从全区城管协管队员中优选18名病媒生物防制长效管理考核人员，由市（市专业人员）、区（区爱卫办人员）、街（街道协管员）共同组建2支考核队伍，将全区分成2片，每组负责1片，每月上旬检查打分各街道（园区）除“四害”工作，及时下发问题菜单，纳入全区长效管理考核总分，实现长效和常态管理。是年，该区病媒生物防制长效管理工作荣获全市综合考核第一。

【开展爱卫月广场活动】 4月8日，雨花台区第23个爱国卫生月大型广场活动在花神湖畔举行，区爱卫会各委员部门以及各街道（园区）派员参加。现场，省、市、区约10家医疗机构卫生单位30多名专家及医护人员开展健康咨询和义诊服务，组织社区群众文艺表

4月8日,雨花台区举行第23个爱国卫生月广场活动

演、爱卫展板巡展、委员部门服务等活动;各街道(园区)同期在各个分会场开展宣传活动。活动中,全区发放《江苏居民健康读本》《南京市民健康素养知识》《健康66条》等宣传手册和“为了健康拒绝二手烟”“爱滋病的防治”等健康知识宣传材料1万余份,展出展板90块;接待咨询2万余人,义诊1万余人,发放灭鼠、灭蟑药械1000余份。

【开展“灭鼠、灭蟑先进城区”创建工作】 7月,雨花台区在迎接“灭鼠”“灭蟑”先进城市复查中,落实科学除害,确定重点防控地区和场所,并根据调查分析结果合理制定消杀计划。区爱卫办在全区范围内免费发放灭蟑药物,投入经费2万余元,按全区概略居民户总数60%统计,发放灭蟑颗粒4.61万包,并安排专业人员进行用药指导。灭蟑后效,全区居民户内蟑螂密度得到有效控制,有蟑情社区(村)、蟑情严重社区(村)、蟑情严重居民户数等指标均有明显下降,其中蟑情严重居民户数下降27个百分点,群众满意率从70%上升至91%。 (石　昕)

交通运输管理

【概　况】 2011年,雨花台区交通运输部门围绕区委、区政府高标准建设中国(南京)软件谷、率先实现基本现代化等中心工作,运用科技手段改革创新、加强制度建设、发展民主政治,宣传贯彻国务院颁布的《公路安全保护条例》,各项交通基础设施建设工作顺利推进。

至年末,雨花台区境内公路总里程253.22千米,公路密度127千米/百平方千米,其中高速公路42.94千米、一级公路34.99千米、二级公路51.75千米、三级公路41.52千米、四级公路82.02千米,桥梁29座;四级航道总里程18千米,码头9个,码头泊位30个,码头总延长2400米。全年,汽车运输经营户、车辆和吨位较上年均有大幅增长,汽车运输业经营户2715户,增长446户;运输车辆4182辆,增长611辆;吨位2.25万吨,增长3800吨。水路运输服务企业13家,货物代理90.30万吨。运输企业7家,载重1.80万吨。港口企业8家,吞吐量192.20万吨。新审批汽车维修企业一、二类各1家,三类34家;辖区AAA级企业3家,诚信企业22家。

是年,区交通运输局被雨花台区委、区政府评为先进集体,被南京市交通运输局评为新闻宣传、双拥工作及安全目标管理先进单位。

【宁丹路绿化景观改造2.1千米】 2011年,雨花台区改造宁丹路中分带绿化景观全长2.1千米。投资90万元,在原有基础上补植乔木、球灌木920株、小灌木6万株,铺草皮2700平方米。至年末,完成该路段绿化提档升级工程。

【完成10千米农村道路“水泥化”改造】 2011年,雨花台区投资402万元,完成10千米农村道路“灰色化”改造。孙虞村路、姚家路、天后二道堤路、三桥中心路、黄村路、秦淮南路延伸、人武路等10个行政村道路实现“灰色化”改造。

【筹划宁丹路一期拓宽改造工程】 2011年,区交通运输部门基于优化中国(南京)软件谷空间布局,提升软件谷周边交通环境,打造软件谷10千米信息大道,启动宁丹路一期拓宽改造工程前期准备工作。该拓宽工程南起大周路,北至绕城公路,长2.9千米,同时拟北延至雨花西路(安德门),绕城公路至雨花西路段长约 2.7 千米。全线(含铁心桥)拓宽至 45 米,全长 5.6 千米,总投资 2.7 亿元。至年末,完成立项、规划红线审批、土地预审、环评、能评等手续。

【行政执法实现"零"投诉】 2011 年,区交通运输部门围绕依法行政中心工作,深化行政执法责任制,强化执法人员教育培训,提高行政执法队伍综合业务素质。应用"运政在线"等网络载体,健全执法规范,完善执法制度,加大执法力度,提升行政执法效果。全年,处理处罚交通行政案件 1626 件,办理行政许可 871 件,罚款 407.23 万元,执法正确率 100%。没有一起行政执法案件被投诉、被复议、被诉讼,行政执法工作连续六年实现"零"投诉。

【雨运软件科技公司成立并运作】 2 月 25 日,南京市雨运软件科技发展有限公司批准成立。该公司主要经营交通信息化软件及技术平台研发、互联网技术开发,包括智能定位调度系统、综合运营管理系统、客运货运航运等交通运政管理平台、车务通、远管通、e 物流、工地施工无线监控系统、电子计费系统等。5 月,与雨花经济开发区签约占地 0.98 公顷、建筑面积 1.2 万平方米、投资 7000 万元、注册资本 1000 万元高端电子信息项目。该公司以开发区土地开发运作为契机,打造交通融资平台。至年末,完成项目环评、立项等前期手续。

【首个机动车维修技术专家组成立】 4 月 28 日,雨花台区交通运输部门在维修管理所召开 2010 年度省级信誉企业授牌暨成立区首个维修技术专家组会议,授予江苏雨田广宏汽车销售服务有限责任公司等 22 家企业为 2010 年江苏省机动车维修信誉企业称号。会上,区交通运输汽车维修行业协会成立区首个机动车维修技术专家组,该区 6 名汽车维修、管理方面专家成为首批专家组成员,并颁发聘书。技术专家组将定期开展行业技术交流,进行技术合作攻关,协助开展相关专业技术人员培训考评工作,为区交通运输局维管所开展维修质量监督检查、诚信评估等行业管理工作提供技术支持。同时,解决维修过程中企业与客户纠纷,维护机动车维修企业和车主合法权益。

【龙西路拓宽改造工程竣工通车】 6 月 30 日,龙西路拓宽改造工程竣工并通车。龙西路拓宽改造路段东起宁丹路平交(铁心桥桥头),西接油坊桥中心路平交,道路全长 3.66 千米,工程投资 1.2 亿元,道路等级为城市次干路,设计车速 40 千米/小时;路幅宽度:1.5 千米处近期按照 18 米路幅实施,远期改造为 35 米;路段 2.95 千米处按照 35 米路幅实施;路段 3.66 千米维持原有路幅宽度(11 米~15 米)不变。工程分三个标段,其中龙西路三标段(福润雅居–油坊中心路)2010 年 5 月动工建设,全长 700 米,同年 9 月完成;一标段(铁心桥–江艺路)2010 年 6 月开工建设,宽度 18 米,全长 1.55 千米,2011 年 5 月 27 日完成;二标段(江艺路—福润雅居)全长 1.4 千米,2011 年 4 月 13 日开工建设,宽度 6 米~8 米,6 月末竣工。7 月 1 日,龙西路实现全线通车,公交 94 路重返该线路。

拓宽改造后的龙西路

【板桥汽渡至刘村互通 3 座桥梁竣工】 8 月,001 省道板桥汽渡至刘村互通段板桥河桥、高家沟桥、圩区新沟桥等3座新建拓宽桥梁建设完成,其中板桥河至刘村段新建拓宽段开放交通。001省道是联系南京绕城公路与板桥汽渡之间重要通道,西起板桥汽渡口,东至刘村立交,原道路宽约15米,全长5.5千米。001省道板桥汽渡至刘村互通段养护改善项目道路标准按一级公路施工,设计时速80千米/小时。其中,起点至滨江大道平交段为双向八车道,路基宽度37米;滨江大道平交至终点段为双向四车道,路基宽度28.5米。道路设置中央分隔带,采用沥青路面,设置相关交通设施。项目概算投资1.5亿元。

【完成龙西路东段(岔铁线)改造】 9月5日,龙西路东段(岔铁线)改造完成,该路段东起将军大道,西至铁心桥小学门口,全长1.8千米。在前期改造0.6千米基础上,7月改造剩余1.2千米,铺设沥青混凝土路面,投资230万元。

【《雨花台区交通运输业发展战略研究》通过评审】 10月12日,《雨花台区交通运输业发展战略研究》(以下简称《研究》)项目评审会召开,南京理工大学、东南大学、省交通运输厅运管局、市交通运输局等专家学者参加会议。会议全面审查《研究》报告,形成评审意见:该《研究》在借鉴国内外交通运输业发展经验和把握国家、省市发展战略需求基础上,依据相关规划,紧密结合雨花台区社会经济发展重点,提出雨花台区交通运输业与产业、城市联动模式,规划"32934"发展战略、"一枢纽一中心八结点"基础设施布局、发展对策及"十二五"实施重点,符合雨花台区实际,对区域交通运输业发展具有一定指导作用;《研究》资料翔实,思路清晰,内容全面,重点突出,成果达到合同预定的研究目标;《研究》提出雨花台区交通运输业与产业、城市联动模式及选择方法,具有较强理论创新,总体水平达到国内先进水平,一致同意项目通过评审。并建议《研究》课题组根据评审专家意见进行适当修改和完善。

【雨田广宏汽车销售公司获市汽车维修工技能竞赛一等奖】 10月21日,2011年度南京市汽车维修工技能竞赛决赛在南京市交通高级技工学校举行,全市32组参赛选手参加理论知识决赛和操作技能决赛,南京雨田广宏汽车销售服务有限公司代表雨花台区参赛,并夺得竞赛一等奖。竞赛分试卷答题、发动机等相关故障排除、进水车辆诊断与修复等环节。雨田广宏代表队由吴光国和费长松2人组成,经过资格审查和初赛,进入决赛。技能竞赛由南京市总工会、市人力资源和社会保障局、团市委牵头,市交通运输局承办,市汽车维修行业管理处和南京市交通高级技工学校协办。获得一等奖选手,经市总工会考评合格后授予"南京市五一劳动奖章",并有望获得国家二级(技师)职业证书。

【整治软件谷路域通行环境】 11月,雨花台区交通运输部门综合整治205国道以及宁丹路沿线路域环境,集中整治非标占用公路、抛撒污染、损坏公路超限运输、沿路乱搭乱建等违法现象,遏制侵害路权行为,提升路域环境和公路安全通行能力,支持与配合中国(南京)软件谷建设。该区公路管理站联合铁心桥街道城管及市容部门,出动路行政执法人员30人、装载机4台、执法车辆7台,清理摆摊设点占道经营27处,清理乱堆乱放600平方米,清除非标广告牌38块。

(杨云头)

【板桥汽渡年安全渡运车辆66.32万辆次】 2011年,板桥汽渡安全渡运车辆66.32万辆次(日均1817辆);完成航次6.46万个,过渡车吨167.43万吨,与上年同期相比,车辆下降0.7%、航次增加9.2%、车吨增加7.9%,实现安全事故"零"点目标。完成南北站房改造和渡区绿化工程、南岸破损供水管路及南北站称重设施改造修缮;完成江北江堤开发、江堤地坪、地沟等设施施工;完成2.27公顷闲置土地开发前期工作;"板桥汽渡6"号新船建造工程竣工,预计2012年初试航。是年,板桥汽渡工会被评为"全国模范职工之家"。

(汪 静)

雨花年鉴 2012

生态环境建设

环 境 保 护

【概 况】 2011年，雨花台区环境保护工作坚持落实区长环保工作目标责任制，加大环境执法和综合整治力度，提高企业污染防治能力。区财政投入生态雨花建设资金2000万元实施“蓝天工程”；安排环境整治资金770万元，重点监测95家企业废水和废气排放、新建大气监测站。全年环保投入占全区GDP1.9%，排污收费501万元；查处各类环境违法案件62件，环境违法处罚88.95万元；实施污染物排放总量控制，主要污染物排放量控制在市下达指标范围内；环境综合质量指数82分。编制完成雨花台区“十二五”减排目标计划。承办4件人大建议、政协提案均在规定时限内办理完毕；接诉、办理和回复672件环境信访件，办结率、回复率100%，回访满意率居全市前列。至年末，区长环保目标责任制四大类28项目标任务全面完成。

空气质量：全年环境空气质量达到良好以上级别308天，比上年多出8天，优良率84%，城市环境空气中首要污染物为可吸入颗粒物。超标天数主要出现在下半年，超标原因主要是城市基础建设带来的影响。

降尘量全年达标率47.2%，受全市基础建设影响，与上年持平；全年降水76次，降水量971.6毫米，出现酸性降水(pH<5.60)频次12次，出现酸雨频率15.8%，较上年的25%下降9.2个百分点。

水环境状况：江宁河水质较上年基本稳定，并有所好转，小康地表水达标率相对稳定；交界断面秦淮新河麻田桥水亦有所好转。

秦淮新河：秦淮新河水体水质基本稳定，基本达到《地表水环境质量标准》(GB3838-2002)Ⅳ类水质要求，暂时性、局部性污染状况仍然存在，主要超标污染物是化学需氧量、氨氮和总氮。超标的主要原因是沿岸居民大量生活废水未经处理直接排入秦淮新河。

板桥河：板桥河水体水质较上年有所恶化，未达到《地表水环境质量标准》(GB3838-2002)Ⅳ类水质要求，主要原因是沿岸排入大量生活污水。

南河：水质较上年有所好转，沿岸两侧生活污染源对南河水质影响较大，水质仍劣于《地表水环境质量标准》(GB3838-2002)Ⅴ类水质要求，主要超标因子为化学需氧量、氨氮、总氮。

花神湖：花神湖是雨花台区重要的景观湖，其水质基本达到《地表水环境质量标准》(GB3838-2002)Ⅲ类要求。

地下水：华严寺水体质量保持稳定，所有项目均达到《地下水质量标准》(GB/T14848-1993)Ⅲ类标准。

声环境质量状况：2011年，雨花台区监测点位从21个增加到86个，所有点位进行GPS定位。交通噪声年平均等效声级62.7分贝，较上年(66.7)下降4.0分贝。其中，噪声最高的交通干线为集合村路、雨花南路、共青团路和雨花西路，地铁及高架桥影响较大。区域环境噪声平均值53.9分贝，比上年(54.3)下降0.4分贝，达到《声环境质量标准》(GB3096-2008)Ⅱ类标准。

【排查重点排污企业67家】 2011年，区环保部门开展排查重金属污染、危化品、危废污染专项行动，重点查处违反法律排污行为。根据监测数据报告，综合分析企业排污变化情况，遏制偷排和超标准排放现象。一季度依法查处12家次大气和水超标排污行为，处罚2家次，限期改正10家次；二季度，查处企业除1家仍超标外，其余全部达标排放。全年相继排查重点排污企业67家，下达现场监察意见书68份，查纠环境监管问题30余件次，下达限期改正意见16家次，处罚环境违法行为10家次，全区工业废水排放量272.2万吨，比上年下降33%；工业烟(粉)尘排放量3412.8吨，比上年下降26%；工业废气排放量162.8亿标立方，比上年增长4%；工业废水排放达标率95%。

区环保局工作人员查看排污口，强化排污企业监管力度，防止偷排、漏排现象发生

【危险废物管理】 2011年，区环保部门现场监督检查全区46家医疗单位30次，安全处置医疗废物109.18吨、废矿物油257.3吨、工业危险废物2284.2吨，保证废弃物安全转移与环保处置。同时，开展关停搬迁企业危险废物现状调查，利用3天时间，拉网式检查8家企业危险废物，保证危险废物全部纳入管理视线；建立完善企业危险废物台账资料，一企一档，实时掌握企业关停搬迁进展。对搬迁企业危险废物处置提出：危险废物临时贮存场地、贮存方式必须符合相关法律法规，不得擅自转移或填埋；企业利用一天时间彻查一遍自身危废物，并相对集中贮存，杜绝乱堆乱放或混入生活垃圾；在生产一线职工中开展一次危废安全监管相关法律法规宣传、教育，讲明危废管理收集、贮存、回收、处置要求；如实填报危险废物数量，并建立请示汇报制度，发生危废事故，第一时间报环保局，避免产生更大污染危害等4点要求，确保搬迁企业危险废物安全处置。全年，该区工业固体废物综合利用率99.7%。

【搬迁三高两低企业2家】 2011年，雨花台区8家企业被列入全市173家"三高两低"(高投入、高消耗、高污染、低水平、低效益)关停企业名单。至年末，丰利兴(南京)化学有限公司、南京联华合成树脂有限公司、有机化工有限公司、皮瑞克精细化学品有限公司、南京御水科技有限公司、南京化研阻燃有限公司等6家企业停产，进入处置原辅材料和固废阶段；梅山化工总厂有限公司、曙光硅烷化工有限公司等2家企业启动搬迁工作。

【污染减排】 2011年，区环保部门强化持证排污和定量排污，发放排污许可证60家。推进6家企业(南京中山制药厂、南京压缩机股份有限公司、南京伟业织造有限责任公司、南京茂盛锻压机械有限公司、南京嘉利金属制品有限公司、南京金江水泥厂)关停、搬迁和改变生产工艺强制措施，同时关停南京伟业织造有限责任公司印染生产线。全年，该区主要污染物COD(化学需氧量)和二氧化硫排放总量分别为33.4吨、161吨，比上年下降12%和13%；氨氮和氮氧化物减排量分别为1.7吨和71.4吨，消减率分别达6%和12%。

【整治小锅炉96台】 2011年，雨花台区实施燃煤小锅炉能源改造，巩固禁燃区建设成果，集中整治辖区内96台小锅炉。整治工作由区环保局、安监局、质监局、街道等4家单位联动执法，采取"强制关停一批、改造一批、治理一批、处罚一批、奖励一批"手段，重点拆除和改造影响群众环境利益的小锅炉，彻底消除破坏空气质量烟尘污染问题。区环保部门推进同仁堂医药股份有限公司、南京监狱等2家企业煤改油工程，推进圣戈班玻璃有限公司油改气工程；与华润热电厂商谈小浴室外供水问题，解决辖区内小浴室能源改造问题；与环保公司联系，解决没有集体供

2011年雨花台区小锅炉整治工作情况

表12

街道(园区)	完成			
	拆除(台)	改造(台)	关停(台)	完成(台)
赛虹桥街道	6	8	2	16
雨花新村街道	1	3	–	4
西善桥街道	17	10	4	31
雨花经济开发区	1	4	1	6
宁南街道	5	–	2	7
铁心桥街道	5	5	–	10
软件园(软件谷)	–	2	–	2
板桥街道	3	4	4	11
板桥新城	–	3	2	5
梅山街道	–	4	–	4
合　计	38	43	15	96

(统计单位：雨花台区环境保护局管理科)

热、燃气没有通达地区,且燃油价格上涨、用电受到限制等对象能源改造问题,尽可能减少企业负担;推广普及洁净能源,强化强制性清洁生产单位和ISO 14000申请单位业务指导,推进南京梅山海强新型建材有限公司等4家企业强制性清洁生产审核工作有序进行。至年末,96台小锅炉全部集中整治完毕,其中拆除38台、关停15台、能源改造各种小锅炉43台。

【大气污染防治条例执法检查】 2011年,雨花台区人大常委会专门组织贯彻落实《南京市大气污染防治条例》(以下简称《条例》)情况执法检查。区人大组建执法检查组深入厂矿、工地和餐饮企业了解全区节能减排、扬尘防治、油烟治理工作情况,听取汇报、实地查看、收集网络舆情等,广泛收集各类意见和建议,客观全面掌握《条例》贯彻实施中亮点、难点和热点问题,提高执法检查实效。审议中,常委会组成人员针对群众和人大代表反映最多的扬尘问题,提出强化督促检查力度和日常巡查频率,推广建筑工地设立冲洗设备、裸露工地加盖防尘网、洒水降尘等有效防尘手段等意见和建议。同时,针对板桥水泥厂和梅山化工园等污染企业搬迁缓慢、执法权限分散等问题,提出综合运用建设监测站、设置热线电话、接受举报等多种途径,强化违反环保法律法规事件监控和处理。在执法检查审议意见跟踪督办中,提出做好涉污企业整治工作,限期整治不达标企业实施关停措施,保护和改善全区生活、生态环境。

【施工扬尘监管】 2011年,区环保部门编印《扬尘简报》9期,以菜单形式定期通报各街道、园区工地施工扬尘防控情况。与区住建局等相关部门开展联合执法,检查全区45家大小工地,联合市监察支队多次突击检查岱山经济适用房工地夜间施工情况。全面落实扬尘防治要求,树立德盈国际广场、名城世家、凤凰和美、亚东观云国际等4个建筑工地扬尘防治示范点,在全区建筑工地加以推广。新建10个空气质量监测点,实时了解全区各街道空气污染状况。下半年,该区扬尘月均值比上半年下降3吨/平方千米,第三季度空气质量位列全市江南八区第一。

【餐饮环保达标】 2011年,雨花台区完成《雨花台区餐饮业发展环境管理建议》编制工作,巩固原有雨花西路、春江路2条餐饮示范街;将雨花南路、雨花西路污染控制示范街扩展为“雨花路餐饮污染控制片区”;将全区15家规模以上餐饮企业,纳入规范化管理;指导与监管创建阅城国际餐饮示范街环保达标工作。全年立案查处餐饮违法行为5起,罚款2.5万元;1家没有环保手续、又有污染投诉且群众较为不满的企业,通过媒体曝光,倒逼企业主动实施整改;15家没有处理设施或设施处理效果不好的企业,提出整改要求;区环保局、街道、社区三级联动处理餐饮污染投诉,及时处理全区因餐饮污染扰民投诉29起,投诉人满意率98%以上。会同工商局、药监局等部门联合下发《关于雨花台区餐饮业行政许可监督管理的若干意见》,全面检查规模以上餐饮企业,保证餐饮业废油脂流向合法安全。全年回收废油脂235吨,全区规模以上餐饮企业90%以上达到餐饮污染控制标准。

【环评执行率和环保“三同时”执行合格率100%】 2011年,雨花台区严把项目进入关,从源头上把好污染关,要求新建工业项目全部向工业园区集中。开通高新技术、节能降耗、清洁能源、治污减排等项目环保审批“快车道”,协助板桥社区卫生服务中心、南京女子监狱、南京市法医中心、小行医院、金陵中西医结合医院、光耀诊所等单位开展新项目环评工作,保证新项目符合环境保护要求。检查南京板桥钢渣有限责任公司汪海码头工程、城南污水处理厂一期工程、南京圣戈班有限公司技改、南京高精齿轮集团公司技改等市批重点项目“三同时”执行情况,并根据检查情况提出整改要求,督促企业尽快完善项目验收手续。全年,完成审批建设项目74件,其中环评登记表28项,环评报告表46项;完成25家企业“三同时”验收,新开工项目环评执行率和环保“三同时”执行合格率100%。

【监测站通过计量认证扩项暨监督评审】 1月19日,雨花台区环境保护监测站接受省计量认证评审专家组计量认证扩项暨监督评审。评审中,专家组全方位考核该站质量体系、手册、程序文件、质量管理、盲样考核、常规实验、报告书抽查、现场操作、授权签字人、扩项资质是否符合要求等,确认实验室检测项目三类37项,新扩水和废水5个实验项目通过评审。

【污染状况调查】 7月,区环保部门用时2周,开展全区企业污染状况调查,被调查单位近400家。根据企业污染状况将调查结果划分为一般监管对象、需要加强监管对象、需要重点关注对象等3个档次。被划定为需要加强监管对象和需要重点关注的对象企业，区环保局结合环境安全大检查回头看，下达限期整改通知，运用法律手段整顿完不成限期整改单位，坚决杜绝各类环境污染事故发生，保障人民群众环境利益不受损害。

【受辐射污染金属安全处置】 7月12日下午1:30，上海梅山钢铁股份有限公司检测宝锡炉料公司提供梅钢的一车废钢放射性时检测仪器报警，显示放射量15000CPS~20000CPS (放射性仪器计数率单位)(仪器设定报警值10000CPS)。区环保局接到市辐射中心报警电话，随即派员到现场调查取证。载有疑似放射性污染的废钢由西善桥街道古遗井村宁浩金属材料有限公司回收进来，该单位收购废钢铁量较大，查找不到源头；工作人员筛选检测发现一块重约10公斤栅栏状废钢，辐射量在400nCy/h~1590nCy/h，处于较高水平。在市、区环保部门监督下，宁浩公司及时封存含有辐射废钢铁。7月26日，江苏省辐射环境监测管理站派车到现场安全回收处置含有辐射废钢铁，杜绝辐射安全事故发生。

【启动“十二五”减排工程】 8月，雨花台区结合国家关于开展污染源普查动态更新调查工作要求，采取现场调查、数据填报、数据指标分析、数据审核与上报等方法，普查辖区梅宝新型材料有限公司等58家重点源企业，完成数据更新工作，并借此全面启动“十二五”减排工作。根据国家考核内容变化，确定该区“十二五”期间减排基数由“十一五”期间的2个指标(化学需氧量、二氧化硫)增加到4个指标(新增氨氮和氮氧化物基础数据)，并调整化学需氧量、二氧化硫基础数据。同时就氮氧化物减排所需设施、达到效果、如何完成等问题制定详细计划。明确年内重点解决政策宣传，引导企业增强减排意识；探索减少氮氧化物排放工作原理和设施设备；帮助企业解决在完成脱硫任务前提下，更好完成新增指标——降低氮氧化物排放等3个问题。

【完成大气自动站选址及本底监测】 9月，雨花台区完成大气自动站选址及本底监测工作。建设大气自动站是该区2011年环保两项为民办实事工作之一，区环保局和环境监测站领导多次带领有关人员调研、实地考察，根据国家大气自动站建设规范、综合考虑辖区实际情况，确定将自动站建设在位于铁心桥区域秦淮新河以南农林培训基地内。9月中旬，运用流动监测车连续7天监测建站点，提供了解自动站本底情况的条件，推进自动站建设步伐。至年末，启动大气自动监测站站房建设和仪器设备招标工作。 (赵 洁)

【雨花台砂砾石层自然剖面保护区保护】 9月26日，市政府批转市规划局《南京市生态绿地保护管理规定的通知》，再次明确雨花台砂砾石层自然保护区★为全市全市唯一自然保护区。该保护区位于雨花台西侧石子岗东砂场(属赛虹桥街道辖区范围)，面积0.33公顷，区域内林地生态、砂砾石层、地质剖面被列为保护对象。

1984年，市政府要求对该区域进行保护。1985年，江苏省地质矿产局建立市级自然保护区，确定保护范围，树立石碑标记，而未设置管理机构，无专人保护管理，破坏现象十分严重。许多人在此随意开采建筑材料，邻近单位、砂石场和道路侵占致使保护区被严重蚕食。至1992年，保护区实有面积仅剩66.67平方米，且长满荒草，任人及牲畜践踏。雨花台砂砾石层自然剖面保护区濒临名存实亡境地。2011年，市政府再次发文明确该保护区，将保护工作提到议事日程。是年5月12日，市规划局自然生态保护处处长朱小毅等到区现场调研雨花台砂砾层自然剖面保护区保护情况。调研中，朱小毅一行察看自然保护区状况，听取赛虹桥街道拟采取保护实施方案，并会同区环保局和赛虹桥街道三方讨论该保护区保护实施方案，形成共识。

★链接 清代乾隆年间“金陵四十八景”中“赤石片矶”即包括保护区内景点。雨花台砂砾石层是中外闻名的早更新世“雨花台组”建组标准剖面，这一自然剖面对研究南京地区古地理、古气候和地质运动发展等具有重要意义，同时对研究中国东部新生代晚期地质变化亦具重要价值。国内有关著名科学家多在此保护区研究观察，认为雨花台砂砾石层自然剖面保护区是进行科学研究和教学不可多得实景。

南京市自然保护区一览

表 13

序号	名　称	位　置	级别	保护对象	面积(平方千米)	备　注
1	长江洲岛湿地自然保护区		市级	湿地生态环境		规　划
2	雨花台砂砾石层自然保护区	雨花台区	市级	林地生态、砂砾石层、地质剖面	0.003	现状为市级
3	止马岭自然保护区	六合区	市级	林木保育、生物多样性	6.7	现状为县级
4	固城湖水产资源繁殖保护区	高淳县	市级	名贵水产品、饮用水源	1.3	现状为县级

环　境　建　设

【概　况】 至2011年末，雨花台区累计投入12亿元，完成环梅山防护林等生态建设项目63个，完成花神大道等11条城市干道环境综合整治，城市人均公共绿地面积18.36平方米，森林覆盖率和城市绿化覆盖率分别达26.2%、48.4%。结合区域实际，建设社区回收站点、若干个分拣加工中心、数个集散市场组成的再生资源三级网络体系；推动区再生资源公司与汪海集团合作，整合规范建设再生资源集散市场；整合全区社会资源，完成20个再生资源回收网点改造。加大“三高两低”污染企业治理力度，累计关停、搬迁污染企业24家，万元工业增加值综合能耗较上年下降6%，环境质量综合指数82分，位居全市前列。是年，辖区梅山矿业公司通过“国家级绿色矿山试点单位”初审，并成为江苏省第二批绿色矿山试点单位；雨花台中学和和亚东天界幼儿园先后被国家环保部授予国际生态学校。

尘林尽染——雨花台烈士陵园

【生态建设宣传】 2011年，雨花台区开展义务植树、送花木进社区、城乡结对植树、《南京日报》专版宣传等系列活动16场次，与区文化局合作制作《绿色雨花建设》专题片，请南京电视台《都市农业》栏目组定期宣传报道全区绿化工作，邀请专业摄影师拍摄绿化重点工程，做好绿化图片资料保存。加大绿化成果宣传，开展一系列绿化知识及法律法规宣传、成果展览、义务植树、表彰先进等活动，凭借行政推动、社会互动、市场拉动，营造森林城市创建氛围。

【绿色创建】 2011年，雨花台区创建4所市级绿色学校(幼儿园)，并有4所绿色学校通过上级复查，铁心桥街道中心幼儿园创建为省级绿色学校。雨花台中学和亚东天界幼儿园先后被国家环保部授予国际生态学校荣誉。至年末，全区有市级绿色学校18所、省级绿色学校6所、国际生态学校2所。年内，该区申报2个市级绿色社区(丁墙社区、菊花里社区)和1个市级四星级社区(龙福社区)。11月，3家社区通过验收。至年末，全区有9个省级绿色社区、15个市级绿色社区，2个行政村被命名为“省级生态示范村”，3个行政村为省农村环境综合整治示范村，梅山街道是全市2个绿色街道之一。

【铁心桥街道创建“森林镇街”】 2011年，铁心桥街道制定森林资源、森林生态、森林景观、森林健康、森林文化等五大类17个考核指标，创

2011 年雨花台区绿色学校一览

表 14

学　　校	通过创建时间(年)	级　　别
雨花台中学	2011	国际生态学校
亚东天界幼儿园	2011	国际生态学校
雨花台区实验幼儿园	2006	市
普德村幼儿园	2005	市
西善桥中学	2009	省
西善桥小学	2007	市
小行小学附属幼儿园	2009	省
铁心桥街道中心幼儿园	2011	省
南京小百合幼儿园	2009	市
孙家初级中学	2009	市
共青团路小学	2009	市
春江学校	2009	市
铁心桥小学	2008	省
板桥中心小学	2008	市
景明佳园小学	2008	市
梅山中心园上怡幼儿园	2008	市
共青团路中学	2010	省
春江幼儿园	2010	省
雨花外国语小学	2010	市
中国人民解放军国际关系学院幼儿园	2010	市
翠竹园幼儿园	2010	市
梅山第二幼儿园	2010	市
龙福幼儿园	2010	市
古雄小学	2011	市
春蕾幼儿园	2011	市
景明佳园幼儿园	2011	市
合　　计	国家级 2 所、省级 6 所、市级 18 所(不含 6 所省级)	

2011 年雨花台区绿色社区一览

表 15

社　　区	所属街道	通过创建时间(年)	级别
康盛花园	宁　南	2007	省
翠竹园	宁　南	2009	省
花神庙	宁　南	2010	市
丁　墙	宁　南	2011	市
梅　苑	梅　山	2007	省
上怡新村	梅　山	2007	省
梅清苑	梅　山	2007	省
上怡二村	梅　山	2009	省
梅　欣	梅　山	2010	省
梅　岭	梅　山	2005	市

续表

社　　区	所属街道	通过创建时间(年)	级别
中兴路	梅　山	2006	市
梅怡新村	梅　山	2006	市
中学新村	梅　山	2006	市
邓府山	雨花新村	2009	省
一三村	雨花新村	2002	市
四五村	雨花新村	2002	市
二　村	雨花新村	2003	市
雨花台	雨花新村	2008	市
景明佳园第一	铁心桥	2007	省
春江新城第一	铁心桥	2009	市
春江新城第二	铁心桥	2009	市
龙　福	赛虹桥	2008	市
菊花里	赛虹桥	2011	市
福　润	西善桥	2010	市
合　　计	省级9家、市级15家		

(赵　洁)

建“森林镇街”。街道道路绿化29.3千米,公路、铁路及街村骨干道路等宜林地段绿化率94.9%,其中区域绿道1条、城市绿道2条、社区绿道10条、慢行绿道86条;加大秦淮新河百里风光带和静明寺、安塘洼、龙泉寺、将军湖、大石湖等5座水库重点地段绿化,山上集水区建设水土保持林,水岸边配置生态风景林,宜林地段绿化率90%,营造水岸绿化“林随水走、林水相依、林水共荣”生态景观靓点;公共绿地成园,街道建有单体规模0.2公顷以上森林小游园12个,建成高家库桃园、春江新城休闲公园、铁心秦淮北岸走廊、定坊秦淮南岸码头公园等4个森林休闲广场,面积均超过2公顷,绿化覆盖率72.4%以上;投资1750万元,新建宁丹路二期生态景观林,绿化面积13.7公顷,改造春江社区2个村村庄绿化15.2公顷、改造将军山和西天寺主题山头森林植被面积80.8公顷;新建将军山森林防火通道1.3公顷;单位绿化数量增加,街道12个大型企业群,4所大中小学校,完成绿化71.1公顷,绿化覆盖率12.7%,新增单位绿地面积21公顷。9月,街道通过市“森林镇街”验收。

(焦美琴)

【雨花台中学获国际生态学校称号】 3月,雨花台中学(以下简称雨中)被国家环保部授予全国首批国际生态绿色学校★绿旗荣誉,该荣誉在全市中学中尚属首家。雨中曾获得江苏省绿色学校、首批南京市园林校园等称号。在创建国际生态学校中,雨中

国际生态学校——南京市雨花台中学

严格按照国际生态学校“七步法”(生态委员会、环境评审、行动计划、监测和评估、与课程建立联系、社会宣传和参与、生态规章)检验学校环境教育工作,建立校长牵头的生态委员会。委员会成员来自于学生、家长、学校行政人员、学校总务人员及校外专家等各个层面;生态委员会指导学校定期开展绿色校园评估活动,全方位检查环境问题,制订生态规章,公开评估结果,依据评估报告开展废物回收再利用、拒塑等活动,改善校园环境,并坚持将评估活动常态化、长效化。同时,学校注重将绿色教育与课程建设及校园文化相结合,将环保教育融入教育教学中,为学生搭建各种平台,提升学生可持续发展意识。

★**链接** 生态学校项目是一个国际教育和管理项目,始于1994年,是对1992年里约热内卢联合国环境发展大会的响应,该项目起初由国际环境教育基金会在欧盟支持下发起实施,项目管理和实施是由各国FEE(环境教育基金会)国家会员机构负责,各国成员机构参与,每个国家生态学校项目为项目在全球总体发展作出积极贡献,其目标是通过课堂学习和在校内外开展行动,提升学生可持续发展意识。

(钟家燮)

【梅山矿业公司成为省第二批绿色矿山试点单位】 2011年,梅山矿业公司围绕自行编制的《绿色矿山建设三年行动方案》,推进城市绿色矿山建设工作。完善污染物排放自动监控管理,各类污染物排放量较2010年同期降低近10%,其中“梅山铁矿复杂通风系统节能降耗综合技术的研究”项目获宝钢集团2011年度技术创新重大成果三等奖。减少尾矿排放,尾矿再选销售20万吨,较2010年增加31.4%;通过提高磨矿细度和分选精度,进一步提高硫资源回收率;加大边部矿体回收,完成边部残留矿体回收方案设计,实施矿体边部深部找矿可行性探索,推进资源潜力调查工作。“梅山选矿厂提高金属回收率示范工程”项目获得国土资源部批准立项;“梅山尾矿中铁矿物回收利用”等3个项目通过江苏省国土资源厅评审及竣工验收。9月14日,梅山矿业公司通过“国家级绿色矿山试点单位”初审,并成为江苏省第二批绿色矿山试点单位。

(顾美兰)

【再生资源集散市场建设】 2011年,雨花台区发挥汪海集团资金、销售网络资源和前期建成的码头港口优势,利用板桥渣钢公司土地资源,整合规范建设再生资源集散市场。该项目计划总投资3亿元,包括前期竣工的码头和年内启动建设的汪海集团废钢分拣加工中心,预计年交易量20万吨。计划分三期分布实施,2年建成。第一期投资8000万元,为建成的港口码头和公共基础设施;第二期计划投资1.4亿元,完成分拣加工基地场地建设和设备安装;第三期计划投资8000万元,完善集散市场配套设备和设施。分拣加工中心占地16.67公顷,建有标准水泥道路、交易大棚、堆场、加工场地、停车场、办公用房、公共卫生间等经营服务场所。至年末,完成16.67公顷场地平整、7条行车轨道桩基基础,其中6条轨道基础开挖完毕、1800米轨道梁基础完成600米;订立6台行车、2台抓钢机、21台液压金属剪切机、2台液压金属打包机、6套起重电磁铁等设备采购合同;完成厂区道路规划,完成行车轨道间道路基础和进入加工区1千米主干道基础等辅助设施建设。水电配套设施:完成厂区水电设计和配电房改造,进入变压器、电柜等设备选型阶段;完成单位组织机构框架确定和人员招聘前期工作,并与业内专业从事废钢加工劳务外包公司接触;启动周边市场废钢来源及销售调研。

(商务局)

【异地森林植被恢复工作通过验收】 5月30日,市农委林政处组织区县林政人员工作检查组到区检查验收2010年度工程建设项目征占用林地森林植被恢复工作,市、区县工作组先后检查雨花台区板桥街道三山村严家圩和孙家村陈元等2个森林植被恢复基地。肯定该区严格按照森林植被恢复措施恢复森林植被,加强林地征占用管理工作,切实保护雨花台区森林资源,确保征占用林地异地森林植被恢复得到落实的做法。

【国家林业局检查绕越高速公路(雨花段)征占用林地项目情况】 6月17~18日,国家林业局上海森林资源监督专员办事处副专员王招英一行,在省林业局副局长付兵和市农委副主任赵菊林等陪同下到区检查绕越高速公路(雨花台区段)项目征占用林地情况。检查采取听汇报、查看资料和现场查看相结合。检查组传达国家林业局《征占用林地行政许可被许可人监督检查办法》和《关于委托征占用林地行政许可被许可人监督检查工作的通知》要求,监督检查获得国家林业局审核同意或批准征占用林地被许可人使用林地情况,确保征占用林地行政许可严格执行;听取市农委、雨花台区2010年度森林资源监督管理工作和异地森林植被恢复工作、绕越高速公司项目建设等情况汇报,查阅绕越高速公路项目行政许可申报材料、植被恢复基地建设和植被费使用情况等台账;检查绕越高速公路(雨花台区段)现场、板桥街道三山村严家圩异地森林植被恢复基地。检查组肯定省市区三级高度重视林政资源管理工作,认为项目申报资料等基础台账规范、完整、真实,植被恢复资金管理严格按照《森林植被恢复费征收使用管理暂行办法》执行;异地造林成活率高,在板桥街道三山村严家圩异地森林植被恢复基地设立永久性标志牌,公示恢复项目基本情况等作法得当。

【《林地保护利用规划》初稿编制完成】 7月,雨花台区全面启动《林地保护利用规划》(以下简称《规划》)编制工作。根据国家林业局《关于编制省级县级林地保护利用规划的通知》要求,安排专项工作经费,开展前期调查摸底工作,做好《规划》编制各项技术准备、资料仪器等;以二类调查数据为底数、以林相图为基础,落实《规划》基准年(2009年)基数等一系列工作。至年末,完成《林地保护利用规划》初稿编制。

(赵 涛)

【丰盛新能源“南京市热泵蓄能工程技术研究中心”项目通过认定】 7月7日,市科委召开2011年南京市工程技术研究中心建设项目启动会,由丰盛新能源独立建设的“南京市热泵蓄能系统工程技术研究中心”项目通过评审认定。南京市工程技术研究中心,是由市科委按照《南京市工程技术研究中心管理办法》,由单位申报、主管部门推荐并经过专家评审和审定程序,最终认定的市级工程技术研究机构。“南京市热泵蓄能系统工程技术研究中心”的成立,将促进丰盛新能源在自主创新人才培养、研发水平提升等方面进一步发展,同时加强科技成果转化,推进全市绿色建筑、区域能源规划、节能环保等产业发展。

(杭素华)

【城市污泥无害干化项目通过竣工验收】 7月18日,南京鑫翔新型建材有限公司污泥无害干化制造产业化项目通过竣工验收,成为全国首家规模型污泥无害干化制砖企业。该项目总投资4980万元,其中设备投入2400万元,月均消耗城市市政污泥300吨,年产烧结节能保温砖6000万块,可节省制砖原料约80吨,年节约2.2万吨标准煤。验收由市经信委、市住建委等部门和区发改局联合进行。现场验收专家认为,鑫翔公司在市墙体改革节能办政策引导和技术指导下经多年开发、研究,攻克污泥无害干化及资源利用技术难题,成功利用污泥制造出优质节能环保砖;项目投入后,将改变城市市政污泥焚烧、卫生填埋等传统处理方式,处理成本大幅降低,符合国家创新驱动、内生增长、绿色发展要求,是一项经济、社会和生态效益兼备的德政工程。一致同意通过竣工验收。

(龚健灵)

【丰盛新能源获节能减排低碳经济先进企业称号】 10月8~10日,由中国建筑学会建筑热能动力分会主办的第17届学术交流大会暨第八届理事会第一次全会上,丰盛新能源公司总经理郁松涛受邀作“从建筑到城市——以区域能源规划促进节能减排”主题报告,该公司同时获“节能减排低碳经济先进企业”称号。丰盛新能源1999年开始进行地源、水源热泵节能空调系统研究与实践,在江苏乃至全国最早涉足可再生能源在建筑节能产业中实际应用领域,企业所有服务都和建筑节能有关,并将服务贯穿于建筑全生命周期与节能相关的全过程。至年末,丰盛新能源在全国20多个省市完成300多个具有国际、国内重大影响节能项目,完成建筑节能面积超过600万平方米。形成城市级区域能源规划与绿色建筑咨询、区域能源投资、合同能源管理、建筑节能工程等建筑节能全系列服务。

【丰盛新能源加入中美清洁能源联合研究中心】 11月,丰盛新能源应邀加入中美清洁能源联合研究中心。该清洁能源联合研究中心是集高等院校、研究机构和企业为一体的联合研究机构,3月22日由中美两国政府住房和城乡建设部门组织成立,并得到中美两国政府资金支持。丰盛新能源作为中国绿色节能建筑行业领军企业,长期致力于节能减排事业,加入该联合研究中心,将加强与国内外有关科研院所、大学和企业沟通合作,实现产、学、研合作创新模式。同时,丰盛新能源将依托该平台加强国际合作和技术交流,引进先进技术,推动行业发展,提升中国节能行业国际地位和声誉。并通过国际合作,共同应对全球气候变化。

(杭素华)

【省中小学生"废纸换贺卡"活动启动】 12月10日，全省中小学生"废纸换贺卡，感恩寄真情"活动在雨花台中学启动，活动由省教育厅、团省委等主办，省邮政函件局专门发行感恩贺卡，以"阳光、雨露、土壤和空气"等自然元素为素材，旨在培养中小学生感恩精神及环保意识。全省中小学学生可以搜集一定量废旧报纸，到邮政单位换取"感谢你　感谢绿色"主题感恩贺卡，邮寄给父母、老师、同学等感恩对象，宣传环保理念、传递感恩之情。省邮政公司安排专人、专席在指定地点接待中小学生，方便学生就近兑换；同时，有需求的学校，邮局组织专车进入校园收废纸换贺卡。

（钟家燮）

城乡绿化

【概　况】 2011年，雨花台区绿化工作围绕宁南、铁心桥、大板桥等"三大板块"核心，重点抓生态湿地、防污林、生态林等"三大工程"，打造精品项目，完成绿化造林143.33公顷，林相改造53.33公顷，植树45万株，创建铁心桥"森林镇街"。至年末，全区林木覆盖率29.1%。成片造林顺利通过省市验收，核实率99.6%，位居全市第一。重点建成环梅山防护林、板桥生态园绿化、板桥河周边绿化等100公顷。区政府安排绿化资金2000万元，重新调整和完善补助政策，加大重点工程和绿化管养补助力度。在核对认定每个管养地块基础上，安排300万元专项资金管养4条绿色通道、秦淮新河绿化等绿化带。

【五项举措创建森林城市】 2011年，雨花台区采取五项举措创建森林城市，保护生态建设成果。转变造林方向，整合全区林地、湿地资源，将坡度大于6度和30米等高线以上区域、大的水体周边作为重点绿化区域，打造湿地景观、主题山头绿化；转变建设途径，推行"绿地带项目，项目保绿地"发展模式，绿化造林与项目建设捆绑结合，做到规划先行、绿化先行，杜绝重复浪费；在资金安排上，向宁南地区、205国道、大周路、宁丹路、绕城公路、宁马公路、秦淮新河等沿线重点地段、窗口地区绿化管护倾斜，加强管护考核，所有绿化地块进行"回头看"；与住建、交通、水利、城管等部门配合，强化项目会审，道路、河道等工程建设实行工程与绿化相结合，通过规划增强前瞻性、可行性，减少盲目性、随意性；加大生态保护力度，处理好绿化造林与城市建设用地之间矛盾，在城市建设中合理保留利用山头、茶园等资源，坚决打击破坏森林资源、绿地等行为，保护生态建设成果。　（赵　涛）

【园林绿化养护】 2011年，雨花台区全面开展雨花广场、文竹路、花神大道、紫荆花路、雨花南路、郁金香路、安德门大街等道路和广场园林绿化养护工作。补植乔木56株、花灌木3.5万株、草坪及地被1820平方米；修剪乔木4751株、绿篱及色块95.2万平方米、球类及灌木6.3万株、草坪251万平方米、抹芽3.4万株；施肥2吨，人工拔草587万平方米，做营养圈4.4万株，治虫用药422公斤，清理落叶、枯枝610车；雨花西路、雨花南路、紫荆花路、花神大道、迎宾大道等栽植乔木79株，新植灌木4.9万株、地被550平方米。　（石　昕）

【环梅山生态防污景观林提档升级工程竣工】 年末，2011年雨花台区人代会重点项目之一——板桥环梅山生态防污景观林提档升级工程竣工。该项目面积约26.67公顷，工程总环绕长度11千米，总投资516万元，主要调整三山和新建段林地树种，补缺苗木、林带树种移苗重栽5万多株，提高林带绿化景观水平和防护能力。年内，整个景观林绿化造林面积66.67公顷，栽种高杆女贞、雪松等树种10.5万株，形成覆盖梅山公司周边绿色生态屏障。

【大板桥生态项目建设】 2011年，雨花台区加快推进大板桥生态项目建设。续建农业生态园二期，并建成国际标准鱼池，完善垂钓、休闲、机电设施，完成园内主要地块地面草皮、花木铺设，提升景观档次；启动垂钓配套管理休闲用房建设，拓展园区功能。至年末，生态园完成景观绿化面积43.33公顷，栽植香樟、朴树、银杏等各类树种6.1万株。推进永安高效农业示范园二期建设，续建道路两侧绿化景观700米、完善河塘景观垂钓区相关设施、沟通东北部地块约2100米砂石道路，新增农业生产用地13.33公顷，并栽种农作物；巩固环梅山防护林提档升级工程成果，督促施工单位加强管护，巩固造林成果，确保苗木栽一片、活一片、成一片。

【"绿色雨花"建设成片造林工程接受市农委检查验收】 7月11日，雨花台区2011年"绿色雨花"建设成片造林工程接受市农委绿色南京建设办公室、省森林资源监测中心检查验收。检查验收采取逐地块核查方式,检查验收该区自查上报环梅山防污林、板桥永安生态林、开发区板桥河周边生态林、铁心桥宁丹路生态林等10个小班地块107.53公顷新造林面积和成活率。所有新造林地块面积必须连片2公顷以上,经"南京市森林资源二类调查系统"核对为非重复造林地块。验收采用1∶10000地形图和卫片,配合GPS定位技术,实地以地形地物控制对照检查并最终将数据输入计算机,求算出小班合格面积(合格面积的造林成活率需按技术标准执行),确保验收面积准确性。经检查验收,该区完成成片造林106.47公顷(连片2公顷以上地块),面积核实率99.6%。

【村庄绿化通过省市联合检查验收】 7月15日,雨花台区2011年村庄绿化工作接受省林业局、市农委联合核查验收。验收根据《2011年度村庄绿化及省级村庄绿化工程建设自查验收打分评定办法》进行,该区自查上报板桥街道永安村刘家组、马塘组,铁心桥街道尹西农民集中小区等3个村庄绿化通过省市联合验收。全区村庄绿化完成树木栽植1.7万株,苗木成活率90%以上。检查组认为,该区村庄绿化启动早、措施实、成效好,群众爱绿、护绿意识强,建成围村林带、广场绿化、景点绿化,人居环境得到改善,提高生活质量。该区表示,下一步将沿路、沿水面和家前屋后空地作为绿化重点,见缝插绿、拆旧建绿、不留空白,实现栽满种足;严格按照一栽就管原则,派专人管养,做到种得下、栽得活、留得住、长得好,把全区所有村庄建设成为点上成景、面上成林、四季有绿、鲜花常开的绿化新村、园林新村、生态新村。　(赵　涛)

秦淮河

雨花年鉴 2012

商　贸

综　　述

【概　况】 2011年,雨花台区大力发展商贸服务业,重点推动高档商贸流通发展,打造宁南市级商贸商务中心和赛虹桥、安德门、西善桥、板桥新城等4个区域级商贸商务副中心,秦淮新河商务休闲景观带"一主四副一带"商贸发展格局;促进传统商贸业提档升级,完善社区便民商贸设施,做好南京南部新城规划建设和南京火车南站建成启用对接工作。全年新增商贸商务设施面积81万平方米,引进高端化、品牌化、国际化规模以上商贸商务企业20家,建成投资20亿元、建筑面积42万平方米明发商业广场并对外营业,推进投资20亿元、建筑面积32万平方米德盈国际广场和投资5亿元、建筑面积8.5万平方米紫荆商业广场等一批重点项目建设。

【古雄生态美食风情园竣工试运营】 3月15日,区重点商贸商务项目之一的板桥古雄生态美食风情园装修结束进入试运营阶段。板桥古雄生态美食风情园位于板桥街道雄风路177号,投资2100万元,建筑面积4000多平方米。风情园再现三国特有大山、峡谷、瀑布、木屋等文化景观,其中,耗资500万元,用现代科技材料制作25米高人工大峡谷,营造三国时期战争环境。板桥古雄生态美食风情园是中国第一座三国餐饮文化风情园,集餐饮、客房、娱乐、茶社于一体。

【三鸿食品签约雨花经济开发区】 4月,华东地区大型冷链项目三鸿食品签约雨花经济开发区,该项目占地面积4.5公顷,投资1.8亿元。江苏三鸿食品有限公司是综合型股份制企业,生产经营"三鸿"品牌系列产品和冷藏储运、房地产开发、放心早餐等多种业态。公司拥有肉松、家禽、腌腊、休闲、熟食等五大系列百余个品种,总资产2亿多元,固定资产1亿多元,产品荣获"中国名牌商品""江苏省名牌产品" 等多项荣誉称号,并通过ISO 9001国际质量体系认证和QS食品质量安全体系。

【跨世纪装饰城新增变压站竣工】 8月25日,跨世纪装饰城电路增容工作结束,新增一组变压站通过验收并投入使用。跨世纪装饰城建成于20世纪90年代,随着市场发展和环境提升,原有供电能力不能满足经营户需要。3月,跨世纪装饰城筹集资金近200万元,新加设一组变压站,提升供电能力。同时重新划分新旧两台变压设备工作范围,全面更换老旧电线,保障装饰城供电和购物环境安全。

【2011中国(苏皖)秋季建材批发交易会开幕】 11月18日,由南京市商务局与中国建筑材料流通协会、香港弘阳集团联合举办的"2011中国(苏皖)秋季建材批发交易会"开幕式在南京红太阳装饰城举行。副市长李琦、中国建筑材料流通协会会长孟国强、市商务局长李利江、市会展业办公室主任尹文、雨花台区副区长吴炜等出席开幕式。交易会涵盖地面铺装材料、卫浴陶瓷、建筑装饰五金、整体橱柜、整体家居、墙纸、布艺等领域,吸引苏、皖地区100多家建材生产、销售企业参展,展会面积1万平方米。

【家电以旧换新活动】 12月31日,雨花台区"家电以旧换新"活动结束。该活动2009年实施,至2011年末,全区审核家电以旧换新凭证1.25万台次,补贴331万元。其中,苏宁电器梅山店9623台次、麦德龙雨花店2566台次、苏果梅山店273台次,审核不通过12笔次(苏宁梅山店11台次、苏果梅山店1台次)。其中,2011年度审核家电以旧换新凭证9522台次,补贴249万元,审核不通过1笔(苏果梅山店)。 (刘小楚)

重点商贸设施建设

【概　况】 2011年,雨花台区以南部新城宁南片区、秦淮新河沿岸及板桥新城莲花湖周边区域为高端商贸商务业布局重点,发展大型综合性商业广场、商务办公、金融及中介服务、总部经济等高端商贸商务业,加快引进高端服务业项目,完成明发商贸广场内外部装修并对外招商,加快推进德盈国际广场、紫金商业广场、金地朗诗商业设施、莲花湖公园商业综合体及星河湾、金地五星级酒店等46个重点商贸商务项目建设。全年新增商贸商务设施面积81万平方米,完成年计划162%,项目总投入17.36亿元。

【17个重大项目集中开工】 2月9日,雨花台区17个重大工商项目集中开工,投资超过30亿元。副市长、区委书记李侃桢参加开工仪式。开工的重大项目涉及软件研发、生产制造、电子信息、生物医药、新能源等高新技术产业。其中,奥拓电子项目一期进行

LED、金融电子信息发布与系统研发生产，投资近2亿元；长江能源集团投资3个亿建设总部、物流结算及科技研发中心，建筑面积7.3万平方米。超亿元以上项目还有华士能源、普天通信、南京轴承、普天鸿雁电器、南海生物研发基地、正欣和通讯研发中心等。

【汪海大厦主体封顶】 4月，区人代会重点项目之一的汪海大厦主体封顶，进入幕墙及内部装修阶段。汪海大厦位于205国道新建村断山凹，紧邻梅钢公司、梅山公司、中船绿洲，由南京汪海集团投资3亿元建设，建筑面积4.7万平方米，集企业总部办公、现代服务业、商贸金融业和发展楼宇经济为一体，其中1~2层为国美电器大卖场，面积约6000平方米，主要从事家电销售，4月进场装修；3~16层为汪海国际大酒店，投资1.5亿元，按四星级标准建设，年内对外招商，3家公司签定意向经营协议。

【汉庭连锁阅城旗舰店封顶】 5月18日，汉庭连锁阅城旗舰店封顶进入外墙全面装修阶段。汉庭连锁阅城旗舰店位于郁金香路阅城国际花园商业街区，占地面积2500平方米，建筑面积约9000平方米，投资1000万元，其中1~2层为品牌餐饮酒店、3~9层为快捷旅店，是宁南地区第一家快捷酒店旗舰店。

【珍宝酒店批发用品市场落户赛虹桥街道】 8月29日，南京珍宝酒店用品批发市场落户赛虹桥街道。该批发市场位于凤台南路，由南京珍宝假日集团投资1.5亿元建设。其中1~3层为酒店用品市场，主要用于酒店用品、办公用品及纺织品销售；4层为餐饮；5~7层用于酒店住宿。酒店用品批发市场分为3层，营业面积超过2万平方米，有摊位70个，主营厨房设备、餐具、纺织品、玻璃器皿、大堂用品及酒店服装等。

【德盈国际广场封顶】 10月11日，雨花台区城市商业综合体“德盈国际广场”封顶，启动招商。至年末，上影影城、沃尔玛、真冰溜冰城、香港数码城、国翅燕鲍翅、麦当劳体验店等商业体签约入驻。该项目2009年10月开工建设，位于赛虹桥立交桥东南，占地面积约64万平方米，建设3栋24米高商业体和6栋底层架空百米高层建筑，建筑面积32万余平方米，投资20亿元，按功能划分为酒店式公寓5.6万平方米、商务办公8.2万平方米、商业11万平方米、车库及配套设施用房7.2万平方米。 （刘小楚）

农 贸 市 场

【概 况】 2011年，雨花台区新建农贸市场2家（大定坊农贸市场、绿洲南路农贸市场，建筑面积约7300平方米），新增农产品绿色销售专区228.5平方米。是年，3家新开业农副产品直营店（春晖农产品直营店雨花西路店、苏果超市西善桥社区店、苏果超市铁心桥社区店）列入南京市农副产品平价直销店名单。铁心桥农贸市场通过市级绿色样板市场验收，矿部、能仁里农贸市场通过市级达标绿色市场验收。

【古雄新居农贸市场开业】 4月19日，板桥新城古雄新居农贸市场开业。该农贸市场按照“星级农贸市场”标准规划，占地面积3800平方米，分别由农贸市场、零售商业、机动车辆和非机动车辆停车场组成。其中，农贸市场建筑面积约1400平方米，零售商业建筑面积363平方米。市场根据功能定位布局划分为肉类剔骨分割间、检测室、营业专间、商铺、蔬菜、干货、粮油、酱菜、豆制品区等十大区域，解决古雄新居和上怡新村居民“买菜难”问题。

【春晖农产品直营店入驻大东农贸市场】 5月6日，春晖农产品直营店入驻位于雨花西路亚东国际小区大东农贸市场。该市场是南京春晖农业开发有限公司在南京开设的第二家农副产品平价直销店，店中蔬菜由其六合区农产品专业合作联社直接从田间运来，保证新鲜和每天至少供应10种蔬菜，其价格比全市均价低15%。9月，列入南京市首批南京农副产品平价直销店之一。

【凤翔新城农贸市场开业】 6月，铁心桥街道尹西社区凤翔新城农贸市场开业，该项目位于铁心桥街道尹西社区北侧，为南京“城中村”改造拆迁安置房项目——凤翔新城配套建设项目，由铁心桥街道组建的南京凤翔新城市场管理服务有限公司进行管理，主要满足拆迁安置房小区——凤翔新城及周边单位、居民的日常生活需要。农贸市场建筑面积1350平方米，内部装修投资约90万元。

【春园路农贸市场开业】 7月，春园路农贸市场开业。春园路农贸市场为铁心桥街道尹西社区春江新城四期

2011 年度雨花台区农贸市场基本情况一览

表 16

序号	名　称	地　点	营业面积(平方米)	开业时间	改造时间	市场主办单位
1	能仁里农贸市场	能仁里二村	3800	1994	2007	雨花新村街道
2	四村农贸市场	雨花小区四村	1000	1999	未改造	雨花新村街道
3	菊花农贸市场	小行尤家凹	800	2005	2008	区网点办
4	西善桥农贸市场	西善桥街	1500	1999	未改造	西善桥街道
5	矿部农贸市场	西善郑家村	5700	1992	2009	西善桥街道
6	板桥雄风农贸市场	板桥拥军大道	3600	1998	2008	板桥街道
7	新绿农贸市场	新建村	913	2001	2007	板桥街道
8	梅山集贸市场	中华门外新建	4566	1999	2007	梅山街道
9	梅欣农贸市场	西善桥副井	1360	1997	2007	梅山街道
10	铁心桥农贸市场	凤石路 1 号	3000	2004	2007	铁心桥街道
11	景明佳园农贸市场	共青团路 289	1140	2004	2007	陈　卫
12	阳城农贸市场	春江新城	3200	2004	2008	曹光阳
13	油坊桥农贸市场	油坊贾东村	1268	2008		正达基础开发公司
14	宁南生鲜市场	丁墙村	2686	2006	2008	巨　鑫
15	赛虹桥农贸市场	南河堤	2912	1993	2007	赛虹桥街道
16	阅城生鲜市场	阅城国际小区	2800	2008		阅城农贸市场管理公司
17	翠岭银河农贸市场	翠岭银河小区	1000		2010	铁心桥街道
18	福升农贸市场	龙西路东升园	1800	2010		福升管理服务有限公司
19	大东农贸市场	雨花西路 128 号	2000	2010		大东农贸市场管理服务有限公司
20	凤翔新城农贸市场	宁双路 7 号	1350	2011		春江新城物业
21	春园路农贸市场	春园路 30 号	1110	2011		春江新城物业
22	古雄新居农贸市场	板桥新城	1400	2011		板桥新城管委会
23	邓府山农贸市场	邓府山小区	1310	2007		雨花新村街道
合　计			50215			

(统计单位:雨花台区商务局市场发展科)

东侧商业配套项目,该建设项目为框架 3 层结构,建筑面积 3000 平方米,产权属于铁心桥街道。市场一层为农贸市场,二、三层作为生活超市。其中农贸市场建筑面积约 1000 平方米,内部装修投资约 65 万元。街道组建成立南京春园路市场管理服务有限公司管理市场。

烟　草　专　卖

【概　况】 2011 年,雨花台区烟草专卖部门销售卷烟 32638 箱,比上年同期 30855 箱上升 5.78%,省内烟 16380 箱,占总量的 50.19%,比上年同期 15586 箱上升 5.09%,省外烟 16258 箱,占总量 49.81%,比上年同期 15269 箱上升 6.48%。1~12 月销售金额 102885 万元,比上年同期 88414 万元上升 16.37%;卷烟平均单价 126 元/条,比上年同期 115 元/条上升 9.57%。全年查获各类涉烟案件 186 起,先行登记保存各类非法卷烟 344 件,案值 423.4 万元。破获一起符合国标网络案件,拘留 12 人,逮捕 5 人,判刑 3 人。是年,南京市烟草专卖局四分局和南京市烟草公司第四分公司(以下简称烟草四分局)受到市烟草专卖局通报表扬 2 次、省局嘉奖 1 次。

【保障夫子庙“灯会”期间卷烟市场秩序】 2 月 17 日,每年一度夫子庙元宵节“灯会”如期举行,烟草四分局提前部署,专卖人员深入市场一线走访,加大卷烟零售商烟草专卖法律法规教育宣传力度,梳理排查易出问题零售商,加强盯防和巡查力度;划定责任片区,强化疏导,严防无证流动摊点扰乱市场;打破时间规律，利用每日早晚和周末休息时间监控卷烟市场重点户。灯会期间，"12313""122""12345"申诉平台及时解答各类消费咨询、受理和处理群众举报，调解消费纠纷，依法查处各类违法行为。

【协调治理高价位卷烟】 2011年，烟草四分局贯彻落实《南京市烟草公司高价位卷烟综合治理工作方案》，加强高价位卷烟管理力度，严控"高位运行"，管销联动，协调监管，将辖区所有经营高价位卷烟零售商登记造册，标注容易出问题商户，实施重点监控。处理不配合商户；无高价烟进货记录商户，由专卖管理科查处，追根溯源。划片承包，发挥管销联动优势，客户经理和专卖稽查员"一对一"巡查，落实责任，确保高价位卷烟明码实价。专卖内管员负责抽查工作开展情况，并把该项工作作为当月绩效考核重点。

【开展标识张贴工作】 5月30日，烟草四分局在辖区范围内张贴"不向未成年出售卷烟"警示标识和"12313"市场监管标识。城区区域按"先学区、后景点、先主道、后次道"顺序张贴；城乡结合部及农村地区要求专卖队员在各自责任片区为范围有计划、有步骤张贴，确保各阶段工作按要求张贴完成。利用协作机制，加强与工商、城管等执法部门联系配合，形成"多部门、多渠道、多方位"宣传监管合力，严厉打击向未成年人出售卷烟等各类违法经营行为。

【查获两起无证运输案件】 3月26日晚8点，烟草四分局根据举报线索，组织稽查人员前往长江三桥高速卡口蹲点守候。27日凌晨，稽查人员检查一嫌疑大客车，在车下方行李箱中查获用塑料编织袋伪装的"利群""黄山""红旗渠"等7个品种22箱，计1100条真品卷烟，案值9万余元，系无证运输卷烟案件。7月20日，四分局根据掌握线索，组织稽查人员前往某收费站蹲点守候，当日下午4时，稽查人员在公安部门配合下检查一嫌疑车，在车内查获用塑料编织袋伪装的"利群""中华""云烟"等5个品种2046条真品卷烟，案值38万余元，2名犯罪嫌疑人被当场抓获，并依法先行登记保存涉案卷烟。

【"四一一"网络案件结案】 4月11日，烟草四分局、江宁区局在秦淮警方配合下，收网监控数月之久的一起卷烟非法经营案件，办案人员分3组捣毁6个非法窝点，查获各类非法卷烟209件，标值306万元，拘留9人。12月，秦淮区人民法院审理判决四分局、江宁区局联合办理的"四一一"案件，3名犯罪嫌疑人被判处有期徒刑。 （冯 琳）

宁南商贸区

【概 况】 宁南商贸区核心商圈以明发商业广场为中心，由卡子门大街、玉兰路、软件大道交会而成。由南至北呈矩形分布，至2011年末，形成以现代商贸商务和高档汽贸为主体的融汽贸、购物、娱乐、休闲、餐饮等服务的商务商贸集聚区，区内拥有明发商业广场、麦德龙南京雨花商场、月星国际家居广场、石林家乐家广场、百安居雨花店和跨国运动品牌迪卡侬等一批商贸企业及奔驰、保时捷、法拉利、宾利、雷克萨斯、英菲尼迪、进口大众等1000多款车型39家汽车专卖店。是年，宁南商贸区实现销售额约100亿元，完成利税近5亿元；服务业增加值占地区生产总值95%；全年新增企业265家、个体工商户446户。

【月星卡子门广场3周年店庆】 7月16日，由南京家具行业协会、南京市消费者协会、南京电视台生活频道栏目组、南京月星国际家居广场联合举办"南京民生喜爱的十大套房家具品牌"和"南京民生喜爱的十大软体家具品牌"评选启动仪式暨南京月星卡子门广场3周年店庆开幕盛典在月星家居卡子门广场隆重举行。市工商行政管理局局长马和欣、雨花台区工商行政管理局局长王庆、月星集团副总裁朱桂洲等参加启动仪式和开幕庆典。

【小尾羊火锅正式营业】 8月9日，国内著名餐饮连锁品牌小尾羊火锅阅城商业街店正式营业。小尾羊火锅是全国著名餐饮连锁品牌，产品全部由内蒙古配送。小尾羊阅城商业街店总投资400万元，经营面积700平方米，内设258个座位，5个包间。

【永辉超市落户明发商业广场】 3月30日，永辉超市签约落户明发商业广场。永辉超市是中国大陆首家生鲜农产品引进现代超市的流通上市企业，永辉超市明发商业广场店由永辉超市股份有限公司投资建设，投资1亿元，营业面积约2万平方米，集农副产品、粮油及制品、日用百货、家用电器及电子产品于一体的大型仓储式卖场。

【明发东方院线五星级影院建成营业】 9月，明发东方院线五星级影院建成营业。该影院由中国电影集团公司投资建设，为南京市南部新城核心区内首家一流五星级全数字化豪华影城。该影院位于明发商业广场C区(全家总动员区域)，建筑面积约7000平方米，投资6000万元，拥有10个影厅，1500余坐席，设有豪华情侣双人座、数字化3D立体电影、TMS中央控制播放系统，影城采用SR.D数码环绕立体声还音设备。影厅全部采用人性化设计的高档座椅，全方位为顾客提供优质服务。 (郑昱杰)

宁南汽贸区

【概　况】 2011年，宁南汽贸区办公室加强重点税源、重点企业经济税收分析，将全年任务倒逼月度、季度税收计划，分解到每家企业。通过经济与税收关系观察税收质量，锁定税源管理薄弱环节；汽贸区办公室定期走访了解企业经营状况，随时掌握企业纳税动态，宣传税收法规、政策，提高企业纳税意识和自觉性；及时为企业解决经营、纳税中遇到的各类困难，在涉及玉兰路拓宽等拆迁工作时，全力安抚企业情绪，帮助企业对上协调，处理好经营与拆迁关系，保证企业正常经营，实现指标稳中有升。年内，汽贸区实现固定资产投资4100万元，完成年目标102.5%；实现汽车整车销售3.1万辆，销售额98亿元，完成年目标100%；实现税收入库2.09亿元，完成年目标123%，同比增长26.6%；一般性预算收入完成6659万元，占年计划133.2%;三产增加值6.2亿元，完成年度任务。

【新增注册企业17家】 1月，江苏新奥通汽车销售服务有限公司在辖区注册，注册资金500万元，投资建设郑州日产汽车专卖店，3月正式营业；8月，南京保福利投资有限公司投资1200万元进行保时捷汽车展厅装修升级工作，预计2012年1月交付使用；汽贸区综合服务大楼3~4层约3200平方米楼宇招商工作正常推进；配合金飞龙做好其二期约2000平方米的楼宇招商选资工作；新注册南京丰盈典当有限公司，注册资金3000万元，正式营业。至年末，汽贸区注册有限公司50万元以上5家、个体12家。

【郑州日产汽车专卖店正式营业】 3月，郑州日产汽车专卖店正式营业，该专卖店占地面积2500平方米，投资500万元，是郑州日产汽车在南京地区唯一4S形象店，授权经营郑州日产品牌的NISSAN皮卡、PALADIN、锐骐、御轩、奥丁、帅客、凯普斯达，NV200系列车型，集销售、维修服务、二手车、精品附件装潢、车友俱乐部等全方位为广大汽车消费者服务。

【举办银行企业洽谈会】 6月，汽贸区办公室与雨花软件园、赛虹桥街道、西善桥街道等6家单位联合举办7场银企对接会，分别与民生银行、南京银行、招商银行、交通银行等十多家金融单位进行交流与沟通。至年末，140家企业通过银企洽谈会和工商联及商会牵线与有关银行建立长期合作关系，融资2.19亿元。

【丰盈典当有限公司营业】 8月，南京丰盈典当有限公司营业，该公司位于雨花软件大道20号金飞龙旧机动车市场，注册资金3000万元。公司经国家商务部批准成立，为特种融资企业，专门为个人或其他经济组织提供民品、动产、房地产以及其他财产权利典当、质押、抵押贷款业务。业务涵盖房产、汽车、炒股资金放大、黄金珠宝、数码产品、设备物资、有价证券等质押典当和鉴定评估、咨询服务等，以专业水准为中小企业、个体工商户、大众百姓提供规范便捷融资服务。

【奔驰4S旗舰店落户宁南汽贸区】 12月21日，南京宁星汽车销售服务有限公司奔驰4S旗舰店落户宁南街道汽贸区，并于同月底开工建设。该项目位于卡子门大街69号，占地面积9240平方米，建筑面积2.3平方米。南京宁星汽车维修服务有限公司是南京市唯一经梅赛德斯—奔驰中国有限公司授权的奔驰4S店。公司2003年4月成立，注册资本250万美元，由中国汽贸、江苏天泰贸易有限公司、江苏中天投资发展有限公司合资组成。 (袁　洋)

雨花年鉴 2012

对外经济及港澳台贸易

综　　述

【概　况】2011年，雨花台区创新招商引资和外经外贸工作思路，大力宣传推介中国(南京)软件谷，吸引大批国内外著名软件企业入驻该区，全年重点抓好软件开发外包、研发设计外包、物流外包和业务流程外包等领域，全力打造软件服务外包新兴行业，加大对外贸易出口和对外承包劳务工作力度，推动全区招商引资、外经外贸工作又快又好发展。全年实现招商签约项目总投资200亿元，完成年计划154%；新增注册资本45亿元，完成年计划150%；规模以上项目150个，完成年计划150%；实际利用外资1.2亿美元，完成年计划120%；服务外包执行额8.34亿美元,完成年计划119%，其中离岸执行额4.81亿美元，完成年计划127%；出口总额22.8亿美元，完成市目标100.4%。

【港资真维斯公司获“第七届中国服装品牌成就大奖”】3月28日，由中国服装协会主办，中国服饰报等多家单位联合举办的“第七届中国服装品牌年度大奖颁奖典礼”在北京举行。驻区港资真维斯公司，凭借市场知名度、品牌文化，获最高奖项“第七届中国服装品牌成就大奖”。中国纺织工业协会会长杜钰洲出席并为真维斯国际(香港)有限公司董事长杨勋颁奖。

【“春牛首”踏青节签约项目总投资21.38亿元】4月9日，2011年南京雨花“春牛首”踏青节在板桥新城莲花湖公园开幕。键桥通讯、国睿软件园、恒天伟智能、欧帝科技、奔驰4S店、江苏安普物联科技、明发广场永辉超市、江苏雨花城镇银行、南京三普造粒装备扩建等9个涉及投资咨询、商场、酒店、房地产行业的内外项目在开幕式上签约，总投资21.38亿元。其中，永辉超市投资1亿元进驻明发商业广场；投资1亿元的键桥通讯项目征地1.32平方米，从事专网通讯技术解决方案；国睿集团投资2亿元在雨花经济开发区建造国睿软件园，占地近4公顷。

【中闽百汇(南京)商贸有限公司设立】6月，中闽百汇零售集团有限公司在区设立。该公司投资总额2000万美元，注册资本1000万美元，其中由中闽百汇零售集团有限公司以1000万美元外汇出资，占公司注册资本100%。该公司从事纺织、服装及日用品、文化体育用品、五金交电、卫生洁具、电子产品、工艺美术品(不含文物)、家具、金银首饰、散装食品、预包装食品等批发及零售，同时租赁、管理场地和柜台。注册地址雨花台区玉兰路99号1号楼。经营期限30年。预计2012年上半年开业。

【中兴软创获国家电子发展基金项目资助】10月，南京中兴软创科技股份有限公司“移动支付安全中间件研发及产业化”项目中标工信部电子信息产业发展基金资助1000万元。该项目是年内区发展和改革局扶持和壮大驻中国(南京)软件谷软件企业，为企业提供全方面“保姆式”服务，对上积极争取政策和资金扶持，助推企业发展的成功范例。该项目预算投资6000万元，预计建成后可新增销售收入3000万元、利税968万元。

(刘小楚)

2011年南京雨花“春牛首”踏青节开幕式

引进和利用外资及港澳台资

【概　况】 2011年,雨花台区商务及有关部门拜访企业或客商约500家,接待到访各类客商咨询、考察约500批次,发放各类宣传资料1.5万份。捕获项目信息近500条、有价值项目信息300余条,新捕获项目信息经联系洽谈并成功签约项目374个;在手在谈项目信息155个,总投资200亿元,其中亿元以上大项目40个;组织各类招商活动60余次,重点宣传推介中国(南京)软件谷;组织"2011南京雨花'春牛首'踏青节""2011中国·南京重大项目投资洽谈会暨重大项目推介会和签约仪式""2011中国·南京金秋经贸洽谈会"等重大节会参会工作和项目签约工作,参加"2011中国(南京)国际软件产品博览会"专场活动和"2011中国·南京金秋经贸洽谈会"雨花专场活动,发放各类宣传资料1000余份,接触新客商300余人,签约项目28个,其中在2011中国·南京金秋经贸洽谈会期间,雨花台区签约项目15个,涉及到资金、人才、项目三大类,投资项目以软件业为主,包括深港产学研基地、研祥高科技控股集团有限公司、江苏合成物联网科技有限公司等10家企业,总投资36亿元;派出4名招商人员在深圳市组织为期一个月驻点试点工作,联系企业,捕获项目信息,开展招商活动;聘请20名国内外社会各界及各行业协会、商会有影响力人士作为全区招商顾问,在区招商引资工作中发挥积极作用,全年引荐项目信息近百条。

【泰景医疗(江苏)有限公司落户雨花台区】 2月26日,泰景医疗(江苏)有限公司落户雨花台区赛虹桥街道小行社区。该项目由香港泰景集团与江苏安科科技发展有限公司共同发起,投资额1.1亿美元,主要从事X射线胶片自动冲洗机、胶片影像处理系统、X射线胶片观察装置、医用X光胶片等Ⅰ类医疗器械研发和生产,高场强超导型磁共振设备(MRI)、X射线计算机断层摄影设备(CT机)等医用成像设备核心部件及整机研发,销售自有产品,医疗设备及相关产品技术咨询。项目注册资本5500万美元,泰景集团有限公司现汇出资5225万美元,占公司注册资本95%。

【德盈集团虹悦城召开新闻发布会】 3月16日,德盈集团虹悦城在金陵饭店召开项目新闻发布会并举行商家签约仪式,沃尔玛、麦当劳、中影院线等一批国内外知名企业签约入驻,成为首批商家。副市长李琦、区委副书记戎保忠、副区长周雯出席发布会,230户商家、企业出席会议。虹悦城由香港德盈集团旗下全资子公司南京德盈置业有限公司开发,位于赛虹桥街道应天大街与长虹南路交界处,建筑面积35万平方米,为德盈广场商业配套项目,集大型超市、零售百货、餐饮、娱乐于一体。

【国际名品直销广场落户开发区】 6月8日,国际名品直销广场落户雨花经济开发区。市、区领导李侃桢、王国亮等,美国太空总署顾问、美国环境总署咨询委员会主席、美国GD商业地产有限公司董事保罗·佩洛西出席签约仪式。签约仪式由副市长、雨花台区委书记李侃桢主持,开发区工委书记王德洋与美国太空总署顾问、美国环境总署咨询委员会主席、美国美国GD商业地产有限公司董事保罗·佩洛西签署项目合作意向书。国际名品直销广场集世界百家以上知名时尚品牌购物、商务会所、餐饮文化和休闲娱乐为一体,投资1亿美元,注册资金3000万美元,占地13公顷。

【明发商业广场启动运行】 12月28日,苏宁电器、中影国际、汇豪国际、铭丰国际酒店用品城、速8快捷

明发商业广场十大主力商家开业庆典

酒店、蓝湾咖啡、乐满堂 KTV、如家快捷酒店等十大主力商家在南京明发商业广场举行开业庆典活动。南京明发商业广场是宁南商贸区核心项目，位于火车南站规划核心区域，紧邻麦德龙、百安居和宁南汽车贸易区，2007 年由明发集团（香港）有限公司投资 20 亿元建设，占地面积 35 公顷，建设用地 18 公顷，建筑面积 42 万平方米。至年末，永辉超市、中闽百汇、澳洲祁利酒店运营公司 3 家注册千万元以上企业落户，签约明发之星 KTV、汇豪国际 KTV、爱贝大西洋儿童软体游艺、侏罗纪儿童动漫体验馆等一批服务业项目。（刘小楚）

商务部副部长钟山视察苏豪交易分团展位

对外、对港澳台贸易和经济合作

【概　况】 2011 年，雨花台区加强指导和服务出口企业，利用政策支持外贸企业开拓国际市场，加大对外承包劳务工作力度，切实为外商投资企业提供良好生存环境，圆满完成全年外经外贸任务。全区出口总额 22.8 亿美元，完成市目标 100.4%，同比增长 12.1%；对外承包劳务营业额完成 2394 万美元，完成市计划 101%，提前完成市局下达目标任务。至年末，全区具有对外贸易经营资格企业 210 家，有出口实绩企业 88 家。超 1 亿美元企业 4 家，分别是江苏苏豪国际集团股份有限公司、江苏舜天船舶股份有限公司、江苏舜天国际集团机械进出口股份有限公司、上海梅山钢铁股份有限公司。全区具有对外承包工程和劳务资质企业 2 家，分别为南京建工集团和南京中兴软创科技有限公司，建工集团进入海外承包工程前期市场调研期准备阶段，暂无营业额。中兴软创在 2010 年独立承接境外合同 7 单，业务涉及越南、老挝、法国、刚果、海地等国，其中在越南签定的 2 单通讯工程合同，总额达 2567 万美元，2011 年执行该合同约 93.3%。

【苏豪集团参加第 21 届华交会】 3 月 1~5 日，第 21 届中国华东进出口商品交易会在上海浦东新国际博览中心举行。江苏苏豪交易分团组织苏豪国际集团股份有限公司下属的服装、经贸、丝绸、轻纺、技贸和南通等公司参展。华交会上，江苏苏豪交易分团根据华交会日本和韩国客人较多特点，优化和调整参展商品结构，精选适销对路商品，以名品、新品和精品参展；装修和布展服装、名优家纺展位，突出展品特色化、专业化和系列化，深受客商好评。开幕式后，商务部副部长钟山在江苏省商务厅副厅长笪家祥等领导陪同下，视察苏豪交易分团展位，详细询问苏豪集团的进出口情况，肯定苏豪集团参展工作。

【南京建工集团开发澳大利亚旅游城镇开发项目】 7 月，省发展和改革委员会核准南京建工集团有限公司在澳大利亚投资 Laguna Whitsundays（降灵岛拉谷娜度假社区）综合开发一期工程项目。8 月，国家发展改革委外资司对该项目核准文件予以登记。南京建工集团在立足国内市场的同时，大力发展外向型经济，主动参与国际竞争。位于澳大利亚大堡礁地区 Laguna Whitsundays 包括高尔夫、别墅、酒店、码头、海滩游乐场、国际机场和商业街区综合性现代化城镇开发项目，是建工集团在境外投资的最大项目，投资总额约 40 亿元。占地 2640 公顷。

【完成出口总额 22.8 亿美元】 2011 年，区商务局协助企业申请 2011 年省级中小企业国际市场开拓资金 19 万元，完成市级外贸企业信用保险、质押贷款等扶持资金申报工作，帮助外贸企业充分利用国家和地方各项扶持、奖励政策，为开拓国际市场提供有利支持。全区出口总额 22.8 亿美元，其中江苏苏豪国际集团股份有限公司、江苏舜天船舶股份有限公司、江苏舜天国际集团机械进出口股份有限公司、上海梅山钢铁股份有限公司等4家企业共完成出口12.4亿美元,占全区出口总额54.4%。

【113家外商投资企业年检】 2011年,外商投资企业参加2010度年检113家,投资总额8.08亿美元,注册资本5.32亿美元,协议利用外资4.09亿美元,注册外资实际到账3.87亿美元。全区外商投资企业实现销售收入88.78亿元,纳税总额8.44亿元,联合年检工作完成。

【纺织进出口公司获“对外援助物资项目A级实施企业资格”】 2011年,江苏苏豪集团子公司即江苏省纺织工业(集团)进出口有限公司取得国家商务部授予的“对外援助物资项目A级实施企业资格”。江苏省纺织进出口公司于2004年即获得对外援助项目B级实施企业资格,经过多年不懈努力,公司规模、管理等各方面均跨上新台阶,多次参与商务部援外项目实施,取得突出成绩。 (刘小楚)

服 务 外 包

【概　况】 2011年,雨花台区把招商重点放在软件开发外包、研发设计外包、物流外包和业务流程外包等领域。吸引国际知名服务外包公司落户和跨国公司业务转移到雨花台区,培育扶持面向国内外资企业、欧美和日韩市场软件外包出口基地,承接数据处理、信息技术服务、软件开发设计和企业管理业务流程外包等业务,推进技术研发、工业设计、医疗服务、法律服务和咨询服务等高端接包业务发展。结合区软件产业发展优势,发挥华为软件、中兴通信、中电十四所等龙头企业集聚效应,梳理对接知名服务外包发包商和承接商,加快引进一批规模较大、影响和示范带头作用明显的国际服务外包及软件出口龙头企业。全年实现服务外包执行额8.34亿美元,完成年计划119%,其中,离岸执行额4.81亿美元,完成年计划127%。全年新增服务外包孵化面积2.5多万平方米,服务外包企业55家,服务外包建筑面积35万平方米,软件外包园区约40万平方米,从业人员2万人。东软、海辉、文思创新等5家企业获得“2011年中国服务外包领军企业”称号,中兴软创、江苏润和、诚迈科技等5家企业获得“2011年中国服务外包成长型企业”称号,富士通南大软件连续7年入围中国软件出口和服务外包20强排行。是年,区外包产业被市商务局、市财政局评为一等级,并获工作经费30万元,用于开展2012年区服务外包各项工作。

【新增10家服务外包企业】 2011年,区商务局瞄准重点地区、重点企业,通过多种形式、多种途径,加大宣传推介和专题招商力度,结合区软件产业发展优势,依托区内中兴、华为、东软等龙头企业集聚效应,对知名服务外包发包商和承接商逐个进行研究对接,加快集聚一批规模较大、影响和示范带动作用明显的国际服务外包及软件出口龙头企业,年内新增博彦科技、特维软件、橙红科技、嘉环科技等10家服务外包企业。

【服务外包人才培训】 2011年,区内有服务外包培训机构4家,其中南京东软人才培训中心2011年获得“江苏省服务外包人才培训基地”和“南京市服务外包培训中心”称号,为区内服务外包产业发展提供强有力的人才保障。3月,区政府联合市商务局主办“‘雨花软件园杯’南京市大学生服务外包创意大赛暨就业对接会”,区内企业文思创新、软通动力、东软集团与96位优秀参赛选手签定用工意向协议。

【东软实训成为江苏省国际服务外包人才培训基地】 3月,由东软实训申报的江苏省国际服务外包人才培训基地正式获得江苏省外商务厅和财政厅批准。东软集团自2000年进入南京发展以来,得到江苏省、南京市及雨花台区各级政府部门大力支持。自2007年开始,东软集团就和江苏省内的高校进行人才制培养,为东软及其他从事服务外包的企业输送高质量软件人才。2009年,东软南京实训中心建立,加大东软集团与省内高校合作力度,加强学员工程实践能力培养。为此,南京市工商联软件商会特邀请东软实训中心为商会副会长单位,持续为南京服务外包企业发展提供规模化、高质量软件人才。

【2011江苏国际服务外包对接洽谈会召开】 5月23日,由江苏省经济信息委员会联合美国FIC咨询有限公司、国际软件合作体系、雨花软件园等多家单位举

办的2011江苏国际服务外包对接洽谈会在金陵江滨会议酒店召开。花旗银行、苏黎士信托等15家欧美一流发包企业和40余家江苏本地外包接包企业及江苏集群、润和、南大富士通等国内国际知名企业等十余家驻区企业代表参加会议。洽谈会旨在促进全省软件和信息服务业发展,拓展国际外包市场,增强江苏企业接包能力,为本地企业创造更多接包机会。会上,雨花软件园和美国FIC咨询有限公司、国际软件合作体系共同签订《中美互动型服务外包合作协议》。

【组团参加第四届中国国际服务外包合作大会】 6月8~10日,第四届中国国际服务外包合作大会在南京国际博览中心举行。雨花台区组织华为、中兴、东软等10家企业参加展览展示,组织江苏润和、文思创新等20家区内企业100人次参加大会14场专场活动。大会期间,区商务局与浙大网新科技、浪潮集团、大连华信等120家国内外企业洽谈,接待到区考察的中国—加拿大IT协会、维多利亚教育咨询集团,与加拿大家盛科技集团等12家企业达成初步投资意向;区内企业接洽发包企业100多家,达成接包意向5000余万美元。

6月8~10日,第四届中国国际服务外包合作大会

【申报各项服务外包扶持资金2254.11余万元】 2011年,区商务局落实中央、省市各项优惠扶持政策,制定和完善鼓励扶持区内企业政策,帮助企业申报各项服务外包扶持资金。上半年组织4家企业申报2009年度省级国际外包产业发展专项引导资金300万元;组织4家企业和1家培训机构申报2011年度商务部人才培训资金278万元;下半年组织江苏润和软件股份有限公司、南京富士通南大软件技术有限公司、南京中兴软创科技股份有限公司、南京文思创新软件技术有限公司等4家服务外包企业,申请“2010年度南京市国际服务外包专项资金”1676.11万元。

【中兴通讯离岸开发中心启动】 9月23日,中兴通讯离岸开发中心启动仪式暨南京橙红信息、南京绛门通讯ODC揭牌仪式在郁金香软件大厦举行。区委常委、统战部部长杨昌生,中兴通讯业务研究院院长陆平等企业高层出席仪式并为活动剪彩。离岸开发中心(ODC),可帮助各种规模公司利用离岸开发人才提高生产效率并减少运营开支。在离岸开发中心平台下,软件研发人员无需带电脑,电脑主机靠云计算技术提供后台技术支撑和保障。同时,发包企业与接包企业可以在平台进行技术交流、技术跟进等,改变以往的“单打独斗、一盘散沙”局面,集聚软件研发能力,分享软件研发技术。参加揭牌的南京橙红信息、南京绛门通讯两家企业是中兴通讯的主要接包企业,两家企业原先分别在北京、广州。为加强与中兴业务合作、节约运营成本,两家企业把公司搬到雨花台区。(刘小楚)

雨花年鉴 2012

旅　　游

综　述

【概　况】 2011年，雨花台区旅游工作围绕建设现代化创新型生态新城区目标，整合区域内旅游资源，策划开发旅游产品，推介旅游线路，打造雨花城市休闲游品牌，举办南京雨花“春牛首”踏青节、雨花生态休闲节，完成梅山宾馆升“三星”、旅行社备案、智慧旅游营销平台搭建。全年接待游客642万人次(含雨花台风景区556万人次，南京科技馆64.6万人次)，旅游直接收入4108万元。是年，雨花台区旅游局被市旅游园林局评为2010年度市旅游统计先进单位，被市“平安景区”创建工作领导小组评为2011年度市平安景区创建先进组织单位。

【召开旅行社管理工作会议】 1月18日，区旅游局在铁心桥街道福音饭店召开2011年全区旅行社管理工作会议，区内10家旅行社参会，会上就《最高人民法院关于审理旅游纠纷案件适用法律若干问题的规定》(该规定于2010年9月13日由最高人民法院审判委员会第1496次会议通过，自2010年11月1日起施行)作详细阐述，该规定明确人民法院予以受理的相关事项，从定义上首次明确什么是旅游者、什么是旅游经营者和旅游辅助服务者的概念。会议对于正确审理旅游纠纷案件，依法保护当事人的合法权益起积极作用。

【首个“中国旅游日”活动启动】 5月19日，雨花台区首个“中国旅游日”活动正式启动。是日，区旅游局组织各景区开展便民、惠民服务，南京科技馆、浡泥国王墓风景区免费对外开放，将军山风景区门票八折优惠。

【卓以强祭拜驻外使节九烈士墓】 5月31日，菊花台公园正南坡，前驻外使节九烈士墓前，烈士卓还来★(前驻外使节九烈士之一)之子卓以强在父亲墓碑前祭拜并敬献鲜花。

★链接　卓还来烈士：1945年7月6日，抗日战争胜利前夕，被日寇秘密杀害于山打根机场，时任中国驻山打根领事馆总领事。卓还来曾为支援祖国抗战，奔走于海外国际友人和各界爱国侨胞间，募集大量的捐款和物资。菊花台前驻外使节九烈士墓于1982年经南京市人民政府批准，由雨花台区进行修正，恢复原貌，建文物陈列室和照壁，现为江苏省文物保护单位。

【开展旅游景区安全生产月活动】 6月，区旅游局按照区政府要求，开展旅游景区安全生产月活动。活动期间检查各景区游乐设施、食品卫生、公共安全、消防设施，查看应急处置预案、安全责任制台账，安全生产责任制落实状况，排除隐患3处。

【参加安全知识培训】 6月21日，区旅游局组织10家旅游企业参加南京市旅游园林局举办的安全知识培训，市公安消防局、市交通局安全管理专家结合旅游行业特点，从理论和实践角度讲解《中华人民共和国安全生产法》《中华人民共和国道路运输条例》《道路旅客运输及客运站管理规定》《关于加快和规范我省旅游客运市场发展的通知》等方面知识。通过培训，旅游企业管理者全部做到“三知道”，即：知道旅游企业安全职责范围；知道本旅游企业安全工作存在哪些薄弱环节和隐患、知道本旅游企业存在不安全隐患是否整改到位、整改到哪一步。

【参加“2011年南京旅游嘉年华”活动】 9月25日，区旅游局组织辖区旅游景区人员参加市旅游园林局在新街口正洪街广场举办的“2011年南京旅游嘉年华”活动，其间现场发放旅游宣传资料4000份，解答市民提问500人次。南京科技馆借助该活动平台，发布“十一”黄金周系列活动——少儿模特大赛表演赛、“吉姆的工场”科普表演、儿童科普剧《蔬菜精灵》表演时间表，公布免费开放事项及各大团购网站团购实惠信息，有效促进旅游资源互通互享，扩大雨花旅游知名度。

【10家旅游商户进入网络营销平台】 9~10月，区旅游局按照南京市“智慧旅游”建设统一部署，邀请10家信誉好的旅游企业免费加入中国移动公司12580旅游网络营销平台，该10家企业为雨花台区首批加盟平台商户。通过平台通讯运营商庞大用户基数及全覆盖的通讯网络，推介旅游企业的旅游产品和旅游优惠信息，为旅游企业营销手段提供新的尝试。

【开展“清剿火患”大检查】 11月，区旅游局对辖区内20家旅游企业开展旅游行业“清剿火患”大检查，检查20人次，检查总体状况良好。各旅游企业均按要求配备灭火装置，用火用电用气管理措施到位，消防安全责任到位。

【中国候任驻文莱国大使到区考察】 12月12日，中国驻文莱候任大使郑祥林一行到雨花台区考察。副区长迟延安向郑祥林一行介绍区软件产业发展现状及浡泥国王墓保护现状，郑祥林表示，南京之行进一步了解文莱国历史沿革、民俗文化和风土人情，到任以后，将更加致力于推动两国的文化交流与经济合作。

雨花台风景区

【概　况】 2011年，雨花台风景区围绕“运作雨花台，转型求发展”工作思路，实现从单一爱国主义教育基地向综合的纪念性文化公园转变。年内，完成烈士纪念馆陈列改造，恢复二泉饭店服务游客功能，重启古高座寺山门，维修纪念碑地坪，建设丁香花园及西干道景观栈道，基础功能不断完善。全年接待游客585.9万人次，景区主要区域继续保持AAAA级水准，安全生产无事故。是年，雨花台风景区被全国红色旅游工作领导小组评为全国红色旅游先进集体，被江苏省住房和城乡建设厅评为窗口单位优质服务提升年竞赛活动先进集体，被江苏省旅游局评为江苏省旅游工作先进集体、江苏省旅游优质服务奖、南京市市级机关作风建设(2009~2010年度)人民满意单位。

【“正气乾坤”廉政教育馆揭牌】 1月27日，全国首批廉政教育基地——“正气乾坤”廉政教育馆揭牌仪式在雨花台烈士陵园展览馆举行。市委常委、市纪委书记龙翔，省纪委副书记王中远出席揭牌仪式并讲话。“正气乾坤”廉政教育馆由市纪委、市委党史办、区委、区政府和雨花台烈士陵园管理局联合打造，以“馆中馆”形式与雨花台烈士纪念馆融为一体。展馆面积约200平方米，分“一心为民的生命追求”“廉洁奉公的品格风尚”“矢志不渝的理想信念”等六部分展区，运用声、光、电等科技手段和现代艺术表现手法，展示邓中夏、恽代英等革命先烈勤廉风采、崇高精神、光辉事迹和人生历程。

【举行各界人士清明凭吊活动】 4月2日，江苏省暨南京市各界人士清明凭吊革命先烈活动在雨花台烈士陵园纪念碑广场举行。凭吊活动由省委常委、市委书记杨卫泽主持，省委书记、省人大常委会主任罗志军，省委副书记、省长李学勇，省政协主席张连珍等与老红军、老战士代表、雨花台烈士家属、省精神文明先进单位干部职工代表、在宁高校学生代表、中小学生代表2000余人参加。该活动同时拉开了全省纪念中国共产党建党90周年各项纪念活动的序幕。

【烈士纪念馆陈列改造工程竣工】 6月29日，雨花台烈士纪念馆陈列改造工程竣工。该工程总投资6000万元，于1月10日正式立项，2月底完成招投标并正式开工。陈列改造工程包括5000平方米装饰布展、1032平方米大跨度玻璃幕墙建筑建设和布展、3000平方米景观绿化以及南门泵房建设等10余个项目。新一轮陈列布展以“为中华民族之崛起”为主题，由序厅、基本陈列、光荣厅、专题厅和幸福厅5个版块组成，陈列170位烈士事迹，刻上英名榜烈士2401位，并展示一批新征集照片、实物等文物史料。是日，纪念中国共产党成立90周年暨雨花台烈士纪念馆新馆开馆揭幕仪式在纪念馆广场举行。

【举办公益性档案夏令营活动】 8月2日，由南京市档案局(馆)、共青团南京市委和雨花台烈士陵园管理局共同举办的“留住红色记忆，憧憬美好未来”公益性档案夏令营开营仪式在纪念馆举行。市档案局局长梁洁、团市委书记单晓峰等出席，全市60余名中小学生参加。夏令营组织学生们参观南京市第二历史档案馆、浡泥国王墓风景区和抗日战争史料陈列馆，并开展读书征文演讲。

【重启古高座寺山门】 9月29日，南京高座寺道场中兴山门重启对外开放聚缘会举行。南京市佛教协会副会长、灵谷寺住持传静法师，南京市佛教协会副会长、栖霞寺首座曙光法师，中国佛学院栖霞山分院副院长兼教务长、清凉寺住持理海法师，高座寺住持达莲法师共同为山门洒净开光。高座寺位于雨花台景区名胜古迹区内，始建于东晋时期，原名“甘露寺”，曾是古城金陵名寺之一。历史上屡经修缮、损毁，最终荒凉破败，门庭冷落。解放后，高座寺曾作为雨花石展览馆使用。2010年12月被市民宗局批准为合法宗教活动场所，并延请达莲法师住持高座寺。

【香港新闻访问团参观烈士纪念馆】 10月28日，叶洁英、梁嘉仪率香港特区政府新闻访问团成员20人以及国务院港澳事务办调研员彭婕、国家行政学院培训中心谷新峰、江苏省港澳事务办公室处长王晓庆等到雨花台烈士纪念馆参观，访问团一行对新布展的烈士纪念馆给予高度评价。 (彭 超)

将军山风景区

【概 况】 2011年，将军山风景区以营销工作为重点，紧跟网络销售的潮流，与拉手网、满座网等团购网站合作，推出团购销售，利用网站资源，对景区活动进行广告宣传，年内直接入园1000人次。同时注重营销管理和营销人员培养，不断提高人事管理能力，做好考核工作。进一步增强员工技能及服务意识，提高服务质量，为游客提供更好服务。

【开展“户外生态”活动】 2011年，将军山风景区针对市场特点和热点，策划、组织“踏青节”“啤酒节”“烧烤节”等户外生态活动，开展“大手拉小手亲子游”、“植树游”等系列活动，“亲子游”带动家庭游和幼儿园团队游。“植树游”促进家庭游提升和单位团队活动欲望。“植树游”期间植树400余棵。

【加强内部制度管理】 2011年，将军山风景区新制定“用电管理规定”“踩点收退费流程”“物品采购制度”“外部人员入园制度”等，修改“办公及劳保用品管理制度”“公司车辆管理规定”“员工就餐管理制度”等文件，实行设备设施巡查制度，规范管理的持续性和计划性。

【全年未发生一起安全事故】 2011年，将军山风景区把安全工作作为重点考核项目，严格要求，杜绝任何安全事故发生。坚持每月检查维护消防器材和防护网，加强设备设施日常检查维护，特别是预防性检查维护，旺季做到每日必检，发现隐患及时排除。全年未发生一起安全事故。

旅游节庆活动

【概 况】 2011年，雨花台区以服务大局、服务发展、服务企业为方向，突出“2011中华文化游”主题，围绕全区“3+2”产业定位，在传承传统节庆活动的基础上，开展形式多样的旅游、商贸、文化等系列活动。年内举办第12届南京雨花“春牛首”踏青节、第四届南京雨花生态休闲旅游节、第四届雨花生态休闲节等大型节庆活动。

【举办“春牛首”踏青节】 4月9日，由区政府、市旅游园林局、市农业委员会主办，区委宣传部、区农业局、区文化局、区商务局、板桥新城管委会承办的第12届南京雨花“春牛首”踏青节在板桥新城莲花湖公园举行，市有关领导、学生及社区群众500余人参加并观看文艺演出。“春牛首”踏青节活动历时26天，辖4个双休日。活动期间开展雨花台区重大项目签约仪式、“激情雨花与你同行”中国·雨花软件人才狂欢节、“走进雨花，放飞梦想”千名大学生雨花体验之行、“牛首春之约”雨花软件人才专场联谊会、“生态雨花欢迎你” 中国雨花城市休闲游新线路首发仪式等系列活动。活动期间吸引游客7万人次，实现旅游直接收入610万元，招商引资21.38亿元。

【举办第四届雨花生态休闲节】 9月28日，第四届雨花生态休闲旅游节开幕式在铁心桥街道尹西社区凤翔新城广场举行，区领导、区相关部门、街道负责人和社区近千名居民参加。开幕式向区内10名雨花形象宣传员发放聘书，推介雨花精品旅游线路，启动“看雨花新貌，展软件新姿”一日游，南京科技馆、将军山风景区、渤泥国王墓景区被分别授予雨花生态休闲(科技)游基地、雨花生态休闲(自驾)游基地、雨花生态休闲(文物)游基地。该活动历时33天，辖4个双休日。活动主题：魅力雨花，休闲乐土。活动结合国庆节以及2011中华文化游年，开展“看雨花新貌，展软件新姿”生态雨花一日游、“梅花香里杯”美食烹饪大赛、板桥潇雅轩“鱼乐无限”垂钓活动、雨花生态休闲自驾游、2011年南京第四届雨花生态休闲旅游节闭幕式专场文艺演出等系列活动。活动期间各景区接待游客6万人次，旅游收入200万元。 (祁 栋)

工　业

综　　述

【概　况】 2011年，雨花台区制定并实施生物医药产业、文化创意产业发展规划，建立健全资金扶持、创新技术、知识产权保护、营销推广等为一体产业支撑发展机制；围绕研究开发、成果转化、营销服务等关键环节，推进生物医药创新园、中医药健康产业园等重点项目，推动生物医药产业规模总量和发展质量大幅提升；大力发展互联网、动漫、数字出版等产业，以国家数字出版基地、南京互联网产业园等为载体，引进高端文化企业，加速文化创意产业向高层次、高附加值发展，培育发展生物医药、文化创意产业等战略性新兴产业。全年，实现地区生产总值202.5亿元，同比增长13.4%；实现地方一般预算收入26.1亿元，同比增长26.6%；三次产业结构调整为0.2:44.8:55。全年完成规模以上工业总产值287.2亿元，同比增长25.1%，其中高新技术产业产值占规模以上工业产值比重较上年提高8个百分点；工业增加值78.4亿元，可比价增幅7.6%(现价增幅13%)；主营业务收入265.5亿元，同比增长19%；实现利税16.5亿元，同比增长41.3%；利润7.62亿元，同比增长37%；完成工业投资63.1亿元。

重点工业行业增长较快。全区25个行业大类产值排名前5位为黑色金属冶炼及压延加工业、非金属矿物制品业、金属制品业、通用设备制造业、交通运输设备制造业，全年完成工业总产值172.7亿元，平均增长27%。其中非金属采矿业增幅最高，完成产值1.3亿元，同比增长108.5%；文教体育用品制造业增幅最慢，完成产值1.5亿元，同比增长-46.5%。

重点工业企业业绩良好。产值排名前10位的工业企业分别是江苏雨花集团有限公司、南京中船绿洲机器有限公司、南京华润热电有限公司、南京梅山能源有限公司、南京高精齿轮集团有限公司等企业，全年实现工业总产值117.2亿元，占全区工业总产值的40.8%，比上年同期平均增长21.6%。其中，江苏东大集成电路系统工程技术有限公司增长最快，全年实现产值5.4亿元，比上年同期增长47.2%。

重点工业项目推进顺利。2011年，雨花台区40个重点工业项目，完成工业投资63.1亿元，其中结转项目投资23.9亿元。中电十四所产业基地二期、南京丰盛新能源材料项目、威特曼研发项目二期、丰盛大族科技研发项目二期等项目建成或投产；轴承厂项目一期、长江能源集团总部一期、华士电源项目一期、华润电厂热能项目一期等重点工业项目推进顺利。

软件产业保持快速增长。软件谷一期45平方千米控制性详规和产业发展规划编制、logo(徽标)形象征集等工作基本完成。软件产业规模持续放大，全年实现软件及信息服务业销售收入520.6亿元，同比增长69%；新引进软件企业55家，新增软件产业面积43.1万平方米；新引进软件产业从业人员1.7万人，总数达6万人；新增认定软件企业26家，新增认定软件产品72件；实现服务外包执行额8.3亿美元，同比增长43.4%，其中离岸外包执行额4.8亿美元，同比增长41.8%。

节能降耗扎实推进。全区规模以上工业企业综合能源消耗153.37万吨标准煤，实现工业增加值78.4亿元，同比现价增幅13%。年综合能耗5000吨标准煤以上8家重点用能企业，总能耗143.2万吨标准煤。全年实现万元工业增加值能耗2.26吨标准煤，同比下降6%。

2月，梅山矿业公司首批外购原矿进入选矿全工艺流程

【粉煤灰综合利用】 2011年，雨花台区关闭2家砖瓦企业。5家生产非粘土新型墙体材料企业年产量(折标)3亿块，年利用粉煤灰19.1万吨，产品掺灰率70%以上。全区实际完成用灰量36.1万吨，完成年计划144.8%。其中，建材企业用灰32.1万吨、修筑道路用灰4万吨。11家粉煤灰综合利用企业实现销售收入7亿元，实现利润4568.5万元。是年，该区8家新墙材企业通过市资源认定委员会年检核定工作，减免增值税1505.3万元、所得税239.2万元。

2011 年雨花台区资源(粉煤灰)综合利用企业年检(核定)一览

表 17

认定证书号	企业名称	产品名称	综合利用资源名称
苏综证书 2011 第 14 号	南京建茂新型建材有限公司	非粘土烧结多孔砖	煤矸石
苏综证书 2011 第 16 号	南京华润热电有限公司	脱硫石膏、热力、商品粉煤灰	烟气脱硫、工业余热、粉煤灰
苏综证书 2011 第 19 号	南京梅山钢渣处理有限责任公司	铁	转炉渣
苏综证书 2011 第 73 号	南京科隆新型建材有限公司	混凝土多孔砖	粉煤灰、碎屑
苏综证书 2011 第 74 号	南京坤宇水泥复合材料有限责任公司	砂浆	粉煤灰、转炉渣
苏综证书 2011 第 90 号	南京嘉盛混凝土有限公司	商品混凝土	粉煤灰、选矿废石、选矿粉末
苏综证书 2011 第 91 号	南京宏洋雨花混凝土有限公司	商品混凝土	粉煤灰、采选矿废渣(选矿废石)
苏综证书 2011 第 92 号	南京汪海混凝土有限公司	商品混凝土	选矿废石、选矿粉末、粉煤灰

【关闭 6 家三高两低企业】 2011 年,雨花台区有8 家“三高两低”(高投入、高消耗、高污染,低水平、低效益)企业列入全市整治范围。区政府成立由主要领导挂帅的优化工业布局和整治“三高两低”企业工作领导小组,制定首批“三高两低”污染关停搬迁企业实施方案,明确梅山小化工园内 6 家化工企业实施关停、2 家化工企业实施搬迁。至年末,关闭南京御水科技有限公司等 6 家企业,拆除相关生产设备;梅山化工总厂有限公司和曙光硅烷化工有限公司等 2 家搬迁企业完成六合化工园新厂房建设安评、环评公示,并启动特种设备拆除准备工作。

【实施千企升级计划】 2011 年,雨花台区按照“以园区建设平台,以平台招揽人才,以人才集聚产业,以产业支撑发展”要求,围绕规模升级、创新升级、管理升级、绿色升级、人才升级和信息化升级等 6 方面推进“千企升级”(3 年培育 1000 家小企业实现各种形式和阶段性转型升级,进入规模以上企业行列)工作。至年末,全区新增规模以上工业企业 38 家,新增亿元以上工业企业 13 家,新增高科技企业 12 家,新增企业技术中心 2 家,研发费用投入占比 3.79%;新增企业专利申请量 1706 件, 新增企业承担全国标准化委员会 1 个(玻纤院)、企业参与制定国际国家标准 19 个、创建名牌产品企业 8 家(其中省级 1 家、市级 7 家);新增上市企业 1 家、实施 ERP(制造资源管理系统)计划企业 110 家、“两化融合”重点项目 11 个,创建节能和循环经济示范工程 2 项,培育循环经济试点企业 3 家,推进清洁生产企业 4 家;引进领军人才 22 人,高层次技术创新人才 41 人。

【淘汰落后产能与节能降耗工作】 2011 年, 雨花台区加大淘汰落后产能和节能降耗力度,关停古雄砖瓦厂、江安墙体材料有限公司和南京伟业织造有限公司等 3 家企业。同时加快推进重点企业节能技术改造,推广节能新技术、新工艺和新设备。南京华润热电有限公司实施高铁南京南站供热工程, 满足南站高效、舒适、节能环保要求,同时提高公司机组效率;投资 190 万元改造 3 号和 4 号机闭冷水泵变频系统,预计年节电 17%左右、节约标煤 500 吨。

【南京智汇健康产业园建设】 2011 年, 南京国际健康产业园获市政府批准、由南京医药股份有限公司承建。该项目位于雨花台区小行尢家凹 1 号,为原南京压缩机厂厂区,总投资约 8 亿元,规划占地面积 15.67 万平方米,通过改建、扩建、新建后建筑面积可达 17.2 万平方米, 是赛虹桥街道生物医药产业龙头项目之一。项目营运范围包括第三方体检中心、高端医疗保健中心、生物医药研发及孵化中心、健康文化博览中心、休闲养生区、酒店会所区、总部商务办公区等。5 月,总部办公楼开工建设,整个园区建设工期 3 年。至年末,完成一期 4 万平方米改扩建工程。南京筑康医药有限公司及其下属 5 个子公司、南京医药药事服务有限公司、南京国药医药有限公司等 5 家企业入驻园区,南京医药、中药材期货数字交易中心平台和脑部健康检测中心等项目进入洽谈阶段。

【威特曼生物科技(南京)有限公司二期项目投产】 4 月,威特曼生物科技(南京)有限公司二期项目正式投产。该项目位于西善桥街道总部经济楼, 总投资

6000万元,建筑面积7000平方米。威特曼生物科技公司主要从事临床生化诊断技术产品研制、生产、销售,有8个系列品种,供应国内各大医院临床使用。

（龚健灵）

【生物医药产业发展】 2011年,雨花台区强化政策引导,鼓励兼并联合,支持科技创新,扶持药品零售连锁发展,促进企业做大做强。全年,新注册医疗器械生产企业产品35个(康普3个、波音特12个、威特曼20个);新注册成立零售连锁企业总部1家(江苏奇冠),连锁门店43家,同比增长4%;新办医疗器械生产企业2家、医疗器械批发企业7家、药品零售企业7家。该区生物医药产业逐步形成以传统中成药生产、现代医药物流、医疗器械体外诊断试剂研发生产为特点的快速发展格局。 （杨　涛）

【南京泰融生物医药创新园落户】 8月31日,南京泰融生物医药创新园项目落户,完成税务登记和工商注册。该园区由南京医药产业集团投资兴建,是全省唯一1家特色生物医药创新园区,位列南京市科技项目第六位。项目位于小行丁树村,占地面积2.87公顷,注册资金1亿元,其中项目一期计划投资6.5亿元。泰融生物医药创新园主要从事新药、生化试剂技术研发、转让咨询和管理。至年末,一期工程开工建设。

【中兴软创获国家电子发展基金项目资助】 9月,南京中兴软创科技股份有限公司“移动支付安全中间件研发及产业化”项目,中标国家工信部电子信息产业发展基金项目1000万元。成为继2009年“软件即服务(SaaS)质量测评系统”中标后,再次获国家电子发展基金项目资助。整个项目预算投资6000万元。

2011年雨花台区十大开、竣工工商业项目

表18

序号		项目名称	建设内容	项目投资情况(万元)	
				计划总投资	当年投资
合计				869200	217500
一、开工建设项目	1	轴承厂项目一期	汽车轴承、变速箱轴承研发生产,占地面积4公顷,一期建筑面积2万平方米	17000	10000
	2	江洋贸易总部一期	杰来总部,占地面积4公顷,总建筑面积6万平方米,一期3万平方米	30000	15000
	3	长江能源集团总部一期	总部、物流结算及科技研发中心,总占地面积4.67公顷,总建筑面积7.3万平方米,一期3万平方米	100000	20000
	4	华士电源项目一期	车辆配套大功率辅助电源、核心自动化电气设备为主的研发生产,占地4公顷,一期建筑面积3万平方米	15000	10000
	5	奥拓电子项目一期	LED、金融电子信息发布与系统研发、生产,占地1.67公顷,一期建筑面积2万平方米	18000	15000
	6	建成国图软件项目一期主体	数据测绘、网络工程类研发,占地面积1.27公顷,总建筑面积2.4万平方米,一期2万平方米	5000	4000
	7	泰通科技二期	铁路专网无线通信、轨道研发生产,占地1.8公顷,总建筑面积2.1万平方米,二期0.7万平方米	7000	2500
	8	华润电厂热能项目一期	敷设至高铁南京南站供热管道系统,全长15千米	20000	15000
	9	紫荆广场商业项目	占地约2.67公顷,建筑面积约10万平方米	70000	5000
	10	南京恒鹏科技大厦	研发总部楼宇,建筑面积7000平方米	6000	4000
	小计			288000	100500

续表

序　号		项目名称	建设内容	项目投资情况(万元)	
				计划总投资	当年投资
二、竣工项目	1	中电十四所产业基地二期主体	军工总装车间，雷达、电子系统等国防军工研究与生产，二期建筑面积2万平方米	300000	15000
	2	华驰软件研发及服务外包基地项目主体	软件研发，占地2公顷，建筑面积2.2万平方米	8000	3000
	3	南海生物研发基地一期	总部研发，占地6.87公顷，总建筑面积13万平方米，一期建筑面积3万平方米	15000	6000
	4	丰盛大族科技研发项目二期	软件研发及商务办公，建筑面积2万平方米	20200	5000
	5	汉庭连锁酒店阅城旗舰店	占地0.27公顷，建筑面积约9000平方米	8000	8000
	6	南京大能总部商务楼	占地面积0.33公顷，改造面积7400平方米	12000	12000
	7	南京丰盛新能源材料项目	新能源、新材料研发生产，占地2.67公顷	7000	7000
	8	威特曼研发项目二期	生物医药研发、生产、销售	6000	6000
	9	德盈国际商贸广场	商业开发，建设面积3万平方米	155000	40000
	10	南京中医药国际健康产业园项目三期	医药研发，三期改造面积2万平方米	50000	15000
	小　计			581200	117000

（龚健灵）

驻区企业选介

·南京华润热电有限公司·

【概　况】 2011年，南京华润热电有限公司(以下简称南京华润)首次实现全年无直接非停及以上事件，实现3个百日无事故，累计安全生产2770天。高铁南京南站供热工程建成投用，管线运行蒸汽品质稳定。全年完成发电量51.33亿千瓦时，创造建厂以来最高发电纪录，较控股执行预算超发1126万千瓦时、较经信委计划电量超发2031万千瓦时；累计完成供电煤耗330.45克/千瓦时，综合厂用电率5.5%，供热35.14万吉焦；综合能耗88万吨，同比下降3.65%。

是年，南京华润热电有限公司被国家电力监管委员会江苏省电力监管专员办公室授予2011年度电力节能减排先进单位，被市政府授予"'十一五'污染减排工作先进集体"；被市安全生产委员会授予"南京市2011年度安全先进单位"，被市禁毒委员会、市易制毒化学品协会联合授予"南京市易制毒化学品五星级单位"称号，被市长江河道管理处授予"2011年度取水管理先进单位"称号。

【通过环保部"十一五"检查】 1月22日，环保部"十一五"二氧化硫减排核查组在江苏省环保厅厅长姚晓晴、南京市副市长陆冰等陪同下，到南京华润现场检查二氧化硫减排情况。检查组听取该公司2010年二氧化硫减排工作汇报；实地察看135兆瓦和330兆瓦脱硫集控室，全面排查和检验脱硫系统设备启停操作、调阅脱硫历史数据、标准气体检测CEMS（在线烟气分析仪)等。检查组仔细核对生产与脱硫运行台账及脱硫运行、达标排放考核情况，肯定该公司脱硫系统运行和CEMS维护等环保管理工作，一致同意通过检查。

【通过国家电监会节能减排工作检查】 3月11日，国家电力监管委员会节能减排工作督查组一行8人，到南京华润检查节能减排督查工作。督查组听取南京华润"十一五"期间节能减排情况汇报，分2个工作组分别核查环保、节能方面有关报表及历史数据，并到135兆瓦机组和脱硫集控室现场检查、比对，重点核查供电煤耗、厂用电率、二氧化硫排放量、脱硫系统投运率和效率等指标。督察组认为：该企业通过一系列技术改造，实现供电煤耗和厂用电率下降，3号、4号机组供电煤耗数据达同类绿标水平；企业职工减排管理意识较强，环保基础管理较好，脱硫设备运行正常、可靠性好、无异常，满足减排要求。一致同意通过检查。

【3号机组B级检修竣工】 4月1日06时39分,南京华润3号机组顺利并网发电，较计划工期提前近90个小时,宣告历时41天的3号机组B级检修工作结束。2月19日,3号机组B级检修工作正式启动,其中核心项目DCS(分布式控制系统)、主要继保工作由南京华润自行完成,其余项目全部外委。外委项目分13个标段,11个单独外委项目,借工6人,所有外委人员约350人。检修期间,南京华润每周召开3次检修策划会,各专业及外委单位汇报各自安全、质量、进度和文明生产情况,公司协调处理检修工作中出现问题,在保证安全、质量前提下确保检修进度不突破节点,安全、优质、按期完成3号机组B级检修任务。

3号机组B级检修

【2×330兆瓦机组3号脱硫系统增容改造竣工试运行】 5月23日,南京华润2×330兆瓦机组3号脱硫系统及公用系统增容改造工程竣工投入试运行。该系统2005年投入商业运行,随着运行时间延续,系统性能下降,脱硫效率受到影响,不能满足环保排放要求。2011年2月,3号脱硫系统增容改造项目启动施工,工程要求在锅炉燃用设计煤质含硫量1.85%标准工况下,处理全烟气量时脱硫保证率不小于95%,在保证锅炉长期安全运行前提下,适当提高现有脱硫系统脱硫能力,确保烟气二氧化硫达标排放。工程包括在原有烟气脱硫工艺基础上改造各工艺系统、电气系统、控制系统等。施工、调试、试运过程中,建设单位全力协调、总承包单位精心组织、项目单位尽心监督,确保质量管理、进度控制和各专业交叉作业顺利开展,实现与主机同步投运目标,增容改造工程按期竣工投入运行。

【迎峰度夏反事故演习举行】 6月17日13:30,南京华润举行2011年度迎峰度夏反事故演习。参与演习人员包括机、电、炉、化、脱硫、燃料等6个专业及2个值(演习值、监护值)80多人。演习内容为"3号机组因外线故障跳机导致全厂用电中断、135兆瓦液控蝶阀间遭到水淹造成循环泵跳闸严重事故",15:00演习结束。随后演习值、监护值及相关发电部专业人员总结和点评演习情况。综合部张彪和黄建明全程监护演习,并点评和肯定演习过程。

【进煤码头技改工程获试生产核准】 10月19日，南京华润进煤码头技改工程获试生产核准。10月12日,省环境监察局和市环境保护监察支队,到公司现场监察进煤码头技改工程。省市环保领导听取进煤码头技改工程立项、环评与批复、建设情况等汇报,询问应急预案制度、固废处理等落实情况,并检查码头现场主体设备、防尘治理、污水收集与排污管道等,肯定码头设施完善,并于1周后下达试生产核准通知,同时确定试生产3个月内提交工程验收。

该项目位于雨花区板桥镇西端长江南岸，技改前为1进煤泊位5000吨浮码头，技改后包括2个5000吨级进煤泊位固定码头（水工建筑物兼顾1万吨级散货轮靠泊作业)，由码头平台、1号固定引桥、2号固定引桥、皮带机栈桥及皮带机廊道等5部分组成。整个工程经省发改委核定投资9200万元,2009年10月26日正式开工,陆域土建工程2010年6月30日完工,水电气、设备安装2010年12月25日调试结束。

南京华润热电卸煤码头技改工程施工场景

【高铁南京南站供热管线建成投用】 12月12日,高铁南京铁路南站供热管线冲管调试工作结束,标志高铁南京铁路南站供热工程建成并投入使用。南站供热工程由南京华润承建,2010年10月8日动工建设,投资1.5亿元。该项目创造全国供热工程6项纪录:一次性建设线路最长23千米,一次性冲管长度最长15千米,蒸汽吹扫调试时间最短5天23千米,管道温降最小每千米小于7℃,途经地形最复杂(9条道路、3条河道、2条铁路、1座山、1座水库),管道铺设形式最多(低架、高架、拱管、直埋、顶管、穿越、钢桁架、和悬索桥跨越)。管线运行以来,蒸汽品质稳定,在国家铁道部组织的全国新建50多个铁路站区检查中,南京铁路南站暖通系统效果最好。

【签订《南京河西新城区集中供热框架协议》】 12月26日,《南京河西新城区集中供热框架协议》签约仪式在南京国际博览中心金陵会议中心举行。南京市副市长(兼河西指挥部指挥长)陆冰、市住建委副主任兼河西指挥部副指挥长徐巍、华润电力控股有限公司助理总裁兼江苏分公司总经理胡敏、南京华润热电有限公司总经理佟科学等出席签约仪式。协议约定,遵循"统一规划、分片开发、分期实施"原则,至2013年底前南京华润完成一期工程[河西新城区中部CBD二期(含金融城)350万平方米以及河西新城科技园];河西新城区南部青奥城(含青奥村、青奥中心)170万平方米以及海峡城集中供热管线及配套设施建设,每一期完成后即可进行下一期工程开发;2014年向河西新城区域集中供热用气量不少于100吨/小时,以后逐年增加,至2016年集中供热用气量到350吨/小时。该项目成为南京华润成功向高铁南京南站供热后又一个重大供热项目。 (陈 丽)

·南京梅山能源有限公司·

【概 况】 2011年,南京梅山能源有限公司(以下简称能源公司)围绕梅钢公司760万吨发展规划,抓好发电、供热生产和配套扩建工程,完成各项生产任务。全年发电14.36亿千瓦时,比上年同期增长32.45%;实现营业收入9.63亿元,利润2706万元,完成降本增效项目效益3448万元。合理安排锅炉、发电机组检修计划,及时调整系统运行方式,全年烧高炉煤气31.3亿立方米,烧转炉煤气2.8亿立方米,分别比上年同期增加5.9%和102.1%,高炉煤气实现零放散目标。全年未发生人身伤害和操作、设备事故,主要污染物实现环保达标排放。

【开展专项示范作业区建设】 5月,能源公司开展"专项管理示范作业区"创建活动,设立绩效管理、现场5S(整理、整顿、清扫、清洁、素养)管理、安全管理、TPM(全员生产维修)管理、计划值管理和岗位培训等6个专项示范作业区,编制活动推进计划,发布成果交流。其中,"余热发电及管网作业区"成为梅钢公司5S现场教学培训点。

【6号锅炉投运】 6月23日,能源公司6号220吨/时全烧煤气锅炉投运。该锅炉为梅钢公司760万吨钢配套工程项目之一,主要用于燃烧富余高炉煤气发电和供热。2010年7月开工,建设工期1年。

【220吨/时锅炉脱硫项目开工建设】 8月,能源公司

220 吨/时锅炉脱硫项目开工建设。该项目根据公司减排目标和计划,经过多次方案论证和前期准备,项目投资 5277 万元。采用干式脱硫法,在 1 号和 3 号 220 吨/时锅炉分别增设 1 套烟气脱硫装置,设计脱硫效率 90%以上,出口二氧化硫浓度≤100 毫克/标方,出口粉尘浓度≤30 毫克/标方。10 月完成土建施工,年末进入设备安装和调试阶段。

【能源管理体系认证工作启动】 2011 年,能源公司根据梅钢公司开展能源管理体系(GB-T2331)认证总体部署,成立体系认证工作领导小组和工作小组,完成能耗源和能效因子辩识及控制措施制定,完成 A 类和 B 类基准值与标杆值制定工作,制定《重点能源设施管理办法》(MAZ10002)等有关文件,并辩别、获取和遵守国家相关法律法规、标准,年内进入试运行。

(金　嵩)

·上海梅山钢铁股份公司·

【概　况】 2011 年,上海梅山钢铁股份公司(以下简称梅钢公司)产铁 393.12 万吨、连铸坯 386.37 万吨、热轧板卷 360.37 万吨。梅钢公司继续实施上年开工建设 JNX3-70 焦炉 2 座、4070 立方米大型高炉 1 座、450 平方米烧结机 1 台、二炼钢系统和 1 条 1780 热轧生产线等年产钢 760 万吨工程,计划投资 115.19 亿元。是年,公司被工信部列为国家工业和信息化运行形势指数企业,通过江苏省两化融合试点企业认证。

【梅山区域一体化运营】 8 月 18 日,梅钢公司与梅山公司 (2 个公司均均为上海宝钢集团下属公司)召开干部大会,宣布梅钢、梅山区域实行一体化运营,由梅钢公司负责管理梅山公司,并整合安排两公司领导班子,提升梅山地区区域发展整体竞争力。9 月 9 日,再次召开干部大会,宣布职能部室一体化管理整合方案和有关领导人员任职决定。至年末,梅山区域各企业完成一体化运营全部手续和变更,进入实质运营。

【开发新品 21 个】 2011 年,梅钢公司新品试制 79.7 万吨,新产品转产效益 1.5 亿元。其中,热轧新产品拓展 10 个品种,主要为高强汽车结构、精冲钢、低温冲击集装箱和其他专用钢产品。年内,热轧新品试制 1.68 万吨、热轧新产品试制 59.76 万吨,新产品比例 24.11%。高强焊接气瓶用钢 B540HP 开发满足气瓶行业用钢减薄要求。冷轧品种开发 11 个牌号。新 T4 产品开发,解决边浪问题,实现 100%替代原 T4。热镀锌自润滑产品试制 1500 吨。普冷家电重点开发焊管 BHG2、“以钢代铜”空调管等产品。

【S460 厚规格高强度结构钢轧制成功】 2011 年,梅钢公司 S460 厚规格高强度结构钢轧制成功。该新钢种主要用于制作高强度钢板桩工程建设材料,产品力学性能要求高、屈服强度大,同时要求冷弯成型性好。公司有关部门和生产单位多次技术梳理轧制工艺,制定详细轧制方案和岗位操作要领,成功轧制 11.2×1080 毫米和 10.0×1080 毫米 2 个规格产品 246 吨。各项控制精度达到预期目标,性能检测指标均达到工艺要求。

【节能降耗研究取得成效】 2011 年,梅钢公司开展节能降耗研究。铁前系统,着眼高炉稳定顺行为基础,聚焦 150 公斤/吨煤比目标;炼钢系统,确立低成本转炉冶炼和无缺陷铸坯生产技术两大主题,开展区域创新系统策划推进;冷轧系统,开展“冷轧板形系统优化”项目策划。“热轧加热炉模型研究应用”项目推进顺利,调整后模型基本符合热轧生产需求,其中各段炉温命中率由 50%左右上升到 80%左右;“低成本炼铁”项目,探索球团矿使用后高炉操作技术,煤比稳定在 150 公斤/吨。

【环境管理体系运行】 2011 年,梅钢公司一批新增节能环保项目施工和投入运行。25 兆瓦余热发电机组进入桩基施工;1 号、3 号锅炉新增烟气脱硫设施年底基本完成设备安装,3 号烧结余热回收系统改造完成余热锅炉基础施工,进入钢架吊装;5 号烧结机烟气脱硫项目与 5 号烧结机同步投入运行。公司推进投入运行环保设备分级管理,完善《环保设施分级及功能精度管理项目名录》《环保设施分级管理办法》,将一级环保设施从 18 个提高到 24 个,有效提高环保设施功能管理精度。关注现场环保设施运行状况,提高维护和点检力度。定期开展 3 号、4 号烧结机烟气脱硫装置运行管理和点检维护,为完成二氧化硫排放总量控制指标发挥关键作用。公司存在环境风险点 11 个、问题点 37 个,实施分层级管理,将环境风险与 A 类环保问题,纳入公司级重点监控推进。每月编制并发布环境风险监控提示报告，重点关注电厂二氧化硫、北排口废水、粉尘无组织排放等风险点。开展年度环境因素识别评审，识别环境因素2515项。其中，公司级重要环境因素23项，分别制定控制措施。制定《2011年环保绩效评价考核实施细则》，从环境状态管理、环保设施管理、环境污染控制管理、厂容绿化管理等4方面设置考核评价指标30项、激励指标1项。

【首次完成欧标镀锡板出口合同】 3月21日，梅钢公司完成GIORGIO FANTI SPA（意大利乔治奥·凡提）公司20吨欧标镀锡板出口合同。该出口合同为公司承担的首份欧标合同，欧标对锡层铅含量、表面质量、力学性能等要求极高，公司专业技术、质检等有关人员全程跟踪，优化和完善关键工艺参数；操作人员严格执行操作规程，确保合同按时、按质完成。至年末，公司按期完成该合同出口任务。

【钢渣处理、脱硫渣粒铁回收生产线开工建设】 6月，梅山公司钢渣处理、脱硫渣粒铁回收生产线开工建设。该项目投资约5600万元，用于综合处理冶金固废和回收渣钢粉、渣铁粒、渣铁粉等；羡慕完成后减少尾渣排放30万吨。

【新增5号烧结机】 12月6日，梅钢公司5号烧结机投产。该项目2010年8月20日开工建设，投资4.5亿元，设计年产463万吨烧结矿。项目包括新建1台450平方米烧结机，以及配套建设余热回收、除尘系统、熔剂破碎、配料混合、筛分及相应皮带运输系统等设施。9日，5号烧结机生产烧结矿1.42万吨、台时产量590吨、利用系数1.315吨/小时·平方米，作业率99.65%，均超过设计能力。设备运行总体稳定，烧结矿质量、成份基本稳定，投产4天达到设计能力目标。与5号烧结机同步投入运行的烟气脱硫系统采用烧结机烟气循环流化床干法脱硫工艺，具有系统无腐蚀、无废水外排、占地面积小、投资少、烟囱无“白烟”等优点。 （傅伯隆）

·宝钢梅山矿业有限公司·

【概　况】 2011年，宝钢梅山矿业有限公司（以下简称梅山矿业公司）落实“做优矿业，建设‘国内一流、国际先进’矿业企业”总体要求，深化零缺陷管理，推进基层基础工作。编制《绿色矿山建设三年行动方案》，明确公司未来3年城市绿色矿山建设方向；开展“国家级绿色矿山试点单位”申报工作，顺利通过江苏省国土资源厅专家组审查。构建“八个一流”（建立一流、先进效率矿山模式，培育一流、先进企业员工队伍，创建一流、先进安全管理水平，打造一流、先进市场竞争能力，构筑一流、先进数字矿山体系，探索一流、先进节约发展方式，铸造一流、先进优秀企业文化，树立一流、先进绿色矿山形象）指标体系，形成系统分析、诊断、修订长效机制。深化数字矿山建设，围绕数字矿山规划，开发生产统计和采矿辅助配矿系统。“金属矿山智能生产管控物联网应用示范工程”获省级财政资金支持。安全生产、环境经营、成本改善、技术创新、项目建设等方面取得成效，全年生产铁精矿222.2万吨，完成年初预算102.9%；实现机电产品销售收入4463万元；化工生产克服二系统改造困难，全年实现销售收入7443万元；外部资源利用取得突破，加工外购原矿10.96万吨；年末，二期延伸主体工程投产。是年，梅山矿业公

新烧结

老烧结

12月26日,梅山矿业公司二期延伸主体工程投产

司蝉联第四届全国冶金矿山“十佳厂矿”企业,通过“国家级绿色矿山试点单位”初审,并成为江苏省第二批绿色矿山试点单位。

【外销铁精矿110.28万吨】 2011年,梅山矿业公司根据市场变化,调整操作策略,加强与同行矿山联系,同时关注钢厂采购、经营情况,及时踩准市场节拍调价,与行情保持一致。深入客户作业现场,与客户生产技术部门加强交流,第一时间了解客户生产经营情况和梅山精粉库存信息,确保销售发货及时。定期与铁梅公司沟通车皮计划及车皮组织情况,克服铁路运输季节性、方向性困难。全年外销铁精矿110.28万吨,完成年初预算125.8%。

【三大重点工程项目竣工】 2011年,梅山矿业公司二期延伸工程克服时间紧、任务重等困难,倒排各分项工程节点,统筹实施井建与安装等主要环节,完成2号主井降段转换、负420米水平铺轨架线、设备安装等重点工程,完成掘进量1.65万立方米、支护0.82万立方米,12月26日实现主体工程投产。推进山景尾矿库建设,加强与地方政府、企业协调,及时解决施工中出现各类问题,全面完成38千米管线敷设任务,库区工程施工基本完成,12月23日成功向库区输送清水,具备试生产条件。塌陷区整治工程于8月4日与雨花台区政府签订《征地房屋拆迁事务办理协议》,公司在整治过程中化解众多矛盾和困难,年末完成拆迁任务,工程进入扫尾阶段。

【降本增效1.11亿元】 2011年,梅山矿业公司以项目化运作方式推进低成本战略,实施领导人员课题改善活动,将指标完成情况纳入领导人员绩效考核,推进班组成本课题改善活动,确保成本改善重点项目有序推进。全年确立19项梅山公司管控课题、35项矿级重点课题、39项厂级重点课题、184项班组级课题,实现降本增效1.11亿元。

【城市绿色矿山建设】 (参见“生态环境建设”类目,第123页)

【职工创新工作室命名挂牌】 2011年,梅山矿业公司相继成立“陈鸿翠、胡利民、马少华、杨兆孟、宁宇”等5个以员工姓名命名的创新工作室。工作室集合高级技师、技师、中高级专业管理人员等技术骨干力量,在合理化建议、班组课题改善活动开展基础上,推动岗位员工创新创效活动开展,提炼和总结具有独特性、先进性、操作性及普及推广价值的先进操作方法,并向技术秘密和专利转化。是年,宁宇创新工作室发明的“一种强磁机冲洗卸矿装置”获第20届全国发明展览会金奖。

【首批外购原矿进入选矿流程】 2月16日,梅山矿业公司首批外购原矿2.3万吨运抵运翔码头,并进入公司选矿厂工艺流程。该批外购原矿是从秘鲁进口的高品位高硫磁铁矿,其性质和公司自产原矿接近,适合原有选矿工艺流程,与公司自产矿混合后,直接进行选矿作业,无需改变原有工艺。高品位外购矿进入选矿流程后,大幅度改善公司选矿指标,降低选矿比,提高金属回收率,降低生产成本。公司选矿厂等单位组织力量,全面跟踪生产流程,动能部检测站将原先每2小时取1次样,改为每小时取1次样,分析工艺样品元素、物相化验,全元素分析铁精矿,为生产提供数据指导。

【化工制酸二系统点火试生产】 4月15日，化工公司制酸二系统异地大修改造工程竣工，焙烧炉点火试生产。硫酸二系统装置自1995年建设，投产运行15年，多处主体设备和管道老化、腐蚀严重，影响产能发挥和成本控制，带来安全生产隐患。2010年6月，大修改造正式动工。2011年3月1日，老系统停产，开始拆旧和新系统安装、对接，试生产后1个半月时间内达产达效。该项工程主要改造净化、干吸、转化、电器设备等，包括将原有自控系统升级到DCS集散控制系统，利用计算机实时监控系统参数等。大修改造新增透平机、热埋刮板机、电除尘等设备设施，实现硫酸生产稳定、经济、高效运行，提升自动化水平和劳动效率。系统正式投入运行后，硫酸生产能力从150吨/天增加至180吨/天，年增利润105.48万元。同时，充分回收硫酸生产中的高、中温位热能，将产生中压蒸汽用于发电，年效益576万元。生产过程中污染物排放减少，硫利用率以及水循环利用率得到提高。

【建矿50周年庆祝活动】 12月30日，是梅山矿业建矿50年日。梅山矿业公司以“忆矿史、鼓干劲、促发展”为主题，策划开展“编纂一本《十年志》、出版一份《梅山矿业通讯》矿庆特刊、编制一本企业形象画册、组织一次职工书画展、开展一次全员劳动竞赛、召开一次大型座谈会、举办一台主题文艺晚会”等“七个一”矿庆活动，回顾矿山50年艰苦创业、奋发创新、勇创一流历史，弘扬矿山精神，激发员工建设“国内一流、国际先进”矿业企业热情。 (顾美兰)

梅山矿业建矿五十周年座谈会

·南京中船绿洲机器有限公司·

【概 况】 2011年，南京中船绿洲机器有限公司(以下简称绿洲公司)将“抢订单”作为经营工作重中之重，实施“宁让价格，不让市场”经营策略，最大限度承接合同订单，提前1个季度完成28亿元订单年度目标任务。全年完成工业总产值23.2亿元，同比增长5.2%。

技术、工艺创新及管理工作。全年，绿洲公司完成60吨双拼吊机设计开发、工信部“大型海洋工程装备深水定位系泊工作系统研究”项目技术设计、1600千牛/米转叶式舵机样机试制、工信部“新型船用碟式分离机及燃(滑)油供应系统研究”项目等技术创新。开展吊机和锚绞机底层漆及中层漆国产化配套、薄铝型材成型工艺研究、碟片制造新工艺研究等14个工艺项目创新研究工作。全年制、修订标准18项，其中国际标准6项、行业标准6项；组织申请并获受理专利5项，获专利授权10项。

企业管理基础工作。年初，绿洲公司成立成本审计部，加强成本预算、外购产品价格管理控制及内控制度建设，优化财务及成本控制管理。修订完善《产品实名制管理办法》。改进绩效考核分配机制，注重薪酬结构调整，稳定人才队伍。开展《安全生产标准》和《中央企业安全生产九项禁令》宣传贯彻，规范操作行为。推进信息化建设工作，完成一期进销存、财务模块实施并运行稳定；完成生产管理解决方案测试与确认，并推进实施。是年，公司被国家人力资源和社会保障部、中华全国总工会、中国企业联合会、中华全国工商业联合会评为“全国模范劳动关系和谐企业”。

【折臂伸缩式起重机研制成功】 2011年，绿洲公司完成4吨·5米折臂伸缩式起重机装配和试验工作，并交付使用。该起重机由固定臂、一级伸缩臂、二级伸缩臂及伸缩油缸组成,通过油缸动作,带动吊臂伸缩,使吊臂幅角发生变化,进而改变起吊幅度。产品研制初期,公司技术部门将新产品设计任务进行分解,落实具体设计人员,最终用4个多月时间完成全部产品设计和研制生产,确保产品按期交付。

【新型一体化油污水处理设备首创成功】 4月,一种采用国际先进技术的油污水一体化处理设备在绿洲公司环保公司首创成功。该设备长约6米、宽约2米、高2米,首次将国际先进的涡凹气浮技术运用到油污水处理设备当中,并进行改进,增加了加药搅拌混凝等功能,充分保证油污水处理气浮效果,提高各种油污分离性能。首次采用PLC控制系统,为用户提供精准、便捷操作环境,满足用户同时处理重油、柴油、乳化油油污水需求,排放要求达到国际标准。首台油污水一体化处理设备经过近3个月研制及试运行,一次性通过孟加拉国客户验收。

4月,绿洲公司新型一体化油污水处理设备首创成功

【克令吊塔身整体采用数控加工】 年初,绿洲公司研究、改进克令吊塔身整体加工生产工艺,多次试验、不断总结和改进,3月正式采用数控整体加工克令吊塔身。实际检测结果显示,新工艺达到预期效果,各项加工精度均符合图纸设计要求,新工艺加工流程比原加工流程节省7小时。4月起,绿洲公司所有GLB型吊机塔身均应用数控整体加工方式。

【新型船用碟式分离机完成实验】 5月,绿洲公司自主研制的新型船用碟式分离机完成实验,进入最后修正阶段。船用碟式分离机主要用于清除船舶柴油机等设备中燃油和润滑油水分及杂质,减少机械设备磨损,延长使用寿命;同时,可用于分离其他2种比重不同且互不相溶液体,或液体中少量微粒。新型船用碟式分离机取消传统“比重环”调节结构,采用传感器技术实现“油水分界面”调节。该机采用先进的皮带传动结构形式,具有分离效率高、振动小、噪音低、运行可靠、适应物料广、安装空间小等特点。实验过程中,该公司与有关高校、科研院所及企业合作完成高强度、耐腐蚀性强的新型材料攻关及关键零件结构强度模拟优化分析,攻克薄壁不锈钢板成形、关键零件高精度加工、转子高精度动平衡等关键制造技术难关。年末,该产品投放市场。

【主导参与制、修订6项国际标准】 5月27日,第七届国际标准化组织/船舶与海洋技术委员会/舾装与甲板机械分技术委员会(ISO/TC8/SC4)全会在上海举行。会上,公司高级工程师陈建锋代表中国作为ISO“系泊绞车”和“船用拖曳绞车”项目工作组(WG2)召集人介绍甲板机械2项国际标准修订情况,高级工程师瞿音代表中国作为ISO“船用起重设备可拆卸零部件”项目工作组(WG6)召集人介绍起重机可拆卸零部件4项国际标准制定相关情况。公司主导参与制、修订的6项国际标准受到各国专家关注。

【基层技师热线和专线开通】 7月,绿洲公司开通基层技师热线和专线,发挥工人技师技术专长及其在推动企业经济技术创新中作用。公司根据技师专业特长组成若干专业小组,针对基层单位技术瓶颈、难题进行攻关,利用内部OA网和《绿洲报》推广、应用技术创新成果。基层技师热线,结合技师讲堂,有计划地组织开展职工内部培训,搭建技师传授技艺平台,将技术创新成果转化为现实生产力;基层技师专线,将生产一线无法解决的难题,集中公司各单位技师力量共同攻关,找到解决难题办法,实时解决生产过程中遇到的难题。同时,该公司规定,每位工人技师可以结合岗位实际自拟攻关课题,每年至少拿出一项技术创新成果,并评估和考核受聘现场指导技师业绩。至年末,技师热线和专线解决各种问题50余件。

【质量管理体系通过审核】 9月19~23日，绿洲公司质量管理体系再次接受新时代认证中心审核，该项工作是绿洲公司新军标GJB9001B-2009标准建立质量管理体系后第一次接受军品换版审核，并同时接受民品第二次监督审核。审核组依据GJB9001B-2009、绿洲公司2010版体系文件以及相关法律法规要求，采取查阅文件、现场查看、与相关人员交谈等方式审核公司最高管理层等17个单位(部门)。23日，公司质量管理体系通过新时代认证中心现场审核，按照新的军品生产标准执行。

【与麦基嘉签订新一轮合作协议】 11月25日，绿洲公司与瑞典卡哥特科麦基嘉吊机公司签订新一轮合作协议，将合作范围由大吊扩大至小吊、生活吊、软管吊。合同有效期为自签订之日起至2016年12月31日，到期后双方若无疑义，再自动顺延2年，合作范围将从生产货物吊延伸至生活吊和油管吊。协议规定：中国境内所有麦基嘉吊机全部由中船绿洲公司独家生产。麦基嘉吊机公司是国际著名吊机品牌商，绿洲公司与该公司合作关系建立于20世纪80年代，在20多年的合作过程中，合作产品从每年十几台吊机陆续增加至数百台，2011年履约订单同比增长153%。

【与哈特拉帕公司合作生产柱塞式舵机】 11月，德国哈特拉帕公司基于与绿洲公司在锚绞机产品生产、技术、市场、服务上良好合作，将合作范围由锚绞机产品扩大至柱塞式舵机产品，共同研制生产大型船用柱塞式舵机。该舵机扭矩2680千牛·米，油缸高压管路最大压力达420巴，操作灵巧简便，性能稳定可靠，技术上处于国际领先水平。至年末，绿洲公司进入柱塞式舵机制造技术研究，预计首台柱塞式舵机将于2012年3月下线。　(原　芳)

·南京徐工汽车制造有限公司·

【概　况】 2011年，南京徐工汽车制造有限公司(以下简称徐工汽车)围绕"价值营销，专业营销，阵地营销，品牌营销"指导方针，实施"两点一面"(以工程自卸车、专用车为"发展重点"，带动载货车、厢式车、仓栅车和牵引车等"普通物流面")产品战略，打造服务先导、国内国际2个市场齐头并进营销和服务体系，为用户提供更多成套工程解决方案和增值服务，为国内外客户提供满意产品和优质服务，完成年度经营目标。

是年，在全行业增速减缓背景下，徐工汽车抓住重卡行业发展机遇，深化技术改革，调整产品开发结构，不断推出新产品，满足市场需求。至年末，徐工汽车拥有"瑞龙""祺龙"、专用车三大系列数百个产品。年内，混凝土搅拌运输车、自卸车、牵引车为代表的祺龙T系列新品进入市场；专用车底盘实现随车吊、环卫车等领域匹配；起重机驾驶室实现集团内批量配套，国四产品研制取得阶段性进展，全新换代重卡产品开发完成前期准备；非公路重型自卸车投放市场。

【起重机驾驶室实现批量生产】 1月，徐工汽车为徐工重型配套的起重机驾驶室实现批量生产。起重机驾驶室配套项目上年启动，徐工汽车投资建设起重机驾驶室焊接和装配专用生产线、全面改造涂装生产线技术，提升产能，研究并出台具体实施方案；设置产品持续改进、物料采购与配送、成品管理与发运等专门工作机构；实行项目制管理，全力做好物料供应、生产组织、质量控制、产品发运等各个环节工作；同时，采取灵活用工机制解决影响产能的涂装和底盘装配生产工序，确保年内实现批量生产。

【200辆自卸车出口哈萨克斯坦】 2月，徐工汽车与哈萨克斯坦经营商签订200辆3258型自卸车出口大单，刷新公司在该地区单批产品出口纪录。出口哈萨克斯坦自卸车，人性化考虑客户更多需求，将散热器离地高度提高40毫米，通风性好；增加钢化玻璃强度，延长玻璃使用寿命；采用加强型换挡软轴，提高选档、换档可操作性；后桥选用质量可靠的斯太尔桥，能适应零下25度恶劣工作环境，增强使用可靠性。至年末，产品全部发往哈萨克斯坦。

【687台产品发往委内瑞拉】 6月20日，徐工集团—委内瑞拉项目首批790台设备发车仪式在徐工集团徐州经济技术开发区生产基地举行。徐工集团—委内瑞拉项目总价值48.42亿元人民币，徐工向委内瑞拉玻利瓦尔共和国出口6025台工程机械设备，徐工汽车获得其中837台产品订单。在徐工集团首批发车的790台设备中，徐工汽车产品172台，超过1/5。徐工汽车作为徐工集团全面实现能吊能压、能推能挖、能装能运成套工程解决方案的重要组成部分，为全部项目订单中各类工程运输设备提供保证。至年末，前3批687台产品发往委内瑞拉。

【混凝土泵车底盘实现国产化】 6月，徐工汽车自主研发的NXG1330D4KCL2X型6×4混凝土泵车底盘下线,发往徐工建机公司。该产品打破长期以来混凝土泵车底盘被国外厂商垄断局面，徐工汽车在混凝土泵车底盘国产化道路上取得突破，为徐工汽车实现泵车底盘国产化、自制化奠定基础,成为徐工汽车与徐工建机公司合作开发统一品牌泵车产品成功范例。年内,生产配套混凝土泵车底盘1台套，用于上公告和批量生产前工业性考核试验,并进入浙江工地做强化实验。

【祺龙T系列产品发布】 7月26日,徐工汽车祺龙T系列产品发布仪式在南京金陵会议中心举行。祺龙T系列产品定位国内外中高端专用车、工程车和物流用车,覆盖面宽、适应性强,拥有专用车底盘、混凝土搅拌车、自卸车、载货车、牵引车等产品系列。具有自重轻、动力强劲、经济性好、安全可靠等优点。其驾驶室系徐工汽车自主研发、在祺龙K系列基础上改良升级,该款驾驶室采用高顶配置,新增导流罩及导风板,2月在总装车间完成装配。祺龙T系列产品发动机功率覆盖191.1千瓦~338.1千瓦,并针对国内不同运输道路工况、运输条件和环境进行大量模拟仿真设计及试验,全面优化提升徐工汽车技术平台,满足不同用户需求。发布会后,徐工汽车祺龙T系列产品投放市场。至年末,生产20台套。

【徐工集团南京研究院揭牌成立】 7月26日，徐工集团南京研究院（江苏徐州工程机械研究院南京分院)揭牌成立。研究院占地面积3万平方米,投资2亿元,以重卡及专用车整车开发、试验验证能力为核心任务,建设综合科研楼、汽车主要零部件及系统试验分析实验室、整车样车试制及验证中心等,其中包含各种用于汽车研发和检测设备300余台（套),在2013年前形成300人左右高水平综合性研发队伍,为徐工提供重卡、专用车和电子信息研发平台,是国内具备先进研发手段的汽车及相关产业专业研发机构。国家工程机械质量监督检验中心、中国质量认证中心南京分中心、江苏省经信委、中国银行江苏省分行等单位及东南大学、河海大学、机械工业第四设计院等大专院校和研究院所，雨花台区部分委办局、徐工汽车公司供应商代表、经销商代表等各界嘉宾200余人参加揭牌暨徐工全新重卡开发签约、祺龙T系列产品发布仪式。

南京市雨花台区常务副区长孙朝晖在揭牌仪式上致辞

【南京工业职业技术学院就业实习基地挂牌】 10月，南京工业职业技术学院就业暨校外实习基地,在徐工汽车公司新品车间挂牌。该培训基地建立为徐工汽车选拔人才开拓新途径,同时为储备人才提供新渠道;南京工业职业技术学院学生可以结合所学专业在徐工汽车相应岗位进行专业技能培训,达到理论与实践统一。双方在人才培养与就业、共建研发平台等方面展开全方位合作。年内,接收培训学生2批15人。

【非公路重型自卸车亮相北京国际工程机械展】 10月18~21日,第11届中国(北京)国际工程机械展在北京九华国际会展中心举行,徐工汽车设展台200平方米,携随车吊、水泥搅拌车、非公路重型自卸车等3款产品参展。其中,NXG5640DT型非公路重型自卸车为公司最新研发产品,适用于各类矿山、水电工程、基础建设等路况差、作业环境恶劣、特殊重载工况下工程施工运输作业。展会期间,公司发放宣传资料5000多份，接待来自南美、非洲、朝鲜、东南亚、中亚、西亚、俄罗斯等地客户300多人,签约或签订意向书20多份(包括哈萨克斯坦订单、秘鲁订单、阿根廷订单和东南亚、非洲、越南客户意向性谈判等)。

【瑞龙系列混凝土搅拌运输车上市】 11月，徐工汽车瑞龙系列混凝土搅拌运输车上市，成为公司小方量混凝土搅拌运输车平台又一个突破。瑞龙系列整车采用轻量化设计,具有安全可靠、操控性能好、油耗

徐工汽车祺龙 T 系列搅拌运输车

低等特点，性价比突出，适用于隧道、水利等建设工地。至年末，徐工汽车形成祺龙、瑞龙两大产品系列，覆盖 4 立方米~12 立方米上装。

【PLM 项目全面启动】 12 月 2 日，徐工汽车PLM(产品生命周期管理)项目启动。经过前期调研，在考察国内外众多应用系统后，徐工汽车选择拥有丰富信息化管理研发经验的金碟公司江苏分公司，作为徐工汽车 PLM 项目合作方，共同开发徐工汽车 PLM 系统。

徐工汽车 PLM 项目采用金碟 K3 技术系统软件作为研发和技术管理信息化平台，建立面向生产和市场研发体系，实现业务流程电子化，确保产品数据正确性、完整性、规范性及安全性。该项目投入运行后，全过程管理产品数据、研发过程及信息资源，大幅提高徐工汽车研发管理水平和研发效率。年末，项目进入实施阶段。 (高康健)

·南京高精传动设备制造集团有限公司·

【概 况】 2011 年，南京高精传动设备制造集团有限公司(以下简称南高齿)子公司南京高精齿轮集团有限公司(以下简称高精公司)传统齿轮箱传动设备产品，主要提供冶金、建材、交通、运输、化工、航天及采矿等行业客户。冶金齿轮传动设备产品在瑞典 SAPA 公司安装调试成功；建材齿轮传动设备产品与土耳其阿斯希姆公司(AS CEMENT INDUSTRY AND TRADE CORP.)取得业务合作关系，至年末为市场提供功率双分流大型立磨减速机 20 多台套，最大功率 5400 千瓦出口印度，成功率 100%；船用传动设备业务实行产品“打包”理念，提供全套 (齿轮箱+螺旋桨+联轴器+电控系统+液压系统)产品。年内先后参展 2011“中国国际船舶工业博览会”、第 17 届韩国国际船舶海事设备展、上海第 16 届中国国际海事会展、2011 美国新奥尔良国际海洋工程工作船展等，加强船舶领域国际间合作与交流，为公司产品深入拓展国际船舶高端市场奠定基础。公司收购南通柴油机股份有限公司(南通柴油机)，在新加坡注册第一家销售服务公司。2011 年全集团销售收入 71.21 亿元。其中，建筑材料齿轮传动设备、以及其他产品销售分别为 7.01 亿元和 4.66 亿元，同比分别上升 4.8%、120.8%；船用传动设备业务，营业额 2.54 亿元，同比上升 8.2%。至年末，集团获国家授权专利 167 项，其中年内新获国家专利 48 项，提交申请受理审批中专利 45 项。集团在国内率先采用 ISO 1328 和 ISO 06336 国际标准，被科技部列为国家 863 计划和计算机集成制造系统(CIMS)应

南京高精传动设备制造集团有限公司生产车间

用示范企业。先后通过 ISO 9001:2008 质量管理体系、ISO 14001:2004 环境管理体系和 GB/T28001-2001 职业健康安全管理体系认证。是年,南高齿获“全国机械行业文明单位”称号,位居 2010 年中国机械工业百强第 35 位;被授予江苏省机械行业文明单位、江苏省企业创新先进单位等称号;入选 2011~2013 年度江苏省重点培育和发展国际知名品牌企业。公司研发生产的 MLXSS360 两级行星立磨减速机、RZ-I 型热轧板材齿轮箱、切头定尺剪主齿轮箱、有色金属单机架热轧主传动齿轮箱等 4 项产品被江苏省科技厅认定为江苏省高新技术产品。

【建材行业 5 项减速机标准实施】 3 月 1 日,南高齿负责起草的 JC/T 878.1-2010《水泥工业用硬齿面减速机第 1 部分:中心传动磨机减速机》等 5 项建材行业标准全面实施。2009 年,5 项标准通过专家评审,专家一致认定 JC/T 878.1《水泥工业用硬齿面减速机第一部分:中心传动磨机减速机》及 JC/T 878.4《水泥工业用硬齿面减速机第四部分:立式磨机减速机》标准中产品技术性能达到国际先进水平。2010 年 11 月,由中华人民共和国工业和信息化部发布。

【建材设备质量万里行首轮活动】 3~4 月,南高齿启动建材设备质量万里行系列活动。3 月 14 日,公司领导与万里行相关人员首轮行程到达河南天瑞水泥集团有限公司及其旗下各子公司。活动期间,质量万里行人员先后到天瑞水泥集团位于卫辉、许昌、周口、营口、大连、辽阳等 6 地子公司,与客户作沟通与交流,了解南高齿减速机使用情况,并到现场检查减速机使用过程中噪音、振动、温升等各项指标。检查中,发现设备使用过程中电机预留斜平面处未配打定位销造成减速机与电机之间噪音过大等问题,南高齿万里行人员及时给予合理建议并提出解决方案。

【市委书记杨卫泽到公司视察调研】 4 月 12 日,中共江苏省委常委、南京市委书记杨卫泽一行在市委常委、市委秘书长刘以安等有关部门领导陪同下,到南高齿集团风电基地视察调研。集团董事长兼总经理胡曰明向杨卫泽一行汇报企业发展情况和二次创业基本架构,集团党委书记金懋骥、集团副总经理刘建国等参加接待。杨卫泽在胡曰明陪同下参观高速生产基地车间和厂房,赞扬南高齿现代化生产线和国际领先技术水平,希望该公司发挥人才战略作用,发掘和培养先进人才,为企业发展提供动力。

【镇江同舟螺旋桨有限公司新厂开业】 4 月 23 日,镇江同舟螺旋桨有限公司新厂开业典礼在镇江新区举行,标志着中国传动在船用产品格局上形成镇江和南京两大生产基地。。镇江基地主要从事各种船用螺旋桨和铜合金铸件设计制造;南京基地主要生产各类船用齿轮箱、轴系、可调距螺旋桨、侧推、全回转、舵系及甲板机械。镇江市市长刘捍东、中国传动董事会主席胡曰明共同为公司揭牌, 海内外 320 多家船舶制造、航运公司及设计院所 500 余人参加开业庆典。

【NCP120 型可调桨等 4 项新产品通过省级鉴定】 6 月,南高齿子公司南京高精船用设备有限公司自主研发的 NCP120 型可调桨等 4 项产品通过江苏省经信委组织的新产品投产鉴定,鉴定委员会一致认为 4 项产品技术指标和结构达到国内领先、国际先进水平,可以替代进口产品。其中,NCP120 型可调桨最大传递

4 月 12 日,中共江苏省委常委、南京市委书记杨卫泽到南高齿调研

能力 55.4 千瓦/转·分钟，螺旋桨最大推力 110 吨；NFT275 固定桨侧推最大传递功率为 2206 千瓦，桨叶直径 2750 毫米；CGS 船用齿轮箱具有承载推力大、齿轮承载能力高、稳定性好等特点，相同工况下较传统产品在选型上可以降低一个规格，减少齿轮箱重量，降低船厂采购成本；CKV 可调桨船用齿轮箱是可调桨推进系统专配齿轮箱，可以一个输入拖带 2~4 个输出，具有结构新颖，体积小、性价比高等特点。

【有色金属轧机主传动齿轮箱出口瑞典】 8 月，南高齿有色金属轧机主传动齿轮箱在瑞典萨帕热传输公司(SAPA Heat Transfer AB)铝板生产线安装调试。南高齿派遣技术人员赶赴瑞典萨帕热传输公司生产现场，指导并协助 SAPA★安装调试工作。出口至 SAPA 有色金属轧机主传动齿轮箱是一台额定功率 7000 兆瓦、重量 132 吨的双辊减速机，输出轴最大接近 35 度张合。该项目合作前期，SAPA 公司多方面考察南高齿研发、制造、管理等，开展多次沟通。南高齿根据 SAPA 公司要求，自主设计，得到 SAPA 公司认可并投产。生产过程中，SAPA 多次派人到现场检查，高度评价产品加工工艺及制造水平。传动齿轮箱出厂前试车各项性能指标均优于 SAPA 公司要求。安装调试完毕后，铝板轧制生产线投入试生产，齿轮箱温升、噪音、振动等各项指标均达到设计要求，得到瑞典专家认可。藉此，南高齿进入 SAPA 集团全球供应链。

★链接 瑞典 SAPA 集团成立于 1580 年，2010 年销售额 330 亿瑞典克朗，在全球 30 多个国家拥有员工 1.48 万人，是世界上最大的铝材加工和销售集团。瑞典 SAPA Heat Transfer AB 隶属于瑞典 SAPA 集团，主要从事高端铝板冷热轧生产。

【行星立磨减速机通过新产品鉴定】 10 月 15 日，南高齿子公司南京高精齿轮集团有限公司(以下简称高精公司)研制的 MLXSS360 两级行星立磨减速机接受中国建筑材料联合会专家组鉴定。该减速机是新型干法水泥生产线关键设备，为下一步南高齿研制 5400 千瓦两级行星立磨减速机(MLXSS540)、配套更大规模水泥生产线奠定技术基础。与会专家分别来自武汉理工大学、中材(天津)粉体技术装备有限公司、中材国际南京水泥工业设计院、成都建筑材料工业设计研究院、合肥水泥研究设计院、建材机械工业协会以及国内知名水泥集团公司等。鉴定委员会听取项目组相关报告、用户反馈信息和专家现场考察情况汇报，并经现场答疑。与会专家经讨论一致评定：MLXSS360 两级行星立磨减速机采用两级行星传动结构、均载系统和控制系统设计，提高了大型立磨减速机均载效果与可靠性；传递扭矩比柔性轴联接提高 30%~50%，浮动效果好；金属弹性塑料推力轴承，提高单位面积承载力和耐久性，安全性高，整机性能达到国际先进水平，同意通过新产品鉴定。

【参展第 17 届韩国国际船舶海事设备展】 10 月 26~29 日，第 17 届韩国国际船舶海事设备展(KORMARINE 2011)在韩国釜山举行。展会被誉为世界三大海事展之一，汇集世界造船、海洋尖端技术及新产品，吸引 45 个国家 1280 家公司参展，南高齿子公司南京高精船用公司首次参展。该公司针对韩国市场聚集超大吨位、高附加值船舶以及海洋平台业务发展需要，重点向客户展示公司船用主推齿轮箱、辅机齿轮箱以及大型定距桨和舵桨技术，与韩国 DSK、三星、DOOSAN 主机以及来自世界各地买家和同行进行交流，并拜访韩国 STX 船厂和 DAE SUN 船厂。

【5400 千瓦双行星立式磨机减速机研制成功】 11 月，高精公司自主研发制造的 MLXSS540 双行星立式磨机减速机成功试车，实现大型立式磨机减速机国产化研制。该减速机输入功率 5400 千瓦，采用一级螺伞+二级行星传动结构，考虑国内设备加工能力(特别是螺伞加工)，在减小输入锥齿轮副直径、齿宽同时，提高立式磨机减速机传动速比和输出扭矩，同国内外其他型号大型立式磨机减速机相比，具有体积小、重量轻、传递能力大、承载强、传动平稳等特点。该产品是为土耳其阿斯希姆公司 (AS CEMENT INDUSTRY AND TRADE CORP.)水泥生产线配套生产，试车结果所有数据值吻合、各项试验性能优秀，年末交付土耳其客户使用。

【4 项产品被评为省高新技术产品】 11 月，高精公司研发生产的 MLXSS360 两级行星立磨减速机、RZ-I 型热轧板材齿轮箱、切头定尺剪主齿轮箱、有色金属单机架热轧主传动齿轮箱被江苏省科技厅认定为江苏省高新技术产品。4 项产品属国内首次自主设计研发，具有独立自主知识产权，产品性价比高、市场前景广阔、经济和社会效益显著、整机性能达到国际先进水平。RZ-I 型热轧板材齿轮箱属于国内独立研制并

设计制造的热轧板材齿轮箱,具有传递功率大、传递扭矩大、稳定性好等特点;切头、定尺剪主齿轮箱是冶金行业中厚板生产线上精整区滚切式剪切机核心设备,是轨迹控制、速度变化和剪切力提供的关键性装备;有色金属单机架热轧主传动齿轮箱是冶金行业热轧板材生产线上核心设备,是大扭矩提供、速比变化和转速调节关键设备。 (徒光霁)

·乾元浩南京生物药厂·

【概　况】 2011年,乾元浩生物股份有限公司南京生物药厂(简称南京厂)按照年初制定的"工艺创新,提升品质,深化管理,夯实基础"总体工作目标,围绕"品质提升年"基本要求,狠抓经营管理,把握市场机遇,保障产品质量,追求产品产量,实现企业持续稳定发展。全年完成产品产量69.93亿羽份/亿毫升,比上年同期增加24.03亿羽份/亿毫升,增长52.35%;销售54.75亿羽份/亿毫升,比上年同期增加11.87亿羽份/亿毫升,同比销量增长27.69%。SPF鸡新城疫Lasota苗、鸡新城疫ZM10苗、鸡法氏囊苗、鸡CVI988液氮苗等常规苗销售量有所增加。

乾元浩南京生物药厂兽药生产线

【106实验动物房获省实验动物使用许可证】 1月11日,南京厂用于检验动物无菌化饲养的106实验动物房通过省实验动物管理委员会专家组验收,1月28日获省科学技术厅颁发的"实验动物使用许可证"(SYXK(苏)2011-0013)和"实验动物使用许可证"(SYXK(苏)2011-0014)。106实验动物房于2010年重建,同年竣工。实验动物房面积约1200平方米,由中控室、机组房、主体饲养区域等3部分组成,中控室负责动物房内温湿度调节、压差监控、风机停启,并配备火警监控系统;机组房维持动物房空气清洁和压差稳定;主体饲养区域可同时饲养实验用鸡600余只、实验用猪120余头。新实验动物房为产品检验提供保障和良好实验动物生存环境,实验动物饲养管理更加规范,有效控制外界因素影响与干扰产品检验结果,确保检验结果可靠。

【新油气两用锅炉房投入使用】 1月,南京厂新建油气两用锅炉房通过验收并投入使用。新锅炉房以节能环保的油气两用锅炉代替传统链条式燃煤锅炉,改善原锅炉房对周边环境不利影响。项目建设中,新增太阳能加热系统,利用太阳能预加热进入锅炉的水,提高水温,减少汽化过程中消耗的电能和油耗,同时辅以谷、峰电合理使用,节约用电消费,降低生产成本。至年末,新锅炉房投入使用后节水3.18万吨、节能1606.25吨标煤。

【南京厂产品参展2011泰国VIV】 3月7~12日,亚洲国际集约化展览会(VIV Asia 2011)在泰国首都曼谷举行。南京厂携产品鸡马立克氏病火鸡疱疹病毒活疫苗、鸡新城疫、鸡传染性支气管炎和鸡减蛋综合征三联灭活疫苗、鸡马立克氏病活疫苗(CVI988/Rispens株)等产品,随中牧总公司参展。该展览会为VIV系列国际畜牧业展览会,为亚洲具有较高知名度、影响力和号召力的国际畜牧业展览会,是畜牧行业企业拓展国际市场、宣传自身品牌一个重要平台,受到世界各地企业关注。展会期间,南京厂接待客户40余人次。

【国资委监事会主席熊志军到厂考察】 8月13日,国资委监事会主席熊志军一行在中牧总公司党委副书记、纪委书记徐进,乾元浩公司党委副书记、纪委书记沈静等陪同下,到乾元浩南京厂考察指导。熊志军一行听取南京厂生产、经营和发展情况汇报，肯定南京厂取得的成绩，并提出“明确阶段性发展目标，构建相应的激励、分配机制；打破围墙内生产机制，工厂管理人员要具备有独立思考生存与发展问题能力，准确定位南京厂出发点和落脚点；充分立足企业实际，树立发展信心，使企业更加稳定持续健康地向前发展”等3点要求。

【中经科环到南京厂认证ISO管理体系】 8月21~23日，南京厂ISO管理体系接受北京中经科环质量认证有限公司认证。认证涉及质量管理(QMS)、职业健康安全管理(OHSMS)和环境管理(EMS)等3个主要体系，中经科环专家审核该厂产品生产过程和场所是否按体系文件规定正常运作，是否具备生产条件及产品检验条件，是否具备控制重要环境因素、风险能力，及行政许可文件原件等10个方面内容。检查结果，该厂质量管理体系符合ISO管理体系相关规定，通过中经科环公司ISO管理体系认证。

【巴基斯坦卫生部官员到厂考察】 9月15~16日，巴基斯坦卫生部官员Faisal Shahzad(菲索)和Ajmal Sohail Asif(阿基曼)到南京厂进行为期2天考察与参观访问，认定南京厂生产评价体系。考察中，宾主双方交流产品质量保证体系、部分产品生产情况、与世界先进技术接轨、疫苗使用等。同时，南京厂还向客人咨询巴基斯坦国内有关疫苗生产、销售和质量控制等情况。2位外国专家分别实地考察南京厂灭活苗车间、质检室与健康动物房等，评定灭活疫苗生产、乳化、分装以及产品检测等，为南京厂常规苗产品出口巴基斯坦作前期准备工作。

【10千伏配电室通过验收】 9月23日，南京厂10千伏配电室改造项目接受市供电部门验收。市供电公司，南京厂以及负责项目设计、监理、设备供应商、安装等负责人参加验收。验收组认为：南京厂10千伏配电室项目建设团队，在项目改造建设过程中，履行市供电公司相关规定，把控工程质量关，加强现场施工检查和监督力度，一次性调试送电成功。现场考察验收南京厂新配电室后，验收组审查设备出厂合格证、实验报告、质量检验报告、监理报告、分项验收报告等技术资料。一致认为南京厂10千伏配电室改造项目技术先进、质量可靠、安全稳定，验收通过。(陈金鑫)

·南京同仁堂药业有限公司·

【概 况】 2011年，南京同仁堂药业有限公司(以下简称同仁堂药业)取得原花青素胶囊保健食品批准证书、黄芪颗粒和消风止痒颗粒无蔗糖规格生产批件，获排石胶囊等3种药品制备方法国家发明专利。全年产品市场监督抽查合格率100%；通过江苏省食品药品监督管理局基本药物品种补中益气丸（浓缩丸)和香砂养胃丸(浓缩丸)飞行检查；通过南京市食品药品监督管理局基本药物中标品种检查；完成公司所有品种再注册工作。采用生物质燃料代替燃煤能源改造，实现污染物排放达到城市环保指标要求，同时企业改造资金投入相对较小；通过清洁生产评审检查、计量复认证评审检查；万元产值能耗下降9.4%；改造生产线设备、优化生产工艺，实现产量、产出率提高，人力资源成本节约。年末，公司完成股权变更。是年，同仁堂药业党委书记、常务副总王秋霜被市政府批准为第六批南京市有突出贡献中青年专家。

【获得3项发明专利】 2011年，国家知识产权局授予同仁堂药业“治疗气虚肾亏血瘀型骨质疏松症药物组合及制备方法、排石胶囊制备方法、治疗急性咽炎药物组合物及其制备方法”等3项专利权并颁发发明专利证书。3项发明专利取自于名老中医临床验方，组方合理、疗效确切、工艺先进，同仁堂药业于2009年底向国家知识产权局申请发明专利，并被受理。

【市环保局到公司调研清洁生产审核工作】 11月9日，市环保局清洁生产审核组到南京同仁堂药业有限公司调研清洁生产审核工作开展情况。调研期间，审核组听取厂方代表、清洁生产审核咨询机构、雨花台区环保局以及验收专家组成员汇报该公司清洁生产审核工作开展情况，实地查看企业在清洁生产审核中提出的15项无低费方案和4项中高费方案★落实情况，肯定企业、咨询公司、雨花台区环保局所做工作，并赞同专家组提出的确实落实好无低费和中高费方案、根据市政府相关要求提请企业尽早做好搬迁准备等意见。

★**链接** 清洁生产方案分为无低费方案和中高费方案。无低费方案指无资金投入或者投入较少就能改善的方案，中高费方案指投资额在5万元以上的方案。

【“乐家老铺牌原花青素胶囊”获国产保健食品批准证书】 11月11日,同仁堂药业研制的“乐家老铺牌原花青素胶囊”取得国产保健食品批准证书。公司作为中成药生产企业,长期以来注重开展保健食品开发,“乐家老铺牌原花青素胶囊”研发工作于2008年启动,经过3年试制和资料申报,于年底前取得批准证书。该保健食品具有抗氧化功能,适应中老年人群。

【完成六味安神胶囊新药技术转让】 2010年12月,同仁堂药业与重庆华森制药有限公司(下称华森制药)签订《新药六味安神胶囊技术转让合同》。2011年,与华森制药共同完成该项技术转让具体事宜:移交新药研制技术资料、现场指导生产和产品检验;协助完成新药转让所需申请资料和原始记录;通过药监局生产现场动态检查及样品检验,完成药审中心补充资料。国家食品药品监督管理局于2011年11月28日颁发“六味安神胶囊新药技术转让批件”。经过近一年努力,公司自主研发的新药“六味安神胶囊”成功完成技术转让,实现技术成果转化。

【通过省药监局基本药物生产飞行检查】 6月7~8日,同仁堂药业接受江苏省食品药品监督管理局检查组飞行检查。检查涉及补中益气丸(浓缩丸)和香砂养胃丸(浓缩丸)等2个基本药物。检查组检查产品销售、原辅料管理、生产过程及质量监控、成本核算等4方面生产工艺及台账,到现场实地考察。检查结果符合国家食品药品监督管理规定,同意通过检查。

(张　琼)

·中材科技南京玻纤院·

【概　况】 2011年,中材科技南京玻璃纤维研究院(以下简称南京玻纤院)抓住市场机遇,把握发展大局,优化资源配置,大力发展膜材料、玻纤与环境工程、宇航材料、岩棉等新材料及节能环保产业。全院主营业务收入8.64亿元,实现净利润4947万元。申请专利42件,其中发明25件、实用新型15件、外观设计2件;授权专利31件;获建材行业技术革新奖11项。成功承办“中国水泥协会环保和资源综合利用专业委员会”成立大会暨首届中国水泥行业环保和资源综合利用高峰论坛。是年,该院被国务院国资委评为中央企业参与世博会“荣誉集体”、被中国运载火箭技术研究院评为“2011年度长征火箭优秀供应商”;中材科技再次被国家科技部认定为国家火炬计划重点高新技术企业。获得江苏省企业知识产权管理标准化示范创建单位、江苏省企业创新先进单位、江苏省优秀企业技术中心等称号。该院国家玻璃纤维及制品工程技术研究中心被授予“国家‘十一五’科技计划执行优秀团队奖”,“玻璃光纤束”被认定为2011年江苏省第二批高新技术产品,“玻璃纤维覆膜过滤材料”和“AGM隔板”被南京市名牌战略推进委员会认定为南京名牌产品称号。

【市长季建业视察过滤材料产业基地】 5月19日,中共南京市委副书记、市长季建业,副市长罗群等率领市新兴产业调研团队,视察南京玻纤院过滤材料产业基地。南京玻纤院长期专业从事袋式除尘用过滤材料产品研究、开发和生产,是中国玻璃纤维滤料技术发源地。40多年来,高性能覆膜滤料等产品应用于钢铁、电力、炭黑、垃圾焚烧、化工等行业烟尘净化及物料回收领域,在水泥100多条新型干法生产线除尘系统中获规模化使用,产品性能得到用户认可。至年末,该院在高温滤料等相关领域形成系列化自主知识产权和多项国家级科技成果,建成高性能高温滤料生产基地,具有拉丝、纺织、针刺、表面处理、滤袋缝制和膜制造等全产业链工艺技术和完备生产、检测手段,综合技术能力居国内先进水平。视察中,季建业一行听取院长赵谦代表公司汇报中材科技南玻院过滤材料产业发展状况,参观高温过滤材料生产基地制毡、化学处理、制膜、覆膜及滤袋加工等工序,肯定企业自主研发水平。

【耐高温聚四氟乙烯覆膜过滤材料获省专利优秀奖】 1月,南京玻纤院过滤材料事业部发明专利“耐高温聚四氟乙烯覆膜过滤材料”(专利号:ZL200510094768.0)获第六届江苏省专利优秀奖,成为继获2010年度“凯盛杯”“全国建材行业技术革新奖建材行业技术革新奖”2项成果奖、南京市专利优秀奖之后更高奖项。该奖项由省知识产权局、省财政厅联合评选,全省评出10项金奖和100项优秀奖,评奖标准强调项目专利技术水平和创新高度,注重其在市场转化过程中运用情况,同时提出保护状况和管理情况要求。“耐高温聚四氟乙烯覆膜过滤材料”是新一代高温过滤材料,应用于水泥、冶金、化工、炭黑、发电、垃圾焚烧等领域,具有排放浓度低、过滤风速高、使用寿命长等特性。该产品于2005年10月申请专利,2007年8月被授权。

【台湾101工程项目点火投产】 2月13日,年产2万吨电子级玻璃纤维池窑拉丝生产线(简称101工程)在台湾德宏集团大强森复合材料公司★点火投产。该生产线由中材科技南京玻纤院工程设计事业部承担全部设计并提供成套技术和装备。南京玻纤院院长赵谦、工程设计事业部总经理于守富、院驻现场工程技术人员,台湾德宏集团董事长刘晖麟、台湾桃园地区有关主管部门人员、当地17家银行主管等到场祝贺,并肯定和支持该项目建设;台湾地区多家媒体记者专访和报道点火仪式及项目建设情况。101工程2010年5月中旬开工建设,点火投产后,取代大强森复合材料公司原有1条年产1万吨池窑生产线。

台湾101项目点火投产

★**链接** 德宏集团是专门从事高档电子级玻璃纤维布生产的企业集团,在台湾桃园和苏州新区设有2家电子玻纤布生产工厂,年产能力1亿米。大强森复合材料公司为德宏集团控股公司,是海峡两岸较早从事玻纤生产企业之一。

【获评中央企业参与世博会"荣誉集体"称号】 2月25日,南京玻纤院获评中央企业参与世博会"荣誉集体"称号。院党委书记郭伟代表南京玻纤院赴北京参加视频会议并领奖。2010年,南京玻纤院春辉公司采用光纤新材料设计制作1棵具备"全球眼"光纤信息树在上海世博会江苏馆展出184天,向海内外参观者展现人类未来物联网生活。其间,被众多媒体评价为世博会江苏馆"名角"和"最大亮点",创造184天安全运行无差错纪录。

【获"2011年度长征火箭优秀供应商"称号】 2月25日,"合作共赢、助推航天、携手共进、为国铸剑"——中国运载火箭技术研究院(以下简称航天一院★)首届物资供应商大会在北京召开,会议探讨和分析物资供应中如何加强与供应商联系与合作、提高物资供应效率和质量、建立供应商准入制度和考核评价机制等问题。会上,南京玻纤院获"2011年度长征火箭优秀供应商"称号,院党委书记郭伟带领特纤事业部总经理郑向阳和先进材料事业部常务副总经理郑云等军品配套单位人员参加大会并接受颁奖。

★**链接** 航天一院是中国航天事业发祥地、中国长征系列运载火箭摇篮、中国最大运载火箭研制生产基地。

【滤材产品通过美国环保局ETV认证】 5月,南京玻纤院自主研发的覆膜滤料产品通过美国环保局(EPA)环境技术认证(ETV★)。ETV测试结果显示,覆膜滤料性能优异,达国际先进滤料标准。该院FT-902和FT806两个覆膜滤料产品分别于2008年和2009年研发成功,产品应用于水泥、炭黑、钢铁、化工、冶金、发电等行业烟尘净化及物料回收。

★**链接** 环境技术认证(Environmental rechnology Verification,ETV)项目是由美国环保局(The Environmental Protection Agencv,EPA)创建的一套程序和方法。ETV的创建旨在通过认证和

信息发布来推动环境技术的发展及创新。项目通过向涉及环境技术的设计、发布、融资、技术许可、购买与使用的公司等提供高质量、客观的新技术性能数据,加速新的、经济有效环境技术使用,最终实现环境保护目的。

【高性能复合材料创新与发展研讨】 6月,南京玻纤院院长赵谦率院有关部门领导到市质监局汇报高性能复合材料国际、国家标准研制,及新材料领域科研成果进展情况,并就加强国内外新材料检测工作进行交流。市质监局、质检院有关领导参加交流。近年来,南京玻纤院牵头相关企业共同研发出应用于航空航天、国防军工等高精尖领域的碳纤维高性能材料。同时,迅速制定国家标准,向国际标准化组织提出制定国际标准。至年末,完成碳纤维4项国家标准申报,同时筹备国际标准提案。

【2个创新产品参展第17届中国国际复合材料工业技术展览会】 9月7~9日,南京玻纤院组团参加第17届中国国际复合材料工业技术展览会,会议由中国复合材料集团有限公司、中国复合材料工业协会、中国玻璃钢学会联合主办,在上海世博展览馆举行。展会吸引全球455家参展单位,日本、韩国、印度、俄罗斯、巴西等专业代表团和72个国家及地区近万名专业观众出席展览活动。展会期间,南京玻纤院设展台90平方米,展出高强玻璃纤维、中空织物、医用高分子夹板、涂覆玻纤制品等产品。其中,新型低成本U-COR三维夹层结构复合材料、医用高分子夹板参加创新产品展及"中国复材展-JEC"创新产品评比。该院参展人员与复合材料行业企业家、专家和专业人士及相关领域同仁进行交流,达成7项供货协议。

【ISO 3375修订提案被国际标准接纳】 11月,在美国奥兰多召开的ISO/TC61第57届年会上,南京玻纤院提出的国际标准ISO 3375修订提案被国际标准接纳,成为第一个增强纤维和复合材料领域内被接纳为国际标准的中国提案。2007年在印度果阿ISO/TC61第56届会议上,南京玻纤院质检中心根据长期从事玻璃纤维试验经验,提出ISO 3375:1975《玻璃纤维无捻粗纱硬挺度的测定》国际标准技术性修改意见。会议决定由中国进行试验验证,并提供支持性数据和技术报告,在下届会议上进行审议。南京玻纤院质检中心成立该项目技术组,分析试验要求、设计试验过程、研究试验影响因素,并有效控制可能出现问题,制定周密试验方案。经过4个多月试验,得到大量试验数据,并撰写《调湿时间对玻璃纤维无捻粗纱硬挺度的影响》论文和报告。2008年4月,南京玻纤院将提案有关材料正式提交ISO/TC61/SC13秘书处,提案运用大量试验数据,透彻分析影响无捻粗纱硬挺度因素,并运用数学模型进行科学论证。2011年11月,在ISO/TC61第57届年会上提案获与会各国专家一致认可通过。同时,在SC13全会上,组委会决定接受中国提案,修改ISO 3375标准进行。

【赴沙特拓展市场】 12月17~23日,南京玻纤院院长赵谦率团赴沙特阿拉伯进行市场拓展活动。其间,代表团参观访问沙特YCC水泥公司生产基地,与该公司12位技术专家座谈交流。代表团利用样本、样品、影像资料和各种宣传材料,介绍南京玻纤院环保过滤材料先进性能、与国际品牌指标对比、用户业绩和生产能力,提出希望以优秀产品、技术和服务取信于客户,建立长期供应关系,并回答各种技术问题。同时详细踏勘现场,为项目开展收集完整基础资料。沙特水泥公司采购部门希望南京玻纤院提供部分过滤材料样品试用。 (俞 晓)

9月7~9日,南京玻纤院组团参加第17届中国国际复合材料工业技术展览会

雨花年鉴 2012

民营经济

综　　述

【概　况】 2011年,雨花台区民营经济工作围绕“抓服务、促发展”工作目标,认真贯彻落实科学发展观,突出推进全民创业;以科技创新为动力,促进民营经济扩量、提档;进一步规范管理,加强监督,保持辖区民营经济快速、持续、协调、健康发展。引导民营企业实行转型升级和业态创新、发展商贸商务业,大幅度增加服务业投资,发展生产性服务业,提升第三产业增加值比重;帮助民营企业开拓市场,创造和激发新的市场需求,培育民营企业新型消费,打造休闲娱乐、休假旅游、晚间经济等热点消费市场,发展餐饮业、经济型连锁酒店,加快发展租赁、二手车流通、旧货市场等服务业;营造全民创业宽松环境,促进投资增长,开展就业援助、民营企业招聘等就业援助送春风系列活动,出台《雨花台工商分局扶持服务雨花软件产业园发展政策十九条》,从开辟绿色通道、建立信息平台、提供政策咨询服务等6个方面全方位服务软件园企业;推进融资服务和创新,扩大仓单质押、存货抵质押、林权抵质押、应收账款抵质押、注册商标抵(质)押等贷款业务应用范围,试办民营企业联保贷款业务,缓解民营企业资金困难。全年完成正式签约项目390个,完成计划投资196.95亿元,为年计划152%;注册资本43.28亿元,为年计划144%;规模以上项目144个,为年计划137%,其中投资亿元以上项目40个。新增私营企业1086家,新增个体工商户3281户。民营经济占全区国民生产总值65.3%,达132.3亿元。是年,南京丰盛产业控股集团有限公司获“中国民营企业500强”称号,继2007年入围“中国民营企业500强”以来第五次获该殊荣,总排名第117位;南京丰盛科技发展有限公司荣膺“2011年中华全国工商业联合会科技创新企业奖”,南京丰盛新能源科技股份有限公司被认定为国家“高新技术企业”,南京丰盛产业控股集团有限公司在香港独资设立业务平台项目于11月11日获得江苏省发展改革委员会核准。中兴通讯PCT国际专利申请2826件超越日本松下(2463件),跃居全球企业国际专利申请量第一位。

【民营经济结构优化】 2011年,雨花台区引导民营企业加快实施产业调整振兴规划,支持软件、新能源等新兴产业发展机遇,参与培育百亿企业、打造千亿产业,实施知识产权战略和自主创新“双百工程”,引导和鼓励优势民营企业加大创新投入。继续做大做强连锁经营主导业态,放大品牌效应,保持家电、超市行业连锁经营快速发展。大力发展都市型购物中心,不断吸引民资和外地资本参与商贸中心区、商贸集聚区建设,加快民营商业大项目建设步伐,加大引进特色明显和优势突出的国际餐饮、娱乐休闲企业。至年末,华为软件技术有限公司、普天通信科技产业园有限公司等民营龙头软件企业加快集聚,明发商贸广场、德盈商业广场等大型商业综合体相继建成,民营经济三产比重占全区59.8%。　(孙　力)

【民企融资服务】 2011年,雨花台区加大民营企业融资服务力度,研究国家、省、市出台相关投资政策,最大限度为企业争取扶持资金。同时,大力推进金融创新,优化融资环境,通过财政拨款、风险投资、金融机构贷款、企业自筹等多渠道增加企业资金投入;扩大仓单质押、存货抵质押等贷款业务范围,试办民营企业联保贷款业务。全年,为9家帮扶企业办理动产抵押,解决近2亿元资金缺口;为5家帮扶企业办理股权质押,出质股权9000万元;为4家企业办理注册资本增资手续。　(甘　霖)

【13家企业通过“重合同守信用”再认定】 2011年,雨花台区建立健全为民营企业服务机制,做好经济发展和企业运行各方面服务工作,帮助企业解决生产和发展中面临突出困难和矛盾,开辟绿色通道,为重点民营企业和规模企业提供跟踪服务、贴身服务。按照《关于开展以帮促成长型民营企业发展为主要内容的“千企成长工程”三年工作的意见》精神,选定60户成长型中小企业作为帮扶对象,通过政府帮扶,有13家通过重守(重合同,守信用)企业再认定工作(其中12家为区重守企业、1家为市重守企业);2家作为市级著名商标培育对象申报、1家获得市级著名商标认定;1家筹备参加省级著名商标重新认定工作。　(孙　力)

【区私营个体经济协会红太阳装饰城直属分会成立】 5月6日,雨花台区私营个体经济协会红太阳装饰城直属分会成立。工商雨花台分局党组书记、局长王庆授于雨花台区私营个体经济协会红太阳装饰城直属分会铜牌。31名业主被推荐为理事,会议选举红太阳装饰城副总经理赖常胜为会长,李金松、俞飞、佘光

5月6日,雨花台区私营个体经济协会红太阳装饰城直属分会成立

发、吴慧权等4人为副会长,板桥工商所副所长于宏伟兼分会秘书。 (区私企协会)

企 业 资 讯

【华为公司SNE平台构筑电信应用平台】 2011年,华为软件公司SNE(新一代导航应用软件开发平台)增值平台完成欧洲大单交付;德国O2 NGIN(下一代智能网)项目(EVMT业务——消除语音邮箱前转迂回)开通上线,再次完成SG3-VPN(虚拟专用网)业务100%割接,并以零遗留问题获得验收证书;捷克O2在Phase0(阶段)成功上线并通过Phase1(相位)初验;6月29,espace(统一通信解决方案)核心平台支撑公司TOP级IMS(IP多媒体子系统)项目与俄罗斯固网运营商签署IMS(IP多媒体子系统)项目商用;7月25日,公司级重点项目法电SFR INNG项目正式商用;支撑DT SDP(业务交付平台)项目比拼成功和中标,项目启动Phase1交付;9月10日,交付菲律宾第一大移动运营商Smart项目NetPhone上线;交付印度Airtel项目,平台版本交付到一线所有组件零缺陷;企业打入中国工商银行UC(统一通信业务)项目核心平台,成功支撑UC2.0如期上线;成功支撑中国联通TOP沃友项目比拼成功和中标,一期成功上线商用,支撑运营商互联网/IM转型。 (孟庆尧)

【圣迪奥时装有限公司获中国纺织品牌文化50强企业】 2011年,南京圣迪奥时装有限公司在全国新开专卖店255家,至年末,全国门店总数量1000余家。公司总部年销售6.77亿元,纳税额超过9200万元。年内,S·DEER品牌被评为"江苏省著名商标",南京圣迪奥时装有限公司获"2011年中国纺织品牌文化50强企业""江苏省服装(家纺)自主品牌30强企业"等称号。6月25~26日,该公司在玄武湖公园举行"我们这裙人"相约夏日纳凉Party,营造集阅读、沙龙、时装、影视、音乐于一体多态生活体验空间,传播S·DEER品牌所倡导的优雅文化内涵、为受众提供一种新式创想生活体验。10月31日,"找寻都市与诗意的平衡"——中国国际时装周S·DEER/刘丽丽2012春夏时装发布会在北京798艺术区开启,侯勇、陶泽如、黄圣依,自由音乐创作人梁晓雪、范世琪,S·DEER官

方网络代言人韩雨嘉等文化艺术界名人齐聚发布会现场,探讨都市与诗意平衡的生活命题。 (刘 恋)

【费隆板材注册英文商标】 2011年,南京费隆复合材料有限责任公司面对全球经济动荡和国内经济增速缓慢大环境,迎难而上,克服不利因素影响,实现企业整体稳中求进态势。9月,公司获"全国工业品生产许可证"。11月,成功注册费隆板材英文"FILON"商标。12月,通过国家高新技术企业复审。 (孔 伟)

【SuperVan 1.5T 医疗超导磁共振系统参展第65届医博会】 4月16日,深圳第65届中国国际医疗器械博览会(CMEF)上,丰盛集团自行研究和打造的SuperVan 1.5T医疗超导磁共振系统正式发布,推向市场。至年末,SuperVan 1.5T作为中国第一款完全自主知识产权的超导磁共振产品,获得国家药品食品监督管理局注册许可,标志着中国本土企业进入国内医疗器械产业尖端领域。

4月16日,SuperVan 1.5T医疗超导磁共振系统参展第65届医博会

【捐资百万元设立"雨花(丰盛)教育奖"】 (参见"教育"类目,第262页)

【首台国产"动物用"超导磁体问世】 9月5日,南京丰盛超导技术有限公司成功研制国内首台7.0T超高场小动物成像超导磁体,打破欧美企业行业技术垄断。该国产7.0T超高场小动物成像超导磁体,运行维护费用大幅降低,产品性能达到国外著名品牌同等水平,成本相对减少40%以上。该仪器将为国内生物医学、化学、材料等学科研究中使用磁共振方法及应用研究单位提供有效支撑,同时为国家强磁场装置中极端场强核磁共振建设等重大科学工程提供技术支持。 (杭素华)

【中兴通讯总裁史立荣入选2011年度全球通讯行业人物百强】 10月,国际电信行业权威媒体英国《全球通信商业》(Global Telecoms Business)★颁布"2011年度全球通信行业最具影响力人物百强"(Global Telecoms Business Power100)榜单,中兴通讯总裁兼执行董事史立荣再次上榜,排名第18位,较2010年上升2位。史立荣带领中兴通讯全体员工,抓住全球4G/LTE发展机遇,完成技术和市场全球布局,在4G/LTE(长期演进)技术领域获得同步领先优势,2011年上半年中兴通讯新增LTE商用合同数超过2010年全年,全面突破欧美日等高端市场,成为全球前30家电信运营商网络设备供应商。是年,中兴通讯主推的智能手机880在欧洲各国全面热销,并带动国内市场供不应求,总供货量超过800万台。至年末,中兴通讯成为全球第五大设备商并在全球诸多市场处于领先地位。该公司2011年1季度PCT(专利合作条约)专利申请数量超过全球所有其他行业竞争对手。

★链接 英国《全球通信商业》(Global Telecoms Business)是覆盖全球读者的国际权威行业媒体。百强人物由运营商、供应商和行业标准机构代表与《全球通信商业》杂志常任主编Alan Burkitt-Gray共同评审。前20强人物主要由运营商高管和代表组成,仅有4名来自设备商。充分反映未来以用户体验为先行业发展趋势。同时,最具影响力人物百强年度评选活动有助大众了解通讯行业未来发展前景。 (曾小玥)

【丰盛集团董事长季昌群被选聘为南京中医药大学客座教授】 12月3日,丰盛集团董事长季昌群被选聘为南京中医药大学客座教授。2010年12月25日,季

昌群被选聘担任南京中医药大学董事会副董事长以来，积极参与该校中医养生保健研究，主持编写养生保健类专著十余部；同年，季昌群代表丰盛集团向南京中医药大学捐赠6000万元，用于建设丰盛健康学院教学科研大楼，并设立奖学金、奖教金，用以资助和鼓励师生从事健康养生类教学和科研工作。季昌群担任该校客座教授，将进一步深化校企合作，培养更多适合健康产业发展专业人才，促进健康研究成果转化。

【丰盛健康学院奠基】 5月24日，南京中医药大学丰盛健康学院成立大会暨丰盛楼奠基仪式在中医药大学仙林校区举行。该学院是国内第一所以祖国传统医学为依托的“健康学院”，主体建筑为集教学、科研、办公、实验、模拟医院等功能于一体的“丰盛楼”，由丰盛集团捐资6000万元建设，建筑面积1.7万平方米。该院将依托丰盛集团经济实力，结合南京中医药大学科研、学术、人才优势，构建一个新的健康学科平台，校企联动，从事健康产品开发、健康产业高素质人才培养和推动健康产业可持续发展，探索一条全新的健康产业产学研发展模式。（杭素华）

5月24日，南京中医药大学丰盛健康学院丰盛楼奠基仪式

【中兴通讯总裁史立荣获2011央视经济年度人物奖】 12月12日，“CCTV 2011中国经济年度人物评选”结果在北京揭晓，中兴通讯总裁兼执行董事史立荣获得2011中国经济年度人物奖，获奖者包括中电国际董事长李小琳、HTC和威盛公司董事长王雪红等10人。2011年经济年度人物评选关键词为“责任、创新、推动力、影响力”。史立荣长期重视和关注技术创新与专利开发，“创新”成为其获奖理由。主办方表示，在技术高度密集的世界电信业领域，中兴通讯作为中国最大通信设备上市公司，通过卓越的创新能力为中国赢得通讯领域话语权和优先发展权，并推动企业全方位快速发展——2010年成功跨越千亿元销售大关，不断超越国际同行成为全球第五大通讯设备厂商和第四大手机终端厂商，2011年国内外专利量超过4万项，国际专利申请量首次跃居全球第一位。（曾小玥）

【赵华炜团队入选省“科技创新团队”】 12月，南京丰盛科技发展有限公司赵华炜团队入选2011年江苏省“科技创新团队”，并获得总额2000万元经费支持。该团队专门从事超导磁体及磁共振系统方向、DR（直接数字化X射线摄影系统）、彩超等大型医学影像设备研究，多项技术和成果填补国内空白，并在全省乃至国家层面改变相关产业结构和产品结构，提高国家高端医疗器械产品在国际上竞争力，打破国外高端磁共振产品对中国市场垄断。该团队拥有6位核心成员，其中博士5位。团队中有2人入选省“双创”计划，1人入选市“紫金人才”计划。至年末，团队获得20多项国家发明专利和实用新型专利，并承担国家“十二五”科技支撑计划及省“产学研创新资金”项目、江苏省科技支撑计划等多个科技项目，与北京大学、清华大学、浙江大学等多家高校共同组建“中国高端医学影像创新战略联盟”。

【丰盛集团斥资收购大族激光5家子公司股权】 12月14日,丰盛集团斥资9.64亿元收购上市公司大族激光5家子公司股权。丰盛集团收购大族激光5家公司股权是按照战略发展要求,巩固其在高科技领域优势地位,并将光伏技术引入建筑产业,专注从光伏设备、光伏电池生产制造、光伏组件生产制造、光伏应用系统集成到光伏电站各个环节,横向拓展新能源业务领域。

【丰盛新能源被认定为国家高新技术企业】 12月,南京丰盛新能源科技股份有限公司(以下简称丰盛新能源)被省科技厅、省财政厅、省国家税务局、省地方税务局等四部门联合认定为国家“高新技术企业”。国家实施的高新技术认定管理标准对企业自主知识产权、持续研发能力、研发投入等均有明确要求,同时科技成果转化能力、资产与销售成长性等指标制定严格评价标准,其评价结果有效评估与体现企业综合实力。“十一五”以来,丰盛新能源加大自主创新能力和科技成果推广应用力度,业务发展与技术实力发展较快,整体技术水平和核心竞争力大幅提升,位于建筑节能技术发展潮流和科技应用前沿,成为国内具有较大影响力的建筑节能技术与咨询服务型高科技企业和提供商。

(杭素华)

S·DEER/刘丽丽2012春夏时装发布会

雨花年鉴 2012

农业·水利

农　业

·综　述·

【概　况】 2011年,雨花台区实现农、林、牧、渔业总产值1.08亿元。其中,农林业产值0.71亿元,畜牧业产值0.24亿元,渔业产值0.12亿元,农业服务业产值45万元。全区粮食种植面积393公顷,总产量254.82万公斤(其中水稻种植面积260公顷,总产量223.54万公斤;小麦133公顷,总产量31.28万公斤);油菜160公顷,总产量47.28万公斤;蔬菜1767公顷次,总产量6180万公斤。全区绿化造林面积143.33公顷,全年植树45万株,林木覆盖率28.7%。实现花卉苗木生产610万株,实现果品产量22万公斤,茶叶产量2.8万公斤。全区生猪饲养量3.1万头;奶牛存栏414头,产奶100.2万公斤;家禽饲养量3.7万只,产蛋13.1万公斤。全区水产养殖面积233.3公顷,水产品总量155.05万公斤。全区农民人均纯收入15013元,比上年增加2385元,增长17.2%。区农业局在全市农委系统综合考核中被评为先进集体,区委农工办在全市农村工作系统综合考核评比中获先进集体称号。

2011年雨花台区农林牧渔业产值

表19

类　别	总产值(亿元)
农林牧渔、服务业	1.0772
其中:农林业	0.7132
畜牧业	0.2356
渔业	0.1239
服务业	0.0045

【启动8个为农民办实事工程】 2月,雨花台区投入资金1886.58万元,启动农村人才工程、农民健康工程、农村社区服务工程、农村医疗保险工程、农民培训工程、低收入农户帮扶工程、村级经济建设工程、农村基础设施建设工程,年内完成56个子项指标。

【参加第七届中国南京农业嘉年华】 10月,第七届中国南京农业嘉年华在绿博园举行。区农业局推出生态旅游农业品牌参展,选送《绿色雨花》等3个节目,展示和谐雨花、生态雨花、雨花城乡居民幸福美满的生活;选择以福音农庄自产野生板栗、乌叶饭、乌叶粽、紫薯山芋等土特产品,选送"有益牌"鸭产品、"源创"鸡蛋等省级品牌无公害农产品在会上展销;选送2个民间艺人编制的具有传统民族特色的中国结和风筝参展,体现郊区农民丰富多彩的业余生活。

【完成板桥农业生态园建设】 板桥农业生态园园区距雨花台22千米、距河西新城区15千米,毗邻宁马高速公路,与绕城公路、南京三桥、205国道连接。2011年,雨花台区完成板桥历史上最大规模的土地流转和散坟平迁,涉及土地80公顷、散坟722座,完成场地整理42万平方米、挖填土方66万余方、铺设道路基层1.9万平方米、沥青道路4500平方米、园路840平方米,埋设各类管道近700米,建成景观驳岸150米、车行人行景观桥4座、木亭1座、鸡猪舍及管理用房950平方米、沼气池200立方米、畜禽养殖林1.33公顷、养殖区围挡2000余米、围挡和局部高地绿地6公顷,特种畜禽养殖区养殖黑猪70余头、跑山鸡800余只。建成石桥、温室大棚、砌石驳岸、水上垂钓平台等休闲景观和生产设施,并先期进行近3.33公顷种植示范区建设,完成绿化面积15万平方米。

【农民人均纯收入全市第一】 2011年,雨花台区加快推进经济建设和各项社会事业协调健康发展,突出重点,提升农民增收和低收入农户增收整体水平,区投入帮扶资金142.56万元,农业区组织帮扶农民低收入659户、1188人,实现年农民低收入户人均增收1200元,实现农民年人均纯收入15013元,增长17.2%,居全市第一。

【农业旅游工作】 2011年,区农业局围绕生态雨花建设,紧扣旅游产业发展主线,开展以"春牛首"踏青节、"雨花生态休闲节""农业嘉年华"等为龙头的休闲活动。年内农业旅游投入120万元,较上年增加20%,生态休闲游共接待游客33万人次,比上年增加17.8%,农副产品销售收入305万元,带动劳动力就业1300多人,较上年增加10%。

·特色农业·

【概　况】 2011年,雨花台区重点发展花卉苗木、茶叶、果树和蔬菜生产种植等特色农业,至年末,全区有花卉苗木228.27公顷,花卉苗木生产年销售额1536

万元,比上年增加33.6%。有茶园面积59.88公顷,全年生产干毛茶2.8万公斤,其中中高档茶叶2.56万公斤,占干毛茶产量91.2%以上,茶叶总产值886万元,比上年增加12.4%。有成片果树面积26.66公顷,四旁新植散生果树1万多株,果品全年总产量22万公斤,产值142万元。有万博、南都、百安居、金陵、花神庙上规模花卉市场等,全年销售额超亿元。

年内,区农业局为基层农技人员及种植大户做好技术服务工作,免费发放《长江蔬菜》及《蔬菜生产高效实例》等技术书籍200余册。以西寇无公害蔬菜基地为依托,以各街道和村级蔬菜安全检测员、蔬菜种植大户为重点,强化科技培训力度,提高检测员水平和农民无公害安全生产意识,全年组织5次培训班,讲授田头蔬菜检测技术、科学安全用药及无公害种植技术,受训人数360人次。发放区农业局编印《蔬菜质量安全手册》及"致广大菜农一封信"等宣传资料3200份。2011年,区农业局被市放心菜工作领导小组考核评为"放心菜"工作一等奖。

【抓好蔬菜检测工作】 年初,区农业局与各街道检测员签订"检测工作责任书",年终进行总结考核。全年检测蔬菜样品20647份,其中农药残留超标35份,推迟上市32份,销毁农药残留超标蔬菜75公斤。做好西寇村市级重点监管蔬菜基地生产电子档案的记载录入工作,把50个农户的生产管理过程(播种、施肥、喷药、采收等)输入电脑,归档管理,建立电子档案700份,向市蔬菜管理系统提供信息16条。年内,雨花台区未发生一例因食用农药超标蔬菜而造成的食物中毒事件。

【做好测土配方施肥工作】 2011年,区农业局完成全区7个基本农田质量监测点和农产品安全状况普查的土壤样品、植株样品和大气样品的采集工作,全年采集土样17个、植株样1个,并认真做好监测点农户调查、档案记录等工作,完成市土肥站各项目标任务。加强有机肥应用的宣传推广工作,发放宣传册和有关资料100余份,悬挂宣传横幅5条,在西寇蔬菜基地设立有机肥田头定点牌1个。

·林　业·

【概　况】 2011年,全区完成绿化造林143.33公顷,林相改造53.33公顷,植树45万株,创建铁心桥"森林街镇",完成村庄绿化4个。成片造林顺利通过省市验收,核实率99.6%。重点建成面积100公顷的环梅山防护林、板桥生态园绿化、板桥河周边绿化。狠抓项目规范化管理,规范化运作,由"事后检查"变为"事前介入"。突出绿化管养,重新核对管养地块,核减面积19万平方米,每月定期召开例会,下发情况通报7期。完成《绿色雨花》专题片拍摄制作,参加"绿色南京"征文摄影比赛,获二等奖1个,三等奖3个。

【森林防火】 2011年,区农业局落实森林防火措施。狠抓大山密林深处散坟、林间小道周边清杂,针对薄弱环节,查漏补缺,对不到位地段下发"整改通知书";狠抓防火组织化程度提高,健全与江苏人民武装学校、大石湖度假村等5家单位联防联动机制,完善应急预案和流程;狠抓护林员、灭火队员2支队伍建设,反复强调护林员以报警为主、扑救为辅的原则,突出科学扑救,把握关键"10分钟"。清明期间,组织机关人员及全区消防队伍实战演练1次,实施森林防火远程监控,在铁心桥尖山架设防火监控摄像头,实行24小时防火监控,对护林员工资补助运用经济杠杆,做到奖罚分明。2010年冬及2011年春未发生一起森林火灾事故。

【林政执法】 2011年,区农业局协调区人武部、公安分局办理靶场搬迁、看守所新建2个区人代会重点项目林地手续,审核秦淮河风光带建设林木采伐手续,定期对中兴通讯、小村经济适用房等项目跟踪服务。年内通过国家林业局对绕越公路征占用林地行政许可检查验收,完成贾西经济适用房等3个林业行政许可权利网上运行。出台《雨花台区森林资源监督管理意见》,明确区、街、村三级职责。完成三年森林资源二类系统更新、166.67公顷市级公益林区划界定、2个异地植被恢复市级验收等工作,安装完成铁心桥、西善桥地区7块省级生态公益林标牌。

【植物检疫】 2011年,区农业局对全区范围内木材经营户进行调查摸底,整理169户基础台账。开展为期2个月森检宣传,印制宣传彩页3000份。组织40人专业队伍清理松材线虫病,完成500公顷松林普查,清理病死树2286株,放飞肿腿蜂20万头,发病率比上年下降9%。全年签发检疫证、运输证1.9万份。

【全民义务植树活动】 3月,区农业局以“3·12”植树节为契机,组织全区义务植树活动近10场,3000多人参加,栽植各类乔灌木2万多株;向铁心桥街道翠岭银河社区赠送花木1000株。

·养殖业·

【概 况】 2011年,雨花台区大力发展生态养殖和规模养殖,提高畜禽产品质量,推进传统养殖业向现代养殖业的转变;开展“瘦肉精”专项整治,加强“瘦肉精”监督管理,取得阶段性成效;推进规模饲养、规范化养殖和生态养殖,实现畜牧产业化发展;提高饲养质量,搞好动物防疫,加大行政执法和基层队伍建设力度,创建具有区域特色的畜牧业发展模式。调整水产业结构,用现代化科技改造水产养殖业,推广水产名、特、优、新品种的养殖,拓展垂钓休闲渔业和高效设施渔业,逐步建立能够发挥本区优势的产业结构新框架。至年末,全区生猪饲养量3.1万头;奶牛存栏414头,产奶100.2万公斤;家禽饲养量3.7万只,产禽蛋13.1万公斤。全区水产养殖面积233.3公顷,出水水产品155.05万公斤,其中特种水产品养殖面积66.7公顷,特种水产品产量33.05万公斤。全区垂钓休闲渔业面积100公顷,新建和完善重点渔业休闲垂钓基地10个。

【开展“瘦肉精”专项整治工作】 2011年,区政府成立由分管区长任组长,区农业局和食品安全办公室主要领导任副组长,区监察局、农业局、商务局、卫生局等部门和各街道(园区)分管领导参加的区“瘦肉精”专项整治工作领导小组,召开“瘦肉精”专项整治工作会议,部署整治工作重点、工作内容、时间安排、有关要求,安排各街道(园区)成立相应机构,把专项整治工作目标任务分解落实到位。通过媒体通告、“12345”政府热线、文件通知、召开会议、深入社区等多种形式,进行专项整治工作宣传、报道。区农业局会同区食品安全办公室加强基层部门联系,掌握整治进展情况,与各企业签订责任状,加强“瘦肉精”各环节全过程监管。活动中,区农业局举办全区兽医站技术人员、生猪养殖大户、养牛大户和生猪定点屠宰场管理人员培训班2期,邀请市动物疫病疾控中心高级兽医师讲解“瘦肉精”对人体健康危害知识;与生猪养殖户、生猪定点屠宰场、兽药饲料经营户等单位和人员签订“告知承诺书”180份,印发国家明令禁用瘦肉精等药物的有关政策20份、张贴省人大常委会关于在畜禽生产中禁止使用违禁药物的决定等有关法律、法规资料30份;检查全区存栏生猪8567头、奶牛277头和耕牛11头。

【长效监管“瘦肉精”】 2011年,区农业局按照“标本兼治、着力治本”原则,建立健全长效监管工作机制,完善“瘦肉精”经营和管理制度。加强对辖区内饲料加工企业原料来源登记、饲料出售等台账进行检查和监管,定期检查7份台账全部合格。落实区、街道两级机关对养殖大户“一对一”监管,对50头以上生猪养殖户,实行专人监管,落实责任。村级防治员每周1次、区级督查员每月2次到农户家巡查走访。每月定期采集猪尿样送检,全年抽检生猪尿样5393份,其中区级抽检生猪尿样532份,配合市抽检生猪尿样148份,各街道自行检测4713份。加强区内兽药、饲料、养殖场(大户)等生产经营单位进销台账、票据、用药记录和管理制度监管。与区商务局和屠宰场法人联系沟通,关停板桥、西善桥2家定点屠宰场。

【完善重大动物疫病防治责任体系】 2011年,雨花台区贯彻“预防为主”方针和“外堵内防”原则,实施“防、检、消、杀、控”综合性防治措施,实现高致病性禽流感等重大动物疫病“力争不发生,确保不流行,确保人民身体健康”目标。区农业局建立行政和业务两条线的重大动物疫病防治体系,根据“政府负总责,政府主要负责人是第一责任人”和“属地管理,分级负责”要求,在雨花台区动物防疫工作会议上,分管区长与各街道办事处分管主任,区重大动物疫病指挥部办公室与区畜牧兽医站、5位兽医卫生监督员,区畜牧兽医站与街道兽医站,各街道兽医站与各位防治员分别签订重大动物疫病防治工作责任状。区政府对各街道办事处责任状执行情况进行考核,对工作成绩突出的给予表彰或奖励;对因履行职责不力,导致重大动物疫情发生流行,造成严重后果的人员和单位追究相关责任。

【加强畜禽防疫服务体系建设】 2011年,区农业局做好畜禽防疫工作,防疫猪W病3290头,奶牛、耕牛W病339头次、羊270只次,禽D病鸡15565只,鸭1057只,鹅161只。重大动物疫病应防密度100%。生猪、奶牛、耕牛、羊W病实行二次免疫,免疫耳标佩戴率100%,禽D病坚持一年二次免疫,应防密度100%。

为检查重大动物疫病的免疫效果,还在各街道随机抽取猪W病血样450份,禽D病血样580份,进行抗体滴度检测。

【规范检疫监督工作】 2011年,区农业局严格生猪凭证进场制度,严格宰前、宰后检疫,生猪凭检疫证率、凭肉品品质检验证、凭耳标入场率、经检合格凭证出场率,病害肉无害化处理率100%。强化监督管理,加强对定点屠宰场动物防疫条件、无害化处理设施以及消毒、凭证、凭耳标进场等制度执行情况的监督检查,重点打击经营病死畜禽、逃避产地、屠宰检疫、不按规定进行病害肉无害化处理行为。强化市场监督检查,全年对全区农贸市场、屠宰场进行187人次执法检查,杜绝未经检肉品、检疫不合格肉品进入市场。加强对生猪"瘦肉精"监测,让市民真正吃上"放心肉"。

【孙家农业公司水产工厂化育苗成效显著】 南京孙家农业科技有限公司位于板桥街道孙家村,占地3.33公顷。2011年,孙家农业科技有限公司与南京师范大学、浙江省淡水水产研究所试验基地、南京市水产研究所合作开展集约化人工繁殖技术研究与应用,投资960万元发展特种鱼类养殖,新建钢架结构温室7840平方米、水泥育苗池2500平方米,配置增氧、增温、水质净化处理设备及多功能水质分析仪器等设施。年内繁殖红螯螯虾苗种320万尾,在全市率先孵化出美国鲥鱼苗种5万尾;并开展工厂化健康高效养殖技术研究与应用,养殖成功美国鲥鱼3000公斤,常年供应市场。 (黄 顺)

水 利

【概 况】 2011年,雨花台区水利局完成县乡河道疏浚及村庄河塘整治土方25万立方米;完成长江干堤能力提升、2010年度消险、板桥河应急整治、长江及秦淮新河入江口部分堤段挡浪墙维修加固、秦淮河南河闸段及南河沙洲圩段堤防维修加固、江宁河堤防消险、807涵闸消险、工农河闸启闭设备更换和河道堤防灌浆等工程建设。全年投入资金4374万元。组织、布置、开展全国第一次水利普查工作。全年完成普查对象指标数据填报208项,其中水利工程74项、社会经济用水24项、河湖开发31项、行业能力55项、灌溉面积3项,机电井21项。完成取用水指标台账建设对象157个,普查空间数据采集标绘对象136个。完善防汛应急预案,加强防汛应急抢险演练。全区储备木桩152立方米、编织袋35万条、草包9万条、铁丝1350公斤、土工布6900平方米。规范行政执法,加强水资源管理。结合水利普查,完成81家工业企业用水户、69家建筑业和第三产业用水户、5处取水口、22处排污口和4处机电井调查摸底工作。

【水资源管理】 年初,区水利局开展"世界水日、中国水周"法治宣传活动,制作宣传画宣传单1200份、横幅30条、宣传展版26块、制作固定宣传牌4个,在铁心桥街道、西善桥街道中心广场开展为期一周的"严格水资源管理,推进水利新跨越"为主题的宣传教育活动。年内,全区铲除板桥河、江宁河、南河、南南河流域各类违章种植2450平方米,消除板桥河、江宁河、工农河鱼罾、鱼网5处;与市交通局南站指挥部、南部新城指挥部、地铁三号线等建设单位协调做好南京南站区域内的朱家河、送驾河、柏家河度汛方案;开展一江六河执法巡查,查处各类水事违章6起;受理中铁四局中心河施工桥梁、华润热电有限公司长江二道堤防埋设供热管道、地铁三号线送驾河涉水工程水行政许可;结合水利普查,建立灌区取用水台账、企业取用水台账和取水口取水量台账;完成81家工业企业用水户等调查摸底工作。

【防汛抗旱】 年内,区水利局制定冬春水毁消险计划、修订防汛抢险应急预案、开展汛前检查、防汛抢险应急演练。5月9日,召开全区重点涉水工程安全度汛会议部署清障工作。5月20日,区政府专题会议研究防汛防旱工作,讨论、分析南京南站周边和高铁沿

雨花台区召开防汛防旱工作会议

线涉水工程度汛方案。区政府与各街道、园区签订防汛工作任务书落实防汛责任。安装3G无线视频、加载随车视频、配备无线便携式单兵视频，利用区防汛指挥监控平台，实时监控大胜关、板桥闸、花神大道龙西路等防汛薄弱地段。成立1440名民兵、机关干部和群众组成的抢险队伍44支。

【长江堤防能力提升工程竣工】 4月30日，长江堤防能力提升工程竣工。该工程位于雨花台区板桥河闸至长江口。工程具体范围：板桥河口(板桥河闸下左、右岸)；板桥河口左岸(宁RCS26-左(26+941)-板桥河闸)380米，板桥河口右岸(板桥河闸-宁RCS27(27+180))770米，总长度1150米。工程设计标准：板桥河闸至河口岸堤防设计等级为2级，增高主江堤堤防高程至▽12.95、港堤堤顶高程至▽12.45。工程建设内容：对堤防进行加宽、加高，新建堤顶道路、堤身灌浆、背水坡培土、设平台、堤脚填塘固基等。主要工程量：土方开挖1.2万立方米，土方回填3.8万立方米，砼工程300立方米，生态砼1500平方米，沥青混凝土道路7000平方米以及堤基防渗处理等。工程概算总投资766.62万元。

【板桥河应急整治工程竣工】 5月30日，板桥河应急整治工程竣工。该工程位于板桥河华兴桥至龙飞桥段，堤防等级为2级。工程概算总投资2853万元。工程施工分3个标段实施，分别为华兴桥至金安胶管厂(K0+000-K0+475)上游右岸段，堤防长度约515米；华兴桥至老街(K0+000-K0+900)上游左岸段，堤防长度为840米；宁芜公路桥至龙飞桥(K1+175-K2+280)，下游左右岸，堤防长度约2200米。工程建设主要内容：对河道拓宽、裁弯取直。拓宽后河道下口宽30米，上口宽75米，迎、背水坡坡比均为1:3，堤顶高程12.5~12.8，河底高程5.0，堤顶宽6.0米；对堤岸进行防护。高程6.5~8.6间采用绿化砼护坡，下游按血防要求采用砼护坡，迎、背水坡非硬质化处均种植草皮防护；修建堤顶防汛道路。采用沥青砼道路，路宽5米，背水侧设C30预制砼路牙；对堤防进行防渗处理。采用袖阀灌浆，深度为9米，单排布孔，孔距2米，孔底注浆，全孔灌注。工程主要工程量：河道整治3560米、河道裁弯取直960米、新建堤防1410米、疏浚1105米、绿化砼护坡9432平方米、砼护坡1461平方米、草皮护坡55215平方米、新建堤顶道路18059平方米、浆砌石挡墙6098立方米、袖阀灌浆6430平方米。

【完成水利普查对象509个】 6月8日，区水利局完成“全国第一次水利普查”清查数据的审核、录入和上报工作。全区水利普查对象清查结果596个，其中宁南街道32个、赛虹桥街道42个、雨花新村街道18个、西善桥街道49个、板桥街道49个、铁心桥街道210个、梅山街道28个、雨花经济开发区65个、板桥新城103个。根据区水利普查工作方案及清查成果，确定全区水利普查对象总数509个，其中水利工程151个、社会经济用水254个、河湖开发治理保护41个、行业能力12个、灌溉面积74个、规模以上机电井4个。普查对象填报指标数据项208项。

【2010年度消险工程竣工】 8月18日，2010年度消险工程竣工。该工程位于雨花台区板桥河王家山段右岸、秦淮新河八零七涵洞至入江口、江宁河段。工程概算总投资1289.66万元。工程对王家山段350米堤防进行达标及景观绿化建设，包括河道拓宽、疏浚、迎水坡护砌、防汛道路贯通及景观绿化，同时对原王家山泵站进行拆建，流量由原来每秒0.2立方米扩大到每秒3立方米；对秦淮新河八零七涵洞至入江口段4000米堤防进行防渗处理，其中袖阀灌浆350米，压密灌浆3650米；对板桥河老下闸泵站、秦淮新河老石家泵站、老高庄泵站、江宁河龙王闸泵站进行拆除，对老涵洞轴线两侧各20米内范围进行压密灌浆。

(王新奎)

2010年度消险工程

经济管理与监督

发展计划管理

【概　况】 2011年,雨花台区发展计划管理工作围绕建设现代化创新型生态新城区目标,紧扣"五项工程"("1+3"产业工程、软件谷工程、生态新城工程、和谐社会工程、党的建设工程)建设,大力推进创新驱动、产业转型、城市功能提升及民生幸福等重点工作,经济社会各项事业发展成效显著。全区309项奋斗目标中,有298项完成全年计划,完成调整后目标96.4%。该区在全市区县现代化综合考核中获得一等奖。

经济平稳较快增长。全年实现地区生产总值202.5亿元,同比增长13.4%,完成年计划103.2%。其中,第二产业增加值90.7亿元,同比增长6.6%;第三产业增加值111.4亿元,可比价增幅19.9%,完成年计划107.1%。三次产业结构调整为0.2:44.8:55,第三产业比重较上年提升3.1个百分点。实现地方一般预算收入26.1亿元,同比增长26.6%,完成调整后目标的103.2%,增幅位居全市第二。实现全社会固定资产投资230.7亿元,同比增长7.7%,完成年计划100.3%,其中服务业投资167.6亿元、工业投资63.1亿元。实现社会消费品零售总额155.1亿元,同比增长27.4%,增幅位居全市第一。实际利用外资1.2亿美元,完成年计划120%。新发展私营企业1086家、个体工商户3281户。

主导产业加快集聚。软件谷规划建设全面启动,人才、政策、平台等各类资源加快整合,软件谷一期45平方公里控制性详规和产业发展规划编制、logo(徽标)形象征集等工作基本完成。软件产业规模持续放大,新引进软件企业55家,新增软件产业面积43.1万平方米,实现软件业务收入520.6亿元,同比增长69.0%。实现服务外包执行额8.3亿美元,同比增长43.4%,其中离岸外包执行额4.8亿美元,同比增长41.8%。高端商务商贸业在宁南、赛虹桥等区域加快集聚,全区新增商务商贸设施面积81万平方米,明发商业广场、德盈国际广场全面招商运营,东方院线五星级影院、苏宁电器等一批高端商务商贸项目先后建成营业。先进制造业比重不断提升,实现规模以上工业总产值287.2亿元,同比增长25.1%,高新技术产业产值占规模以上工业产值比重提高8个百分点。生物医药和文化创意产业初具规模,销售收入分别达到27亿元和35亿元,南京中医药国际健康产业园、南海生物医药等项目加快推进,开发区国家级数字出版基地正式授牌运作。

科技创新加快推进。区委、区政府明确和完善全区科技创业特别社区建设、创新人才引进和培育、平台建设等方面政策措施。新增科技创业孵化面积2万平方米,新增产学研合作项目42个,新建校企联盟1个,江苏润和软件股份有限公司与南京大学成功对接。新建科技公共服务平台2家,分别为中兴通讯—江苏云计算业务应用创新企业研究院、医药集团—南京医药产业集团创新研究院。创新人才加快集聚,新引进软件人才1.7万人,引进符合省级标准的高层次创新创业人才36人,引进领军型科技创业人才33人,培育科技创业家10人,集聚国家千人计划人才7人。创新能力不断提升,完成专利申请量1706件,专利授权量674件,其中发明专利授权量235件;新认定高新技术企业12家,高新技术产业销售收入540亿元。

【跟踪监测2011年区发展计划完成情况】 年初,区发展计划管理部门制定《雨花台区2011年国民经济和社会发展目标》一级分解,将目标分解为309项,其中指标类64项、重点项目类245项,所有目标均下达到政府各部门、开发区及各街道(园区),要求相关单位细化监测项目,根据一级分解进行二级分解并落实到具体部门及相关领导。同时,编制《雨花台区街道、园区经济工作差异化考核办法》,制作各街道、园区差异化考核分析模块,季度模拟经济运行情况,定期进行主城区考核模拟。区政府与各部门、开发区及各街道(园区)领导签订责任制,贯彻落实奖惩制度,完善监测网络,缩短监测周期。每月、每季度调查摸底推进情况,跟踪监测按时序进度完成情况。8月,监测显示该区下半年部分指标增长节奏有可能放缓,地方一般预算收入、实际利用外资增速有所下滑,城镇居民收入指标优势不明显,区计划管理部门及时分析原因,根据实际情况帮助目标责任单位调整推进策略。至年末,实现地方一般预算收入26.1亿元,同比增长26.6%,完成调整后目标的103.2%,增幅位居全市第二。

【获市2011年度区县现代化综合考核一等奖】 2011年,雨花台区获市年度区县现代化综合考核一等奖。考核包括市率先基本实现现代化指标体系区县年度分解目标要求、年度人代会目标等共性目标,同时根据区县资源禀赋及主导功能定位,分别设置体现特色发展要求个性目标。最终区县排名体现全年四大类37项考核指标综合得分。该区各项指标均较好完成年度目标任务,部分核心指标排名全市前列,充分体现全区产业转型、科技创新、人才引领、居民增收等方面工作成果。2011年,该区实现服务业增加值111.4亿元,可比价增幅19.9%(现价增幅25.8%),增幅排名全市第一;实现城镇居民人均可支配收入2.93万元,同比增长14.6%。

【重点项目推进】 2011年,雨花台区重点项目建设克服外部经济环境、南部新城项目前置性审批和中国(南京)软件谷规划调整等多重因素影响,稳步推进。全区245个重点项目实现开工建设215个,剔除8个被取消项目,开工率90%。112个重点工商业项目中,诚迈科技、虹亚多媒体研发、东州科技等42个项目竣工或投产运营,中电十四所二期、华士电源、紫荆商业广场等29个亿元以上项目开工建设。重大项目招商取得突破。全年引进规模以上项目150个,签约项目计划总投资200亿元,新增注册资本45亿元。中兴通讯三区项目签订正式协议,集群软件、花样年华、绿城房产等38个亿元以上项目签约。注册外资突破1亿美元大关,引进中闽百货、泰景医疗、江苏中碳网络科技等千万美元以上重大外资项目7个。

【政府投资项目监管】 2011年,雨花台区加强政府投资项目监管,制定《雨花台区政府投资小型建设工程招投标管理暂行办法》和《雨花台区房屋建筑拆除招投标管理暂行规定》,专项治理工程领域突出问题。全面落实"明标明投"制度,全区初步建立起15家阳光拆迁小型工程企业库名录,217家企业经过资格审核进入该库。至年末,完成宁丹路二期绿化等59个总投资3535.97万元项目核准、招标代理、招投标及后期跟踪监督等相关工作。同时,协助区专治办(雨花台区工程建设领域突出问题专项治理工作领导小组办公室)开展工程建设领域突出问题专项治理工作,梳理、审核2010年1月至2011年3月新开工政府投资10万元以上建设项目97个,总投资8.89亿元。

【推进本土企业上市】 2011年,雨花台区围绕做大做强辖区本土企业目标,推进科技创新与资本融合,鼓励企业上市融资,服务企业和推进上市方面取得阶段性成果。8月,江苏舜天船舶股份有限公司在深交所发行上市,实现区本土企业上市零的突破;江苏润和软件股份有限公司被中国证监会受理;南京丰盛新能源、江苏吉美思物联网产业等2家科技股份有限公司被江苏省证监局受理;南京旭建新型建筑材料股份有限公司完成进入代办股份制转让系统内部预核查;南京时代传媒、南京圣迪奥服饰、江苏通灵翠钻等3家公司进入股份制改造培育期;威特曼生物科技、南京三普造粒装备等2家公司进入上市后备。结合中国(南京)软件谷建设,实施"百企入库"工程,在全区科技创新创业企业中筛选100家符合国家产业政策、主导产品突出、公司治理结构较为完善、有较好发展前景的科技软件企业进入拟上市企业资源库,给予重点指导和扶持。至年末,22家企业进入南京市拟上市企业后备库。

【金融管理工作】 2011年,雨花台区辖区中小企业受多种因素影响,融资压力增加,该区加强监管小额贷款公司,同时争取指标新筹建小额贷款公司和科技小额贷款公司,提高面向中小企业授信规模。至年末,雨银农村小额贷款公司、南京市金东农村小额贷款公司等3家小额贷款公司发放贷款约9亿元,客户589户。其中,小额贷款、"三农"贷款、3个月以上经营性贷款余额之和占全部贷款余额比率75%以上。担保公司担保余额3.8亿元,服务全区中小企业。完成新筹建2家农村小额贷款公司和开发区科技小额贷款公司招标工作,其中板桥街道小额贷款公司申请筹建;宁南街道小额贷款公司和开发区科技小贷公司完成申请筹建前期准备工作。

【落实扶持资金近3000万元】 2011年,雨花台区为企业和各类平台申报资金4000余万元,至年末,落实扶持资金近3000万元。其中,南京中兴软创科技股份有限公司移动支付安全中间件研发及产业化项目1000万元(国家级),南京华士电源设备有限公司获批2011年国家重点产业振兴和技术改造专项资金820万元,华润电厂获批市级节能专项补助资金200万元,中船绿洲机器有限公司获批市级企业技术中心补助资金300万元,南京国睿信维软件有限公司数字化公用协同研发平台项目50万元,雨花数字出版基地公共服务平台、江苏正欣和通信发展有限公司研发中心各获批2011年省服务业专项引导资金20万元,南京中兴特种软件有限责任公司实施企业ERP(企业资源计划)信息化项目10万元等。

【存量资源集约利用】 2011年，区发展改革部门摸底调查全区存量资源，汇总分析全区36幢空置及部分空置楼宇、42块存量土地、282家待转型非软件企业资料；编制完成《关于全区闲置资源情况的调查与分析》，并制定《关于充分利用存量资源加快建设中国(南京)软件谷的行动计划》，促进全区资源集约利用。

【申报各类平台15个】 2011年，区发展改革部门组织申报各类平台15个。其中，申报江苏省数字出版特色产业基地、江苏省通讯软件特色产业基地、国家级“新型工业化产业示范基地(软件和信息服务业)”、省级“两化融合”(信息化和工业化高层次深度结合，以信息化带动工业化、以工业化促进信息化，走新型工业化道路)示范区等特色基地各1个；申报2012年农林水工程项目中央预算内投资项目2个、菜篮子基地和农业项目2个；申报南京市服务业发展专项6个、服务业创新团队1个。

【完成《2012年雨花台区国民经济和社会发展计划》编制】 2012年是雨花台区全面推进中国(南京)软件谷建设、加快转型发展关键一年，区发展计划管理部门以区第十二个五年规划纲要为蓝本，分步落实目标任务，精心编制完成《2012年雨花台区国民经济和社会发展计划》。计划围绕“又好又快、提速转型”经济发展基调，把雨花台区建设成为人与社会、人与自然协调发展幸福城区作为社会发展目标，设定全区国民经济和社会发展目标254项，其中指标类79项、项目类175项。计划明确2012年经济社会发展“以软件谷工程为核心，加快建设中国软件名区；以高端产业为引领，着力提升城市经济竞争力；以科技创新为驱动，全面增强区域发展活力；以重点项目为支撑，迅速壮大优势产业集群；以品质提升为重点，加快建设现代化生态新城区；以富民惠民为目标，全面推动幸福城区建设”等6项重点工作。

【风险投资/私募股权投资专场推介会召开】 5月26日，“雨花软件产业联保基金成立仪式暨VC/PE(风险投资/私募股权投资)雨花行活动”在区举行。中信银行等4家雨花软件产业联保基金发起单位、深圳市创新投资集团等14家著名VC/PE机构，26家雨花台区融资和成长型企业及市、区、街道相关领导参加推介会。会议邀请南京产业资本融合促进中心及创投基金公司到区实地考察，与企业进行一对一融资意向对接，中信银行分别与华通信息、橙红科技等2家企业签订联保基金意向贷款合约；中国光大控股投资管理有限公司等3家风险投资和私募股份投资机构代表介绍各自基金情况；南京汪海集团等8家辖区内成长型中小企业作详细推介。推介会同期举行联保基金揭牌仪式，副区长袁传军、市金融办副主任胡升荣、中信银行南京分行副行长王顺清共同为雨花软件联保基金揭牌。

5月26日，“雨花软件产业联保基金成立仪式暨VC/PE雨花行”举行

【推荐润和软件申报省软件工程中心项目】 9月,区发改局正式推荐江苏润和软件股份有限公司申报江苏省企业供应链管理软件工程中心项目。该工程中心位于软件大道润和软件园内,总投资1500万元,建筑面积1500平方米,包括供应链软件分析、检测实验室等,建成后每年可培养具有先进供应链管理专业知识并具有IT业务规划能力复合型人才800人,为行业研究解决供应链管理软件方案和构件库,解决组件化、精益化、敏捷化、智能化、互通化等方面关键技术。

【金东农村小额贷款公司成立】 11月8日,雨花台区金东小额贷款公司成立,区委常委、副区长艾长青出席仪式。仪式上,金东农村小额贷款公司负责人介绍公司基本情况。该公司为经省政府金融工作办公室批准设立的农村非金融机构贷款公司,主要为辖区涉农企业、经济组织和个人提供小额贷款及担保业务。该公司注册资本近3亿元,为南京小额贷款公司之最。主发起人江苏华亚化纤有限公司,是中国化纤行业竞争力10强企业、江苏省百家重点培育企业。

(龚健灵)

审 计 管 理

【概 况】 2011年,雨花台区审计工作围绕大财政审计格局中心工作和民生需求,深化财政审计、绩效审计、专项资金审计、经济责任审计和政府投资审计,发挥审计监督在查处违规违纪问题、促进增收节支、维护群众利益、加强廉政建设等方面保障和促进作用,为该区建设现代化创新型生态新城区保驾护航。全年审计和审计调查项目227个,其中政府投资审计207个、财政审计1个、经济责任审计10个、绩效审计4个、审计调查5个。政府投资审计完成审计资金量8.94亿元,核减1.55亿元,平均核减率17%;财政审计和经济责任审计查出管理不规范资金7.19亿元;提出审计建议50条,被采纳34条。是年,区审计局被评为南京市审计机关年度综合考核优秀等级,市审计机关建党90周年演讲比赛一等奖、公文质量评比二等奖、信息宣传工作二等奖,被中国时代经济出版社和《中国审计》编辑部评为宣传工作优秀单位,被区委、区政府表彰为先进集体,名列区级机关作风评议第三名。局党支部被区级机关工委表彰为先进党支部。能仁里一号危旧房改造地块经济适用房工程竣工决算和效益审计项目、2010年度雨花台区财政预算执行和其他财政收支情况审计项目分别获市审计机关优秀绩效审计项目二等奖和优秀审计项目二等奖。

【预算执行审计】 2011年,区审计部门整合审计资源,统筹安排审计对象,创新审计方法,扩大审计内容,同级财政审计、部门预算审计、专项资金审计、经济责任审计、政府投资审计等相互补充并共同完善,构建大财政审计格局。关注预算编制、预算执行、预算监督和资金投放效益等重点内容,发现和揭露财政经济运行中存在的问题,提出推进财政体制改革和完善财政政策等方面的建议,发挥审计免疫系统功能。全年审查区发改局、商务局、文化局、住建局、交通局等10个部门预算以及各街道、园区预算收支总体情况和融资情况,审计调查区畜牧兽医站、司法局公证处、疾控中心、环卫所、卫生监督所以及部分中小学、幼儿园等10家预算外单位。

【政府投资审计】 2011年,区审计部门开展政府投资审计项目207个,其中预算审计17个、结算审计135个、决算审计8个、跟踪审计19个、其他审计项目28个。重点自审板桥生态园、2011年绿色雨花、校安工程、板桥医院、近两年生态雨花等建设工程项目;组织中介机构重点审计永安、古雄、西善花苑、朱家场C区、春江10.07公顷等经济适用房项目。送审资金42.55亿元,完成审计项目110个,完成审计资金量8.94亿元,核减额1.55亿元,平均核减率17%。

【经济责任审计】 2011年,区审计部门完成组织部门委托的离任经济责任审计项目,并选择任职时间长的领导开展任中审计,与区委组织部、机构编制委员会办公室沟通协调,尝试开展"三责联审"(用人责任审查、编制责任审核、经济责任审计)项目,达到规范财政财务收支行为,增强领导干部依法履行经济责任、完善管理监督机制、正确履行廉洁从政行为、促进惩治和预防腐败体系建设目的。实施过程中,重点审查领导干部任职期间财务状况真实性和合法性、投资项目建设管理情况,审查拆迁项目运作管理情况以及投资、筹资及资产转让重大经济决策情况,重点关注涉及土地储备、城镇保障性住房、政府性负债等问题易发领域。至年末,开展区信访局、发改局、宁南街道工委、雨花经济开发区等10个单位原负责人离任经济责任审计。

【内部审计】 2011年，区审计部门和区内审协会开展“交流、咨询、服务、指导、研讨、教育、宣传”等活动，丰富内审工作内容，创新工作方式，明确法定代表人离任审计和建设项目竣工决算2个必审项目；明确财务收支审计、专项资金审计、任中经济责任审计、重点工程项目全过程跟踪审计、物资采购比价审计、内控制度评审和经济效益审计等7个重点方向。各内审机构围绕各单位中心工作，抓住领导关心和群众关注的重点、热点、难点问题，开展财政财务收支审计、年终兑现审计、票据审计、合同审计、政府采购执行情况审计、清产核资审计、社保资金审计、新农村建设资金审计等各种特色审计。至年末，全区各内审机构完成审计项目150个，其中经济责任审计14个、财务收支审计25个、专项审计25个、工程审计82个、专项审计6个、其他审计23个；提出合理化建议202条，被采纳202条；工程审计送审资金量4427万元，核减额608万元。

【三项举措加大审计中介机构考核力度】 2011年，区审计部门采取扩大考核组范围、丰富考核内容、充实考核项目等三项举措加大审计中介机构考核力度。考核中，区审计局专业人员邀请区监察局、发展和改革局、财政局、住建局等区项目办成员单位以及相关建设单位参加考核，增强考核全面性；考核内容重点细化为“单位组织管理、人员职业道德、项目审计质量、审计进度和审计成效”等五个方面22个条款近百个子项，增强考核的准确性；充实竣工决(结)算项目144个，其中跟踪审计项目14个在考核中被综合利用，增强考核结果客观性。

【同级审主打“民生”牌】 2011年，区审计部门同级财政审计工作重点关注“民生”。全面摸清2010年全区民生资金投入情况，重点审计“教育、医疗、社保、卫生、文化”等民生资金投入占财政支出比重达标、增长状况，增长幅度与GDP、财政收入增幅是否协调，新增财力投入是否重点向民生领域倾斜；全面摸清全区民生工程项目实施及完成情况，审计建设单位在项目可行性研究、立项管理、招投标管理、建设过程管理、施工质量监督以及竣工验收、竣工决算审计等方面执行规定力度，以及有无因管理不善造成投资损失和违纪违规行为；全面了解民生工程项目资金绩效情况，着重了解“为民办实事项目、义务教育学校教师绩效工资、中小学校舍安全工程、免费义务教育、低保、养老、就业和再就业、保障性住房”等民生工程政策落实情况，审计政府规划、计划和建设目标实现情况，以及政策措施成效、人民群众幸福度和满意度是否得到提高等。

【危旧房改造满意度调查】 1月，区审计部门开展危旧房改造工程——能仁新居建设、投入使用及安置情况满意度调查，增强审计结果的客观性。调查内容包括：拆迁补偿结果、建设速度、开发商服务水平、小区整体环境、公共设施配套、住宅套型设计、销售价格、住宅建筑质量和交付标准等，实际调查面40%。调查结果显示，85%被调查住户不了解南京市危旧房改造政策，大部分人希望给予低收入者一定住房补贴；60%被调查住户不太满意新住宅楼销售均价；78%被调查住户满意新住宅楼外貌；超过50%被调查住户不满意新建成的小区环境；大部分被调查住户希望新小区商业门面房用于经营生活日用品和无污染、无噪音项目。

【政府性负债专项审计调查】 2月28日~4月13日，区审计部门地方政府性负债审计组根据全市统一部署，审计和审计调查秦淮区64个预算部门及有关机构政府性债务情况。10月，结合上半年地方政府性负债审计结果，审计调查辖区雨花台中学、板桥中学、梅山中学等3所普通高中债务情况，了解学校资产状况，分析资金来源和用途，评估学校偿债能力，揭示存在风险隐患。

【节能减排审计调查】 6月8~14日，区审计部门开展节能减排审计调查，专项审计该区“十一五”期间污染减排、环境污染治理资金使用、医疗废物及危险废物转移等情况，实地调查工业固体废物、工业危险废物、医疗废物、城乡生活垃圾、城市污水处理厂污泥等固废物利用处置管理情况，走访华润热电有限公司、盛花涂料厂、万宏混凝土有限公司、麦德龙超市等9家工商企业，调查南京市第一医院南院、雨花台区妇保所、板桥卫生院等十多家医疗单位。调查中，开展节能减排专项资金使用情况绩效审计，核实、对比分析或趋势分析全区节能减排工作成效，全面评价节能减排目标实现程度。审计反映该区环保管理职能交叉、政出多门，导致节能减排工作难度加大等6个节能减排方面存在的问题，提出进一步完善节能减排工作机制等5条审计建议。

【校舍安全工程审计调查】 6月，区审计部门成立中小学校舍安全工程专项审计小组，聘请加固工程专家参与，区校舍安全管理办公室、教育局、财政局等主管部门协调配合，审计2010~2011年度全区中小学校舍安全工程，摸清全区校舍安全工程3年规划（2010~2012年）执行情况和存在的主要问题及矛盾。审计调查将9个总额近9000万元校安工程全部纳入审计范围，明确责任落实、管理规范、资金使用等3个审计重点。采取跟踪审计、结算审计和决算审计相结合形式，定期深入现场，跟踪审计项目立项、施工图设计、项目招投标、合同签订、设备材料采购、施工过程管理以及专项资金拨付等事项，同时开展竣工验收项目结算审计和决算审计。审计反映校安工程现场监理不到位，修复工程、安装工程设计不完备等4个方面问题；提出校安工程要按照国家收费标准招标，改竞价为竞质等4条建议。

【《小型建设工程招投标管理暂行办法》出台】 6月，《雨花台区政府投资小型建设工程招投标管理暂行办法》（以下简称《办法》）出台。《办法》明确小型工程项目具体定义和资金性质要求，同时强化建设单位违规责任追究制度，施工单位出现转包、无故放弃承包权、项目质量问题、随意提高工程造价、不服从监督管理以及其他违法和不当行为的，在规定时期内不得参与区政府投资工程承发包活动。

【农村集体建设用地审计调查】 9~12月，区审计部门审计调查村集体使用建设用地合法性、规范性，着重分析发包经营土地利用情况。审计调查采用发放审计调查表、查看行政村使用村集体建设用地相关合同或协议、现场查看村集体建设用地实际使用情况、搜集承租建设用地实现经济和社会效益数据、分析研究等方法，走访街道、园区6个，行政村、涉农社区等23个，土地455块、企业500余家，发放调查统计表23份，查阅合同530份，召开培训座谈会6次。调查显示农村集体经济组织建设用地存量1286.07公顷，占总量58.41%；发包经营土地915.62公顷，占总数41.59%。审计调查发现农村集体建设用地存在权限沉淀、各自为政、执行走样等3个方面问题，审计部门提出加强监管力度、规范管理制度、完善合同后期纠偏机制等3点建议。

【绿色雨花效益审计】 12月10~27日，区审计部门开展2009~2011年“绿色雨花”工程项目效益审计。采取开会座谈、问卷调查、现场察看等多种形式，审计调查“绿色雨花”项目立项、组织机构、制度建设、施工管理、资金拨付和使用等情况，审计资金6897.09万元；审查绿化造林460公顷、林相改造133.33公顷、植树127万株、绿地15万平方米、森林防火通道3公里、村庄绿化7个；审计分析和评价“绿色雨花”项目效果性、效益性和经济性，并提出相关建议，为“绿色雨花”项目发挥经济和社会效益起到建设性作用。

（陆国顺）

价 格 管 理

【概 况】 2011年，雨花台区物价工作围绕经济和社会发展大局，以优化价费环境、提高服务水平为着力点，认真履行物价部门职责，强化市场价格监管，严

4月15日，省物价局副巡视员曹俊生与相关处室人员到区调研农贸市场与超市对接工作

格依法行政,着力解决民生价格热点问题,维护市场物价秩序,促进全区经济和社会发展。每周报送“民生价格行情”,涉及44个品种价格,全年报送42次,通过《雨花民生价格行情》专题节目向全区老百姓播出。成立区价格争议人民调解委员会及价格争议调解中心,并在全区各街道(开发区、板桥新城管委会)建立价格争议调解站,基本建立区社会矛盾调解体系为依托的价格争议调处工作机制。年内,该区新增“重点服务、重点监测”单位10家,并授予铜牌。是年,区物价局被评为全省价格工作先进单位,全省价格政务信息工作先进单位一等奖;区价格调控和治乱减负目标责任制获市优秀格次。驻区南京澳易通投资管理有限公司被评为2011年度江苏省价格诚信单位。

【价格调控】 年初,区物价部门调整价格调控和治乱减负工作目标责任制领导小组成员,会同区财政局、发展和改革局等有关部门负责人专题研究落实目标责任制,分解价格调控和治乱减负目标。分管区长薛国安代表区政府与各责任单位签订责任状,并提出具体工作要求。成立由物价局、发展和改革局、财政局等3个部门组成的考核小组,采取日常考核、半年考核、全年考核等形式,全面考核检查全区28家目标责任单位执行情况,加强监督管理,确保目标责任制有效落实。12月28日,区价格调控和治乱减负目标责任制工作通过市物价局、市计经委验收,被评为优秀格次。

【价格监测】 2011年,区物价部门密切关注市场价格动态,重点关注粮油市场供求和价格变化,维护粮油市场价格稳定。监测节日期间粮油、副食品、液化气、交通运输、旅游景点等价格和收费状况。至年末,上报“36个大中城市主副食品价格监测表”49个品种、209次;上报“南京市主副食品价格监测表”26个品种、36次;上报2家农贸市场“南京市主副食品价格测报表”,35个品种、44次。及时向上级价格主管部门报告可能引发价格异动倾向性、苗头性问题,并及时采取措施,确保市场稳定。做好价格社会监督工作,完成价格监督服务站和监督人员选定,全区建立价格监督服务站10个,聘请价格监督服务员77名,价格社会监督网络初步形成。

2011年雨花台区新增“重点服务、重点监测”单位名录
表20

序号	单位名称
1	优励国际(南京)科技有限公司
2	江苏吉美思物联网产业股份有限公司
3	南京保福利投资管理有限公司
4	南京新月生物科技有限公司
5	中牧实业乾元浩生物制药厂
6	金地集团南京置业发展有限公司
7	江苏南京地质工程勘察院
8	南京钟山驾驶员培训有限公司
9	南京中泰钢材市场管理有限公司
10	南京梅山生活服务发展有限公司

【价格监督检查】 2011年,区物价部门围绕规范市场价格行为工作重点,研究价格监管方式方法,价格检查与事前防范、事后监督服务有机结合。强化价格行政执法,开展教育、医疗、涉农、房地产价格、食盐价格、汽车销售及维修等领域专项检查,着力整治涉及民生、涉农涉企等领域价格秩序,加大反价格垄断力度,严厉打击不正当价格行为。至年末,实施经济处罚金额4.35万元,其中罚款1.52万元、没收2.81万元、退还46.8元;受理各类价格举报和投诉73件、处理典型案例2件,其中受理“12345”工单65件、回复率100%。

【涉案财产价格鉴证128件】 2011年,区物价部门拓展鉴证领域,严格鉴证程序,确保办案质量,根据《价格认证中心管理办法》和《江苏省涉案财产价格鉴证操作规程》要求,坚持“热情服务,遵循程序,坚持原则,合理合法”方针,把好“四关”(委托关、现场勘验关、采价关、审核关)。根据国家发改委价格认证中心和省物价局发布的新版价格鉴证文书格式及档案管理规定,修改完善电脑、手机、机动车等商品价格鉴证模板。至年末,完成涉案财产价格鉴证128件,涉案标的295件、案值131.85万元。

【近84万平方米房地产价格备案】 2011年,区物价部门严格执行普通住宅商品房价格备案制度,采取现场勘察、集体审议、领导审核、事后跟踪等方法,明码标价并备案辖区14家开发企业、42个批次楼盘,备案面积近84万平方米,该区房地产市场保持相对平稳状态。协助有关房地产企业和街道办理经济适用房价格审核事宜;区别不同房屋性质,严格住宅小区前期物业管理审批、备案程序,同时做好解释、咨询、宣传工作。

【3家农副产品平价直销店挂牌营业】 2011年，区物价部门围绕“稳菜价、惠民生”调控目标，根据《南京市稳定“菜篮子”价格推进农副产品平价直销店（区）建设的实施意见》，深入农副产品集贸市场、大型超市宣讲开设农副产品平价直销店应具备的基本条件及相关政策，协助做好各项申报工作。年内，雨花西路大东农副产品直销店、苏果超市春江新城平价店、苏果超市西善桥社区平价店等3家店经审核挂牌营业。同时，指导各平价直销店统一店面设计、统一直销名称、统一宣传用语、统一标价牌（签）。建立考核监督制度，定期量化考评平价店，强化经营行为监督检查，确保18个主要品种蔬菜销售价格低于市场平均价格15%以上，并保证每天至少有5个品种蔬菜销售价格低于每500克1元。

2011年雨花台区区级“三信三优”单位名录

表21

序　号	单位名称
1	南京亿源市场管理服务有限公司
2	南京宝磊装饰材料有限责任公司
3	南京新善恒基混凝土有限公司
4	南京三普造粒装备有限公司
5	南京市西善桥中心小学
6	南京市雨花台区西善桥社区卫生院
7	梅山华润苏果购物广场
8	南京梅山工贸实业发展有限公司
9	江苏先声药店有限公司雨花西路店
10	南京市共青团路小学
11	南京绿色物业服务有限公司
12	南京福音餐饮有限公司
13	南京市雨花台区铁心桥街道广播电视站
14	南京市雨花台区铁心桥街道农贸市场
15	南京港驰汽车服务有限公司
16	南京陆风科技发展有限公司
17	南京风翔码头装卸有限责任公司
18	南京佳择服装有限公司
19	雨花台区板桥街道广播电视站
20	.南京市孙家初级中学
21	南京市雨花台区赛格建材销售中心
22	南京捷利石业有限公司
23	南京广凯五金机电有限公司
24	南京市雨花台区晟博灯饰经营部
25	南京市雨花台区正茂建材销售中心
26	南京市春蕾幼儿园
27	南京市春江幼儿园
28	南京市雨花台区新东方满天星幼儿园
29	南京市小行小学附属幼儿园
30	雨花台区普德村幼儿园
31	南京亚东天界幼儿园
32	南京市龙福幼儿园
33	雨花台区时光澔韵幼儿园
34	南京市雨花台区福娃幼儿园
35	解放军国际关系学院幼儿园

【创建区级“三信三优”单位35家】 2011年，区物价部门深入开展“三信三优”（保质量、计量、价格“三信”，创管理、服务、环境“三优”）价格诚信建设。至年末，全区35家单位被评为区级“三信三优”单位，南京澳易通投资管理有限公司被评为2010~2011年度江苏省价格诚信单位。

【开展“价比三家”活动】 2011年，区物价部门派专业干部定时定点就辖区较大规模连锁经营企业主副食品、日用工业品和药品等三大类商品同时采价，制成表格作比较，借助区政府网站平台向全社会公示。全年，完成“货比三家”系列药品价格对比8个品种、10次，超市自选商品价格对比14个品种、41次，农贸市场主副食品价格对比33个品种、41次。开通“雨花价格监测”微博，全年发布各类价格信息19条。

【汽贸区企业价格检查】 9月，针对近期全国范围汽车及装潢行业不规范情况，区物价部门联合宁南汽贸区办公室检查辖区内企业价格规范行为。重点检查各4S店展厅汽车销售价格是否按照厂家要求的指导价格、各4S店装潢部分是否存在乱收费和以次充好现象。检查结果基本符合相关政策法规，要求当场整改个别4S店家存在加价和乱收费现象。同时在汽贸区开展反价格欺诈专项检查，3次召开政策提醒会，召集20多家超市、商业零售商店和10多家汽车4S店宣传价格政策。（方忠润）

工商行政管理

【概　况】 2011年，雨花台区工商行政管理工作深入探索“发挥工商职能、创新管理机制、服务地方经济”主题，立足工商职能，明确工作重点，完善服务举措,创新监管模式,聚焦区域经济发展,在重服务、重民生、重监管、重发展上开拓创新。全年,雨花台区新增个体工商户3281户,同比增长8.29%;新增私营企业1086户,同比增长0.39%,新增个私注册资本29.24亿元。办理股权出质登记41件,完成抵押登记34件,为企业融资8.36亿元。是年,驻区企业商标被评为省著名商标6件、市著名商标7件。

服务地方经济发展。主动对接区政府确定的重点产业项目,筛选出注册资本500万元以上企业,并编排目录,与街道、企业加强联系,夯实保姆式全程服务基础。选定60家成长型中小企业作为帮扶对象,明确帮扶企业基本状况和帮扶内容,与企业建立良好信任关系。组织108家企业负责人参加市私营个体协会(以下简称私个协会)组织的2次民营经济论坛讲座,走访区私个协会所有常务理事和部分理事成员单位36家,实现大户与政府之间互动,促使大户拓展创业发展空间。

推动区域经济发展。走访调研辖区内私营企业经济主体和外商投资企业,发放企业调查问卷365份,赠送《经济发展政策汇编》800册。收集经济户口数据,结合巡查监管情况和区域发展新动态,每季度、半年、年度撰写《雨花台区企业发展状况分析》报送地方政府。每月把发展、迁入、迁出及注销企业,涉及股权转让企业情况数据汇总给区税源办,为区委、区政府分析全区经济形式走向提供便利和决策参考。

商标战略发展。实地走访调查驻区企业商标存量,摸清企业知识产权现状,将全区企业持有商标情况制成台账,实现情况清、状态明,名牌建设工作有的放矢;开展商标知识培训,加大企业品牌建设宣传力度;在全区所有企业中挑选诚信、重视品牌建设的企业,参与中国驰名、省市著名商标评比竞争;邀请省市工商局领导和专家指导参评企业材料准备、填写装订规范、申报时机等。是年,驻区企业被评为省著名商标6件、市著名商标7件,2项发展指标均位居南京市前列;1件中国驰名商标进入申报程序。

营造放心消费环境。发挥市场管理和"12315"投诉举报长效作用,加大流通领域食品监管力度,制定《2011年雨花台区放心消费区创建工作意见》,印发2000份《放心消费创建活动行规民约》给经营户;举办食品安全管理人员知识培训班;推广使用"南京市食品流通远程监管系统",全区食品经营户100%建立进货台账和索证索票制度。深入开展"一会两站"(消协分会、"12315"联络站、消费者投诉站)建设,全区101个分会和站点形成100%全覆盖。创新行政监

2011年雨花台区认定和再认定省市著名商标一览

表22

企业名称	企业性质	商标注册号	商标名称	认定时间
一、江苏省著名商标				
江苏华海汽车销售服务有限公司	有限公司	4617294	图形	2011-12
水利部南京水利水文自动化研究所		3447554	南水	2011-12
南京伟豪美耐家具有限公司	有限公司	6012634	图形	2011-12
二、2011年再认定江苏省著名商标				
南京圣迪奥时装有限公司	有限公司	1497412	S·DEER	2011-12
南京三普造粒装备有限公司	有限公司	1121044	三普 SUNUP	2011-12
南京同仁堂药业有限责任公司	有限责任公司	544185	乐家老铺	2011-12
三、南京市著名商标				
江苏省苏盐连锁有限公司南京分公司		4182942	银菱	2011-12
水利部南京水利水文自动化研究所		4956942	NSY 及图	2011-12
南京伟豪美耐家具有限公司	有限公司	6012631	伟豪美耐	2011-12
南京雨花台区昌盛板材经营部		5100158	良驹	2011-12
四、2011年再认定南京市著名商标				
南京顺豪玻璃有限公司	有限公司	1816041	顺豪	2011-12
江苏雨田车业集团有限公司	有限公司	3011087	雨田及图	2011-12
南京三普造粒装备有限公司	有限公司	1121044	三普 SUNUP	2011-12

4月26日,副区长周雯和雨花台工商分局副局长袁骏检查食品添加剂

管,打击危害公共安全、食品安全、生产安全、环境安全违法行为;事先引导、提示、警示、告诫,责令改正其他一般性违法行为。至年末,食品加工小作坊发证119户,新发展乳制品经营户23户,乳制品经营户换新证52户。区工商部门受理申(投)诉791件,办结761起,办结率96.2%,为消费者挽回经济损失77.18万元。

【融资、引资8.36亿元】 2011年,雨花台工商分局全面开展股权出质、股权出资登记工作,利用注册登记、企业年检、市场巡查、上门走访等与企业及个体工商户面对面交流机会,宣传讲解"动产抵押登记、股权出质"政策要求和操作步骤,简化办事程序,将登记时间缩短为10分钟,方便中小企业再融资。同时,促进银企对接,增强企业发展活力。至年末,办理股权出质登记41件,为企业融资3.66亿元;完成抵押登记34件,为企业引入资金4.7亿元。

【开展"千企成长"活动】 2011年,雨花台区工商行政管理部门制作"千企成长"表格,及时掌握工作成效、存在问题,要求各工商所上门走访对口帮扶企业,按照表格要求采集、填报数据,将汇总信息形成书面材料,向上级部门提供第一手资讯,为市政府有关部门出台应对经济发展扶持政策提供参考。制作危化品网上监管PPT(幻灯片)被市工商行政管理局作为教学材料放在外网危化品管理模块中供企业学习参考。上半年,区民营经济现状调研受到区委、区政府高度重视,被列为舆情建议上报给省委、省政府,并被市委、市政府刊发。

【集中查处取缔无照经营】 2011年,雨花台区检查、规范无照经营户315户。区工商部门采取工商所自查、工商所互查和监管科督查形式,确保检查落到实处、取得实效。建立信息沟通制度,检查过程中发现牵涉到前置许可部门问题,及时用函件抄报抄送区相关部门,其中创建文明城市期间向区卫生局、安监局抄送46户无证照经营户名单,向区商务局发函提醒校园周边销售酒类经营户未在显著位置悬挂"不向未成年人销售酒类"标志。

【企业信用分类监管】 2011年,雨花台区工商管理部门采取一体化监管、规范管理、及时更新监管信息、完善软件、政务公开等5项举措做好企业信用分类监管工作。整合基层工商所登记、监管、执法、维权等业务职能,形成立体式、全方位片区一体化监管模式,将监管责任落实到人;片管干部根据《巡查手册》规定的检查方法和检查步骤开展定期巡查、日常巡查,搜集真实可信数据;业务科室及时将企业年检、股权质押、申报重合同守信用、案件处罚等信息录入经济户口,巡查干部及时录入巡查记录,落实"谁检查谁录入,谁录入谁负责";结合实际,更新软件,实现工商系统根据输入企业信息自动生成警示信息,以示提醒;工商部门定期将企业注册、申报商标、吊销等信息公布在互联网站,做到政务公开。

【规范农资市场经营秩序】 2011年,区工商管理部门全面清理辖区农资生产经营者,健全农资经营档案,重点检查农资经营户前置审批证件有效性、经营资格合法性等,取缔未取得前置审批许可、未领取营业执照的经营户;加强种子、化肥、农药、兽药、农机具及配件等农资市场监督管理,集中力量检查农资生产和销售相对集中片区及批发市场、专业市场和集散地,特别是农村集贸市场,依法严厉打击制售假冒伪劣农资商品行为;加强农资商品质量检测,建立健全农资商品质量监测制度和执法抽查制度,实行定期定点例行监测和动态监测相结合,重点监测群众反映较多、问题突出的农资产品;查处农资虚假广告、违法广告,确保农资产品广告真实可信;保护农资消费者合法权益,发挥"12315"申诉举报网络作用,健全完善举报投诉处理机制,发挥"一会两站"作用,形成受理、跟踪督办和案件查处相结合行政执法网络,维护农资消费者合法权益。

7月1日,雨花台工商分局为南站经营户颁发营业执照

【标准化管理】 年初,雨花台区工商管理部门成立标准化管理工作领导小组,下设办公室。制定《贯标工作实施方案》,编写《管理手册》《程序文件汇编》等12.8万字体系文件及15本部门《工作手册》,包括食品安全应急预案、考勤考核管理办法、信访工作制度等,形成立体式、全方位制度体系。至年末,该区实现年初制定的服务对象满意率≥95%、服务对象信息反馈处理率100%、地方政府满意率≥98%、行政执法正确率100%、服务承诺兑现率100%、不发生重大火灾及安全责任事故的管理目标值。

【《软件园发展十九条》出台】 3月,雨花台工商分局及时把握地方经济发展新动态与重点发展方向,出台《雨花台工商分局扶持服务雨花软件产业园发展政策十九条》(以下简称《软件园发展十九条》),从开辟绿色通道、建立信息平台、市场准入条件、拓宽融资渠道、提供政策咨询服务等6个方面全方位服务软件园企业。8月2日,中国(南京)软件谷成立;9月,雨花软件园撤销。该局及时抓住服务中国(南京)软件谷新机遇,创新、优良、超前服务,按照《软件园发展十九条》动态调研软件企业合同和诚信经营情况,适时成立软件谷合同指导站,加强合同指导与履行。促进金融企业与软件谷企业对接,以动产抵押、股权质押、商标质押等形式助力软件谷企业发展。

【服务高铁南京南站】 高铁南京南站(以下简称南站)地处雨花台区辖区,6月28日正式运营。区工商管理部门及时跟进服务并监管,做好营业执照办理、消费维权、食品安全监管等方面服务监管工作。分局领导多次带队上门服务调研,研究针对性服务与监管措施,开展"争当南站先锋,构建和谐窗口"行动,分局注册科全程跟踪办理,确保一个窗口对外,申请者在2天之内领到营业执照;安排专人负责处置南站消费纠纷,开展消费指导,确保旅客投诉"件件有落实、事事有回音";维权涉申(投)诉举报,尽可能当场化解纠纷,外地旅客、老弱病残等特殊消费群体投诉,实行远程调解、上门调解、先行赔偿等措施。

【政企联合打假】 2010年10月~2011年6月,雨花台区开展"打假冒、保名优、促发展"行政执法主题活动,全部活动历时8个月。活动中,区工商管理部门多次与公安部门合作,查处一批违法案件,没收商标侵权假冒伪劣商品280箱(件),罚款37.75万元,移交公安部门案件2件、拘留涉罪当事人5名。同时,该区探索政企联合打假新模式,与洋河酒厂、国缘酒业签订联合打假框架协议,开拓政企合作新领域。全年查处侵犯知识产权案件22件,查处制假售假、产品质量不合格案件10件,查处虚假宣传广告案件5起。完成商品监测125个批次,其中抽检婴儿乳制品和食品添加剂85个批次,钢材、汽车配件、铝型材等其他商品40个批次。

(甘　霖)

质量技术监督

【概　况】 2011年,雨花台区质量技术监督工作围绕"质量强区",服务区域经济发展(服务软件产业发展)重点,确保食品监管安全和特种设备安全监察;开展行政执法打假治劣,保雨花台区名牌产品和企业,维护全区生产领域经济秩序。全年出动执法、监督检查1230人次,车辆370台次;回访食品企业61家次,区级抽样检验91个批次、"现场快检"27个批次;投入12万余元,发现问题430项,发出责令整改通知书65份,劝离、取缔小作坊52家;查获伪劣钢筋126.26吨,捣毁食品制假窝点2个;立案41件,结案34件,移送司法机关6件。先后7次组织食品生产加工人员安全知识培训300多人次,联合街道、园区共同发放127份《告居民一封信》。至年末,全区有省名牌产品10个、市名牌产品20个,省质量奖1个、市质量奖2个,3家企业获得市能源计量达标单位。是年,区质量技术监督分局获市"无职务犯罪"先进单位、区先进基层党支部、区先进集体,分局政风行风评议满意率100%。驻区企业南京丰盛新能源科技股份有限公司获"江苏质量诚信AAAAA级品牌企业"称号,同时当选"中国产品质量监督调查中心常务理事单位"。

【标准化工作】 2011年,区质监分局和雨花软件园共同起草的国内首份《软件园服务规范》省地方标准通过省专家组审查并报国家标准化委员会审批,铁心桥街道"春牛首"生态旅游(农家乐)服务标准化省级试点任务完成等待省验收。区质监部门工作人员4次到街道、园区宣讲标准化工作,找准对接点,加大吸引力;组织上海梅山钢铁股份有限公司等5家大型企业申报2011年度江苏省企业知识产权管理标准化示范创建单位,组织雨花经济开发区管委会和雨花软件园管委会、南京长江装饰城管理有限公司等申报2011~2012年度江苏省服务业标准化项目;依托市质量技术监督局在开发区组织120人参加"质监讲堂",讲授正确认识食品添加剂、正确选择和保养珠宝、正确购买食物方法等。

【计量器具检测】 2011年,区质监部门联合市计量院专项检查麦德龙南京雨花商场计量器具和免费检定19家集贸市场在用1415台电子秤,为上述单位减负8.49万元;在全市率先完成辖区15家村级卫生服务站、13家社会福利机构168台(件)在用医用计量器具免费检定,一次检定合格率69.56%,修理后检定合格率25.22%,不合格率5.22%,受检率100%;完成47家在用17种633台(件)安全防护用计量器具现场检查,强检(校准)率96.52%。

【企业产品质量安全主体责任实施方案试点】 4月,区质量兴区领导小组制定下发《推进企业落实产品质量安全主体责任实施方案》和《细则》,选取南京金杉汽车工程塑料有限责任公司、江苏三鸿食品公司、南京顶瑞电机有限公司、南京伟豪美耐家具有限公司等6家企业,试点落实国家质检总局与工业和信息化部《关于生产企业全面落实产品质量安全主体责任的指导意见》。试点分动员部署、组织实施、试点验收、总结推广、全面实施等5个阶段进行,取得一定经验后,在全区规模化企业组织实施,并全面推广。试点中,该区先后召开6家试点单位会议,街道和园区主管领导、80家企业负责人动员部署会议等;市、区政府有关部门先后3次深入企业指导,落实主体责任实施方案;在企业自评基础上,区质监分局牵头会同街道、园区、相关部门等,对企业进行量化评价考核。至9月末,6家试点单位工作进展顺利。完成18家企业生产许可证年审、26家企业现场检查和省级监督抽查。

8月4日,区质量技术监督分局检查辖区企业

【特种设备监管】 2011年,区质监部门开展全区特种设备使用单位分级分类监管,专项治理锅炉、电梯、压力管道(容器)等91家特种设备使用单位,下达“特种设备安全监察指令书”20份,责令整改安全隐患31处。

【名牌培育及申报】 2011年,区政府与辖区各街道办事处、管委会签订目标责任状,首次将名牌推进工作列入地方政府考核目标。区质监部门摸排梳理全区名牌、质量奖培育企业,列出8家重点企业申报政府

2011年雨花台区名牌产品一览

表23

级别		企业名称	产品名称
江苏省	1	南京压缩机股份有限公司	压缩机
	2	南京中船绿洲机器有限公司	碟式卧螺离心机
	3	江苏雨花钢铁有限公司	钢筋混凝土用热轧带肋钢筋
	4	南京同仁堂药业有限责任公司	排石颗粒、乳宁颗粒、止嗽化痰颗粒
	5	江苏三鸿食品有限公司	肉松
	6	南京金杉汽车工程塑料有限责任公司	改性聚丙烯
	7	南京圣迪奥时装有限公司	女装
	8	南京南自信息技术有限公司	服务业
	9	南京高精齿轮集团有限公司	减速机
	10	江苏润和软件股份有限公司	手机嵌入式软件
南京市	1	江苏雨花钢铁有限公司	钢筋混凝土用热轧带肋钢筋
	2	南京金杉汽车工程塑料有限责任公司	改性聚丙烯
	3	南京费隆复合材料有限责任公司	机制玻璃纤维增强聚酯板材
	4	南京费隆复合材料有限责任公司	不饱和聚酯树脂
	5	南京同仁堂药业有限责任公司	排石颗粒
	6	南京圣迪奥时装有限公司	女装
	7	南京伟豪美耐家具有限公司	办公家具
	8	南京鑫翔新型建筑材料有限责任公司	页岩尾矿烧结模数多孔砖
	9	南京高精齿轮集团有限公司	减速机
	10	南京曙光硅烷化工有限公司	偶联剂
	11	南京顶瑞电机有限公司	送丝机构
	12	南京圣天塑料管业有限公司	PVC排水管、穿线管、管件
	13	江苏三鸿食品有限公司	肉松
	14	南京鸡鸭加工厂	盐水鸭
	15	南京南自信息技术有限公司	视频监控系统软件
	16	江苏雨田车业集团有限公司	汽车销售、保养和修理
	17	江苏润和软件股份有限公司	手机嵌入式软件
	18	南京中山制药有限公司	活血止痛胶囊
	19	中材科技南京玻纤院	玻璃纤维覆膜过滤材料
	20	中材科技南京玻纤院	AGM隔板
江苏省质量奖		南京高精齿轮集团有限公司	
南京市质量奖		南京罗伦特地板制品有限公司 南京鑫翔新型建筑材料有限责任公司	
南京市能源达标单位		上海梅山钢铁股份有限公司 南京圣戈班玻璃有限公司 南京华润热电有限公司	

质量奖,组织6家企业法人代表到常熟波司登羽绒服厂学习企业质量管理经验。引导企业自主规范管理,搭建发展平台,先后到47家重点企业走访,11次召开企业代表座谈会,了解需求、修订服务措施,5次到软件企业学习,分3个梯队列出301家企业品牌发展培育计划。至年末,全区有省名牌产品10个、市名牌产品20个,省质量奖1个、市质量奖2个,3家企业获市能源计量达标单位。

【查处食品案件19件】 2011年,雨花台区邀请市质量技术监督局食品处领导和专家参加食品安全监管点评、审核小组,将区监督分局办公室、稽查大队骨干人员调整到食品和特设科工作,组建3个监管小组,每组由3人组成,承包53家食品企业,2次组织企业现场观摩交流,与企业负责人签订承诺书53份;管理科室划分3个区域跟踪120家食品小作坊,帮助街道、园区监管,联合区法制办、食安办、工商分局张贴取缔通告97份;制定突发事件处置预案,建立食品安全监管QQ群、"手机短信"平台,及时将风险预警信息、相关法律法规告知企业。年内,驻区宫宴食品中心投入36万元整改生产环境、厂内功能结构、生产设施等;苏都食品有限公司主动提档升级改造,达到生产许可条件。及时上报和移送、依法上限处罚2家使用非食用物质生产加工食品企业。全年查处食品案件19件,占分局立案数46.3%,罚款30余万元。

【4家企业获质量信用等级A级评价】 1月,江苏省质监局公布2010年度质量信用等级A级评价名单,雨花台区南京伟豪美耐家具公司、南京中船绿洲机器有限公司、南京罗伦特地板制品有限公司和南京金杉汽车工程塑料有限责任公司等4家企业获该项荣誉。

【《软件园服务规范》省级地方标准通过审查】 3月11日,由区质监分局提出并与软件园管委会、南京标准化学会共同起草的国内第一个《软件园服务规范》省级地方标准通过专家组审查。该标准规范软件园服务术语与定义及应提供的政务服务、商务服务、公共技术服务、人力资源服务、文化服务、生活配套、持续改进等内容。专家认为该标准属全国率先提出的软件园服务标准,具有规范全省软件产业园区服务行为、提升服务水平等重要作用,有利于促进全省软件产业健康发展。一致通过审查并报国家标准化委员会审批。

【"标准化良好行为企业"试点】 3月29日,雨花台区召开"标准化良好行为企业"试点工作推进会,市、区质量技术监监局相关部门负责人、驻区7家企业代表参加会议。会上,顶瑞电机、雷波特翔事木业、圣迪奥时装、金衫汽车工程塑料、优励聂夫科技、伟豪美耐家具、雨花钢铁等7家创建"标准化良好行为企业"试点单位分别发言,交流企业创建工作阶段成绩和问题。市质监局标准化处、区质监分局等为试点企业进一步做好标准化工作出谋划策并作针对性指导。企业标准化工作是贯穿于企业生产、技术、管理活动全过程综合性基础工作。2005年,该区启动"标准化良好行为企业"试点工作。至2011年末,该区先后有4批、10家具有发展潜力的成长型企业被确定为省级"标准化良好行为企业"试点创建单位,其中南京罗伦特地板有限公司通过省级标准化良好行为企业验收,其余9家企业中2家搬至区外,剩余7家企业标准化建设工作有序推进。

【重奖名牌企业】 4月,雨花台区政府按政策兑现39万元,奖励南京金杉汽车工程塑料有限责任公司、南京压缩机股份有限公司、南京鑫翔新型建筑材料有限责任公司和南京伟豪美耐家具有限公司等首次获得省、市名牌产品企业和质量奖企业。近年来,区政府把实施名牌战略、推进质量强区作为提高辖区产品质量水平和经济发展重要抓手,出台《雨花台区鼓励和支持企业自主创新、加快发展的意见》,提出奖励获得省、市名牌产品和质量奖企业,推进辖区企业不断引进先进质量管理方法,加大技术投入。

【雨花软件园出台新规推动名牌战略】 4月,雨花软件园出台鼓励企业科技创新奖励办法。奖励办法规定,新获得中国名牌、中国驰名商标,省名牌、省著名商标,市名牌、市著名商标企业,分别给予一次性奖励4万元、2万元、1万元;新获得全国质量奖、省质量奖、市质量奖企业,分别给予5万元、2万元和1万元奖励;新认定高新技术企业,一次性奖励2万元;获得国家科技奖项目,一等奖每项奖励5万元、二等奖3万元、三等奖1万元。

【"12365"举报投诉分中心设立】 8月,雨花台区质监分局设立3个"12365"举报投诉分中心,24小时受理群众产品质量咨询、举报、申(投)诉。3个分中心分别设在雨花经济开发区红太阳装饰城、西善桥街道西善社区和铁心桥街道春江新城社区。各分中心配备专职工作人员1名,24小时专人值班,确保遇紧急事件及时到达现场处置。

【查处1家原料含非食用物质食品企业】 8月9日,区质监部门执法人员检查南京事竟成食品有限公司,发现其使用辅料辣椒粉颜色感官异常,当即进行抽样并送检。经南京市产品质量监督检验院检测,报告显示检出非食用物质罗丹明B。检测结果知晓当日,执法人员立即查封扣押涉案产品,并将该案移交区公安分局继续追查。至年末,移交法院强制执行。

【开门审理4起案件】 11月2日,区质监分局组织"开门审案"活动,公开审理涉及两大安全、投诉举报等与民生密切相关的4起案件["江阴市嘉隆塑业有限公司生产、销售不合格HDPE给水管案""阮义珍(南京市雨花台区恒信纸制品厂)未取得生产许可证擅自生产一次性纸杯案""南京思麦食品有限公司采购不符合食品安全标准食品原料案""南京三桥工业气体有限公司充装自有产权气瓶案"]。活动邀请市质量技术监督局法规处、区法制办、区法院、区检察院、区公安分局、区环保局、区安监局等部门领导和法律专家参加。审理中,由承办人员汇报案件主要情况、定案证据和处罚建议,案审会成员发表个人意见,最后形成决议。与会法律专家根据案件违法事实,针对案件定性、适用法律法规和自由裁量权问题展开评议,并提出处理意见和建议。

【首获国家级服务业标准化试点项目】 12月,国家标准化管理委员会下发《关于下达2011年度国家级服务业标准化试点项目的通知》,由区质监分局组织申报的"江苏省中国(南京)软件谷服务业标准化试点"成为113项2011年度国家级服务业标准化试点项目计划之一,江苏省有13项,成为该区首个国家级服务业标准化试点项目。项目计划执行时间2年,自2011年11月1日~2013年10月31日。该项目启动具体实施后,区质监分局将组织试点单位按照《服务业标准化试点实施细则》等规定,认真组织实施,确保试点项目按照计划顺利推进和取得实效,进一步提升服务标准化水平,为建设中国第一软件产业基地、中国软件名城核心区和标志区服务。 (马雪龙)

食品药品监督管理

【概　况】 2011年,雨花台区食品药品监督管理工作围绕保障食品、药品、保健品、化妆品安全主题,结合区域实际和属地管理后监管职能变化,重新调整人员分工和监管责任区域划分,增加保健品、化妆品监管职能,同时受市食品药品监督管理局委托开始受理药品零售许可事项。各职能部门实行序时进度量化考核,确保"目标明确、要求明确、考核标准明确",实现监管区域"网格化、全覆盖、无盲点";全面落实上级药监部门药品安全专项整治工作要求,整合监管资源,行政执法、技术抽验、社会监督三管齐下,先后开展涉及药品、医疗器械、保健食品、食品添加剂的15个专项整治行动。全年组织或参加"安全用药进社区""3·15消费者权益日""6·26国际禁毒日"等广场咨询服务活动8次,发放宣传画册2400余份、制作展板25块;新增"安全用药服务点"10家;3家单位创建省餐饮服务食品安全示范单位通过市级初审。是年,区食品药品监督管理局被授予省药监系统"稽查工作先进集体",市药监系统"重大案件查处工作先进单位",全市食品药品监督管理工作先进集体,区全国文明城市复查先进集体等称号。

药品及医疗器械综合监管。年内,雨花台区受理各类药品举报17件,涉及假劣药品、医疗器械,保健食品、药品零售规范经营等方面,区食品药品监督管理部门及时介入调查,答复举报投诉人,办结率100%,回复率100%;立案查处各类案件16件,结案16件;结案率100%。当场行政处罚2件,责令整改3件;完成药品抽样182件;日常监管出动执法人员1383人次,检查单位542家次,覆盖率100%;开展各类专项行动十余次。上报媒体违法药品广告65件。

食品综合监管。年内,区食品安全委员会办公室牵头,组织开展问题乳粉清缴、打击食品非法添加和滥用食品添加剂、整治"瘦肉精""地沟油"等各类专项整治行动5次,出动350余人次,检查涉乳企业1家、经营户128户、社会餐饮单位479家、牛奶收购站1家,未发现问题乳粉;拉网式检查全区19个农贸市场173家猪肉经营户,查获涉嫌"瘦肉精"猪肉74.4公斤,封存、送检后,由区农业局动物检疫站统一销毁,同时检查全区 9 个街道(园区),未发现问题猪肉。至年末,该区组织联合执法检查 10 次,出动执法人员 750 余人次,检查单位 2082 户,未发生食品质量安全事故。

【开展城乡结合部药品安全状况综合评价指标体系研究】 2011 年,区食品药品监管部门结合区域生物医药经济发展特点和群众药品使用状况,与中国药科大学联合开展"城乡结合部药品安全状况综合评价指标体系研究——南京市雨花台区药品安全状况实证分析"科学研究。邀请专家学者、有关部门领导,药品生产、经营及使用单位相关人员召开科学监管理论体系建设研讨会,探讨城乡结合部药品安全状况,强调打击黑诊所售药、街头收药等违法行为;分析国内药品安全评价指标研究状况及城乡结合部药品安全影响因素,形成《雨花台区药品安全状况评价报告》。年内,该项研究被江苏省食品药品监督管理局列为省级政策研究课题。

【新增 10 家"安全用药服务点"】 2011 年,区政府将创建"安全用药服务点"工作列入年度国民经济和社会发展奋斗目标。区药监部门制定实施方案,召开全区药品零售企业负责人会议进行动员,5 月 15 日完成企业申报工作。7 月,组织现场检查考评,新认定 10 家符合条件、管理规范、药事服务人员能力强的企业,并颁发"安全用药服务点"铜牌和过期药品回收专用箱。至年末,该区新增 10 家"安全用药服务点",全区"安全用药服务点" 工作人员在各种广场活动中免费为群众量血压测血糖 500 多人次。

【药品及保健品监督抽样】 2011 年,区食品药品监督管理部门制定药品及保健品监督抽样计划,并分解到月。上半年重点针对药品生产企业及批发企业抽样,同时加强医疗机构及零售药店日常监管抽样;下半年重点开展中药饮片、保健食品质量专项检查及"打四黑、除四害"专项行动。全年药品及保健品监督抽样 196 批次,其中抽检中药饮片 28 批次、保健食品 11 批次,抽检出中药饮片不合格 6 批次、保健食品不合格 2 批次、药品不合格 4 批次(其中医疗机构 1 批次、无证经营的药品 3 批次),均为劣药。总体不合格 12 批次,不合格率 6.12%。

【地沟油专项整治工作】 2011 年,雨花台区开展"地沟油"专项整治工作,各街道(开发区)、各相关监管部门成立相应组织,制定工作方案,开展拉网式排查,认真摸清底数。区工商分局检查全区 21 家农贸市场和 47 家超市,未发现有销售地沟油现象,所销售食用油均有进货发票。区质监分局梳理生产原料假冒伪劣产品线索,加强小作坊、"黑窝点"检查力度,检查食用油分装企业 1 家;检查使用食用油企业 7 家,抽样 1 家企业 2 个批次;出动执法人员 44 人次。区卫生局全覆盖检查辖区 1608 家餐饮服务单位使用食用油脂情况,签订"拒绝使用'地沟油'承诺书",出动执法车辆 65 台次、执法人员 150 人次,警告未严格建立进货查验索票索证经营户 20 户,并责令整改,将情况逐户记录,督促餐饮单位按要求做好食用油脂采购记录和索证索票工作。

【基本药物电子监管准备情况调研】 3 月初,区食品

2011 年雨花台区新增 10 家安全用药服务点名录

表 24

序号	名　称	地　址
1	南京虹苑药房有限公司雨轩药店	雨花南路 26 号
2	南京筑康药房连锁有限公司定坊分店	铁心桥韩府山庄
3	南京延寿轩大药房有限公司	新建梅山集贸市场
4	江苏先声连锁药房有限公司雨花西路药店	雨花西路 101 号
5	江苏先声连锁药房有限公司兴梅北路药店	西善桥梅山商住楼北 1 号
6	江苏益丰大药房连锁有限公司雨花西路店	雨花西路 111 号
7	江苏益丰大药房连锁有限公司西善桥店	梅山超市综合楼底层
8	江苏海王星辰健康药房连锁有限公司南京景明佳园店	景明佳园颂景苑 6 幢 2 号
9	江苏海王星辰健康药房连锁有限公司南京新城二店	春江新城秦河坊 8 幢
10	江苏海王星辰健康药房连锁有限公司雨花西路分店	雨花西路 109 号

药品监管部门到南京医药药事服务有限公司开展基本药物电子监管准备情况专题调研。该公司承担全市6个城区基本药物配送工作,2010年度销售金额37亿元,其中基本药物配送超过500余个品规,配送额超过4000万元。调研中,以前期纳入电子监管网的中药注射剂品种为对象,全程跟踪检查该公司相关品种质量入库验收、销售出库复核、电子条码数据收集与上传、内部单据制作与流转等环节。同时,药监人员就“已中标基本药物但不作为基本药物配送品种,是否需要纳入电子监管网管理”等问题与企业相关人员探讨与交流。区药监部门对该公司基本药物电子监管工作提出“要高度重视国家基本药物电子监管工作;立即组织人员学习国家相关政策和规定,并着手制定和完善企业相关质量管理制度;有针对性开展员工培训,尽快适应新要求;适当增加手持扫描终端等硬件设备”等4点要求,确保4月1日企业基本药物全面纳入电子监管网管理。

【中药生产企业专项检查】 3月,区食品药品监管部门核查南京同仁堂药业股份有限公司23个基本药物中标品种处方工艺,督导企业强化原辅料、工艺处方、进货验收、仓储运输等环节管理。同时,评价性抽检该公司2010年生产的39个品种100多个批次中成药,品种全项检验率100%,结果全部符合国家标准。检查中,重点检查药材供应商资质材料和资格审查;中药材原料质量检验,有无不合格物料投入生产;生产处方和工艺规程,生产过程中防止交叉污染措施,每批产品物料平衡检查及产品检验;批记录内容与工艺规程一致性,数据真实、完整、可追溯性等。检查发现,该公司严格按照国家食品药品监督管理局批准的处方和工艺规程组织生产,原药材质量把关严,每批次原药材均有检验报告,并相应处理不合格药材,各个环节生产质量及成品质量关控制严格。

【安全用药进社区活动】 5月25日,区食品药品监管部门邀请市药检所、医药企业及街道社区工作人员组成宣传队伍,在赛虹桥街道小行社区康润园开展安全用药进社区宣传活动。活动中,医药专家现场接受群众安全用药、日常营养保健咨询及健康义诊;开展中药标本展示及常见中药饮片真伪鉴别服务宣传;假劣药品展示和公布举报投诉电话,鼓励群众投诉举报,共同营造安全用药社会环境;摆放食品药品安全知识展板,发放食品药品安全使用宣传资料;邀请周边“安全用药服务点”工作人员开展过期失效药品回收宣传及现场回收工作。活动制作宣传展板6块,发放各类食品药品宣传资料500多份,现场接受群众咨询数10人次,回收过期失效药品102盒。

【药品零售企业行政许可办理】 10月8日,区食品药品监管部门启动辖区药品零售企业“药品经营许可证”发证、换证、变更、注销等行政许可工作。区药监局组织工作人员学习《南京市开办药品零售企业验收实施细则》及《南京市药品零售企业“药品经营许可证”申办、变更、补证、换发及注销办理程序》,熟悉行政许可网上平台操作方法,制定内部工作规范,明确受理人员、受理流程和时限等内容,控制各审批节点。同时将各项行政许可工作流程予以公示,自觉接受群众监督。至年末,办理药品零售企业各类行政许可事项13件。

【查获案值1000余万元非法药品】 10月18日,区食品药品监管部门根据群众举报,在位于雨花西路某大厦发现药品销售非法团伙,现场查获违法药品60

5月25日,区药监局到小行社区康润园开展安全用药进社区活动

余箱,货值金额约60万元。另发现药品存货台账、收款收据、现金台账等材料,非法销售药品涉案金额超过1000余万元。3名涉案人员被批捕。该案入选江苏省食品药品监管系统2011年重大案件。 (杨 涛)

安全生产监督管理

【概 况】 2011年,雨花台区安全生产监督管理工作全面落实企业主体责任、部门监管责任和街道园区管理责任,狠抓安全生产长效机制建设,推进企业安全管理;结合季节性、重点时段安全生产工作特点,重点整治建筑(拆迁)施工、道路交通运输、危险化学品、烟花爆竹、人员密集场所消防、民用爆炸物品、特种设备、冶金制造、农业机械等10个行业和领域安全隐患;组织开展建筑工地、拆迁工地和"六小行业"(小旅店、小餐饮、小网吧、小美容美发、小浴室、小歌厅)等安全生产大检查,检查各类生产经营单位4800家次,查出各类安全隐患5536多处,当场整改5312处,限期整改224处;联合开展打击非法使用特种设备专项行动,清理违法使用小锅炉11个;查处各类安全生产非法违法行为166起,行政处罚有关责任单位34.25万元;成功处置华为软件公司绿化工地燃气泄漏、南京明鸿冷藏公司液氨泄漏等突发性事件;及时制止和排除金飞龙拆迁工地野蛮拆迁行为以及南海生物公司建筑施工开挖山体影响220千伏电塔安全等事故隐患。开展安全生产宣传教育培训,举办各类人员培训班21期,培训2200多人;办理"12345"政府服务热线交办事项11件,处理举报4件。全年,该区未发生影响较大及其以上安全生产事故,各项安全生产指标均控制在市政府下达目标以内,连续八年荣获市安全生产目标管理先进单位。

【落实安全生产责任制】 2011年,雨花台区修订出台《雨花台区各街道、园区、有关部门安全生产工作职责》,细化分工全区10个街道(园区)和32个相关职能部门安全生产工作职责,严格落实"属地管理""谁主管,谁负责"和"一岗双责"原则。重新修订《雨花台区安全生产考核奖惩办法》,完善考评机制,加大各街道(园区)、各有关部门主要领导和分管领导考核力度。区政府与33家考核单位(10个街道园区、23个政府部门)签订"安全生产责任状"。

【涉化企业搬迁率先引入专家审查制】 2011年,区安全生产监督管理部门全面推进辖区7家危化品生产企业安全生产标准化和安全生产责任保险工作,促进企业本质安全度不断提高;加强监控列入关停搬迁"三高两低"企业13家,重点监管拟停产待搬迁8家精细化工厂安全状况。率先引入专家审查制,在企业拆迁过程中,审查涉化企业搬迁实施单位资格,由区安监局、环保局、质监局、有关街道和国家化工部专家组成专家审查小组,确保投标单位具备拆除化工设备设施经验和能力;实施搬迁方案专家评估,专家组实施中标单位搬迁方案安全与环保实施细则风险评估,签订协议中把安全责任书作为合同附件,确保每个操作步骤都符合安全环保规范;全程跟踪现场处置措施,各职能部门组织专人全程跟踪监督拆除现场中的锅炉、压力容器等特种设备以及硫酸、盐酸等易制毒品,并督促施工单位上报施工人员、企业法人名单至公安部门备案,确保拆迁安全。

【烟花爆竹专项整治】 2011年,区安监部门加强烟花爆竹经营户安全教育和培训,提高经营户安全经

2月,区城管执法大队联合开展烟花爆竹经营整治

营、依法经营意识。1月25日~2月2日,区安监局联合区公安分局、工商分局、城管局、消防大队、烟花爆竹行业监管协会出动车辆40台次和执法检查人员50多人,拉网式检查全区10个街道、管委会烟花爆竹经营安全状况,重点检查烟花爆竹经营点经营资质、商品购销渠道、仓储管理、安全防护设施和应急救援措施等。要求个别烟花爆竹出摊占道经营、超量存储、安全防护设施不完善的经营户立即整改,没收处理部分销售非法烟花爆竹产品经营户;取缔双龙街7个无证销售烟花爆竹经营点和5处非法销售流动点,没收非法销售烟花爆竹340余箱。全年完成烟花爆竹许可97件,检查消除烟花爆竹经营点安全隐患50多个。

【查处违法、非法生产166起】 2011年,雨花台区安监部门联合有关职能部门开展打击非法经营、非法生产、非法储存专项整治行动。查处关闭宁南汽贸城大市场内5户非法生产、销售汽车油漆无证黑点;专项整治75家木质家具、建筑材料生产和加工企业,关停不符合安全生产条件和不符合职业危害防治技术标准企业21家;责令新世纪油漆五金总汇限期改正违法存储油漆等危险化学品行为;联合市燃气管理处取缔原南京自行车厂和原雨江水泥厂内2个黑气点,没收液化气瓶13个。至年末,全区查处各类安全生产非法、违法行为166起,其中无证无照或证照不全从事生产经营以及关闭取缔后擅自生产、经营、建设78起;不按规定进行安全培训或无证上岗56起;其他违法行为32起。行政处罚有关责任单位34.25万元。

【安全生产事故挂牌督办】 2011年,区安委会部署隐患排查治理工作,建立完善重大隐患分级登记建档、分类管理、逐级上报、等级评定、挂牌督办等“五项制度”,实现隐患整改责任、措施、资金、时限和预案“五落实”。一季度,梳理、评估全区39个重大事故隐患,下发《关于挂牌督办2011年第一批安全事故隐患的通知》,古雄桥、梅山医院、三山工业园、德安花园等16处隐患实行区级挂牌督办;同时,将龙西路和板桥新城开东工贸公司2处危险程度较大的隐患申报市安委会挂牌。9月初,区政府第二批挂牌治理板桥汽渡路交通隐患、尹西软件大楼西北山体滑坡等8处较大事故隐患。全区投入隐患整治资金3500多万元,完成市安委会挂牌督办2处重大隐患整改任务,区政府挂牌两批24处隐患完成整改22处,其余2处按计划进入整改阶段。

【职业卫生监管“两网融合”】 2011年,雨花台区延续职业卫生安全监管模式,将安全生产监管三级网络与卫生监督管理三级网络“两网融合”,在政府搭建的统一平台上,安全生产监管与卫生监督联合,确保职业卫生安全。该区2010年探索实行“两网融合”模式,安监和卫监部门均建立由区、街道、社区组成的三级网络,充分依托街道和社区资源,发挥社区安全员和信息员协同管理作用,安监部门设有基层安全员,卫监部门设有信息员,定期召开通气会,联合进行培训和检查,信息资源共享。区安全生产监管部门可以登录卫生监督部门职业卫生监督系统,从中了解相关企业建档、监测等信息,在共同监管中体现服务功能,依法保障从业人员职业卫生安全。至年末,该区建档存在职业危害单位84家,涉及汽车4S店、水泥厂、钢铁冶金等企业,辖区职业危害单位均实现“一户一档”规范化建档,人员培训和职业防护知识知晓率100%。

【职业健康管理】 2011年,雨花台区深入开展职业健康教育,举办培训班,让企业负责人和安全管理人员了解职业健康管理法律法规,以及作业场所有毒有害因素和检测检验等职业病预防等知识,预防和减少职业危害,保障劳动者生命健康权益。开展职业危害调查,摸清职业危害现状,查实并掌握全区108家涉及职业危害因素企业作业场所职业危害区域分布、人员分布及防护措施等情况。严格检查治理职业危害现象,规范各街道(园区)职业健康管理台账,加强职业危害检查,下发8家不符合职业卫生规范企业限期整改通知书。

【南京明鸿冷藏公司氨气泄漏事故处置】 3月26日晚,西善桥街道刘家村56号南京明鸿冷藏公司发生氨气泄漏事故,刺鼻气味迅速飘散,情况危急。区安监局接到举报后,迅速联系并会同区环保局、质监分局、公安分局、消防大队、西善桥街道及市锅炉和压力容器检测所有关专家赶赴现场展开应急处置。救援组关闭贮气罐和9个蒸发装置阀门,阻止氨气再泄漏。同时,西善桥街道紧急联系泰州1家有资质的企业将冷藏机组内6吨液态氨全部抽出运走,用水冲洗稀释管道中残余氨气后排放,杜绝意外再次发生,避免因氨气泄漏过量而发生爆燃事故。

【危险化学品道路运输事故应急救援演练】 6月20日，雨花台区在丁墙路与茶花路交叉口举行危险化学品道路运输事故应急救援演练活动，演练由区长张一新担任总指挥，区安监局策划、组织并实施，区公安、消防、交警、环保、卫生、交通、文化等十多个部门和单位、110多人、80多台装备、20多台车辆参与演练。演练模拟1辆运送液化气槽罐车在丁墙路与茶花路交叉口处因避让前方违章车辆，后方大客车避让不及撞上槽罐车，致使槽罐车侧翻，泄漏液化气随时都有爆炸燃烧危险；客车驾驶员被卡在驾驶室，部分乘客受伤；救援过程中又发生回火爆燃和工作人员中毒次生灾害。演练中，区政府启动“危化品道路运输事故应急救援预案”，各相关部门和人员赶赴现场，根据各自职能和专项救援预案实施救援处置。演练活动检验该区安全生产突发事故应急救援预案科学性，锻炼应急救援队伍，提高多部门协同作战能力，提升政府应急处置水平。区四套班子领导、市政府应急办、市安监局和有关单位领导以及全区各街道、各园区、各有关部门300余人观摩演练活动。省安委会专家组和市安监局领导作现场点评并给予肯定。

【岱山北路天保桥匝道路口交通隐患调查】 6月23日，区安监局、区住建局、区交通运输局、雨花经济开发区、交警八大队等部门有关领导联合查看岱山北路天保桥匝道路口交通安全隐患。该处属于建造道路设计缺陷，在高架西端与绕城公路匝道形成一处较为复杂的“丁”字路口，路口时常发生冲突和路堵。至查看前，该路口发生16起交通事故，其中死亡1人、伤3人、撞车12起。事故隐患现场，各部门联合调研后，由交警八大队提出改造方案，区安委办上报区政府，商定采取措施：当场用便携式塑料隔离墩挡护，警示通行车辆；在监管单位尚未明确之前，指定具体部门负责设置侧面硬质防护墩和警示标志。至年末，该隐患整治进入实质阶段。

【华为软件公司绿化工地燃气泄漏事故处置】 9月15日上午10时40分左右，地处南京雨花软件大道的华为软件公司在绿化工地施工中，不慎将埋设于地下30厘米处一根直径300毫米的天然气管道挖断，导致压力1.5公斤/立方米的天然气大量泄漏。事故发生后，雨花台区立即启动“燃气泄漏事故应预案”，副区长吴炜赶赴现场组织指挥，区政府办、公安、安监等部门，市消防大队、市燃气管理处、市港华燃气公司、华为软件公司、软件谷管委会等单位相关救援人员15分钟内全部到位，并按各自职责有序展开救援。救援行动采取封锁事故现场、限制周边车辆通行、稀释燃气浓度和关闭管道阀门等措施，同时紧急疏散附近2栋办公楼内500多名办公人员，11时40分左右天然气停止外泄，现场得到有效控制，没有发生人员伤亡和直接财产损失。

（赵 文）

统 计 管 理

【概 况】 2011年是实施“十二五”规划开局之年，雨花台区统计工作着力加强统计法制建设、统计基本单位名录库建设和统计专业技术能力建设，做好区第六次全国人口普查后续工作，有序推进城乡住户调查、民生幸福保障指标体系监测、内网延伸等工作，开展全国基本单位名录库更新、农村百村万户调查、城镇居民百街万户调查、妇女儿童规划监测等专项调查，以及日常统计年定报工作。围绕全区经济发展重点，强化经济运行状况监测和分析，强化经济发展主要指标月度监测表各项数据收集、汇总、扎口工作，加强全区主要经济指标排名与分析，完善主要经济指标监测体系，并动态跟踪进展情况。做好月度和季度工业、投资、房地产、国民经济核算等各项主要统计数据分析评估，客观准确反映全区经济社会发展现状。定期、及时编印《统计动态》《统计预测》和“雨花台区经济发展主要指标月度监测表”《雨花台区统计月报》等，每月为区委、区政府提供全区经济运行分析材料，满足区委、区政府和有关部门指导经济工作需要。全年编印《统计动态》27期、《统计预测》2期、《雨花台区统计月报》11期，及2010年《雨花台区基本统计资料》。年内，区统计部门先后举办地区生产总值统一核算、投资、工业贸易、城乡记账户、基本单位名录库维护和“三上”(资质以上建筑业、限额以上批发零售住宿餐饮业、规模以上工业)企业主要数据质量核查培训班，组织90人参加统计从业资格证上岗证培训、97人参加统计从业资格证继续教育培训，现场检查督导全区10个街道（园区）统计执法大检查自查自纠工作，完成10家企业统计监审工作。是年，统计局副局长王纯阳被评为南京市十佳统计标兵。

【第六次全国人口普查后续工作】 2011年，区人口普查办公室继续完善第六次全国人口普查6项后续工作。高质量完成各类普查表录入、编审和上报工作，认真贯彻省市人口普查办公室（以下简称人普办）要求，健全岗位责任制，明确任务，分工协作，确保数据处理各项工作有效落实；组织全国第六次人口普查表录入编码编审上报工作，根据省市人普办反馈数据，发布《雨花台区2010年第六次全国人口普查主要数据公报》，同时加强人普资料管理及保密工作；做好普查表长表、死亡表预审及数据录入、编码、编审工作，通过初编、初审、互审、定审4级审核，搞准行业编码、职业编码，保证普查表完整性、逻辑性和数据质量；各园区、街道、社区(村)严格审核境外人员普查表，以普查区为单位加装统一封面装袋，区人普办认真审核并按时上报；组织人员逐一核查辖区百岁老人资料核查，普查人员深入每位百岁老人家庭，核准百岁老人各项基本资料并表示慰问；开展户主姓名底册录入和普查小区图电子化，分析开发人口普查数据成果，区街村三级人普机构按照国务院下发的《关于做好“户主姓名底册”编制工作相关事宜的通知》要求，全面检查和清理全区“户主姓名底册”完整性、规范性，检查、整理普查小区图，数字化处理城镇区域普查小区图上建筑物，利用人普数据结合区域实际情况，分析研究人口普查情况。

【四项举措推进新一轮城乡记账户稳户工作】 2011年，是城乡住户调查工作新一轮样本轮换第一年，区统计部门及街道社区重点抓“勤访住户，感情换心，稳定城乡住户调查网络”基础工作，从辅调员管理、访户情况两方面入手，稳定城乡住户调查工作基础。采取加强各街道、社区(村)级辅助调查员业务培训；深入到点，解答和汇总记账工作中存在的疑点、难点；加强与住户沟通，让住户了解记账、理解记账、配合记账，确保真实反映全区城乡住户收入水平；实行工作例会制度和城镇住户告知制度；严格控制数据质量，定期检查数据质量等四项举措，推进新一轮城乡记账户稳户工作。

【开展“南京人民幸福城市建设需求”调查】 2011年，雨花台区根据市委、市政府要求，在全区开展“南京人民幸福城市建设需求”调查工作，调查涉及辖区7个街道、14个社区、700户居民家庭。8月，区统计局联合区民政局召开全区“南京人民幸福城市建设需求”调查培训及工作布置会议，培训7个街道民政办主任、统计科科长、14个社区主任及辅助调查员，讲解调查范围对象、问卷各项指标及填报方法；如何按照调查方案要求抽选调查样本，保证调查样本随机性、准确性，如何审核调查问卷、做好调查表、发放回收审核；“推磨”式调查人员、地点、时间对接和协调方式方法等。年内，区统计局会同有关部门建立和完善民生幸福保障指标体系，建立民生幸福保障指标数据搜集汇总统计工作网络，按月向区委区政府反映民生指标完成情况、工作推进情况、工作重点和难点及存在问题，为各级领导决策和推进民生工作服务。至年末，初步完成区民生幸福保障指标体系指标搜集、汇总统计工作。

【基本单位名录库管理】 2011年，区统计部门全面开展基本单位名录摸底调研工作，梳理基本单位名录库中法人单位情况，按街道、按行业进行分类；将企业名单下发给各园区、街道核对，由区统计局在库中完善核对信息；实地走访名录库中规模较大企业，摸清楚企业具体情况，及时将达到规模企业纳入统计。在调查摸底基础上，该区采取五项措施推进名录库建设。指定专人负责，更新电脑配置，在硬件上为名录库管理铺路；责任到人，构建网络体系，各街道(园区)及下辖社区(村)配备专门名录库负责人员，确保区、街、村三级网络畅通；与各园区、街道签订责任状，保证名录库专人专机专用，严格遵守保密协议，保障名录库中企业信息安全；明确基本单位名录库半年报要求，将半年报千余家单位按街道分库下发，分街道逐个单位核实，及时做好新增、变更、剔除企业更新维护工作；加强审核和维护，将基本单位名录库中3000余家法人企业导出，按街道、按专业划分，比对库中信息，衔接、比对和核实认定“三上”单位名录库。

【开展城镇住户基础工作与数据质量自查工作】 2011年，区统计部门开展城镇住户调查基础工作与数据质量自查工作。结合实际情况制定自查方案，把自查时间、范围、内容及要求以文件形式发给街道和社区自查；按照国家、市队及区统计局制定方案，抽查街道、社区城镇住户调查基础工作及住户账本；督促整改自查中发现的共性问题。至年末，开展4次核查工作(每季度核查1次)。 （娄　珩）

雨花年鉴 2012

财政·税务

财　　政

【概　况】 2011年，雨花台区财政工作紧紧围绕全区“五大工程”(“1+3产业”工程、“软件谷”工程、“生态新城”工程、“和谐社会”工程、“党的建设”工程)和财政工作目标，完善税收考核办法，强化目标管理机制；建立税收联系制度，强化稳定增长机制；加大重点项目管理，强化税源培育机制，实现财政收入快速增长。全区完成财政收入53.2亿元，比上年增收10.6亿元，增长25.4%。围绕软件产业发展和软件谷建设目标，加大资金支持力度，提升财政引导作用和乘数效应，完善促进软件产业发展政策体系，集中资金支持软件谷开发建设。提高民生保障水平，围绕全区“116”(1——城乡居民增收目标，1——公共安全体系保障，6——终身教育、就业服务、社会保障、基本医疗卫生、住房保障、养老服务等六大保障体系)民生幸福体系建设目标，优化财政支出结构，提高民生支出占财政支出的比重，健全与经济发展水平相适应、共享经济发展成果的民生改善保障机制。实行部门预算上门对接和财税联系点工作制度，及时根据部门、基层发展资金需求，组织建立项目库，全年向上级财政争取项目资金5.18亿元。

【完成财政收入53.2亿元】 2011年，雨花台区实现地方一般预算收入26.1亿元，完成调整预算103.4%，比上年增收5.4亿元，同比增长26.6%，增幅位居全市第二。加上上划中央收入，全区完成财政收入53.2亿元，比上年增收10.6亿元，增长254%。四大主体税种完成50.2亿元，同比增长25.6%。其中，增值税21.5亿元，同比增长24.6%；营业税10.3亿元，同比增长33.5%；企业所得税10.5亿元，同比增长24.6%；个人所得税7.9亿元，同比增长19.9%。税收收入占财政总收入比重97.5%，地方一般预算收入占财政总收入比重49%，比上年提高1个百分点。

【财政支出26.5亿元】 2011年，雨花台区财政支出26.5亿元(含市专项)，同比增长19.1%。其中，一般预算支出23亿元，比上年增支4.8亿元，同比增长26.4%；基金支出3.5亿元，同比下降13.1%。支出中含市财政专项支出7.1亿元，同比增长6.5%；区财政支出19.4亿元，同比增长25.1%。其中，教育支出3.1亿元，增长12.2%；社会保障支出2亿元，增长24.6%；科学技术支出1亿元，增长75.3%；医疗卫生支出1.3亿元，增长15.2%；城乡社区支出3.3亿元，增长11.5%；公共安全支出1亿元，增长11.9%；农林水利支出1.1亿元，增长9.6%。全区实现财政收支平衡。

【支持发展区域科技软件产业】 2011年，雨花台区整合调整财政资金助推区域软件产业发展和中国(南京)软件谷建设。设立人才专项资金3000万元，支持区“1234”(积聚国家“千人计划”10人、培养科技创业家20人、引进领军型科技创业人才300人、软件产业从业人员达到40万人)人才计划实施；安排3000万元软件产业发展资金，鼓励软件企业自主创新和规模发展，推动软件企业做大做强。新设科技创业种子(天使)投资基金1000万元和风险投资基金2000万元，扶持科技创新创业特别社区企业、项目，为科技成长性企业发展提供资金支持。调度1亿元资金，注册成立软件谷发展有限公司。主动对接落实市委、市政府中国(南京)软

区地税分局税收宣传志愿队进驻中国(南京)软博会

件谷建设和软件产业发展优惠政策，为全区软件产业聚集发展及软件谷启动开发建设创造良好政策环境和资金支撑。引进中国建设银行、紫金农商银行和南京银行签约落实科技贷款授信额度60亿元。

【民生财政支出占财政总支出24%】 2011年，雨花台区优化财政支出结构，着力提高民生财政支出占财政支出比重。全年，城乡低保标准统一提高到500元，发放低保资金2438万元，保障对象6829人，发放物价补贴资金155万元，安排就业再就业支出2181万元，安排资金175万元用于“尊老金”、五保老人生活医疗补助，投入545万元用于重残人员生活补助和残疾人康复以及全国助残日活动。实施药品零差率和医改运营亏损财政补贴1300万元，安排财政资金1600万元促进基本公共卫生服务逐步均等化，安排3145万元支持农村改水改厕等基本公共卫生项目和重大公共卫生项目开展。新型农村合作医疗筹资水平提高到人均486元，补偿资金1353万元。安排412万元提高老人、儿童等特殊人群参加城镇居民医保补助水平。安排专项资金40万元，为户城乡低保户减免初装费、收视费。投入1106万元用于精品社区建设、农村社区全覆盖、困难社区改造等社区建设。投入1347万元落实计划生育政策以及和谐家园、五网优助等。发放廉租房补贴资金372万元，补贴对象1012户；发放家电下乡补贴资金146万元和以旧换新补贴资金331万元，发放粮食直补、良种补贴和农资综合补贴资金97万元；安排资金175万元，扶持民办福利机构和区老年福利中心运转。全年，雨花台区民生财政支出占财政总支出的24%。

【政府采购节约率16.5%】 2011年，雨花台区实施政府采购网上竞价改革，实行管采分离、网上竞价、低价成交采购方式，推进政府采购网上协议供货制度改革。区财政部门研究拓展网上竞价采购产品种类和范围，培训街道负责政府采购工作人员，演示操作流程；区委监察局监督网上竞价采购活动，及时纠正不规范行为，保障网上竞价采购工作顺利推进。通过网上竞价采购，提高政府采购效率，较好地解决协议供货价高于市场价等弊端。全年，发布网上竞价采购信息417条，实现依法采购、和谐采购理念，提高采购时效性，增加采购人满意度。至年末，实现采购金额2.1亿元，增长32.9%，节约资金4160万元，节约率16.5%。

【区级财政专项资金绩效检查和目标申报】 2011年，雨花台区开展区级财政专项资金绩效检查和目标申报工作，组织区级预算部门开展项目支出绩效专项检查，检查范围为2009~2010年区级财政安排各预算部门的财政专项资金。检查工作采取部门自查自评与财政核查评价相结合办法，检查区级财政专项资金安排、使用、绩效和管理情况，评价财政专项资金和部门项目支出绩效，作为2012年财政专项资金设置和项目预算论证依据。同时，组织区级财政专项资金绩效目标申报工作，实行2011年区级部门项目支出预算绩效目标申报管理，由各预算单位按照部门预算批复项目，填报项目立项依据、支出内容和实施计划，细化和量化专项资金使用业绩目标、效益目标、管理目标，明确资金绩效目标，制定项目支出绩效目标指标体系，从定量和定性2个方面，明确项目支出绩效目标，作为财政专项资金管理和绩效管理依据，进一步增强预算部门绩效观念和责任意识，提高财政资金使用效益。该项工作经过部门自查、财政核查、总结报告等3个阶段，年末全面完成。

【开展工程建设领域突出问题专项检查】 2011年，雨花台区开展工程建设领域突出问题专项检查，重点检查2010年1月~2011年3月全区政府性投资新开工的97个工程建设项目。按照财政检查程序组织实施，实行统一检查通知、统一检查内容、统一检查文书、统一检查时间、统一处理处罚。检查内容为工程建设项目审批、项目预(决)算、资金结构、配套资金、资金使用、工程招标、政府采购、会计核算、财务管理、资产管理和制度建设等情况，针对检查发现的问题，在对被查单位下达具体整改意见书的基础上，制发《关于工程建设项目财务管理突出问题的整改意见》，依法统一规范全区工程建设项目财务管理、会计核算和政府采购行为。

【走访跟踪重点税户69家】 2011年，区财政部门实行重点税户联系制度。按月走访中兴、华为、丰盛、梅钢等7家集团公司下属69家企业，将税收调查预测、组织落实和协调服务结合起来，稳定重点税户税收增长，协调引入总部企业税收。至年末，7家集团公司实现税收20.68亿元，增长28.24%，占比38.88%。

【实现房地产税收7.87亿元】 2011年，区财政部门跟踪重点税源组织税收，全程跟踪全区41家开发企业20个在建在售房地产项目,实时掌握楼盘建设、销售、税源信息,组织落实各环节税收,有效防止房地产税收波动,全年实现房地产税收7.87亿元,增长41.3%。

【国库集中支付改革试点】 6月5日,雨花台区率先在区纪委、区审计局和区财政局等3家单位进行国库集中支付改革试点,统一开设财政零余额账户和预算单位零余额账户。同时,区级机关实行工资统发集中支付。区政府印发《雨花台区财政国库管理制度改革资金支付管理暂行办法》,明确区财政局、代理银行及预算单位在财政性资金支付管理中的主要职责,明确各单位经办人、审核人、单位财务负责人工作权限和职责,确保预算单位在改革实施过程中有章可循。至年末,3家试点单位顺利完成银行清算和票据传递等业务流程。参加首批试点单位和机关全部50家行政单位的财政统发工资财政国库集中支付发生业务235笔,支付金额5220万元。其中,直接支付发生业务133笔,支付金额5067万元;授权支付发生业务102笔,支付金额153万元。集中支出方式以直接支付为主,支付比重超过97%。 (刘双华)

国 家 税 务

【概 况】 2011年,雨花台区国家税务工作狠抓基础管理,坚持创新驱动,全面完成年初提出"强基创新,系统一流"工作目标和各项税收任务。10月,省国税局统一申报软件正式上线运行。南京市雨花台区国家税务局(以下简称区国税局)再次荣获全市系统先进集体,连续四年跨入系统先进行列。

全年,实现入库市级税收收入29.14亿元,完成市级收入102.59%,同比增收5.08亿元,增幅21.10%;实现区级收入29.91亿元,同比增收5.14亿元,增幅20.74%;实现区级一般预算收入8.73亿元,完成年度一般预算收入100.33%,同比增收1.45亿元,增幅19.94%。

10月8日,省国税局统一申报软件正式上线运行

【重点税源征管】 2011年,区国税局监控分析软件和信息业、高端商务商贸业、房地产等重点税源行业和华润电力、梅山化工等重点税源企业税负情况,抓住行业税负率、行业平均利润率等指标,促进企业纳税遵从。全年走访纳税人100余户次,座谈4场,发放问卷调查、电话回访608户次,完善纳税企业服务。至年末,全区软件和信息业、高端商务商贸业实现税收约占国税收入60%,500万元以上重点税源企业由上年59户增加到67户,实现税收约占总收入80%。

【个体税收征管】 5~11月,雨花台区规范市场个体税款征缴方式,加强零散税收征管力度,拉网式巡查全区市场外个体户。巡查期间,巡查4000余户,清理漏征漏管户300多户,调整定额1500多户。全年实现个体税收3567万元,较上年同比增长77.28%。

【纳税评估】 2011年,区国税局开展重点税源企业、房地产企业、建材行业、纯所得税户等纳税评估,完成评估396户,其中有问题户281户,问题率70.85%;入库税款5579万元,调整税款532万元,评估调整税款占区局全年总税款的2%。

【税收优惠17.74亿元】 2011年,区国税局用足用好税收政策,服务全区经济社会发展,促进产业转型升级。全年办理188家企业退库(含出口退税)10.6亿元,增值税直接减免销售收入44.88亿元,所得税减免应纳税所得额6.15亿元,办理所得税加计扣除2.08亿元,固定资产抵扣0.762亿元。及时落实国家上调个体工商户增值税起征点优惠政策,3395户个体工商户受益,月均减免税款100余万元。其中,主动对接中国(南京)软件谷发展,落实市国税局税收定点服务方案，兑现软件产品增值税退税优惠政策，办理减免退税8.82亿元，较上年同比增加3.77亿元，同比增长74.7%。

【税源专业化管理】 2011年，区国税部门加强增值税管理，金税工程（运用覆盖全国税务机关的计算机网络，严密监控增值税专用发票和企业增值税纳税状况的体系）“三率”（增值税存根联采集率、抵扣联认证率、抄税成功率）持续保持100%。完成所得税汇缴申报3631户，核定面26.77%，零负申报及微利申报“三率”39.23%；汇缴准期申报率、汇算辅导面均100%；征收企业所得税6.73亿元，比上年同期增长5381万元，增幅8.69%。年内，该区把建材行业作为行业税负管理重点，开展专项核查，发现存在问题企业63户，涉及税款、滞纳金567.94万元。进一步规范非居民企业税收管理，建立大企业重点项目报告制度，集中管理列名的27户大企业，帮助企业化解涉税风险点。

【三项举措服务软件谷发展】 2011年，区国税局优化纳税服务，助推中国（南京）软件谷发展。设立重点税源科集中管理全区200多家软件企业，由专业人员定期跟踪辅导开展多元化服务，采取上门服务、贴近服务、延时服务和需求服务形式，帮助企业用好、用足税收优惠政策，确保企业各项条件符合政策要求，化解可能出现的涉税风险；开辟纳税服务“绿色通道”，配备业务骨干专门受理自主创新企业纳税事项，适应自主创新企业产品周期短、技术更新快特点；建立高层互通机制，实行领导直管，与区地税、工商行政管理、街道等部门沟通，税务人员上门辅导中兴、华为软件企业重大涉税事项，领导率队定期走访、解读税收政策、现场办公和跟踪回访等，及时解决企业涉税问题，确保特事特办、急事急办、一事一议、服务到企。

市国税局总会计师王国良到中兴通讯南研所调研

【举办“看南京南站建设，话税收惠及民生”主题宣传活动】 4月8日，区国税局、区地税分局在高铁南京南站联合举办“看南京南站建设，话税收惠及民生”主题宣传活动，副区长袁传军、市国税和地税局有关领导，财政局领导和税务干部代表，辖区各街道税源办主任、纳税人代表、南京南站投资方和建设方代表等60余人参加活动。活动中，代表在南站指挥部观看南京南站宣传片；华为科技公司、明发商业广场、家乐家南京雨花店等企业代表结合高铁南京南站建设，从不同层面和角度畅谈税收、发展、民生的关系。

【整治民政福利企业】 6月，区国税局专项整治辖区民政福利企业。整治属期2009~2011年3月底，范围为享受残疾人就业企业增值税涉税优惠部分，形式以自查为主，区国税局辅以专项执法督察，规范和完善民政福利企业税收管理。整治期间，补征增值税13.28万元，核减企业残疾人6户48人次。 （黄银柏）

地 方 税 务

【概 况】 2011年，雨花台区地方税务工作确立“固本强基，争当先进”年度目标，推进税源专业化改革，实现业务工作平稳过渡。实施发票改革，加强国地税联合征管，推进综合治税，探索建立建筑业项目闭合式社会化管理新模式。加强税种精细化管理，个人所得税全员全额扣缴申报率和有税申报率均位于系统前列，房产税和土地使用税两税登记率、准确率100%。整合内外部力量，加强监督体系建设。建立全省首家“税收法制社区服务站”，南京市雨花台地方税务局（以下简称区地税分局）制定《执法与服务外部监督管理办法》，聘请外部监督员全程监督减免税、处罚等对纳税人权益有重大影响的重要事项。全面落实“一窗式”工作要求，设置导税台和专职导税员。依托“12366”短信平台、“税企服务QQ群平台”“雨花地税新浪微博平台”等零距离宣传税收新政。区地税分局“税法宣传小分队”“康乃馨志愿者”等开展流动税法宣传。积极落实相关税收优惠政策,全年办理审批类、备案类及其他减免税款4676.26万元,减免税户105户次、个人62人次。强化分析预测和监控预警,推行分析、约谈、评估、稽查四联动;与企业、街道、财政、国税、重点局五互动,及时掌控进度、分析情况、查找原因。全年组织税收收入22.08亿元,同比增收5.61亿元,增幅34.06%;完成区级一般预算收入16.05亿元,同比增收4.18亿元,增幅35.24%;征收入库社保费8.86亿元,入库各项基金费1411.38万元。是年,区地税分局获市地税系统先进单位、区先进集体等称号,并在区人民满意的基层站所和区行风作风评议中取得第一名;连续8年获得区“争创无职务犯罪示范单位”,连续两届被评为“南京市无职务犯罪先进单位”;局妇联被省妇女联合会、省城镇妇女“巾帼建功”活动领导小组授予“巾帼文明示范岗”称号,局税政法规科、征管科技科和第一税务所被共青团南京市委员会、江苏省南京地方税务局授予“青年文明号”。

【首推巡查服务助力中小企业发展】 2011年,区地税分局立足区域实际,改进服务方式,在辖区中小企业首推巡查服务模式,将日常巡查和纳税服务有效结合,满足纳税人需求,助力企业发展。该局按税务所分组组成巡查小组,按月巡查辖区企业。巡查前,分局工作人员根据不同巡查对象,分析研究其主营业务、行业特色、纳税需求等,摸清情况,理清政策。随后结合税法宣传开展巡查,在巡查同时送政策上门,让纳税人交“明白税”“放心税”。同时,税务人员在巡查中开展纳税辅导,与纳税人沟通,提醒企业规避涉税风险,为纳税人解决日常生产经营中涉税问题。至年末,巡查服务辖区中小企业百余家,解决纳税人问题数十件。

【“千企升级”税收服务】 2011年,雨花台区在全区实施“千企升级”计划,区地税分局围绕企业在规模、创新、经营管理、信息化、节能、人才等6个方面实施“千企升级”计划之际,采取建立“便企服务联系卡”制度,记录企业需求和建议,及时将处理情况回复;畅通信息沟通渠道,利用纳税人之家和税企QQ平台等网络资源,增进税企间交流;建立专职服务企业人员制度,按专业化管理要求,每个管理所均有专职人员负责为企业传递税收政策、涉税事项信息等;协助搭建企业综合管理平台,协助企业搭建招聘平台、融资平台、招商平台、销售平台等四大平台,帮助企业在升级中及时得到所需税法政策和帮助等措施。协助企业构筑产业创新体系,提升企业创新能力,为区域经济转型升级提供支持。

【高铁南京南站商户税收服务工作】 2011年,区地税分局针对高铁南京南站正式运行后,站内及周边商业配套亟待完善,站内经营户将陆续开业。区地税分局为商户赠送“绿色通道服务卡”,商户可在“绿色通道”窗口享受优先办税、预约服务等优质快捷的个性化纳税服务;建立“便企服务联系卡”制度,主动与南京南站、茶文化街区、明发商业广场联系,征求企业需求和建议,及时回复处理情况,增强纳税人满意度;建立专职服务企业人员制度,以专业化要求,配备专职人员为企业传递税收政策、涉税事项信息等工作,为企业提供一系列便利服务措施,满足南站商户税收服务需求。同时,安排税收宣传小分队深入高铁南京南站将税收优惠政策、宣传手册送到商户手中,让商户融入和谐征纳环境中,不断提升纳税遵从

区地税分局开展“看南京南站建设,话税收惠及民生”活动

度。至年末,办理税务登记300余户,发放“绿色通道联系卡”和“便企服务联系卡”1000余份,接收政策咨询120余次。

【个体市场集中专业化管理】 2011年,区地税分局采取个体市场经营户结构分析和个体税收征管状况月度分析,制定个体市场月度工作目标,每月点评个体工作完成情况并公布个体税收收入;利用现代信息技术进行数据监控分析,组织税务人员深入各街道、市场调研,有针对性进行行业比对,辅导纳税人纳税,完善定额、申报、纳税评估全程管理,定期与公安、工商、国税、房产等部门交换信息;梳理有关税收政策,编印工作手册,运用短信平台、纳税须知等宣传手段全面宣传等个体市场集中专业化管理手段,取得显著成绩。至年末,清理漏管户310户,组织入库各项税收2010万元,同比增长58%。

【税务援助平台助1000多民工就业】 2011年,区地税分局以“税企携手助创业”模式,搭建宣传辅导税收政策、提供税务咨询和主动上门为企业解决实际问题的税务援助平台,帮助解决企业用工荒问题。联合社区就业和社会保障站(所)深入社区讲解领取“再就业优惠证”人员自主创业,应享受的税收优惠政策,鼓励有创业能力和意愿的下岗失业人员自主创业,有200多农民依托红太阳装饰城板桥店直接从事餐饮、运输和房屋出租等配套服务;依托“纳税人之家”与企业共同举办招聘会,吸纳企业下岗失业人员,开通绿色通道,全区招聘电梯工150多人;税企联动,利用税企QQ平台与企业保持联系,实时掌握企业用工信息。全年为红太阳板桥店1200多户业主上门办理税务登记证及定额纳税手续,同时解决500多人从事销售、搬运等工作,协助物业公司解决200多人从事保洁、食堂等服务工作。

【全省首家税收法制建设社区服务站揭牌成立】 9月16日,雨花经济开发区管委会天后社区税收法制建设服务站揭牌成立。天后社区是区地税分局结对共建单位,该服务站为全省首家税收法制建设社区服务站。服务站承担基层普法宣传、组织税收政策适用调研、落实驻站专题服务及提供法律援助、联合社区强化税收执法监督等重点工作。服务站的建立旨在把税收法制建设和法制服务向前延伸至社区,依托社区零距离做好基层税收法制建设和法制服务,共同打造依法治税和谐税收环境。

【软件企业税收新政解读会】 10月28日,在南京科学会堂举行。解读会由雨花台区地方税务局、市软件企业纳税人之家倡议,联合雨花台区国家税务局、市计算机软件服务中心等4家单位共同举办。全市各个软件企业负责双软申报人员和财务负责人500多人参加。政策培训会是在南京市大力扶植发展软件企业大背景下,依托市软件企业纳税人之家搭建的良好平台。现场,雨花国地税2位业务科长讲解与解答办理减免税、退税主要流程等税收政策及热点问题。

【税收服务小分队进驻南京软博会】 11月,区地税分局组织税收服务小分队进驻中国(南京)国际产品软件博览会(简称南京软博会),零距离服务参会企业。该局整理汇编《软件业税收优惠政策手册》,在中国(南京)软件谷展区设立专门咨询服务窗口,为“软博会”展销活动提供现场办税服务。现场制作6块宣

南京软博会期间,区地税分局在中国(南京)软件谷展区设立咨询服务窗口

传展板，涉及南京地税形象、和谐税收环境、征纳关系等方面，吸引客商到南京投资兴业。其间，税收志愿者服务队提供现场办税服务，发放自编的软件业税收优惠宣传册并开展发票真伪鉴别方法、纳税人权利与义务等宣传，发放各类汇编材料300余份，接受咨询提问180余人次，主动服务南京软博会签约146个项目，第一时间将优惠政策落实到位。

10月27日，开展减免税合议外部监督签字仪式

【聘请外部监督员5名】 2011年，区地税分局坚持依法治税，制定分局《执法与服务外部监督管理办法》，整合内外部监督力量，引入外部监督，强化监督体系建设，完善执法监督体系，确保法制建设新成效。聘请5位外部监督员全程监督减免税、处罚等对纳税人权益有重大影响的重要事项，5位外部监督员分别来自中介机构、驻区企业等。是年，该局获得“2006~2010年雨花台区法制宣传教育先进集体”。　（丁　伟）

区地税分局康乃馨志愿者服务队“三八”节到辖区村办企业宣传文明纳税

雨花年鉴 2012

党政机关

中国共产党南京市雨花台区委员会

·概　述·

【概　况】 2011年，中国共产党南京市雨花台区委员会(简称区委)，带领全区广大党员和干部群众，贯彻中央和省市委决策部署，落实“三争一创”(科学发展争第一、改革创新争第一、和谐稳定争第一，创建党的建设先进单位)，实施“五项工程”，实现“十二五”良好开局。年内，辖区亚洲第一大站南京南站开通运营，中国(南京)软件谷挂牌成立，南京雨花国家数字出版基地获批建设。全区地区生产总值首次突破200亿元，达202.5亿元，同比增长13.4%；财政收入首次突破50亿元，达53.2亿元，同比增长24.9%；软件及信息服务业收入首次突破500亿元，达520.5亿元；全区产业结构发生根本性转型，三次产业结构调整为0.2:44.8:55；雨花台区在全市综合考评中荣获区县一等奖，城市文明指数综合测评位列全市各区县第一。

【中共南京市雨花台区第十次代表大会】 7月22日召开，会议回顾总结区第九次党代会以来工作，研究确定2011年8月~2016年7月奋斗目标和主要任务，选举产生中国共产党南京市雨花台区第十届委员会和纪律检查委员会。大会听取并批准李侃桢代表区委

7月22日，副市长、区委书记李侃桢在中共南京市雨花台区第十次代表大会上讲话

2011年中共南京市雨花台区委常委会议一览

表25

序号	时　间	会　议　内　容
1	1月14日	听取中共南京市雨花台区第九届纪律检查委员会第八次全体会议筹备情况汇报，研究《中共南京市雨花台区第九届纪律检查委员会第八次全体会议工作报告》；通报讲评2010年度“群众评议机关”活动测评结果；研究干部工作
2	1月28日	研究《雨花台区街道、园区经济工作差异化考核(试行)办法》；通报关于开展2010年度全区落实党风廉政建设责任制检查考核工作情况；部署春节前后重点工作
3	2月11日	研究《关于促进城乡居民增收的意见》；研究《雨花台区2011年国民经济和社会发展奋斗目标》；研究雨花台区2010年度先进集体、先进个人名单；研究部署当前重点工作
4	2月25日	听取市检查考核组对雨花台区落实党风廉政建设责任制及惩防体系建设情况检查考核后的反馈意见及整改方案的汇报；研究干部工作
5	3月11日	区政府通报1~2月份全区经济工作重点指标完成情况和重点项目推进情况；区政府通报2010年区领导领办重大项目推进情况，研究2011年区领导领办重大项目工作；区人大、政协、纪委点评1~2月全区重点项目推进情况；研究有关工作
6	3月18日	研究干部工作
7	4月2日	传达贯彻市委书记杨卫泽讲话精神；研究区第十次党代会筹备工作
8	4月8日	研究《关于建立健全区级机关部门挂钩联系村社党组织和机关干部联系服务群众长效机制的意见》；研究区委二季度工作要点；研究干部工作

续表

序号	时间	会议内容
9	4月15日	研究贯彻市委书记杨卫泽调研雨花台区时的讲话精神和全市软件产业发展要求
10	4月29日	传达贯彻省委全会、全市负责干部大会、服务业大会精神和市委书记杨卫泽重要讲话及批示;研究《关于加快水利改革发展的意见》,部署2011年防汛防旱工作
11	5月17日	研究区第十次党代会筹备工作;研究区委关于中国共产党成立90周年纪念活动的安排;研究区先进基层党组织、优秀共产党员、优秀党务工作者评比表彰方案;研究关于拟成立中共南京市雨花台区纪律检查委员会板桥新城工作委员会相关事宜
12	6月1日	区政府通报1~5月全区经济工作重点指标完成情况和重点项目推进情况、全区民生工作重点指标完成情况;区人大、政协、纪委点评重大项目推进情况;部署全区“双过半”工作等
13	6月30日	通报省委巡视组到区巡视情况反馈意见;研究区委常委分工调整和联系点安排调整;研究开展领导干部下基层活动工作;研究当前安全稳定工作;研究干部工作
14	7月6日	传达中共中央总书记胡锦涛在庆祝中国共产党成立90周年大会上重要讲话精神,传达市委十二届二十二次全体(扩大)会议和市政府第十次全体(扩大)会议精神,并提出贯彻落实要求;总结上半年工作,部署下半年重点工作
15	7月9日	研究区第十次党代会有关工作
16	7月11日	研究区第十次党代会党委工作报告;研究区第十次党代会纪委工作报告;研究区委三季度工作要点
17	7月15日	研究区第十次党代会有关工作
18	7月16日	审议区第十次党代会党委工作报告(草案);审议区第十次党代会纪委工作报告(草案);其他有关工作
19	8月3日	研究区第十次党代会报告相关任务分解;研究区委常委会议事规则;研究贯彻落实南京市高标准建设中国软件名城再动员大会相关任务分解;研究干部工作
20	8月5日	传达南京市高标准建设中国软件名城再动员大会精神,部署相关任务分解;全区1~7月经济运行情况分析;区人大、政协、纪委点评1~7月重大项目推进情况;部署当前重点工作
21	8月8日	研究有关工作
22	8月19日	传达南京市领导干部学习班有关精神;研究推进落实“五大工程”目标任务;听取南京南站综管办筹备和运行情况汇报
23	8月25日	研究《中共南京市雨花台区委关于充分发挥统一战线在推进社会建设创新社会管理中作用的意见》;研究《关于实施“和谐社会”工程、建设幸福雨花的工作意见》;听取软博会和金洽会筹备情况汇报
24	9月23日	研究有关工作
25	9月29日	研究有关工作
26	10月25日	研究区委四季度工作要点;研究区维稳办有关情况;研究区拆迁办有关情况;研究区法院软件谷法庭有关情况;研究干部工作
27	11月18日	研究有关工作
28	12月2日	研究2011年度全区落实党风廉政建设责任制检查考核实施方案;研究《关于进一步加强和改进人民政协工作的意见》;听取污染企业搬迁和环境治理工作推进情况汇报
29	12月12日	研究有关工作
30	12月30~31日	传达省市委相关会议的精神;研究2012年经济和社会工作目标、政治工作目标、文化工作目标;讨论区委十届五次全体(扩大)会议报告,听取区委十届五次全体(扩大)会议筹备情况汇报;研究2012年全区综合考核办法;讨论区委2012年第一季度工作要点等多项工作

第九届委员会所作《抢抓机遇,争当第一,全面建设现代化创新型生态新城区》报告。大会认为,区第十次党代会是在“十二五”开局之年召开的一次具有历史性意义会议,承前启后,继往开来,对雨花台区建设现代化创新型生态新城区产生重大而深远影响。大会肯定中国共产党南京市雨花台区第九届委员会工作。大会认为,区第九次党代会以来,区委在党中央和省市委正确领导下,发挥核心领导作用,带领全区广大党员干部群众,凝心聚力,奋力拼搏,克服全球金融危机影响,在经济发展质量、城乡面貌变化、社会建设成效、民生水平提升、党的自身建设等方面,取得突破性进展,经济社会发展跃上新平台。大会一致同意报告关于未来五年发展部署。未来五年是雨花台区历史上战略机遇期和黄金发展期。全区要坚定不移地走城市经

济发展之路,以软件产业为主导,构建现代产业体系;以中国(南京)软件谷建设为契机,提速城市现代化进程;以民生幸福工程为载体,创新社会建设和管理;以党的建设、政治建设为保障,凝聚科学发展合力,在全市率先实现基本现代化,把雨花台区建成现代化创新型生态新城区,建成中国第一软件产业基地,构筑全国一流公共服务平台,综合实力进入南京第一方阵。

【区领导赴台湾考察交流】 8月27~9月3日,副市长、雨花台区委书记李侃桢率领区党政领导以及商务局、科技局、软件谷、板桥街道、板桥新城等单位主要负责人赴台湾,先后拜会新北市议长陈幸进、原台北县县长周锡玮、佛光山星云大师等,与新北市板桥区、林口区进行交流,考察新竹科学园、南岗软件园、资策会和鼎新集团、联强国际等,签订《台商IT产业园合作协定书》和《关于共建公共技术服务平台的合作约定书》两项协议。

【李侃桢做客龙虎网】 9月27日,副市长、雨花台区区委书记李侃桢走进龙虎网直播间与网友在线交流。李侃桢在一小时内回答网友提出多个问题,向网友介绍雨花台区民生举措和发展规划。李侃桢表示,雨花台区城市功能和形态经历"城市郊区"到"城郊结合部"再到"主城新区"三个发展阶段,成为南京新高度城市化地区和南京南部新城核心区,为南京城市生产力布局提供发展空间。未来,雨花台区将建设成为一个现代化创新型生态新城区。

9月27日,李侃桢做客龙虎网

【区委工作务虚会】 12月16~18日,区委在区领导"调研推进月"活动基础上,组织区四套班子领导,法检两院主要领导,软件谷领导,区级机关各部门、各街道、园区、软件谷局(办)、市垂直管理部门主要负责人等赴杭州参观学习,并召开区委工作务虚会。务虚会主题为:贯彻落实党的十七届六中全会和省市区党代会精神,围绕"三争一创"目标要求和"五项工程",紧扣高标准建设中国(南京)软件谷、在全市率先实现基本现代化和建设现代化创新型生态新城区主线,科学分析雨花台区发展面临的新形势、新情况、新任务,谋划2012年全区各项工作目标任务、工作思路和具体举措。会议重点是"一看、二议、三做"★,会议强化抢抓雨花台区发展历史上的战略机遇期和黄金发展期共识,提出适应高平台、高目标、大空间发展要求,解决好思路、能力、机制、环境方面不适应问题,激发干事创业热情和激情,敢于担当、勇于担当、善于担当,推动雨花台区科学创新发展迈上更高平台。会议明确2012年全区工作主题和主线是全面落实"三争一创",全力实施"五项工程",高标准建设软件谷,率先实现基本现代化。

> ★**链接** "一看"是看标杆、看差距。"二议"是议思路、议亮点、议路径。"三做"是落实在行动上,解决做什么问题,解决怎么做问题,解决最后达到什么目标问题。

【综合文字工作】 2011年,区委办综合文字工作把握雨花台区经济和社会发展实际状况、发展轨迹、奋斗目标,体现工作指导性、针对性、规范性。学习掌握党政机关公文写作格式、规范,提倡开门见山、言之有物、生动活泼文风。全年,主办和参与起草区第十次党代会、区委常委(扩大)会、"五项工程"目标任务分解会等各类会议和重大活动及决策文稿文件近300篇、50余万字。

【信息工作】 2011年,区委办信息工作围绕区委工作重点,为领导提供建设性信息,为街道(园区)、部门提供有价值参考,推动全区各项工作开展。全年编发《雨花信息》144期。上报省市信息注重报送全区经济发展、城市建设、社会事业等各方面特色工作和亮点做法。全年上报信息被市委办公厅采用135条、专刊4篇。有关中国(南京)软件谷建设多条信息被市委领导批示。积极收集整理有启发性、有参考意义的外地互联网信息,全年编发《每日互联网信息》250期、《外地信息专报》99期。同时,关注互联网上有关雨花台区一些负面信息,及时上报、及时处理。

【调研工作】 2011年,区委办调研工作结合“五项工程”和现代化创新型生态新城区建设等重点,编发《雨花内参》18期,其中多家单位调研文章被区委主要领导批示。开展区领导“调研推进月”等专题调研活动,汇编2011年区委领导考察报告和区领导专题调研成果,分类收集和整理汇编全年区委领导重大活动音像、图片、文稿等资料,加强与省市委调研处等上级部门沟通联系,做好与区级机关各单位调研科室联系,提升全区各单位调研工作水平。收集有关单位每月指标数据、任务分析材料,牵头组织编制雨花台区现代化指标体系。

【督查工作】 2011年,区委办督查工作按照规定流程办理,建立年度跟踪督查项目库,配合区人大、政协、纪委实施动态管理和专项督查,服务区委重大决策部署执行和落实。征地拆迁、企业改制、历史遗留等重大疑难信访问题,督促有关部门及时化解;结合领导关心的信访督查问题、省市委和市长信箱批示件以及区委重大决策等督办内容,通过常规督查结合现场督办,保证督查事项办结;全区落实省市主要领导及区委主要领导重要讲话及指示情况、落实省市区党代会任务分解情况进行分段、分片督查,每月编发督查办理完成情况通报。至年末,处理市长信箱300余件,各级领导批示督查件200余件,报纸媒体自办件近30件、书记重要批示(讲话)通报5期。

【接待工作】 2011年,区委办把满意度作为检验接待工作的标准,做到领导满意、来宾满意、基层满意。全年完成不同规格到访人员接待任务100余次。其中完成全国政协副主席张榕明、全国人大常委会原副委员长顾秀莲、全国人大内司委主任委员黄镇东、省委书记罗志军、市委书记杨卫泽、市长季建业等中央和省市领导到雨花台区调研接待工作,完成洛阳、苏州、遵义等外省市党政代表团,以及鼓楼区等友邻区县到区参观学习接待,完成区委主要领导率队赴四川雅安、成都,江苏无锡、常州和浙江杭州等地参观考察服务工作。同时加大收集、管理接待和考察工作档案,设计制作雨花台区接待手册。

【党群工作】 2011年,区委办党群系统先后完成起草《中共南京市雨花台区委关于实施党建工作创新工程的意见》等会议文件、主持词、调研报告等40多篇。牵头研讨确定区民生幸福保障指标体系,协调督促区有关部门开展纪念建党90周年系列活动,牵头完成2010年度全区先进集体、先进个人评选工作、2010年度街道、管委会党政主要领导干部考核工作。与党群、统战、城建城管、农林水利等部门协调,配合工会、妇联、共青团、统战部等部门开展各项活动20多次。协助分管领导定期召开街道(园区)、相关部门参加的综合协调会,研究火车南站、岱山经济适用房地块拆迁项目进展情况,做好跟踪督查落实。 (陈巨田)

·组织工作·

【概　况】 2011年,中共雨花台区委组织工作服从服务于全区工作中心,深化干部人事制度改革,创新基层组织工作,着力推进人才工作,加强组织部门自身建设,为促进全区经济社会实现又好又快发展提供组织保证。年内,开展建党90周年纪念活动,产生先进基层党组织30个、优秀共产党员60名、优秀党务工作者50名;完成区第十次党代会有关组织工作;组织全区正处级以上干部对新一届区委和区纪委组成人员民主推荐;无记名民主测评新提拔的党政主要领导干部,31家单位888人参加“一报告两评议”工作。至年末,全区党员有13901名,其中预备党员287名、少数民族党员120名、女党员4077名(占党员总数29%);35岁以下党员3130名,占党员总数23%;高中以上文化党员9632名,占党员总数69%;非公有制经济组织党员2714名,占党员总数20%。发展新党员176名。全区有基层党委4个、党(工)委23个、党总支53个、党支部478个。

【基层组织和党员队伍建设】 2011年,区委组织部门继续推进“公推直选”工作,指导梅山街道7个社区党组织完成换届选举工作;加强远教站点基础建设,建成村社、非公企业远程教育站点53个,实现党员干部现代远程教育全覆盖;组织全区14名街道书记、主任和6名村书记参加“争当科学发展带头人,争当服务群众贴心人”全市镇村干部全员培训班;推荐1名民营企业党组织书记(业主)、1名片区综合党组织书记和1名外资企业党组织书记参加省委组织部举办的非公企业党组织书记素质提升示范培训班;落实省市委组织部关于开展非公有制企业党组织组建工作“百日行动”通知要求,推进雨花台区非公企业党组织组建工作,研究制定《雨花台区非公有制企业党组织组建工作“百日行动”实施方案》,年内,组建非公经济

雨花台区非公企业党组织负责人培训班

组织党组织7个，举办一期非公企业党组织负责人素质提升培训班。

【干部队伍培训】 2011年，区委组织部门制定《2011年全区干部教育培训工作意见》，调整干部培训工作领导小组，举办培训班29个、讲座6个，培训干部5600余人次；重点完成新招录公务员、新任科级干部、中青年干部培训班等19个主体培训班次，培训干部1142人次；组织84名区管领导干部参加省市各类专题培训班；打造"雨花讲坛"品牌，举办招才引智、低碳城市、城市规划等4期专题讲座，2000余人次干部参加听课；坚持干部在线学习、"到高校听讲座"等新教育培训形式，拓宽干部学习渠道。

【人才管理工作机制】 2011年，区委组织部门制定区"1234"人才计划，即力争"十二五"期间，集聚国家"千人计划"专家10人，培育科技创业家20人，引进领军型科技创业人才300人，实现软件产业从业人员40万人。下发《2011年全区人才工作意见》《雨花台区中长期人才发展规划纲要（2010~2020年）》《雨花台区软件产业人才队伍建设若干政策规定（试行）》，完善人才工作管理机制。以第四届中国留学人员南京国际交流与合作大会、引进高层次人才和智力技术项目洽谈会、中国（南京）国际软件产品博览会等为平台引进人才，组织企业高管3批次参加省委组织部举办的高研班，支持企业举办各种国家层面峰会20余场，引进IBM中国软件授权培训中心项目，打造软件人才实训基地。至年末，全区引进软件从业人员逾万人，其中2个团队入选"江苏省创新团队"，2人入选江苏省"双创计划"、3人入选省"产业教授"、3人入选省"333计划"、1人入选省"博士集聚计划"、2人入选南京市"紫金人才计划"；软件产业引入省"333工程"人才1名、省"双创计划"人才6名。

【大学生村官培养和管理】 2011年，区委组织部门拟发《关于在全区大学生村官中开展"村官办实事"主题实践活动的通知》，打造村官办实事品牌；做好2008届大学生村官续聘工作；大学生村官郑磊被评为南京市首届"十佳大学生村官"；组织9名2011届省选聘新任职大学生村官参加任前培训会；组织全体大学生村官服务软博会，接待服务各类观展人员超过3万人次；在西善桥街道福润社区举行雨花台区离退休党员干部与大学生村官牵手活动；组织2010届、2011届大学生村官在板桥街道永安村农业种养殖基地，开展村官"一亩示范田"试种活动。

【两社区被省委组织部授予远程教育示范站点称号】 1月20日，省委组织部电教中心副主任陈勇一行到

1月20日，省委组织部评估组检查验收区远程教育示范站点

雨花台区，对该区申报的铁心桥街道定坊社区、宁南街道花神庙社区省级远程教育示范站点检查验收，验收采取实地操作、查看资料、听取汇报等方式。4月15日，宁南街道花神庙社区、铁心桥街道定坊社区远程教育终端接收站点被省委组织部授予全省首批远程教育示范站点称号。

【参加省第24届高级人才洽谈会】 9月17日，江苏省委组织部在南京九华饭店举办“江苏省暨南京市第24届高级人才洽谈会”，全省178家高科技重点企业和2700余名海内外高级人才参加会议。雨花台区中兴通讯、华为软件、江苏润和、麦瑞克科技、华西证券等5家重点企业参加洽谈会，并设置118个高端岗位供高级人才选择，有261名海内外高层次人才到会接洽，其中70余人与相关企业达成初步合作意向，6人被录用。

【丁墙社区打造党建信息化超市】 11月25日，宁南街道丁墙社区开展党建信息化超市体验活动，通过党员远程服务平台即时解答党员群众各类咨询。丁墙社区党建信息化超市是社区党员服务站开辟的新空间，也是全市建成的首家党建信息化超市。超市依托远程平台资源，根据用户需求自行使用，改变过去一人提问，多人等待的封闭服务方式，为居民提供医疗、劳动保障、生活常识、法律援助、实用技术等服务。社区党建信息化超市面向社区党员群众每天免费开放8小时，有问必答，还为党员群众提供亲情视频连线，配备相应休闲娱乐功能。

【区管副职领导干部公推竞岗】 12月25日，雨花台区区管副职领导干部公推竞岗笔试在雨花台中学举行，121人参加笔试。公推竞岗旨在深化干部人事制度改革，加强干部队伍建设。操作中，公推竞岗工作各个环节实行“阳光操作”。公推竞岗分为笔试和面试两部分，重在测试履行职责必须具备的应知应会知识、必备能力素质，重在比较平时工作表现和实绩。笔试邀请诸多高校领导干部研究专家命题，试题内容多与平时工作实践紧密联系，侧重检验干部宗旨意识、群众观念、服务理念、逻辑思维、突发事件处理、语言文字表达等领导干部应当具备的基本才能，笔试采取闭卷考试形式，根据笔试成绩，择优确定前48名进入面试。面试采取陈述答题形式，根据面试成绩，择优确定前24名进入考察。最终，提请区委常委会差额票决，确定16名拟任人选。 （李文卓）

·宣传工作·

【概　况】 2011年，中共南京市雨花台区委宣传思想工作围绕区委、区政府中心工作，推动理论武装、新闻宣传、文明创建和文化建设工作，为全区发展提供坚强思想保证、精神动力、舆论环境和文化条件。以打造中国(南京)软件谷品牌宣传战略为重点，在中央省市媒体推出“南京软件谷”系列报道。9月6日，特邀新华社播发《南京致力打造中国软件谷》文稿，被新华网江苏频道列为头条新闻，新华每日电讯刊发同题深度报道，《中国国际频道》等全球数十家媒体均予转载(条)。策划“李侃祯走进龙虎网”活动，实现区委书记与网民网上互动。在区“两台”开设《关注党代会》专栏，集中宣传区委第九次党代会以来成就。邀请中国工程院院士倪光南、香港中华总商会会长蔡冠深、以色列国家软件协会主席阿米昂·肖尔等国内外著名专家学者，在《南京日报》作高端访谈；邀请香港《文汇报》、文汇网连续4天深入报道雨花台区；邀请33家海外华文媒体参加“聚焦中国(南京)软件谷，海外华文媒体雨花行”活动；在“南京发布”官方微博策划《微语看谷》有奖征集活动，在西祠胡同热门版块发贴介绍南京软件谷。年末，以人力资源与社会保障局、板桥新城管委会为试点单位首开政务微博。年内，组织党委中心组开展理论学习和专题调研活动，收到调研文章近百篇；组织各党(工)委开展创建学习型党组织和学习型领导班子示范点活动，30家党组织申报学习型党组织示范点；开展农村党员冬训、城市党员冬学工作，全区党员干部参训率98%；组织安排“胡锦涛总书记在庆祝中国共产党成立90周年大会上重要讲话精神”“雨花台区第十二个五年计划”“区委第十次党代会精神”等多场专题讲座；全年举办各类讲坛、学堂260余期，参与群众近两万人次，首次开展社区学堂评比活动，全区8家社区学堂获奖。

【精神文明建设】 成功接受全国文明城市检查，荣获全国文明城市复查立功单位。在板桥街道举行2011年“三下乡”“四进社区”活动启动仪式，组织15家单位部门现场开展技术帮扶、法律援助、政策咨询、专家义诊等便民服务活动。全区推荐“中国好人”1名，李华琴入选第三届江苏省道德模范、南京市道德模范。

孙以智荣获南京市道德模范提名奖，吴玉芝、孙以智、李华琴荣获“感动南京”2011年度人物，宁南街道丁墙村荣获第三批全国文明村称号，板桥小学、古雄小学成为南京市优秀“乡村少年宫”。

【“住建杯今日美好雨花”摄影比赛】 5月，区住建局、区文联等联合举办“住建杯今日美好雨花”摄影比赛活动。至5月30日，征集摄影作品460余幅，经有关专家评委精心筛选和评议，入选作品80幅，其中一等奖2幅、二等奖5幅、三等奖10幅、优秀奖28幅、鼓励奖35幅。6月20日，“住建杯今日美好雨花”摄影作品展在区政府一楼大厅开展，展览持续15天，参观群众近千人次。

【省市作家“走进雨花”】 10月9日，区文联邀请省市著名作家、诗人池澄、冯亦同等12位文化名人参加“走进软件谷，感受新雨花”活动。作家们重点参观软件谷软件发展规划展览，听取软件谷工作人员相关情况介绍。区委常委、宣传部长、区文联主席谢山就传承雨花历史文化与繁荣雨花文艺创作，加强文化交流、促进雨花台区发展等问题与作家们进行座谈，希望省市作家多宣传、关心雨花台区，为雨花台区文学创作和科学发展积极建言献策。

【召开政务微博工作会议】 12月29日，雨花台区政务微博建设工作会议在区级机关八楼会议室召开。全区各系统工委书记、宣传干事，区级机关各部门网络发言人、联络员，各街道(园区)专职副书记、宣传干事出席会议。宣传部副部长李定慧就《雨花台区政务微博建设实施方案》作说明，试点单位板桥新城管委会、区人力资源与社会保障局作交流发言。区委常委、宣传部长谢山就全区政务微博建设工作提要求。大会邀请市委宣传部网宣处潘涛做政务微博建设工作培训。

(刘　明)

·统战工作·

【概　况】 2011年，雨花台区委统战工作发挥统一战线凝聚人心、汇聚力量优势，围绕区委中心工作，研究出台《关于充分发挥统一战线在推进社会建设、创新社会管理中作用的意见》，开展“重温历史、同心同行”雨花台区统一战线庆祝建党90周年系列活动，评选优秀征文20篇，表彰先进个人19名；开展统一战线成员教育培训工作，结合区域发展实际，开设“加强社会管理驱动创新”“统一战线基本知识”和雨花区情介绍课程，参训人数80余人；对全区党外干部摸底排查，更新完善党外后备干部名单，探索选拔任用党外领导干部新途径，完善党外干部考察机制，全面、客观、准确了解认识党外干部。发挥少数民族联谊会和民族驿站作用，对特困户进行走访慰问，发放慰问金1万多元；对全区7所中学63名中高考考生办理少数民族身份认定审核手续。积极组织参加南京市第二届少数民族文艺会演，荣获优秀组织奖和单项节目三等奖。区民宗局协调相关部门，筹资20余万元，解决龙泉寺自来水改造；协调解决台湾星云大师雨花精舍地下室扩建工程，完成雨花台风景区内高座寺复建和对外开放工作；协调完成基督教大定坊教堂复建工程。全年走访慰问困难台胞

12月29日，雨花台区政务微博建设工作会议召开

台属、归侨侨眷62户，台侨资企业14家。先后妥善解决台胞证件签注、企业生产经营、家庭矛盾等5起信访、纠纷。组织工商联会员企业参与各种社会公益慈善事业。全年各基层商会、行业商会会员为孤寡老人、困难学生家庭累计捐款捐物27.6万元，提供就业岗位2521个。至年末，全区所属10处宗教活动场所全部达标，4处场所被南京市评为先进场所，区民宗局被南京市推荐为"五五普法"先进单位。

【服务全区经济发展】 年内，区委统战部牵头承办"2011海外华侨华人高层次人才江苏行"雨花洽谈会，达成4个合作意向；组织开展区对台基层交流和产业对接工作，考察台湾新竹科学园、南岗软件园、资策会和鼎新集团、联强国际等，举办两岸软件产业交流会，推介中国（南京）软件谷，签定《台商IT产业园合作协定书》和《关于共建公共技术服务平台的合作约定书》两项协议；加大侨资重点项目跟踪服务力度：帮助威特曼生物科技二期启动、诚迈科技继租用东软楼宇并寻找合适地点扩大生产、台湾IT产业园项目选址确定，组织企业入驻。组织重点会员企业参加市工商联组织的各类海内外城市招商推介对接会及各种企业管理培训活动近20次，牵头、组织、协调"2011中国（南京）软件谷资金+人才+项目对接会"，邀请海内外软件企业客商84人，成功签约项目15个；加快促进现代服务业发展，成立区餐饮业商会，入会会员60家。

2011"海外华侨华人高层次人才江苏行"雨花洽谈会

【南京民间抗日战争博物馆成为市爱国主义教育基地】 1月3日，由民建南京市雨花台区总支部会员吴先斌创办的南京民间抗日战争博物馆被市委、市政府命名为南京市爱国主义教育基地。这是民建会员创办的唯一市级爱国主义教育基地。该博物馆由吴先斌个人投资筹建，是江苏省第一座反映南京人民抗日斗争的民间综合性专题博物馆，馆内拥有1300余件珍贵藏品。自2006年12月对社会正式开放以来，接待参观群众6.8万人次，其中接待美国、日本等外国访问团17个。

【对外宣传】 3月，在《华人时报》组织一期介绍雨花软件产业专版，通过市侨办网站推介区及各大园区招商信息；4月19日，接待台湾中天电视台来区采访报道；下半年，分别在法国《欧洲日报》、奥地利《欧洲华信报》、澳大利亚《星岛日报》和加拿大华发网等媒体介绍中国（南京）软件谷；9月21日，协调组织"聚焦中国（南京）软件谷——海外华文媒体雨花行"活动，邀请美国等10个国家、地区30多家华文媒体参加活动。发挥党外人士人才密集、知识密集优势，组织统战各团体围绕区委、区政府工作重点开展专题调研，形成调研报告14篇。

【15人获区优秀中国特色社会主义事业建设者称号】 11月，经各基层商会、各街道党工委推荐和雨花台区第四届优秀社会主义事业建设者领导小组评审，王志强等15位非公经济人士被区委统战部、区发改局、区人社局、区环保局、市工商局雨花分局、市国税局雨花分局、市地税局雨花分局、区工商联等八部门授予"雨花台区第四届优秀中国特色社会主义事业建设者"称号。

区第四届优秀中国特色社会主义事业建设者名单(按姓氏笔画排序)

表 26

序号	姓　名	单位及职务
1	王志强	南京雨银农村小额贷款公司董事长
2	王春华	江苏沁恒股份有限公司总经理
3	毛发强	南京宁星汽车维修服务有限公司总经理
4	刘春明	南京钟山驾校有限公司校长
5	吉银娄	江苏长江能源有限公司董事长
6	沈东军	江苏通灵翠钻有限公司总经理
7	冷　成	江苏吉美思物联网产业股份有限公司总经理
8	时久祥	南京顶瑞电机有限公司总经理
9	吴锡忠	南京金彬汽车工程塑料有限责任公司总经理
10	张宁基	南京天保驾驶员培训学校校长
11	陈　斌	南京安达人力资源有限公司总经理
12	陈　磊	南京智创房地产经纪有限公司总经理
13	练玲凤	南京跨世纪装饰建材集团有限公司总经理
14	赵建新	南京圣天塑料管业有限公司董事长
15	唐　健	南京佳择服装有限公司总经理

·机构编制工作·

【概　况】 2011 年，雨花台区机构编制工作着力研究和推进行政管理体制改革，推动政府职能转变，提高行政效率，开展政府机构改革评估，规范人员进出编制管理，审核科级干部竞争上岗职数，开展事业单位登记管理、机构编制实名制管理、机构网站中文域名注册等机构编制日常管理工作。年内，因火车南站管理和发展需要，成立南京市铁路南京南站综合管理办公室，由区编办核定其“三定”(定编、定岗、定责)方案；根据征地拆迁安置新形势需要，成立南京市雨花台区征收拆迁安置办公室，撤销原区征地拆迁安置办公室和区房屋动迁安置管理中心；在区法院增设软件谷(知识产权)法庭和司法鉴定科，在区检察院增设知识产权检察科，在区委老干部局增设老干部服务中心，在原软件园管委会增设企业服务部，在区妇儿工委和红十字会设内设机构；将中西医结合医院更名南京市雨花医院，将区地产发展公司更名南京市雨花台区地产发展中心；撤销雨花软件园管委会、区地价所、区农村能源办公室等机构。

【登记事业单位 128 家】 1~3 月，区事业单位登记管理局开展全区各类事业单位登记、年审工作。严格审核上报材料，严格遵循法定程序，坚持依法登记、依法审核，审查事业单位年审报告书、资产负债表外，重点审核业务运行、法人证书和印章管理、法定代表人资格等内容，确保事业单位法人登记工作真实性、合法性。并根据各事业单位基本情况，将所有登记材料整理归档，专门制定归档文件信息库，进一步完善事业单位法人登记信息管理工作。至年末，全区登记事业单位 128 家，登记率、年审率和年审合格率 100%。

【政府机构改革评估】 4~5 月，雨花台区全面评估区政府机构改革工作，评估认为，政府机构改革工作，各部门“三定”(定编、定岗、定责)方案得到全面落实，强化政府在规划、协调、审批、监督等政务管理和公共服务、社会管理等方面重点职能，转移不应由政府管理事项；各部门“三定”方案强化行政许可和执法事项，使行政机构职能运行更为合理、规范和畅通，促进各项工作开展，达到预期目的和效果。

【实名制管理】 7 月，区编办正式启动机构编制实名制管理工作，全面收集全区党政群机关和事业单位机构、编制和人员信息，完成信息入库和更新，为全面推进机构编制实名制管理做好基础性工作。

【中文域名注册】 7月，区编办开展区机关、事业单位网站中文域名注册工作，以教育部门所属事业单位等原有自办网站的单位为试点，先期开展中文域名注册申报工作，为2012年在全区全面推开做好前期准备。

【社区卫生服务中心编制核定】 2011年，雨花台区开展基层卫生服务中心编制核定工作，根据调研情况，与上级机构编制部门多次沟通协调，形成每万人配备11个编制较为符合区域实际情况的核编方案。按照该标准，全区7个社区卫生服务中心配备430个事业编制，每个服务中心配备领导职数3名即1正2副职。 （余 飞）

·老干部工作·

【概 况】 2011年，雨花台区委老干部工作结合建党90周年，开展“五好”离退休党支部创建和“四好”离退休党员评选；落实老干部政治、生活待遇；开展“与党同呼吸、共命运、心连心”老干部征文报送活动，举办老干部书画、手工艺作品展和各种文体活动；利用关工委、老年大学、老年体协，发挥老干部余热，开展送文化进社区、帮困助学、牵手联系大学生村官等活动。至年末，全区有离休干部57人(含外省市易地安置离休干部8人)，其中抗日战争时期参加革命工作13人，解放战争时期参加革命工作36人，区级退休领导27人；享受地市级待遇3人，享受地市级医疗乘车待遇7人；行政单位52人，事业单位16人，企业单位8人；年龄最大92岁，最小76岁，80岁以上50人，平均年龄83.1岁；因病去世3人，新增区级退休领导1人。是年，黄守坤撰写的征文《1949年的春天》，在中共中央组织部老干部局主办的“与党同呼吸、共命运、心连心”征文活动中获二等奖，田素琴撰写的《党和人民同呼吸共命运》、戴梓撰写的《毛主席，人民永远怀念您》获三等奖。

【“五好”离退休党支部与“四好”离退休党员创评活动】 3~6月，区委老干部局组织全区12个离退休党支部开展省市级“五好(支部班子好、党员队伍好、组织设置好、活动开展好、群众反映好)”离退休干部党支部创建和“四好(学习活动好、教育后代好、发挥作用好、保持本色好)”离退休干部党员评选活动。活动中，组织全区312名离退休干部参加江苏省争做“四好”离退休干部党员网上自愿签名承诺活动。6月，区人大、区政协和区教育系统离退休党支部被市委组织部评为“五好”离退休党支部；黄守坤、徐宗文、邹桂芳、刘义连、蔡遗春、蒋寿华被评为“四好”离退休党员；邹桂芳被省委组织部评为“四好”离退休党员。6月12日，《中国老年报》首版报道该区创建“五好”离退休党支部情况；7月5日，省电视台公共频道《晚霞》节目专题播放邹桂芳先进事迹。

【落实老干部生活待遇】 2011年，雨花台区按照“基本政治待遇不变，生活待遇略为从优”政策原则，由区财政拨款，按照人均3000元发放老干部2010年建设南京贡献奖，按照离休人员2500元/人、退休人员2000元/人标准发放离退休人员工作目标考核奖，9月底发放到位。按照上级文件精神，增发离休干部每年1个月生活补贴，自7月1日起，将1937年7月7日~1945年9月2日参加革命工作的离休干部护理费发放标准调整为每人每月900元，将1945年9月3日~1949年9月30日参加革命工作的离休干部护理费标准调整为每人每月800元，走访慰问离退休干部425人次，探视生病住院40人次，慰问老干部遗孀25人次，接待老干部来信来访20人次，帮助协调老干部家庭纠纷10人次。实施老干部整生日祝寿、散生日祝福制度，全年发放生日慰问金8000元。办理3位离休干部享受地市级乘车、医疗待遇。妥善处理史中哲等两名离休干部丧事和善后事宜。

【开展老干部系列活动】 2011年，区委老干部局结合庆祝建党90周年开展系列文体活动，丰富老干部生活。1月，举办老年人健身才艺展演活动，组织老干部参加腰鼓花鼓、南京小拉、空竹、柔力球、健身球、街舞和新疆舞等项目。5月25~30日，联合区人社局、区老年大学、区老年体协举办“向幸福出发”离退休干部书画展，展出书法、绘画作品140幅。6月，在区“住建杯”庆祝建党90周年摄影比赛中，选送作品获得三等奖、优秀奖和鼓励奖各1名。7月，组织老干部参加由市委组织部、老干部局主办的“党在我心中”文艺汇演，选送节目越剧《绣红旗》、京剧《龙江颂》选段，获汇演优秀组织奖、优秀节目奖和最佳表演奖；11月，组织49名离退休老干部到安徽省泾县参观皖南事变烈士陵园纪念馆，游览查济古村落群；联合雨花社区党组织开展“雨花情、和谐颂”庆祝建党90周年暨廉政文化进社区文艺活动。 （孟善武）

·党史工作·

【概 况】 2011年，中共雨花台区委党史工作重点突出党史“资政育人、服务大局”功能，完成全年党史征编、研究等各项工作。年内，开展纪念建党90周年系列活动、雨花台区2011年党史成果“六进”活动，完成《中国共产党南京市雨花台区历史大事记（1989~2008）》（以下简称《大事记》）编撰及出版发行工作，完成《中共南京市雨花台区地方史（1949~2008）》（以下简称《地方史》）编撰出版工作，并参与市委党史工办组织的各项党史宣教调研工作。

【开展纪念建党90周年系列活动】 2~7月，区委党史工作办公室（以下简称区委党史办）和区级机关工作委员会在区机关联合开展“歌颂中国共产党、歌颂社会主义、歌颂改革开放”主题活动纪念建党90周年征文。活动中，收到征文57篇，其中一等奖4篇、二等奖8篇、三等奖10篇、优秀奖27篇。5月27日，区委党史办与区委组织部等相关部门共同举办雨花台区“板桥杯”推新人红歌大赛，歌颂党的丰功伟绩、丰富群众文化活动，发掘文化艺术人才，全面展示全区群众文化发展成果。全区机关、企事业、部队、学校以及社区等24个单位1000多人参加大赛活动。

“板桥杯”推新人红歌大赛

【《大事记》出版发行】 5月下旬，《中国共产党南京市雨花台区历史大事记（1989~2008）》正式出版。全书收录3332个条目，约44万字。该书以马列主义、毛泽东思想、邓小平理论和“三个代表”重要思想为指导，以《关于建国以来党的若干历史问题的决议》为准绳，全面真实、客观记录1989年以来中共雨花台区委执行中央和省市委路线、方针、政策过程中重大活动，并以经济建设为中心，以党的组织、思想、作风建设为重点，兼及党在领导政权建设和文化、教育、卫生、统战、群众团体等工作中重大事件，为推进雨花台区改革开放和现代化建设，提供有借鉴价值史料。6月30日，《大事记》首发式在雨花台区庆祝建党90周年大会上举行。副市长、区委书记李侃桢主持首发式并讲话，肯定区委党史办工作，提出下一步党史工作新要求。

【党史成果“六进”活动工作】 2月，区委党史办制定《雨花台区2011年党史成果“六进”活动计划》，组织全区开展党史成果进机关、进乡村、进社区、进学校、进企业、进单位等“六进”活动。至年末，区委党史办先后向区级机关、街道等部门，离退休老干部、大学生村官，宁南、邓府山等4个社区，麦德龙超市、华润热电、解放军国际关系学院、三江学院等赠送《大事记》党史书籍7种1500余本。

【《地方史》出版】 12月，由区委党史办负责组织撰写的《中共南京市雨花台区地方史（1949~2008）》出版。全书分8章、35节，28万字，着重记述南京解放后60年间，雨花台区地方党组织在中共南京市委正确领导下，贯彻执行中央和上级党组织路线方针政策的情况，胜利完成新民主主义建国纲领，进行社会主义革命和建设，特别是改革开放以来全区经济建设快速发展，全面建设小康社会等方面内容。（徐清平）

·对台工作·

【概 况】 2011年，雨花台区委对台工作重点把握宁台合作战略机遇，扩大对台经贸交流和产业对接，区委台湾工作办公室、雨花台区政府台湾事务办公室（以下简称区台办），牵头组织举办“2011年两岸在宁台胞元宵节同乐会”；组织、参与雨花台区考察团赴台湾地区考察新竹科学园、南岗软件园、资策会、鼎新集团、联强国际等，举办宁台软件产业交流，专场推介雨花软件产业会，推介中国（南京）软件谷，签订《台商IT产业园合作协定书》和《关于共建公共技术服务平台的合作约定书》两项协议；4~10月，先后接待台湾资策会执行长李世光博士一行到区考察软件产业，商洽合作事宜，接待台商海中天到区洽谈特色餐饮项目，接待台湾台南妇女会一行32人到有关社区参观交流，接待台湾中天电视台到区采访报道等；利用海外华人多家媒体宣传中国（南京）软件谷；台商IT产业园项目选址确定，并组织企业入驻；年内，区台侨办直接走访慰问困难台胞台属62户，台资企业14家；做好台胞台属、台资企业来信来访工作，先后妥善解决台胞证件签注、企业生产经营、家庭矛盾等6起信访纠纷。

【举办“两岸在宁台胞元宵同乐会”】 2月16日，由南京市台湾同胞联谊会、雨花台区委统战部主办，雨花台区台侨联、宁南街道工委承办的2011年“两岸在宁台胞元宵节同乐会”在宁南街道办事处举行。市台资企业协会副监事长吴明宗代表在宁台资企业和台胞发言，副市长、雨花台区委书记李侃帧为元宵节同乐会致辞，市委常委、统战部长钱继红作重要讲话。55名在宁台商代表参加同乐会。

2月16日，举办两岸在宁台胞元宵同乐会

【台湾台南妇女会到区交流参观】 7月28日，台湾台南妇女会一行32人到宁南街道翠竹园社区和花神庙社区，交流参观社区建设、台侨胞工作和妇联工作。翠竹园社区为全市台商集中居住地，台湾代表团一行先后参观台侨胞服务站、社区居委会、未成年人活动室、羽毛球室、舞蹈室等场所，听取社区台侨胞工作开展情况介绍。（李国辉）

·党校工作·

【概　况】 2011年，中共雨花台区委员会党校加强与区委组织部、宣传部和机关工委等部门协调，全年举办各类培训班19期、42天、1820人次。巩固并放大“雨花讲坛”培训品牌，举办讲坛5期，培训2300人次。服务基层，服务发展，送教下基层45场，培训党员5400人次。开展多个课题调研科研，在《雨花内参》上发表调研报告1篇，省市级各类杂志上发表学术文章5篇，在南京市党校系统第六次科研成果评奖中有3篇论文获奖，并获得“优秀科研工作组织奖”。完成省市委党校函授大专和本科培训任务，完成函授学员档案规整工作，整理党校函授自1985年办学以来大中专和本科所有学员学历档案80余册，经上级验收合格。与南京工业大学联合举办本科班和第二届在职硕士研究生班，在更高层次上为雨花台区培养人才。主动扶贫济困，为雨花台小学两名外来民工子女、永安村16户低收入纯农户和西寇村10户生活困难户提供资助2.5万元。

【举办各类培训班19期】 2011年，区委党校根据不同的参训主题安排各具特色课程，做好服务和管理工作。“非公企业党建负责人培训班”课程安排私企负责人介绍企业党建工作经验和特色；“党政秘书培训班”课程安排市委办公厅秘书就“如何做称职秘书”问题讲课，答疑解难。全年，举办各类干部培训班19期、42天、1820人次。

2011年中共雨花台区委员会党校干部培训情况

表27

序号	时 间	培训班名称	天数(天)	人数(人)
1	2月21日	水利普查班	2	70
2	3月14日	失地人员保障培训班	1	90
3	3月17日	科技政策辅导班	1	60
4	5月20日	赛虹桥街道创文培训	1	90
5	5月26日	软件园企业负责人安全生产专题班	2	130
6	6月16日	入党积极分子培训班	2	30
7	6月23日	区街道、村社干部培训班	2	400
8	9月7日	交通维修手续培训	2	100
9	9月15日	科级干部培训班	3	80
10	9月23日	非公企业党组织书记班	2	50
11	9月25日	财政局农办农财培训班	1	100
12	9月27日	妇女干部暨巾帼志愿者班	3	80
13	10月16日	党政秘书专题业务班	5	100
14	10月20日	组工干部培训班	4	45
15	11月2日	团干部培训班	1	70
16	11月10日	纪检干部培训班	3	55
17	11月15日	统战部党外人士培训班	1	90
18	11月16日	机关工委支部书记培训班	1	40
19	12月15日	中青年干部培训班	4	140

【举办5期雨花讲坛】 2011年，区委党校举办雨花讲坛5期，培训2300人次，培训内容涉及社会管理创新、中国(南京)软件谷建设等全区党员干部关心的重点热点问题。“雨花讲坛”以其新颖的形式、丰富的内容成为干部教育培训品牌并受上级肯定和兄弟党校效仿，形成品牌效应。

【送教下基层45场次】 2011年，区委党校遵循“服务基层、服务发展”宗旨，提供“菜单式”服务、信息咨询和帮助聘请教授、建立区街两级党校干部培训联席会议制度和铁心桥街道等6个教学科研基地，开展送教下基层工作。至年末，党校教师到区级机关、街道和村(社区)送教45场，培训党员5400人次。

【扶困济贫2.5万元】 2011年，区委党校全体教职员工为雨花台小学两名外来困难民工子女捐资3000元，确保其顺利完成小学阶段学习；选派有责任心和教育经验教师，定期与外来民工子女交流谈心，帮助解决成长过程中困惑；围绕“家在雨花、认识自我、健康成长”主题，安排教师暑假期间进社区为民工子女讲课；定期走访永安村16户低收入纯农户和西寇村10户生活困难老党员、残疾人和贫困户，年内提供资助2.2万元。

【6篇科研和调研成果获奖】 2011年，区委党校有6篇科研、调研成果获奖，其中3篇论文获全市党校系统第六次科研(2009~2011年)奖，2篇文章分获科研成果“一等奖”和“三等奖”，1篇文章获调研成果“三等奖”，并获得“优秀科研工作组织奖”第一名；1篇文章获全市党校系统纪念建党90周年征文三等奖；1篇文章获市第二届社科决策咨询优秀成果评选二等奖。2篇科研、调研成果公开发表，其中《创新性雨花建设的路径探析》刊登在《南京市委党校学报》2011年第5期，《关于加快推进人才建设与发展的建议》刊登在《雨花内参》2011年第6期。 (袁美蓉)

·信访工作·

【概 况】 2011年，雨花台区信访工作围绕“和谐社会工程”建设部署和要求，维护群众合法权益、密切党和政府同人民群众血肉关系，开展社会矛盾纠纷排查、化解工作，全区信访工作保持平稳可控态势。全年受理群众信访445批3871人(件)次，与2010年相比，信访总量批次下降6.9%、来信总量下降4%、人(件)次上升4.7%。

是年，雨花台区被市处理信访突出问题及群体性事件联席会议办公室评为上海世博会期间信访稳定工作先进单位；区信访局被省信访局评为2006~2010年全省信访系统优秀集体。《坚持"五诊疗法"，加强基层化解信访矛盾能力》等5篇作品在省信访刊物上刊登；《创新方法，做好信访矛盾"减法"》等11篇稿件在市有关刊物(网站)登载；调研文章《标本兼顾，全面施治，用群众工作统揽新时期信访工作》在《雨花内参》上发表；23篇信息被《雨花信息》刊用。

【领导干部"三访"活动】 2011年，区委区政府印制"区领导接待人民来访登记簿"和"区领导三访工作笔记本"，形成区领导接访下访约访工作规范化、制度化。明确规定区四套班子主要领导每月接待上访群众不少于1次，其他领导轮班参与接待群众来访，并将接访领域延伸到各街道(园区)和区级机关有关部门，基层党政主要领导、区级机关部门主要负责人每月接待上访群众1~2次，确保群众各类热点、难点问题得到及时妥善解决。各包案领导根据所包案件，带案下访，深入事发一线调查研究，亲自召开专题协调会议研究解决方案、高位协调解决信访疑难案件。重点约访，实现良性互动，领导在约定时间、地点，按"轻、重、缓、急"分类，约请信访群众并协调职能部门会办相关信访问题。年内，区四套班子领导26人44人次分别下基层、下访或约访信访人，176人次到区信访接待中心值班，接待群众来访165批1876人次，包案处理信访问题57件(解决45件)，阅批信访件19件(解决10件)。

【化解信访积案55件】 2~5月，全区开展"进京非正常上访百日集中整治"暨"信访积案化解攻坚年"活动。领导包案，分头化解，明确职责，限定时间并结合领导工作分工、工作联系点和下基层活动的开展及召开职能部门参加会办会议，共同研究方案，按照动员部署、排查梳理、包案化解攻坚、检查验收4个阶段分步实施。区信访联席办采取明察暗访、专项督查、集中督查等方式进行督导检查。省市交办信访积案55件，其中集体访9件，化解7件，有效稳控1件，化解和有效稳控率88.9%；个体访46件，化解28件，终结16件，化解率91.7%。

【开展信访疑难问题调研月活动】 3~4月，区信访局开展"下基层进社区调研全区信访疑难问题"活动，专项检查信访积案化解和非正常上访整治情况，到基层单位听取分管领导工作汇报，逐项检查文件制定、重点人员谈话笔录、重要信访问题会办纪要、五包一措施等工作台账。结合每半月一次信访矛盾排查化解工作，召开街道和社区(村)信访员会议，听取各村社区信访矛盾排查化解工作汇报，区、街道、社区三级联动主动化解涉及面较大问题，能解决的当场落实责任单位，限期解决；终结处理无理上访老户；一时难以解决的由区领导包案处理；历史遗留问题或涉及全市层面上问题，主动商请上级部门高位协调解决。调研月活动以来，高铁拆迁项目定坊村门面房补偿问题接近尾声；地铁施工造成翠岛花城小区居民楼房损坏赔偿方案得到绝大多数居民同意。

【信访"一助一牵手"活动】 4~12月，区信访局开展信访"一助一牵手"活动，区信访局全体党员干部每人结对1名信访群众，采取结亲戚交朋友方式，做信访群众工作。党员干部走进信访困难群众家，向被联系信访群众送上"联系卡"和"承诺书"，结情交友，确定关系；定期或重大节假日期间，采取电话、信息等多种载体，保持与信访群众联系，搞清信访群众主要诉求；根据走访调研情况，为信访人诉求寻找解决思路，提出初步意见和建议；开展"送政策、送观念、送科技、送信息、送文化"等活动，增强信访群众发展致富信心；与信访群众面对面、手拉手做工作，帮助信访人分析事情利弊，赢得对方理解。信访"一助一牵手"活动中，妥善化解5件信访问题。 (杨茂华)

·区级机关工委·

【概　况】 2011年，雨花台区机关工委围绕职能要求，按照"服务全区中心工作、强化机关党组织建设、促进机关作风转变"的工作思路，以加强机关思想政治建设和作风建设为主线，开展机关作风治庸、治懒、治梗专项整治，完善作风建设监督网络体系和明查暗访常态化，开展服务群众、服务企业、服务项目、服务基层、服务人才系列活动，增强服务意识；开展"创先争优”和“三争一创”等创建活动,发挥先进典型教育和引导激励作用;健全作风评议工作体系,采取绩效考核和“群众评议机关”等群众监督方式,加强机关作风建设。年内,开展纪念建党90周年征文、“火红诗篇献给党”诗歌朗诵会、党外人士座谈会和入党积极分子培训等系列活动;开展“服务之星”“岗位标兵”“文明科室”等创建活动,把“创先争优”与目标任务紧密结合,不搞形式,不走过场,把“五个服务”落在实处;建立健全区级机关部门挂钩联系村社党组织和机关党员干部联系服务群众长效机制,开展领导干部下基层、结对帮扶、牵手惠民等活动,帮助群众解决困难;组织“明亮眼睛”爱眼服务日、健步行、羽毛球、跳绳和拔河等系列活动,寓教于乐、凝心聚力;全年机关工会联合会为所属1387名正式会员统一投保“团体及意外伤害险3份;团工委组织团员青年参加“相逢花神湖,缘定雨花情”青年人才狂欢节等活动。至年末,区级机关工委下辖直属党总支8个、直属党支部56个,党员1417名。是年,机关工委工作在“群众评议机关”活动中,满意率位居前列,组织工作连续3年荣获区委组织部创新争优“五大优秀成果”奖;两名优秀团员青年被评为“雨花十大杰出青年”和区“新长征突击手”称号。

【开展“创先争优”活动】　年初,雨花台区设立“党员示范岗”“党员责任区”示范点,组织观摩学习交流和推广;以第六期“支部论坛”为平台,组织42个机关党(总)支部参加机关建设成果交流展示活动;开展申创“文明科室和岗位标兵”活动,53个科室申报文明科室、46人申报岗位标兵。“七一”前夕,推荐表彰一批先进基层党组织、优秀党务工作者和优秀共产党员,其中1人被市表彰为优秀党务工作者,2个基层党组织、3名党务工作者和4名党员受到区表彰;区级机关表彰12个基层党组织、16名优秀党务工作者和50名优秀共产党员。

【领导干部下基层活动】　2011年,雨花台区采取驻点调研、体验调研、现场工作指导与定期走访相结合等举措,与基层党组织、困难群众建立联系卡深入一线,了解民情、解难帮困、密切党群关系,维护社会和谐稳定。至年末,区四套班子领导21人,下基层77人次、50个工作日;部门领导190人,下基层521人次、827工作日。53个区级机关部门参与活动,其中垂直管理部门3个。区级机关各部门为挂钩基层党组织提供扶持资金51万元,走访654人次,发放慰问金80万元。全区帮扶低收入纯农户790户1200余人,提供帮扶资金约144万元;领导干部结对207人,提供帮扶资金23万元;党员牵手行动100人,提供帮扶资金12万元。

【开展“群众评议机关”测评】　12月,雨花台区开展2011年度“群众评议机关”测评活动。将全区62个单位部门和软件谷6个部门分为3个小组,其中31个直接面向社会、面向群众和执法部门、垂直管理部门列为第一组,其余22个部门列为第二组;9个街道(园区)列为第三组;新成立的软件谷6个部门列为第四组(只参加评议,不参与排名)。重点评议全局观念、行政效能、服务质量、依法行政、廉政建设及服务企业、服务民生和破解难题能力等。活动发放评议表1000份,收回994份,回收率99.4%,有效率97.8%。经加权汇总,地税局、国税局、审计局、农业局、质检分局和民政局名列第一小组前6名;区委办、人大办、政府办、纪委、政协办和组织部名列第二小组前6名;雨花新村街道、梅山街道、宁南街道为第三小组前3名。评议结果显示,群众对机关作风综合满意率94.64%,同比上升1.2%。其中,第一组31个参评部门,平均综合满意率为94.11%,不满意率为5.89%;第二组22个部门平均综合满意率为96.92%,不满意率为3.08%;

开展群众评议机关动员测评

第三组9个参评单位平均综合满意率为90.92%，不满意率为9.08%；第四组软件谷6个部门，平均综合满意率为97.82%。评议意见中，表扬30条、建议20条、意见34条，主要涉及城市环境类、民生类和机关建设类等。 （孙 莉）

雨花台区人民代表大会及其常务委员会

【概 况】 2011年，雨花台区人民代表大会及其常务委员会围绕全区工作大局，调动一切积极因素，提高人大监督实效，充分发挥代表主体作用，扎实推进民主法治建设，依法履行各项职权，推动经济平稳较快发展。全年召开常委会会议6次，主任会议11次，听取和审议"一府两院"工作报告11项，发出审议意见书10份，提出审议意见34条，依法任免国家机关工作人员39人次，作出决议决定4项。

【第十六届人民代表大会第四次会议】 1月5~7日，雨花台区第十六届人民代表大会第四次会议在雨花台中学学术报告厅召开。区人大常委会主任费永远主持会议。会议听取和审议区人民政府工作报告；审查和批准区2010年国民经济和社会发展计划执行情况及2011年国民经济和社会发展计划草案报告，批准区2011年国民经济和社会发展计划；审查和批准区2010年财政预算执行情况和2011年财政预算草案报告，批准区2011年区级财政预算；听取和审议区人民代表大会常务委员会工作报告；听取和审议区人民法院工作报告；听取和审议区人民检察院工作报告；会议选举张一新为雨花台区人民政府区长，补选丁慧、于志珍、史红宝、周远平、夏风、徐家保为雨花台区第十六届人民代表大会常务委员会委员。

【依法监督工作】 2011年，区人大常委会依法开展计划、财政、审计和相关领域监督。

对经济工作监督。7月20日举行第28次常委会会议，听取和审议区政府2011年上半年工作情况报告、国民经济和社会发展计划上半年执行情况、财政预算上半年执行情况报告和2010年财政预算执行和其他财政收支情况审计报告，审查和批准雨花台区2010年财政决算，提出"强化投产项目的税收管理、调研分析及帮扶""加强借贷资金管理，控制投融资风险""强化借贷资金使用情况绩效审计""深化审计监督改革"等审议意见。11月29日举行第30次常委会会议，审查和批准雨花台区2011年财政预算和计划调整方案并作出相关决议决定。根据全区发展战略调整，区人大常委会成立关于推进"1+3"产业及软件谷工程督查组，深入项目现场，对全区各个重点项目推进情况开展督查。听取和审议全区高端商贸业发展情况报告，提出"重视高端商贸业发展，加快项目推进，发展电子商务，强化招商引资"等审议意见。

对民生工作监督。3月30日，举行第25次人大常委会会议，听取和审议区政府关于物价工作报告。组织对全区物价工作视察，提出"加大宣传力度、加强价格监管、推进价格服务"等审议意见；11月29日，举行第30次人大常委会会议，听取和审议区政府关于幼儿教育发展工作情况报告，提出"重视学前教育工作，加快编制学前教育发展规划，加大投入、加快建设、加强监管"等审议意见。

推进依法治区工作。3月30日，举行第25次人大常委会会议，听取和审议区法院关于人民陪审员工作开展情况报告，提出"优化结构、加强培训，总结经验、强化创新，加强宣传、改善条件"等审议意见，不断加强人民陪审员队伍建设；5月26日，举行第

1月5~7日，第十六届人民代表大会第四次会议

2011年雨花台区第十六届人大常委会会议一览

表28

时 间	会议名称	主 要 议 题
3月30日	第25次会议	听取和审议区政府关于物价工作情况报告和区法院关于人民陪审员工作情况报告，审议有关人事任免事项
5月26日	第26次会议	听取和审议区检察院关于反渎职侵权工作情况报告、区人大常委会执法检查组关于对区政府贯彻执行《南京市大气污染防治条例》开展执法检查情况报告，审议有关人事任免事项
7月5日	第27次会议	任命孙朝晖为雨花台区人民政府副区长，免去周雯雨花台区人民政府副区长职务，免去袁传军雨花台区人民政府副区长职务
7月20日	第28次会议	听取和审议区政府2011年上半年工作情况报告，审议2011年国民经济和社会发展计划上半年执行情况报告及2011年财政预算上半年执行情况报告，听取和审议2010年财政预算执行和其他财政收支情况审计报告，审查和批准雨花台区2010年财政决算，审议有关人事任免事项
9月29日	第29次会议	听取和审议区政府关于“六五”普法规划制定情况报告并作出相关决议，听取和审议区政府关于高端商贸业发展情况和关于代表建议办理情况报告，审议通过有关人事任免事项
11月29日	第30次会议	听取和审议区政府关于幼儿教育工作情况报告；审查和批准雨花台区2011年财政预算和计划调整方案；审议通过区人大常委会《关于区人民代表大会换届选举问题的决定》；补选市人大代表

2011年雨花台区第十六届人大常委会主任会议一览

表29

时 间	会议名称	主 要 议 题
2月28日	第42次会议	讨论研究区人大常委会2011年主要议题安排
3月24日	第43次会议	研究制订关于开展《南京市大气污染防治条例》执法检查方案；研究有关人事任免事项及召开区十六届人大常委会第25次会议相关事宜
4月29日	第44次会议	听取区政府贯彻执行《南京市大气污染防治条例》情况报告并开展相关执法检查
5月18日	第45次会议	初审执法检查组关于开展《南京市大气污染防治条例》执法检查情况报告；研究召开区十六届人大常委会第26次会议有关事宜和有关人事任免事项；组织视察生态雨花建设情况
6月30日	第46次会议	听取区人大常委会人事代表联络工委关于2011年区人大常委会领导重点督办代表建议情况报告
7月5日	第47次会议	研究有关人事任免事宜
7月18日	第48次会议	初审区政府关于全区2011年国民经济和社会发展计划上半年执行情况报告、全区2011年财政预算上半年执行情况报告、全区2010年财政预算执行情况和其他财政收支情况的审计报告、全区2010年财政决算的报告和区人大常委会关于批准雨花台区2010年财政决算的决议(草案)，研究有关人事任免事项及召开区十六届人大常委会第28次会议有关事宜
8月10日	第49次会议	听取全区食品药品安全管理和公共卫生、医疗服务体系建设工作情况的汇报并组织视察
9月22日	第50次会议	组织视察高端商贸业发展情况，初审常委会关于进一步加强普法宣传教育决议草案，并研究召开区十六届人大常委会第29次会议有关事宜
10月26日	第51次会议	组织视察区政府为民办实事项目进展情况和全区城建工作情况
11月28日	第52次会议	组织视察全区安全生产工作情况，初审区政府关于2011年雨花台区财政预算和计划调整方案(草案)初审区人大常委会《关于区人民代表大会换届选举问题的决定》(草案)；通过区第十七届人大代表名额分配方案；讨论研究补选市人大代表有关事宜；研究召开区第十六届人大常委会第30次会议有关事项

26次人大常委会议，听取和审议区检察院关于反渎职侵权工作情况报告，提出“加大宣教力度，健全预警机制，突出重点领域，加大打击力度，加强沟通协调，形成工作合力，加强队伍建设，适应发展需求”等审议意见，并送交“一府两院”处理；9月22日，举行第50次人大常委会会议，听取和审议区政府关于“五五”普法情况和“六五”普法规划制定情况报告，作出《关于进一步加强法制宣传教育的决议》，为全区今后五年法治宣传教育工作深入开展提供保证。组织视察全区法治工作开展情况，积极参加“法治雨花”和“平安雨花”双创检查工作，促进法治创建工作开展。

开展执法检查工作。4月至年末,区人大常委会通过开展前期调查研究、召开座谈会听取汇报、实地检查、听取和审议专项工作报告、跟踪督办审议意见等形式开展对《南京市大气污染防治条例》执法检查,同时通过举办专题法律知识讲座、印发《条例》文本提高常委会组成人员和执法检查组成员业务能力,通过广播电视和人大网站不断加强宣传报道,提高工作透明度和影响力。在区十六届人大常委会第26次会议上听取和审议执法检查组关于对区政府贯彻执行《南京市大气污染防治条例》执法检查报告,提出"加大环保执法力度,加快推进节能减排,强化扬尘专项治理"等审议意见。

【人大代表工作】 2011年,区人大常委会邀请人大代表列席常委会会议、参加执法检查、旁听庭审和政情通报会,参与和支持地区建设与发展;依托代表之家、代表热线、代表接待日等平台,组织开展代表进社区、结对帮扶弱势群体、向选民述职等活动,发挥人大代表在联系群众、整合民情民意优势。年内,组织31名人大代表向选民述职,接待选民3323人次,收集群众各类意见和建议286条,并及时转交相关部门处理。

【建议办理95件】 2011年,区政府承办区人大代表建议、批评、意见95件。并确定"关于提高失地农民生活保障""尽快办理翠岭银河经济适用房房产证"等7件代表建议作为重点督办件,主要涉及农民生活保障、城市道路建设、学前教育设施、市容公共设施等。5月,组织代表开展"督办月"活动,听取承办单位汇报,实地检查重点督办建议办理情况,对承办单位提出指导意见等,促进问题解决,提高建议办成率。促成建通社区整体搬迁。至年末,按时办结建议95件,并收到代表意见反馈,其中,采纳解决和进入解决程序73件,占总数76.8%;得到采纳,承办单位列入计划逐步解决的17件,占总数17.9%;因条件限制,暂时难于解决,作出解释5件,占总数5.3%。表示满意93件,基本满意2件,满意、基本满意率100%。

【人大信访工作】 2011年,区人大常委会重视和加强信访工作,全年接待人大信访35件次,其中涉法涉诉案件26件次、有关拆迁问题7件次、其他问题2件次,均按照相关程序予以依法妥善处理,群众合法权益得到维护。

【中直机关部分全国人大代表视察调研区软件产业】 11月4日,全国人大常委会委员、全国人大内务司法委员会主任委员黄镇东,全国人大外事委员会副主任委员郑斯林率领中直机关全国人大代表调研组到雨花台区,对华为南京基地和中国(南京)软件谷进行视察调研,了解区软件产业发展情况,并提出有关要求和建议。市领导陈家宝、杨植、李侃桢,区领导费永远等陪同视察调研。 (江　峰)

雨花台区人民政府

·概　述·

【概　况】 2011年,雨花台区人民政府抓住经济建设中心,坚持创新驱动,推进发展转型,超额完成区十六届人大一次会议确定的各项目标任务。全年实现地区生产总值202.5亿元,同比增长13.4%,年均增幅17.6%;完成财政收入53.2亿元,同比增长24.9%,年均增幅18.4%;地方一般预算收入达26.1亿元,年均增幅21.2%;社会消费品零售总额155.1亿元,年均增幅27.6%;全社会固定资产投资230.7亿元,年均增幅14.7%;软件及信息服务业收入520.5亿元,年均增幅79.6%;城镇居民人均可支配收入2.93万元;农民人均纯收入1.5万元,保持全市第一;是年,该区在全市综合考评中荣获区县一等奖,城市文明指数综合测评位列全市各区县第一。

【区政府召开第八次全体(扩大)会议】 8月1日,区政府召开第八次全体(扩大)会议,贯彻落实省、市政府全会,区第十次党代会精神,总结上半年工作,部署下半年工作,区政府全体组成成员出席会议。会议由区委常委、常务副区长孙朝晖主持。会上,区长张一新全面分析和总结上半年工作,部署下半年任务。下半年政府工作总体思路:深入实践科学发展观,以区第十次党代会精神为指导,大力实施创新驱动战略,加快软件谷建设,做强做优软件产业,构建现代城市产业体系,不断提升城市功能品质,切实保障和改善民生,推进经济社会和谐发展。政府工作主要奋斗目标:力争全年完成地区生产总值201.4亿元以上;全社会固定资产投资244.2亿元以上;服务业增加值108.9亿元以上;地方一般预算收入24.3亿元,实际到账外资 1.2 亿美元以上；软件及信息服务销售收入500 亿元；服务外包执行额 7.42 亿美元；社会消费品零售总额 148.5 亿元以上；城镇居民人均可支配收入、农民人均纯收入分别增长 12%和 11%以上。

【调查研究工作】 区政府办调查研究工作围绕全区经济社会发展重大问题、紧迫问题，围绕政府领导关心、基层部门关注、人民群众关切的重点、热点、难点问题，深入调查研究，重视加强自身建设，及时为区委区政府反映情况、提供对策、当好参谋。全年参与组织全区性重大调研活动 10 余次，开展各类专题调研 10 余次，撰写各类调研报告 20 多篇，在公开刊物上发表调查文章 10 多篇。

【办理人大政协建议提案】 2011 年，区政府承办区十六届人大四次会议代表建议、批评、意见 95 件，承办区政协七届四次会议提案 165 件，所有建议提案均得到及时办复，满意、基本满意率 100%。95 件人大代表建议中，73 件得到采纳并实施，占 76.8%；建议列入计划，需进一步协调争取、逐步解决 17 件，占 17.9%；有关政策和管理权限等客观条件限制，暂时难于解决，作说明和解释 5 件，占 5.3%。165 件政协提案中，得到采纳或吸收并实施 117 件，占 70.9%；得到采纳，承办单位列入计划，逐步解决 19 件，占 11.5%；受政策调整、超出区域范围等各种客观条件限制，暂时难以解决，作说明和解释 29 件，占 17.6%。

【"12345"综合办结率 99.8%】 2011 年，全区办结"12345"综合工单 5731 件，综合办结率 99.8%，综合满意率 81%。收到群众来电表扬件 17 件，梅山街道、铁心桥街道、住建局、交通运输局、信访局等 9 个单位受到表扬。4 月，梅山供水管线改造影响市民生活问题，梅山街道及时介入，要求施工方调整作业时间，采取除尘降噪处理，加快施工进度，问题很快得到解决；6 月，高铁建设导致铁心桥大定坊淹水，社区及时购买多台水泵，连续奋战两天一夜抽排积水，同时安抚受影响市民，统计市民损失情况，协调高铁施工方及时赔偿；区住建局介入名城世家、阅城国际花园等小区群租带来扰民和安全等问题并妥善处理。铁心桥街道、赛虹桥街道、西善桥街道、区城管局、住建局、环保局等 6 家单位承担全区近一半工单任务，区人社局、交通运输局、教育局等单位群众回访满意率 90%以上。 （王晓云）

·政府法制·

【概 况】 2011 年，雨花台区人民政府法制工作强化依法行政，发挥职能作用；强化法制监督，创新工作机制；当好政府法律顾问参谋，加快推进法治政府建设。全年，办理以区政府为被申请人行政复议案件 2 件，均得到维持；全年无行政败诉案件，行政负责人出庭率 100%；发出复议建议书 2 份，办理行政执法监督案件 1 件，办理申请信息公开重大法律事务 5 件，涉及 10 批 165 人次。是年，区人民政府法制办公室(以下简称区法制办)被省政府法制办授予县级政府法制工作规范化建设示范单位及全省政府法制工作创新奖；被市政府法制办评为 2011 年度行政执法案卷评查优良区县及 2011 年度重大行政处罚案件备案审查工作优良区县。

【依法行政工作】 2011 年，区法制办落实依法行政工作，依据《雨花台区依法行政考核细则评分标准》，定性与定量相结合、日常和年度相结合的考核各街道(园区)和部门在依法决策、权力阳光运行、行政行为规范、行政救济和落实依法行政各项制度等 5 方面，并通报考核结果；召开辖区街道依法行政工作会议，研讨街道依法行政工作，重点在街道行政执法、社会管理、重大合同审查、重大事项决策等方面提出具体要求；召开全区依法行政工作会议，区四套班子领导与市法制办领导出席会议，部署全区依法行政工作，提出具体要求。区依法行政工作在 2011 年度全市区县政府依法行政考核中排第六名。

【规范性文件工作】 2011 年，区法制办审查规范性文件 8 件，其中颁布符合要求的 3 件，并上报南京市政府和区人大常委会备案，实现规范性文件备案率、及时率和规范率 100%；专项评估检查 3 件现行有效、涉及民生规范性文件实施情况，强化后续监督，确保依法有效落实；年末，清理全区涉及行政强制规范性文件及行政强制实施主体。

【案卷评查工作】 2011 年，雨花台区由区依法行政领导小组办公室牵头，区政府法制办、区检察院、区档案局抽调人员组成区行政执法案卷评查小组，于4 月、10 月采取本单位自查、案件评查小组检查和组织经验交流相结合方法，查阅全区 21 家行政执法部门行政处罚案卷57卷、行政许可案卷27卷，及时反馈评查中发现的问题，下发评查通报，要求问题单位按时整改。区教育局、区交通局两件案卷被市法制办评为2011年度优秀案卷。

【执法人员培训及证件管理工作】 2011年，区政府法制办统筹安排全区行政执法人员法律业务培训任务，多种形式、多种渠道、条块结合、分级负责的培训，确保“行政执法人员每年培训必须达到15天”要求落在实处。全年举办行政执法培训班4期、1200多人次；组织行政执法人员学习《国有土地上房屋征收与补偿条例》，为具体业务工作落实做准备；编印《雨花人法律口袋书》之二《行政强制法学习手册》，发放到全区机关、街道和园区；组织环保、住建、城管等重点行政执法部门参加省市《中华人民共和国行政强制法》培训。完成全区463名行政执法人员所持证件注册，备案登记112名通过部、委、办系统领取的证件，收回8名退休、调离执法岗位人员证件，注销1名被追究刑事责任人员证件。

【法制决策参考工作】 2011年，区法制办规范重大合同行为，全年审查各类重大合同4份，提出26条审查建议；与区司法局共同牵头，成立部门法律服务团，下设社会事务组、城市建设组、经济发展组等3个组，分别服务各相关职能部门；6月，指导服务一线执法人员在环保案件办理、执法程序、现场取证等三大问题，收到良好效果。全年解答咨询40余次，审阅各类涉及政府决策合同30份。（彭媛媛）

·侨务工作·

【概　况】 2011年，雨花台区侨务工作围绕拓展侨务资源，履行工作职责，服务归国侨侨眷，推进全区经济社会发展，完成全年各项工作任务。是年，区侨办发挥自身优势，牵头承办“2011海外华侨华人高层次人才江苏行”雨花洽谈会，宣传推介雨花，达成4个合作意向；邀请接待江苏中嘉通讯到雨花经济开发区考察洽谈；推荐3名台、侨商代表参加市政府国庆招待会；接待江苏国衡咨询评估公司到软件谷考察洽谈；加大重点侨资项目跟踪服务力度，威特曼生物科技二期启动，诚迈科技继租用东软楼宇后寻找合适地点扩大生产；在《华人时刊》组织一期介绍雨花软件产业专版；指导区归国留学人员联谊会积极开展工作，联谊会完成社团登记和网站建设，主动服务会员企业扩大经营、人才招聘等；组织开展“归国留学人员走进软件园”活动，听取、座谈雨花软件园及中国（南京）软件谷发展规划，协助区归国留学人员创业园开展择商选资引智工作。做好困难归侨侨眷调查建档，配合相关部门做好困难补助，统计上报企业归侨，争取财政补助；走访慰问困难归侨侨眷19户，侨资企业6家；组织部分社区参加市里现场推进会，开展社区成立台侨组织试点，市侨办主要领导两次到翠竹园社区调研指导社区侨务工作；做好归侨侨眷、侨资企业来信来访工作，先后妥善解决侨资企业生产经营、家庭矛盾等两起信访纠纷。

【杨卫泽视察诚迈科技】 4月13日，省委常委、市委书记杨卫泽到诚迈科技有限公司，看望归国留学生联谊会副会长、诚迈科技有限公司董事长王继平。杨卫泽参观公司办公环境，观看公司产品演示，关心王继平生活和公司运转。诚迈科技在发展规划中注重软件外包和公司自主产品研发，不断扩大公司规模。至年末，该公司在芬兰、日本等国建有运营部门和销售机构。

【2011年海外留学人员江苏行（南京站）考察联谊活动】 6月19日开展，由致公党江苏省委主办、雨花台区委统战部和栖霞区委统战部协办。活动期间，留学美国、英国、日本等国家66位华人博士分别参观考察雨花软件园、江苏润和软件股份有限公司、华为软件技术有限公司和艾德凯腾生物医药有限责任公司。

【威特曼研发项目二期落户】 7月16日，威特曼研发项目二期落户雨花台区西善桥街道总部经济园。该项目总投资6000万元，租用西善桥总部经济园房屋7000平方米，主要用于生物医药研发、生产、销售等。威特曼生物科技（南京）有限公司由雨花台区侨办重点跟踪联系，公司法人代表孙文勇为留美博士后，在加拿大从事生物技术研究11年，公司医学生物技术尤其是体外诊断试剂的研发方面具有深厚技术实力。

【举办“聚焦中国（南京）软件谷——海外华文媒体雨花行”活动】 9月21日，美国、加拿大、澳大利亚等10多个国家或地区30多家华文媒体传媒业代表到区参加“聚焦中国（南京）软件谷——海外华文媒体雨花行”活动。副市长、区委书记、中国（南京）软件谷工委书记李侃桢、省市侨办主要负责人、区领导张一新等出席见面会。（李国辉）

政协雨花台区委员会

【概 况】 2011年,政协雨花台区委员会凝心聚力,开拓创新,履行职能,较好完成全年各项工作任务。年内,召开全委会1次、常委会3次、主席会议10次、对口协商会议18次。区各民主党派、工商联、有关团体,区政协各专委会、政协工委、界别组围绕“促进发展、富裕百姓”主题深入开展调研活动,形成调研论文37篇。督查全区126个重点建设项目,促进重点项目和“生态工程”“和谐工程”建设推进落实。七届四次会议收到委员提案239件,审查立案182件,实际交办165件(案由相同作并案处理),立案率76.2%。12件被区内市政协委员分别提交市政协并立案办理。收到社情民意信息110条,转市政协和区相关部门78条,被市政协采编报全国政协和市政府相关领导12条。区政协主席、副主席先后参加信访接待活动42人次。重大节假日区政协领导分别带队走访板桥新城柿子树村、板桥街道新建社区、建通社区等地32名帮扶对象,送帮扶款近4万元。11月,机关干部响应团区委号召,为西藏墨竹工卡县白血病患者大色珍捐助人民币2400元。政协赛虹桥街道工委所属委员踊跃向“阳光助学基金”捐款40余万元。春节前夕,文化组组织委员开展送文化进社区活动,为春江新城社区居民书写春联200余幅。政协常委姜玲向开发区金叶社区捐助10万元用于搭建群众文艺大舞台。

政协第七届委员会第四次会议

【建言献策】 2011年,区政协七届四次会议,委员们讨论区委主要领导讲话,审议“一府两院”工作报告、区“十二五”规划纲要等。主席会议分别听取区法制、水利、民政、环境保护、安全生产、基本用药制度、教育、信访、法制、审计、统计、保障房建设和为民办实事工作等13个方面情况通报,提出建议意见50余条。西善桥、雨花新村、梅山等街道政协工委组织委员围绕街道经济工作召开建言献策会;经济一组、教育组和城建组分别围绕民营企业科技创新、人才培养及保障性住房建设等内容开展视察活动,提出建议意见。

【提案办理】 2011年,区政协七届四次会议收到委员提案239件,审查立案182件,实际交办165件(案由相同作并案处理),立案率76.2%。另有12件被区内市政协委员分别提交市政协并立案办理。“两会”期间,区委主要领导对提案工作报告中反映的4件委员不满意件作出重要批示。3月,区委办、政府办、人大办和政协办重新修订下发《区人大代表建议、政协提案办理工作的规定(修订)》。主席会议先后两次听取提案立案情况汇报,经充分协商讨论后确定立案。人大代表建议、政协提案表彰暨交办会召开后,165件提案分别送交区发改局等36个承办单位办理。配合市政协主席会议督办《关于建设更高水平软件名城的建议》重要提案。

【社情民意信息】 4月,区政协被市政协评为2010年度社情民意信息工作三等奖单位。主席会议总结信息工作所取得成绩,分析查找存在的问题和不足,邀请市政协办公厅宣传信息处领导到区指导信息工作。5月6日,召开信息工作总结表彰暨培训会,表彰板桥街道政协工委等5个先进单位和陈明太等10名政协委员和信息员。全年,区政协收到社情民意信息110条,转市政协和区相关部门78条,被市政协采编报全国政协和市政府相关领导12条。

【专题调研】 5月,区政协组成调研组就“推进雨花先进制造业优化提升目标和战略选择”课题开展调研,通过座谈、走访等形式,详细了解区先进制造业发展现状、存在不足,分析原因并集思广益,提出优化提升的目标和战略选择及其建议,形成专题调研报告上报区委。各位副主席结合各自分管工作,率相关专委会调研撰写《宁南核心住宅区共建配套调研》、《探讨提案的价值和价值的实现》《加强商会工作,助推现代化创新型生态新城区建设》以及《统一战线在加强和创新社会管理工作中的实践与思考》等调研文章。区各民主党派、工商联、有关团体,区政协各专委会、政协工委、界别组围绕“促进发展、富裕百姓”主题深入开展调研活动,形成调研论文37篇。 (黄 玲)

中共雨花台区纪律检查委员会

【概 况】 2011年,中共雨花台区纪律检查委员会(简称区纪委)、雨花台区监察局(简称区监察局)将49项党风廉政建设和反腐败主要工作任务分解落实到相关单位,年底,由区纪委和区组织部组织实施,成专项检查考核组,通过述职述廉、民主测评大会、查阅台账、个别访谈及反馈考核结果等程序检查考核全区区级机关部门、各街道(园区)。同时将结果作为领导干部业绩评定、奖励惩处、选拔任用和责任追究重要依据;年内,与120名领导干部进行任前廉政谈话,纪委负责人同下级党政主要负责人谈话218人次,诫勉谈话5人次、述职述廉667人次、全区432名区管干部报告个人重大事项并录入电子廉政档案;20名党员干部上交无法拒收的现金、购物券等折合人民币计60.89万元。采取公布举报投诉电话、电话询访和实地走访等形式,准确核发“汽车下乡”补贴71.12万元;完成区国土分局、公安分局等5个单位22个基层站(所)的民主评议政风行风工作。在招待费总量控制上,将各街道(园区)招待费总额按全社会固定资产投资额、一般性预算收入期成任务、常住人口及街道(园区)工作人员数量一定比例作为测算依据,根据年度总额,每季度牵头相关部门开展检查并制发通报;在工程招投标运行监管上,积极拓展“e路阳光”网上招投标平台,确保全区政府(集体)投资和国有投资项目工程建设招投标在“e路阳光”网上平台运行。当年,驻区三江学院被授予省级廉政文化示范点,区国税局、丁墙社区和三江学院被授予市级廉政文化示范点。

【督查重大决策落实情况】 2011年,区纪委、监察局开展“绿色雨花”、水利工程建设等项目效能监察,规范项目招投标、资金管理等重要环节。制发《推进政府投资小型建设工程发包方式改革的实施方案》,监督23个100万元以下政府投资项目的招投标程序。开展“公廉拆迁”及拆迁项目招投标等情况的专项督查,通报批评9家在工程建设项目招投标方面存在违纪违法等问题。围绕全区重点工作,专项督查拆旧工程招投标、雨污分流改造工程质量、文明城市创建迎查、安全生产及违章建筑等工作开展责任督查,8名党员干部被实施问责。

【开展专题“调研月”活动】 3月,区纪委、监察局结合全区反腐倡廉建设实际,由区委常委、区纪委书记杨明率5个纪检监察工作调研组,围绕“2011年加强党风廉政建设及反腐败工作的总体思路和重点工作安排”、“反腐倡廉组织网络建设”及“对加强全区反腐倡廉建设意见建议”等相关调研课题,走访10个街道(开发区)及39个机关部门。通过听介绍、提建议、议问题、向单位党政主要负责人反馈情况等形式,掌握基层各单位的工作思路和在工作推进中需要解决的问题,并形成具有较强理论和实践价值调研成果。

【改革政府投资小型建设工程发包方式】 5月1日,区纪委联合区住建局制定《雨花台区政府投资小型建设工程招投标管理暂行办法》,明确全区所有单项施工合同估算价在100万元以下(不含100万元)、10万元以上(含10万元)政府性投资项目及其他参照执行项目,全部统一使用市住建委建筑工程交易中心小型建设工程电子发包系统,按照“资质备案,明标明投,随机抽取,信用评价”原则,随机抽取确定承包人。提高工程投资效益,规范建设管理行为,规范政府资金廉洁和安全使用,实现工程建设和廉政建设协调发展。

【3个纪检监察派驻工作室授牌】 5月13日,区纪委、监察局集中派驻区直机关部门纪检监察工作室举行授牌仪式。市委常委、市纪委书记龙翔出席并为区纪委、监察局集中派驻区直机关部门3个纪检监察工

5 月 13 日,3 个纪检监察派驻工作室授牌

作室授牌。

【开展环保专项执法监察】 6 月 8~30 日，由区监察局、环保局组成专项执法监察组加强重点企业环境监管,严肃查处违法排污行为,排查区 67 家重点排污企业环境安全工作。活动中，下达现场监察意见书 68 份,查纠环境监管问题 30 余件次,下达 16 家存在环境问题的企业限期整改通知书,处罚违反环保法律法规行为企业 10 家。

【反腐倡廉制度汇编】 6 月,区纪委、监察局组织完成《雨花台区反腐倡廉制度汇编》(以下简称汇编)一书工作,汇编收录 2006~2011 年中央、省、市纪委和区纪委制定的各类反腐倡廉制度性文件 40 份。内容涵盖党风廉政建设、政风行风建设、依法行政工作、工程建设专项治理、廉政风险点防控、“三重一大”决策与监督、征地拆迁、厉行节约、信访举报、行政问责及纪检监察工作等方面,反映党风廉政建设和反腐工作法制化成果。

【“阳光村居”管理系统试点】 7 月,区纪委按照“试点引路、整体推进、注重实效”的工作思路,在板桥街道下辖村、社区先行开展“阳光村居”管理系统试点,该工作由区纪委、区组织部、区农工办、区民政、区财政及区信息中心成立领导小组,区纪委监察局负责牵头,协调解决系统应用中困难和问题,督促相关职能部门落实分工责任，组织区相关部门对“阳光村居”管理系统使用情况进行检查考核并抓好组织落实。

【选举产生新一届区纪委领导班子】 7 月 24 日，中共雨花台区第十届纪律检查委员会第一次全体会议召开，会议选举产生新一届区纪律检查会委员会常务委员 7 名,书记 1 名和副书记 2 名。15 名区纪委委员通过现场无记名投票方式，选举产生杨明为新一届区纪委书记，黄伟国、张建设为区纪委副书记,杨明、黄伟国、张建设、张良云、徐秋霞、邵军芳、任伯亭等 7 人为区纪委常务委员会委员。

【“关注民生,走进雨花”户外直播活动】 8 月 26 日，南京市“政风行风热线”媒体联动举办“关注民生 走进雨花”专场活动,雨花台区委副书记、区长张一新带领区发改、教育、民政、人社、环保等 12 个部门负责人走进直播室,现场接受群众、观众、听众和网友咨询。活动直播现场设在南京市青少年科技馆，直播时间 90 分钟,其中互动环节超过 70 分钟,受理投诉咨询建议 126 条、电话 15 条、网络留言 94 条、网络在线 843 人。现场承诺所有问题和投诉办理,咨询 2 个工作日之内,投诉 10 个工作日之内全部办结,所有回复在中国南京网站公布。

【查处违纪违法案件】 2011 年,区纪委、监察局推行全员办案、纪委常委包片包案和区街协审制度,发挥区反腐败协调小组查办案件的组织协调功能,鼓励信访及实名举报，及时挖掘和掌握案件。年内立案 18 件,处理 18 人,移送司法机关追究刑事责任 3 人。严肃查处铁心桥街道“五二四”殡仪馆新址用地拆迁重大安全责任事故责任人曹玉山和李健失职渎职、受贿案,开发区负责拆迁工作干部黄某及西寇村副主任陈某拆迁中造成集体资产流失失职案,查案挽回经济损失 420 多万元。

(赵 波)

民主党派·工商联·人民团体

民　主　党　派

【概　况】 2011年，雨花台区各民主党派围绕区委、区政府中心工作，广聚人心、广集人力，广揽众智，为全区经济社会又好又快发展，营造和谐稳定的社会政治环境发挥积极作用。

发挥民主党派民主监督职能作用。加强特约人员工作制度建设，发挥特约人员职能作用，通过参与有关执法监督和专项检查，支持民主党派了解各成员和广大群众愿望、呼声和利益要求，畅通民主党派成员和群众权益诉求渠道，及时反映社情民意，积极做好情绪疏导、矛盾化解工作。

发挥党外人士人才作用。对全区党外干部进行摸底排查，更新完善党外后备干部名单，做到备用结合、人岗相适，从根本上解决选拔任用党外领导干部源头问题；完善党外干部考察机制，全面、客观、准确了解认识党外干部，把政治立场坚定、工作表现突出、个人品质优秀、群众口碑良好的优秀党外干部选出来、推上去。发挥党外人士人才密集、知识密集优势，组织统战各团体围绕区委、区政府工作重点开展专题调研，形成调研报告14篇。

【南京民间抗日战争博物馆被命名为爱国主义教育基地】 (参见“党政机关”类目，第215页)

【全国政协副主席张榕明视察南京民间抗日战争博物馆】 5月8日，全国政协副主席、民建中央第一副主席张榕明视察南京民间抗日战争博物馆。民建会员吴先斌向张榕明详细介绍博物馆馆藏情况，并就珍贵文物作重点说明。张榕明对吴先斌花费大量人力、物力、财力创建该具有爱国主义教育意义博物馆给予肯定，感谢其为有力证明日本侵华历史搜集的大量证据。参观结束时，吴先斌赠送给张榕明一份民主建国会第一任中央委员黄炎培珍贵手迹并请张榕明为民间抗日战争博物馆题字。

【民革雨花台区总支部获奖】 5月16日，民革雨花台区总支部在民革南京市委参政议政暨信息工作会议上获2009~2010年度民革南京市委参政议政暨信息工作先进集体一等奖，总支部宣传委员王冰溪获2009~2010年度民革南京市委参政议政暨信息工作先进个人。

【召开民主党派基层组织负责人座谈会】 8月26日，区委统战部召开民主党派基层组织负责人座谈会，区委常委、统战部部长杨昌生出席会议。会议通报《雨花台区委关于充分发挥统一战线在推进社会建设创新社会管理中作用意见(初稿)》，专题汇报区政协第四届“促进发展、富裕百姓”调研论文情况。

(李国辉)

工　商　联

【概　况】 2011年，雨花台区工商联联合会(简称区工商联)围绕区委、区政府工作大局，以区第十次党代会提出的“五项工程”建设为目标，认真履职尽责，超额完成各项任务。年内，区工商联获2010年度全省县(市、区)工商联先进集体，赛虹桥街道商会获2010年度全省工商联基层组织先进集体。

商会规范运作逐步上台阶。加强工商联自身建设，规范工商联议事规则和决策程序。形成重大问题驻会班子领导集体讨论会议制度。及时更新和充实会员数据库信息，完善工商联各项岗位职责与各项管理制度。规范和健全工商联(商会)基础台账。各基层商会、行业商会会员数据库入库率良好。

银保企对接成效显著。区工商联牵头分别在雨花软件园、赛虹桥街道、西善桥街道古遗井社区、宁南汽贸城、铁心桥街道、中外汽车用品商会等6家单位举办7场银企对接会，分别与中国民生银行、南京银行等10多家金融单位达成长期合作关系，140家企业通过工商联及商会牵线，实现融资2.19亿多元。首期募集软件企业联保基金4000万元。

组织发展态势良好。全区会员总数1115人，新增会员企业281家，超额完成全年目标任务200%以上。新增区属行业商会1家(区餐饮服务业商会)、异地商会1家(福建宁德蕉城钢材商会)。如期完成西善桥街道商会、宁南汽车贸易商会、中外汽车用品商会、雨花科技创业中心行业商会换届工作。是年，赛虹桥街道商会和板桥街道商会被市工商联评为优秀五星级基层商会，雨花经济技术开发区商会、雨花新村商会、宁南汽贸区商会、宁南中外汽车用品业商会分别被市工商联评为五星级基层商会。

3月10日，召开雨花台区软件产业银保企合作对接会

7月28日，区工商联餐饮服务业商会成立

12月27日，召开区工商业联合会（商会）第四次会员代表大会

【举办软件产业银保企对接会】 3月10日，由市工商联、区工商联主办，市软件业商会、雨花软件园管委会联合承办的区软件产业银保企合作对接会在雨花软件园举行。11家金融单位负责人和50家软件企业的代表参加现场对接活动。

【举办第二期数据库培训班】 5月27日，第二期全区基层商会、行业商会数据库培训班开班，8家基层商会、1家社区商会、7家行业商会具体工作人员参加。区工商联商会数据库工作近3年来一直走在市工商联系统前列，全区8个基层商会、1家社区商会数据库达到全覆盖，7个行业商会数据库信息正在逐步完善中。年内，区工商联完成各基层商会、行业商会数据库更新，完整录入会员企业中非公经济人士信息，为商会换届、非公经济代表人士政治安排提供依据。

【区餐饮服务业商会成立】 7月28日，区工商联餐饮服务业商会成立。经各基层商会推荐54家餐饮企业负责人为餐饮服务业商会首批会员，商会选举产生1名会长，1名常务副会长、7名副会长、13名理事和14名顾问，并颁发牌匾和证书。

【举办美食烹饪大赛】 10月，区工商联餐饮服务业商会举办全区美食烹饪大赛，旨在推介区域特色菜肴，繁荣饮食文化。比赛分团体和个人2个项目，展示16道菜肴，经过评选国睿金陵大酒店等3家酒店获得最佳色泽奖，南京雍福苑等2家酒店获得最佳创意奖，阿瓦山寨等2家酒店获得最佳口味奖。

【区工商联（商会）换届】 12月27日，区工商业联合会第四次会员代表大会召开。大会通过区工商联第十次代表大会关于第三届执委会工作报告的决议；任命区政协副主席、九三学社成员孙晓燕为区工商联第四届执行委员会主席、区商会会长。参加大会代表182人，选举产生执委73

人、副主席 23 人、副会长 32 人,聘请 20 位相关职能部门主要领导任商会顾问。

【举办“第四届优秀中国特色社会主义事业建设者”评比表彰活动】 12 月,区工商联举办区“第四届优秀中国特色社会主义事业建设者”评比表彰活动,15 名非公经济代表受表彰。5 名非公经济代表被评为市“第四届优秀中国特色社会主义建设者”和市“第四届光彩事业之星”。（袁如君）

人　民　团　体

·雨花台区总工会·

【概　况】 2011 年,雨花台区各级工会组织围绕中心、服务职工,以“推动发展、改善民生、促进和谐”为工作理念,以“创先争优”活动为契机,努力推进和谐劳动关系、和谐企业、和谐社会建设。是年,区总工会获得南京市 2011 年度工会工作先进单位、南京市工会经费审查工作一等奖、南京市工会新闻舆论宣传优秀单位、南京市工会工作创新成果奖、第四届“劳动者之歌”大赛优秀组织奖。

发挥主力军作用,服务雨花科学发展。围绕雨花经济发展战略目标和区委区政府工作中心,开展建功立业劳动竞赛活动,全区各级工会组织开展劳动竞赛 300 多场,参与职工约 3 万人次。动员职工群策群力,开展技术攻关、技术革新、技术改造、合理化建议等创新活动。成立区“劳模志愿者服务队”,开展便民服务、心理咨询、敬老助老、法律援助等系列志愿服务,劳动模范“两个带头(带头发展经济、带头扶贫济困)”作用被南京市工会评为工会工作创新成果奖。做好江苏省劳动模范和南京市“五一”劳动奖章获得者评选,评选产生 4 名江苏省劳动模范、3 名南京市“五一”劳动奖章获得者、1 个南京市“五一”劳动奖章单位。举行全区庆“五一”表彰大会,制作劳动模范先进事迹展板及电视专集,通过《职工之声》栏目等形式广泛宣传,形成“尊重劳模、关爱劳模、学习劳模、争当劳模”良好氛围。发挥区劳模协会管理服务作用,落实劳动模范各项待遇。

搭建素质提升平台,培养高素质职工队伍。开展争创“工人先锋号”“安康杯”竞赛、职工安全生产“零点目标”等活动,举办“安全生产月”广场咨询、安全生产知识电视培训。开展创建“企业劳动保护合格工会”活动,规模以上企业工会劳动保护工作合格率 90%。西善桥街道连续 3 年举办“企业安全论坛”,坚持每月深入企业检查安全生产工作开展情况,有力地促进企业的安全生产和工会劳动保护工作。开展“职工大练兵、技能大比武”活动,职工技协工作有组织、有活动、有考核、有成效。开展以技能培训、岗位练兵、拜师学艺为主要形式的技能练兵、技术比武活动,开展缝纫、花卉、汽车驾驶、汽车维修等职工技能比武大赛。宁南街道开展汽车维修、卫生系统开展医疗救护等比武竞赛,调动职工积极性。加强女职工周末学校创建活动,助推“‘五一’巾帼提升行动”。加强职工书屋建设,安德门社区职工书屋被评为江苏省模范职工书屋,小行小学等 5 家单位被评为南京市模范职工书屋。举办职工读书节,开展读书征文、读书演讲、职工书屋示范点评选,红歌比赛等活动,倡导职工多读书、读好书,提升职工思想道德素质。扩大工会对外宣传工作,年内各类媒体刊载稿件 20 余篇,《共和国的脊梁》《金陵瞭望》宣传特刊均在首页刊登区总工会工作经验和做法。

服务广大职工群众,改善民生。区总工会困难职工援助中心为下岗职工、失地农民等困难弱势群体免费提供法律援助、困难救助、职业介绍、就业培训,与

雨花台区召开庆“五一”暨深化文明城市创建动员大会

政府主管部门配合,召开专场招聘会,介绍安置近千名各类困难人员就业再就业。配合政府主管部门深入实施工会就业援助计划,优化创业培训、创业指导、小额贷款"三位一体"创业扶持机制,建立再就业基地。全年为创业职工新办理小额贷款102万元。选择福音农家饭店等6家规模"二次创业示范基地",为下岗职工、失地农民改变就业观念、自主创业提供帮助。开展元旦、春节"送温暖"系列活动和"金秋助学"活动,送温暖慰问金79.8万元,受益职工2553人次。开展职工互助互济医疗保障活动,新参加互助互济和康乐保险项目职工约3000人,赔付职工金额约1.3万元。2011年,区总工会、区妇联、团区委、区教育局等部门联合开展"两尊一孝"(尊敬长辈、尊敬老师、孝敬父母)活动取得良好社会效应。区总工会在春节、中秋、重阳等节日上门看望区福利院孤寡老人,慰问残疾人、聋哑学生445人次,慰问资金、物品等15万元。

构建和谐劳动关系,促进职工队伍稳定。区总工会建立职代会制度、创建和谐劳动关系企业列入年度目标考核,不断提高非公企业职代会建制率,探索建设大市场、区域行业职代会等非公企业职代会制度,落实职代会参与权、知情权、建议权、监督权。推动工资集体协商工作,完善"集体要约""常态要约"机制,关注企业职工收入分配、劳务派遣工和新生代农民工等问题。扩大工资集体协商的内容和覆盖面,将职工教育培训经费列为集体协商的内容,为职工教育提供经费保障。9月中旬,市总工会在西善桥街道天保驾校召开全市集体合同协商现场会,推广其经验和做法。优化创建工作申报、考评程序,全区85%企事业单位参与和谐劳动关系创建。天保驾校等3家企业被评为南京市和谐劳动关系企业。健全法援快速通道,履行维护职工合法权益的基本职责,举办普法知识培训班和广场咨询活动12场次。不断完善区域性、行业性劳动争议调解机制,注重发挥区总工会法律援助服务站的作用,与区人社局、区法院密切配合,加大工会参与处理劳动争议案件的力度,参与区劳动仲裁案件19起(独立仲裁案件4起),为27名职工依法维权;无偿为困难职工等提供法律援助案件8件,追回薪酬4万元。开展市、区法律联动,大力协助市总工会为甘肃民工王小东因工致残案件处理,使受援民工获得工伤赔偿金等106万元。

区总工会举办2011年度"金秋助学"启动仪式

加强组织建设,干部队伍建设取得新进步。贯彻落实"党建带工建、工建促党建"工作要求,将工会组织建设纳入党建和政治文明考核目标,。以农民工和中小型非公企业、外资企业为重点,创新工业园区、大市场等工会组建形式,初步形成"条块结合、相互衔接、优势互补、全面覆盖"工会组织网络体系。开展"两个普遍"和"百日攻坚"活动,12个基层工会组织、工会小组被评为市级模范职工之家、模范职工小家。开展工会系统"创先争优"活动。做到"创先争优"与创建学习型工会、工会目标任务、为职工群众办实事、创建工会工作模范街道等相结合,提升全区工会干部适应新形势、新任务能力和水平。区总工会经费审查委员会开展审查本级和下审一级工作,规范工会经费收、管、用。建立健全财务规章制度,配合地税加大工会经费收缴力度。区经济审查办公室对区总工会和下属30个基层单位进行实务审计,规范建档,对审计情况予以报告和反馈,均达到省市经审会各项工作要求。

【召开五届九次全委(扩大)会议】 3月25日,雨花台区总工会召开全委(扩大)会议,总结上年工作情况,部署2011年工作任务。区人大常委会副主任、区总工会主席王有仁作工作部署:要弘扬劳模精神,发挥建设"现代化创新型生态新城区"主力军作用;要坚持"四统筹一创争",推进企业普遍建立工会组织;要促进两个"同步增长",推进企业普遍开展工资集体协商;强化和谐劳动关系创建,确保职工共享经济发展成果;要深化创先争优活动,加强工会组织和干部队

3月25日,区总工会召开五届九次全委(扩大)会议

伍建设。区委副书记戎保忠出席会议并讲话,要求各级工会,努力当好职工作为发展主力军的坚强组织者,当好高素质职工队伍建设的有力推动者,当好职工合法权益的忠实维护者,当好加强工会组织自身建设的主动实践者。区政府、区政协相关领导和街道(系统)工会主席、部分企业工会的负责人近百人参加会议。

【举办迎“五一”送岗位招聘活动】 4月23日,区总工会在雨花人力资源市场举办迎“五一”送岗位“共享阳光、构建和谐”专场招聘会。招聘会主要面向全区下岗职工、失地农民和外地来宁务工人员等群体,121家参会企业提供计算机、通讯、文秘、财务、营销、建筑、房地产、工程技术人员、水电焊工、车铣钳工、收银员、营业员、库管、保洁家政等约3280个工作岗位,分发岗位信息传单千余份。市总工会副主席于家华、社会保障部部长杨海涵现场检查指导招聘工作。

【发放送温暖慰问金79.8万多元】 2011年,雨花台区总工会通过调查摸底,为下岗职工、失地农民、困难劳模、农民工等群体申报建档279户,其中:市级229户,区级50户,人数同比增加34%。全年发放送温暖慰问金79.8万多元,受益2553人次。

【为9名劳动者追回薪酬3.98万元】 2011年,区总工会法律援助站坚持“能援尽援,一帮到底”原则,与政法部门联动,法援工作者之间互动,努力畅通“法援快速通道”,帮助受援困难职工、农民工降低维权成本,尽快追回薪酬。年内,区总工会法律援助站受理案件8件,办结8件,同比增长60%,为9名劳动者追回薪酬3.98万元。

【办理女职工康乐互助保险】 2011年,区总工会女职工委员会根据省市总工会关爱女职工行动要求,对区环卫女工实现康乐保险办理全覆盖,274名符合参保条件环卫女工全部参保;教育系统女教师实现全部参保,全年新增女职工康乐会员2071人。区总女工委在“三八”期间向39名困难女职工赠送康乐互助保险,为3名患大病的女职工办理赔付1.2万元。

【女职工周末学校开展教学活动122期】 2011年,全区各女职工周末学校结合本地区、本单位特点,制订教学计划,开展内容丰富教学活动,相继开办健康养生、礼仪、书画、舞蹈、法律等课程,开展师徒结对“一帮一”活动。全区各女职工周末学校共开展教学活动122期,参与女职工4287人次。

【开展江苏省劳动模范评选工作】 2011年,区总工会根据省市劳模评选委员会有关江苏省劳模评选精神和名额分配,召开街道、系统劳模评选工作会议,在获得市级劳模基础上,采取自下而上、自上而下的方法,严格按照劳模评选条件和推荐劳模民主程序、组织程序,将符合条件的全区各条战线上往届南京市劳动模范,推荐为江苏省劳动模范候选人。经区劳模评选委员会初评筛选,上报区委常委会讨论,产生4名正式候选人报市劳模评选委员会,获省政府批准,王有仁、肖长苏被评为江苏省先进工作者,周明龙、梅马香被评为江苏省劳动模范。　(桑金祥)

·共青团雨花台区委员会·

【概　况】 2011年,共青团雨花台区委员会(简称团区委)以“围绕中心、突出特色、打造品牌、务求实效”为目标,积极探索和创新工作思路、工作方法和自身建设，发挥共青团服务大局、服务青年、服务社会职能。结合纪念“五四”运动92周年，开展2011年度“雨花十大杰出青年”评选活动，营造“评十杰、学十杰、努力争当十杰”氛围。举办雨花青年足球赛、“相逢花神湖，缘定雨花情”青年人才狂欢节、“走进梅钢”单身青年交友会等活动，培育“雨花青年人才菁英汇”工作品牌，打造服务青年人才多元需求的平台。

加强青少年思想道德建设。2011年，团区委以重大节庆活动为契机，用社会主义核心价值体系教育引导全区广大青少年，组织团员青年开展“弘扬民族精神，建设美好雨花”“迎奥运、讲文明、树新风”“红领巾与文明同行”“十八岁成人仪式”主题教育实践活动；举办“青年与雨花共奋进——立足新起点，建功‘十二五’”形势政策教育报告会、“雨花少年心向党”——纪念中国共产党建党90周年故事大王比赛。

促进青年就业创业。加强青年创新创业阵地建设，推荐命名雨花软件园等一批市、区级“青年创业实践基地”，命名20家“青年就业创业见习基地”，培训青年6000多人次；推进“青工技能振兴计划”，推荐3名优秀青年参加2011年省级青年职业技能大赛，推报5个优秀青年创业团队参与21世纪江苏青年创业挑战赛。

志愿服务全区各项重大任务。动员和组织广大团员青年在全区各项重大任务和活动中发挥青年志愿者作用，担负起突击和服务重任；组织团员青年参加青奥会旗传递、第四届雨花生态休闲旅游节、第七届国际软件产品和信息服务博览会等活动；文明城市复查期间，动员和组织全区广大团员青年参与交通协勤、清洁家园，为巩固文明城市成果发挥共青团组织应有作用。

加强基层组织建设。围绕创新机制、激发效能工作目标，采取“编制内与编制外相结合、专兼职相结合”方式配齐基层团干部；加大“两新”组织建团力度，新建非公经济团组织60家；发挥新兴媒体对当代青年凝聚作用，逐步完善“雨花台区星光论坛”、新浪微博宣传引导功能。

【开展第8期“雨花青年林”植树活动】 3月3日，团区委结合迎接2014“绿色青奥”契机，组织全区各直属团组织，大、中学校团员青年200余人到板桥生态园举行第8期“雨花青年林”大型植树活动。团市委副书记李世峰、副区长周雯共同为第8期“雨花青年林”揭牌，并与团员青年们共同种植第8期“雨花青年林”，种植各类苗木400余株。

【举办“相逢花神湖 缘定雨花情”青年人才狂欢节】 4月24日，团区委联合区文化局、雨花软件园管委会、梅钢公司团委等单位在南京科技馆举办“相逢花神湖 缘定雨花情”雨花台区青年人才狂欢节。驻区软件企业、梅钢公司及社会各界青年精英200余人参加活动，活动中有游戏互动、赏景漫步、观看IMAX球幕电影、联欢篝火晚会等内容，活动邀请南京电视台著名主持人、专业DJ主持。狂欢节的举办搭建了驻区软件企业、大型国有企业青年人才活跃身心、休闲娱乐与交流交友的平台，促进青年人才之间的沟通与交流。

【举行纪念“五四”运动92周年活动】 5月4日，团区委在雨花台中学学术报告厅召开纪念“五四”运动92周年暨2011年度“雨花十大杰出青年”表彰大会。副市长、区委书记李侃桢，团市委书记单晓峰，区长张

5月4日，雨花台区召开纪念“五四”运动92周年暨2011年度“雨花十大杰出青年”表彰大会

一新,区人大主任费永远,区政协主席吴本忠等领导,区青联委员代表,各街道(园区)、系统党工委分管领导和社会各界青年代表600人出席大会。李侃桢对全区青年提出勇于担当大任、甘于务实工作、勤于创新实践、乐当文明使者4点希望和要求,单晓峰对区青年及共青团工作提出胸怀大局、在发展中找到新坐标,注重品牌、在创新中搭建新载体,打牢基础、在提高中构建新格局3点期望。会议向新当选的2011年度"雨花十大杰出青年"以及"雨花新长征突击手"颁发奖杯及证书,向区青年志愿者代表发放"雨花惠青卡"。

【罗志军与区少先队员共庆"六一"儿童节】 5月30日,省委书记罗志军到雨花外国语小学,与少先队员们共庆"六一"儿童节。省委常委、组织部部长石泰峰等有关省市领导参加活动。罗志军观看反映学校教学活动展板,观摩"最美的画儿献给党!"绘画作品展、"寻访软件园里的No.1"汇报会、"我给党员大朋友挂

省委书记罗志军与区少先队员共庆"六一"

奖章"主题中队会、机器人"重走长征路"表演、"挑战校园吉尼斯,争做青奥小达人"体育活动等主题活动。罗志军勉励全省广大少先队员按照胡总书记提出的"四好少年"要求,勤奋学习,健康成长,成为建设新江苏、新南京的优秀接班人,向全省少年儿童和少儿工作者致以节日问候。罗志军一行还观看雨花外国语小学庆"六一"文艺演出,参加由省少工委在体育馆举办的"四好少年向党汇报"先进事迹展示活动和"争当四好少年 我是党的好孩子"全省少先队员"六一"联欢活动。

【东大吴健雄学院学子志愿服务社区活动启动】 6月23日,团区委在春江新城社区举行"青春闪光社区和谐绽放雨花"——第七批东大吴健雄学院学子志愿服务社区活动启动仪式。团区委副书记徐新斌、春江新城社区党总支书记刘长义、东大吴健雄学院团委书记纪静及东大吴健雄学院30多名志愿者以及相关街道、社区团组织负责人、部分学生代表出席启动仪式。启动仪式上东大志愿者表演精心编排的《新乌龙山剿匪记》《金色的鱼钩》2个红色短剧以及配乐诗朗诵《少年强》。启动仪式结束后,志愿者们分赴春江新城社区和景明佳园社区开展为期2周社会实践活动。

【举办公益科普夏令营】 7月18日,2011年雨花台区"关爱流动花朵 共享健康人生"公益科普夏令营在安德门社区服务中心启动。区有关领导、赛虹桥街道各社区外来务工人员子女、贫困家庭子女及大学生志愿者70余人参加。该次夏令营活动为期1周,通过举办健康知识讲座、游戏互动、看图认知、小组竞赛等活动,为社区青少年提供健康科普宣教,提高卫生意识,提高健康素养。

【举行区青年足球赛颁奖仪式】 7月31日,团区委在雨花台中学举行雨花台区2011年度青年足球赛颁奖仪式。区委常委、宣传部部长谢山,雨花软件园管委会主任程道伟,区体育局局长顾培康,团区委书记吴曦,区体育局副局长潘建达,团区委副书记徐新斌等领导出席颁奖仪式并为获奖球队颁奖。中兴通讯、华为技术、东软系统和诚迈科技等10支驻区企事业单位、200多名青年参赛,比赛自7月16日开始,10支球队经过10场比赛角逐,最终南京地铁运营分公司、中电第十四研究所、梅山钢铁有限公司分获前三名。

【召开第十二次团代会】 8月19~20日,共青团南京市雨花台区第十二次代表大会召开。副市长、区委书记李侃桢,团市委书记单晓峰等领导,区总工会、区妇联等群众团体部门负责人,各街道党工委分管领导及驻区各大企事业单位团委负责人出席。团区委书记吴曦代表共青团雨花台区第十一届委员会作题为"抢抓时代机遇、汇聚青春力量,团结带领全区团员青年为建设现代化创新型生态新城区努力奋斗"工作报告,李侃桢肯定团区委4年来所取得的成绩,要求全区共青团组织和广大团员青年在工作中继续坚定信仰信念信心,主动肩负起雨花科学发展的历史重任;大胆创新创业创优,全身心投入雨花现代化创新型生态新城区建设;加强团的自身建设,全面增强团组织的吸

8月20日，召开共青团南京市雨花台区第十二次代表大会

引力、凝聚力和战斗力。单晓峰要求雨花青年坚持用社会主义核心价值体系构筑青年精神支柱，加强和改进青少年思想道德建设；坚持围绕大局，服务雨花中心工作；坚持以青年为本、维护好青少年的根本利益，全面加强团的作风建设。会议历时一天半，全区各街道、社区、学校、企业、机关120名团代表参加大会，大会选举产生共青团南京市雨花台区第十二届委员会委员16名，候补委员7名。在共青团南京市雨花台区第十二届委员会第一次全体会议上，选举产生常务委员会委员7名、书记1名、副书记1名。吴曦当选为共青团南京市雨花台区第十二届委员会书记，伍洋当选为副书记。

【举办单身青年交友活动】 10月30日，团区委联合梅钢公司团委举办"走进梅钢"——单身青年交友活动，梅钢公司、驻区企事业单位及教育系统100余名优秀单身青年人才参加。在轻松愉快的活动氛围中，青年们自我介绍、联谊交流，才艺青年上台与主持人进行情歌对唱并配合游戏互动，在专业DJ键盘手音效配合下，活动进入高潮。青年们还参观了梅钢公司厂区。

【举办团干部培训班】 11月2~6日，团区委在区委党校举办全区团干部培训班，各街道、系统、大中院校、各社区(村)团组织负责人及大学生村官110人参加培训。区委常委、宣传部部长谢山出席开班仪式并作动员讲话；围绕当前青年人关注的焦点，南京师范大学新闻与传播学院讲师王少磊讲授互联网发展对青年的影响。培训同时开展团干部素质拓展训练并组织部分团干部赴北京青年政治学院学习考察。

【筹集捐赠及助学款40余万元】 年内，团区委组织全区青少年为西藏昌都地区贫困儿童捐赠书籍1000余册；联合区总工会、区级机关工委和区教育局合力倡议全区爱心人士为西藏墨竹工卡县白血病女孩大色珍捐献爱心，募集捐款近30万元；大力实施"青少年关爱工程"，全年筹集并发放各类助学金10万余元，惠及困难学生近百名。 （钟 芳）

·雨花台区妇女联合会·

【概　况】 2011年，雨花台区各级妇联组织探索服务中心、服务大局路径，维护妇女儿童合法权益，提升妇女儿童综合素质，创新基层组织管理，各项工作取得新进展。雨花台区妇女联合会(简称区妇联)获江苏省实施妇女儿童发展规划先进集体、江苏省家庭教育工作示范单位，南京市实施"儿童保护体系与网络建设"项目有功单位、南京市巾帼建功先进集体、2006~2010年全区法制宣传教育先进集体等称号。全区创建全国巾帼文明岗1家，省级巾帼文明岗6家，省巾帼示范培训基地1家，"十佳好媳妇"李华琴当选孝老爱亲中国好人、省孝老爱亲模范、南京好市民，23家单位、集体、5户家庭和21名个人受到市级以上表彰。

围绕中心，促进女性创业就业更加有力。联合区人社局、板桥街道、铁心桥街道等单位，举办"春风送岗位"女性专场招聘会3场，270多家用人单位提供岗位1100多个，在1700多应聘人员中，现场达成初步意向女性600余人。依托"好苏嫂"社区店免费提供家政服务订单式培训，依托琴宇编织社开展编织、刺绣、手工艺品等来料加工技能培训，依托区职业技术培训中心开展电脑、插花、刮痧等职业技术培训，举办各种技能培训18期，培训妇女757人，帮助近400名妇女实现就业再就业。区职业技术培训中心创建为省巾帼示范培训基地。重点培养来料加工经纪人队伍，提供政策、资金、信息等服务,组织外出学习,拓展工作思路、扩大加工业务。推进女性小额贴息贷款工作,全年帮助30名创业女性申请贷款410万元,带动就业75人。

共建共享,促进社会和谐发展更加务实。启动女企业家社区行,组织女企业家走进经济适用房社区,为社区建设、为妇女儿童办实事、解难事、做好事。开展帮扶慰问活动,全年走访慰问低收入农户、独居高龄老人、病残困难家庭、春蕾女童、流动儿童等困难群体,送出慰问金、慰问品5.74万元。为社区孤儿、贫困学生争取救助资金4.2万元、爱心棉衣40件。深化"巾帼建功"活动,新命名区级巾帼文明岗21家、表彰巾帼岗位明星10人,举办"新时代 新女性 新形象"巾帼事迹报告会,广泛宣传姜玲、张婉如等各行各业女性先进事迹,引领全区妇女立足岗位开拓进取、创先争优。联合区纪委、文明办、综治办、人社局、环保局等五部门,评选表彰区级廉洁家庭、平安家庭、学习型家庭、创业家庭、绿色家庭等特色家庭220户。缪华等5户家庭被表彰为南京市学习型家庭。组织特困低保妇女参加"两癌"筛查,印制"致全区低保特困家庭妇女姐妹的一封信"2000余份,宣传参加"两癌"筛查必要性,最大限度地动员妇女参检,全区1613名特困低保家庭适龄已婚妇女参加检查。办好"母亲学堂"培训讲座,举办家庭教育、维权知识、文明礼仪、健康保健等讲座培训67期,3440名女性到场听课。举办家庭趣味运动会、拔河比赛、巧厨娘厨艺大比拼等庆"三八"活动,开展女子健步行、各界妇女护绿认养等"迎青奥"活动,组织少儿故事大赛、亲子面塑大赛等庆"六一"活动,举行"学党史 颂党恩 跟党走"党史知识竞赛、"红歌献给党"歌咏比赛等庆"七一"活动。

整合资源,维护妇女儿童权益更加有效。开展"送法进社区""法律进万家、和谐你我他"等法律法规宣传活动,发放普法手册、妇女维权常识、家庭驿站宣传册等宣传资料2700多份,制作宣传展板26张。购买心理咨询师公益岗位,定期为社区妇女提供心理咨询服务。构建婚姻家庭矛盾纠纷调解新机制,进一步完善信访工作机制,全年受理妇女信访案件26件,结案率98%。建立社区(村)妇女议事制度,社区(村)妇女议事园、议事会围绕涉及妇女利益的社会性、公益性、群众性等问题开展议事活动。深入开展"十一五"妇女儿童发展规划区级终期评估,完成省检查组、市检查组评估检查,推动妇女儿童重点难点问题解决。区121项可监测市级指标中118项达标,达标率98.3%;重点指标考核居全市前列。启动"十二五"妇女儿童发展规划编制工作。

强基固本,推进基层组织建设更加深入。结合街道、社区(村)妇女儿童实际需求,因地制宜打造各具特色的家庭驿站,推进"坚强阵地"和"温暖之家"建设。9月5日,全国妇联副主席孟晓驷到区调研,对区妇女工作给予充分肯定。全年接待学习考察团20余批500余人。安德门社区、福润社区、孙家村3家四星级家庭驿站顺利通过市妇联验收。构建区、街道、社区(村)三级巾帼志愿者服务网络,组建巾帼志愿者服务队219支,对1.5万名巾帼志愿者进行网上注册,实现巾帼志愿服务全覆盖。开展"巾帼志愿服务暖人心"活动,提供各类志愿服务1万余人次。举办三级妇联干部暨巾帼志愿者培训班、开展"基层妇联工作发展与创新案例交流"活动、组织参观学习外区县妇联工作经验,提升妇联干部创新社会管理的能力。开展创先争优活动,实行重点项目认领制,明确项目责任人和时序进度,不断推动妇联工作创品牌、创特色。组织妇联干部深入基层,开展"联系妇女日""三走进三服务"等主题实践活动,切实改进工作作风,提高工作效率。开展向"全国巾帼建功标兵"嵇艳霞学习活动,在广大妇女中掀起学楷模、树新风、跟党走、建新功的热潮。

【启动并实施女企业家社区行项目】 1月25日,区

1月25日,举办女企业家联谊会年会暨女企业家社区行启动仪式

妇联在区政府召开女企业家联谊会年会暨女企业家社区行启动仪式。区妇联利用筹集的21万元爱心款项，计划、分批次地组织女企业家到经济适用房社区为妇女儿童办实事。4月14日，20余名女企业家会员考察雨花开发区经济适用房社区金叶花园家庭驿站、图书室、健身房、卫生服务站等社区妇女儿童阵地建设。结合金叶花园妇女儿童实际需求，对前期确定的妇女儿童实事项目进行评估论证，提出修改意见建议。10月14日，女企业家会员到金叶花园、西善花苑等经济适用房社区，评估总结"女企业家社区行"实事项目。活动中，为金叶花园、南奥新居建成2个妇女儿童文化广场，为西善花苑社区制作安装100块楼幢"爱心留言板"，为春江新城社区打造温情连线工作室。

3月1日，区妇联举办"新时代 新女性 新形象"雨花各界妇女庆"三八"暨巾帼事迹报告会

【举办庆"三八"暨巾帼事迹报告会】 3月1日，区妇联在区政府八楼会议室举办"新时代 新女性 新形象"雨花各界妇女庆"三八"暨巾帼事迹报告会。副市长、区委书记李侃桢，市妇联主席霍慧萍等领导，各街道(开发区)、系统单位党(工)委书记、分管副书记，机关女干部、基层妇联干部，受表彰巾帼岗位明星、巾帼文明岗及特色和谐家庭代表约300人参加。霍慧萍发表"三八"贺词，与会领导为受表彰巾帼岗位明星、巾帼文明岗及特色和谐家庭代表颁奖并启动雨花台区"两尊一孝"活动。会议举行"新时代 新女性 新形象"巾帼事迹报告会，女同胞用自己的言行共同诠释新时期"爱岗敬业、无私奉献、锐意进取、敢于拼搏"的女性新形象。

【市贫困单亲母亲爱心帮扶活动在区启动】 6月22日，南京市"情系贫困单亲母亲，共享美好幸福生活"贫困单亲母亲爱心帮扶系列活动在区政府八楼会议室启动，市有关领导出席活动。与会领导现场为区48位贫困单亲母亲发放生活助困金、体检卡、子女助学金、爱心医疗救助金近20万元。启动仪式前，市委常委、副市长郑泽光会见雨花台区热心社会公益事业、支持和帮助贫困单亲母亲的知名企业家李海斌。副市长、区委书记李侃桢陪同接见。

7月28日，大台南妇女会考察团参观花神庙社区服务站

【台湾"大台南妇女会"考察区社区妇女工作】 7月28日，国民党中央委员会、台湾"大台南妇女会"理事长郑女勤率领"大台南妇女会"考察团一行32人，到区考察社区妇女工作。市政府台湾事务办公室副处长胡晋梅、市妇联办公室主任魏群、区妇联主席徐姝陪同考察。考察团一行实地参观宁南街道花神庙社区家庭驿站、儿童快乐家园、心理咨询室、花神悦读会、好苏嫂加盟店等社区妇女儿童阵地建设，对社区邻里留言薄、笑脸墙、情绪发泄球等设计给予称赞。参观中，社区巾帼合唱团为台湾姐妹演唱自编"花神庙之歌"，台湾姐妹即兴演唱"我们都是一家人"。海峡两岸妇女姐妹手牵手、载歌载舞，一同高唱"阿里山的姑娘"。考察

中,区妇联和大台南妇女会分别就推进妇女参政议政、促进妇女创业创新、帮扶困难妇女儿童等妇女工作进行座谈交流,互赠礼物。

【全国妇联党组副书记孟晓驷调研区城乡妇女发展工作】 9月5日,全国妇联党组副书记、副主席、书记处书记孟晓驷,全国妇联党组成员、妇女发展部部长崔郁等,在省妇联主席张京霞,副主席顾敏陪同下到铁心桥街道尹西社区,实地调研雨花台区城乡妇女发展工作。在全国妇联基层组织建设示范社区——尹西社区,孟晓驷一行实地考察妇女创业就业工作、家庭驿站建设情况,并着重了解各级妇联组织开展妇女小额担保贷款、推动妇女创业就业等工作。孟晓驷对妇联组织积极整合资源、创新载体为妇女儿童解难事、办实事、作好事的做法给予高度评价,肯定雨花各级妇联在社会管理创新中勇于探索,依托专业工作者、社工和志愿者3支队伍开展的家庭就业创业服务、家庭关系调处、家庭教育指导、家庭文化建设等工作,认为社区家庭驿站创新"党政支持,妇联指导,计生、司法、民政等各部门参与,有专人落实"的妇联工作新思路,在党和政府及妇女群众间有效搭建沟通和服务的桥梁,为全国提供了经验。孟晓驷要求,妇联组织要成为社会利益"调节器"、社会稳定"稳压器"、社会成员"服务器"。希望南京市各级妇联组织要围绕建设"坚强阵地"和"温暖之家"时代要求,进一步在"联"字上下功夫,多方整合资源,使更多妇女得实惠、普受惠、长受惠,真正让阵地变得更坚强、娘家变得更温暖。

【举办区三级妇联干部暨巾帼志愿者培训班】 9月27~29日,区委组织部、区妇联和区委党校联合举办三级妇联干部暨巾帼志愿者培训班,雨花经济开发区、各街道妇联主席,系统妇委会主任,社区、村妇联主席及巾帼志愿者90余人参加培训。区委常委、宣传部部长谢山讲话指出,举办该次培训班是当前加强新形势下妇女干部能力建设的重要举措,也是充分发挥妇联组织在加强社会建设、创新社会管理中作用的迫切要求。省政协常委、学习委员会主任周毅之,区委宣传部副部长李定慧,专题讲授"加强和创新社会管理""深入学习区第十次党代会精神,在创新发展中发挥半边天作用"等理论,并首次开设《现场急救实训》培训课程,安排"基层妇联工作的发展与创新案例交流"座谈、参观姐妹区县妇联工作等活动。

【举行全国、省级"巾帼文明岗"授牌仪式】 11月23日,区妇联在区法院六楼会议室举行全国、省级"巾帼文明岗"授牌仪式,市妇联主席霍慧萍,副主席余清,区委常委、宣传部部长谢山,区妇联主席徐姝,区法院院长姚志坚等领导出席,受表彰全国、省级"巾帼文明岗"及单位分管领导、妇委会主任20余人参加。授牌仪式上,与会领导观看区法院刑庭创建全国"巾帼文明岗"光碟,听取区法院刑事审判庭、区妇幼保健所、花神庙社区等单位"巾帼文明岗"创建工作汇报;市、区领导为区法院刑事审判庭授全国"巾帼文明岗"铜牌,为地税雨花分局、区妇幼保健所、花神庙社区、丁墙社区授省级"巾帼文明岗"铜牌。霍慧萍肯定雨花台区"巾帼文明岗"创建工作,希望受表彰的全国、省级"巾帼文明岗"百尺竿头更进一步,以新的标杆开启新的征程。

(王　红)

11月23日,区妇联举行全国、省级"巾帼文明岗"授牌仪式

雨花年鉴 2012

政　法

综　　述

【概　况】 2011年，雨花台区政法工作围绕中心大局，履行维稳责任，实施社会管理创新工程，推进平安法治创建，加强政法队伍建设，为全区转型、创新、跨越发展营造良好环境、提供坚强保障。

维护社会和谐稳定。加强隐蔽战线斗争，绘制“全区法轮功地下活动线路图”，推进“三年整体仗”和“春雷行动”，防范和打击“法轮功”等邪教组织渗透破坏活动，全年无“法轮功”立案案件、无未转化人员。推进社会稳定风险评估工作，报备稳评项目32个、完成28个，召开稳评座谈会、听证会、专家论证会56场次，梅山危旧房改造项目被评为南京市2011年度十大稳评示范项目。推进领导干部“三访一包”(接访、下访、约访、包案)，开展“进京非正常上访百日集中整治”“信访积案化解攻坚年”等活动，到省市集体上访批次下降、人次下降，进京非正常上访减少、越级上访量减少。开展涉法涉诉信访案件清积评查、集中化解和联合接访活动，化解或终结进京重复上访案件13件。

推进社会管理创新。推行“一委一居一站一办(党委、居委会、管理服务站、综合治理办公室)”。建设扁平化、网格化社区管理模式，形成安德门社区“AB岗制度”、梅山街道“岗位大练兵”、铁心桥街道“民情流水线”、普德村社区“五老委员会”等社区管理和服务品牌。各级政法综治部门落实流动人口、特殊人群、信息网络等服务管理措施，取得阶段性成效。

深化平安法治建设。开展政法综治“基层基础建设年”、系列平安创建、“五有五无”社区(村)创建，推进公共安全监管，通过省市年度平安创建检查考核；开展创建“法治区”、法治街道、民主法治示范村(社区)创建，进行基层执法评议、执法督查、执法巡视工作，推进法治实事工程，优化全区法治环境。

加强政法队伍建设。组织开展政法系统“发扬传统、坚定信念、执法为民”主题教育实践活动，政法系统领导干部和政法干警下基层“大走访、大接访、大下访”活动，“一对一”结对帮扶困难群众和工作对象“牵手行动”，解决群众诉求渠道。推进政法系统“争先创优”活动，开展“在警营建功，为党旗添彩”“审判质量效果竞赛”“纪律作风竞赛”“双十佳” 评选等活动，涌现出“南京十佳杰出青年”社区民警李智毅、下班途中抓获持刀抢劫犯罪嫌疑人民警吴云等先进典型。推进公安派出所、人民法庭、区法院诉讼服务中心、公安分局办证服务大厅、安德门劳务市场法律援助站等基层一线执法部门和窗口单位建设，完善为民服务新机制。

2011年，该区被省委、省政府评为2006~2010年全省社会治安综合治理先进集体、2006~2010年全省法制宣传教育先进区，板桥街道被评为“2006~2010年全省社会治安综合治理先进集体。

【宁波市北仑区考察团到区考察法治建设工作】 2月23日，宁波市北仑区法治建设考察团一行7人到区考察、交流法治建设工作。考察团观看区法治建设电视专题片，听取“雨花法治”建设情况汇报，观摩法治建设电子档案演示后，肯定该区法治建设工作，并与区综合治理办公室进行工作交流。区委常委、政法委书记吴勇强，区政协副主席戴仲琦陪同考察。

【开展综治和平安创建集中宣传日活动】 5月20日，区综合治理办公室联合区法院、检察院、公安分局、司法局、人力资源和社会劳动保障局、妇联、赛虹桥街道等单位在安德门民工市场开展“贯彻两个‘决定’，推进平安雨花”综治、平安创建集中宣传日活动，现场发放治安防范小册子1000余份，治安防范宣传扑克牌1000余付，接待群众法律咨询260人次，悬挂横幅8条，发放有奖猜谜奖品60余份。是日，区综合治理办公室在雨花经济开发区和全区其他各街道设置集中宣传分会场，区民政局、卫生局、住房和建设局、安全生产监督管理局等综治创建成员单位分别在社区、医院、工地、企业设立宣传点，进行集中宣传。活动发放治安防范小册子4000余份，宣传资料6000余份，接待群众咨询800人次。　(陈文彬)

公　　安

【概　况】 2011年，南京市公安局雨花台分局(简称公安分局)强化社会建设、创新社会管理、加强群众工作，推进公安工作率先发展、科学发展、和谐发展，公安主业和队伍建设取得新成绩。公安分局连续11次被省公安厅评为全省执法优秀单位，被市公安局评为市科技强警先进单位、“清网行动”集体三等功，公安分局办证大厅被市妇联、总工会、公安局授予“巾帼建功示范岗”。

维护稳定能力得到提高。建立、完善低保户、贫困人员、老年人等群体基础信息跟踪调查机制，防止特殊群体被敌对势力煽动利用。针对排查出的33个上访问题、18个信访群体开展工作，获取行动性预警信息37条，排查化解涉众型矛盾11起；发布每日研判70期、每周研判13期，特殊群体集体上访等重大事件预警率100%。开展“三无(无矛盾激化、无民转刑案件、无群体性上访)”创建活动，加强社区警务室维稳第一防线建设；健全公调、交调、网调、访调对接等“大调解”机制，加强信访积案化解，推行视频联动接访，从源头上预防和减少群体性事件；按照民警、社区、单位三级管控机制和矛盾纠纷属地负责、就近处置责任制，实行重点人员管理。优化“扁平化”指挥模式，加强视频指挥系统、智能调度平台和反恐信息平台建设，制定八大类40项263个应急处置预案，开展维护稳定处理突发事件实战演练，从源头预防和减少群体性事件，年内成功处置各类群体性上访事件60余起。

打击犯罪能力取得突破。全年批准逮捕250人、劳动教养90人、提起公诉391人，破获各类刑事案件327起，其中八类案件50起，抓获刑事作案成员470人，查处娼赌毒违法犯罪人员1858人；侦破“一·一四”淘宝网特大网络诈骗案、“三一三”故意杀人案、“五一七”恶性杀人案、“五二二”系列强奸案、“五二九”故意杀人案等重大刑事案件；侦破杀人案件破7起，命案破案率100%。中央电视台《法制在线》《焦点访谈》栏目和《现代快报》“凤凰网”“搜狐网”等主流媒体专题报道公安分局工作。

人民群众满意度不断提升。推广“警营开放日”“警民相约警务室”“警媒相约”等活动，开展“四个十”走访，完善警务评议制度。发挥“智毅民心警队”先进典型示范作用，拓展为民服务载体渠道，赢利人民群众对公安工作的理解和支持。在“学英雄、见行动、比贡献”活动中涌现“雨花十大杰出青年”蓝皆宋、下班途中勇擒歹徒的好民警吴云、市“工人先锋号”智毅民心警队等一批先进个人和集体，得到《人民公安报》《南京日报》《扬子晚报》、江苏电视台、南京电视台和“新浪网”等媒体报道和各界群众赞扬。

【举行“雨花智慧眼”工程启动暨移动图像车配发仪式】 3月3日，公安分局在雨花台烈士陵园广场南大门举行“雨花智慧眼”工程启动暨移动图像车配发仪式。“雨花智慧眼”是以原有视频报警及视频指挥调度平台为基础，依托最新IP视频技术，通过互联网和3G网络接入，提档升级建成的远程视频监控系统和数字录像系统。活动仪式上公安分局向各派出所配发11辆移动图像车。

【推进“平安社区”工程】 2011年，公安分局把社区民警、治安民警、外管民警、网保民警和消防协管员、物管保安等力量整合一体化，确保小区有保安、车辆有停处、防范有设施、隐患有整改；增加社区外国人服务站、流动人口服务管理站、社区交警服务超市，拓展服务项目和内容；丰富“网上公安局”“网上警务室”“雨花公安在线”微博等网上服务渠道，群众足不出户即可办理相关事项。投资100万元在景明佳园新建60个高清探头，安装防爬刺133个，锁车栏杆128根，实行民警携犬巡逻，发案同比下降23%；在福润雅居小区率先推广使用“物联智能安防管理系统”，涉车犯罪同比下降86%。

【成立全省首支大学生保安特勤支队】 6月23日，江苏经贸职业技术学院实习基地揭牌仪式暨南京市公安局雨花台分局保安特勤中队成立授旗仪式在江苏经贸职业技术学院举行。该特勤中队是全省首支完全由大学生组成的保安队伍，来自江苏经贸职业技术学院公共安全保卫专业的100名学生，在公安分局民警带领下参加清明安保、灯会球赛执勤、文明城市创建等常规警务活动。

【破获“六三〇”特大网购虚假机票诈骗案】 7~8月，公安分局历时近1个月，行程数万公里，破获一起涉及全国20多个省份、涉案金额400多万元的特大网购虚假机票诈骗案。该案抓获作案嫌疑犯16人，捣毁机票诈骗窝点5处、办理黑卡(银行卡)窝点1处，缴获作案电脑21台。“新浪网”“搜狐网”“新华报业网”等59家网站媒体以“南京警方破获一起特大网购虚假机票诈骗案”为题予以报道。

【推进技防入户工程建设】 2011年，公安分局联合区综合治理办公室制定《关于深入推进技防入户工程建设的实施意见(方案)》，推进技防入户工程建设。全年居民技防入户63325户，完成建设任务55%；沿街商户技防入户1002户，完成建设任务50%；农村住户技防入户4644户，完成建设任务45%。

【流动人口管理列全市第四】 2011年，公安分局加强流动人口管理，新登记暂住人口106030人、累计登记230380人，新登记房屋出租户2233户，累计登记10994户，新发放婚育证明42616份，签订用工合同35375份。年末，经市流动人口管理办公室综合评定，区流动人口管理名列全市第四。（蒋蓉蓉）

·交警八大队·

【概　况】 2011年，南京市公安局交巡警八大队（简称八大队）开展“保畅、治乱、防事故”三大攻坚战，构建“平安交通”。年内，南京南站、内环西线南延工程（纬八路至绕城公路段）、雨污分流、街巷出新，绕城公路中段和花神庙立交、龙西路等封闭施工，大批机动车从辖区安德门大街、软件大道等路段绕行。八大队针对市政建设带来的交通压力，督促施工单位规范施工，规范与维护施工路段标志、标线、信号灯、围挡、灯光等设施。增加警力上路减少施工影响，保障施工顺利和绕行线路安全畅通。梳理明确19项管理重点，整治“五车一酒”(渣土车、助力车、人力（电瓶）三轮客货车、残疾车、正三机，酒后驾驶机动车)“三超一疲劳”（超载、超速、强行超车和疲劳驾车）及占道违停、涉牌涉证、追逐竞驶等。全年查处各类交通违法行为28万余起，其中渣土车违法9952起，助力车违法7737起，三轮客（货）车违法568起，残疾车违法459起，查扣酒后驾车409起，办结危险驾驶罪8起。推进静态秩序专项整治，撤除路内停车泊位140个，处罚违停行为36987起，清移违停车辆488辆。至年末，辖区道路发生交通事故24起，死亡20人、伤残6人；道路交通事故中，起数、伤残人数同比分别下降7.69%和14.29%，死亡人数持平。

年内，八大队加强城市快速内环摩托车、清障车定点巡逻管理，落实客运车辆、渣土车等特殊车辆单位主体责任，建立重点车辆及其驾驶人安全运行情况档案，落实车辆户籍化管理、驾驶人“黑名单”监管；通过社区交警服务超市功能延伸，增设交通设施，漆划交通标线，完善社区车辆停放和出入管理；坚持早晚高峰上路巡查和警力上路上线，推行警员定位管理和交通事故快处机制，做好交通指挥疏导；完善大队领导、值日警官接访制度，做好“局长电子信箱”“交管热线”“交管在线”“网络问政”“12345”群众诉求等信访工作，人民群众满意度得到提升。

【推进信号绿波带建设】 2011年，八大队推进信号绿波带（交通信号“绿波”控制）建设，新建绿波控制路口67个。全区绿波带13条、67个路口，其中潮汐绿波带3条、16个路口，有效提高路口通行效率。

【实施道路交通安全隐患排查整治“固安工程”】 2011年，八大队实施道路交通安全隐患排查整治“固安工程”，协调相关职能部门，实施挂牌督办制度，逐点、逐路消除道路交通安全隐患。活动中组织召开专题会议10余次，排查道路隐患23处，发送隐患整改通知书8份，报市级挂牌督办整改4处，报区安委会挂牌整改7处，协调相关责任单位整改14处，新增爆闪警示灯10个，调整迁移信号灯3处，增设信号灯1处。

对无牌三轮货车上路进行整治

【南京南站交通保障措施到位】 6月28日南京南站启用，6月30日高铁正式通车。八大队抽调8名民警组建南站中队，协同治安、客管、运管等部门，对南站周边道路重点时段、重点区域实施联合管理，加强巡逻管控，开展重点违法集中整治，取缔黑车、不规范车辆、出租车违法停放、滞留带客等交通违法行为。同时,制定、细化管控措施和应急预案应对中秋、国庆长假客流高峰案,推进各项安保措施落实到位。

【开展网上追逃专项督察“清网行动”】 2011年,八大队开展网上追逃专项督察“清网行动”,通过健全追逃责任体系,加大办案经费投入,开辟“清网行动绿色通道”,落实网上比对“四个一律”(即:对交通违法当事人一律上网比对,对事故当事人、事故车辆乘坐人一律上网比对,对办理车辆、驾驶证登记或定期检审的当事人一律上网比对,对路面检查中发现的嫌疑车辆和人员一律上网比对)等措施,缉捕3名交通肇事在逃人员,追逃率100%。事故中队中队长吴晓乾在“清网行动”中成绩突出,被市公安局荣记个人三等功。

【推行网格化巡防管理】 2011年,八大队抽调2名警力参加市、区联合执法巡防队伍,建立市、区、街道“三级”网格化巡防管理体系,发挥一警多能和联动管理作用。按照“早晚高峰疏堵保畅、平峰时段巡查管理、联勤联动综合整治”的工作模式,科学整合资源,规范管理行为,充实巡防内容,加强部门联动,细化责任分工,落实考核问责,把交通管理工作纳入全市网格化巡防体系。

【开展“啄木鸟行动”】 2011年,八大队根据省厅交管局“啄木鸟行动”部署,加快交通设施建设。组织开展“星级路段”创建活动,强化管理责任,建立长效机制,申报创建3条“星级路段”;排查主干道11条、次干道12条、支路街巷45条,发现交通设施各类问题55处,整改到位45处,主干道增设15块LED发光指路牌,调整、增设交通标志42块,烧除、复划交通标线55千米。

【推进交通监控系统建设】 2011年,八大队在辖区内新增一批道路高清动态、静态监控点,初步建成数字高清监控平台。大队指挥室依托辖区38处道路监控点,实时监控交通节点、事故堵点、突发事件等警情信息,提高非现场执法比例。全年非现场执法有效抓拍数15.88万起,同比增幅24.8%,道路监控缓堵保畅效能得到有效提升。

【查处交通违法行为28万余起】 2011年,八大队落实干部带队整治制度,围绕21项秩序管理重点,加大“五车一酒”以及闯红灯、涉牌涉证等重点违法整治力度,对区域性重点违法实行挂牌整治,以预防和压降重特大事故为主线,组织阶段集中专项整治25次,交通违法集中整治统一行动50余次。全年查处交通违法行为28万余起,其中渣土车违法9952起,助力车违法7737起,人力三轮客(货)车违法568起,残疾车违法459起,查扣酒后驾车409起,行政拘留22人,涉牌涉证2725起。　（杨　仲）

执勤民警对机动车污损号牌违法行为进行专项整治

检　察

【概　况】 2011年,雨花台区检察院(简称区检察院)围绕现代化创新型生态新城区建设大局,以争当全省检察机关排头兵活动为抓手,贯彻落实社会矛盾化解、社会管理创新、公正廉洁执法3项重点工作,履行检察职能,各项工作取得新进展。

打击犯罪促和谐稳定。全年批准逮捕205件270

人,案件量同比上升26.5%。提起公诉263件369人,案件量同比上升9.89%。完成《中华人民共和国刑法修正案》施行后全国首个飙车致人死亡新类型案、涉及全国多个省市的假淘宝网络诈骗疑难案、阅城国际花园小区入室杀人抢劫案、组织贩卖人体器官案等有重大影响案件的批捕、起诉。

惩防结合反腐倡廉。全年查处发生在重大责任事故背后、征地拆迁领域的国家工作人员贪污贿赂案件5件5人,查处渎职侵权案件4件4人,渎职侵权案件检察工作居全市前列。在铁心桥街道、板桥街道、区质监分局、上海宝钢集团梅山钢铁有限公司、上海梅山矿业有限公司、南京建设发展集团保障房建设有限公司等国家机关、国有大中型企业,开展职务犯罪预防专题讲座、警示教育活动16次,向发案单位发检察建议9份,开展预防咨询13次,向社会提供行贿档案查询546次。结合查办案件,组织撰写预防调查报告2篇,犯罪分析8篇。

法律监督维护公平正义。全年纠正公安机关应立案没有立案13件,纠正不应当立案而立案10件,书面纠正违法行为22次,追捕遗漏犯罪嫌疑人16人,追诉遗漏犯罪嫌疑人16人,追诉遗漏犯罪事实38起,追诉犯罪嫌疑人被判处3年以上刑罚8人。列席法院审判委员会1次,提出量刑建议263件,量刑建议得到法院采纳率为84%。办结民事申诉案件169件。通过督促起诉,帮助国有、集体企业挽回经济损失673.75万元;通过支持起诉,帮助中小企业、弱势和困难群体挽回经济损失1211.24万元。受理控告申诉22件,为在押人员和服刑人员挽回经济损失50余万元,帮助服刑人员减免错误判决刑期240天。审查减刑、假释及暂予监外执行罪犯1018人,对66件减刑、5件假释提出意见,均被监管单位采纳。针对检察监督中发现的违法现象,发出纠正违法通知书5份,书面检察建议书7份,口头检察建议10次,监管单位均及时整改,有力保障监管场所的稳定和安全。

抓队伍保障公正廉洁执法。开展“发扬传统、坚定信念、执法为民”主题教育实践活动,提升检察队伍的责任意识、精神状态和能力水平。举办唱红歌、读红诗、歌颂地方建设新成就书画摄影、征文竞赛等红色系列活动,庆祝中国共产党建党90周年。以“缅怀英烈伟绩,牢记人民嘱托”为主题,组织全院干警重温入党誓言和检察官誓言。深入基层社区、偏远乡村慰问和帮助困难群众,全年开展献爱心送温暖活动10余次,受助群众100余人。坚持开展各种大培训、大练兵、大比武活动,全年举办干警论坛、专家咨询会、疑案研讨会、网络学习会20余次,参加执法规范化考试、侦查能手比赛等比赛培训10余次,参训参赛人员超过100人次。区检察院驻南京女子监狱检察室获江苏省“十大优秀派驻检察室”称号,青少年维权岗获共青团江苏省委、省人民检察院颁发的省级青少年维权岗称号,反贪污贿赂局办理的汤基诚贪污、受贿案被评为南京市检察机关“十大精品案件”。

8月14日,区检察院会同南京建发集团保障房公司召开共同预防职务犯罪现场会

【成立知识产权保护“一站式”服务中心】 2011年,区检察院在雨花软件园设立知识产权保护“一站式”服务中心,对企业知识产权投诉实行“集中受理、分类处理、推进办理,预防指导”一站式服务。整合智力资源,与高校、科研单位建立合作关系,形成各大类知识产权全覆盖专家网络。整合执法资源,建立由9家执法部门联动的知识产权保护“两法”衔接机制,联动单位全年开展30余次接待走访、政策法律宣传、企业困扰分析、企业维权帮助工作,全区逐步形成知识产权保护法律服务体系。

6月3日，省委常委、政法委书记李小敏，省检察院副检察长严明等省、市领导到区检察院驻软件谷知识产权“一站式”服务中心检察工作

【获江苏省十大优秀派驻检察室称号】 4月，区检察院驻南京女子监狱检察室在全省检察机关开展首届“十佳派驻检察室”和“十佳派驻检察人员”评选活动。经市检察院推荐、业务考试成绩及综合评定，通过“国家一级规范化驻监检察室”复评验收，获江苏省“十大优秀派驻检察室”称号。

【完成首例跨省未成年人社区矫正工作】 4月11日，区检察院与区司法局协作，与上海市浦东新区检察院建立业务互助渠道，对1名居住在雨花台区而在上海犯罪的未成年人实施社区矫正，这是该区首例跨省委托社区矫正案例。矫正工作完成后，两地检察机关、区司法局对未成年人犯罪量刑、社区矫正对象跨地区委托异地管理无缝对接、社区矫正对象日常监管措施落实、矫正对象在委托异地管理期间脱管、漏管等问题进行探讨，结合该案成功办理，制定相关协作机制，规范跨区社区矫正工作开展。

【最高检检察长曹建明到区调研知识产权保护工作】 1月26日，最高人民检察院检察长曹建明一行调研区检察院知识产权司法保护工作。省委常委、政法委书记林祥国，省人民检察院检察长徐安，市委副书记、市长季建业，市委常委、政法委书记刘志伟，市检察院检察长葛晓燕等陪同调研。曹建明参观区检察院知识产权保护“一站式服务中心”检察工作站，召开座谈会听取区检察院检察长张宁生关于保护知识产权工作汇报及来自企业、院校4位代表交流发言，张检察长肯定区检察院知识产权保护“一站式服务中心”工作，希望能够继续重视知识产权的司法保护，积极参与国务院部署开展的打击侵犯知识产权专项行动，努力把检察工作做得更好。

【召开知识产权保护“两法”衔接工作会】 3月22日，区检察院邀请区主要职能部门在雨花软件园管委会召开“雨花台区知识产权保护刑事司法和行政执法衔接工作会”。区检察院检察长张宁生、副检察长顾晓宁、张峰，市检察院侦监处处长薛海蓉和区依法治区办等行政执法单位分管领导出席工作会。参会领导肯定区检察院知识产权保护工作的开展，并结合各自职能对共同开展知识产权保护工作提出建设性意见和建议。会后，参会职能部门签署《知识产权保护两法衔接机制》《知识产权保护宣言》等规范性文件。

【与江苏警官学院共办“清莲网”】 6月14日，江苏警官学院“清莲——大学生预防职务犯罪网”正式运行。该网站由区检察院与江苏警官学院联合开办。网站设立学子视角、廉政文化、校友功模录、检察官谈预防4个版块。其中“检察官谈预防”由区检察院预防部门选择近年查办的典型职务犯罪案件进行案例分析。“清莲网”围绕公安队伍建设整体要求，把廉洁从警、预防职务犯罪教育对象从在职在岗干警拓展到公安院校大学生和在职培训民警，通过营造浓厚的预防职务犯罪、崇廉护廉爱廉的校园廉政文化氛围，形成高校预防职务犯罪活动的特色和亮点。“清莲网”将以警官学院大学生为主要受众对象，引导学生增强法治理念，树立诚实公平的价值观和道德观。

【驻铁心桥街道联络点挂牌】 8月23日，区检察院检务直通车驻铁心桥街道联络点正式挂牌。市检察院控申处处长姜红舸等一行及区检察院副检察长何立超、春江新城社区管委会主任等参加挂牌仪式。铁心桥街道辖区人口12.6万，是市辖区人口最多的街道之一，拥有南京市最大的安置小区春江新城社区，社区人口4万多，约95%人口是拆迁安置农民、低保人员、失业人员和残疾人，还居住大量流动人口和外来务工人员，居民的文化素质和法律素质普遍不高，易发生矛盾纠纷和涉法涉诉事件，影响社会和谐稳定。区检察院通过该站点的设立，拓展检察职能，延伸检察触角，多角度全方位开展检察工作。包括开展法制宣传，接待来信来访，化解社区矛盾，开展检调对接和刑事被害人救助工作等内容，并形成长效机制，推进法律触角向基层延伸。

【开通青少年维权岗官方微博】 8月，区检察院在新浪网设立南京市雨花台区检察院青少年维权岗官方微博，在线与青少年互动，宣传青少年维权小常识。该官方微博是市青少年维权机构首次通过微博形式与青少年进行在线互动。微博开通以来，关注者除江苏地区以外，还遍布北京、上海、重庆、安徽、湖北、湖南、广东、新疆、甘肃、西藏等地。

【帮助41名劳动者追回经济补偿】 8月，区检察院解决一起容易引发群体性矛盾纠纷案件，帮助41名劳动者追回经济补偿。陈长其等41人为南京旭建新型建材股份有限公司职工，该公司违反劳动法规规定，改制后一直未为陈长其等职工缴纳劳动保险，陈长其等人与该公司交涉未果，至区检察院要求维权。区检察院通过多方调查，认为陈长其等41名工人基本权利应依法受到保护。联合区人民法院、劳动仲裁委对用人单位释法明理，引导劳动者在保障权益的基础上适当让步。最终用人单位同意按照工龄长短支付给每位工人适当费用作为对劳动者的经济补偿。

【承办"保护知识产权 助推创新驱动"研讨会】 9月8~9日，"保护知识产权 助推创新驱动"大型研讨会在雨花台区召开，研讨会由市场检察院、区政府、市知识产权局主办，区检察院和区知识产权局、市信息产业协会承办。最高人民检察院、国家知识产权局及全国司法机关、行政执法机关、高校、法律服务机构、企业近130名专家、学者和管理人员参会。中南财经政法大学校长吴汉东作学术报告；区检察院检察长张宁生、深圳市南山区检察院副检察长杨云峰、中兴通讯企业知识产权总监柯晓鹏作经验交流；会议收到参会论文110余篇，围绕"服务创新城市发展、知识产权司法保护机制、计算机软件及网络侵权、知识产权办案实务"议题开展学术研讨。会议期间，市检察院与南京师范大学、区检察院、南京三江学院分别签署保护知识产权理论与实践研究合作协议，通过"知识产权保护南京雨花行动宣言"。

南京市检察机关知识产权司法保护座谈会在中国(南京)软件谷召开

【开展知识产权风险案例评析】 12月16日，区检察院知识产权“一站式”服务中心与北京盈科(南京)律师事务所受区知识产权局邀请，为中国(南京)软件谷企业开展知识产权风险案例评析。三江学院知识产权管理学院教授陈昌柏及中兴、华为、佰腾、众浩、灿华等16家企业代表参会。在评析会上，知识产权一站式服务中心干警与北京盈科(南京)律师事务所律师沈飞对知识产权创造、运用、保护和管理等环节中容易发生纠纷的风险点进行点评，还就区检察院知识产权“一站式”服务中心2起案例展开评析，点评侵犯企业知识产权案件现象、特点及其警示作用，帮助企业树立维权意识，指导企业运用法律手段维护合法权益，防范侵权发生。

【办结一起网络犯罪案件】 12月19日，区检察院成功办结一起仿冒淘宝网站特大网络犯罪案件，对涉案13名犯罪嫌疑人向法院提起公诉。被告人王某于2010年5月~2011年2月期间，编写网络钓鱼诈骗后台程序“eshopbox”(后更名为“V9”后台)，利用腾讯QQ、新浪UC开设以犯罪为目的网络聊天群，将该后台租赁给群内会员犯罪使用，为会员犯罪提供技术保障，安排朱某以群主、管理员身份进行群管理。群内会员利用该后台实施“抓代码”“洗网银”“洗宝”等网络犯罪活动。起诉书认定被害人有60余人，涉案金额20余万元，涉及诈骗罪、信用卡诈骗罪、盗窃罪等罪名。 (高润青)

审 判

【概 况】 2011年，雨花台区人民法院（简称区法院)围绕省市法院工作部署，抓执法办案和纪律作风，各项工作取得新进展。全年受理案件5583件，审执结5629件，同比分别上升5.19%和9.31%；结收案比100.82%，同比上升3.26%。年内，区法院刑庭被全国妇女“巾帼建功”活动领导小组授予全国巾帼文明岗称号，被省法院评为全省法院量刑规范化改革工作先进集体，区法院铁心桥人民法庭被省法院评为涉诉矛盾纠纷化解工作先进集体。

加强司法调研，拓展服务领域。制定《关于为促进中小民营企业上市提供司法服务的工作方案》《关于充分发挥审判职能作用，为我区实施“1+3产业”工程提供司法助力的工作方案》《关于为促进中小民营企业上市提供司法服务的工作方案》。9月，知识产权审判权正式获批。

强化执法办案力度，严把案件审判质量。开展“涉诉矛盾集中化解工作深化年”活动，涉诉矛盾纠纷化解综合考评排名全市第五。开展长期未结案件集中清理工作，清理清理率100%，其中18个月未结案件0，四项案件未结案率1.43%，居全市前列。审判质效与上年比呈现“16升4降7平”态势；审结各类刑事案件169件，判处罪犯215人；审结行政诉讼案件53件，协调撤诉率100%，执结非诉行政执行案件19件，自动履行率94.7%。

加强队伍建设，推进公正廉政司法。开展“发扬传统、坚定信念、执法为民”主题教育实践活动，教育干警树立“公正、廉洁、为民”司法核心价值观；开展“质量效果和纪律作风”年度双竞赛活动，强化调撤率、服判息诉率、有效执结率等考评力度；建立审判人员办案进度和重要指标数值“月通报、季考评”制度，并定期公布；完善《作风建设量化考核细则》，加强司法行为监督和机制规范；制定《廉政风险防范内控机制建设实施方案》《关于进行提醒、戒勉谈话的若干规定》，健全法院内部监督惩处机制。

【刑庭审结首例醉驾案】 7月28日，区法院刑庭开庭宣判区首例醉酒驾驶案。被告人孙某因犯危险驾驶罪，被判处拘役1个月、罚金1000元。该案件事发5月2日，被告人孙某与朋友一起吃饭，席间喝了2瓶啤酒，当日21时许，驾驶苏AHP58号普通二轮摩托车，沿205国道行驶至永安花苑小区附近时，遇范某驾驶苏A60L00轿车由北向东左拐弯，二车相撞，孙某受伤。经鉴定，被告人孙某血样呈乙醇阳性，每百毫升血液乙醇含量147.3毫克，属醉酒驾驶。经南京市公安局交通管理局第八大队认定，被告人孙某某负事故次要责任。法庭经审理查明被告人孙某上述犯罪事实，依法做出判决。区公安交警部门组织交警大队20名交警旁听案件审理过程。

【成立软件谷(知识产权)法庭】 10月31日，区法院在中国(南京)软件谷管委会举行软件谷(知识产权)法庭成立暨揭牌仪式。最高人民法院民三庭庭长孔祥俊，省法院副院长李玉生，市中院党组书记、代院长胡道才，区委常委、政法委书记李邦全应邀出席。孔祥俊、李玉生和胡道才为“软件谷(知识产权)法庭”揭牌。

10月,软件谷(知识产权)法庭成立暨揭牌仪式

【维护民工权益】 11月22日,市总工会副主席符广洲,区人大副主任、总工会主席王有仁到区法院,就一起维护民工权益案件的妥善审理送来锦旗,向区法院颁发"秉公执法、扶弱助困"铜牌及感谢信。事由为2009年6月1日,甘肃民工王小东在南京市安德门劳务市场被被告张某招到铁心桥高铁工地工作,12月11日,原告王小东在工地工作时,不慎从高处摔落,造成外伤致截瘫,构成三级伤残,存在二级护理依赖,需长期护理。2010年1月15日,在治疗期间王小东与被告张某签订协议,由张某一次性赔偿王小东25.37万元,7月29日,王小东起诉到区法院,要求撤销一次性赔偿协议。区法院审理后认为王小东受伤后在治疗期间对伤情损害后果及由此可能造成损失估计不足,存在重大误解,该赔偿协议远不足以补偿原告所遭受损失,原告请求撤销协议理由正当,区法院予以支持。2011年7月5日,区法院判决,撤销原告王小东与被告张某签订的赔偿协议,一次性赔偿原告王小东医药费、残疾赔偿金、营养费等计106.66万元,另一被告(工程承包公司)对上诉款项承担连带赔偿责任。两被告不服提起上诉,10月25日市人民法院维持原判。

【刑庭获全国"巾帼文明岗"称号】 11月23日,市妇联主席霍慧萍受全国妇联委托,到区法院举行"巾帼文明岗"授牌仪式,授予区法院刑庭全国"巾帼文明岗"荣誉称号,党组书记、院长姚志坚,区妇联主席徐妹等领导出席授牌仪式。区法院刑事审判庭有干警6人,其中女干警5人。近4年来,刑庭立足刑事审判工作,强化刑事审判工作类型化、专业化研究,2009年5月,被最高人民法院确定为量刑规范化试点工作单位之一;创建"一案一议""一人一表""判后释法"等工作机制,通过最高人民法院量刑规范化检查小组验收;探索刑事案件息诉协调机制,联合公安、检察及司法局会签《雨花台区关于加强刑事案件协调处置息诉工作的实施意见》,运用息诉协调机制处理故意伤害、寻衅滋事以及交通肇事等多发性案件附民赔偿问题,取得良好社会效果;不断延伸刑事审判工作职能,对判处缓刑、管制、免刑罪犯,进行审前评估,判后考察监督,弱化标签效应,降低重新犯罪率。

【公开审理首起涉嫌假冒注册商标罪刑事案件】 11月29日,区法院软件谷(知识产权)法庭公开庭审首起涉嫌假冒注册商标罪刑事案件。据公诉机关指控,被告人王某为安徽籍来宁打工人员,在一次朋友聚会上,听说做假酒赚钱,决定制作假酒谋利。为避免被人发现,2010年底被告人王某在江宁区租用一间民房,在南京各宾馆、饭店回收"五粮液""茅台""剑南春"等高档酒空瓶,联系购买"五粮液""茅台"假标签、外包装、瓶盖等造假材料,灌装低档白酒后冒充"茅台""五粮液""剑南春"系列高档白酒销售给南京市各小型烟酒店及高某,期间非法经营数额19万元,2011年3月被告人王某被抓获。该案件是中国(南京)软件谷(知识产权)法庭开庭以来首起刑事案件,区法院合议庭庭前对案卷进行充分阅卷,完备庭审提纲,制订应急预案,保证庭审节奏高效、有序。市法院民三庭副庭长王劲松等领导旁听庭审后,肯定庭审过程。多家省市电视台、报社现场采访。合议庭在充分听取控辩双方意见,严格审查各项证据,充分认定犯罪事实后,将择日进行判决。

(马凡波)

司　法　行　政

【概　况】 2011年，雨花台区司法局贯彻落实国家、省市政法工作会议精神，以深入推进三项重点工作为主线，开展综治、法治创建工作，为推进该区经济社会发展，率先实现基本现代化营造良好法治环境，提供优质高效的法律服务和法律保障。年内，雨花台区被省委、省政府表彰为2006~2010年全省法制宣传教育先进县(市区)，被市委、市政府表彰为南京市法制宣传教育有功单位；区司法局获全省“双促双助”法律服务活动优秀组织奖，被市委、市政府表彰为2006~2010全市法制宣传教育先进集体，被市司法局表彰为2008~2010年度司法行政系统先进区(县)司法局、全市司法行政系统新闻宣传工作先进集体、2008~2010年度普法网信息工作先进集体；区法律援助中心被省人社厅、司法厅表彰为全省司法行政系统先进集体，获南京市维护妇女权益示范岗称号；局党总支分别被市委政法委、南京市司法局表彰为2010~2011年度先进基层党组织。

【法制宣传教育】 2011年，区司法局围绕全区经济社会发展，配合全国文明城市创建工作，发放“致雨花居民一封信”，提升该区普法知晓率和覆盖面；印制“创全国文明城市，建法制宣传长效机制”4万份，发放社区居民，征集对法制宣传工作的意见和建议，为全区创建文明城市测评工作打好基础。结合“六五”普法规划要求，推进2011年度“法律六进”(进机关、进乡村、进社区、进学校、进企业、进单位)工作。区司法局孙跃进被省委宣传部、省司法厅评为2006~2010年全省法制宣传教育先进个人。

【调解成功率99.8%】 2011年，区司法局推进行业性调解组织建设，启动红太阳装饰城调解委员会运作，在安德门民工市场设立人民调解工作室；区大调解中心、各司法所根据市局要求开展工作，完成网格划分，做好矛盾纠纷网格化管理；区每月1次、街道每半月1次、社区(村)每周1次开展日常矛盾纠纷排查。全年各类人民调解组织开展矛盾纠纷排查5029次，受理矛盾纠纷2352件，直接调解2350件，调解成功2347件，调解成功率99.8%。

【加强社区矫正对象管控力度】 2011年，区司法局完善、落实社区服刑人员评估、接收、管理、教育、奖罚、解除、档案、监护、例会、学习培训等制度，加强社区矫正服刑对象管控力度。全年接收社区矫正服刑对象87人(原有在册社区服刑人员141人)，解除矫正95人；手机定位管理21人；办理表扬63件、警告16件、记过3件；办理减刑2件、收监2件、外出请假83件；平台委托管理11件。在册社区服刑人员未出现漏管、脱管现象，无在矫对象重新犯罪。社区矫正科科长陈萍荣立省综治办、人社厅颁发的综治个人二等功。

【法律服务】 2011年，雨花台区加强律师党建工作，深入开展律师行业创先争优和“双促双助”活动，加强对基层法律服务所集中整顿和规范管理。全区共有注册律师事务所12家，执业律师103人，法律服务所2家，法律服务工作者9人，党员律师23人，全年办理各类案件1700余件，为企业避免和挽回经济损失2200万元。

【办理各项公证1668件】 2011年，区公证处办理各项公证1668件。根据被征地农民进保政策，为数千失地农民查询公证档案，查询年度跨越20年，查档人次过万，提供有效档案2000多份，提供相关查档信息6000多条。完成区经济适用房困难群体首批500多人的选房现场公证。区公证处分别被省司法厅厅、市司法局评为“省文明公证处”“市规范化公证处”。

【完成8个法治文化示范点建设】 2011年是“法治文化建设年”，雨花台区在全区法治文化建设上紧扣“建设全市首家法治文化区”目标，协同街道，开展法治文化区建设工作。完成宁南花神庙法治文化社区、西善桥油坊村法治文化村、赛虹桥流动人口法治文化基地、雨花经济开发区管委会红太阳装饰城法治文化诚信市场、铁心桥将军山法治文化景区、板桥法治文化基督教堂、雨花新村法治文化楼幢、梅山法治文化艺术中心等8个法治文化建设示范点建设。法治文化建设得到省市相关部门的肯定，经验文章“一地一品创特色，普法宣传上台阶”在全省法治会议上进行交流。

【53个社区(村)市级以上民主法治社区创建率100%】 2011年，雨花台区12个社区、1个单位获市级民主法治社区、单位命名，全区53个社区(村)

实现市级以上民主法治社区创建率100%。在53个社区(村)建成100本以上、20种以上法律图书的法律图书角。9月,南京市国家级民主法治示范村观摩团观摩西善桥街道油坊社区法治工作,对社区融合法制、道德、历史、民俗等文化开展法制宣传给予分肯定。

【三"+"法制宣传模式】 2011年,雨花台区培养大学生村官担任基层法制宣传员,通过建立三"+"(培养+使用、自管+引导、激励+参与)模式,打造雨花大学生村官法制宣传员特色。近3年,雨花台区安排大学生"村官"参与各类涉法学习,参与"法律六进""18广场""送法进村"等活动,培养大学生村官成为农村法制宣传教育骨干、学法用法带头人、基层矛盾化解人,三"+"模式得到市司法局肯定和认可。

【办理法律援助510件】 2011年,雨花台区法律援助工作开展各类法律援助,实现应援尽援目标。年内,成立由12名律师组成的老年法律援助志愿服务团,为老年人举办专场法律援助咨询3场次,接受法律咨询300多人次,办理老人法律援助案件33件;安德门法律援助站实行求助农民工"三优"服务(优先受理、优先接待、优先办理),确保农民工维权讨薪案件及时办理;区法律援助中心联合区人武部开展"法律关爱新战士"活动,解答涉军法律咨询150人次,向新入伍战士赠送拥军联系卡和法律书籍260余册;各基层司法所在全区53个社区中建立法律援助工作站,配备兼职联络员,实现法律援助服务站社区全覆盖。至年末,全区办理法律援助案件510件,接受群众来访约3200人次,"148"法律服务热线为困难群众解答法律咨询1100人次,代书360人次。区法律援助中心主任汪晨被评为全市十佳法律工作者。

【普法信息宣传】 2011年,区司法局开展法律援助宣传活动,在农民工集中居住地开展法律援助宣传教育活动11场次,接待咨询农民工3000多人,散发法律宣传资料4000余份;在雨花普法网站更新雨花普法网信息500余条,在市普法网上刊登普法信息454条;在全国普法网及各类专业网站上刊登普法信息100余条;报送的法制故事《失落的世界依然有爱》在全省公务员学法用法征文、优秀法制文艺剧本、优秀青少年法制故事征集中获一等奖。法律援助中心在雨花有线电视台、雨花人民广播电台,设立《法援天地》节目,每周播出15分钟;法律援助中心60余篇稿件分别在"江苏电视台"《江苏法制报》《扬子晚报》《南京日报》《现代快报》《江南时报》等市级以上电视台、报刊播出与刊登。

【成立政府部门法律服务团】 2011年,区政府成立法律服务团,下设社会事务、城市建设与经济发展3个组,每组有10名律师担任组员,分别服务政府各相关职能部门。法律服务团受聘担任政府部门法律顾问,为政府部门依法行政和依法管理提供法律意见;代理政府部门参加诉讼、仲裁和其他非诉讼法律事务,维护政府部门合法权益;办理政府部门委托的其他法律事务。

【加大社区矫正工作执法监督力度】 2011年,区司法局完善社区矫正公益劳动基地建设,投入2万元改扩建区公益劳动基地,并在区公益劳动基地设立警示栏,通过对矫正对象收监、治安处罚和参加集中公益劳动等活动对其进行警示;联合区检察院定期在基地开展矫正监督,通过实地观摩矫正对象劳动情况、调取矫正对象卷宗、与矫正对象开展训诫谈话等方式加大社区矫正工作执法监督力度;联合区公安分局、区法院在劳动基地对矫正对象进行集中教育、判后回访,掌握矫正对象动态;培养心理咨询师2名,建立2个心理咨询室,通过对入矫对象一对一谈话,完成入矫对象心理疏导,并为10多名矫正对象开展心理测试;开展技能培训339人次,发布工作招聘信息12期,解决矫正对象工作生活问题12例。

【全区首家独立司法所启用】 (参见"街道"类目,第346页)

(纪大青)

雨花年鉴 2012

国防建设

人　民　武　装

【概　况】 2011年，雨花台区人武部（简称区人武部）按照“围绕主线、紧扭龙头、夯实基础、求实创新、科学发展、争创先进”工作思路，推动人武部整体建设和民兵预备役建设，完成年度各项工作任务。区国防动员委员会被江苏省国防动员委员会表彰为国防动员先进单位，区人武部被南京警备区表彰为征兵工作先进单位、军事训练先进单位、庆祝中国共产党90周年军事汇报表演先进单位，部长史军、政委肖彬被南京警备区表彰为“一对好主官”。

思想政治建设不断加强。组织开展“坚定理想信念、忠实履行使命”教育、“强党性、干事业、树形象”教育、“加强党性修养、锤炼思想作风”教育整顿第二专题学习教育，结合民兵“十六”课时教育，开展“坚定中国特色社会主义信念，有效履行我军历史使命”“弘扬抗震精神，履行历史使命”主题教育。

党委班子建设不断提高。组织开展人武部主官教育活动，通过广泛征求意见，开展谈心交心活动、各党小组分析查找在贯彻落实人武部主官管理教育方面存在的问题等方式总结经验教训，制定改进措施。加强班子能力建设，通过加强党委班子风气建设营造团结协作工作环境，通过开展党委班子岗位练兵等活动解决能力素质问题。不折不扣贯彻落实上级命令指示。历时2个月圆满完成军区政治部赋予人武部《革命理想高于天》教育宣传片制作任务，区双25高炮民兵连完成省军区组织的庆祝中国共产党90周年汇报表演任务。

军事行动能力准备不断深入。按照《省军区作战能力建设指标》和作战方案要求，细化完善目标任务；抓好节日和重大活动期间安全稳定，做好突发事件处置准备；改造作战室、作战值班室，增设三室两库器材，安装高清视频会议系统。加强非战争军事行动能力建设，3月，组织农业局森林防火分队实战演练，并参加清明节期间防火战备值班；4月，组织应急维稳、抗洪抢险专业骨干集训，区应急救援连成建制训练按计划逐步展开；5月，参加省军区民兵应急分队骨干应急行动指挥训练。

【整组民兵预备役部队】 年内，雨花台区成立以区长为组长的民兵整组领导小组，区政府、区人武部、省预备役高炮一团联名下发《关于2011年雨花台区民兵预备役部队整组工作的通知》《2011年雨花台区民兵预备役组织整顿和征兵工作政策法规学习计划》《关于对民兵组织整顿实施考评的通知》，通过以会代训、以考促学形式，促使专业武装干部理解消化相关法规、政策以及整组的任务和要求，推进整组工作落实。根据民兵组织类别，整合重点建设分队和登记储备分队，重点抓基层民兵营（连）部规范化建设，建成民兵应急救援连连部和装备器材仓库。

【拥政爱民工作】 5月，以争创新一轮全国双拥模范城活动为抓手，区人武部与区民政局联合召开军地联席动员大会；6月，区四套班子领导参加武警一支队“警营一日”活动；7月，梅山铁矿领导到参加南京军区炮兵第三团“军营一日”活动，密切军政军民关系。围绕“生态、科学、和谐”雨花建设目标，协调驻区部队参加驻地“植树造林、绿化雨花”活动；夏季主汛期，在部首长带领下多次到大胜关、板桥河、秦淮河等险段

区人武部组织梅山矿业公司领导到南京军区炮兵三团参加“军营一日”活动

勘察险情，安排干部民兵每日巡堤，为消险抗灾发挥作用；开展“双带双扶”“手牵手、扶贫帮困”等活动，建立扶贫联系点，帮扶贫困户、优抚对象、残疾人3人，资助贫困生2人；协调驻区部队参加文明社区创建，派出为民服务小组和学雷锋小组，为社区居民提供家电修理、车辆保养、宣传消防安全知识、英语家教、医疗保健和咨询等服务。

【征兵工作】 2011年，区人武部做好兵役登记工作，对适龄青年进行调查摸底，重点掌握应届大学生毕业生和高考落榜生情况。与区委宣传部联合在区电视台开辟征兵宣传专栏介绍征兵条件、解读征兵新政、宣传优抚政策；区、街武装部深入社区散发征兵宣传单，解答应征青年的疑问；各社区以橱窗、板报等形式宣传新修订的《中华人民共和国兵役法》，激发适龄青年报名应征的热情；各街道印制、悬挂宣传横幅326条。全区医疗系统抽调技术骨干组成体检组，挂牌上岗，签订“谁检查，谁签字，谁负责”责任书，实行总检医师总负责制；通过规范化封闭式体检，体检适龄青年291人，其中大学生95人，体检合格102人；区公安分局选派民警参加政治审查，严格掌握标准条件。与区纪委联合下发《雨花台区2011年廉洁征兵实施意见》，利用报刊、电视、广播、宣传栏、地方网络等现代媒介公布政策规定、征集数量、定兵名单、监督电话和举报信箱；在梅山街道召开应征青年家长座谈会，讲明征兵政策增加征兵工作透明度，确保公开征兵取得实效。12月，区人武部完成征兵工作。 （吴小锋）

消　防

【概　况】 2011年，武警南京市公安消防局雨花台区消防大队(简称雨花消防大队)开展各项政治教育，狠抓执勤备战工作，以稳定火灾形势为目标，深入社会单位开展“防火墙”工程建设、“清剿火患”战役和高层地下、建筑消防设施等各类专项整治活动，维护辖区火灾形势持续稳定。全年，雨花消防大队接警242起，出警246次(含增援)，出动消防车484辆次，消防官兵3037人次，抢救被困人员14人，疏散人员30人，抢救财产价值159.6万元。全年共发生火灾16起，直接财产损失11.1万元。年内，雨花消防大队取得武警南京市公安消防局进攻操比赛第一名、操法比赛团体第二名、庆祝中国共产党建党90周年“军歌嘹亮颂忠诚”歌唱比赛第二名、“精品党课”竞赛第三名、警体运动会团体第四名、装备技师比赛第五名。1人被武警江苏省消防总队评为优秀党务工作者、1人获三等功、13人受到嘉奖、3人被评为优秀党员。

征兵体检站现场

【督办整改重大火灾隐患单位】 年初，雨花消防大队召开安全生产暨消防工作联席会，会议确定江苏省丝绸集团(苏豪国际广场)、苏果超市雨花商厦店为重大火灾隐患单位，由区政府挂牌督办。整改期间，消防大队跟踪指导，定期召开重大火灾隐患整改工作情况汇报会，推动隐患整改进程。江苏省丝绸集团累计投入30万元完成消防通道、消火栓、灭火器材、电气线路等火灾隐患整改。年内，雨花消防大队还提请区政府对梅山医院、翠岛花城、名城世家、南京朝发电机厂等

1月19日，联合南京电视台跟踪报道苏豪国际广场重大火灾隐患整改

12家存在较大消防隐患单位进行挂牌督办整治。

【铁心桥消防站投入使用】 9月，铁心桥消防站正式投入使用。该消防站位于龙西路328号，总建筑面积3470平方米，地上4层。一层为消防车库、器材库、值班室和食堂，二层为官兵宿舍、学习室，三层为办公室和各类库室，四层为干部宿舍。该消防站装备设施齐全，为集灭火救援、教育培训等功能于一体的消防救援基地，建成后缓解铁心桥、西善桥地区灭火救援压力。

【开展火灾隐患专项整治】 2011年，消防大队开展公共建筑"打违除患""不放心高层"整治、"清剿火患"等专项整治工作。整治期间按照"属地管理"原则，将全区51个社区，9个行政村，248家重点单位划分为若干网格，采取监督员包辖区单位、街道、派出所、社区的形式，要求每个消防监督人员开展排查。全年检查单位4999家，下发"责令改正通知书"2637份，"重大火灾隐患限期整改通知书"2份，督促整改火灾隐患或违法行为6394处，处罚单位67家，个人7名，处罚金额144.1万元。

【深化消防宣传和培训】 11月，雨花消防大队结合"119"消防日，举办新《中华人民共和国消防法》《南京市消防条例》宣传贯彻、"安全生产月"大型广场宣传活动；组织辖区学校和企业开展消防知识竞赛、消防运动会、灭火疏散演练、讲解家庭防火须知活动，推进消防"六进"工作进程；通过南京电视台《石城119》栏目、《金陵晚报》、雨花电视台等媒体开辟消防法规宣传新阵地。全年举办培训班15期、培训800余人，深入到企业、学校、家庭、社区、机关消防宣传70余次，发放消防宣传单15000余份，出动宣传人员432人，设置宣传牌40块，展出消防展板、宣传画50次，受教育群众3万余人。

(刘晓舟)

人　民　防　空

【概　况】 2011年，雨花台区人民防空办公室(简称区人防办)围绕新时期人民防空应急准备和应对突发事件需要，坚持人防工作面向基层，重心下移，将人防工作融入全区经济发展、和谐社会建设、为民服务之中。按照市人防办下达指标，推进宁南街道康盛社区等15个社区开展人防工作，并在年底通过考核验收。人防宣传教育走在全市前列，21篇工作调研、工作动态论文被《中国人民防空》《江苏民防》《城市应急》《南京民防信息》刊载，42篇作品参加"庆祝中国共产党成立90周年人防杯"书画摄影大赛，4篇获二等奖，3篇获鼓励奖，位全市同行第一。向辖区居民摇号发放应急救援包5000个，完成106处、建筑面积4.06万平方米人防工程年检备案，安装人防工程标识牌410

宣传新《中华人民共和国消防法》

套,指示牌 620 套,筹集人防建设经费 60 余万元。12 月 13 日南京大屠杀遇难同胞纪念日,全区 13 个防空警报器鸣放防空警报,鸣放准确、面广。是年,区人防办被市人防办评为 2011 年度人防工作进社区先进单位,雨花新村街道、宁南街道康盛社区分别被市人防办评为人防工作进社区先进街道、先进社区。

【举行公共安全教育活动启动仪式】 3 月 9 日,雨花台区公共安全教育活动启动仪式在南京公共安全教育馆举行。副市长、区委书记李侃桢率区四套班子领导和机关干部 200 名参加,李侃桢与市人防办主任贾德裕共同启动水晶球,为全区公共安全教育活动揭幕。展馆采用声、光、电、影视互动等现代高科技手段,展现人防发展历程与建设成就,宣传防空防灾知识和防护技能。参加仪式人员逐一观看人民防空、交通安全、消防安全、社会治安、用电安全、4D 影院、自然灾害、卫生健康、核生化知识、生产生活安全和地震体验 11 个展区、60 个展项,感受 116 个影视互动软件的知识性、趣味性和互动性。至年末,有 2.2 万名机关干部、企业职工、社区居民、中小学生接受公共安全教育。

3 月 9 日,副市长、区委书记李侃桢,市人防办主任贾德裕共同启动公共安全教育活动水晶球

【开展社区人防工作】 2011 年,区人防办在康盛社区人防工作试点基础上,按照省民防局“十落实”(牌子落实、人员落实、计划和制度落实、场所和宣传阵地落实、队伍落实、宣传教育活动落实、宣传教育器材和教材落实、人防工程和应急避难场所标识落实、应急设备和器材落实、疏散方案落实)指标,在雨花新村等 15 个社区开展人防工作,保证每个社区有 3 万元经费用于社区人防工作站建设,并逐年补助 1 万元开展工作。

【人防工程年检备案】 9~12 月,区人防办开展全区人防工程年度检查备案。至年末,全区有人防工程 106 个(甲类工程 80 个、一类工程 24 个、丙类工程 2 个),面积 4.06 万平方米,分别由 29 家单位(物业)管理和使用,其中 47 个人防工程可停放汽车 7400 辆。

【完成网上“苏防-2011”演习任务】 11 月 14~16 日,由市人防办开展实施的网上“苏防-2011”城市防空袭研究性演习分别在市 103 指挥所和各区地下人防指挥所进行,雨花台区战时人防指挥成员单位参加演习,该演习根据战时人防指挥体制机构编成,按照城市人民防空作战实际程序,重点演练筹划临战准备、指挥所开设、消除空袭后果三项内容,采取以上导下演为主,自导自演为辅和计划导调与随机导调相结合方式在全网络环境下进行。通过演练,理顺战时指挥关系,熟悉人防指挥职责任务,提高战时人防组织指挥能力。 (封玉林)

双 拥 共 建

【概 况】 2011 年,雨花台区双拥工作以实现南京市创全国双拥模范城“七连冠”为新起点,解决军民关注的实际问题,扎实抓好各项任务落实,拓宽双拥领域,丰富双拥内容,开展双拥活动,推进双拥工作创新发展。

年内,区双拥办丰富区有线电视台《雨花双拥风采》专栏内容,开设“军民鱼水情”“退伍之窗”“发挥余热”“国防教育知识”专栏宣传全区拥军优属、拥政爱民工作及活动情况。开展“双拥宣传月”宣传活动,各街道、园区、社区及相关单位利用宣传橱窗、黑板报、标语等形式宣传军民共建先进典型、国防教育知识等;干休所红色宣讲团到驻区部队、学校和社区开展革命传统教育宣讲。引导各部门、各单位参与与驻军结对共建活动,武警江苏省总队第一支队与雨花软件园签订共建协议,武警雨花台区中队、普天通信实业

庆"八一"军地座谈会

训练、后勤保障等情况,向官兵致以节日祝贺,代表全区人民衷心感谢驻区部队为全区三个文明建设作出的贡献;到驻区2个干休所与老干部亲切交谈,送去慰问金10万元。全区各部门、街道领导和社区采取走访、召开座谈会等形式向全区578名优抚对象、68名立功授奖现役军人、252名军属送去年画、食用油、被子和慰问金60万元;区民政局为41名无军籍退休退职职工发放生活补助金24.6万元。春节期间,全区走访慰问部队和发放优抚对象慰问金140多万元。

有限公司和宁南街道建立全市首家软件行业军民共建点。区民政局、区双拥办和区档案馆联合举办送"文化进军营"活动,丰富部队官兵业余文化生活;区文化局为驻区部队设立"军营流动图书室",从"援建军营图书室"向"共建学习型军营"转型。开展"八一"建军节系列庆祝活动,区双拥办组织召开庆"八一"军地座谈会,开展"十佳当代最可爱的人"评选,开展"关爱革命功臣,情系优抚对象"活动,慰问看望重点优抚对象、军休干部,组织军休系统"红色宣讲团"到部队、社区、学校进行"革命传统教育报告会";雨花经济开发区组织义工约60人和部队官兵在金叶花园社区举办"互爱　互助　学雷锋"志愿者便民服务活动;梅山街道、梅清苑社区与国际关系学院举办"双拥十年鱼水情深、军民携手共铸和谐"庆祝中国人民解放军建军84周年主题活动;宁南街道、西善桥街道、雨花新村街道分别与各自的共建部队联合举办大型广场文艺演出。

【走访慰问部队和发放优抚对象慰问金140多万元】2011年春节前夕,区四套班子领导、双拥办、民政局、各街道负责人分四路走访慰问驻区23家部队。区委书记李侃桢、副区长吴炜等领导到军营了解部队军事

【提高重点优抚对象抚恤补助标准】 2011年,雨花台区严格按照优抚对象抚恤补助标准自然增长机制及时调整提高抚恤补助标准,改善重点优抚对象生活待遇,向13名农村义务兵家属发放优待金11.3万元,向25名未享受定期抚恤金的烈士家属发放一次性补助金3.28万元,向19名大病、门诊优抚对象发放医疗补助、临时救助金15.3万元。按照"政策减免、住院保险、大病救助、门诊补贴、临时救济"思路,加强优抚对象医疗保障工作,重点优抚对象100%参加农村新型合作医疗和居民医保,大病住院医疗保险参保率不低于95%。

【退役士兵自谋职业率75%】 2011年,雨花台区接收冬季退伍军人99名,其中退役士兵96名、转业士官3名,符合安置的城镇退伍军人66名(不包含梅山街道24名退役士兵)。区民政局通过分片召开自谋职业动员会、加大职业技能培训力度、开展自谋职业典型事例宣传等形式,激励退役士兵参与市场竞争,走自谋职业道路。组织退役士兵开展职业技能培训,通过举办电脑、电焊、电工、数控机床和驾驶等8个免费培训班,培训退役士兵71名。至年末,退役士兵自谋职业率75%。

(曾加员)

教　　育

综 述

【概 况】 2011年，雨花台区教育部门抓实“十二五”规划开局年各项工作，以办人民满意教育为根本追求，成立区督学责任区，聘任区教育督学，规范办学行为；深入实施素质教育和品牌战略，打造全区教育发展新亮点和新品牌，促进雨花教育优质可持续发展，推进教育现代化先行区、素质教育实验区、学有优教示范区建设，全区教育综合实力稳步提升。至年末，全区学校占地面积68.19万平方米，校舍建筑面积30.93万平方米。2011年修建总投资2086.05万元，建成学生公寓1幢、建筑面积2016平方米，完成维修面积12.55万平方米。全区生均校舍建筑面积小学7.44平方米、中学19.74平方米。全区生均拥有图书45册，中小学计算机生机比中学4.24:1，班级多媒体覆盖率100%，教育信息化水平位居全市前列。

全区幼儿园三年入园率99.6%，九年义务教育巩固率100%，初中入学率、巩固率100%，高考录取率90%以上，新增劳动力受教育年限15.1年，外来务工农民子女义务教育入学率99.8%以上。

教学质量位居全市第一方阵。高考、中考成绩再创历史新高。雨花台中学连续第七年获市高中发展性综合评估一等奖(最高奖)；全区中考总均分超过市均20分以上。中华中等专业学校学生参加全国和全省职业学校技能大赛总分、奖牌数、金牌数名列前三位，毕业生就业率99%以上。

年内，驻区三江学院完成校党委和行政领导班子换届工作，新增3个本科专业，成立全省民办高校首个女知识分子联谊会；江苏警官学院被被确定为全国首批司法考试高校服务站，江苏现代警务研究中心在该院挂牌成立；江苏省新闻出版学校与南京新华电脑专修学院正式签署联合办学协议，实现师资、教学设备共享。

是年，雨花台中学、亚东天界幼儿园被国家环保部评为国际生态学校。该区创建南京市推进素质教育示范初中1所(西善桥中学)，省优质幼儿园4所(实验幼儿园花神美境幼儿分园、普德村幼儿园现代艺术分园、金叶花园幼儿园、小百合幼儿园)，省平安校园4所(雨花台中学、雨花外国语小学、孙家中学和春江幼儿园)；完成板桥街道社区教育中心创建工作；接受省政府教育督导评估工作获优秀格次。雨花台中学教师肖长苏被授予江苏省劳动模范，雨花外国语小学校长周春燕获全国十佳小学英语教师称号。

4月，雨花台中学教师肖长苏(左二)被省政府授予江苏省劳动模范

【教育信息化建设】 2011年，雨花台区加强校园网络、网站建设，及时更新学校网站信息发布内容，全年学校在雨花教育信息网转发5000余条，其中220条被市教育信息网采用。组织教师参加市级信息技术教研活动17次，承办和主办各类教研和学科整合研讨活动13次，受益教师687人次；组织专题培训12项，参训教师425人次；制作各类教育专题片11部和摄制课堂实录60节；组织师生参加市级以上信息技术类竞赛活动获奖297个，其中省级33个、国家级37个，连续三年位居全市第一方阵。至年末，全区30%学校建有电子办公系统，80%学校建有学生班级主页、教师博客，部分学校尝试构建师生互动平台。在全省中小学、幼儿园优秀校园网站评选中，雨花台中学、中华中等专业学校和区实验幼儿园分别获普教、职教、幼教类别一等奖，雨花台中学校园网站被教育部教育管理信息中心授予全国中小学校“优秀网站”称号，是全市唯一获该殊荣的学校。

【省委书记罗志军与雨花外国语小学学生共庆“六一”】 (参见“民主党派·工商联·人民团体”类目，第238页) (钟家燮)

【雨花(丰盛)教育奖设立】 8月30日，南京丰盛集团向雨花台区捐赠100万元，设立雨花（丰盛）教育奖，用于奖励该区名师、骨干教师、优秀学生以及在教育教学改革发展中取得突出成绩的集体和个人。该奖为雨花台区吸收社会捐赠设立的最大奖额教育奖项。南京丰盛集团是一家拥有数十亿资产的大型民营企业集团，捐赠仪式上，集团董事长季昌群表示，教育和人才是立业之本、成事之基，丰盛集团将进一步扩大在宁捐赠领域，为南京教育、医疗等民生事业多作贡献。区教育局局长冯建强感谢丰盛集团捐赠，并表示：设立雨花（丰盛）教育奖，有助于激励教师潜下心来教书、静下心来育人；有助于带动更多有责任感的企业和个人关心教育，在全社会形成更加浓厚尊师重教氛围。该区将进一步规范运作各类教育捐赠，科学管理，发挥好有关奖项激励和导向作用。（钟家燮　杭素华）

8月30日，雨花（丰盛）教育奖设立

【250名教师获表彰】 9月8日，雨花台区举行第27个教师节庆祝表彰大会。大会表彰获得"市教育系统第七届师德先进集体"称号的雨花外国语小学和安勇等9名"南京市第七届优秀青年教师"、卫元勋等96名"区2011年优秀教育工作者"、丁翠平等103名"区第六届优秀青年教师"和贾银田等42名"区第四届教坛新秀"，并颁发"雨花（丰盛）教育奖"。

【接受省政府教育回访督导】 11月24日，雨花台区教育工作接受省政府教育督导考核组回访督导。市教育局副局长曹孟，区委常委、区委副书记黄唯佳，副区长迟延安、区教育局局长冯建强，以及区编办、区政法委、区政府办、区财政局、区人社局等部门有关领导等出席汇报会。汇报会上，副区长迟延安代表区政府，作"建设教育现代化先行区，努力办好人民满意教育"报告。省督导考核组一行实地察看雨花台中学、板桥中学、雨花外国语小学、西善花苑幼儿园办学情况，并查阅相关资料，高度评价该区教育发展成果。（钟家燮）

幼　儿　教　育

【概　况】 2011年，雨花台区有幼儿园35所，在园幼儿10994人，教职工1347人。其中，专任教师784人，教师学历达标率100%，其中大专以上学历657人，占89.9%。全区接受学前教育学前三年入园率99.6%，在优质幼儿园就读的幼儿占90.1%。

年内，幼儿教育围绕构建健康快乐学前教育目标，实施品牌战略，促进名园建设和幼儿园特色建设，不断提高保教水平，实现幼儿教育又好又快发展。2011年秋季，全区符合申请幼儿助学券条件幼儿7514人，发放秋季幼儿助学券经费751.4万元，其中市补助300.56万元，区承担450.84万元，确保符合发放条件在园幼儿每人每年享受2000元补贴。是年，该区创建省级优质园4所，全区省级优质园占幼儿园总数65%，幼儿教育综合实力进入全省先进行列。是年，普德村幼儿园体操队获2011年全国幼儿基本体操表演大赛一等奖，春江幼儿园民族舞蹈《玉兔闹春》荣获全国大奖。

【许仲梓调研幼儿教育】 11月9日，副市长许仲梓到雨花台区视察调研幼儿教育。市政府秘书长张强、市教育局局长吴晓茅等领导及市财政局、市编办等相关部门负责人随同调研视察。许仲梓一行先后视察区实验幼儿园花神美境分园和普德村幼儿园，充分肯定实幼园本课程开发和普德村幼儿园幼儿体操特色教育等取得的成绩。调研过程中，区教育局局长冯建强汇报雨花台区学前教育总体发展情况和"十二五"学前教育发展目标。

【雨花实验幼儿园古雄新居分园开园】 2月14日，位于板桥新城的雨花实验幼儿园古雄新居分园开园。该幼儿园为板桥小学附属幼儿园，项目总投资600万元，建设面积3320平方米，主体结构3层，内设12个幼儿班，可容纳420名幼儿。2011年春季开学，开设8

2月，雨花实验幼儿园古雄新居分园投入使用

个班，招收幼儿290名，基本化解板桥新城古雄新居周边居民入托难矛盾。

【民族舞蹈《玉兔闹春》获全国大奖】 2月，春江幼儿园幼儿艺术团作为江苏省代表队前往北京参加CCTV2011年全国校园春节晚会录制活动。录制现场，艺术团演出自编、自导民族舞蹈《玉兔闹春》，并被选为压轴节目。该节目以创意新、编排新获文化部、教育部、中国文联等部门联合颁发的优秀表演奖，幼儿园及指导老师分别获优秀组织奖和优秀指(编)导奖。

【普德村幼儿园幼儿体操队获全国比赛一等奖】 6月4~5日，普德村幼儿园幼儿体操队获2011年“广饶杯”全国幼儿基本体操表演一等奖，继2010年获全国幼儿基本体操比赛一等奖后，实现“两连冠”。该赛事由中国关心下一代工作委员会、中国宋庆龄基金会、中国体操协会等单位联合举办，全国各省、市、自治区48支幼儿体操代表队参加比赛。普幼参赛的12名选手经过3年系统训练，在为期4天比赛中，体操小健将动作整齐、姿态优美、配合默契，转体、踢腿、跳跃等基本动作和下桥、滚翻、劈叉等高难度动作都完成得灵活自如、游刃有余，展现良好精神面貌和艺术素养。普幼2002年起开设幼儿体操课程，不断加强幼儿体操研究，打造特色品牌。至2011年末，获省幼儿基本体操比赛“六连冠”以及19届市运会幼儿体操比赛第一名，连续2年获全国幼儿基本体操表演第一名。

【第二届全国幼儿园艺术教育教学研讨会交流展示活动】 10月31日，雨花台区实验幼儿园承办第二届全国幼儿园艺术教育教学研讨会交流展示活动，全国各地幼儿园园长、教师140多人参加。活动中，与会嘉宾参观该园园所环境与公共游戏区域，观摩中班美术活动——创意鹅卵石，展示幼儿创意表现与美术研究成果，与会教师一致赞赏雨花实幼园所文化建设与教育特色，表达学习借鉴愿望。

【雨实幼成为全国“心系好儿童”活动基地】 11月24日，在全国妇联儿童工作部召开的“心系好儿童”活动专项会议上，雨花台区实验幼儿园等南京6所省级示范园被确定为全国“心系好儿童”活动基地。园长林虹参加授牌仪式，并接受授牌。“心系系列”活动1994年由全国妇联儿童工作部等单位共同举办，由“心系新人”“心系新生命”“心系好儿童”“心系女性”等4部分组成，活动旨在维护妇女、儿童权益，促进妇女、儿童发展，培养造就适应新世纪需要的高素质人才。其中，“心系好儿童”活动旨在关爱3~18岁儿童成长，加强家长素质教育，培养聪明、健康下一代。　　(钟家燮)

普德村幼儿园幼儿体操队获全国比赛一等奖

中小学教育

【概 况】 2011年，雨花台区中小学教学质量位居全市第一方阵。全区高考、中考成绩再创历史新高。雨花台中学高考成绩优异，连续第六年荣获市高中发展性综合评估一等奖(最高奖)，在全市同类四星级高中名列前茅；全区中考总均分超过市均20分以上。全区义务教育阶段入学率、巩固率100%，残疾儿童入学率100%。高中阶段教育毛入学率保持100%，高等教育毛入学率63%。至年末，全区有中小学27所(其中雨花台中学、板桥中学高中部与本校初中部均作为1所学校统计)，在校生27878。其中，小学16所(含九年一贯制春江学校小学部)，在校生14740人，其中教育部门办小学14所，在校学生12837人；民办小学2所(含九年一贯制民办实验学校)，在校学生1903人。初中8所(含九年一贯制春江学校、民办实验学校)，在校学生7525人。高中阶段学校5所(含职业高中1所、民办高中1所)，在校学生5613人。其中，公办普通高中3所，在校生3,043人；民办普通高中1所，在校生683人；职业高中1所，在校生1887人。是年，雨花台中学男子足球队夺得2011全国高中足球联赛总决赛亚军，区实验小学舞蹈团获国际少儿艺术节金奖，共青团路中学和梅山第一中学学生王梦怡、顾庭欣入选南京市“青奥小顾问团”12人最终名单。

【江苏省“老少携手，学党史、颂党恩、跟党走”主题教育现场会】 (参见“社会生活”类目，第330页)

【梅山一小金翅膀鼓乐团获香港国际步操乐团比赛金奖】 2010年12月28日至2011年1月1日，梅山第一小学金翅膀鼓乐团代表南京市42万名少先队员，赴港参加“2010香港国际步操管乐节”比赛及各项表演巡游活动。该项赛事由香港康乐及文化事务署与香港步操管乐协会联合主办，为大型国际性管乐活动，主要以步操乐团巡演和比赛为主，至2011年，成功举办5届。梅山一小金翅膀鼓乐团88名队员与来自香港地区和日本等国的17支队伍同台竞技，演奏“歌唱祖国”“茉莉花”、少先队“退旗曲”等3首曲目。经过激烈角逐，梅山一小金翅膀鼓乐团夺得管乐节金奖、鼓乐国际对抗银奖、特别优秀表演奖、最佳场景奖等4项大奖。

1月1日，梅山一小金翅膀鼓乐团获香港国际步操乐团比赛金奖载誉归来

【主办全省少先队“红领巾寻访党的足迹”主题队会】 4月2日，区实验小学在雨花台烈士陵园烈士就义群雕广场举行“学党史、知党情、跟党走，红领巾寻访党的足迹”主题活动，“红领巾寻访党的足迹”江苏省小记者采访活动同期启动。省委常委、组织部部长石泰峰，省教育厅副厅长胡金波，团省委副书记沈海滨，省文明办副主任韩松林等参加活动。主题队会上，全省小记者代表及区实验小学1200多名少先队员齐诵革

4月2日，区实验小学主办全省少先队“红领巾寻访党的足迹”主题队会

命烈士诗抄、高唱革命歌曲;该校“雨花魂”小记者团和全省各地“周恩来”“秋白”“刘老庄连”“渡江”“沙家浜”“树人”“铁军”等小记者团分别介绍红领巾寻访活动情况;小记者现场采访朱克靖、郭纲琳、孙津川等雨花台就义烈士亲属,聆听英烈事迹;区实验小学学生表演舞蹈、朗诵等节目,表达继承先烈遗志、树立远大理想、高举队旗永远跟党走、当好中国特色社会主义事业接班人的追求与愿望。

【实验小学舞蹈团获国际少儿艺术节金奖】 4月10~25日,应国际民间艺术节组织理事会(CIOFF)邀请,区实验小学舞蹈团作为中国代表队赴土耳其参加国际少儿艺术节舞蹈大赛。艺术节活动为期2周,该校舞蹈团与十多个国家少儿艺术团同台演出、交流,学生表演的舞蹈《茶韵》《苗歌声声颂祖国》获得5万余票支持,赢得最高人气奖,夺得艺术节舞蹈比赛儿童组唯一金奖,并受到伊斯坦布尔市市长卡迪尔·托普巴什接见。

4月10~25日,区实验小学舞蹈团参加国际少儿艺术节捧回金奖

【区中小学生在省青少年机器人比赛中获奖】 5月,由雨花台中学、共青团路中学、孙家中学、雨花外国语小学等校组成的雨花台区中小学生代表队赴苏州工业园区青少年活动中心,参加第22届江苏省青少年科技创新大赛“花季杯”青少年机器人比赛。比赛中,该区26名中小学生与近千名青少年同场角逐,8人获一等奖,其中足球项目选手获一等奖冠军,并取得代表江苏省参加全国赛资格,成为全市3支取得参加全国比赛资格队伍之一。

【非洲5国画家访问古雄小学】 9月26日,参加由国家文化部举办的“非洲画家南京行”文化交流活动的卢旺达、博茨瓦纳、加纳、塞舌尔和刚果(布)等5国的5位画家,到古雄小学参观访问。非洲艺术家参观校园文化建设,观摩艺术学科教学,与学生共同进行绘画创作,并与教师交流美术教育经验。古雄小学民族管乐团为贵宾举行《雨花的春天》专场音乐会。12月1日,一幅描写该校少儿民族管乐团表演的油画《东方旋律》由加纳画家奥佛苏·劳伦斯创作,并在博茨瓦纳参展由中国文化部与博茨瓦纳青年体育文化部共同主办的“隔洋相看——非洲画家笔下的中国”画展,非洲各国展览活动结束后,大会组委会将画作赠送给古雄小学,由该校永久保存。

【青少年航空等两大赛事获奖】 2011年,雨花台区中小学生在第九届“全国中小学信息技术创新与实践活动(NOC)”决赛和第13届“飞向北京——飞向太空”全国青少年航空、航天模型教育竞赛江苏预选赛等两大赛事中均取得优异成绩。10月16日,该区选派16名选手参加第九届“全国中小学信息技术创新与实践活动(NOC)”决赛环保基本技能与虚拟机器人搜救等项目比赛,4人夺得一等奖,其中1人夺得恩欧希教育信息化发明创新奖;4人获二等奖;8人获得三等奖。同时,韩杰、袁宁群、黄郁松等指导教师获得“第九届全国中小学信息技术创新与实践活动决赛优秀指导教师”称号。10月23日,在第13届“飞向北京——飞向太空”全国青少年航空、航天模型教育竞赛江苏预选赛9个大项比赛中,雨花台区代表队获29个个人单项奖,其中3个一等奖、9个二等奖、17个三等奖;13个单项团体名次奖和3个综合团体奖。

【第三届少先队鼓号巡演举行】 10月21日,“奏响鼓号喜迎青奥”——雨花台区第三届少先队鼓号巡演活动在雨花台烈士陵园南门广场举行,共青团南京市委学少部总辅导员刘璇,区教育局局长冯建强、共青团雨花台区委员会书记吴曦等出席活动。全区小学

10 月 21 日，雨花台区举行第三届少先队鼓号巡演

13 支少先队鼓号队近 800 名学生参加巡演，其中区实验小学、雨花外国语小学、梅山一小、雨花台小学、梅山二小和共青团路小学参加广场展演。巡演活动由区教育局、共青团雨花台区委员会联合主办。

【板桥中学成为首届省中小学美术教育理事单位】 11 月 4 日，首届江苏省中小学美术教育研讨会在无锡召开，雨花台区板桥中学副校长赵立庆和美术教研组长王伯良受邀参加研讨会。板桥中学美术特色教育成绩显著，在大会上被推选为首届江苏中小学美术教育理事单位，副校长赵立庆代表板桥中学接受大会颁发的理事单位证书。2005 年，板桥中学被南京市教育局批准为美术特色招生学校，至 2011 年末有高中美术班 9 个、初中美术兴趣班 3 个。学校拥有雄厚的美术师资力量，经过多年积淀，形成“选特色、提兴趣、找共性、强训练”教学模式，一些从未受过美术专业训练的学生绘画水平迅速提高，美术高考本科上线率在 70%以上、专科升学率 100%。美术班毕业生相继考入中国传媒大学、广西艺术学院、重庆大学、南京师范大学、南京艺术学院、江南大学、重庆师范大学等本科艺术院校，美术特色教学质量进入南京市第一方阵。

【梅山第一中学建校 40 周年庆典】 11 月 26 日，在梅山第一中学举行。区有关领导、各部门与街道负责人，解放军国际关系学院等友邻学校领导、海内外校友、老教师、老领导，以及社会各界人士和全校师生近千人参加庆典活动。庆典大会上，区教育局局长冯建强、上海梅山钢铁公司副总经理顾耀忠先后致辞；顾耀忠代表梅钢公司向学校捐赠 20 万元“教育奖励基金”；副区长迟延安宣读区委、区政府关于授予梅山一中“优秀办学成果奖”表彰决定，并为梅山一中颁发奖状和 40 万元奖金；区区委常委、宣传部部长谢山为第一批到梅山一中教学的老教师颁发荣誉证书；该校师生同台献艺，共庆学校生日。

【首届中小学生机器人创新大赛】 12 月 10 日，由雨花台区教育局、区科技局和区科协主办的雨花台区首届中小学生机器人创新大赛在雨花台区青少年活动中心举行，全区 6 所中学、12 所小学 136 名选手参加比赛。省科技活动中心、市教育局体卫艺处、区教育局、区科技局等相关部门负责人出席开幕式。大赛设机器人轨迹、机器人灭火、机器人足球、POWERTECH 机器人直线竞速赛、虚拟机器人搜救等 5 个大项。雨花台中学、雨花外国语小学、春江学校、共青团路中学、铁心桥中心小学、雨花台区实验小学等 6 所学校获得团体优秀奖；毛一鸣等 11 位选手获得优秀奖、张雨庭等 34 位选手获得一等奖、陈家琦等 65 位选手获得二等奖、徐文婷等 26 位选手获得三等奖。

（钟家燮）

职业社会教育

【概　况】 2011 年，雨花台区职业与社会教育围绕雨花现代化创新型生态新城区建设目标，重点服务于区域经济社会发展，将年度各类教育培训任务分解下达各街道社区教育中心，区教育局与辖区各社区教育中心签订社区教育目标责任书，同时将成人教育、社区教育工作落实情况纳入区政府对街道年度教育目标考核之中。全区成人教育、职业教育和社会教育发展水平实现新提升，职业教育品牌专业建设深入推进，教育质量稳步提升，学生参加国家和省、市职业院校技能大赛成绩优异，毕业生一次就业率 98%以上。社区教育围绕“提高居民综合素质，建设学习型社会”

主题,搭建"处处可学、时时能学、人人皆学"学习平台,开展一系列群众需求的高质量教育培训项目,全年开展下岗职工、农村富余劳动力转移、致富骨干培训、新市民教育等各类培训500多期,参加培训人员5万余人次。完成板桥街道社区教育中心创建工作。

至年末,全区有职业高中1所,在校生1887人,其中五年制高职学生1228人。职业高中有教职工95人,其中专任教师83人,本科学历71人、硕士12人,高一层次学历14.4%。区广播电视大学在校生339人。全区有梅山、西善桥、铁心桥等3个省级社区教育中心和3个省级社区教育示范街道。

是年,中华中等专业学校获全国中等职业学校"文明风采"大赛优秀组织奖,被江苏省语言文字工作委员会和江苏省教育厅授予省级"语言文字规范化示范学校"。西善桥社区教育中心主任丁耿杰获南京市学习标兵称号,铁心桥尹西社区孙亮获南京市优秀教育志愿者称号。该区承担的省"十一五"社会教育课题"基于社区推进居民终身学习的理论与实践的研究"结题。

10月15日,中华中等专业学校学生参加"金种子"杯第十四届亚洲跳伞锦标赛暨国际跳伞公开赛开幕式鼓乐表演

【争创全国社区教育示范区】　"十一五"期间,雨花台区在全市郊区(县)中率先开展创建全国社区教育实验区,2009年被国家教育部授予全国社区教育实验区。2011年,区委、区政府从阵地建设、经费保障、培训活动、全民终身学习周、"雨花讲堂"、课程开发、理论研究等方面努力探索,争创全国社区教育示范区。建立区社区教育培训学院,街道、社区教育中心,居(村)市民学堂等三级社区教育网络;区委、区政府加大社区教育资金投入,区财政按人均2元标准划拨专项资金,确保社区教育稳固发展。区教育局积极开展岗位技能竞赛、培训活动,通过职业劳动技能培训和竞赛,举办法律、健康、安全、科普知识讲座和图片展等,为社区居民提供内容丰富的教育培训服务,不断提高社区居民素质;定期举办开展全民终身学习周、社区教育成果展等社区教育活动,着力打造社区教育品牌。邀请南京师范大学副教授、百家讲坛主讲人郦波走进"雨花讲堂"向全区干部和机关工作人员宣讲历史名人家庭教育、社区教育功能及发展形势。至年末,全区举办"推文明新时尚"社区学堂260多期,全区新增劳动力受教育年限15.1年,社区教育覆盖面62%,区属各类学校文化体育设施社区开发率100%。建成爱国主义、科普、生态环保、国防等四大社区教育基地和春满铁心、激情赛虹、康盛之夏、人文板桥、花神之韵、爱在金秋、活力翠竹等大型广场文化活动品牌。全区51个社区,均建有市民学校。

【职业指导和职业技能培训】　2011年,雨花台区重点开展职业指导和职业技能培训,加大农村富余劳动力和下岗职工培训,提高就业创业能力。全年开设家政、烹饪、护理、保健、超市理货、物业管理、保安、插花、编织、绢花、缝纫、水电工、花卉种植、计算机、电器修理等20多个培训项目,接受劳动力转移培训人员近万人次,实现劳动力转移2000余人。针对老年群体,开展计算机、书画、戏曲、食品卫生、健康保健及休闲娱乐等教育和培训,年培训5300余人次。

【中华中专成为首批市教育科学研究基地学校】　2011年,南京中华中等专业学校通过市教科所评估,成为"十二五"期间首批南京市教育科学研究基地学校。该校是"十五""十一五"南京市教育科学研究基地学校,有深厚的教科研基础和积淀,"十一五"以来,围绕学校"集约管理、创建品位,科学发展、创新品质,讲求质量、创优品牌"总体工作思路,创新校本教研开展方式，激发教师研究课堂教学热情，促进教师专业化成长。秉承“课题引领、返璞归真、实践求索、提高质量、追求品位”科研理念，实行“科研理念明晰化”“常规工作制度化”“校本教研规范化”“课题研究实践化”“考核奖励常规化”“科研意识习惯化”等精细化管理模式，围绕“实践与反思交织，竞赛与常规并行，教学与科研一体，校本教研与课题研究互融”教学科研管理工作思路，相继开展主题式反思性教学实践活动、青年教师活力课堂优质课大赛、振兴课堂评比活动等，切实提升教育科研的层次和品位，提高教育教学质量，学校发展内涵得到丰富。

【校本教材被推荐参加教育部示范教材评比】 2011年，中华中等专业学校报送省中等职业教育、五年制高等职业教育改革创新示范教材10部参评，经过省教育厅专家评审，教师何玲主编的《美容院服务与管理》《美容院服务与营销》、教师司红芳主编的《计算机网络技术基础》、教师吴文晶主编的《二维动画制作技巧与实例》等4部校本教材被省教育厅作为优秀教材推荐参加教育部中等职业教育改革创新示范教材评比。

【中华中专校学生在省职业院校技能大赛中获奖】 2011年，中华中等专业学校师生在江苏省职业院校技能大赛服装模特和平面模特比赛中，获得7枚金牌、11枚银牌、8枚铜牌。总成绩在南京市30所职业学校中连续5年保持前4名水平，位居全市第一方阵，受到省教育厅和市教育局表彰。

【区首家校外教育辅导中心站成立】 1月，雨花台区首家校外教育辅导站在西善桥街道成立。该中心站设在西善桥社区服务中心，内设教室、阅览室、电教网络室、文体活动室等硬件设施。由辖区热心教育事业和关爱儿童的社区干部、志愿者、老校长、老教师组成辅导中心站领导小组，定期研究和部署校外教育辅导站工作。辅导站发动身体好、有辅导能力和奉献精神的“五老”(老干部、老战士、老教授、老专家、老模范)参加到辅导员队伍中来；同时，组织寒暑假返社区大学生及有一技之长的专家能人，担任兼职辅导员。整合各方资源，校外教育辅导站建设和社区文体设施建设、信息共享工程建设有机结合，整体推进、资源共享、合理使用；根据青少年身心发展特点，定期开展思想道德教育、文体娱乐、社会公益等实践活动。

【李侃桢调研梅山街道社区教育工作】 5月4日，副市长、区委书记李侃桢到梅山街道梅清苑社区调研社区教育工作。副区长薛国安、迟延安、周雯等陪同调研。李侃桢一行到梅清苑社区市民学校，观看社区教育活动图片展，观摩社区居民自制的编织与航模作品。参观梅清苑社区校外学校辅导站、心理咨询室、图书室等，并听取区教育局局长冯建强关于全区社区教育工作情况及梅清苑社区市民学校活动开展情况汇报。李侃桢充分肯定全区社区教育发展成就，以及梅清苑社区市民学校工作取得的成绩，并就社区市民学校如何进一步贴近社区居民学习、培训、休闲、娱乐等方面需求，开展健康向上和形式多样社区教育活动，促进学习型社区建设等提出要求。

【《社区教育发展成果》专题片制作完成】 5月，雨花台区完成《社区教育发展成果》专题片制作。专题片由区教育局成职社科会同区电教馆、各街道社区教育中心拍摄并制作。全篇分新市民素质提升计划、开办“社区学堂”、举办“社区论坛”、开展新市民参观活动、开展新市民演练活动、树立新市民“十佳”典型、建立市民素质长效教育机制等七大板块，从开展社区教育构建雨花终身教育体系和实施“新市民素质提升计划”打造“文明雨花”品牌2个方面详细反映全区社区教育工作成果、特色和经验，片长30分钟。

【中雷软件测试特色班开办】 9月1日，中华中专与南京雷镀职业培训学校★(以下简称雷镀教育)签订合作协议，在学校高职专业启动软件测试工程师培训项目，联合开办中雷软件测试特色班。协议规定：由中华中专负责学历教学，雷镀教育负责技能培训，将学历教育与职前培训有效结合，实现职业教育与中国(南京)软件谷内软件企业对口就业。首期中雷软件测试特色班招收该校五年制高职电子商务专业37名大二学生，进行为期6个月短期培训并取得软件测试工程师证书。由雷镀教育联合驻区软件企业与获证学生签订“就业服务协议”，为驻区华为、中软国际和华胜天成等企业输送软件测试人才。该校成为全市首个在中等职业学校开设软件测试工程师培训课程的学校。

★链接 南京雷镀职业培训学校（简称雷镀教育)由雷镀公司于2006年投资成立，致力于IT实用型技术人才培养。学校可为个人及企事业单位提供模块化、多层次、全方位培训服务，可提供就业、职场提升、企业内训等多种具备针对性培训服务解决方案。在南京软件培训行业有较高知名度和影响力。

【"基于社区推进居民终身学习的理论与实践的研究"结题】 7月18日，由雨花台区培训学院和区教育局职社科承担的省"十一五"社会教育课题"基于社区推进居民终身学习的理论与实践的研究"结题。该课题自2009年12月启动研究，研究内容包括社区成人学习需求及动力调查研究、基于社区居民终身学习实践操作范式研究等。该课题研究对于破解社区教育发展难点、提升社区教育工作实效、提高社区教育队伍职业化专业化水平、促进社区教育科学发展具有指导和现实意义。区培训学院全区各街道社区教育中心主任参加课题研究，区教育局副局长部叶红、区成职社科科长樊宗球全程参与并指导结题工作。

【推选3个社区为市首批居民学校】 11月19~30日，雨花台区督导评估辖区各街道上报市民学校，并将督导评估工作列入区精神文明建设内容。根据江苏省居民学校建设标准，区教育局成职社科会同街道(开发区)社区教育中心测评考核全区51个社区(村)居民学校，围绕居民学校组织管理建设、教学设施建设、保障措施、实施成效等4个指标体系进行评分，走访帮扶相对薄弱(居)市民学校。其中，重点视导评估开发区近华社区、梅山街道梅欣社区、板桥街道板桥社区、西善桥街道油坊社区、铁心桥街道铁心社区、宁南街道翠竹园社区、赛虹桥街道安德门社区、雨花新村街道共青团路社区等区级示范(居)市民学校申报单位。视导组采取听取社区工作汇报、召开座谈会、查阅台账、现场观摩、意见反馈等形式，全面了解基层工作实践，肯定基层社区教育工作；与街道、社区一起会诊把脉，帮助(居)市民学校谋划思路、寻求发展，就社区教育工作宣传、社区教育品牌打造等提出指导性意见。视导考察结果，全区24所社区(居)市民学校达到省居民学校建设标准，并推选景明佳园社区、福润社区、丁墙社区居民学校为南京市首批居民学校。 (钟家燮)

教　师　管　理

【概　况】 2011年，雨花台区中小学在职公办教师1936人，其中中学960人、小学814人、职校95人、师校41人、幼儿园23人、招办3人；幼儿园教职工1347人；离退休人员823人。全区中小学教师学历达标100%。全区小学教师高一层次学历91.7%，初中教师高一层次学历85.5%；公办普通高中研究生学历12.7%，职业教育"双师型"教师由30%提高到57.5%，高一层次学历14.4%。在岗教师培训率100%。

加强教师队伍建设。严格按照教师招聘工作原则、程序和要求，通过笔试、面试和试教考核，新进50名教师，其中研究生8人；组织新教师岗前培训，举行新教师入职仪式；完成中小学教师调配工作，全年调配22名教师，促进教师合理流动，进一步推进优质师资均衡发展。是年，该区19名教师被评为高级教师职称、68名教师被评为中级教师职称、53名教师被评为初级教师职称。全区开展各类范式性展示和交流活动16场，参与教师967人次。

8月24日，雨花台区新教师岗前培训暨入职仪式

2011 年,全区中小学教师参加全国、省、市各类教学竞赛活动有 1137 人次获奖;500 余篇教师论文在《中国教育报》《江苏教育研究》等专业刊物上发表或在全国省市论文评比中获奖。全区有 9 名位教师获市优秀青年教师称号,7 名教师被评为市 2010~2011 学年度普通高中教育及教学先进个人。全年,该区评选表彰区优秀教育工作者 96 人、区优秀青年教师 103 人及区教坛新秀 42 人;雨花台中学等 23 所学校 45 名教师分别获南京市学校心理健康教育教师、南京市学校心理咨询员资格证书。

【表彰先进基层党组织和优秀共产党员】 6 月26 日,全市教育系统纪念建党 90 周年暨创先争优表彰大会在南京航空航天大学学生活动中心举行。会上市委教育工委总结全市教育系统创先争优活动,表彰全市教育系统先进基层党组织、优秀共产党员、优秀党务工作者和创先争优活动优秀案例。雨花台区共青团路中学支部委员会获得先进基层党组织殊荣;古雄小学王泰霞、板桥小学严朝胜、雨花台小学赵梅、铁心桥小学朱庆华等 4 位教师获得优秀共产党员称号;春江学校校长、党支部书记刘吉虎荣获优秀党务工作者称号;区教育局工委《提升教师幸福指数努力办人民满意教育》和梅山一小支部《以微型党课为载体创建学习型党组织》获得创先争优活动优秀案例奖。

【“雨花杯”课堂教学基本功大赛】 2011 年,雨花台区举行第五届“雨花杯”课堂教学基本功大赛。大赛于 2010 年 11 月启动,历时 5 个多月。4 月 29 日,在雨花台中学赛课点举行大赛精品课程展示暨总结表彰大会。大赛分预赛和复赛 2 个阶段、校级选拔和区级竞赛 2 个层面、中学组和小学组两个组别,涉及语文、数学、生物、化学、历史、美术等学科。胡景月等 233 名教师分获一等奖、二等奖、三等奖,雨花台中学等 10 所学校获“优秀团体奖”。

【中华中专校“青蓝工程”启动暨“青学会”成立仪式】 9 月 30 日,在南京中华中等专业学校举行。会上,于凤英、漆险亭等 11 对师徒签署“青蓝工程”协议书,11 名指导教师接受校领导颁发的聘书、11 名新教师接受校领导颁发的《新教师发展性教学科研评价手册》。该校校长王春林为校 “青学会”(青年教师学习会)授牌。校“青学会”主要由 35 周岁以下青年教师组成,“青学会”旨在搭建青年教师发展平台,促进青年教师快速成长为学校三个发展中间力量, 践行团队合作,提升青年教师综合素养和学校教学团队综合实力。

(钟家燮)

教　育　科　研

【概　况】 2011 年, 雨花台区继续加强全区教师信息技术应用能力培训,组织 103 位青年教师参加市电教馆举办的“信息技术实用手册培训班”网络培训,在各校选拔教师参加 “普通高中信息技术教师暑期培训”“南京市第四届校园电视节目制作培训班”等市级培训。同时,根据基层学校需求,分别到古雄小学、梅山一小和孙家中学进行针对性培训。全区 12 所使用整合课程的幼儿园组成项目培训组,引进外援“宁谊幼教培训中心”(整合课程研发中心), 为各幼儿园提供课程实施交流与共享平台,在汇总、交流、借鉴过程中,提升全区教师课程实施与教学研究水平。年内,区教育部门抓住市教育科研课题“十一五”课题结题和“十二五”新课题申报契机,对全区教师进行系列教育科研集中和分散培训,确立个人课题研究、学校科研工作模式、科研主题活动设计等三大板块培训内容,全年开设科研培训 8 场,参训教师 423 人次;开展各类各级研训活动 25 场次, 受益教师千余人次。至年末,全区“十一五”省、市级教育规划课题结题率 86%,32 项“十二五”省、市级教育科研规划课题获得立项,完成新一期市、区个人课题结题和开题工作,教师个人课题研究参与率同比上升 4.5%。区教研室组织听课 1886 节,开展教研活动 265 场,承办市级教研活动 30 场,发表教育教学论文 19 篇,市级以上讲座 21 人次;教师上市级公开课 75 节、区级公开课 261 节;市级讲座 24 人次、区级讲座 94 人次。是年,区电教馆以排名第一的位置获市首批“区县优秀电教中心”。

【“以志愿者行动为核心的践行性德育模式的研究”结题】 10 月 9 日,由雨花台区承担的“以志愿者行动为核心的践行性德育模式的研究”课题结题。结题会在雨花台中学高中部举行,市教科所所长、特级教师刘永和,市教科所博士李亚娟等市课题评审组专家应邀参加现场会。市、区教育局相关处室领导,全区 24 所中小学校负责人及部分学生、家长参加结题现场会。课题组完成结题报告撰写、成果文集汇编和《主体、志愿、践行》活动专辑视频编辑。会议通过现场观摩讲解、观看视频、师生访谈、课题汇报等方式,展示各校在课题中取得的成果。2009 年,区教育局启动该课题研究, 全区 24 所中小学全部参与课题研究,确立研究子课题,并开展各项活动予以推进。各校结合自身特点,通过实践摸索出以志愿者行动为核心的践行性德育模式,先后成立志愿者俱乐部、红领巾志愿服务队,同时与社区联合、邀请家长互动,形成以“志愿者行动”为核心的区域德育工作鲜明特色。评审组专家现场观摩师生志愿者代表访谈活动, 听取普教科科长盛红霞代表课题组作课题研究情况汇报;刘永和等进行现场点评;李亚娟受评审专家组委托宣读课题研究结题鉴定意见, 高度评价该课题研究成果,同意结题。

【市小学体育 (足球) 特色展示活动举行】 10 月 11 日,“球韵童趣润韵童年”——市级小学体育特色(足球)展示活动在区实验小学举行。活动由市教研室主办、区教研室和区实验小学承办,市教研室专家、各区县体育教研员、市体育骨干教师等 150 多人参加活动。活动期间,与会代表听取实小教师陈坤、林俐执教三年级校本教材“小足球——脚内、外侧变向运球”和四年级“小篮球——原地运球”2 节球类课;观摩学生足球特色操、广播操、特色大课间活动;听取学校在创足球特色、树项目品牌、构建校园足球文化方面等思考与实践介绍。与会专家高度评价实小足球品牌打造,以及“体育校本课程开发与体育特色活动的开展”取得的突出成绩。足球项目是该校致力于构建“生命化的课程与教学体系”重要内容。是年,学校足球队先后获江苏省青少年足球比赛乙组第一名、“鲁能杯”全国少儿足球锦标赛第二名、上海“埠际杯”足球锦标赛第二名和南京市少儿足球比赛获得乙组第一名、甲组第二名。

【全国高中名校名校长高层论坛举行】 11 月 5~6 日,全国高中名校名师特色课堂现场观摩活动暨“全国高中名校名校长高层论坛”在雨花台中学举行。来自全国教育管理一线的专家和校长,就高中拔尖创新人才培养模式、特色课程建设、多样化发展、文化特色、自主发展等进行研讨,来自全国 17 个省市 30 所高中的 33 名教师展示特色教学精品课堂。教育部基础教育课程教材发展中心、江苏省教育科学研究院、江苏教育学院,雨花台区政府,市、区教育局等相关部门领导和专家出席开幕式。来自全国各地教育科研专家、名校校长近 600 人参加论坛活动。论坛期间,湖南师范大学附属中学校长常力源、浙江省杭州市第二中学校长叶翠微、南京师范大学附属中学校长陈履伟、江西省临川一中校长饶祥明、上海市建平中学校长杨振峰、雨花台中学校长穆耕森等多位校长和高中教育教学专家就高中学校特色发展主题分别作精彩报告,集中展示全国高中名校特色和经验。

全国高中名校名校长高层论坛在区举行

【市幼教教学展示观摩现场会】 12 月 8 日,“关注儿童研究儿童——南京市幼教教研员教学展示观摩现场会”在雨花台区实验幼儿园举行,雨花台区、鼓楼区、浦口区幼教教研员分别进行教学展示活动。南京市教研室专家、全市各区县幼教教研员,以及来自南京市 50 余所幼儿园的 200 多名教师参加现场观摩活动。活动强调幼儿教育突出儿童是学习主人,研究儿童学习方式等幼教理念。雨花台区幼教教研员王进和雨实幼大班幼儿展示大班数学活动 “骰子的秘密”,鼓楼区幼教教研员朱清和雨实幼小班幼儿展示健康活动“虫儿长大了”,浦口区幼教教研员严文云和雨实幼大班幼儿展示音乐活动“画太阳”。市教研室教师赵岭作展示活动点评, 与会专家和教师一致称赞区实验幼儿园孩子们自主、自信、自律、自理等优良学习品质。

【梅山一小 “茶文化” 主题识字活动交流会举行】 6 月 15 日,梅山第一小学“茶文化”主题识字活动交流会举行。市教研室主任汪笑梅、省教育学会会长周德藩、特级教师陈树民等领导和专家,全市部分区县教研员、“科学认读” 联盟学校校长和教师等参加活动。

与会专家和教师观摩学校一年级“茶文化”联想识字和二年级“茶文化”主题识字活动，听取校长邱红英“科学认读”课题实验研究情况专题汇报，充分肯定学校以茶艺教育为切入点，“以茶修德、以茶启智、以茶健体、以茶立美、以茶促劳”教育思路，以及开展“科学认读”活动取得的成果。（钟家燮）

南京市雨花台区青少年活动中心

【概　况】 2011 年，南京市雨花台区青少年活动中心开展平安校园、优质校园、文明校园、和谐校园创建活动，推进校本课程建设，实施品牌建设工程，全方位拓展校外教育功能，校园环境建设、规范管理水平、师资队伍提升、实践课程创新、科技特色发展、社会美誉度得到新提升。年内，开展辖区小学生综合实践活动 8 期，接待区外学生社会实践活动 7 期、接待5 万人次。开设国防、军事、科技、微机、图书、四驱赛车、手工编织、陶艺、沙画、航模制作等活动 40 多项，新增玻璃串珠、电脑组装、京剧脸谱、动平衡木偶、红色教育、税法教育等活动课程。打造特色课程体系，开设特色教育培训办学点 3 个，开展“机器人”制作培训，组队参加各级各类机器人比赛并取得好成绩。承办“2011 江苏省第三届中小学生机器人普及赛(雨花分赛场)”“雨花台区首届中小学生机器人大赛”“雨花台区第 12 届科创大赛”“2011 雨花台区中小学生金钥匙科技竞赛”等科技竞赛活动。主办或承办“南京之旅——藏苏两地中小学生夏令营”等 9 批公益性夏令营。承办雨花台区新教师岗前培训暨入职仪式、江苏省第九期校园欢乐流动课堂活动、省“思高”母亲节儿童画征集活动、南京市“奇奇运动会”等。是年，中心获全国“心中有祖国，心中有他人”主题教育活动先进集体、江苏省校外教育先进集体、江苏省第三届机器人普及赛先进集体、2006~2010 年度南京市全民素养先进集体、南京市第八届中小学生科技活动先进集体、南京市关心下一代工作先进集体等称号。

【航模代表队获 29 项个人单项奖】 7 月，区青少年活动中心与春江学校联合组队参加第 13 届“飞向北京——飞向太空”全国青少年航空、航天模型教育竞赛江苏预选赛，比赛在金陵中学河西分校举行。在全部 9 个大项比赛中，区代表队获个人单项奖 29 项，其中一等奖 3 项、二等奖 9 项、三等奖 17 项；获单项团体名次奖 13 项和综合团体奖 3 项。

【“机器人”特色课程培训】 2011 年，区青少年活动中心在辖区 3 所学校开设办学点，开展“机器人”科技教学培训，打造特色课程体系。4 月，组织 26 名中小学生参加第 22 届江苏省青少年科技创新大赛“花季杯”青少年机器人大赛，初中组 8 人获一等奖，2 人获二等奖，2 人获三等奖，其中足球项目选手获一等奖冠军，取得代表江苏省参加全国赛资格。7 月，在济南一中举行的“中国移动校讯通杯”第 12 届全国中小学电脑制作活动电脑机器人竞赛中，区机器人代表队（江苏省队）获一等奖（亚军）。12 月 21 日，利用特色课程品牌优势承办雨花台区首届中小学生机器人大赛和江苏省第三届机器人普及赛（雨花台区分赛场）。

12 月 21 日，雨花台区首届中小学生机器人大赛和江苏省第三届机器人普及赛（雨花台区分赛场）

【2012年蒙台梭利模拟联合国大会江苏省选拔赛】 10月17日,在区青少年活动中心闭幕。选拔赛由江苏凤凰教育出版社、南京萌苗教育咨询有限公司主办,南京树人国际学校、南京财经大学模拟联合国协会协办,雨花台区青少年活动中心承办,近百名省内中小学生参加为期2天比赛,最终20位优胜者胜出,获2012年4月赴美国纽约联合国总部参加蒙台梭利模拟联合国★大会资格。选拔赛分小学组和中学组,着重考察选手英语综合运用能力,并通过开展各类活动加深模联认识。经过2天选拔,来自江阴华士实验小学、南京小行小学、南京察哈尔路小学、南京树人国际学校、南京外国语学校仙林分校和镇江国际学校的20名选手入选,并将经过后期全方位培训,代表江苏和中国,在世界舞台上展示中国青少年风采。

★**链接** 蒙台梭利模拟联合国(MMUN)是联合国唯一青少年模联示范项目。参会者是来自世界各地优秀青少年。参与峰会的各国青少年(9~16岁)经层层选拔,作为世界各国"外交官",在真正的联合国(纽约或者日内瓦)会议大厅内,模拟联合国运作方式和议事规则,对全球热点政治、经济、环境、教育、社会等问题,提出解决方案,进行演讲、辩论和表决,搭建起世界青少年国际性交流平台。

(蔡忠勇)

驻 区 院 校

·三江学院·

【概 况】 2011年,三江学院设有19个院(系),34个本科专业、31个专科专业;全日制本专科在校生17516人,其中普通类本科生14100人、专科生3416人;招收普通类本科生4260人、专科生1411人,普通类本专科毕业生4150人,就业率97.06%。有专任教师873人,其中副教授以上职称485人,具有硕士以上学位456人。聘用南京大学、东南大学等高校退休教授和在职教师269人为兼职教师,聘请一批国内相关学科专业学者担任名誉教授和客座教授。

年内,学校探索建立科学规范的民办高校领导体制和运行机制,不断完善学校法人治理结构,依法治校,规范管理,建立学校领导班子的更替机制,保障学校持续健康发展。加强专业和学科建设,深入开展应用型人才培养模式改革,在国家级特色专业建设、省重点学科、省精品课程、省级实验教学示范中心等方面取得新进展。获教育部批准新设置表演、机械电子工程、园林等本科专业3个,对外汉语、软件工程、微电子学等3个本科专业通过省学士学位授权评审。新增省级人才培养模式创新实验基地1个、省级实验教学示范中心1个、省级教学成果奖二等奖1个、省级教改课题4项、省级大学实践创新训练计划31项。承接课题41项,发表学术论文209篇,获得专利48项。是年,该校学生参加省级以上学科竞赛获各类奖项79个,2011届本科职业技能(资格)证书获证比例43%。

坚持人才强校战略,实施师资培养青蓝工程。至年末,第二届青蓝工程培养青年教师47人、团队4个。选派教师参加国家和省各类培训,获得省中青年骨干教师出国研修项目和省内访问学者16人。完成"校园一卡通"一期工程。启动三江学院吉山科技校区建设工作,并完成规划设计等前期筹备工作。年末,学校被省教育厅评为"和谐校园"、省高等学校思想政治教育工作"先进集体",被省民政厅评为"AAAAA级社会组织",被省委教育工委评为高校"党建工作创新奖",校工会被省教育科技工会评为"模范教工之家"。

2011年,三江学院招生保持稳步增长势头

【完成校行政领导换届选举工作】 4月22日,三江学院新任正副校长聘任大会在三江会堂举行。校理事会副理事长冯沪生宣读中共江苏省委教育工委、江苏省教育厅关于核准董新华任三江学院校长的复函,以及三江学院理事会关于校长变更决定:聘任董新华为三江学院校长,任期五年。并由董新华、陈云棠、顾江、

武正林等4人组成三江学院新一届行政领导班子。

【完成校党委换届工作】 11月26~27日，中共三江学院第三次代表大会在三江会堂召开，中共江苏省委教育工委书记、省教育厅厅长沈健出席大会并发表重要讲话。党委书记陈万年代表第二届党委作题为《凝心聚力锐意进取为建成特色鲜明的地方重点应用型高水平民办大学而努力奋斗》的工作报告。大会选举陈万年、董新华、武正林、陈云棠、周更生、卢启发、朱银亮为第三届党委委员，陈万年为第三届党委书记，董新华、武正林为副书记；选举武正林、卢启发、穆荣华、许江、郭红为第三届纪委委员，武正林为纪委书记，卢启发为纪委副书记。年末，选举结果获得省委教育工委审核批准。

【筹建三江学院吉山科技校区】 2011年，三江学院以南京打造"中国软件名城"为契机，紧紧抓住该校位于南京市"一谷两园"软件产业集聚区的区位优势，与江苏软件园合作，加快该校应用型办学模式转变，在江苏软件园吉山基地建设三江学院吉山科技校区。该校区将于2012年初正式启动一期工程建设，一期工程约6万平方米，预计2013年完成。三江学院吉山科技校区，计划通过与江苏软件园深度合作，实现优势互补，合作共赢，着力打造江苏高校产学研合作新模式。年内，完成与江苏软件园签订项目合作协议，项目前期准备工作基本完成。

【获全国及省大学生专业比赛奖79个】 2011年，三江学院学生参加全国、省学科竞赛获奖79个。其中，获全国大学生英语竞赛一等奖3个、二等奖6个；获2011年第五届"三菱电机自动化杯"大学生自动化大赛暨自动化创新设计竞赛一等奖和二等奖各1个；获2011~2012赛季POCIB全国大学生外贸从业能力大赛一等奖1个、二等奖11个；获第四届江苏省大学生机器人大赛一等奖2个、二等奖1个；获第一届华东区大学生CAD应用技能竞赛一等奖和二等奖各1个；获2011年江苏省普通高等学校本专科优秀毕业设计(论文)评选一等奖1个、二等奖2个；获2011年江苏省第三届大学生艺术展演活动艺术表演类器乐比赛甲组一等奖，艺术表演类舞蹈比赛甲组一等奖。

【新增3个本科专业】 3月，三江学院申报增设的表演、机械电子工程、园林等3个本科专业通过教育部论证审核并批准设置。该校新获批的3个本科专业学位授予类别具体是：表演专业——文学、机械电子工程专业——工学、园林专业——农学，修业年限均为四年，2011年开始招生。新专业的设置为学校专业学科建设发展和人才培养提供了新空间、新载体，园林专业获批设置，将该校本科专业学科门类首次拓展至农学学科领域。至年末，该校有本科专业34个，涵盖文学、工学、经济学、管理学、理学和农学等学科门类，初步实现学校"十二五"时期专业与学科建设发展既定目标。

【成立全省民办高校首个女知识分子联谊会】 3月7日，三江学院女知识分子联谊会成立，成为全省民办高校首个女知识分子联谊会。校长陈万年、副校长叶俊、省妇联组联部部长李萍、省教育科技工会高校部部长华翼杨、南京大学女教授联谊会副会长汪幼澜，东南大学女教授联谊会秘书长、工会副主席吴映红及三江学院相关部门负责人参加会议。会上，副校长叶俊介绍校女知联筹备工作情况，经济学院院长周敏倩宣读《三江学院女知识分子联谊会章程(草案)》，全体与会人员鼓掌通过。大会选举产生女知联首届理事会成员，副校长叶俊当选为会长，梅杓春、周敏倩当选为副会长，韩雪临为秘书长。

【国际教育学院与兰翎(南京)就业创业园合作签约暨揭牌仪式】 4月8日，三江学院国际教育学院与兰翎(南京)就业创业园*共同举行人才培养及学生就业创业指导基地合作签约暨揭牌仪式，联手培养具有国际视野的综合性复合型人才。三江学院副校长、党委副书记董新华和南京市白下区人力资源与社会保障局局长徐梅、兰翎(南京)就业创业园董事长王晓东等出席签约揭牌仪式。国际教育学院与兰翎(南京)就业创业园将在人才培养内涵、就业岗位信息分析筛选、就业招聘组织及培训、大学生创业项目指导及"孵化"服务、就业指导课程建设与开发、大学生综合素质拓展等方面展开合作，是一次多角度、全方面、多层次的新思路、新形式的就业创业合作探索，进一步拓宽该学院学生就业创业途径和渠道。

签约揭牌仪式上，三江学院国际教育学院院长黄克明与兰翎(南京)就业创业园王晓东董事长代表双方分别在合作协议书上签字，并与董新华、徐梅等共同揭牌。

★链接　兰翎(南京)就业创业园成立于2007年，是白下区政府认可的就业创业园区，建筑面积1.3万平方米。经过多年运作，形成以促进就业为主题、创业孵化技术性人才为特色的解决和研究就业问题的综合基地拥有政策支持、联盟运作、规范管理、联合推广、后台服务、确保就业、品牌效应等七大优势，提供人才市场、职介市场、培训中心、创业园、信息中心等，提供创业、就业、培训等于一体的全方位综合性服务。

【三江学院优质生源基地授牌】　5月13日，三江学院优质生源基地授牌仪式在南通举行，南通市教育局副局长王笑君、南通市招办主任卢鸿杰、南通6个县(市)招办负责人、21所中学主要负责人、三江学院副校长武正林、三江学院招生就业指导中心主任仇存进出席授牌仪式。经过对南通地区70余所高中近4年来进入该校学生数量比对和筛选，从中挑选录取数量较多、学生进校以后学习和发展较好的通州区平潮中学、海安县李堡中学、如东县掘港中学等21所高中作为三江学院首批生源基地。21所高中的校领导表示愿意为三江学院提供更多更好生源，三江学院副校长武正林表示，三江学院将提高教学质量、对全体学生负责，为学生提供优质服务。

【校计算机网络综合布线实验室建成投入使用】　5月，经过长达2个多月的建设，三江学院清华易训网络综合布线实验室通过验收，并投入使用，成为华东地区高校中首家具备先进设备的网络综合布线实验室。该实验室是校计算机实验教学中心(省级示范中心建设点)重点建设实验室之一，是计算机网络工程及相关专业进行网络综合布线培养应用型人才实训场所。实验室建筑面积136平方米，总投资约80万元，于2011年2月开始建设。由展示区、实训区、设计与讨论区构成，配备清华易训光纤及线缆实训测试装置、光纤熔接设备、网络故障模拟演示仪、网络链路测试工具等设备。实验室定位于本科层次，能够完成网络压接线实验、网络跳线制作和测试实验、水平子系统布线、垂直子系统布线、工作区子系统布线、设备间子系统布线等实验，还可以对光纤研磨和光纤熔接技术、相关链路测试工艺进行系统训练。

【知识产权学院与雨花台区检察院签订合作协议】　9月8~9日，三江学院知识产权管理学院与雨花台区检察院共同签订关于建立知识产权司法保护实践研究基地的合作协议。同期举办"保护知识产权，助推创新驱动"研讨会。会上，三江学院知识产权学院院长陈昌柏围绕知识产权服务创新城市发展专题展开深入研讨，阐述创新驱动型城市发展战略，建设中国(南京)软件名城，加速雨花台区经济转型升级，探索在推进社会管理创新中创建知识产权保护高地的理论与实践，提升高校为构建和谐社会服务能力，促进知识产权专业人才培养、知识产权理论研究与司法实践相结合的新思路和方法。国家知识产权局、最高人民检察院以及省市区知识产权局、省市区检察院领导出席研讨会，来自全国司法机关、知识产权行政执法机关、法律服务机构代表和企业知识产权专业人员，以及法学专家等150多人参加研讨会。

【首届新闻强化班开班】　9月19日，三江学院和《现代快报》"首届新闻强化班"开班。强化班由现代快报社和三江学院双方合作办学，采取"2+1.5+0.5"(第一阶段2年，以学校教育为主，侧重打好理论基础；第二阶段1.5年，以媒体教育为主，侧重业务技能学习；第三阶段0.5年，根据学生发展意向和人才市场需求进一步分流培养)实践化、双主体新闻人才培养模式，实行双导师制，学校和报社共同制定培养方案、共同负责学生管理与指导。报社通过举办业务讲座、安排专

9月19日，三江学院首届新闻强化班开班

门老师给予实习指导、组织各种活动等多种方式，全方位培养锻炼学生新闻业务能力和社会实践能力，同时学校及院系在课程设置及教学管理上给予大力支持和协助。强化班首期招收三江学院文学与新闻传播学院2009新闻学专业学生20名。至年末，首届学生完成报社8个部门十余种岗位定期轮换实习，发表或参与报道见报新闻稿件358篇，其中头版头条或头版导读17篇、核心报道57篇，30余篇被报社评为好稿；编辑制作网络新媒体作品近4000条，其中头条37篇，12件作品点击量过万、近200件作品点击量过千；参与编辑版面100余幅。

【新闻传播学学科入选省一级学科重点建设学科】 11月，三江学院新闻传播学学科入选省一级学科省重点建设学科，成为继2008年新闻学学科获遴选为二级学科省重点建设学科后，新获得的一项省级学科建设项目，实现学校“十二五”时期学科建设发展起好步、开好局的既定目标。新闻传播学科建于1997年，2011年招收学生50人，毕业125人。该学科学生获各类奖项十余次，其中省级以上奖项4次。2008年被列为省重点建设学科，2009年被列为国家级特色专业建设点，2010年被评为省教育厅“校媒联盟”合作培养新闻实务人才创新实验基地。

【影视实验教学中心成为省级实验教学示范中心建设点】 年末，三江学院影视实验教学中心被评为省级实验教学示范中心建设点。该中心隶属于校文学与新闻传播学院，有专兼职实验教师27人，其中副高职称以上7人.设有多功能演播厅、虚拟演播室、线性编辑实验室、非线性编辑实验室一、非线性编辑实验室二、视听实验室、AVID非线性编辑实验室等7个实验室，仪器设备价值300万元。中心面向广电编导、新闻学、广告学、汉语言文学、对外汉语、动画设计等专业和方向本科实验教学与实验，以及学校其他院系相关课程实验教学工作、数字媒体培训和教师教育技术技能培训等。 （沈军军）

·江苏警官学院·

【概　况】 2011年，江苏警官学院（以下简称学院）设7个教学系（部）、12个全日制本科专业（方向）、5个专科专业、5个第二学士学位专业、5个成人学历教育专业。至年末，有省优势学科建设项目1个、省重点建设学科2个、省级哲学社会科学重点研究基地培育点1个、国家级特色专业建设点2个、省级特色品牌专业建设点6个、国家级精品课程3门、省部级精品课程12门、省级精品教材11部、省级实验（实训）教学示范中心建设点4个。是年，学院获江苏省高等教育教学成果奖4项。

2011年，录取全日制本科生952人，全日制在校生5736人、成人学历教育在籍生6000多人，年培训在职民警6300多人次。教职工618人，其中专任教师395人，其中高级职称教师169人，博士、硕士学位教师211人；江苏省“333工程”培养对象7人、江苏省高校“青蓝工程”培养人选21人；院学科带头人、优秀中青年骨干教师、教学名师等58人，系部教学能手65人。聘请公安部、省公安厅和部分高校20多位专家、知名教授担任兼职教授；从公安机关聘请73名培训兼职教官。有校区3个，占地总面积66.67公顷，校舍建筑面积16.4万平方米，在建浦口主校区建筑面积19万平方米。教学科研仪器设备4300多万元，图书馆纸质藏书近65万册、中外文期刊1300种。建有国内第一个指纹主题博物馆——南京中华指纹博物馆。拥有标准运动场、警体训练馆、靶场等训练场所设施。

全年举办全省公安机关专职法制员、“司升督”、各警种领导骨干以及全省文化系统执法人员等各类培训班44期，受训6572人。省厅国保局、省文化厅正式将学院作为各自挂牌培训基地。完成“保安培训许可证”申领工作。全年招收成教学员866人，成人教育在籍生规模总体稳定。

是年，学院申报的公安学一级学科入选江苏省优势学科建设工程一期项目，“公安技术” 一级学科被确定为“十二五”期间省重点建设学科。与公安机关合作开展十多个警务研究课题，举办“论五大警务”学术讨论会、图侦技术校局联合学术研讨会等多项社会影响广泛的警务研究学术交流活动。9项课题获省部级以上立项，35项课题获厅级立项，其中“模态与本质：一个逻辑哲学的研究路径”被批准为国家社科基金后期资助项目，实现学院国家社科基金项目零的突破。全年发表学术论文约300篇，其中在核心刊物发表论文28篇，出版专著4部。6项成果通过公安部、省社科联、公安厅鉴定验收。2项成果分别获江苏省哲学社会科学优秀成果奖、公安厅科技强警奖。“乙烯二胺席夫碱型汗潜指纹荧光显现剂合成及其应用”被批准为国家发明专利，实现学院科技专利零的突破。学生参加省第三届理工科大学生人文社科知识竞赛,获得本科段生均分值第一。在江苏省第三届大学生艺术展演中,获得1个特等奖、3个一等奖、7个二等奖等多个奖项。31个大学生实践创新训练计划项目获得省教育厅立项资助。13项学生科技创新成果获全国公安院校学生科技创新比赛奖。公安类专业毕业生入警率99.9%,非公安专业毕业生就业率84.8%,其中公务员录用比例21.3%。法律系2008级学生参加国家司法资格考试通过率37.1%,超过全国全省平均通过率。学院被确定为全国首批司法考试高校服务站。

【江苏现代警务研究中心挂牌】 3月27日,江苏现代警务研究中心挂牌仪式在学院举办,全省各地公安机关领导、全国部分公安政法院校专家、学者170多人出席。该中心经省公安厅批准成立,是依托全省公安机关警务资源和学院科研资源构建"战、学、研"一体化运行机制、具有鲜明特色的综合性研究机构,是全国第一家以现代警务发展为主要研究领域的机构。中心同时被省教育厅确定为江苏省哲学社会科学重点研究基地培育点。年内,学院以警务研究中心为平台,整合全省公安研究力量和资源,在全省13个省辖市公安局设立科研基地,在县(区)公安机关设立28个科研工作站,搭建学院与公安机关合作协作、互通互动、科研为公安实战服务平台。

【首届江苏警务发展论坛开幕】 3月27日,首届江苏警务发展论坛在学院开幕。论坛围绕"社会管理创新与当代警政变革"主题,11位专家学者先后就当代警政变革、社会管理创新、区域警务协作、社会和涉警舆情引导,建立打、防、管、控新机制,构建社会矛盾风险评估与联调化解机制、公安机关现实化管控虚拟社会、信息警务模式引领警方社会管理创新等作深入分析,研讨交流信息警务、社区警务、社会服务、公安执法等公安机关社会管理创新问题。

【《现代警务研究》创刊出版】 3月27日,经江苏省新闻出版局批准,学院《现代警务研究》正式创刊出版。该刊以服务公安决策、指导基层实战为宗旨,为全省公安机关开展理论研讨、交流创新经验提供重要阵地,刊载的研究文章得到公安机关领导高度关注,成为全省公安机关具有权威指导性警务理论与实践研究刊物。至年末,出版4期,刊载论文75篇。

【构建"战学研"一体化教学模式】 2011年,学院积极推进实战化教学改革,构建"战学研"一体化教学模式。建立10个警体技能训练模块,完善"四证换一证"(学员在修完规定课程的同时,参加学院组织的公共基础知识达标考核、警察体能达标考核、警务技战术达标考核和专业技能达标考核,分别取得合格证书,才能获得毕业证书)达标考核方案,试行学生必读书自学测试。实行校局结合,建立由学院教师与实战部门教官组成的11个教学团队,全年有30人次实战教官参与公安业务课程教学和课程评价以及教学督导等工作。"局长大讲坛"先后邀请7位省公安厅业务部门负责人和省辖市公安局局长到校开设专题讲座,促进教学贴近实战。遴选实战经验丰富的公安一线专家与该校业务教师共同编写实训教材。利用模拟警务信息平台,开展"大平台"应用分类培训。思想政治理论课、军事理论课以优异成绩通过省教育厅专项检查评

3月27日,举办江苏现代警务研究中心挂牌仪式暨首届江苏警务发展论坛

估。3 部教材被评为江苏省高等学校精品教材，1 门课程被确定为江苏省成人高等教育精品课程；刑事侦查实验室、警体实战综合教学训练中心被确定为省级实验（实训）教学示范中心建设点；4 个教学研究课题被省教育厅立项，其中“公安教育教学改革视角下教学质量监控体系研究”被确定为省级教改课题重点项目；“‘校局联动’培养公安实战型人才的探索与实践”获省级教学成果二等奖；4 个教学课件分别在省级优秀多媒体教学课件和全国多媒体课件比赛中获奖。

【服务大运会安保】 7 月 17 日~8 月 26 日，学院选派 2300 多名师生赴深圳参加第 26 届世界大学生夏季运动会安全保卫工作。参战师生受命承担开幕式前重要领导、贵宾警卫工作，并且作为 16 所院校中两所院校之一，参与闭幕式多项安保任务。在 40 多天时间内，先后出动学警 7 万余人次，检查人员 17 万余人、车辆 1 万余辆；协助抓获违法嫌疑人员 43 人，查缴毒品 200 余克，查获违禁品 3 万余件，没有发生一例漏检现象，圆满完成深圳市南山、罗湖 2 个区 16 个场馆安全保卫任务。

学生服务大运会安保

【4 个项目获公安部立项】 2011 年，学院现代警务中心副教授王焱主持的“非传统安全视阈中的西方非政府组织涉华活动特点及对策研究”、治安管理系副教授李晓临主持的“人本主义心理学视野下的和谐警民关系构建”、公安管理系副教授刘彬主持的“基于社会管理创新的舆情导控机制研究”、法律系副教授缪文升主持的“大型活动安保的区域警务合作机制研究”等 4 个项目，获公安部公安理论及软科学研究计划立项。

【签订“馆所共建”协议】 4 月 16~17 日，学院图书馆与泰州市公安局城东派出所签订“馆所共建”协议，达到服务公安实战、共同促进公安信息化建设目的。“馆所共建”是该院图书馆年内一项重点工作，为公安实战部门和干警提供图文信息服务是图书馆工作目标和发展方向。根据“馆所共建”协议，该院图书馆将定期为泰州市城东派出所提供图文信息服务，为公安干警开展警务研究提供代查资料和定题服务，并对公安干警进行技术培训。城东派出所将为该院图书馆提供实战案例等信息，以充实该院图书馆“公安案例库”。

【浦口主校区教学综合楼及“三馆”工程开工】 4 月 23 日，学院浦口主校区教学综合楼，警体馆、泅渡馆、射击馆等“三馆”工程开工。教学综合楼工程建筑面积 2.38 万平方米，“三馆”工程建筑面积 2.01 万平方米。浦口主校区建设 2005 年 8 月开始启动，经过两期 3 次征地和拆迁，新征建设用地 31.12 公顷，主校区建设用地 41.4 公顷，规划建筑总面积 19.96 万平方米，总投资概算 7.95 亿元，项目建设于 2010 年 1 月正式开工。至年末，主校区近 4 千米校内主干道完成粗沥青铺设和 3 座车行桥建设工程，撇洪沟完成挡土墙、滚水坝施工。完成后勤生活服务组团、教学组团、行政组团等在建 11.29 万平方米工程项目推进任务。其中，后勤服务组团工程建筑面积 4.54 万平方米，3 幢学生宿舍、第一食堂主体工程封顶；教学组团工程建筑面积 5.52 万平方米，教学楼、教研楼完成桩基工程，主体工程建设至三层，图文信息中心完成人防工程；行政组团工程建筑面积 1.23 万平方米，完成学术交流中心二层施工，行政楼完成基础工程。主校区主要建设项目预计 2012 年全部交付使用。

【2个项目获CALIS三期专题特色库立项】 7月,经CALIS(中国高等教育文献保障系统)三期专题特色数据库项目管理组专家评审,学院图书馆申报的"公安文献信息资源数据库及资源整合平台"项目被批准为CALIS三期专题特色库一般资助项目,资助经费3万元,"民国警察史料专题数据库"项目被批准为CALIS三期专题特色库指导性项目。"公安文献信息资源数据库及资源整合平台"作为CALIS专题特色库二期"公安文献全文数据库"持续建设项目,在原有单个数据库基础上形成系列数据库,由该院图书馆主持,图书馆副馆长刘莉研究馆员为项目负责人,湖北警官学院、中国刑警学院、北京人民警察学院、广东警察学院、江西警察学院等6所公安院校图书馆联合参建,将建成面向全国公安民警服务的公安文献信息系统。"民国警察史料专题数据库"为该院图书馆近期建设的新项目。

【省文化行政综合执法培训基地揭牌】 7月4日,第三期全省文化行政综合执法培训班开学典礼暨培训基地揭牌仪式在学院举行。文化部市场司处长李晓勇、省文化厅副厅长秦基春出席仪式并讲话。省文化厅处室负责人、学院干训部有关人员以及135名参训学员参加揭牌仪式。培训基地建设是江苏省响应全国文化体制改革要求,建立高素质文化执法队伍系统工程的一部分。省文化厅与学院合作举办培训班,培训模式和效果得到文化部领导肯定,为一线执法人员所普遍接受。双方经过协商,省文化厅决定将江苏警官学院作为"江苏省文化执法人员培训基地"。年内,培训基地邀请文化部、省高级人民法院、江苏警官学院以及省文化厅领导和专家向学员讲授《行政诉讼法》《行政处罚中注意的问题》《查缉战术》《新媒体时代突发事件的应对》《演出市场检查的组织具体要求》等一系列文化执法人员在执法过程中需要掌握的知识。

【"保安培训许可证"颁发】 8月10日,江苏省公安厅审核通过学院从事保安培训行政许可申请,并颁发"保安培训许可证"。年初,学院党委确定转型升级发展战略,进一步拓展培训市场、扩大培训规模,深挖培训潜力。按照省厅和学院党委部署要求,发挥学院资源优势,协调组织相关职能部门,调研论证保安培训教学计划、课程设置、教材编写、授课师资、培训对象、规模和时间、培训管理制度等,形成完整申报材料上报省厅和市局。6月30日,南京市公安局正式发文受理该院保安培训资格申报。"保安培训许可证"颁发后,该院具备开办保安培训资质和条件。

【公安学学科入选江苏高校优势学科】 10月8日,学院申报的公安学一级学科入选江苏高校优势学科。在国务院学位委员会和教育部《学位授予和人才培养学科目录(2011年)》法学和工学门类下,增设公安学、公安技术为一级学科,结束公安高等教育领域没有自己一级学科的历史。近年来,学院把公安学学科研究、开发和研究成果转化、应用,摆在学院事业发展重中之重地位,加强制度建设、资源建设、团队建设和特色建设,以学科建设引领科研创新、推进教学改革、提高人才培养质量。学院在优势学科申报中,调动全院力量,根据学科发展规律和学院实际情况,抓住公安学学科建设龙头,有效整合相关优质资源,凝练具有公安特色的治安学、侦查学、公安管理学、警察法学等4个主要学科方向,在全国同类公安院校中具有领先优势。建设公安学优势学科,对该院建设优秀教学型本科院校、优秀省级民警训练基地、优秀警务研究中心,推动学院内涵建设和提高人才培养质量,具有重要意义。

【1项研究成果通过省公安厅验收】 12月27日,学院科技系王军教授主持的"三唑仑分子印迹聚合物的合成及其在尿检中的应用"项目通过江苏省公安厅验收。验收组由江苏省公安厅、南京市公安局、南京工业大学、南京理工大学、江苏省药物研究所等部门专家组成。专家听取汇报后认为:该项目研究方法可靠、操作简便、实用性强,提供司法鉴定中三唑仑及其相关药物尿样检测前处理新途径;所合成的分子印迹材料对尿样中三唑仑的吸附选择性强、吸附容量大;所研究的毒物吸附分离新方法达到国内先进水平,并建议进一步深化实用性研究,尽快推广使用。专家组一致同意通过验收。 (任雪峰)

·江苏省新闻出版学校·

【概 况】 2011年,江苏省新闻出版学校选举产生新一届党委会和工会委员会,坚持走内涵发展道路,制定《教学管理规范实施细则》《教学质量标准》《教学档案收集管理制度》《复习考试环节管理制度》《专任教师量化考核办法》等教学管理规章制度，推进教学管理规范化。建立学生成绩管理数据库，统一实习学分和奖励学分标准。试行“督导信息一对一反馈机制”，聘请中层干部兼任教学督导员，聘请学生干部兼任教学督导信息员，填写“教学管理日志”“教学督导日志”。制定颁发《教学责任事故认定与处理暂行办法》，加强教学现场检查管理，开展学生评教和教师评学、教案、作业检查。先后接受江苏省技校教学管理规范评估、南京市技校教学规范管理考核，均取得较好成绩。

年内，学校开展青年教师校本培训，20多名青年教师接受培训，全年举行7次辅导讲座，并集体考察手机报、网站等数字媒体。组织15位教师暑期到出版、印刷、制版、发行、包装、设计等企业生产服务第一线参加实践锻炼，选送12位教师参加省级培训，6名教师分别参加发行行业标准、绿色印刷、数字加工、网页设计等专项培训。5个2010~2011年度课题通过结题鉴定，教师申报的2个南京市教育科学“十二五”规划课题获得立项，3名教师分别被评为省、市级专业带头人。2011届毕业生469名，合格率100%。

利用省文化产业引导资金及自筹资金，建成数字印刷实训室、印刷实训四室、礼仪实训室、发行后台业务管理实训室，添置60多台新电脑和部分印前教学设备。开放各专业实训室，推动理实一体化教学，试行工学交替法、任务驱动法，进一步提高实训设备利用率和实训教学效果。邀请企业技师为20多名教师进行丝网印刷、数字印刷技术校内培训。组织学生印刷技术操作技能比赛、第九届文字录入技能比赛、图书分类技能比赛、设计作品比赛和展览等。

学校注重密切与行业企业联系，邀请行业领导、专家、技师到校作印刷企业人才需求、色彩管理、图像处理和动画技术讲座，组织专业教师考察数字出版、出版物流、特种印刷、动漫、发行、纸业企业，观摩2011上海国际印刷周主论坛和第四届中国国际全印展，参加第四届中国家纺画稿交易会。首次与南京新华电脑专修学院联合办学、与南京政治学院联办本科自学考试辅导班，继续与常熟高新园中专校和赣榆中专校开展联合办学、与南京爱德印刷有限公司合作设立“爱德助学金”“爱德班”；面向全省印刷、发行行业开展职业培训和鉴定，全年举办平版印刷工培训班2期、出版物发行员培训班9期。

年末，该校在校生1969人(其中五年制高职1080人、三年制中职889人)，教学班48个，有专业8个。其中，五年制高职开设印刷技术、印刷图文信息处理、出版与发行、包装技术与设计等4个专业；中职开设平面媒体印制技术、计算机平面设计、美术设计与制作、数字媒体技术应用等4个专业。

【学生代表向全省学生发出拒绝盗版倡议】 1月10日，省新闻出版学校学生代表杨倩倩在全省集中销毁侵权盗版出版物现场会上发言，向全省在校学生发出：“从我做起，拒绝盗版，争当知识产权小卫士”的倡议。会议由省新闻出版(版权)局、省“扫黄打非”工作领导小组主办，省新闻出版学校协办。省委常委、宣传部部长、省“扫黄打非”工作领导小组组长杨新力出席现场会，省政府副秘书长肖泉，南京市委常委、副市长郑泽光分别代表省和南京市“扫黄打非”工作领导小组讲话，省“扫黄打非”工作领导小组成员单位和常州市、扬州市、镇江市等有关方面负责人、社会各界代表和省新闻出版学校学生代表500余人参加销毁活动，并参加“打击侵权盗版，保护知识产权”现场签名活动。

1月10日，2011年全国侵权盗版出版物第一次集中销毁活动上学校学生签名

【与南京新华电脑专修学院联合办学】 5月12日，省新闻出版学校与南京新华电脑专修学院举行联合办学签约仪式，校长陈明坤和新华学院院长张荣全代表双方单位分别在联合办学协议书上签字，两校领导

班子成员和有关部门负责人出席仪式。协议规定:双方联合举办信息技术类专业职业教育,实现师资、教学设备共享。年内,双方多次开展教学经验交流,合作开办计算机平面设计专业(图文信息处理方向)中职班1期,在读学生123名。

【获第四届中国家纺画稿交易会“院校优秀作品组织奖”】 10月22~23日,省新闻出版学校组织4名教师赴南通参加第四届中国家纺画稿交易会,交易会由中国家用纺织品行业协会、南通市通州区人民政府联合主办,200多家国内外家纺画稿设计机构、高等院校、家纺成品企业在交易会上展示知识产权产品和家纺成品。展会期间,该校展位9平方米,展出师生创作的60幅家纺图案作品,与会教师向参观者发放校宣传资料,详细介绍人才培养现状,并与多家企业初步达成合作意向。该校获“院校优秀作品组织奖”。

【校企合作工作会议】 11月25日在盱眙举行,省内外50多家合作企业领导、代表和专家参加会议,共商校企合作和专业建设大计。会上,江苏新华柏印务有限公司、方正国际软件(苏州)有限公司、南京市新华书店有限公司、江苏凤凰美术出版社有限公司、徐州绪权印刷有限公司代表发言,交流校企合作工作经验和思路。与会领导为江苏凤凰美术出版社有限公司、江苏新华柏印务有限公司、方正国际软件(苏州)有限公司、徐州绪权印刷有限公司、江苏恒华传媒有限公司授予实习基地铜牌,向第二届专业建设指导委员会委员颁发聘书,通过新修订的专业建设指导委员会章程。

(周吉友)

省委常委、市委书记杨卫泽视察三江学院吉山科技校区筹建情况

雨花年鉴 2012

科　技

综　述

【概　况】 2011年,雨花台区科技工作围绕全区“1+3”产业发展战略,集聚科技资源,提升科技创新能力,各项工作取得成效。年内,协助开展中国(南京)软件谷规划设计,配合凯捷咨询(中国)有限公司完成《中国南京软件谷规划咨询》,协助东南大学城市规划设计研究院撰写《中国南京软件谷控制性详细规划》,牵头开展全区软件产业公共服务平台规划,为区委、区政府决策提供有力依据。落实《雨花台区关于进一步推进软件产业发展的若干政策意见》,兑现软件产业奖励补助政策,88家单位(个人)享受奖励或补助,兑现经费1754.73万元。组织50家软件企业参加2011年软博会,布展面积超过2200平方米,签约项目100余项,总投资120亿元;展会期间,举办软件谷推介会、“中以合作周”启动仪式等5场专题活动。至年末,全区高新技术产业销售收入540亿元,完成全年计划120%,其中实现软件和信息服务业收入520亿元,总量位居全市各区县之首;新认定高新技术企业12家,完成年度目标171%;完成专利申请1620件,为全年任务的135%,其中发明专利申请605件,为全年目标的121%;区科技创业中心新增孵化面积1.3万平方米,引进科技型企业47家,完成财政一般预算任务2047.88万元。

【获全国科技进步先进区称号】 2011年,雨花台区被科技部授予全国科技进步先进区称号。2009~2010年,该区本级科学技术支出8304万元,企业享受研发经费加计扣除优惠政策获得税收减免额7.41亿元,给予高新技术企业税收优惠1400万元,获上级部门科技项目72项,争取科技项目经费2400万元。

【江苏集群与雨花台区实施全面合作】 2011年,江苏集群信息产业(集团)股份有限公司(简称江苏集群)与雨花台区实施全面合作。建立江苏集群信息产业基地。该项目位于南京雨花软件园,东至规划路,南至宁双路,西至阅宁路,北至软件大道,项目占地面积4.27公顷,建筑面积14.5万平方米,注册资金5000万元;1月29日摘牌,6月开工,预计次年3月完成一期项目。建立江苏集群雨花软件产业综合体。该项目位于中国(南京)软件谷马家店园区,总投资100亿元,建筑面积100万平方米。年内完成整体设计方案、江苏集群国际在区注册、江苏集群总部整合工作;拟建设集群软件学院、技术中心区、加美软件园、通讯产业区、服务外包区、配套设施区等六大功能片区。推进国际合作与交流。完成IBM—集群创新中心、微软—集群解决方案中心等5家国际性项目的落户;与雨花软件园合作建立软件产业创投基金及投融资服务平台,吸引海内外高层次人才落户雨花创新、创业;与雨花台区签约共建和运营中美加州软件园项目,开展关于信息咨询、中介网络、项目合作、技术引进等服务。

科　技　成　果

【概　况】 2011年,雨花台区搭建高新技术产业服务、研发、融资平台。组织申报区科技项目158项,立项93项,下达科技发展资金1350万元;组织申报省市科技项目207项,立项23项,争取上级扶持资金630万元;组织36家企业申报、通过各类企业资质认定。3家省级工程技术研究中心和10家市级工程技术研究中心获组建批复,2家市级工程技术研究中心和1家市级企业院士工作站通过验收,帮助10家中小科技型企业获4000万元贷款扶持。2名创业人才入选南京市首批“紫金人才”计划,2个项目获得市创新创业人才计划资助,丰盛科技成为南京市首个获得省科技创新团队项目资助的企业,江苏润和软件通过江苏省经信委创新团队项目考察。

【中科院软件研究所落户雨花台区】 2011年,中国科学院软件研究所南京技术创新与成果孵化中心在区建立。该中心结合中科院软件所科研优势和该区产业集聚优势,面向物联网、三网融合、云计算等重点产业方向,建设软件开发、测试及质量保证、CMMI认证、信息交流等公共服务平台。同时,与全市高校、企业开展产学研合作,成立产业技术创新联盟。

【举办第三届“科学杯”中小学生发明创造大赛】 8月,区科技局(知识产权局)、区教育局、区科协联合举办雨花台区第三届“科学杯”中小学生发明创造大赛。大赛组委会在82件作品中评选出一等奖7件、二等奖16件、三等奖15件,评选优秀辅导老师21人、优秀组织单位4家。

知　识　产　权

【概　况】 2011年,雨花台区贯彻落实国家、省市知识产权战略纲要,全年补助知识产权资金200万元。开展知识产权宣传,结合“四二六”知识产权日,举办知识产权专题讲座4场,组织驻区企业举办知识产权沙龙4场,组织三江学院参加南京市首届外观设计大赛并为参赛作品申请专利58件。年内,雨花台区被科技部评为科技进步先进区,区科技创业中心通过国家级科技企业孵化器复核,区知识产权局被评为省知识产权工作先进集体。

【雨花软件园知识产权服务中心挂牌】 6月10日,雨花软件园知识产权服务中心在雨花软件园管委会挂牌成立。该中心由雨花软件园管委会与苏科专利代理有限责任公司合作建立,为园区软件企业和科研机构提供知识产权信息服务、为知识产权创造、管理、保护和实施提供技术和信息支撑。该中心集聚专利、商标、版权,集成电路布图设计权等各类知识产权信息资源,建成后将成为集知识产权知识普及、企业知识产权管理、知识产权信息查询、知识产权代理与服务、知识产权培训和知识产权评估交易等服务为一体的“一站式”公共服务平台。

【知识产权政策出台】 6月29日,区政府出台《雨花台区关于进一步加强知识产权工作的若干政策意见》和《雨花台区专利奖励及补助办法》。在《雨花台区专利奖励及补助办法》中,专利奖励最高10万元,并划分为专利申请奖励、发明专利奖励、优秀专利奖励3类;凡在区申请的专利均可享受专利补助,并划分为专利申请补助、专利授权补助和师生专利补助3类。

【省知识产权研讨会在区举办】 9月8~9日,由省检察院指导,市检察院、区政府和南市知识产权局主办,区检察院、区知识产权局、南京信息产业协会承办的“保护知识产权,助推创新驱动”知识产权研讨会在该区举办。会议就知识产权服务创新城市发展、知识产权司法保护机制、计算机软件及网络侵权、知识产权办案实务等4个专题进行研讨。国家知识产权局、国家最高检及省知识产权局、省检察院领导出席研讨会。

(韦　芸)

科　普　工　作

【概　况】 2011年,雨花台区科协工作以开展群众性、社会性、经常性科学技术普及活动为重要抓手。在区有线电视台开办“科普之窗”栏目,播出“科普大篷车”195期;开展“机器人”教育和培训,启发青少年灵感和创作欲望;举办2011年全国科技活动周暨雨花台区第23届科普宣传周、雨花台区中小学第十届科技节、科普活动日活动;组织科幻绘画比赛及雨花台区第三届“中小学生科技杯”发明创造大赛。免费发放科技科普书刊0.2万册、科技科普资料0.5万份,主办科普讲座13场,举办科普画展板共43块。开展防震减灾纪念活动10场,紧急避险、逃生演习18次,科普讲师进校园48次,爱鸟活动14场。投资1亿元建立总面积133.33公顷的板桥农业生态科普园,其中,完成农业种植示范区建设3.33公顷,完成科普园绿化15万平方米。全年举办党员干部科技素质培训班6期,邀请省市农业专家开办科技讲座5次,送科技下乡4次。

【红螯螯虾规模化育苗获得成功】 2011年,区科协与区农业局、南京孙家农业科技发展有限公司合作创建的红螯螯虾规模化育苗项目获得成功。先后投入160万元资金创建红螯螯虾苗人工培育最佳模式,培育的116.67公顷红螯螯虾亲本过冬成活率85%,红螯螯虾雌性亲虾年抱卵率100%,产早苗30万尾,孵化率95%,虾苗成活率80%。为红螯螯虾商品虾大规模养殖打下基础。

【申报市金桥工程项目3项】 2011年,雨花台区完成市金桥工程项目申报三项,其中“智能配网自动化终端装置关键技术研究”项目提前完成,“车用FESTN液晶材料与显示屏的研发与生产”项目被市金桥工程办列为重点项目,并推荐为市科技计划项目。

【农业科技培训】 2011年,区科协加大农业科技培训力度,注重培训主题多样性,围绕网站建设、农家乐接待服务、苗木新品种新技术、苗木与农家乐产品开发等主题,组织蔬菜等农产品质量安全、植保培训5期1500人次;畜牧、水产培训3期150人次;林业培训4期200人次;农机培训4期150人次。送种子、农药、肥料,投入经费5万元。送农业科技术书籍1000余册,发送农林科技印刷品2000余份。

(刘启春)

南京科技馆

【概　况】 2011年，南京科技馆围绕年度工作目标，全年接待游客约70万人，实现经济收入1457.8万元，游客量、经济收入同比分别增长17.5%和46.8%。

【向未成年人免费开放】 2月22日，南京科技馆落实"全民科学素质行动纲要"要求，发挥科技展馆科普宣传、教育作用，提升广大市民特别是青少年学习科学知识、体验科技探索的乐趣，正式对18岁以下未成年人免费开放。

【首届科技旅游文化节启动】 4月28日，南京科技馆首届科技旅游文化节暨"虫虫总动员"昆虫展启动仪式在科技馆报告厅开幕。该活动由市委宣传部、市科协、市旅游园林局、市教育局、市妇联、市关工委等单位主办，南京科技馆承办。市委宣传部副部长、市文明办主任曹劲松等领导出席启动仪式，200名小学生参与现场活动。该活动历时1个月，期间举办"虫虫总动员"昆虫展、地震体验展、第六届南京市中小学生换书节、索尼探梦科普剧巡演、科技电影节等科普展览系列活动。

【第23届科普宣传周启动】 5月15日，2011年全国科技活动周暨江苏省、南京市第23届科普宣传周启动仪式在南京科技馆开幕。副省长何权及省市科技、民防等相关部门领导出席开幕式并向市民代表赠送科普图书，南京科技馆在开幕式上被授予"江苏省公共安全教育示范基地"称号。宣传周期间，南京科技馆向社会免费开放。

【科技电影节开幕】 5月19日，由瑞士国家旅游局、市科协、市旅游园林局主办，区文化局协办的科技电影节在南京科技馆开幕。瑞士驻上海领事馆总领事史伦博，市科协党组书记、常务副主席黄敏，市外事办公室副主任张斌，市旅游园林局副局长金卫东，副区长周雯等领导参加开幕式，瑞士4D特效动感的旅游科普风光影片《阿尔卑斯：自然的巨人》在开幕式上首映。电影节期间，还推出《拯救小猪皮克》《狂野大雪地》等4D特效动感影片。

【科普大篷车进社区】 2011年，南京科技馆开展"和谐文化社区行"科普大篷车进社区活动，先后走进宁南街道翠岛花城社区、板桥街道板桥社区举办神奇科技展品展示及科普表演，向社区居民宣讲低碳生活、食品安全、生活中的辐射量、食品添加剂、碘对核辐射的作用、碘对人体健康的影响、核电发展及其特点、瘦肉精救治方法、科学选购鸡鸭鱼肉、有助防辐射食物、科学选购水果蔬菜、彩色合成、手眼协调、有记忆的花、手摇发电、太阳能发电、莫尔条纹、记忆力测试、磁力线、超弹转轮、光柱、磁悬浮地球仪、手摇发电、齿轮作用等科普知识。

【科普日免费开馆一天】 9月17日，全国科普日，南京科技馆面向全社会免费开馆一天，同时与"做中学"国家科学教育改革实验项目的"吉姆的工场"合作推出科学表演秀和科学试验表演活动，激发孩子对周围事物的好奇心和探索精神。

【举办"全省青少年科学嘉年华"活动】 9月28~30日，由省教育厅、省科技厅、省科协、省文明办等部门主办，省金钥匙科技竞赛组委会、《科学大众》杂志社、省青少年科技教育学会、省科普作家协会、南京科技馆等单位承办的"2011年江苏省青少年科学嘉年华"活动在南京科技馆举行。活动分竞赛、科学体验、欢乐舞台、快乐生活4类活动。科学体验区设有各种专业模型表演、手工制作、民间工艺体验等；活动中还举行2011年"盛虹杯"江苏省金钥匙科技竞赛等活动。

【3D数字影院营业】 12月21日，南京科技馆3D数字影院落成营业，并正式加入联合院线，同步上映院线影片。该影院投资180万元，在原有的沉浸式影院基础上改造，改造后的影院使用面积扩展至200平方米，可同时容纳126人观影，并与原有的IMAX球幕影院、4D数字动感影院形成宁南地区首家综合性影城影院，方便游客及周边居民观看3D数字电影。

【科普剧《绿色精灵》获省级二等奖】 4月，科技馆组建科普剧创作表演团队，从主题选择、素材搜集、剧本编写、舞美设计、表演排练等方面进行创作、修改，历时5个多月完成《绿色精灵》科普剧创作，并在全国科普日活动、江苏省青少年科学嘉年华、科普大篷车送科技进校园等大型活动中演出，获得观众的一致好评。12月，在省文明办等单位主办的的江苏省第二届科普剧汇演优秀科普剧评审中荣获创作表演奖青年组二等奖。

（刘晓萱）

雨花年鉴 2012

文　化

综　　述

【概　况】 2011年，雨花台区文化工作以提升雨花文化软实力为核心，以弘扬先进文化为己任，以“文化品质提升计划实施年”为抓手，坚持文化事业和文化产业双轮驱动，自加压力，抬高标杆，创新思路，全面超额完成各项目标任务。年内，区文化局投入85万元，举办大型文化活动37场，送电影280场，为社区(村)配送图书1万多册；投资近60万元改造区文化馆，通过国家一级馆复查验收，指导西善桥文化站成功创建首批市级示范文化站；文艺团队品质提升、文化培训成绩突出，创作反映加快发展、社区服务、文明新风等作品320余件，近50件作品在全国、省、市评比中获奖。广电建设步伐加快、新闻宣传不断创新，完成春节、“两会”“庆祝中国共产党建党90周年”等期间广播保障任务，实现播出、传输零故障；围绕区委、区政府中心工作和群众生活实际，采编播新闻稿件7682篇，开设新闻子栏目64个，制作播出《雨花廉政》等自办、联办专题节目1480档次，配合街道、机关部门制作《法治雨花润花神》等16部专题片。文化市场监管得力，4月通过市城市调查队对区60多家书报刊亭的暗访；8月通过全国文明城市创建复查。是年，获集体荣誉称号34项，95件文艺作品获省市嘉奖，28人获省、市、区先进个人称号。

【召开全区文化工作会议】 1月26日，雨花台区召开全区文化工作会议，副区长周雯、区委宣传部部长黄唯佳等领导出席会议。会议总结2010年全区文化工作，部署2011年工作。会议要求2011年全区文化工作从加快业务拓展，夯实事业发展基础；丰富群文活动，促进文化惠民深入；营造舆论氛围，发挥新闻喉舌作用；加大监管力度，确保市场规范有序；注重传承保护，力促文保服务发展；完善服务机制，提高产业发展速度；狠抓管理开发，挖掘整合旅游资源；提升全员素质，打造过硬文化队伍8个方面入手，为全区发展营造良好文化氛围。

雨花台区2011年文化工作会议

【张德文被评为第十届南京好市民】 2011年，区文化局文化馆老师张德文常年奔波50多个社区为群众送电影的平凡事迹被《新华日报》《南京日报》、南京电视台等多家媒体报道，是年，张德文被评为“第十届南京好市民”之“敬业奉献、诚信公道好市民”。

文　化　产　业

【概　况】 2011年，雨花台区坚持政府引导与市场运作相结合原则，坚持重大项目带动战略，不断整合资源，优化产业发展环境，合理规划空间布局，推动特色园区发展，实现传统文化产业与文化创意产业共赢，建成集研发、投资、孵化、制作、培训、交易等功能完整的公共服务平台。梳理上报2011年重点文化产业项目7个，其中时代传媒二期、旺雨在线等3个亿元以上项目被列为市级重点项目；加强协调，组织重点企业参展，3次组织16家企业参加杭州动漫节、首届南京(国际)动漫嘉年华等展会。文化产业发展速度不断加快、质量不断提升、结构不断优化。全年实现文化产业增加值5.7亿元。

【加强宣传推介】 5月，区文化局组织雨花软件园动漫企业嘟嘟动漫参加杭州动漫节，嘟嘟动漫参展的《爆豆团》《肥嘟嘟与慢吞吞》等多部原创动画片受到广泛关注，嘟嘟动漫总导演Cardona(卡多纳)用在美国迪斯尼练就的功夫，为观众即兴创作人物漫画；同月，区文化局组织区内6家文化企业参加南京市文化企业招聘会；6月，组织企业参加市文明办公益广告片制作比赛；8月，组织区内安讯网络和嘟嘟动漫参加南京市首届动漫科技嘉年华；9月，组织4家企业参加“对话约翰·霍金斯2011南京国际文化峰会”，推广企业自身品牌，提升文化产业品牌效应。

【江苏国家数字出版基地落户雨花台区】 (参见“雨

花经济开发区”类目,第92页)

【加快文化产业园区建设步伐】 2011年,区文化局重点建设互联网文化创意产业园、软件谷文化创意产业园、雨花创意园,并成功创建国家级数字出版基地。各文化产业园区项目建设加快推进,其中互联网文化创意产业园引进安讯网络、财客信息、甲正科技等43个互联网ISV(独立软件开发商)项目,总注册资本超过2亿元。国家数字出版基地开工建设时代传媒二期、慧翼展览创意园等重点项目,总投资17.5亿元。动漫和网游产业发展壮大,引进嘟嘟动漫设计有限公司、南京迪杰特教育科技有限公司等动漫企业,安讯网络开发的《仙元天下》是南京第一款原创2D网络游戏,已上线测试运营,预计最终注册用户数超过500万人。

【为文化企业争取扶持资金】 2011年,区文化局为时代传媒、汇文物流等6家企业申报省、市文化产业引导资金和产业扶持资金;为3家文化企业争取市文化产业发展专项资金235万元;“南京时代传媒创意产业园数字出版基地”项目获省文化产业引导资金350万元。

社 会 文 化

【概 况】 2011年,区文化局以第五届“和谐文化社区行”为主线开展系列活动。投入85万元,组织举办“鼓舞雨花创辉煌”——雨花台区第三届“铁心杯”“鼓舞大赛等系列演出活动;组织大型群众文化活动37场,送电影进社区区280场;选派文化馆、图书馆业务骨干到社区、企业、部队开展音乐、舞蹈、书画等培训75场,梳理业余艺术团队163支;推荐古雄小学民乐团作为国家文化部举办的“非洲画家南京行文化交流活动”基层点,推荐赛虹艺术团、梅山艺术团参加市级文艺比赛,推荐西善民歌参加中央电视台“民歌中国”栏目采集活动。

【新建3个村级文化活动室示范点】 2011年,区文化局加大区、街道、社区三级文化阵地建设。雨花经济开发区西宠村、铁心桥街道定坊村、赛虹桥街道安德门社区被评为第八批村级(社区)文化活动室示范点。至年末,全区累计有村级文化活动室示范点26个。

【5个节目参加“春牛首”踏青节演出】 4月9日,区文化局承办的2011年南京雨花“春牛首”踏青节开幕式在板桥新城莲花湖公园举行。开幕式表演了由区文化馆创作的“请到雨花来”“雨花新姿”及“再创美好雨花”等5个歌舞、说唱、技巧类节目。陈刚、汪振和、张一新、吴本忠、费永远等市、区领导和街道机关干部、学生及社区群众近3000人观看。

【开展红领巾读书征文活动】 5~8月,省文化厅于在全省青少年中开展主题为“听党话、跟党走”的红领巾读书征文评奖活动。活动中,全区接收各中小学征文101篇。经组委会评选,雨花台小学六(4)班学生王歆怡《红翼》获得省征文一等奖,雨花台小学六(1)班学生尹梦弦《阳光下成长》获得省征文二等奖。

【28件文艺作品获奖】 2011年,雨花台区继续实施文艺创作精品工程,全年创作反映加快发展、社区服务、文明新风等作品320余件,28件文学艺术作品在全国、省、市评比中获奖。其中,情景表演《花儿别样红》获全国法院系统汇演一等奖、独唱《美丽的草原我的家》获全国社区文艺汇演金奖(声乐)、高胡独奏《雨打芭蕉》获全国社区文艺汇演金奖(器乐)、舞蹈《扎西德勒》获全国社区文艺汇演金奖(舞蹈)。

【新增馆藏图书1.52万册】 2011年,区文化局投入购书经费48.8万元,新增馆藏图书1.52万册,订购报刊杂志331种。图书馆坚持天天开放,巩固延伸机关、企业、军营、学校诸多服务点,全年接待读者14.20万人次,其中阅览室接待读者4.42万人次,借、还图书19.56万册次,办理借书证330个,解答读者咨询1030条。全年共为51个社区(村)图书室精配图书总计1.16万册,价值30.50万元,内容涉及文学、政治、经济、医疗保健、农业科技和职业技能等方面。

文化市场管理

【概 况】 2011年,区文化局以“抓长效,打基础”为根本,加大监管力度,推进长效管理,强化宣传教育,加大巡查稽查,严格考核问责,实现雨花台区文化市场迎接南京市文明指数测评和全国文明城市复查增分不丢分的目标。全年出动市场稽查人员2400余人次;对全区210家文化经营单位检查6500余次;联合公安、工商、消防等相关部门开展打击非法出版物、侵犯知识产权、安全生产大检查等活动联合执法11次;取缔无证经营户10家,查处违规网吧2家,收缴盗版音像制品4万余张,非法出版物300余册,赌博机1台,查处非法卫星接收2处,拆除“小耳朵”8个,有效遏制非法经营现象。

【绘制雨花台区文化市场分布图】 2011年,区文化局重新梳理完善《雨花台区文化市场规范管理规定》,对网吧、游戏室、书报刊亭等6类文化市场检查项目、内容、标准进行明确和规范;按网吧、游戏机室、音像、歌舞娱乐场所、书报刊、印刷等6类绘制《雨花台区文化市场分布图》,做到底数清楚、位置确切、查找方便。

【区内网吧“单改连”】 5月,区文化局按照市文广新局网吧“单改连”要求,召开全区网吧动员会议,宣讲网吧“单改连”工作有关政策,实现网吧规模化、连锁化、品牌化发展。一个月内与58家网吧签约,签约率98%;落实“净网先锋”软件安装工作,安装率与在线率均位列市区县第一。

文 物 保 护

【概 况】 2011年,雨花台区文物保护工作紧扣市、区政府目标责任书,加强宣传、注重管理、严格执法。对62处文物保护资源点和开工作业面进行巡查,确保地面文物完好率和地下文物发现上报率100%;协助南京市博物馆考古勘探总面积280多万平方米,发掘古墓葬30座,出土珍贵文物300件;投入60万元完成前驻外使节九烈士墓和张宣墓迁移工作。公布《雨花台区第一批非物质文化遗产名录》,推荐申报《西善民歌》为市级非物质文化遗产保护项目。

【西善桥考古勘探】 2011年,区文化局协助配合南京市博物馆考古勘探面积280多万平方米(仅岱山经济适用房达230多万平方米)。发掘古墓葬30座,其中东吴4座、东晋8座、南朝17座、明朝1座,出土文物300余件。

部分出土文物

【维修前驻外使节九烈士墓】 5月10日,前驻外使节九烈士墓维修工程通过省文物局专家组的验收。该工程是区文化局报省文物局批准,投入20万元,由南京风景园林工程监理有限公司监理、苏州蒯祥古建有限公司进行维修和环境出新。工程于3月11日开工,4月10日竣工。主要修缮内容:维修9座墓冢、18座花坛、1座墓碑、10墓冢花池、1个祭坛花池、50平方米的挡土墙、20平方米的台阶分别进行花岗岩贴面修缮、重新阴刻九烈士的姓名、碑文;并在墓园植种罗汉松、龙柏、瓜子黄杨球及花卉等。

广 播 电 视

【概 况】 2011年,雨花台区人民广播电台坚持新闻立台,贴近生活、贴近实际、贴近群众,以主战线、主阵地、主力军把握工作定位,提高舆论引导水平,推进改革创新,以不断提升新闻宣传质量为目标,围绕全区“五大工程”和百姓需求,积极弘扬主旋律,发挥统一思想、引导舆论、凝聚意志、鼓舞干劲作用,为雨花建设“现代化创新型生态新城区”营造良好舆论氛围。全年组织采访、编发广播电视新闻稿件7682篇,围绕中国(南京)软件谷的规划、建设和发展,开设《聚焦软件谷》等新闻子栏目64个,系列报道、连续报道、深度报道等主题报道300多篇,经济报道900多篇,民生报道1000多篇。

落实有线电视安全传输防范措施和应急预案,保证节假日、两会,“庆祝中国共产党建党90周年”等重点、敏感时期网络传输安全,实现播出、传输零故障。投入1000余万元,新发展有线电视用户7827户,新增光缆22千米，新增光节点26个，新增数据网点11个，完成互动试点小区6000户双向化改造，完成宁南片区5000户数字化改造。

区文化局广播电视科被省广电局评为2011年度省广播电视技术维护先进集体。雨花人民广播电台获2011年度全市广播电视新闻报道先进单位称号。

【24件广播电视新闻作品获奖】 年内，雨花台区参加市2011年度优秀新闻作品评比。选送的《爱心接力：救援藏族女孩色珍》等24件广播电视新闻作品中，16件获全市区县一、二、三等奖项，7件获市级奖项，获奖成绩居全市区县首位。其中，电视新闻述评《见义勇为缘何遭遇"双重门"？》代表全市优秀新闻作品送往省广播电影电视局参评。

【提高新闻从业人员业务素质】 2011年，区人民广播电台派出新闻主播、记者、后期等相关岗位10多名业务骨干到中国传媒大学、市电视台等地学习培训，提升新闻业务素质。同时有计划、有目的地邀请省市主管部门、新闻单位、协会领导及专家到区电台授课，讲授新闻理论、观看新闻节目、评点创优作品，提高新闻从业人员的理论水平、政治素养和业务能力。

（霍晓璐）

档 案 管 理

【概 况】 2011年，雨花台区档案工作围绕全区工作中心和大局，结合档案工作实际，全面实施"安全第一、以人为本、服务为先"发展战略，凝心聚力、扎实工作。

2011年，区档案局以创建全市档案系统"文明单位"为契机，努力提升档案工作服务水平，大力促进档案事业与"三个文明"建设协调发展。指导13家单位开展档案工作省星级创建；组织丁墙等5个村开展新农村档案工作省级示范村申报；监督指导检查全区55家一级立档单位2011年度归档工作；指导宏图三胞有限公司规范化建档；抓好宁南规划办拆迁档案整理跟踪指导；接收原人事局、原劳动局等机构改革单位和原城镇开发公司等改制企业19363卷（册）档案进馆；对馆藏101宗290卷期满30年档案进行鉴定划控，其中151卷档案向社会开放；开展区第十次党代会代表选举工作文件材料归档的指导，共形成档案1244件；启动馆藏档案目录数据校对工作，校对、修改目录数据2.8万条；继续开展专题目录数据库建设。

组织局馆人员撰写"新时期档案工作者角色新定位的思考""浅谈馆藏资料的管理""浅谈城区年鉴大纲的创新""加强民生档案资源建设，推动社会管理创新""农村土地承包档案管理研究"调研文章5篇。其中，《加强民生档案资源建设，推动社会管理创新》在《南京档案》上发表，《农村土地承包档案管理研究》入选2011年省档案学术研讨会论文集。

至年末，区档案局获2011年南京市民生档案专题数据库建设工作先进集体和档案学术论文优秀组织奖；与市局共同完成的"农村土地承包经营权流转合同档案管理"课题研究获省档案局优秀科技成果一等奖。

【开展区归档文件综合检查工作】 2011年，档案局围绕组织管理、基础业务、信息化建设、开发利用等4个方面对全区55家一级立档单位2011年归档工作进行百分制综合检查。档案工作达优秀格次单位36家、良好格次13家、合格格次5家。形成档案17992件（盘、张），8597卷。其中，文书档案16805件、照片档案963张；实物档案213件；光盘档案11盘；会计等专门档案8597卷。

【修订和审批保管期限表】 2011年，档案局对照机构改革后职能变化的21家单位新出台的"三定"方案，逐一修订和审批《文件材料归档范围和文书档案保管期限表》。

【完成数据录入78909条】 2011年，档案馆扫描还原2230张数码照片档案，并按照《照片档案文件级目录数据格式》同步建立相应目录数据库；启动馆藏档案目录数据校对工作，校对、修改目录数据2.8万条；继续开展专题目录数据库建设工作，完成馆藏任免、职称、招工等专题目录数据录入计78909条。其中，干部任免档案人名级目录数据库数据70904条。

【企业建档指导】 年内，应宏图三胞有限公司创建档案工作创省四星级需求，主动上门对档案库房、档案信息化等方面的建设提供业务指导服务；开展园区独资、合资、民营企业调查，调查229家企业。

【档案工作省星级创建】 2011年，区档案局测评验收区物价局等13家单位档案工作省星级创建。其中，通过省三星级验收3家，省二星级10家；丁墙等5个村通过新农村档案工作省级示范村验收。

【强化查档利用服务】 2011年，区档案局深化服务意识，坚持挂牌上岗、文明规范、热情周到，确保当日查档、当日受理、当日办结，年内接待查档2329人次，调卷2697卷次。 (沈国艾)

地 方 志

【概　况】 2011年，雨花台区地方志编纂委员会办公室(简称区志办)狠抓队伍建设，坚持修用并举，积极为政府中心工作服务，完成即定年度目标任务。如期完成《雨花年鉴(2011)》编纂、出版、发行任务，继续推进《雨花台区地方志资料长编》框架结构制任、资料收集等前期准备工作；完成《〈江苏年鉴〉2011年·雨花台区概况》的编纂和上报；完成《江苏省志·市县概况(1978~2008年)(雨花篇)》的评审和上报；推动区内首部部门志《雨花人大志》的启动；加强与区内外同行的工作和信息交流，接待浦口区、秦淮区地方志办公室领导来访交流；通过市人大教科文卫委员会的区县贯彻《地方志工作条例》《江苏省实施〈地方志工作条例〉办法》和市第八次地方志工作会议精神的情况督查。

【《雨花年鉴(2011)》组稿员会议召开】 1月6~7日，区志办在区档案局二楼会议室组织召开四场《雨花年鉴(2011年卷)》组稿员会议。区地方志办公室年鉴编辑部全体成员及近百家驻区单位撰稿员参加，会议总结《雨花年鉴(2010)》编纂工作情况，部署2011年编纂工作任务；对《雨花年鉴(2011年卷)》组稿意见进行具体说明，提出编纂工作要求；针对上年年鉴编纂工作中的具体问题进行有效分析，对撰稿员年鉴供稿工作提供切实指导。

【秦淮区地方志办公室到区走访】 9月28日，秦淮区地方志办公室主任高安宁一行六人到雨花走访交流地方志业务工作。区志办主任谢宝龙、副主任过大江对秦淮区地方志办公室人员的到来表达欢迎。座谈会上，雨花台区地方志办公室副主任过大江向来宾介绍雨花台区志办工作、人员和重点工作情况，秦淮区志办副主任金戈就秦淮地志办在文史资料挖掘、资料长编工作方面工作情况进行经验介绍。宾主双方交流沟通，畅所欲言，加强沟通和联系，感情得到加深。

【雨花台区贯彻落实《地方志工作条例》情况接受市督查组督查】 10月26日通过验收。副区长迟延安向督查组介绍雨花台区在贯彻实施《地方志工作条例》《江苏省实施〈地方志工作条例〉办法》和市第八次地方志工作会议精神，贯彻落实“一纳入、五到位(纳入全区经济社会发展奋斗目标考核内容，领导、机构、经费、队伍、条件到位)”修志工作要求，完善区地方志工作领导体制和工作机制方面的做法；区志办主任谢宝龙从年鉴、大事记编纂，依法修志进程，地情资料征集，地情资料室、方志网建设等五方面汇报区方志办近3年来依法履职情况。在查看近3年地方志工作成果及相关台账后，督查组肯定该区地方志工作，要求该区在“十二五”期间，深化《地方志工作条例》《江苏省实施〈地方志工作条例〉办法》宣传，坚持依法修志；进一步加大地方志工作的投入和人才队伍建设，提高方志服务大局、服务社会经济发展的能力，发挥方志存史资政育人作用，以改革创新的精神开创方志事业新局面。迟延安代表区政府表态：雨花台区将坚定不移地落实《地方志工作条例》，与时俱进地推进地方志工作。

【《雨花年鉴(2011)》出版发行】 10月，《雨花年鉴(2011)》由方志出版社正式出版发行。该年鉴与上年相比，在保持框架结构基本稳定的基础上，进行微调，增设类目“生态环境建设”、分目“服务外包”、副分目“第六次全国人口普查”；版式装帧仍采用四色印刷，沿袭清新古朴特色。全书454页、103万字，比上年增加62页、16万字，内设31个类目、133个分目，57个副分目，收录条目1255条，配有彩页55页184幅、随文插图(彩色照片)343幅，表格55份；其中，公益彩色图片专辑共设置领导视察、雨花要闻、城乡建设、工业雄姿、商贸流通、风景如画等6个栏目计44幅图片。全书如实记述2010年全区自然、政治、经济、文化、社会等方面发展的主要情况和巨大成就，并重点突出南京雨花软件园、生态环境建设等方面内容。

(李　静)

雨花年鉴 2012

医疗卫生

综　　述

【概　况】 2011年,雨花台区卫生工作推进"五化"(基本药物制度规范化、基本医疗服务品质化、公共卫生服务均等化、基本医疗保障全民化、社区卫生服务标准化)建设,医改工作取得成效。新农合筹资标准提高到486元/人,居全市最高,年均增幅36%;成功探索药房托管与国家基本药物制度有效衔接,使用基本药物638种,采用药房托管形式扩大基本药物168种;新板桥医院进入装修阶段,按省一流标准建成中国(南京)软件谷、安德里2个社区卫生服务精品站,重新组建35个全科团队实行契约式服务;区中西医结合医院更名南京市雨花医院并转型为区医疗中心;人均基本公共卫生经费提高至30元,40万群众享受10大类41项基本公共卫生服务,为36.3万居民建立健康档案,12万居民领到居民"健康卡",为6万人进行高血压病、糖尿病和上消化道肿瘤筛查;推进医药卫生体制改革,社区卫生服务中心人员编制总数由152人增至430人;实行"按岗聘用、合同管理"用人机制,实施"双同步、双挂钩"千分制考核;完成86名专业技术人员学历达标工程,培养复合人才6名、骨干人才16名、专科人才12名。是年,区卫生局以全市唯一、全省第一成绩创建为"国家慢病综合防控示范区",成功承办全省慢病防控现场交流会议,慢病防控"雨花经验"在全国卫生工作会议上作专题介绍。率先通过省级卫生监督体系达标示范区评估,连续第7年居全市卫生工作考核评比第一方阵。

【雨花台区中西医结合医院更名南京市雨花医院】 2011年,雨花台区中西医结合医院顺利完成转型升级,更名南京市雨花医院。南京市雨花医院以创建二级甲等医院为标准,添置DR、CT等大型设备,加快影像医学学科建设,增设创伤外科、骨外科等特色专科,满足辖区居民看病就医需求,为全区抢险救灾、突发事件处置、院前急救等工作提供保障。

【创建"国家慢病综合防控示范区"】 9月21~22日,雨花台区创建国家慢病综合防控示范区工作通过国家卫生部专家组材料预审、现场考评和综合评审,以全市唯一、全省第一成绩成为江苏省首批"全国慢病综合防控示范区"之一。2011年,该区卫生工作强化"政府搭台、全民参与"的慢病干预政策导向,积极探索在郊区城市化背景下人人享有健康的卫生战略;以社区诊断、肿瘤登记、死因监测等基础工作为突破,推进慢非病患者优先医疗、免费医疗,提升慢病综合防控能力;把慢病防控的触角延伸到社区和楼道,搭建"人人享有健康,人人参与实施"的慢非病综合防控工作平台。

"国家慢性非传染性疾病综合防控示范区"考评通报会

【实现"省级示范社区卫生服务中心"全覆盖】 9月27日,板桥社区卫生服务中心通过"省级示范社区卫生服务中心"考核评估,全区政府办社区卫生服务中心实现省级示范社区卫生服务中心全覆盖。近三年,区政府加大卫生系统基础设施建设,建成新铁心桥、西善桥社区卫生服务中心,推进新板桥社区卫生服务中心建设,新、改、扩建12个社区卫生服务精品站;建立区药品供应保障体系,完善基本医疗保障制度,10

大类41项基本公共卫生服务居全市领先水平，通过省社区卫生服务先进区复核评估，被评为全国社区中医药工作先进单位；居民平均期望寿命78.1岁，比5年前增长1.27岁；孕产妇死亡率0；婴儿死亡率4.28‰，同比下降46.5%。

【万人参与“联合国糖尿病日”宣传活动】 11月11~14日，区卫生局联合市糖尿病防治中心，邀全市10多名资深专家，在雨花新村、丁墙、春江新城、景明佳园、翠岭银河、西寇、天后、板桥新居等社区、广场，举办“应对糖尿病，立即行动！——纪念11月14日联合国糖尿病日”主题宣传活动。活动现场张贴各类宣传海报、展出糖尿病防治系列展板，免费筛查肥胖、糖尿病家族史等高危人群2000多名，完成空腹血糖大于5.0mmol/L免费OGTT确诊试验300名，发放宣传单和《雨花健康管理》报等材料5000余份，近万人接受义诊和健康咨询服务。

【实现基本药物制度“五个零”】 2011年，区卫生局促进药房托管配送机制与零差率惠民机制互为补充，实现“五个零”。规范目录管理，建立基本药物“遴选配备、动态调整”机制，优化基本药物品种、类别和结构。结合社区专科用药特点，将专科用药纳入基本用药目录，严格审批，集中供应，统一销售，满足百姓用药需求，实现“零缺药”。规范采购管理，药房托管公司与基本药物配送公司充分整合，促进药房托管与基本药物制度无缝衔接，切断药品流通环节、挤压虚高定价，实现“零流通”。规范销售管理，通过购买服务形式，将梅山医院、小行医院、绿洲机器厂职工医院等非政府办社区卫生服务机构纳入基本药物制度实施范围，所有社区卫生服务机构基本药物实行“零差率”销售。规范质量管理，开展药剂人员培训，严格监管实施基本药物制度的各个环节，实现药品质量问题“零投诉”。规范使用管理，加强基本药物使用监管，坚持合理用药、因病施治，制定临床路径和用药规范，实施基本药物临床应用指南和处方集，杜绝“大处方”“大检查”，实现“零促销”。

医疗机构与管理

【概　况】 2011年，雨花台区有政府所属医疗卫生机构7个，其中二级医疗机构1个(雨花医院)，一级医疗机构3个(铁心桥社区卫生服务中心，板桥社区卫生服务中心，西善桥社区卫生服务中心)，疾病防控、卫生监督、妇幼保健机构各1个(区疾病预防控制中心，区卫生监督所，区妇幼保健所)。7家医疗卫生机构职工548人，其中卫生技术人员434人；固定资产5229.6万元，其中10万元以上设备71台(件)。年内，全区门、急诊总人次103万，其中政府办医疗机构门急诊总人次70.89万，住院1044人次，住院手术204人次。

持续开展“医院管理年”“医疗质量万里行”“平安医院创建”等活动，落实医疗核心制度，强化岗位责任制。发挥医疗质量控制管理专业委员会技术指导、监督作用，开展为期5个月民营医疗机构执业行为专项整治行动，实行卫生行业监管。坚持以病人为中心，组织实施“三好一满意(服务好、质量好、医德好、群众满意)”“医疗服务提升年”“县级优质医院”等创建活动，改善服务质量，提高满意度。全年医疗纠纷、投诉答复满意率100%，无医疗事故发生。

设立康复项目，雨花医院、铁心桥、板桥社区卫生服务中心各引进1名康复治疗师；雨花医院新增蜡疗康复项目，建设示范康复科；推进各社区卫生服务中心康复科规范化建设。

加强医护人员技能管理，组织“三基”理论考试800多人次，进行手足口病诊疗规范、病毒性心肌炎、急性心肌梗塞和南京市全科医师适宜技术等业务培训22场次，600多人次参加；组织开展“红五月”“冬季大练兵”等技能比武活动。完善全科医师制度，完成全科医师岗位培训34人，岗位培训率100%。加强心血管、呼吸系统、急诊医学专业等人才队伍建设，完成63人进修培训。加强继续医学教育，在职卫生技术人员继续教育覆盖率100%。完成86名专业技术人员学历达标工程，中级以上职称人员比例提高到40.6%，培养复合型人才6名、骨干人才16名、专科人才12名。实现市级科研课题立项2项，发表论文50余篇。

【开展“白求恩杯”百日竞赛活动】 7月1日~9月30日，区卫生系统开展以“强功能、优服务、正行风、提水平、保安全”为主题的夏季战高温“白求恩杯”百日竞赛活动。各医疗机构提前开足服务窗口，延长工作时间，实行24小时服务，确保医疗安全和医疗质量；开展“情系贫困单身母亲，共享美好幸福生活——单亲困难母亲健康体检活动”，增强单亲母亲自我保健意识,创新妇女健康管理模式;开展60岁以上老人免费体检活动,及时反馈体检结果,实施规范健康管理。活动中安德门社区卫生服务中心获得最高分。

【民营医疗机构专项整治】 9月,卫生系统开展民营医疗机构执业行为专项整治行动。活动中,开展民营医疗机构从业人员执业教育与专业培训教育;建立红黑榜,鼓励优秀民营医疗机构规范经营;成立行业自律协会,实现自我管理;推行量化分级管理、信息公示制度,激励民营医疗机构实现自我提升;加大行政处罚力度,提高民营医疗机构违法、违规成本,规范医疗服务市场等措施,严格卫生技术人员队伍监管,加大无证执业和超范围执业查处力度,清理、整顿民营医疗机构执业行为。全年开展民营医疗机构执业规范、医疗废物专项检查4次,直接处罚4家,处理非法黑诊所1家。

取缔非法行医

【健全三甲医院协作机制】 2011年,雨花台区健全三甲医院协作机制,全区基层医疗卫生单位与省市三甲医院开展社区卫生服务指导基地合作建设,加强对口支援和技术帮扶。推进雨花医院与省人民医院(神经内科),区妇保所与省人民医院(眼科),板桥社区卫生服务中心与市胸科医院(呼吸科)、市中医院(眼科),西善桥社区卫生服务中心与市中医院(肛肠科),铁心桥社区卫生服务中心与市第一医院(糖尿病防治基地、手外科)等病区合作。通过协作机制,提升该区基本医疗品质,为老百姓提供优质医疗服务取得成效。

疾病预防与控制

【概　况】 2011年,雨花台区按常住人口30元/人标准落实基本公共卫生服务经费,开展10大类41项公共卫生服务项目,成功创建“国家慢病综合防控示范区”;推进“重心下沉、关口前移”的雨花模式,制发《关于进一步加强“社区基本公共卫生项目管理分中心”建设的工作意见》,在全区4个社区公共卫生分中心设立技术指导室,实施派驻人员“驻点式”业务带教和技术指导;发挥全科团队(站)社区卫生服务载体功能,确保公共卫生服务和基本医疗服务无缝对接,形成“龙头单位与社区卫生服务职责明确、社区卫生和公共卫生有效合作、公共卫生服务体系运转顺畅”新型公共卫生管理体系;创新公共卫生服务项目绩效考核新模式,按照“引入第三方考核”要求,建立由市疾控中心、卫生监督所、妇幼保健院41名中级以上职称、专业指导水平高的专家组成绩效考核专家库,实施绩效考核。“创建文明城市”经营性公共场所管理两证持有率100%。全年报告乙类传染病423例,发病率108.10/10万,无甲类传染病及突发公共卫生事件报告。

【基本公共卫生服务】 2011年,雨花台区落实基本公共卫生服务项目,开展疫情搜索,重点做好霍乱等疾病疫情动态分析与预测预报工作,疫情网络直报规范率、及时率、准确率100%。加强计划免疫信息化建设,实施规范化预防接种管理,全年完成一类疫苗接种70030针次、疫苗规范接种率100%,常住儿童建卡、建证率95%。开展“六一”儿童健康体检,儿童体检率100%,高危儿均按分级管理原则进行健康干预。利用区有线电视、各医疗卫生单位网站等媒体,举办各类健康教育讲座77期、宣传咨询活动80期,制作慢性病宣

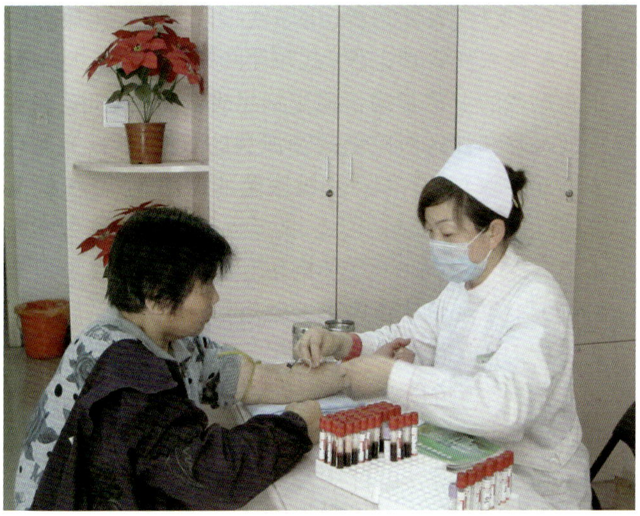

健康体检

传动漫片和5期《雨花健康管理》报，发放宣传材料15.43万份。

【重大公共卫生服务】 2011年，区卫生系统完成结核病主动发现103例，完成艾滋病病人治疗管理任务，随访和治疗管理感染者和病人38名，检测新入监犯人651名，开展娱乐场所干预420户次，完成查螺面积3093万平方米，其中灭螺面积324.8万平方米，未发现活螺；落实各项急感防控措施，设立10块大型防"急感"警示标牌，重点地带建立防急感监测点，聘用8名岗哨巡查人员，实行全天候巡查，未发生"急感"；完成全年查治病任务2245人次，未发现血吸虫病病人；完成8~15岁人群1512针次乙肝疫苗补种，接种率100%；完成8月龄~4周岁儿童麻疹强化免疫接种率97.07%；完成脊灰强化免疫工作，服苗率100%；发挥市妇幼保健院宫颈疾病、乳腺疾病诊治中心作用，对25432名妇女实施妇女病补查，完成1503名农村妇女宫颈癌、乳腺癌检查项目。

【建立慢病综合防控体系】 2011年，区卫生系统以创建"国家慢病综合防控示范区"为平台，完善社区卫生服务中心枢纽功能。建立以区疾控中心为龙头、7个社区卫生服务中心为枢纽、17个社区站及35支全科医疗工作团队为网底的慢病综合防控体系。在全区创建20家示范餐厅(食堂)，将餐厅(食堂)打造成群众防治慢病的知识宣传区、防控干预区、健康体验区，推广"合理膳食、适量运动、戒烟限酒、心理平衡"等健康生活方式。

基层卫生工作

【概　况】 2011年，雨花台区社区卫生服务综合改革不断推进，各项经费落实到位，其中公共卫生服务经费1159万元，区财政对零差率药品销售、药房托管补助1300万元，设备等其他补助400万元，社区公共卫生补助经费人均30元。公共卫生服务职能有效落实，全区居民健康档案建档率92.9%，60岁以上老人建档率100%，健康档案实施计算机动态管理率100%，社区卫生服务中心信息化管理率100%，高血压随访管理率97.3%，糖尿病随访管理率98.5%。社区卫生服务机构门急诊首诊率71%，居民门急诊均次费用60.5元，比上年同期下降15%。完成《雨花台区社区卫生服务机构设置建设规划(2011~2015)》编制工作，板桥社区卫生服务中心通过"省社区卫生服务示范中心"评估，实现区政府办社区卫生服务中心省示

板桥社区卫生服务中心通过省级示范城市社区卫生服务中心评估

范全覆盖,赛虹桥社区卫生服务中心以全市第一名成绩成为“南京市示范社区卫生服务中心”。花神庙等10个社区创建市级健康社区,安德门等11个社区通过区级健康社区评估。建立慢病病人自我管理小组,吸纳医生、病人(居民)共同参与,互为支持。开展全区健康档案建档数量、质量“回头看”督查活动,确保健康档案真实有效。在全区设立15个健康指标自助检测点,免费为机关事业单位职工测量身高、血压、血糖、腰围等。与市第一医院合作,开展社区高血压、糖尿病培训、质量控制以及效果评价指导,增强高血压、糖尿病病人早期发现、诊断、治疗、健康指导能力。

【完善“15分钟健康服务圈”】 年内,区卫生局调研、梳理,结合各街道(园区)社区卫生服务机构设置规划,完成《雨花台区社区卫生服务机构设置建设规划(2011~2015)》编制工作,明确社区卫生服务机构设置、建设要求;安德里社区卫生服务站、中国(南京)软件谷社区卫生服务站2个精品站建成并开诊,建成景明佳园、花神庙、健康、金叶花园等一批“特色站”,组建春江家园、板桥新城、花神庙、古遗井等社区示范团队;完成桥南社区卫生服务站、新建社区卫生服务站前期规划设计并开工建设。至年末,区内各街道(园区)百姓出户15分钟内均能享受健康服务。

【建设“五有”团队】 年内,区卫生局按每万人1支团队标准,重新整合扩编35支团队,编入人数占社区卫生服务机构编制卫生技术人员总数80%以上,网格化覆盖率100%。实施契约式服务,团队与居民自主签订健康服务合同,建立相对稳定服务关系。巩固慢病随访制度,按照高血压、糖尿病患者规范随访要求,开展慢病随访。对全区居民健康和医疗卫生费用双重管理,提供居民连续协调、方便可及的基本公共医疗卫生服务,建成有人(临床医生、全科医生、社区护士、康复医生)、有形(实行“电子地图”式精确管理,主动接受监督)、有约(履行服务契约,定期上门服务)、有数(按规定完成干预次数,微博互动达到规定频次)、有效(干预的结果具有明显成效)的“五有”团队。

【铁心桥社区卫生服务中心——南京市第一医院糖尿病防治基地挂牌】 8月18日,铁心桥社区卫生服务中心与南京市第一医院合作建设的糖尿病防治基地挂牌。基地成立后,南京市第一医院内分泌科专家定期到铁心桥社区卫生服务中心进行门诊诊疗、业务指导、技术支持、人才培养,指导铁心桥社区卫生服务中心开展糖尿病管理工作,打开社区疑难、危重、复杂糖尿病患者的上转和病情稳定后患者的下转通道,促进三级医院和社区医院之间糖尿病的双向转诊,方便社区群众在家门口享受“一级医院的低廉收费,三级医院的优质服务”。

附:2011年度雨花台区市级健康社区名单

1.宁南街道花神庙社区
2.宁南街道雨花社区
3.铁心桥街道定坊社区
4.板桥街道三山村社区
5.西善桥街道西善花苑社区
6.赛虹桥街道长虹路社区
7.赛虹桥街道龙福社区
8.雨花新村街道能仁里社区
9.梅山街道梅岭社区
10.梅山街道上怡二村社区

2011年度雨花台区区级健康社区名单

1.宁南街道翠竹园社区
2.铁心桥街道铁心社区
3.板桥街道永安村
4.西善桥街道西善桥社区
5.赛虹桥街道安德门社区
6.赛虹桥街道玻纤院社区
7.雨花新村街道普德村社区
8.梅山街道上怡新村社区
9.梅山街道梅欣社区
10.雨花经济开发区西寇村
11.板桥新城大方社区

合 作 医 疗

【概　况】 2011年,雨花台区新农合参保人数3.4万人,参保率100%,行政村覆盖率100%,资金到位率100%;人均实际筹集资金486元,比上年提高38%,筹资水平居全市首位。坚持“门诊有报销、住院有补偿、大病有救助、健康有体检”原则,完善受益机制。门诊报销水平由400元提高到600元,慢性病最高报销由1200元提高到1500元;社区卫生服务住院报销比例增至85%,住院实际补偿比58.2%,居全市第一。出台《雨花台区开展提高农村儿童重大疾病医疗保障水平工作实施方案》。与南京市儿童医院、南京市第一医院等4家三甲医院签订合作协议，全区新农合住院病人住院补偿情况与民政部门对接，对符合要求的儿童白血病和先天性心脏病以及重性精神病、乳腺癌、宫颈癌、终末期肾病患者，给予补偿外救助。年内，全区补偿人数18.62万人次，补偿金额1521.50万元，个人最高补偿17.5万元。

【开展百人百户"访贫问病、送医、送药、送健康"驻户调研活动】 8月18~19日，区卫生系统开展新农合百人百户"访贫问病、送医、送药、送健康"驻户调研活动。局领导班子带队，系统所有科级以上干部及全科医疗服务团队分6组深入全区6个街道、25个社区(村)走访120位新农合大病户，送去健康服务、防暑药品和大病补偿款50余万元，活动征集到群众对新农合、看病就医、社区卫生服务等意见44条，经详细梳理，明确责任，均在规定时间内予以答复、解决。

【落实医疗费用控制机制】 年内，全区新农合住院报销实行"区街统筹、一次补偿、即时结报"规定，确保参保农民有钱看病。开展区域门诊总额付费和定点医疗机构住院按病种付费支付方式，制定均次门诊和均次住院费用控制指标，规定区医院人均费用不得超过70元/人，社区卫生服务中心人均费用不得超过65元/人；推行临床路径，遏制医药费用不合理增长，在各医疗机构实施"五专"服务(专人导诊、专人接诊、专卡结算、专窗发药、专人审批)，提升定点机构服务能力，确保参保农民看病少花钱；建立健全资金公示制度，所有环节都主动接受社会和群众监督。7月1日实行支付方式改革后，医疗费用不合理增长得到控制。

【十大免费服务】 2011年，区卫生局在原有惠民举措的基础上，推出"十大免费服务"。即低保户免费医疗、Ⅱ型糖尿病病人免费服药、合作医疗未补偿人员免费健康体检、60岁以上老人免费健康体检和80岁以上老人免费契约式服务、甲流感疫苗免费接种和乙肝疫苗免费补种、适龄妇女"两癌"免费筛查、妇女病免费普查、孕产妇叶酸免费补服、住院分娩免费补助、婚前免费医学健康检查。确保参合农民能经得住慢病的持续医疗费用、急病的突发医疗费用和重病的高额医疗费用。

卫 生 监 督

【概　况】 2011年，雨花台区卫生监督工作以食品安全、职业卫生安全、传染病防治等为重点，开展非法食品添加剂、地沟油、二次供水、非法行医等专项整治行动10余次，销毁违禁食品2000公斤，警告、责令整改1600户次，取缔46户次，立案查处41起，罚款16.73万余元。强化餐饮服务企业食品安全主体责任，摸底调查1608户餐饮单位，逐户签署《拒绝使用"地沟油"承诺书》。加强区、街道、社区三级公共卫生管理，完善"五小"行业、饮用水及学校周边环境创建责任体系，在全市创文明卫生检查中卫生指标名列前茅。打击非法行医，检查医疗机构400余户次，立案处罚10户次，取缔10户无证牙医、黑诊所，没收医疗药品及器械价值4万元。年内，区卫生监督被评为江苏省级卫生监督体系达标示范单位、江苏省社区和基层卫生监督先进集体和江苏省卫生监督先进集体。

【食品添加剂专项整治】 7月，雨花台区开展餐饮服务行业食品添加剂专项整治工作。向全区餐馆单位和社区群众发放"食品添加剂宣传单""承诺书""一封信"等资料万余份，组织1200余户各类餐饮单位负责人和相关人员开展食品添加剂专题培训，出动检查人员718人次、车辆263台次，检查餐饮单位2047户次，责令整改275户次、没收不合格食品80公斤，立案查处违反索证索票制度餐饮单位2户，监督检查覆盖率100%。

【"地沟油"专项整顿】 9月，区卫生监督所针对辖区内餐饮单位和集体食堂"地沟油"、餐厨废弃物开展专项检查行动。成立专项整顿工作小组，制定专项整顿方案，实施"网格化"管理，确保专项行动不留死角。发挥街道、社区、餐饮协会和"五小"行业协会作用，发出拒绝使用"地沟油"倡议，1608户餐饮单位主动纠正违规行为，签署《拒绝使用"地沟油"承诺书》。活动中出动执法车辆65台次，执法人员150人次，监督检查餐饮服务单位380家，对20户未严格建立进货查验索票索证的经营户给予警告，责令整改，将执法情况逐户记录，督促餐饮单位做好采购食用油记录和索证索票工作。

妇 幼 保 健

【概　况】 2011年，雨花台区实行基本妇幼卫生服务属地化管理，按街道分片，完成2.42万名育龄妇女妇女病普查和归档管理。儿童“六一”体检率100%，发现高危儿按照分级管理原则进行健康干预。孕产妇保健管理率99.97%，7岁以下儿童保健管理率99.19%。为1503名特困家庭妇女筛查妇女宫颈癌、乳腺癌，完成率100.2%；孕产妇住院分娩补偿完成率100%；叶酸补服率100%。启动预防艾滋病、梅毒和乙肝母婴传播项目，开展定期督导与检查。启动全区托幼机构对小学儿童屈光不正及斜弱视患病率调查，筛查7岁以下儿童57825人次，确诊弱视儿童903人，弱视训练6741人次，配镜矫治761人。完成市级科研课题“南京市雨花台区学龄前儿童屈光不正及斜视、弱视患病率调查”结案工作。启动并完成4230名托幼机构儿童口腔氟保护漆防龋齿工作。加强与计生部门协作，开展政府购买计生技术服务工作，实施出生缺陷干预工程。推广经皮黄疸测试适宜项目。编印《妇幼卫生政策汇编》《雨花妇幼卫生工作手册》，规范妇幼卫生和计划生育技术服务工作。年内，区妇幼保健所以全市最高分通过全国县级妇幼卫生绩效考核，获市总工会“五一”劳动奖章。

儿童视力筛查

妇保所迎接市级评审

【通过全国县级妇幼卫生绩效考核初评】 7月，在全国妇幼卫生绩效考核南京市初评审中，雨花台区妇幼卫生工作以847分名列全市第一。雨花台区建立区、街两级稳定的妇幼卫生投入保障机制和财政增长机制，卫生、计生、教育、民政等部门密切协作，在南京市率先实施免费婚前医学检查，开展妇女病普查。依托社区卫生服务全科团队，落实重大和基本妇幼卫生服务项目，开展妇女儿童健康管理。吸纳省人民医院、市妇幼保健所等优质卫生资源，形成儿童眼保健、妇女宫颈疾病、乳腺疾病诊治特色优势，建立以各社区卫生服务站为网底、各社区卫生服务中心为枢纽、区妇幼保健所为龙头,省市三甲医院为技术补充,街道、部门资源为工作支撑的妇幼卫生服务新体系。妇女儿童健康水平不断提高,至“十一五”期末全区孕产妇零死亡率,婴儿死亡率比“十五”末下降46.5%。

【建立儿童眼病预防体系】 年内,雨花台区建立“预防为主、防治结合”儿童眼病预防体系。区妇幼保健所通过宣传发动,联手教育,将儿童眼保健纳入托幼机构准入、评优标准,以参加夏令营等活动教育儿童爱护眼睛;通过广播、网络播出以“眼睛明亮、生活闪亮”主题的儿童眼保健知识节目稿件52篇;与社区合作举办专题家长学校19场、印发健康教育处方8万份;开展视力筛查,实现儿童视力异常早发现早干预,将眼保健纳入年龄提前至出生后42天,2010年、2011年共筛查3岁以下散居儿童视力50860人次;吸纳江苏省人民医院优质资源,成立“雨花眼保健中心”,提升儿童眼保健工作水平。

【搭建“二癌筛查”后诊治平台】 年内,区妇幼保健所发挥南京市妇幼保健院宫颈疾病、乳腺疾病诊治中心作用,搭建全区“二癌筛查”后的诊治平台,接诊宫颈疾病658例,确诊宫颈癌前病变12例(其中CINⅠ5例,CINⅡ-Ⅲ7例),开展乳腺B超822人,宫颈阴道镜检查100人,宫颈活检68人,宫颈LEEP2例。

(黄　欢)

红十字工作

【概　况】 2011年,雨花台区红十字会制定下发《雨花台区红十字事业2011~2015年发展规划》《雨花台区红十字会2011年重点工作》和《2011年雨花台区基层红十字会工作目标》;组建“雨花红十字”QQ工作群,开通“走进雨花红十字”网站;向全区发出《无偿捐献血液、捐献造血干细胞倡议书》,178人义务献血,献血总量超过37900毫升,确认4例捐献造血干细胞志愿者,其中1例通过高配,成功进行捐献;以“学急救,迎青奥”为主题开展急救培训,1200余人受训;组织广场宣传30余场,在区有线电视台播放急救知识宣传片3次;组建无偿献血应急队、救护培训师资队、持证急救员队、义诊队等特色志愿服务队。3月,云南盈江、日本发生地震,全区通过区红十字会为地震灾区捐款14.65万元,其中捐助日本灾区0.47万元。至年末,雨花台区有红十字基层组织31个,成人会员1022人、青少年会员2125人,会费收缴率100%。

【“博爱校园行”募集爱心款2.22万元】 3月10日,雨花台区红十字会向全区中小学发出“博爱校园行”募捐救助活动通知,要求全区中小学校开展主题“传递爱心、播种希望”的“博爱校园行”宣传募捐活动,景明佳园小学、雨花外国语小学、铁心桥小学等学校结合校庆、主题班会开展活动安排学生自愿参加募捐、义卖,以宣扬“人道、博爱、奉献”精神为主。至年末,募集爱心款2.22万元,通过区“博爱宝宝资金”定向捐助9717元,救助困难学生8000元,上交市红十字会2900元。

雨花台区红十字会在景明佳园小学开展“博爱校园行”活动

【召开第六次会员代表大会】 4月28日,雨花台区红十字会在区级机关综合楼9楼会议室召开第六次

召开第六次会员代表大会

会员代表大会。大会听取审议《雨花台区红十字会第五届理事会工作报告》和《雨花台区红十字事业2011~2015 年发展规划》,选举产生由孙红霞任会长,戴云、潘遂平、刘会智、汪根海任副会长,45 名区级机关、基层组织、企事业单位代表组成的新一届红十字会领导班子;聘请李侃桢、张一新为名誉会长,黄唯佳、迟延安为名誉副会长。

【开展"世界红十字日"博爱周活动】 5 月 8~15 日,"世界红十字日"期间,区红十字会与宁南、梅山、雨花新村街道,雨花台区实验小学、雨花台区中西医结合医院等单位红十字会联合开展主题"携手人道促和谐,志愿服务为民生"的纪念"世界红十字日"博爱宣传周系列活动。医疗单位医生免费为社区居民咨询、义诊、测量血压,街道红十字志愿者为居民提供义务理发、小电器修理、缝纫等志愿服务,中小学生组织爱心义卖、防灾逃生演练,博爱周期间有 8 类 22 场活动,参加服务志愿者 320 人次,发放宣传册 0.5 万份。

【定向博爱助学】 8 月 25 日,,区红十字会举行红十字博爱助学捐助仪式,南京汪海投资发展集团有限公司董事长汪根海,为区内 2011 年考上大学的经济困难学生每人发放助学金 2000 元。该项活动在区是首次开展,于每年开学前捐助。

【建立区红十字备灾救助资金】 9 月,区红十字会制订《雨花台区红十字备灾救助资金募集、表彰、管理办法》征求意见稿,下发基层征求意见,同时设立"雨花台区红十字备灾救助资金"用于备灾救灾,扶贫助困活动。至年末,募集捐款 2.68 万元,慰问困难群众 563 名。区人大办公室张晓东见义勇为奖金 800 元捐入该救助资金。

【区首例志愿者成功捐献造血干细胞】 12 月 21 日,雨花台区中兴通讯公司软件工程师卓峰在南京市鼓楼医院血液科进行造血干细胞采集,成为 2011 年南京市第八例、雨花台区第一例成功捐献造血干细胞的志愿者。 (罗　敏)

开展"红十字博爱周"系列活动

体　育

【概　况】 2011年，雨花台区体育工作面向基层，紧贴实际，坚持体育工作服务经济、服务群众、服务基层宗旨，创新工作方式，营造迎接青奥会、人人爱运动体育健身氛围，激发辖区居民了解青奥、热爱青奥、参与青奥、奉献青奥热情。全年举办30多场大型群众性体育活动，组织300多场次小型多样、丰富多彩体育活动，其中“喜迎奥运”主题体育活动十多场次。业余体育训练工作得到进一步加强，市队区办项目取得突破，市布局班项目进一步扩展，优秀后备运动员输送工作名列全市区县前茅。组队参加全国、省、市各项比赛，获得市级以上比赛冠军20个。板桥新城莲花湖体育公园正式投入使用，规模型体育健身企业招商取得新成绩，成功引进英派斯体育健身俱乐部。至年末，全区体育场地209个，面积45.5万平方米，人均面积2平方米，全区社区体育健身工程点社区覆盖率100%；居民开展体育健身气功、柔力球、门球、健身球、扇子舞、太极拳、空竹等健身项目推广活动，并根据居民健身兴趣，适时增加健身推广项目，组织家庭运动会、社区运动会等各种比赛活动，更多居民踊跃加入到科学健身行列。全年区竞技体育获市级以上金牌20块，比上年增加9块。

体育健身——舞剑

【海选青奥会护旗手】 3月，雨花台区联合《金陵晚报》编辑部，在该报读者中海选青奥会会旗区域传递活动“护旗队”(包括1名主旗手,8名护旗手)，保管会旗并负责传递下去。至3月20日，1000多名热心读者报名参与。经过面试和考察、多轮竞争选拔等环节，最终确定由徐美玲担任主护旗手，刘丽、张超、徐涛、伏臻、李智毅、罗圣美、臧勇、陈苏闽等8人担任护旗手。

青奥会会旗雨花台区传递活动护旗手名录

表30

序　号	姓　名	性　别	出生年月(年)	所在单位及职务	备　注
1	徐美玲	女	1987	宁南街道丁墙社区大学生村官	主护旗手
2	刘　丽	女	1976	区青少年业余体校副校长	护旗手
3	张　超	男	1985	铁心桥街道尹西社区大学生村官	护旗手
4	徐　涛	男	1993	板桥中学学生	护旗手
5	伏　臻	女	1995	雨花台中学学生	护旗手
6	李智毅	男	1972	雨花新村街道普德村社区民警	护旗手
7	罗圣美	男	1971	中兴通讯有限公司高级工程师	护旗手
8	臧　勇	男	1975	上海梅山钢铁公司职工	护旗手
9	陈苏闽	男	1989	三江学院建筑系学生	护旗手

【青奥会会旗迎旗仪式举行】 3月25日晚，“激情青奥盛会　活力现代雨花”奥林匹克会旗雨花台区迎旗仪式在区政府东门广场举行。南京青奥会组委会和雨花台区有关领导共同出席传递活动。交接旗仪式上，区委副书记、区长张一新从南京青奥会组委会副秘书长李恕手中接过奥林匹克会旗，标志着奥林匹克会旗雨花台区传递活动开始。交接旗仪式结束后，来自全区街道、社区、学校代表队表演水鼓舞、体育舞蹈、龙狮舞等6个体育健身项目，为在场的领导和观众奉献一台精彩体育展演节目。该区社区群众代表、区级机关代表、青年志愿者和学生代表等1000多人参加接

旗仪式。奥林匹克会旗雨花台区传递活动,是"五环旗下奥林匹克会旗南京传递活动"重要内容之一。活动期间,会旗从主会场——雨花台区政府广场向6个分会场——西善桥小学、雨花实验小学、雨花台中学、景明佳园小学、中华职业中等专科学校、尹西社区等之间相继传递,于4月7日结束,历时14天。

【签订两项责任状】 2011年,区体育部门与区委签订"和谐社会"工程(体育)责任状、与区政府签订"生态新城"工程(体育)责任状,两份责任状内容基本一致。责任状明确"十二五"期间全区体育工作5项重点工作:推进街道级体育活动中心建设;建成以步行10分钟为标准、覆盖全区的"10分钟体育健身圈";引进两家体育健身规模、品牌企业,提高体育服务能力,完善城市功能;每年完成1500人次成年人体质监测任务;办好全区第六届体育运动会,并积极做好2013年亚青会、2014年青奥会相关配合工作。

【39名优秀运动员输送省市队】 2011年,雨花台区向省运动队输送11名优秀运动员,其中拳击1人、足球8人、乒乓球2人;向市运动队输送优秀运动员28人,其中乒乓球3人、柔道7人、武术4人、游泳3人、足球10人、击剑1人。

【获市布局班项目6个】 至2011年末,雨花台区获市体育局正式认可的运动员在编数近百人,涵盖足球、游泳、柔道、跆拳道、乒乓球、武术、篮球等区县布局班项目,运动员在编数和区县布局班项目均位居全市各区县前列。是年,该区足球项目连续获得7年市队区办项目资质,游泳项目获得市布局班项目资质,全区市布局班项目有6个。

【社区体育设施建设】 2011年,雨花台区投入40万元,新建西寇村文化广场等10个社区全民健身工程点,改建宁南街道康盛花园等10个社区全民健身工程点。至年末,平均每个社区拥有体育健身工程点2.7个,人均公共体育场地2平方米,两项指标均位居全市区县前列。

【407名健身骨干通过考核】 2011年,雨花台区群众体育健身得到科学指导,重点抓社会体育指导员培训工作。4~5月分别在西善桥街道成人教育中心和邓府山社区举办5场培训班,邀请专家集中培训全区体育健身骨干,有407人通过最终考核。至年末,该区万人拥有社会体育指导员25人,在全市区县位居前列。

【业余训练水平提升】 2011年,全区青少年业余训练工作步入规范化、科学化发展。各训练点完善训练计划、安全制度,及时召开全区教练员月度会议、各训练点季度会议、全区训练工作半年和年度联席会议,加强体育部门、教育部门、重点中小学校、教练员队伍之间沟通。全年,该区运动员参加各级各类比赛,获得柔道、乒乓球、田径、跆拳道等项目17个市级以上冠军。至年末,该区业余体育训练由单一项目逐步发展为羽毛球、足球、篮球、乒乓球、武术、跆拳道、柔道、瑜珈、网球等多个项目。

2011年雨花台区参加市及以上比赛项目成绩一览(集体)

表31

赛事名称	时间	地点	参赛集体	成绩
"广饶杯"全国幼儿基本体操大赛	6月	山东广饶	普德村幼儿园体操队	一等奖
江苏省幼儿基本体操大赛	6月	江苏南京	普德村幼儿园体操队	一等奖
南京市幼儿基本体操大赛	6月	江苏南京	雨花现代艺术幼儿园	一等奖
南京市小学生足球比赛	8月	江苏南京	实验小学足球队	第一名
第11届全国中学生运动会男子足球决赛	7月	内蒙古包头	雨花台中学足球队	第三名
江苏省第15届"省长杯"足球比赛及青少年足球锦标赛	8月	江苏南通	雨花台中学足球队	第二名
全国第15届"红双喜.创新杯"少年儿童乒乓球比赛	7月	河北霸州	共青团路小学乒乓球队	女子丙组团体第五名
南京市小学生篮球比赛	5月	江苏南京	景明佳园小学篮球队	第四名
第六届"邱艳杯"体育舞蹈公开赛	11月	上海	景明佳园小学体育舞蹈队	团体第一名
全国高中足球联赛决赛	11月	南京	雨花台中学足球队	第二名
南京市2011年少儿武术比赛	5月	南京	西善桥小学武术队	少乙组对练(集体)第三名

2011年雨花台区参加市及以上比赛项目成绩一览(个人)

表32

赛 事 名 称	姓 名	组 别	名 次
江苏省第13届小学生优秀苗子乒乓球比赛	李金岸	男子乙组单打	第三名
南京市少儿乒乓球比赛	万文杰	男子甲组单打	第一名
南京市少儿乒乓球比赛	张人元	男子甲组单打	第二名
南京市少儿田径比赛	严伟豪	儿男甲组400米	第一名
南京市少儿田径比赛	季 旺	儿男甲60米	第二名
南京市“展望杯”田径比赛	彭 璟	儿女组60米	第一名
南京市“展望杯”田径比赛	彭 璟	儿女组跳远	第一名
南京市“展望杯”田径比赛	严伟豪	儿男组800米	第一名
南京市“展望杯”田径比赛	严伟豪	儿男组400米	第二名
南京市少儿武术比赛	尤日瑜	儿童组长拳	第一名
南京市少儿武术比赛	白 鸽	儿童组剑术	第二名
南京市少儿武术比赛	白 鸽	儿童组规定拳	第二名
南京市少儿武术比赛	贾星辰	少乙组棍术	第二名
南京市少儿武术比赛	贾星辰	少乙组刀术	第二名
南京市少儿武术比赛	贾星辰	少乙组对练	第一名
南京市青少年柔道比赛	谷友月	男子甲组55公斤级	第一名
南京市青少年柔道比赛	陈 靖	男子甲组68公斤级	第一名
南京市青少年柔道比赛	李志皓	男子甲组68公斤级	第二名
南京市青少年柔道比赛	王友龙	男子乙组66公斤级	第二名
南京市青少年柔道比赛	徐 君	男子乙组73公斤级	第二名
南京市少年儿童游泳比赛	梁力月	少年女子乙组200米蛙泳	第一名
南京市少年儿童游泳比赛	马 原	儿童男子甲组100米蝶泳	第一名
南京市“迎青奥”少年跆拳道比赛	马浩钧	男子乙组66公斤级	第一名
南京市“迎青奥”少年跆拳道比赛	陆韬羽	女子甲组55公斤级	第一名

(魏以远)

普德村幼儿园幼儿体操队荣获全国比赛一等奖

【景明佳园小学篮球俱乐部被命名为江苏省青少年奥林匹克体育俱乐部】 1月，景明佳园小学篮球俱乐部被命名为“江苏省青少年奥林匹克体育俱乐部”。2010年5月，学校向市体育局申报，在市体育局推荐基础上，经审核验收后获该殊荣。景明佳园小学长期把篮球运动品牌特色建设工作放在重要位置，班班一支“让我玩”小篮球队，学校成立篮球训练3个梯队，坚持每天训练，冬练三九、夏练三伏。2010年暑期，学校作为南京市唯一1支代表队参加江苏省小学生篮球训练营比赛，取得第四名优异成绩，同时获得竞赛组委会颁发的“体育道德风尚奖”和“体育道德风尚运动员”两项殊荣。该校2008年被市体育局授予“南京市体育传统项目学校”，2010年11月被市体育局、教育局授予“南京市体育与健康教育特色学校”。学校每年向市体校输送十多名优秀篮球运动员，2010年该校学生、14岁的李天戈被中国人民解放军八一男子篮球队选中。

(教育局)

【第四届“雨花新村杯”老年人乒乓球比赛】 3月10日，在区乒乓球俱乐部活动中心举行。比赛由区老年体协主办，雨花新村街道老年体协承办，全区8个街道(开发区)40多名男、女老年乒乓球爱好者参加。比赛设团体、男子单打、女子单打3个项目。每个项目分成2个大组，采用循环制决出小组第一、第二名，然后进行淘汰赛，赛期1天。比赛结果，宁南街道、雨花新村街道、雨花经济开发区分获团体第一、第二、第三名；宁南街道于江洪、周显桃，雨花新村街道陈建国分获得男子单打第一、第二、第三名；宁南街道芷琳、梅山街道王正玉、雨花新村街道许芸明分获女子单打第一、第二、第三名。

4月16日，雨花台区举办“2011年南京市‘迎青奥　春牛首’千人登山活动”

【国家体育总局调研板桥新城科技体育训练基地】 4月14日，国家体育总局航模管理中心主任李正梅一行到雨花台区板桥新城，调研落户雨花台区的科技体育训练基地。市航模协会及区体育局、板桥新城主要负责人陪同调研。该科技体育训练基地位于板桥新城莲花湖公园西侧，由航空模型机场和航海模型码头及相关配套用房三大部分组成，南京市航空运动协会作为训练基地运营主体，采取引进航空航海俱乐部加盟方式参与，并通过每年举办不少于6次国际、国内赛事活动打造新城科技体育运动特色品牌。会后，调研组一行实地视察板桥新城科技体育训练基地在建工地。至年末，训练基地一期工程建成并投入使用。

【春牛首登山活动】 4月16日，雨花台区举办“2011年南京市‘迎青奥　春牛首’千人登山活动”，活动由市体育局、雨花台区政府主办，区体育局、文化局承办。奥运冠军、南京市体育局副局长葛菲等领导和全市近千名登山爱好者参加活动。“春牛首踏青登山活动”作为区全民健身活动多年来形成的一个健身品牌，在市体育局大力支持下，2011年该活动升格为南京市“百万市民健身工程”一项重点活动。 (魏以远)

【幼儿阳光体育节表彰会召开】 5月27日，雨花台区首届“与青奥共成长”幼儿阳光体育节表彰会在金叶花园幼儿园举行。区教育局局长冯建强，副局长部叶红出席表彰大会。全区各幼儿园园长、骨干教师代表等近80人参加活动。会上表彰获得幼儿阳光体育节有功单位、先进个人和体育节阳光宝贝等，与会代表观摩金叶花园幼儿园小朋友表演的《童心腰鼓　喜迎青奥》团体操等。 (钟家燮)

【体育器材拉网式安全检查】 2011年，雨花台区建立1支专兼职相结合的巡修员队伍和1套具有器材管理规定、器材使用须知、维修联系电话等内容的规章制度，保障全区社区体育健身设施完好。6月和11月，雨花台区分别开展为期4周的体育器材拉网式安全大检查。区体育部门安全巡查组和各街道(园区)器材巡查员组成巡查队伍，逐个、逐项检查全区140多套体育健身器材，并对检查中发现的问题记录在案。一般维修问题，当场予以解决；大件更换等问题，第一时间联系厂家到场维修。2次检查中所发现问题全部在限定时间内得到解决。

【南京市第三届全民健身节启动暨莲花湖体育公园开园仪式】 6月11日，在莲花湖公园举行。该活动由市体育局、南京日报社、雨花台区人民政府主办，区体育局、板桥新城管委会、金地物业公司承办。同期，

6月11日,南京市第三届全民健身节启动暨莲花湖体育公园开园仪式

金地自在城业主羽毛球协会成立。启动仪式和开园仪式结束后,“金地自在城杯”南京业余网球积分赛、“金威利杯” 相约自在城——南京在宁企业篮球联赛、金地自在城西祠车友羽毛球争霸赛决赛等三大赛事正式拉开帷幕。三项赛事分别在莲花湖体育公园网球馆、羽毛球馆及篮球场举行,南京市业余网球爱好者、市各大网球俱乐部、16家大型企业及西祠车友参加比赛。

【全国政协调研组考察指导社区体育工作】 7月15日,全国政协常委、教科文卫体委员会副主任胡家燕,全国政协“加强全民健身组织建设专题调研组”蒋效愚、崔大林、钱利民、叶乔波等一行18人实地考察福润雅居社区体育中心和板桥新城社区体育公园(莲花湖体育公园),省、市、区有关领导陪同考察。调研组在西善桥福润雅居社区健身广场,细致查看社区群众体育健身设施,深入了解区全民健身组织建设有关情况和成功经验,以及在全民健身场地和设施建设中遇到的困难和问题;在板桥新城社区体育公园实地查看篮球场、网球场、环湖赛道等室内外体育设施,充分肯定公园设施完善,并希望提高公共体育场馆利用率。在调研组南京市考察活动中,福润雅居社区体育中心、板桥新城社区体育公园代表南京市作为全市仅有的2个点接受调研组现场考察和指导。

【获省农民健身秧歌大赛金奖】 9月14~16日,2011“国缘杯”江苏省农民健身秧歌大赛在扬中市举行,雨花台区秧歌队代表南京市参赛,获得大赛金奖。大奖赛由省农业委员会、省体育局、省农民协会联合举办,全省各省辖市13支代表队250多名农民秧歌运动员参加自选套路和第四套健身秧歌规定套路比赛。该区代表队队员20人,平均年龄60岁,参加自选动作和规定动作比赛。其中,自选套路比赛,融入秧歌6种基本步伐和6种队形变化,整套动作由队员自编自导。

【老年人体育节闭幕式暨“一街一品”老年健身展演活动】 9月21日,在西善桥街道油坊社区室外文体活动广场举行,市老年人体育协会常务副主席陈玉鑫、区老年人体育协会主席石宏宽、区体育局副局长刘光琴等体育部门领导,区人社局退休职工社会化管理中心、各街道老年人体育协会秘书长，全体教练员、运动员300多人参加活动。其中，全区8个街道(开发区)和区老年舞蹈队等9支男女代表队，近200名老年朋友参加展演。“一街一品”老年人健身精品项目展演中，西善桥街道代表队展演二十四式太极柔力球、雨花新村街道代表队展演园球操、赛虹桥街道代表队展演喜庆大鼓、铁心桥街道代表队展演军乐鼓《我们的队伍向太阳》、宁南街道代表队展演傣族舞《家乡美》、板桥街道代表队展演剑舞《一剪梅》、梅山街道代表队展演健身扇舞《又唱浏阳河》、开发区健身队展演劳动号子、区老年舞蹈队展演健身交谊舞。展演活动在油坊社区空竹队四龙飞舞中结束。

【获省第三届农民体育节金奖】 9月25~26日，由省农业委员会、省体育局、省农民体育协会联合举办的江苏省第三届农民体育节在淮安市洪泽县举行，全省各省辖市13支代表队560名农民运动员参赛。雨花台区铁心桥街道尹西村健身花鼓队代表南京市参加健身花鼓传统体育健身项目展示活动和花样跳绳比赛。其中，该村农民健身花鼓队传统体育健身项目健身花鼓获得展演活动金奖。尹西村代表队由25人组成，参加跳绳记时追逐赛、100米双人麦收比赛、3分钟6人“8”字跳绳比赛、30秒单摇计数跳绳比赛等4个花样跳绳项目角逐。

【2011“板桥新城杯”全国航空模型公开赛】 10月3~5日，在板桥新城莲花湖体育公园举行。航模大赛由国家体育总局无线电模型运动管理中心、中国航空运动协会主办、市体育局、市体育总会承办，市航模协会、区体育局和板桥新城管委会协办。赛程为期2天。比赛包括电动式无线电遥控定翼水上飞机竞时赛、无线电遥控特技等七大竞赛项目，吸引来自全国各地60多名航模爱好者报名参赛，并带来大小航空器和器材100多架(具)，现场500多人观摩。 (魏以远)

10月3~5日，2011“板桥新城杯”全国航空模型公开赛在莲花湖体育公园举行

【青少年“阳光体育、分享青奥”冬季长跑】 12月14日，雨花台区启动青少年“阳光体育、分享青奥”冬季长跑。长跑活动将从2011年末至2012年4月，在全区各中小学校展开。长跑活动期间，各学校成立有专职体育教师任辅导教师的阳光体育运动冬季长跑指导小组，加强阳光体育冬季长跑活动指导和检查，班班开展有组织、有特色活动，做到“人人每天一千米、班级周周有评比、年级月月有宣传、学校定期有表彰”。各校将阳光体育冬季长跑活动纳入学校常规管理，以班为单位建立锻炼手册，一天一记、一月一评，总结表彰评选优秀学校、优秀班级和优秀学生。活动期间，全区涌现出雨花台中学、景明佳园小学、古雄小学、实验小学等引领示范学校

【中小学生第十届体育节】 12月12~17日举行。体育节主题：走近青奥，健康你我。全区各中小学制定学校活动计划，积极开展冬锻3项比赛，组织中小学广播操及大课间比赛和全区中小学体育、艺术“2+1”推进工作现场会等活动。体育节期间，全区中小学开展小型体育竞赛近200场，参与学生近100%。内容涵盖体育知识、体育锻炼方法、体育历史，篮、排、足、乒乓球，田径、趣味体育项目等。同时，各校结合申办青奥会，开展各具特色的体育活动和青奥宣传活动。雨花台中学开展“为申奥加油、与青奥同行”千人签名、长跑活动，雨花实验小学组织学生开展“为申奥加油、与青奥同行”千人签名、演讲、绘画等活动，古雄小学开展“我与青奥共成长”主题活动等。

【全国高中足球联赛总决赛在区举行】 11月19日，“南京青奥

11 月 19 日,全国高中足球联赛总决赛在雨花台中学举行

会倒计时 1000 天"开幕式暨 2011 全国高中足球联赛总决赛在雨花台中学举行,联赛由中国中学生体育协会主办,南京市历史上首次承办全国高中足球联赛总决赛。教育部学生体育协会联合秘书处秘书长助理、中国中学生体育协会副主席王刚,省、市及区有关领导出席总决赛开幕式。开幕式上,中国中学生体育协会专职副主席王刚和副区长迟延安共同为 2011 全国高中足球联赛总决赛揭幕战开球。揭幕战在东道主雨花台中学代表队与福建厦门湖滨中学代表队之间进行,雨花台中学代表队 1∶0 力克对手,取得开门红。决赛阶段为期 10 天,雨花台中学代表队等全国 16 个省、自治区、直辖市 18 支足球队参加决赛阶段比赛。江苏省江阴第一中学、南京市雨花台中学、重庆北碚职业教育中心、北京市八一中学、沈阳市回民中学、四川省成都市列五中学分获比赛第一名至第六名。

(钟家燮)

10 月 3~5 日,2011"板桥新城杯"全国航空模型公开赛在莲花湖体育公园举行

雨花年鉴 2012

人力资源和社会保障

综　　述

【概　况】 2011年，雨花台区人力资源和社会保障局(简称区人社局)坚持“民生为本、人才优先”，以富民增收、就业保障为工作重点，大力实施民生幸福工程，扎实开展征地农民进保，推进人事制度改革，全力构建和谐劳动关系，超额完成全年各项目标任务。

全年，雨花台区新增城镇就业9905人，其中城镇单位就业5943人；援助困难人员就业399人、农村劳动力转移就业3098人次、培育自主创业649人、实现创业带动就业6318人。制作发放“市民卡”45970张，城镇登记失业率控制在3.5%以内。开展各类培训15282人次，其中再就业培训1113人次、农村劳动力培训3329人次、在职职工培训8520人次、城镇居民创业培训441人次、农村劳动力创业培训118人次、新生劳动力培训303人次、外地来宁农村劳动力培训1458人次，职业技能鉴定2096人次。社会保险单位净增参保人数10850人、灵活就业人员参保人数9999人，城镇职工医疗保险净增人数19961人、征收社会保险费6.57亿元。完成1765家企业书面审查，主动巡查421家企业。受理劳动仲裁案件1305件，受理案件率100%，调撤率78%以上。

2011年，区人社局先后被南京市政府评为市农村实事工程先进集体、被市总工会评为市五一巾帼标兵岗、被市流动人口服务管理工作领导小组评为市流动人口服务管理工作先进集体、被市劳动争议仲裁委员会评为市劳动人事争议仲裁委员会先进集体、被市社会保险扩面征缴工作领导小组评为市社会保险扩面征缴工作先进单位、被中国劳动保障报社授予“全国百优县(区)”称号。

【职称申报工作】 实现职称评审的网上申报、网上审批和网上公示，提升工作效能，推进全区职称工作规范化进程。年内办理职称初聘手续305人(通过243人)，审核中级专业技术职务申报材料101份，高级专业技术职务申报材料54份。

就业再就业

【概　况】 2011年，雨花台区人力资源管理工作突出创业扶持和重点群体就业，落实支持和促进就业各项优惠政策，就业、创业工作稳步推进。

抓创业带动就业。做好市、区创业政策联动宣传工作，鼓励有创业愿望和创业条件城乡劳动者自主创业。实施“创业实名制”工程，强化对创业人员和创业典型的培育、服务和管理。年内，发放小额担保贷款57人、金额575万元；扶持创业649人，实现创业带动就业6318人；创建1个大学生创业园和1个示范创业园。

扶持重点群体就业。对就业困难人员、高校毕业生、新生劳动力、失地农民开展“一对一”“保姆式”就业服务。跟踪服务形成制度，每月定期通报失业人员跟踪服务情况，跟踪服务率95%。对新增“双零家庭”，确保100%就业。全区4050、夫妻双失等各类困难人员399人全部就业。2010年四季度至2011年3季度，全区享受岗位补贴企业34家1263人次，补贴资金91.89万元，其中区财政配比补贴资金22.97万元；享受社会保险补贴企业34家2460人次，补贴资金295.01万元；享受灵活就业人员社会保险补贴16065

4月1日，市人力资源和社会保障局局长朱志宏调研区软件创业园

人次，补贴资金2062.2万元。

完善市场调节就业功能。年内，举办现场招聘会122场，提供岗位7万多个，实现本区户籍劳动力稳定就业1.5万人次。举办软件人才专场招聘会1场、常规招聘会10场，提供就业岗位2060个，达成初步就业意向539人。

加强失业保险服务。发挥失业保险"预防失业、促进就业"功能，接受失业人员档案7600份，失业保险金申领10904人，失业金累计发放40870人，发放金额2889万元，失业人员终解备案去向跟踪达90%。落实《市政府关于印发南京市被征地人员社会保障办法的通知》精神，将被征地失业农民纳入失业保障范围，符合条件人员享受失业保险待遇。

【高校毕业生就业率94.1%】 2011年，区人社局重点为2009~2011届高校毕业生提供就业创业指导、政策咨询、创业培训和跟踪服务，组织未就业毕业生参加职业资格和技能培训，培训内容涉及软件开发、网络维护、电子商务等专业，培训结业后直接推荐就业。全区高校毕业生登记就业率94.1%。

【创建市星级失业人员之家】 2011年，赛虹桥街道、宁南街道创建市四星级失业人员之家，雨花开发区、西善桥街道创建市三星级失业人员之家。失业人员之家结合实际定期开展丰富多彩的活动，与失业人员面对面、心贴心地沟通和交流，取得良好效果。

2011年雨花台区就业再就业目标完成情况

表33

序号	市政府下达的年度目标任务	目标数	完成数	完成年度计划(%)
1	新增城镇就业人数(人)	7800	9905	127.0
	其中：新增城镇单位就业人数(人)	4600	5943	129.2
2	实现再就业人数(人)	2500	3249	130.0
3	援助困难人员就业人数(人)	300	399	133.0
4	农村劳动力转移人次(人次)	1500	3098	206.5
5	培育自主创业者人数(人)	600	649	108.2
6	创业带动就业人数(人)	5000	6318	126.4
7	省级充分就业示范区(个)	1	1	100.0
8	培育自主创业大学生人数(人)	60	68	113.3
9	大学生创业园(个)	1	1	100.0

职 业 培 训

【概　况】 2011年，雨花台区职业培训工作坚持社会化、市场化发展方向，优化整合培训资源，努力拓宽培训面，建立健全市场化、社会化培训体系，累计开展各类职业培训15282人次。

组织创业大讲堂。年内，举办5期创业大讲堂活动，培训410人次。创业大讲堂介绍创业基本知识，讲解如何规避市场风险，对有创业意向的人员进行个性辅导，提高其创业能力。

强化实用有效就近就便培训。区培训中心举办就业、创业指导培训并开办电工、电焊工、电脑操作等技能培训班；景明佳园、春江新城开办插花、电脑培训班，培训244人；板桥新城开办保安培训班，培训51人。

【"订单式"培训182人次】 2011年，区人社局培训中心针对区内企业用工特点，选择年纪较轻、就业愿望迫切，且有一定文化基础失业人员和农村劳动力开展特种作业培训。182人通过吊工、数控机床、理货员等"订单式"培训，取证后被推荐到相关企业上岗。

【建成软件服务外包高技能人才实训基地】 2011年，区人社局培训中心、软件园管委会和豪成职业培训学校联合建成软件服务外包高技能人才实训基地——"南京市软件人才培训实训基地"，该基地培训软件人才200多人，缓解部分软件企业用工矛盾，为高校毕业生创造就业途径。

2011 年雨花台区职业培训目标完成情况

表 34

市政府下达的年度目标任务	目标数(人次)	完成数(人次)	完成年度计划(%)
再就业培训	1100	1113	101.2
农村劳动力培训	1400	3329	237.8
在职职工培训	8000	8520	106.5
创业培训	500	559	111.8
新生劳动力培训	300	303	101
外来农村劳动力培训	500	1458	291.6
技能鉴定	1700	2069	121.7

社会保障

【概　况】 2011 年，雨花台区社会保障工作以完善城乡一体的社会保障体系为目标，以被征地农民社会保障工作为重点，统筹抓好社会保险扩面征缴、居民医保、退休人员社会化管理、各项养老补贴发放等工作，落实各项惠民政策，全面完成社会保障各项指标。实施《中华人民共和国社会保险法》，社会保险单位净增参保人数 10850 人，灵活就业人员参保人数 9999 人，城镇职工医疗保险净增人数 19961 人，征收社会保险费 6.57 亿元，清欠社会化管理服务费 365.34 万元，退休人员健康体检率 90%以上。

年内，区人社局落实被征地人员进社保工作，将被征地人员全部纳入城镇职工社会保险范围。该区 1983~2004 年有被征地人员 28334 人，其中劳动年龄段 20167 人，养老年龄段 8167 人。全年实现社会保险参保人数 27597 人，其中劳动年龄段 19430 人，养老年龄段 8167 人，实际参保率 97.4%。板桥街道托管的 2625 名“红线”以外失地人员，全部纳入被征地农民基本生活保障范围。

居民医保实现全覆盖。采取街道、个人、单位各贴三分之一办法，解决区内 3 家特困企业（西善桥装卸队、天云装饰配套厂、南京金佳旺贸易有限公司）18 名退休职工医保问题。跟踪服务享受财政全额补助特殊群体（低保户、重度残疾人、重点优抚对象、孤儿、特困职工家庭子女），实现全额补助人员真实情况、跟踪服务卡、基础台账“三统一”，实现特殊人员全员进保。结合城镇居民养老补贴及被征地农民老年生活保障工作，摸清无保障老年人口底数，做好无保障老年人口参保工作，全区 1.4 万名无保障老年人做到应保尽保。

开展实施《中华人民共和国社会保险法》宣传活动

各类补贴足额发放。定期足额发放 5473 名新农保农民养老补贴、1710 名居民养老补贴、3974 名被征地人员老年生活困难补助、188 名“三无”（无劳动能力、无经济来源、无法定赡养或扶养人）、70 名“三线”（20 世纪 60~70 年代参加边远地区建设）等特殊人员补贴款。

2011 年雨花台区社会保障工作完成情况

表 35

市政府下达的年度目标任务	完成数	完成年度计划(%)
新增参保单位 450 户	468 户	104.0
净增单位养老保险参保人数 5000 人	10850 人	217.0
新增灵活就业人员参保人数 4500 人	9999 人	222.2
城镇职工基本医疗保险净增人数 5000 人	19961 人	399.2
工伤保险参保净增人数 5000 人	18099 人	362.0
征收社会保险费 45000 万元	65720.38 万元	146.0
清理社会保险历年欠费 50 万元	52.25 万元	104.5
养老保险转移接续办结率 100%	100%	100.0
企业退休人员社区管理服务率 99%	100%	101.0
企业退休人员第二轮周期免费体检率≥75.6%	90%	119.0
社会化管理服务费清欠金额 235.7 万元	365.34 万元	155.0
劳动合同签订率 99.5%	99.5%	100.0
企业集体合同签订率 90%	90%	100.0
集体合同审查数 400 份	423 份	105.8
工资集体合同审查数 360 份	375 份	104.2

【扩面征缴保费 4.95 亿元】 年内，区人社局针对区内 IT 产业快速发展的特点，确立以软件企业为扩面重点，带动全区扩面征缴实现新突破。利用保障网络，动员基层所（站）力量，到全区各大企业提供上门服务。全区软件企业单位净增人数 8976 人，占完成数 75%。对 1971 家缴费单位办理并审核缴费基数申报工作，收缴保费 4.95 亿元。

5 月 31 日，副市长沈健向失地农民代表发放职工基本医疗保险

【被征地人员享受城镇社会保险待遇发放仪式】 于 5 月 31 日在区人社局举行。全市 10 万名被征地人员实现养老、医疗、失业、工伤、生育五项保险全覆盖。副市长沈健、区委书记李侃桢、市政府办公厅副秘书长翁国玖出席发放仪式。

人 才 建 设

【概　况】 2011 年，雨花台区人才中心按照打造中国（南京）软件谷、高标准建设中国软件名城工作要求，落实“南京市 321 人才计划”和区人才工作“1234 计划”，加快构建软件人才服务平台，大力实施人才强区战略，完善人才引进和培养机制。

申报高层次人才引进计划。年内，引进紫金人才 2 人、双创人才 2 人。申报企业博士集聚计划计 10 人，其中自主创业类 2 人；申报创新团队 2 个，计 12 人，已入选公示。

申报领军型科技创业人才。通过“321 人才引进计划” 网上提交申报计划 123 人，海外留学人才 94 人，有创业经验 61 人，41 人进入综合评审，33 人入围；注册企业 9 家，拟办企业 114 家，居全市前列。江苏润和软件股份有限公司人才团队和南京丰盛科技发展有限公司人才团队分别入选江苏省“软件物联网创新团队”和“科技创新团队”。

【建成博士后创新实践基地】 年内,南京市雨花软件园管理委员会被批准为江苏省博士后创新实践基地。实践基地下设3个分站:南京南自信息技术有限公司、南京中兴软创科技股份有限公司、江苏润和软件股份有限公司。实践基地以做好博士后的培养、使用、管理和服务等工作为重点,构建高效、开放服务体系,提高建站质量和效益。

【筹备参展第四届留交会】 10月26~27日,“第四届中国留学人员南京国际交流与合作大会”在南京国际博览中心召开。区人社局向海外留学人才重点推介中国(南京)软件谷。79名海内外高层次人才对中国(南京)软件谷进行实地考察并与相关单位深度洽谈,12人达成初步意向;6名领军型科技创业人才通过该平台选择雨花台区并成功入选;南大硅谷校友会和新州华人电脑协会9名博士带来3个成熟项目对接,其中2个项目达成初步意向。

第四届中国留学人员南京国际交流与合作大会开幕式

人 事 管 理

【公务人员管理】 2011年,会同区委组织部公开招录公务员12名,完成全区60家党政机关1073名公务员2010年度考核、评优、表彰及嘉奖工作;加强公务员网上学习的督查,完成全区公务员保密教育培训考试;接收安置2010、2011年度70名军转干部、3名随军家属工作;对自主择业转业干部进行春节、“八一”节日慰问;办理副处级以上任免手续33人次,科级非领导职务98人,办理公务员调任手续7人。

【事业单位人事制度改革】 年内,区人社局贯彻《南京市事业单位岗位设置管理实施意见》,完成75家事业单位岗位设置工作,指导事业单位制定岗位设置实施方案,开展首次按岗竞聘工作;开展区2011年公开招聘工作,为9家事业单位、2个街道、3个园区面向社会公开招聘11名事业单位编制内工作人员及8名企业身份人员;组织卫生系统及城管系统事业单位公开招聘;完成128家事业单位2804名工作人员2010年度考核,评选338名优秀事业单位工作人员。

【工资福利和退休干部管理工作】 2011年,完成区机关在职人员工资正常晋档晋级和事业单位工资正常晋级审批工作,完成全区除义务教育学校、卫生系统外其他事业单位工作人员年收入情况摸底工作;协助财政局做好统发工资审核工作;做好卫生及其他事业单位绩效工资改革;出台《关于切实做好离退休干部走访慰问工作的通知》,会同区委组织部、老干部局、文化局召开全区离退休干部迎新春团拜会。

劳 动 维 权

【概 况】 2011年,区劳动保障维权工作围绕监察、仲裁阶段目标要求,加强政策法规宣传,开展劳动保障诚信单位创建和劳动维权专项检查,消除企业在劳动用工过程中存在的违法行为;推进全区两网化建

2011 年雨花台区劳动争议仲裁情况一览

表 36

受理劳动争议案件类别	数量(件)
解除劳动关系	657
确认劳动关系	20
工　资	395
工　伤	70
社会保险	125
其　他	38
合　计	1305

2011 年雨花台区劳动争议案件结案情况一览

表 37

结案类别	数　量	占结案数(%)
仲裁裁决	307	23.5
仲裁调解	571	43.8
仲裁决定(含申诉人撤诉)	427	32.7
合　计	1305	100

设,提升街道劳动保障检查队伍的业务能力;贯彻三方协调机制,加强与法院等部门协作,加大仲裁调解力度,提高仲裁办案质量;加强建筑工地等重点企业和困难企业监控,消除拖欠工资隐患,处置各类突发事件,确保社会稳定;做好书面审查,规范案件处理,加大调解力度，完成各项年度指标任务。全年企业书面审查 1765 家，巡查 421 家企业。受理劳动仲裁案件 1305 件,受理案件率 100%,调撤率 78%。

【召开企业劳资干部和经营者座谈会】 年内,区仲裁委员会与劳动监察部门定期组织企业劳资干部和经营者召开座谈会，采用相互交流、相互解答和典型案例分析等方式强化企业合法用工意识，提高企业人力资源管理水平，增强企业劳资管理人员处理和化解劳资纠纷的能力。年内,分别到中华职校、板桥三山创业园、赛虹桥街道、雨花保安公司等单位,分 4 批对不同行业负责人进行业务培训，宣讲劳动法规,选择具有典型意义的案件到相关企业开庭,组织部分企业劳资干部和职工观摩用工事故、事件的现场调处工作。全年参加座谈会 300 余人次。

【调解劳动争议案件 61 件】 2011 年,区仲裁委员会创新办案模式,采取“走出去、请进来”的方法主动与区法院联系,分批派仲裁员到法院观摩庭审,了解法院办案程序,掌握法院法律适用尺度,对因不服裁决上诉法院的案件,请法院将巡回法庭开设到区仲裁法庭,仲裁员旁听庭审过程,并参与调解,提升仲裁办案质量。全年,区仲裁委员会与法院共同调解劳动争议案件 61 件。

(董　倩)

安德门民工就业市场

【概　况】 2011 年，南京安德门民工就业市场创办 10 周年。民工就业市场遵循“规范管理为政府分忧、热情服务让民工满意”服务宗旨,发挥“社会化、综合化”管理模式,消除劳务黑市治安隐患,引导外来劳动力就业。全年，安德门民工就业市场接待外来人员

5 月 20 日,区检察院在安德门劳务市场开展 2011 年综合治理和平安创建宣传月活动

34.02万人次,介绍就业3.82万人次,成功就业3.62万人次,成功率96.2%,提供用工信息3.54万余条,提供就业岗位10.91万个,提供信息咨询810人次,引导用工单位现场招聘780家次,配合劳动部门发放“外来人员就业服务证”3.24万余份,接受民工投诉2100余起,规范求职行为340起,规范用工行为40起,协助驻场民警解决治安纠纷30起,举办各类培训班12期、培训人员1300人,协助区检察院在民工市场举行2011年综合治理和平创建宣传月活动,举办各类社会活动30场。

【“民工潮”就职渠道畅通】 2~3月,民工求职高峰,市场做好疏导和分流工作。召开会员大会,充分估计可能出现的“民工潮”,谋划具体措施,协调管理方调整作息时间,50天“民工潮”期间,全天不闭场,双休日不休息;成立市场业务科,业务人员联系用工单位,拓展岗位采集信息渠道,集中开发服务业岗位,采集包括服务员、焊工、保安、缝纫工等与民工就业针对性较强的岗位,信息储备岗位信息不低于150条;预约用工单位进场招聘每天不少于7家。民工求职高峰期间,市场提供用工信息6000余条,介绍就业5000人次。

【探索“四结合”管理模式】 4~5月,市场进行管理人员轮训,强化发展意识、服务意识、素质意识,提高管理人员综合素质和管理水平,探索出“四结合”规范管理模式,即引导与规范相结合、维权与规范相结合、帮扶与规范相结合、监督与规范相结合管理模式。市场通过该模式,增强职介机构诚信意识,提高服务能力,根据用人单位具体要求和人员特点进行对接,降低返回率和投诉率,满足双方需求。

【介绍大学生上岗500余人】 2011年,市场加强信息化建设,自筹资金建立网络人才库,提升服务档次。开办大学生服务窗口,做好大学生就业特色服务,人才库存储信息近2万人,年内为千余大学生求职者介绍工作,500余名大学生上岗,其中40%以上具备本科以上学历,弥补大学生在人才市场和网络招聘不成功空缺。

【成立流动人口法治文化基地】 5月17日,雨花台区流动人口法治文化基地在市场成立,市、区人社局、公安分局、区司法局有关领导出席成立活动并为基地揭牌剪彩,150余名流动人口及社区居民参加活动。法治文化基地将紧密区各司法机关、社区民警与社区居民关系,保护社区平安,促进社区和谐。

【举办唱红歌活动】 6月30日,市场党支部组织“庆祝中国共产党建党90周年”文艺演出,2000多名民工观看。员工先后表演“党啊,亲爱的妈妈”“洪湖水 浪打浪”等红歌大合唱及诗朗诵“我是一棵小草”等节目。演出现场,市、区司法部门人员还为民工提供法律咨询。

【韩国又松大学校长金宗铉参观考察市场】 10月13日,韩国又松大学校长金宗铉一行3人在区有关部门领导陪同下参观考察市场,双方就就业、培训事宜广泛交流意见,并初步达成合作意向。 (袁　亮)

雨花年鉴 2012

社会生活

民 政 工 作

【概 况】 2011年,雨花台区民政工作围绕“现代化创新型生态新城区”发展战略目标,以创先争优活动为载体,保障和改善民生,加强和创新社会管理,完成37项市级目标、14项为民办实事项目,各项工作取得成效。

社会保障。城乡居民低保实现统筹同标,达到每人每月500元,全年发放低保金2653.7万元;临时、大病、住房等多个专项救助制度有效衔接,救助困难群众1468人,发放救助款337.6万元,11次启动物价上涨联动机制,发放资金350.6万元;开展春节、端午等节日走访慰问,仅春节期间,区街两级走访慰问3万人次,发放慰问金2298.8万元;建成8个街道社会救助服务中心;完成6户332平方米农村危房汛期前改造任务;创建1个省级、4个市级、7个区级综合减灾示范社区。

老龄工作。“安康通”呼叫器扩容至2650台,为350名70岁以上特困、独居老人购买“家政送时服务”;全市最大的街道级居家养老服务中心(梅山居家养老服务中心)建成启用并通过省AAA级标准验收;新建、改(扩)建49个居家养老服务站,达到AA级标准;新增养老服务床位150张,老年人拥有福利机构床位数25‰;五保老人供养标准每人每月1000元,为全市最高;发放“尊老金”5800人计458万元,发放标准继续领跑江南八区。

双拥优抚。落实军地联席会议、重大节日走访慰问等7项制度,参与全国双拥模范城创建活动。实行优抚对象抚恤标准自然增长机制,为293名重点优抚对象发放抚恤补助费162万元。落实《雨花台区优抚对象医疗保障暂行办法》,对12名大病、门诊困难优抚对象发放医疗补助、临时救助金5.8万元,为178名重点优抚对象办理大病住院医疗保险;继续免费开办退役士兵职业技能培训班,农村退役士兵培训合格给予资金奖励,实现应训率100%、退役士兵一次性安置率100%。

社区建设。推行依托“一委一居一站一办”,多类型社会组织共同参与的“4+X”新型社区管理体系,城乡社区覆盖率100%;实施社区扁平化、网格化管理,各社区建立岗位兼容制、错时工作制、“一门”受理制、服务承诺制等制度,实行一人多岗、一专多能工作机制;出台《雨花台区社区公益金使用管理暂行办法》,在花神庙、油坊、西善花苑等8个社区开展试点;在花神庙、丁墙、梅清苑等社区试点实施社区、社会组织、社工长效联动机制。

社会事务管理与服务。全年免费办理结婚登记3194对,离婚登记902对,补办结(离)婚登记299对,出具单身证明3236份,登记合格率100%;遗体火化率和骨灰正确存放率100%;新命名小区4个、道路1条;加强清明祭扫组织工作,妥善安排祭扫群众150万人次、车辆20万次;完成12家福利企业年检,安置残疾职工比例人数36%;销售彩票9419.6万元,其中电脑彩票4571万元、刮刮乐彩票1357.6万元、快3彩票3491万元;成立雨花台区中国(南京)软件谷发展促进会,为软件谷建设与发展调动各方力量、汇聚各类资源。

是年,雨花台区被评为江苏省民政工作先进集体、江苏省民政宣传工作先进集体、江苏省第九届村委会换届选举先进集体、江苏省社会组织培育管理创新先进单位、慈善光明行杰出贡献奖、市殡改工作优秀单位。

2011年雨花台区新地名命名一览

表38

街道(园区)	地 名	类别	命名时间(月份)
宁南街道	双龙嘉园	住宅	1
雨花经济开发区	锦华新城	住宅	3
赛虹桥街道	柏悦澜庭	住宅	4
板桥街道	金域华府	住宅	7
赛虹桥街道	窑岗村路	道路	7

【开展春节前走访慰问困难群众活动】 1月13日,副市长、区委书记李侃桢,区人大主任费永远,区长张一新,区政协主席吴本忠等领导,分8组到基层一线和困难群众家中,开展春节前走访慰问活动。活动与上年相比范围更广,慰问对象包含城乡低保对象、低保边缘户、困难家庭、农村五保老人、重点优抚对象、特定救济对象(指大屠杀幸存者、20世纪60年代精简职工、麻风病患者、精神病患者)、困难党员(困难党务干部)、劳模、企业特困职工等困难群众和区敬老院,基本实现困难群众全覆盖;标准更高,区慰问救助标准同比提高100元~300元;惠民更实,城乡困难群众普惠型慰问金通过财政打卡方式发放到人,特殊对象慰问金通过现金形式发放到户。活动中,区街两级

春节期间，副市长、区委书记李侃桢慰问困难家庭

政府走访慰问3万多人次，发放慰问金2298.8万元。

【推动社会组织发展】 2011年，区社会组织工作推行以区民政局为中心、街道办事处为主体、居委会为基础的三级管理模式，做到分工负责、条块结合、相互协调、运转高效。年内，依照《民办非企业单位年度检查办法》《社会团体年度检查办法》要求，开展区属社会组织年度检查，社会组织登记年检率90%。围绕居民物质文化需求，优先发展服务类、重点扶持慈善类、逐步壮大维权类、规范引导活动类；设立各街道(园区)社会组织建设标准，各社区(村)建立社会组织18家以上，发挥社区社会组织在推进社区体制创新、提高社区自治水平、服务居民群众、承接政府职能、构建和谐社区等方面作用；在全区开展“社会组织管理工作先进单位”“社会组织管理工作先进个人”“十佳社会组织”(区属社团、民办非企业单位和基层社会组织)评选，树立一批先进典型，发挥典型引路和辐射带动作用。

【“四个支撑”提升减灾救灾能力】 2011年，区民政工作通过“四个支撑”(重新修订预案、强化政策支撑，全力实现创建、强化阵地支撑，注重宣传教育、强化意识支撑，狠抓队伍建设、强化人才支撑)提升减灾救灾能力。按照《雨花台区自然灾害应急救助预案》规定和要求开展灾害应急工作，因地制宜健全辖区内灾害应急预案；通过创建三级“综合减灾示范社区”，创建1个省级、3个市级和8个区级“综合减灾示范社区”，推动综合减灾示范社区建设，提升城乡基层减灾能力；开展“5·12”全国第三个“防灾减灾日”宣传月活动，将宣传教育结合“综合减灾示范社区”创建，建立防灾减灾宣传教育活动长效机制，提高全区居民防灾、减灾、救灾意识；开展经常性减灾救灾工作培训，培训灾害信息员掌握自然灾害规律及灾情收集上报工作，做好灾害隐患调查、防灾避灾知识宣传。

【增发低保金68.9万元】 7月1日，区民政局按照市民政局统一部署，提高城乡居民低保标准，城市居民最低生活保障标准由400元/月提高到500元/月，农村居民最低生活保障标准由300元/月提高到500元/月，全区7月份增发低保金68.9万元。人均增幅额为历年最高，提前两年实现城乡低保统筹。

【建立“社区公益金”推进居民自治】 2011年，雨花台区出台《雨花台区社区公益金使用管理暂行办法》(简称《办法》)，建立社区公益金制度，提升居民对社区建设的关注与参与程度，提高社区居委会议事、定事能力。《办法》规定，“社区公益金”按每个社区每年3万元标准，由社区救助专款和福利公益金筹资建立，用于扶贫助困、公共设施建设修缮、社会组织培育发展和福利事业等社区公益事项；按照“社区居民、社工或驻社区单位、社会组织提出项目申请——社区居委会成员集体研究确定项目——进行项目公示——申请项目经费——社区公共服务站组织实施——社区、居民进行项目验收和评估”流程规范使用过程；要求通过社区公益金使用项目决算，街道定期检查、公示，区财政局、民政局备案，达到专款专用、规范操作。年内，通过花神庙、普德村、景明佳园等8个社区试点，并在全区所有社区推广。

【“四零服务”应对“11月11日”婚姻登记高峰】 11月，区民政局通过“四零服务(设施优等、服务零障碍，氛围优良、服务零距离，管理优化、服务零投诉，工作优质、服务零积压)”应对“11月11日”婚姻登记高峰。提前维护检修婚姻登记处计算机网络、业务平台系统、计算机、打印机、复印机和身份证阅读器等设施，备足打印机色带、签字笔等工作耗材，保证当天设备正常运转。实行排号等候,扩大婚姻当事人等候区,播放婚姻教育片、免费供应茶水;设立“婚姻登记指导员”岗位,指导准新人准确填写表格,顺畅登记流程,提高登记效率;开展电话和现场预约登记和提前预审制度,20对准新人完成预先登记、填表、拍照等手续,实现11月11日直接领证。截至下午5点整,办理结婚登记143对。

【“慈善一日捐”活动募集善款100.13万元】 11月,全区“慈善一日捐”活动动员和部署大会召开。会议下发《关于开展“慈善一日捐”活动的实施意见》,分解目标任务到各园区管委会、各街道办事处和机关各部门。会议安排各责任单位在区政府、街道社区所在地和各主要交通路口悬挂活动横幅、张贴宣传画报,提高全区群众对活动的知晓度。对照90万元善款募集任务,区民政局负责制定目标及跟进全区募集任务的完成;区文化局负责认捐单位和个人典型的宣传,营造良好社会氛围;各街道办事处、各园区管委会负责辖区范围内的干部、企业和社会团体的认捐工作;机关工委负责区四套班子领导、区级机关及相关单位认捐工作。社会各界捐赠钱款和物品均登记造册、出具收据和证书后向社会公布。活动募集善款100.13万元。

2011年雨花台区社会救济情况

表39

项目	金额(万元)	平均人数(人)	人均金额(元)
烈属、牺牲病故军人家属定期定量抚恤金	33.30	17	12961.83
在乡伤残军人伤残抚恤金	63.60	53	2427.48
在职伤残军人伤残保健金	169.80	131	12961.83

2011年雨花台区优抚情况

表40

救济项目		平均人数	金额(万元)
城镇社会救济	临时救济	8944	402.50
	最低生活保障救济	5667	2222.20
	小　计	14611	2624.7
农村社会救济	临时救济	3706	112.20
	最低生活保障救济	1162	431.60
	小　计	4868	542.80
精简退职老弱残职工救济	原工资40%救济	4	3.4
	其他精简退职老职工救济	11	10.10
	小　计	15	13.50
合　计		38988	6363

(曾　群)

残疾人工作

【概　况】 2011年,雨花台区有持证残疾人3779人。其中:视力残疾492人、听力残疾363人、言语残疾30人、智力残疾574人、肢体残疾1862、精神残疾420人、多重残疾38人。年内,雨花台区残疾人联合会(简称区残联)按照《中共南京市委、南京市人民政府关于促进残疾人事业发展的实施意见》《关于印发2011年度全市残联工作目标任务分解表的通知》《雨花台区委、雨花台区政府关于加快残疾人事业发展的实施意见》,以“创雨花特色,树雨花品牌,在全市争第一,在全省创一流”奋斗目标,签定市、区、街道“残疾人社会保障体系和服务体系建设目标责任状”,加快残疾人社会保障体系和公共服务体系建设,推动全区残疾人事业发展。是年,雨花台区被评为2011年度南京市残联工作先进单位、南京市残疾人体育工作先进集体、南京市残疾人就业工作先进单位。

【社会保障】 2011年,雨花台区发放1068名残疾人残疾补贴320万元。其中:向52名年龄16~60岁、残疾等级为一级、生活不能自理、无业、家庭经济困难残疾人发放护理补贴,居民每人每月100元、农民每人每月50元;向416名“重度残、老养残、一户多残”残疾人发放生活补贴每人每月100元;向265名城乡无固定收入重残人员发放生活救助补贴每人每月500元;向低保家庭中重度残疾人发放补贴每人每月100元,向162名残疾人机动轮椅车车主发放燃油补贴每人每年260元;向高中、高等教育阶段残疾学生发放教育专项补贴12人1.55万元。开展“交心交友”等形式送温暖、献爱心活动,全年走访慰问残疾人1776户,发放慰问金90万元。至年末,各级财政投入180万元,同比增长38%。其中,宁南街道增发低保残疾家庭补贴每户每月30元;梅山街道制定《梅山街道辖区内无任何收入的残疾人发放生活补贴的实施办法》,增发无任何收入残疾人每人每月生活补贴100元;西善桥街道出台《西善桥街道城乡困难群众帮扶救助实施意见》，增发重大疾病、慢性病、临时灾害和教育困难残疾人员救助每户每季度300元。

向残疾人赠送轮椅

【构建“三位一体”残疾人康复服务体系】 2011年，区残联围绕“人人享有康复服务”目标，建设以区残疾人康复中心为龙头，街道康复机构为骨干，社区康复为基础的“三位一体”残疾人康复服务体系；区残疾人康复中心康复训练按照“零拒绝服务、个别化方案、个性化模式”原则，提供残疾人日间免费康复训练和指导；按照“四有社区”“四进家庭”目标，建设街道康复技术指导中心和社区（村）残疾人康复室。年内，全区社区（村）建成残疾人康复室57个，建成率93.44%；投入残疾人康复服务经费80万元，其中财政投入41万元；回访0~6岁残疾儿童康复训练和白内障复明手术贫困家庭，完成21名0~6岁残疾儿童抢救性训练、116名贫困残疾人白内障患者筛查、31名贫困残疾人白内障患者免费复明手术，178名精神病人免费给药，发放残疾人辅助器具99件。

【就业援助月】 1月5日~2月15日，区残联按照市残联《关于开展2011年就业援助月活动的通知》安排部署，开展“就业援助进家庭”为主题的就业援助月活动。活动期间，全区登记失业残疾人59人，向社会用人单位推荐60人次，其中37名残疾人实现就业和再就业。

【举行“全国助残日”活动】 5月10日，雨花台区第四届残疾人文化体育艺术节暨第二十一次“全国助残日”系列活动启动仪式在雨花西路龙翔商城广场举行。市、区领导向区志愿者助残联络站、区残疾人法律救助工作站、区残疾人体育训练基地、残疾人日间照料站授牌；赠送社区（村）残疾人阅览室书籍近百册，赠送肢体残疾人轮椅30余张，赠送贫困残疾人家庭彩电百台。婷婷聋童幼儿园、区盲人协会现场表演文艺节目。

5月10日，雨花台区第四届残疾人文化体育艺术节暨第二十一次“全国助残日”系列活动启动仪式在雨花新村街道龙翔广场举办

【开展“爱耳日”活动】 第12次全国“爱耳日”期间，区残联开展0~14周岁残疾少年儿童康复需求调查活动；在雨花婷婷聋童幼儿园成立特殊儿童康复教育培训指导站、智力残疾康复技术指导中心等残疾人康复机构；举办全区残疾少年儿童医疗康复系列活动，邀请脑科医院精神科主任、南大研究生导师心智障碍专家、助听器验配专家、南京博爱残疾人中心主任等康复专家医生开展系列康复知识讲座、听力和智力测听、测智、交流互动等。

【促进以就业为目标的职业培训体系】 2011年，区残联以区残疾人职业技能培训基地为重点，依托人力资源和社会保障、教育等部门的骨干职业技能院校、特殊教育学校及相关培训机构，建立以职业资格认证和提升就业技能为基础，以促进就业为目标的职业培训体系。加强残疾人创业扶贫培训基地的建设，加大对农村贫困残疾人扶持力度，邀请农林专家为全区50名农村残疾人开展苗木种植、蔬菜种植、家禽养殖的“三培”技术培训和送技术、送种子、送肥料的“三送”活动；组织30名残疾人参加计算机培训；输送6名以残疾人专职委员为主的残疾人进入远程电大学习；选送5名盲人参加全国盲人医疗按摩培训，6名盲人参加计算机培训。年内，残疾人卫文灿在全国第四届残疾人职业技能大赛和第八届国际残疾人职业技能竞赛中，分获计算机网页设计第一名和第四名。

【多名残疾人获奖】 2011年，区残联举办全区残疾人事业“十一五”发展成就图片巡回展、“扶残助残促和谐，法律援助进社区”活动、区聋人“温馨节日，放飞梦想”才艺大赛，在雨花电视台、雨花广播电台开办《残疾人之声》专栏，成立区志愿者助残联络站，建立区残疾人体育训练基地和区盲人阅览室，增设“农家书屋”残疾人阅览窗口。区残联选送的社教专题片《不离不弃》获“南京市残疾人事业好新闻奖”二等奖；智力和精神亲友协会主席李华琴被评为“中国好人”、省孝老爱亲道德模范，其先进事迹以“疯婆婆的傻媳妇”为题在中残联杂志《三月风》第8期和省残联网站上报道；耳朵残疾人蔡宝承为世界IT巨头苹果公司开发4款应用软件(其中1款已在德国上市，另外3款即将上市)的事迹，被《扬子晚报》以“聋人大学生为苹果编软件”为题报道；区智力和精神亲友协会副主席、特奥冠军芮强代表全省37万智残人士赴日本开展文化交流；铁心桥街道视力残疾人徐孝成获“雨花台区十佳优秀青年”称号。　(朱　琴)

人口与计划生育

【概　况】 2011年，雨花台区人口与计划生育工作以促进人口均衡发展为核心，实施“诚信阳光计生”行动，完善人口文化、幸福家庭、青春健康三大工程，推进流动人口基本公共服务均等化和创建基层群众自治新模式，人口与计划生育工作整体水平不断提升，全年人口与计划生育各项指标如期完成，实现出生政策符合率100%，家庭健康服务率97%，出生人口性别比正常，流动人口管理服务率96%，社区计生服务网格化覆盖率95%，人口信息化建设指数95%，政策兑现率100%，依法行政达标率100%，基层群众自治合格率98%。

抓管理强服务，夯实基础工作。年内，雨花台区人口和计划生育局(简称区人口计生局)加强依法行政工作，开展“诚信阳光计生”活动和执法评议工作；举办8次执法培训，对执法程序和执法卷宗进行再规范；处理违法生育，全年发出社会抚养费征收决定书5例，结案4例，结案率80%；实现116例再生育网上审批；做好信访工作，区街两级共接待信访254件次，办结率100%；落实优助工程、生育关怀行动、公益金、“一次性奖励”、农特扶等奖励扶助政策，累计发放各类奖励扶助资金1379.28万元，受益群众21093人次。夯实信息基础，对照市人口计生委下发的数据个案纠错情况表中19万条错误信息，在省全员人口平台中修改数据13万条，在省人口计生综合平台中修改2.4万条，实现全年全员人口个案建档率95%，个案信息准确性90%；全年通过PADIS平台录入、提交、核对、修改流动人口信息，与户籍地协同核查流动人口育龄妇女信息1851人次、生育服务信息35例、避孕节育信息1522例，出具避孕节育报告单432例。提升计生干部业务水平，选派18人次外出参观学习，举办大、中型培训班5次，业务对口培训18次；开展业务知识竞赛2次；组织27名计生干部参加社工师职业水平培训，11人参加生殖健康咨询师培训，经过考试4人取得专业资格证书。

提质量促成效，深化三大工程。实施“世代服务—幸福家庭”工程。2月，联合区卫生局下发《关于政府购买计划生育技术服务项目的实施办法》《计划生育公共服务质量管理标准》和《计划生育公共服务绩效考核标准》，在全市率先实现无业人员与在职人员同等待遇、报销定额标准与南京市生育保险接轨，制作发放“惠通卡”2万余册；为全区1100对新婚、拟孕夫妇开展孕前危险因素筛查，孕前围孕期保健服务率94%；9月，为7万余名已婚育龄妇女(包括流动人口)开展孕环情监测和两癌筛查，为当年发生婚孕产术已婚育龄妇女提供避孕节育知情选择和随访服务；对辖区内27家早教机构和200名0~3岁幼儿家庭进行调研。实施“人口文化—和谐家园”工程。年内，通过整合资源、添加设备、开展活动、资料整理、表彰奖励等形式，开展"星级人口学校""生育文化活动室""生育文化书屋"创建活动；开展"弘扬人口文化、创建幸福家庭"为主题的家庭人口文化宣传月活动；在红太阳装饰城设立诚信阳光计生宣传基地，在中小学设立"逆向性"教育基地，在流动人口积聚地设立"自转式"教育基地，在华为、中兴通讯等园区设立"无声式"教育基地，在新建住宅小区设立"一键式"教育基地等。实施"青春健康·青奥同行"工程。5月，在西善桥中学举行全区"迎青奥进校园活动"启动仪式，8~9月，在全区举办"青春健康·青奥同行"万名志愿者签名活动，举办青春期健康知识讲座7场，广场咨询活动5次，知识竞猜活动2场；联合团区委、区妇联等单位，与辖区的中兴、华为通讯，梅山钢铁等30多家大型企业建立"青年联谊会"拓展"青春健康·青奥同行"工程。

2011年，区人口计生局被国家人口计生委评为2011年全国计划生育优质服务先进单位，被江苏省人口计生委会评为"十一五"时期计划生育药具工作先进集体。

【推进流动人口计生服务均等化】 2011年，区人口计生局规范流动人口基本公共服务均等化实施流程，下发《关于下发流动人口计划生育基本公共服务均等化操作流程的通知》，协调劳动等部门制作"新市民连心卡"，为流动人口提供高效便捷的基本公共服务。在红太阳装饰城成立流动人口计生协会、流动人口诚信阳光计生领导小组和以行业区分的诚信阳光计生小组，投入5万元建立计生服务站、人口文化宣传长廊，依托流动人口协会组织开展政策咨询、药具发放、技术服务等管理服务。

【开展"诚信阳光计生"活动】 4月，区人口计生局编制《雨花台区"诚信阳光计生"暨基层群众自治工作文本》，制作"诚信阳光计生"宣传单和"婚育情况承诺书"，对照实施方案按步骤、分阶段推进"诚信阳光计生"活动。活动中与育龄人员、流动人口签订双向承诺书3万余份，发放宣传单5万余份，举办现场咨询15场次，悬挂横幅73条；10月，完成全区"诚信阳光计生"活动检查验收，树立14个社区典型。

【建立基层群众自治新模式】 区人口计生局制作"计生公共服务惠通卡"和"新市民连心卡"(将公安、民政等部门服务内容和联系方式提供给流动人口)，建立"四会一评(民情会、联席会、议事会、监事会、文明楼幢评比)"基层群众自治新平台，创立"四有四定(有"一组一办一室一队伍"保落实，定"一章一约一诺一机制"促守信)"群众自治新模式。在全国基层群众自治示范社区景明佳园社区启动试点工作，基层计生群众自治新模式初步建立。

【5家单位获首批区级"星级人口学校"称号】 2011年，全区各级人口计生系统对照《关于开展"星级人口学校、生育文化活动室、生育文化书屋"创建活动的通知》标准，通过整合资源、添加设备、开展活动、资料整理等形式开展创建活动。4月，全区有9个街道(社区)提出创建申请，区人口计生局组织创建活动领导小组成员通过对申报单位进行资格审核、现场查看、初评、复评，授予梅山街道梅清苑社区人口学校等5家单位首批区级"星级人口学校"称号。

【举办人口文化宣传月活动】 8月30日~9月30日，区人口计生局开展以"弘扬人口文化、创建幸福家庭"为主题的人口文化宣传月活动，全区各级人口计生部门利用各种宣传教育资源，举办文艺晚会2场、专题讲座9场、知识竞赛1次、大型宣传活动6次，走访慰问独生子女家庭43户。区人口计生局通过举办该活动，向辖区群众倡导新的生活理念和婚育观念，弘扬家庭美德和社会公德，营造家庭文明、健康、和谐的良好氛围。

开展"诚信阳光计生"活动

【实现药具管理"三零计划"】 2011年,区人口计生局探索药具管理服务新模式,全区各级计生部门通过"温馨快车"短信平台向育龄群众发送药具知识短信,推行避孕药具"进物业、进门房"工作,开展药管人员网络培训与测试、药具库房质量管理评比,实现药具管理服务工作"宣传零障碍、管理零差错、服务零距离"的"三零计划"。

省人口计生委《条例》专项检查组领导到区检查指导

【举办"市人口计生服务管理信息平台"培训班】 10月18~20日,区人口计生局分别在区政府会议室、雨花台小学电教室举办"南京市人口计生服务管理信息平台"培训班。区人口计生局、开发区、各街道计生办、社区(村)计生干部100余人参加培训。培训班邀请中景公司经理段旭强就"市人口计生服务管理信息平台"中基础信息、政策法规、发展规划、宣传教育、技术服务、流动人口等9个模块,采取现场演示、答疑解惑、联机操作、上机实践等方式进行详细讲解,帮助参训人员基本掌握操作流程和操作技能,为2012年启用"市人口计生服务管理信息平台"打好基础。

举行"市人口计生服务管理信息平台"培训班

【省人口计生委领导检查《条例》执行情况】 10月19日,省人口计生委纪检组长顾翔率省《流动人口计划生育工作条例》执行情况专题检查组成员,在市人口计生委副主任刘贵春等陪同下到区检查,区人大办公室、流动人口管理办公室等部门人员参加检查。检查组通过听取汇报、查阅工作台账、召开座谈会、实地考察等形式,逐一检查区流动人口权益维护、优质服务、便民维权等方面落实情况;针对社区如何利用卫生服务站和世代服务室为辖区内流动人口提供计划生育免费技术服务等问题与该区进行探讨。检查组对雨花台区在流动人口管理服务中整合部门资源、联合相关部门实现信息互通、管理互补、服务互动做法给予肯定。　(冯　慧)

民　族　宗　教

【概　况】 2011年,雨花台区民族宗教工作贯彻落实省市民宗工作会议精神,围绕全区中心工作,发挥三级网络、两级责任制作用,狠抓各项工作的落实,确保全区民族宗教领域安全稳定,为平安雨花、和谐雨花作出应有贡献。

强化民族宗教基础工作。做好回民等信仰伊斯兰教群众的走坟服务和刘智墓保护工作,确保刘智墓走坟期间社会稳定;开展节日走访慰问少数民族困难家庭活动,为5户少数民族困难家庭发放慰问品和慰问金1万余元;发挥少数民族联谊会和民族驿站作用,及时介入、妥善处置5起外地到南京的少数民族群众发生的矛盾纠纷;做好中、高考少数民族考生身份审核认定,办理7所中学26名中考学生和37名高考考生少数民族身份认定审核手续;开展2011年金陵首届礼佛文化月慈善活动,登记单亲、患有重大疾病、无稳定工作、家庭年收入低，低保户等受助人员，捐助10户特困家庭现金1万元；协调、解决基督教信徒关注的宗教场所拆迁复建安置和高座寺恢复问题；组织庆祝中国共产党建党90周年和南京市第二届少数民族文艺汇演活动；选派5个节目参加南京市第二届少数民族文艺汇演，获得优秀组织奖。

注重法律教育和队伍建设。开展《中华人民共和国宗教事务条例》学习宣传活动。各宗教活动场所利用宗教活动日，坚持每季度召开基督教例会；聘请江苏法德永衡律师事务所律师，为基督教徒进行《中华人民共和国宪法》"婚姻与家庭""民事主体与民事权利"等法律法规宣讲和咨询；开办新任民族宗教干部培训班，开展各宗教聚会点负责人及信徒骨干政策法规学习、圣经知识年度培训。

抓好宗教场所建设和管理。完善宗教场所来人来函登记、事工组例会、财务公开、重大事项报告、每季度财务上报等各项制度，做到内部情况和财务公开透明。配合区政府，协助龙泉寺、文莱风情园等景点，制定雨花"春牛首"踏青节活动方案，安排相关佛事活动和旅游接待工作。筹资20余万元解决龙泉寺前山自来水改造；协调解决台湾星云大师雨花精舍地下室扩建工程和雨花台风景区内高座寺复建工程；完成基督教大定坊教堂复建搬迁和花园聚会点扩建工作；做好基督教板桥活水堂聚会点拆迁复建选址和梅山聚会点、凤凰山聚会点拆迁安置协调工作。对全区11家超市、农贸市场、清真拉面馆开展春季、夏季执法检查，维护清真商业网点和穆斯林群众合法权益。

做好安全稳定工作。完善应急预案，落实长效管理机制。区、街各宗教活动场所均建立和完善突发事件应急预案、安全隐患排查、登记、监督、整改等工作机制，做好安全防范和妥善处置工作；加强对辖区在境外人员、居住本区境外人员的调查了解，查找抵御渗透、反对邪教、治理非法工作方面存在问题；10~12月，对区内中型以上酒店开展联合排查，防止地下和非法教会以庆祝圣诞旗号开展非法集会和非法活动。

是年，区民族宗教局被评为江苏省"五五普法"工作先进集体和市平安宗教活动场所创建工作先进集体。

【召开宗教界代表人士座谈会】 1月11日，区民宗局召集全区宗教界代表人士进行座谈，总结交流2010年宗教工作情况和2011年工作展望，学习传达区人大十六届四次、区政协七届四次会议精神，督促做好春节期间安全、防火、防盗工作。区委统战部、区政法委、公安分局、区司法局等单位领导及宗教界人士代表约50人参加。

【平安宗教活动场所创建达标获奖】 2月25日，全市民宗局长会议召开。会议通报2010年度全市平安宗教活动场所创建达标名单，区民宗局获奖。其中，活水堂聚会点被评为创建省级"平安宗教活动场所"先进单位，三山聚会点、顾家庄聚会点被评为市级先进单位，梅山聚会点、花园聚会点、晨光巷聚会点被评为市级达标场所。

【区长张一新拜会星云大师】 2月26日，区长张一新等拜会星云大师。张一新向星云大师介绍雨花台区近年来经济社会发展情况，希望星云大师继续关心和支持雨花的发展，并祝愿星云大师身体健康。

区长张一新拜会星云大师

星云大师感谢区政府对宗教事业的支持和帮助，向区领导介绍佛教在其家乡和海外发展的情况，表示愿继续为雨花发展贡献力量。陪同参加拜会的领导有：区委常委、组织部长孙朝晖，副区长吴炜，区政协副主席、统战部长张志强，统战部副部长、民宗局局长林志良，统战部副部长、工商联党组书记吴文根等。

【副市长陈刚视察天隆寺塔林】 4月21日，副市长陈刚视察天隆寺塔林，副区长吴炜，区政协副主席、统战部长张志强陪同视察。天隆寺塔林始建于明初，为南京市文物保护单位，现存古墓塔11座，部分塔身为腰鼓形，塔的石刻纹饰花卉、动物等都是精美的高浮雕，线条活泼流畅、风格细腻洒脱，是研究明、清雕刻艺术的极好实物资料。陈刚一行对区政府坚持"保护为主、抢救第一、合理利用、加强管理"的文物工作方针和指导原则，注重日常管理，强化保护手段，对天隆寺塔林进行有效保护的工作充分给予肯定。

【高座寺对外开放】 9月29日，历时近半年的高座寺恢复工程全部完工，高座寺道场中兴山门重启对外开放。3月初，高座寺对寺院大门、前厅、中厅、造壁等逐一进行改造。至年末，改造后的高座寺接待游客近5000人。 （朱海东）

老 龄 工 作

【概 况】 2011年，雨花台区老龄工作以"老有颐养"为主线，认真履行职责，扎实开展工作，创新工作思路，围绕重点工作抓深化，特色服务抓品牌，不断满足老年人需求，有力推进区老龄事业又好又快发展。

强化为老服务能力建设。制定下发《雨花台区老龄工作委员会成员单位职责》，明确区人社局、区老干部局等30家成员单位老龄职责。5月、7月分别组织街道（开发）18名基层老龄干部开展业务知识培训，提高基层民政办主任、老龄专业干部的思想素质、政策水平和业务能力。

开展居家养老服务工作。投入210万元用于居家养老服务，服务年龄对象降低至60周岁，提供政府免费居家养老服务人数350人，安装"安康通"紧急呼叫系统2650台；指导街道完成社区（村）居家养老服务中心（站）建设任务；按照省级标准，新建、改（扩）建居家养老服务站49个，全部达到AA级标准；检查验收"允德乐龄""手牵手"2家老年服务中心办公地点、服务流程、服务台账、服务队伍，并对其服务对象、监管机构进行调查摸底。

完善居家养老服务中心（站）建设。召开城区社区居家养老社会化服务现场会，交流经验，规范内容，完善社区养老功能；加大社区居家养老服务中心（站）建设力度，按照省市要求提升服务功能，补助或奖励任务完成较好街道1万元~3万元资金；斥资100万元完成梅山街道敬老院改建为街道级居家养老服务中心项目，项目通过省级示范点考核验收。

做好为民办实事工程。与公安分局、区人口普查办公室合作，完成80周岁以上老人调查摸底，为5800名80周岁以上老人发放"尊老金"458万元，为全区60周岁以上老人免费办理"老年人优待证"7750本，为60周岁以上老人办理"市民卡"5200张，保留

2011年雨花台区老龄人口统计

表41

指标名称	数 量	占老年总人口比率(%)
总人口数	266196	-
老年人口总数	46166	100
其中：男性	21801	47.22
女性	24365	52.78
城镇	39311	85.15
农村	6855	14.85
其中：1.60~64岁老年人口数	15426	33.41
2.65~69岁老年人口数	12494	27.06
3.70~79岁老年人口数	13029	28.22
4.80~89岁老年人口数	4787	10.37
5.90~94岁老年人口数	377	0.82
6.95~99岁老年人口数	47	0.10
7.100岁以上老年人口数	6	0.01

雨花新村街道社区服务中心办证点为老年人提供服务办卡和开通免费乘车功能。

开展老龄工作宣传和法律援助。与区电视台开展老龄宣传活动，采访区孝亲敬老之星，报道区创建全国孝亲敬老模范区事迹；接收各类信息273条，75条老龄信息被《南京老龄》《老年周报》《乡土》《祝你健康》采用；开展“夕阳幸福工程·法律援助在行动”活动，2家养老机构、40家社区居家养老服务站挂牌成立老年法律援助服务站，印制、发放5000册《江苏省老年人权益保障条例》。

举办2011年老龄工作表彰暨梅山居家养老服务中心启动仪式

开展老龄工作调研。联合新华社江苏分社、甘肃分社、省(市)老龄部门开展幸福工程养老服务体系调研；联合区发改局、财政局、统计局开展入户调查，完成老年人口结构和生活需求数据分析工作；走访全区7个街道2个园区69个社区(村)，通过入户调查、查阅台账、召开各街道老龄办主任座谈会、发放养老补贴情况调查统计表等形式，调研全区养老补贴发放情况，为政府决策提供资料。

至年末，全区老年人口总数(按户籍统计)45385人，占全区总人口17.34%，其中60岁以上老年人比上年增加781人。

【开展老人节系列庆祝活动】 2011年，区老龄委围绕全国第二个敬老月暨市第25个老人节，开展主题为“敬老助老、从我做起”系列庆祝活动。组织开展走访慰问百岁老人、农村“五保老人”、城市“三无老人”、特困老人、高龄老人活动，老人节期间发放慰问金、慰问品178万元；召开老人节庆祝大会，表彰10家老龄工作先进集体、10家为老服务先进单位、10个先进个人、10个孝亲敬老之星；配合省老龄办、省《老年周报》开展“健康社区行”系列活动24场，参与老人约4500人；与江苏省慈善总会、南京爱尔眼科医院合作开展眼科免费筛查98次，服务老人1897人，成功进行白内障免费手术112例。区老龄委获省慈善总会颁发的“慈善工作突出贡献奖”证书。

【发放“尊老金”458万元】 9月29日，80周岁以上老年人“尊老金”发放启动仪式在梅山街道上怡二村社区举行。该区落实市委、市政府《关于加快全市老龄事业发展的实施意见》文件精神，对辖区内80岁以上老人发放“尊老金”，标准为80~89周岁，90~94周岁，95~99周岁老人，百岁老人，每人每年分别享受600元、1200元、2400元、7200元补贴，各档标准均领先江南八区。2011年，全区5800名80岁以上老人享受“尊老金”458万元。

【建成市最大的街道级居家养老中心】 2011年，区民政局和梅山街道共同出资在原梅山街道敬老院基础上改建梅山居家养老服务中心。该中心是由政府投资、民间组织运作、按省居家养老服务中心AAA标准建设的集机构养老、社区照料、家庭养老为一体的新型养老服务机构。该中心位于梅山街道上怡二村社区内，占地面积0.5公顷，建筑面积2000多平方米，整个建筑按园林式风格设计，拥有绿化面积2000平方米。拥有标准房间30间，床位60多张，分长期托养和日间照料二部分。其中：长期托养区域设在一楼和二楼，建有标准宿舍20间40张床位，配套保健室、公共浴室、洗衣房和可供60人就餐的餐厅；日间照料区域设在三楼，配有空调、电视、卫生间、沙发椅等生活设施。居家养老服务中心内设健康驿站、棋牌室、阅览室、书画苑、多功能室等活动场所。居家养老服务中心以梅山地区老人为主，年内入住以梅山地区为主的老人35位。

(邹巍巍)

关心下一代工作

【概　况】 2011年，雨花台区关心下一代工作委员会(简称关工委)坚持“强组织、壮队伍、创特色、育典型、求实效”工作思路，开展全区关心下一代工作。7月，区关工委组织科技夏令营和文博夏令营，近200名贫困家庭未成年人接受科普教育；9月，区关工委、区教育局、区财政局等10个部门联合下文加强建设校外教育辅导站实施，投资20万元为16个社区(村)辅导站配备电脑、空调、投影仪等设备；10月，区关工委和教育局联合召开“全区教育系统关心下一代工作推进会”，推进教育系统关工委队伍建设和工作水平；11月，市关工委召开校外教育辅导站工作表彰大会，表彰和奖励全区7个单位、20名辅导员。至年末，在全区66家建立党组织规模以上的民营企业全部组建关工委，教育系统关工委组织全区90%离退休老教师参与关心下一代工作；全区建成校外教育辅导站51个，各类校外教育辅导点19个，辅导员899人，1.22万人次参加辅导站活动。区关工委被评为“江苏省关心下一代工作先进集体”。

【梅清苑和能仁里社区获市级“六好”示范关工委称号】 4月，南京市关工委在市政府西会议室召开南京市“六好(自治好，管理好，服务好，治安好，环境好，风尚好)”社区(村)示范关工委命名表彰大会，首批命名全市26家单位“六好社区”示范单位。雨花台区梅山街道梅清苑社区、雨花新村街道能仁里社区获全市“六好示范关工委”称号，并获2000元奖励。

【省关工委“主题教育观摩会”在区召开】 5月25日，省关心下一代工作委员会在雨花台烈士陵园召开江苏省老少携手“学党史、颂党恩、跟党走”主题教育观摩会。省关工委名誉主任陈焕友、主任曹鸿鸣等省及全省13个市关工委领导约150人出席大会。陈焕友作重要讲话，曹鸿鸣作主题报告。报告肯定雨花台区坚持利用红色资源对未成年人进行思想道德教育所取得的成绩，赞扬“三个一”(讲一个故事、明白一个道理、记住一句格言)的“雨花品牌”主题教育形式。与会人员还对区实验小学、区少年宫、梅山街道梅清苑社区等单位进行现场观摩指导。

【19件作品获市“四个一”竞赛奖】 5月，区关工委、区教育局、区科协联合下文，在全区22所中小学和54个社区开展“四个一(读一本科技书籍、画一幅科技幻想画、写一篇科技小论文、动手做一件科技小制作或科技小发明)”竞赛活动。10月，选送29件优秀作品参加市级比赛，19件作品获奖。其中，梅清苑社区的“红船”等3件作品获一等奖，5件作品获二等奖，11件作品获三等奖。

【获全省关心下一代工作先进集体等多项称号】 10月11日，省关工委在市双门楼宾馆召开“纪念江苏省关工委成立20周年暨全省关心下一代工作表彰大会”。会上，雨花台区关工委被评为“全省关心下一代工作先进集体”，该荣誉是区关工委建立以来获得的最高荣誉。区法院退休干部孙以智获思想道德宣传员标兵称号，赵恕己、王文斌、谢家宝被评为全省关心下一代工作先进个人。

【校外教育辅导工作获多项奖】 11月，南京市关心下一代工作委员会召开“全市校外教育辅导站工作表彰大会”。区教育局、高家库村党总支被评为先进单位，梅欣、能仁里、古遗井等5家社区被评为先进校外教育辅导站，马伯贤、张贵其、杨开祥等20名“五老”(老干部、老战士、老专家、老教授、老模范)被评为优秀辅导员。

【800名区少年法学院学员结业】 12月，雨花台区少年法学院800名学员考核合格后结业。区少年法学院创办于2008年10月，下设共青团路中学、共青团路小学、雨花台中学、区实验小学4个分院，每届安排学员学习《中华人民共和国宪法》《中华人民共和国刑法》《中华人民共和国交通安全法》《中华人民共和国未成年人保护法》《中华人民共和国预防未成年人犯罪法》等法律法规，开设“模拟法庭”、外出参观等法律实践活动，办学3年中，1500名入学学员全部结业。

【编印《雨花台革命烈士故事集》】 2011年，区关工委以庆祝中国共产党建党90周年为契机，在全区广泛开展“学党史、颂党恩、跟党走”主题教育活动。4月，区关工委组织区德育讲师团搜集整理邓中夏、孙津川、卢志英、郭纲琳等17位雨花台烈士故事并编印成《雨花台革命烈士故事集》，作为“暑期百场故事会”教材。6月，区关工委在春江学校举办“2011年暑期百场故事会启动仪式”，讲师团成员潘国梁、笪时献演讲亲手编写的革命烈士故事。 (谢家宝)

雨花年鉴 2012

街　　道

雨花新村街道

【概　况】 雨花新村街道位于雨花台风景区东麓，面积1.32平方公里，辖共青团路、邓府山、雨花台、普德村、能仁里、凤凰山、云台山、青龙山、吉山9个社区居委会。2011年，街道实现财政收入2亿元，同比增长23.94%；完成地区生产总值5.50亿元，全社会固定资产投资2.26亿元；规模以上工业总产值14亿元，新增注册资本0.94亿元，计划总投资2.33亿元，注册外资100万美元，引进规模以上项目3家，完成全年目标100%；新发展私营企业100户，完成年计划的100%；新发展个体工商户260户，完成年计划260%；引进软件企业1家，软件人才210人次；完成软件及系统集成销售收入3.8亿元，完成年计划108%；完成专利申请量50件，完成年计划的100%。年内，列入区人代会的5个重点项目有序推进。新增就业岗位1181个，新增城镇就业962人，实现再就业479人，援助困难人员就业73人。为灵活就业人员办理社保补贴1905人，大龄延长新增105人，培育自主创业53人，以创业带动就业505人，树立创业典型2人，失业人员创业补贴新认定2人；组织开展职业指导60人、各类培训560人；为133名被征地人员登记、参保，办理273名老人老年优待证，免费为326名特困老人安装“安康通”，提供70名特困老人免费居家养老家政服务，办理申报61户低收入家庭经济适用房手续，办理86户低保户家庭0~18岁独生子女意外保险。发放42名企业退休死亡人员独生子女一次性奖励金15万余元，637名育龄妇女享受妇女病检查，发展红十字会员50名，766户家庭发放应急救援包。辖区企业单位劳动合同签订率99%，劳动关系协调工作进社区覆盖率90%，处理简易案件29起。

是年，街道被市政府评为2011年度市容卫生优胜街道；被市爱国卫生运动委员会评为“公民健康素养促进行动”示范街道；被市人民防空办公室、市民防局评为人防工作进社区先进单位；被江苏省住房和城乡建设厅评为2010年度江苏省住房保障优质服务窗口。普德村社区被江苏省人口和计划生育委员会、江苏省计划生育协会评为江苏省人口和计划生育基层群众自治示范村(居)，被南京市档案局评为江苏省档案工作二星级测评(复查)单位、被南京市民政局评为2011年南京市和谐示范社区。能仁里社区被南京市关心下一代工作委员会、南京市精神文明建设指导委员会办公室、南京市民政局评为南京市“六好”示范社区(村)关工委，被南京市精神文明建设指导委员会办公室、南京市关心下一代工作委员会评为南京市优秀校外教育辅导站，被南京市卫生局评为南京市健康社区；邓府山社区被南京市人民防空办公室评为南京市首批人防工作进社区创建达标社区、被南京市第六次全国人口普查领导小组评为南京市第六次全国人口普查先进集体；共青团路社区被南京市依法治市领导小组评为南京市民主法治社区。能仁里农贸市场被南京市菜篮子工程办公室评为市级绿色市场。

【创建省级住房保障优质服务窗口街道】 2月，雨花新村街道被江苏省住房和城乡建设厅评为“省级住房保障优秀服务窗口街道”。该街道成立社会救助服务中心，设置服务大厅、档案室、信访接待室、政策咨询室、制作低保管理一览表、意见箱；低保申请、医疗救助、高龄老人尊老金申报、困难人员丧葬费减免等办理程序公布上墙，利用电脑显示屏宣传各项惠民政策。改善办公服务环境，提升服务效率，调查摸索中低收入住房困难家庭、新就业人员、外来务工人员住房，形成“低端有保障，中端有支持，高端有市场”住房保障体系。至年末，办理申报61户低收入家庭经济适用房等手续，审核567户低收入家庭申报数据。

【安全生产知识竞赛】 6月27日，雨花新村街道举办安全生产月“安康杯”安全知识竞赛活动。各社

6月27日，举行“安全生产月”“安康杯”知识竞赛

区、机关科室、企业7个代表队参加竞赛。活动旨在增强人们安全意识，扩展安全知识，提升各社区、机关科室、企业安全员业务素质，构建街道“我的地盘我监管，我的身边无隐患”安全格局。普德村社区获竞赛一等奖，邓府山社区二等奖，能仁里社区三等奖。

【完成9个社区第十次党代会选举工作】 7月，在发扬民主、广泛酝酿讨论基础上，根据多数选举人意见确定初步候选人29名，确定雨花新村街道党工委出席中共南京市雨花台区第十次代表大会代表候选人预备名单21名，经区委批复后，制定选举办法，划分8个选区，召开党员大会，传达学习《中共南京市雨花台区第十次代表大会代表选举工作的通知》。采用差额选举方法，经无记名投票，选举产生雨花新村街道党工委出席中共南京市雨花台区第十次代表大会代表(卞文利、王红、朱汉奎、李广庆、汪丹彦、张宁生、肖彬、沈强、陈健萍、施洋、郝明英、徐宝明、徐峰)等13名。

【举行“法治文化楼”揭牌仪式】 7月4日，邓府山社区“法治文化楼”揭牌。区司法局局长孙跃进和雨花新村街道相关负责人共同揭牌。“法治文化楼”为邓府山社区第28幢居民楼，系雨花台区军队第二干休所原解放军国际关系学院住宅楼，为建设“法治文化楼”，街道联合雨花台区军队第二干休所，在该幢楼成立1支法治文化志愿者队伍和“红色宣讲团”，分别负责更新楼道法治文化书画，负责宣讲红色革命史和法律知识。法治文化楼成功打造，推动法治文化创建工作深入开展。

【推广“‘五老委员会’居民自治”社区管理经验】 7月26日，副市长、区委书记李侃桢，区领导李邦全、吴炜深入普德村社区，实地调研社区建设和管理工作。“五老委员会”鼓励居民楼幢自治，推广能仁里二村“五老委员会”管理经验。通过发挥民间组织和热心群众自我服务，有着形式灵活多样，操作简便易行，服务更加细致贴心优势。能仁里二村2栋楼长，74岁中共党员季永平同志在2003年与4名退休老同志共同组建义务为居民服务“五老委员会”，通过因地制宜，自筹资金，服务居民自治管理措施，这个居住着56户居民楼栋10年里没有发生一起被盗事件，公共环境卫生整洁有序，成为“和睦楼院”。“五老委员会”建立自治领导小组，组员分工明确；发扬民主原则，创新自治管理制度；有效监督激励，创新自治管理措施。

【“两所”进基层法治活动】 8月2日，雨花新村街道开展“向人民报告工作，接受群众评议”法治活动，区监察局副局长叶皓红、区公安分局共青团路派出所教导员蔡醒楷、区地税局第二税务所所长李勇、街道政法委书记郝明英，街道经济科、司法所、税收办参加会议。会上，叶皓红、蔡醒楷，李勇向评议代表、政风行风监督员等作全面总结、述职，接受群众咨询，听取意见和建议，并发放问卷进行测评。两所负责人代表表态：“着力解决基层在规范执法、服务质量、能力建设、内部管理等方面存在问题，发挥群众的参与权、监督权、表达权”。

【举办清火患保安全活动】 11月9日，雨花新村街道开展清火患、保安全活动。邀请消防大队、共青团路派出所及有关部门召开“清剿火患”联席会议；针对街道实际情况及季节性安全工作特点进行动员和部署，分7个小组按行业和区域实行“网格化”安全消防排查；结合“119”消防日，街道安监办联合区消防大队、公安派出所在雨花台区实验小学、南京市电影剧场公司进行消防宣传教育和消防演练。

11月9日，举办清火患保安全活动

4月23日，欢乐翠岛　和谐家园

【首家非公经济组织党支部成立】 11月16日，南京东郵百货市场有限公司党支部成立大会召开。南京东郵百货市场有限公司党支部是街道第一个在非公有制企业成立的党支部，是街道贯彻落实区委组织部“百日会战”要求的主要成果，对提高非公企业党组织覆盖和工作覆盖有重要意义，为街道其他非公有制企业作出良好表率。大会选举产生第一届南京东郵百货有限公司党支部书记张金火。

【绿地建设工程竣工】 12月1日，绿地工程开工建设。项目位于雨花西路东侧，占地面积约8850平方米，工程投资380万元，所需资金由市城建资金统筹安排。主要建设1500平方米景观绿化、7350平方米广场及园路铺装、1200平方米土方调整、180平方米公厕、挡土墙和垃圾中转站改造、110米景观墙等砌筑，置入园林小品、休息座椅，排水、照明工程等。该块绿地建成后可解决周边3000多户居民室外活动场所，为中国(南京)软件谷高科技人才提供集观光、休闲、健身于一体大型露天活动场所。

【开展普法维权咨询便民服务活动】 12月8日，雨花新村街道与各部门在社区服务中心广场联合举办“关爱就在身边”普法维权咨询、便民服务活动，邀请区住建局、区妇幼保健所等驻区单位和社会志愿者团体巾帼志愿者参加，设有房产政策、法律、计生政策、失地农民补贴、医疗服务等便民服务项目，来自社区百余群众参加活动。现场为10名居民理发、50人次进行医疗服务，向100人次发放各类宣传书籍80册、宣传资料500份。 (狄圣玲)

宁南街道

【概　况】 宁南街道辖丁墙、雨花、花神庙、康盛花园、翠竹园、翠岛花城6个社区(村)，2011年实现地区生产总值22.20亿元，完成一般预算收入2.07亿元；完成固定资产投资15.46亿元；实际利用外资1153万美元；完成软件及信息服务销售收入3.5亿元；完成社会消费品零售总额114.5亿元；新增商务商贸设施面积48万平方米，新增注册资本4.8亿元。是年，街道获“市级和谐示范街道”称号。

项目建设有序推进。2011年，宁南街道10个区人代会重点项目进展顺利，太能总部楼项目建成营业；爱涛房地产项目建成封顶；汉庭酒店阅城国际旗舰店、金利中心酒店进入装修；紫荆广场商业项目开工建设；普天科技产业园一期项目开工建设；完成阅城国际商业街招商，新引进工商银行、郁金香温泉会所、小尾羊火锅连锁、臻会所等项目，均在年内营业；完善郁金香路地区商业配套，签约香港中华工商业总会。与雨花台区科技创业中心共同建设2万多平方米智慧魔方，引进科技型企业30多家。

完成各项拆迁任务。2011年，宁南街道疏理南站周边拆迁遗留问题，完成剩余15户拆迁户和8家企业拆迁工作；推进京沪高铁和南站配套工程拆迁项目经适房申购工作，完成京沪高铁项目294户拆迁户选房登记工作，选房602套；完成火车南站配套工程793户经适房手续办理，需申购经适房1939套；配合完成玉兰路改造拓宽涉及4S店和企业拆迁任务，做好储备用地租赁企业拆迁维稳工作；配合做好南站东路拓宽工程拆迁准备工作。至年末，全年完成双拆任务7.17万平方米。

整体环境稳步提升。协助区住建局开展辖区花神大道、雨花大道、雨花南路、雨花东路4条主干道整治出新工作。开展综合性集中整治86次、清理占道摊点

629个、横幅167条、三乱9762处、垃圾278吨。街道拆除汽贸城内1000平方米户外广告牌配合铁路火车南站通车。

社会保障体系不断健全。开展在职职工培训1450人次，实现再就业580人次，农村劳动力转移就业60人次，培训自主创业大学生2人次，培训自主创业者90人次，带动就业1000人次。开展被征人员社会保障工作，2004年前失地农民办理保障1544人次，补缴率84%；2004年后办理318人次，转缴率56%。全街道合作医疗人员参保比例100%，参保人数2562人次，街、村、个人三级筹资71万元。帮扶和救助辖区弱势群体，用于各类社会救助资金33.28万元。投入20万元，设立街道“社会救助服务中心”。在雨花、康盛花园和翠竹园社区新成立社区老年服务站，免费为辖区内246名符合条件社区老人安装“安康通”呼叫器。

【花神大道排水改造工程】 3月23日，花神大道排水改造工程正式立项，5月上旬完成招投标。该工程北起花神大道中段，南至秦淮新河，全长400米，总投资1099万元。实施内容：实施改造花神大道秦淮新河至城公路段排水管网，铺设排水管1000米，新建箱涵250米、截水沟280米、出水口2座。

【军地三方签署军民共建文明协议书】 7月28日，宁南街道、普天实业有限公司、雨花武警中队共同签订共建文明协议书。协议标明共建三方加强联系与合作，互利互助，实现共同发展、共同进步目标。签约仪式上共建三方进行座谈发言，表示发挥各自优势，寻找最佳结合点，进行思想互助、智力互帮，密切军政、军民关系，促进地区和谐建设。

【丁墙社区村监会成立】 9月，宁南街道丁墙社区举办村务监督委员会选举大会，标志着宁南街道首家村监会成立，是宁南街道创新和完善社区民主监督组织形式和工作机制，促进社区基层党风廉政建设和改革发展稳定的新举措。大会选举产生毛玉玲、李华、杜桂兰等5人为村监会委员。

【丁墙社区服务和活动中心投入使用】 11月，丁墙社区服务和活动中心提档升级工程竣工，并投入使用。社区将民政、计生、残联、社会保障、党员服务等事务集中到社区服务大厅，实行“一门受理制、限时办结制”，做到“进一扇门、找一个人，办所有事”，真正实现“一站式”办公服务目标。按照功能定位重新布局活动中心，将爱心慈善超市与丁墙爱心基金相结合，设置爱心屋；为老服务站配置空调、电视、微波炉、床等设施，由志愿者轮流为社区空巢老人提供日间照料、文化娱乐等服务；中心增设七彩Q吧，内置10台电脑，其中5台与南京市图书馆连网，为居民提供优质服务。

【整合楼宇资源】 11月，宁南街道围绕中国(南京)软件谷建设要求，整合区域内楼宇资源，加大在手项目和闲置地块招商力度，以培育新经济增长点。街道成立明发招商一站式服务平台助推明发商业广场招商，配备专人在明发现场办公，为明发提供招商监管、项目注册等一站式服务。发挥监管招商、保障税源和后期管理三大职能，成功招商落户永辉超市、中闽百汇、澳洲祁利酒店运营公司3家注册千万元以上企业。加快花神庙科技园招商进程，成功签约香港中华工商业总会。

【社区实现“一委一居一站一办”】 2011年，宁南街道100%社区达到便民服务“五个一”工程标准和市级和谐示范社区目标，街道荣获“市级和谐示范街道”称号。不断创新社区管理模式，推行社区网格化管理，建立“社区—社工—居民小组长”三级网格化管理机制，实现一委一居一站一办“四个一”(“一委”即党委，“一居”即居委会、“一站”即管理服务站、“一办”即综合治理办公室。)全覆盖。加强社区硬件建设，在阅城国际落实2400平方米社区办公用房，整合社区资源。推进社区文化建设，先后举办7场大型社区文体活动，各社区均形成具有自身特色文化品牌。3月，自筹资金完善君子兰小区绿化、路灯、门卫等公共配套设施，明确物管方案；协调落实双龙嘉园物管用房，成立双龙嘉园物管公司。

(任家斌)

赛虹桥街道

【概　况】 雨花台区赛虹桥街道位于南京主城西南，地处秦淮区、建邺区、雨花台区交界，紧邻河西新区，是雨花台区距离市中心最近街道，是南京市主城南延重要区域之一。赛虹桥街道辖区面积6.4平方公里，其中3.8平方公里被划入“软件谷”范围，是“软件谷”重要组成部分。辖7个社区居委会，户籍人口3.78万人，常住人口6.76万人。2011年，街道完成地区生产总值21.40亿元；完成财政地方一般预算收入3.40亿元，完成期成目标105.6%，同比增长26.70%，提前并超额完成全年财政地方一般预算收入目标任务，总量排名全区第二；全社会固定资产投资完成34.82亿元，为全年任务105.51%；外资实际到账700万美元，为全年任务100%；新增总部企业3个，为全年计划100%；签约项目计划投资完成21.42亿元，为年计划107%；引进规模以上项目16个，为年计划123%；新增注册资本5.23亿元，为年计划105%；引进软件企业2家，为年计划100%；引进软件人才240人次，为年计划160%。年内，赛虹桥街道被市失业保险结算管理中心评为四星级失业人员之家、被市依法治市领导小组评为2010年度法治街道创建先进单位。街道商会被江苏省工商联评为市级商会示范点，街道卫生服务中心被南京市卫生局评为市级社区卫生服务示范中心；安德门社区被江苏省总工会评为江苏省工会“职工书屋”示范点，被市妇联评为市母亲学堂教育培训示范基地；长虹路社区被市平安宗教活动场所创建工作领导小组评为平安宗教活动场所创建活动达标场所；小行社区被市政法委、司法局及民政局评为市级民主法治社区；龙福社区、菊花里社区被市环保局评为绿色社区；菊花里社区被南京市关心下一代工作委员会评为市优秀校外教育辅导站。

【快速推进33个重点项目】 1月，街道成立重点项目推进工作领导小组，实行班子成员包干制；每月召开两次重点项目推进会，集中探讨影响项目推进瓶颈问题，发挥各科室、各部门协调功能，寻求解决方法。将全年16个人代会项目和17个自加压力项目按照前期手续办理、资金落实、建设进度、存在问题等内容开展集中调研走访，征求企业对发展环境的要求和意见，掌握情况、分类攻坚、强力推进；安排专人跟踪服务每个重点项目，解决实际问题；定期组织人大等部门对项目工作进展、资金到位情况、完成投资额、工程建设进度等进行督查。至年末，16个人代会项目中，除星际园商务大酒店、江苏省经济合作产业园、小行社区服务中心3个项目外，其余项目均按序时进度推进。

【民工救助】 2011年，赛虹桥街道配合成立市、区、街道、社区四级“民工救助网络”，发放救助联系卡、公布救助点地址和联系电话，做到在生活上关心、就业上热心、监管上用心。1月，街道主动与安德门民工就业市场方协调，在市场内搭建“民工临时宿舍”；并从社区慈善超市紧急添置棉被、方便面、矿泉水等生活物资100份，确保进场民工平安过冬。联合劳动、司法、公安等部门开展“整治非法用工、清欠民工工资”民工维权专项行动，年内，成功援助5位民工；通过社保部门主动联系用人单位，为民工提供用工信息300条；开展农民工职业技能培训3次，帮助民工提升就业技能。

【街道商会举行第五届“阳光助学”活动】 1月27日，街道商会举行第五届“阳光助学”活动，组织辖区10名企业家与10名品学兼优贫困学生结成帮扶对子，为每人提供500元~1000元不等资助。5年多来，“阳光助学”

1月27日，街道商会举行第五届“阳光助学”活动

活动捐助40万元款项和物资，先后资助60名品学兼优的贫困学生。

【南京国际健康产业园项目】 2月，南京国际健康产业园总部办公楼开工建设。该项目位于小行尤家凹1号，投资6亿元，规划占地面积15.14万平方米，通过改建、扩建、新建后建筑面积20万平方米，是赛虹桥街道生物医药产业龙头项目之一。项目营运范围包括总部商务办公、生物医药研发、保健养生、高端体检等。年内，南京医药药事服务有限公司、南京国药医药有限公司等5家企业入驻该园区。

【精品社区建设】 2月，街道主要领导带队到辖区7个社区开展调研走访活动，调研内容包括社区建设、基层党建等，思考和研讨2011年社区建设发展方向、工作推进方式、解决问题具体对策等，确保90%以上社区达到“精品社区”创建要求。街道划拨专项资金改善社区办公用房等硬件设施，加快安德门、赛虹桥两大社区服务中心建设；组织动员各社区社工参加全国助理社工师考试，按照“1+1+1+X”（即：构建以基层党组织为核心、社区居委会为主体，社区公共服务站为载体，承接政府延伸服务、多类型社会组织共同参与的新型社区管理模式，完善“2+4”经济适用房社区管理模式，实行社区网络化管理模式）社区管理模式增配社工人员，提高社工待遇标准。打造品牌社区，开展特色社区建设，探索社区建设新模式；力争每年建成2个“精品社区”，确保安德门社区服务中心成功创建“省级示范社区”。

【春季禁种铲毒排查工作】 5月，正值罂粟、大麻盛长季节，是易发现和铲除之时，为确保“零种植”目标，街道组织相关部门和社区综治干事、社工30人次，深入安德门和小行地区，重点排查菊花台公园、邓府山公园、安德门63号大院等林区和老旧小区。排查4个林区以及11个老旧小区和散居区，张贴告示10条、举办宣传栏8版、设立举报箱1个，未发现种植毒品原植物现象存在。

【校园周边环境治理】 5月，街道综治办，组织辖区派出所、工商、安监、卫生等相关部门专项整治辖区4所学校和15所幼儿园周边治安秩序，加大校园周边流动人口、暂住人口和出租房、网吧、服务场所等复杂部位治安管理力度，消除各类治安隐患。严厉查处各种不法活动，坚决铲除“黄、赌、毒”等社会丑恶现象。为学生、儿童健康成长提供安全保障和良好治安环境。

【凤凰三地块拆迁工作启动】 6月，街道凤凰三地块拆迁工作启动。该拆迁地块位于小行，占地11公顷，涉及居民77户、企业4家，开工面积10万平方米，计划总投资10亿元。街道联合住建局、拆迁办组成动迁指挥部，搭建拆迁网络构架，明确职责分工、提供拆迁队伍整体管理、政策落实保障；悬挂动迁宣传横幅5条，发放致拆迁居民一封信200份，告知拆迁群众有关拆迁补偿政策等相关事宜；调查摸底暂住凤凰三流动人口，发放、张贴告承租户及暂住人口公告150份，动员暂住户尽早搬迁。

【公益科普夏令营启动】 7月18日，2011年雨花台区公益科普夏令营在安德门社区服务中心启动。赛虹桥街道党工委副书记、办事处副主任林文辉，团区委副书记、区少工委主任徐新斌，江苏建康职业学院党办副主任、团委书记郑明等出席启动仪式，各社区民工子女及大学生志愿者70多人参加。夏令营活动主要面对民工特困家庭子女群体，活动为期5天。

【打造优质生活环境】 8月，街道组织人员巡查出新后应天西路、凤台南路、安小线等主干道卫生保洁情况以及道路两边路灯、广告牌、绿化带等设施；联合职能部门联合整治菊花农贸市场、安德门民工市场、德安花园污水沟等卫生和治安问题反复区域；加快凤台南路二期、安小线特色街巷、雨花西路、软件大道等道路出新及长虹路389号工程扫尾工作，推进规二路、安小线、坦克营等道路整治工作以及亿源装饰城地下排水系统疏通、改造；做好菊花小区新修围墙、凤台南路51号小区道路改造等一系列“为民办实事”工程。年内，街道拆除违章建筑30处、面积2万平方米。

【江苏雨微信息科技有限公司落户】 9月，赛虹桥街道引进美国微软公司在雨花台区成立江苏雨微信息科技有限公司，注册地址在长虹路415号。计划总投资8亿元、注册资本2亿元，占地面积6.67公顷，主要从事“云”计算研发服务。至年末，项目名称基本核准。

【小行路整治出新工程竣工】 11月，赛虹桥街道小行路整治出新工程完工。该工程于3月启动，北起安德门地铁站，南至小行站，全长2.2千米，被列为区“特色街巷”，总投资4737万元。整个出新工程包括雨污分流、全线杆管线下地、重新铺设路面、增绿以及名城世家600米路段局部拓宽。

【就业援助工作】 年内，街道组织工作人员深入居民小区，调查和梳理辖区就业困难群体，了解就业需求，提供岗位信息；注重走访企业，采集、挖掘空岗信息，开展“一对一”“保姆式”推荐就业服务，提高推荐就业成功率和用人单位满意率；定期组织失业人员互动、解答疑惑。为就业困难人员建档造册、动态跟踪、上门服务等,实现与用工单位、求职人员之间信息互通与双向服务,构建一条就业培训、就业指导、对接用工单位服务链。全年街道搜集空岗信息1020条,实现各类人员单位就业551人次,自主创业人员办理小额担保贷款20万元。

【探索全新社区管理模式】 12月,街道推进“4个1”(即以党支部、公共服务分站、业主委员会及物业公司作为共同拉动社区管理的“四架马车”。)社区管理模式。将社区公共服务站、业主委员会以及物业管理公司作为拉动社区管理“四架马车”,构建以居民增收为核心、社区公共安全为主体、6种公共服务保障为载体、多种文体活动文娱形式新型社区管理模式。完善社区党组织设置,在各小区公共服务站建立党组织,确保每个小区均有1个党支部牵头管理,隶属于社区党总支领导,带动公共服务站为小区居民提供全面、完善服务;推进行政管理重心整体向各小区下移,重点挖掘小区公共服务站作用;以“菜单”形式受理各类社会事务,致力于“倾听、沟通、理解、互助”,做到“小事不出家门、大事不出社区,矛盾不上交”。(花韵玄)

铁心桥街道

【概 况】 铁心桥街道坐落在六朝古都南京南部,沿城市中心主干道(中山南路)向南,距中华门4千米、南京禄口国际机场15千米,境内交通便利,省道宁丹路贯穿南北,绕城公路、纬九路、龙西路横贯东西,辖区总面积24平方公里。该街道境内山峦起伏,河湖交错,气候宜人,森林覆盖率50%,拥有牛首山、将军山及浡泥国王墓等旅游风景区。下辖2个社区管委会(景明佳园、春江新城)、6个社区居委会(翠岭银河、铁心、尹西、定坊、马家店、高家库),人口15万人。全年实现地区生产总值13.1亿元,一般预算收入完成1.62亿元,为期成指标101%,同比增长21%;财政总收入完成3.17亿元,同比增长33%,增幅列全区第四位;全社会固定资产投资实现24.20亿元。签约项目计划投资49亿元,为全年计划233%;引进规模以上项目16个,为年计划100%;新增注册资本5.5亿元,为全年计划131%;服务外包执行额0.1亿元,为全年计划的101%;新引进软件企业6家,为全年计划300%。完成14名出席区第十次党代会代表选举、10名科级干部竞争上岗工作。全年调解各类民事矛盾纠纷147起,成功调解144起,调处成功率98%。帮助调解婚姻家庭纠纷、财产纠纷、道路交通事故人身损害赔偿纠纷、合同纠纷及其他纠纷等73件,争取弱势群体合法权益97万元。是年,街道被江苏省“平安家庭”创建领导小组评为省“平安家庭”创建活动示范街道;被南京市社会治安综合治理委员会评为市级街道综治办规范化建设示范点;被南京市流动人口服务管理工作领导小组评为2008~2010年度南京市流动人口服务管理工作先进集体;街道被南京市委、南京市人民政府评为市“十一五”人口与计划生育

第三届“铁心杯”鼓舞大赛

工作先进集体,被南京市绿委办评为南京市绿化先进单位;街道团委被共青团南京市委员会评为2010年度五四红旗团委;尹西村被省农委会、省体育局、省体育协会评为江苏省第三届农民体育节目展示金奖;尹西村、景明佳园社区被江苏省人口和计划生育委员会、江苏省计划生育协会评为省人口和计划生育基层群众示范村(社区)。

重点项目扎实推进。完成将军山、龙泉寺等主题山头绿化80.8公顷;完成宁丹路二期3米外绿化3.8千米,绿化面积13.73公顷,种植棕榈、桂花、红叶石楠等观赏花木1.31万株;投资320万元完成韩府山消险工程、清淤任务7万立方米、散坟平迁785座。完成正欣和通信研发一期和二期项目土地手续、总平报批、勘探并开工建设;中兴通讯三区一期项目用地周家洼村民小组启动动迁;爱德程科技项目竣工;西路改造竣工通车;丰祥路、新城路、铁心消防站、定坊基督教堂、定坊安置房社区服务中心及配套幼儿园、农贸市场工程竣工;坦克路和定坊安置房配套道路福园路、二号路正在施工;完成自来水增压站二期、凤翔及春江农贸市场升级改造。

民生建设取得新进展。全年发放慰问金182万元,各类低保金及补助1356万元、救助金57.90万元、重残补助43万元,审核大重病257户、临时救助34户。开展职业技能培训8场,举办大型招聘会10期,推荐就业1281人次,新增就业岗位836人次,实现再就业437人次。完成3624名失地农民信息采集工作及全街道"互动双向网"改造2.1万户,发展有线电视用户1880户,报道电视新闻434条。

【江苏正欣和通信研发中心开工】 3月23日,中国南京软件谷正欣和通信研发中心奠基仪式在马家店社区举行,是南京软件谷规划建设确定后落户的首家大型软件企业。该中心位于马定路以南,占地3.33公顷,总建筑面积9万平方米,总投资3亿元,建设周期2年。正欣和公司长期从事通信工程、网络系统和计算机网络系统集成、保安监控、建筑智能化工程等施工设计,以及通信、安防监控等产品研发和生产。

【被征地农民保障工作】 2011年,街道被征地农民办理转接社保人员1956人,其中109人办理退休,每月领取退休待遇金730元;为78人办理个人账户一次性结算手续。新《南京市被征地人员社会保障办法》摒弃以往征地带劳、保养和一次性货币安置等多重政策,将被征地人员五险保障问题纳入政策框架,解决碎片化问题,形成完整新征地保障制度。

【马家店村村监会成立】 6月30日,铁心桥街道召开村民代表大会,选举产生马家店村首届民主监督委员会委员。46名村民代表以无记名投票方式选举出7名村监会委员。新当选的村监会委员选举出村监会主任,组建村级纪检监督、民主理财、村务公开等3个工作组,为马家店村整体规划、经济发展、工程建设等工作开展提供监督,推进各项事业发展。

【获市首届"森林街镇"称号】 9月,铁心桥街道"森林街镇"创建工作通过验收,获市首届"森林街镇"称号。街道专门委托省林科院编制《雨花台区铁心桥街道森林镇街建设总体规划》,重点打造"一片一带、二纵三横"城市森林生态系统格局;韩府山、将军山、牛首山等生态风景林,秦淮新河绿化风光带,将军路、宁丹路两条纵向生态风景林带,软件大道、绕城高速、大周路3条横向风景林带。在建设中突出"多区多园"居民区绿化品质,力求公共绿地配置均匀性,全街建有单体规模0.2公顷以上森林小游园12个、森林公园4个、湿地公园2个。

【第四届尹西社区邻里文化节举办】 10月22日,铁心桥街道在凤翔新城广场举办尹西社区第四届邻里文化节庆祝大会。活动中,千余人表演15个节目,大会主题"与民同乐、邻里同欢、携手奋进、共建尹西",用歌舞表演、情景剧等形式宣传邻里文化,表彰和谐家庭。

【3个工程项目进展顺利】 1月,铁心桥小村安置房交付。该项目2010年10月9日开工,计划用于安置10.07公顷、冯韦中低价商品房、赛虹桥自行车厂及西营村拆迁农户,其中,一期2幢11层2万平方米242套安置房,用于安置尹西村拆迁户。12月29日,大定坊经济适用房一期(AB区)交付。该项目2009年12月2日开工,建筑面积10万平方米,11栋11层911户,主要安置京沪高铁项目拆迁户(定坊村、马家店村、高家库村、铁心村);年内,春江新城10.07公顷经济适用房总投资4.5亿元,建筑面积16万平方米,其中住宅楼13幢、1座社区服务中心和1个幼儿园,春节前1920户交付。

(焦美琴)

西善桥街道

【概　况】 西善桥街道位于南京主城西南部，坐落在雨花台区西部，与南京市河西新城CBD（中央商务区）、板桥新城、南郊旅游风光带、雨花经济开发区相连。西望浩荡长江，北临秦淮新河，绕城、宁马、宁芜公路和皖赣铁路穿境而过，交通便利，区位优越。长江三桥、小行地铁站、长江码头、板桥汽渡近在咫尺。街道面积16.14平方公里，下辖5个社区居委会，户籍人口1.35万人。街道坐拥岱山，拥有姚南明墓石刻、明代航海侯张赫墓等文化古迹。

2011年，街道实现地区生产总值22.60亿元，实现地方一般预算收入1.99亿元，为年计划107.34%，同比增长26.94%；实现全社会固定资产投资23.46亿元，同比增长41.07%；新增注册资本3.68亿元，为年计划184%，同比增长103.31%；实际利用外资2150万美元，为年计划215%，同比增长65.38%。引进医药类企业10家，实现医药产业销售收入1.5亿元，其中医药研发企业2家、医药销售连锁总部2家，药品、药械销售企业6家，医药产业初步形成聚集态势。救助大病、慢性病患者困难群众378人，发放救助金70.75万元；帮扶救助困难群众260人，发放救助金52万元；为274户低保户392人，发放低保金180万元；完成劳动就业推荐1350人次；培训79名下岗人员再就业；投入937万元完成西善桥老街、天虹山庄小区等处二次改水；完成福润雅居、泰山公寓、东升山庄、东升园、东升豫园、友谊公寓、大众花园等小区天然气安装工作，受益人口2万人；建成岱山保障性住房地块管道路东延、岱山东路、岱山南路、岱山中路和岱山北路。

是年，街道被省教育厅表彰为省社区教育示范街道，被市委、市政府表彰为市"十一五"人口和计划生育工作先进集体，被市体育局表彰为市农民体育幸福工程先进单位；街道工商联被市工商联、市商会表彰为亮点工作单位；街道人武部被南京警备区表彰为先进基层武装部；街道财政所被团省委表彰为江苏省青年文明号；街道改水办被市爱国卫生运动委员会表彰为爱国卫生先进单位；街道广播站被市政府表彰为南京市示范文化站；街道劳动保障所被市失业保险结算管理中心表彰为三星级失业人员之家；福润社区被省档案局表彰为江苏省二星级档案室，被市民政局表彰为南京市防灾减灾示范社区，被市文广新局表彰为南京市第七批村级文化活动室示范点；古遗井社区被省档案局表彰为2011年度江苏省档案工作二星级单位、第三批江苏省社会主义新农村建设档案工作示范村，被市精神文明建设指导委员会表彰为南京市优秀校外教育辅导站；西善花苑社区被市社会保障局表彰为南京市充分就业社区，被市卫生局表彰为南京市健康社区；油坊社区被国家减灾委、民政部表彰为全国综合减灾示范社区，被市统计局表彰为南京市第16届综合实力"百强村"，被市农工委、市财政局表彰为南京市农民创业重点村(社区)，被市检察院表彰为南京市检察机关检务直通车示范点。

【全区首家街道"关爱基金"成立】 1月，街道成立全区首家"关爱基金"，每年分别给予低保户家庭子女就读幼儿园、高中、大学(含大专、本科)一次性助学救助500元、1000元、1500元；边缘户家庭子女考上大学(含大专、本科)，当年给予一次性助学救助2000元。"关爱基金"将建立结对帮扶长效机制，定期走访，帮助贫困家庭子女解决实际困难。

【苏信合作社西善分社开业】 1月，全市首家"新农合"苏信合作社——南京苏信农村经济信息专业合作社西善桥分社开业。该社注册基金2000万元，以入股分红形式与农民创建生产、供销、资金合作关系。免费为入股社员提供农业技术信息及法律咨询服务；土地、农药、化肥、籽种、农机综合补贴及小额借款免担保；购买农资产品享受赊销及优惠服务；达到一定额度，免费享受5万元~10万元人身意外保险。至年末，支持农户经营项目200余个，扶持资金约3000万元，有效破解经营户"融资难"。

【街道校外教育中心指导站成立】 1月11日，全区首家校外教育中心指导站在西善桥社区服务中心成立。辅导站设教室、阅览室、电教网络室、文体活动室等硬件设施；面向本地及外来流动青少年，每逢节假日、周末、寒、暑假向青少年开放。指导站组织辖区热心教育事业、关爱儿童社区干部、志愿者、老校长、老教师组成工作领导小组，定期研究和部署校外教育辅导站工作；发动身体好、有辅导能力和奉献精神的"五老"担任辅导员；组织寒暑假返社区大学生及本地有一技之长专家能人，担任兼职辅导员；把校外教育辅导站建设和社区文体设施建设、信息共享工程建设有机结合起来，做到整体推进、资源共享，合理使用；精心组织活动，通过主题教育、学习辅导、手工制作、文体活动、社会实践等主要形式，不断丰富校外教育中心指导站内涵。

【全省基层文联干部观摩会在福润社区召开】 3月16日，省文联党组第一书记、常务副主席王慧芬率全省基层文联干部70余人，在张玉宝、黄唯佳、李明等市区领导陪同下，观摩街道历史及群众文化发展情况。会场用40块展板展示西善发展史，介绍从4000年前泰岗村古文化遗址到民国时期"戴笠撞岱山"、新农村建设到城市化发展历史演进过程；王慧芳一行参观福润社区群众文化活动室，召开现场观摩总结会议，观看西善特色民歌表演。

【朱元璋亲家墓志铭出土】 4月6日，西善桥街道文化广播站在油坊村樊家凹一处茶场发现明代开国功臣于显墓志铭，墓志铭显示：大明骠骑将军前军都督府佥事赠开国辅运推诚宣力武臣追封英山侯谥襄武襄武於公之墓。新中国成立后，西善桥地区出土大量文物，是市六朝文物重点保护区之一。2010年以来，街道陆续发现11块墓志铭。包括：明代湖广常德府知府何钺家族、明代处士姚廷器、明代太学生姚子东墓志铭等。

【新水源休闲会所项目竣工】 4月，位于西善桥街道西善桥社区新水源休闲会所项目竣工对外营业。该项目投资3000万元，由西善桥桥边一座废弃大楼重新改造、装修而成，营业面积6000平方米，会所内分洗浴区、餐饮区、住宿区和休闲娱乐区等4个区域，可供300人同时使用。

【"电动车智能防盗系统"模式在福润社区试点】 4月，街道针对辖区居民小区电瓶车失窃问题，投入18万元在位于龙西路福润雅园小区两个大门率先安装"电动车智能防盗系统"，进行试点。该系统通过在电动车轮胎内装"超市条型码"实现自动报警防偷功能，用户电动车安装防盗智能卡，在小区内被偷，失主可以凭有效证件报案，报3个月没找到车辆，相关保险公司会承担理赔责任。

【举办街道团工委青年登山比赛】 5月3日，街道团工委组织辖区内5个社区和梅山矿业公司、威特曼生物医药有限公司、筑康生物医药公司青年团员58人齐聚紫金山下，举行"弘扬五四精神——让绿色文明与青奥同行"登山比赛，传扬"五四"精神和绿色青奥、人文青奥理念。梅山矿业有限公司、南京威特曼生物医药有限公司、筑康生物医药公司青年团员分获比赛一、二、三名。

【举行纪念"5·12"应急演练】 5月12日，区民政局携手油坊社区在南京第二钢铁厂宿舍区举办雨花台区纪念"5·12"应急演练。140余名群众参与演练，区民政局及全区各街道代表40余人现场观摩。通过演练完善社区应急预案，提高社区居民防灾、减灾、救灾意识，增强避灾、自救技能。

【开展"非法经营专项整治"活动】 7月14~15日，街道安监办在区安监局、质监局、环保局、消防大队协助下，开展"打击非法违法生产经营建设行为专项行动"，检查34家烟花爆竹销售点、13家废纸收购站，没收非法小锅炉7台和3家在建工地，取缔10家非法食品生产小作坊，拆除11台非法小锅炉。开出整改通知书，限令在规定期限内完成整改，确保经营合法，生产安全。

【街道困难群众大病、教育救助现场会】 8月25日，西善桥街道困难群众大病、教育救助现场会在油坊社区举行，街道党工委副书记、办事处主任王金玉，区民政局副局长刘会智等出席大会。会议总结街道上半年困难群众帮扶救助情况，布置下半年工作；举行爱心企业捐助仪式，天保驾校、新善恒基、筑业建筑等3家企业代表分别向街道关心基金捐助2万元、1万元、0.5万元；现场发放救助金20.52万元，其中区级救助35人8.86万元，街道救助65人11.66万元，最高的古遗井社区陈长隆获最高救助金2.3万元。

【工商联西善桥街道商会第三届会员大会】 8月26日，区工商联西善桥街道商会第三届会员大会在街道举行，区政协副主席、区工商联主席戴仲琦，区委统战部副部长、区工商联党组书记吴文根，街道党工委副书记、办事处主任王金玉，党工委副书记赵章进，党工委委员、统战委员贾乐根等50余家会员单位出席会议。大会回顾街道商会成立5年来主要工作，选举产生新一届执委会会长(由古遗井总部企业——魏特曼生物科技(南京)有限公司总经理孙文勇担任)、副会长及委员15人。该商会2000年4月成立，会员企业由30家发展到72家，涵盖生物医药、商务商贸、电子信息等行业。会员企业捐款捐物100余万元、安置就业人员1000

8月26日,工商联西善桥街道商会第三届会员大会

多人次、结对帮扶特困家庭近200户、助学50余人次,引进楼宇经济项目20多家,每年为街道增加财政收入1000多万元。

【地铁油坊桥站跨南河人行天桥开通】 9月1日,位于西善桥街道205国道友谊桥开通, 该工程投资150万元,东侧接205国道,西侧接南河河堤,桥面宽4米、长30米,钢架结构。该桥建通后方便周边七彩星城、竹柳新居、大众花园等小区居民出行。

【岱山保障房市政配套工程开工】 10月12日,省委常委、市委书记杨卫泽,市长季建业来到岱山保障性住房项目工地,出席南京市保障性住房片区市政配套工程集中开工仪式。岱山保障性住房是南京在建四大保障性住房组团项目中规模最大的,总建筑面积386.73万平方米、总投资133.6亿元。同时,片区教育、商业、车库等配套工程同步开建。市政配套工程包括:市政道路17条,总长16千米,其中管道路东延和岱山中路2条主干道、3条次干道、12条支路以及岱山东路立交,总投资8.92亿元。保障房片区将配建农贸市场、7所幼儿园、7所中小学、医疗中心、养老院、市民广场、地下车库、社区中心等。

【街道财政所被团省委表彰为"江苏省青年文明号"】 2011年,街道财政所按照"省级青年文明号"创建要求指导日常工作,成立创建活动领导小组,制定服务承诺守则,印制阳光服务卡,公布监督电话,践行"奉献于事业,服务于人民,展示青年风采,争创一流业绩"口号,不断创新工作手段,提高服务水平,各项工作受到各级领导好评。年末,街道财政所被团省委表彰为"江苏省青年文明号"。　（陈　萍）

板　桥　街　道

【概　况】 2011年,板桥街道实现地区生产总值19.50亿元,完成地方一般预算收入1.98亿元,同比增长15%;完成规模以上工业总产值60.2亿元,同比增长26%;完成高新技术产业销售收入12亿元,同比增长72%;实现软件及信息服务业收入6.03亿元,同比增长30.40%;完成全社会固定资产投资22.15亿元,增长42.80%;注册外资实际到账775万美元,占年计划110%;新增注册资本2.06亿元,增长4.60%。投资1亿元南京中泰钢材市场竣工营业, 投资18亿元徐工项目和1亿欧元圣戈班项目完成初步选址;新增年纳税500万元以上企业2家; 盘活闲置厂房1万平方米,引进新奇特汽车服务广场、庆龄皮卡4S店等一批服务型企业; 万元工业增加值综合能耗较上年下降8.26%。投入105万元新建、维修道路5千米,投入90万元完成农村二次改水17千米, 投入20万元维修小河北路路灯损坏处,建成路西、绿洲南路经济适用房市政道路2.80千米;完善城市水利设施,投入450万元开工建设板桥污水干管敷设工程,投入420万元完成永安马塘水系改造, 启动永安新板沟泵站前期立项工作。开工建设环梅山防污生态林提档升级工程,建成林地面积50公顷,栽植各类苗木7万余株,占年初计划数187.5%。定期开展市容环境卫生综合检查,制作问题菜单12期。设立早摊点群7个,清理暴露垃圾、卫生死角105处,垃圾杂物28吨,占道经营66处,清除牛皮癣1152处,拆除违章建筑31起、面积768平方米,完成双拆计划3.81万平方米。全年新增就业人数3208人次,实现农村劳动力转移900人次,基本养老保险净增2470人次,全民医保参保新增1342人次,农村合作医疗实现参保率100%, 新增失地农民进社保1306人次。实现城镇居民人均可支配收入2.55万元,同比增长17.02%; 农民人均纯收入1.45万元, 同比增长16.50%;加大救助覆盖面,发放低保金、慰问金等各项补助247.58万元,发放第五届街道教育助学、奖学金118人13.55万元; 建成街道社会救助服务中心,开工建设绿洲南路经济适用房农贸市场、路西经济适用房社区服务中心; 建通公司生活区改造和农贸市场改造工程完成封顶; 完成数字电视整体转换1100户。开展2场大型广场招聘推荐活动、5次小型专场招聘会,222家企业提供1300个就业岗位,求职人员1700

人次，达成就业意向1018人次；培育创业典型3人次、自主创业者75人次，带动就业685人次。联合辖区内宝桥人力资源公司，建立用工培训基地，采用订单式培训方式，培训驻地企业、服务性行业专业技能人员，举办12期培训班，培训921人次。是年，板桥街道被省委、省政府表彰为“2006~2010年全省社会治安综合治理先进集体、被市禁毒委评为社区戒毒工作先进街道，被市民政局评为2011年度殡葬改革工作先进单位，板桥街道团委被共青团江苏省委评为江苏省五四红旗团委，街道商会被授予市优秀五星级商会称号。

【举办迎春风架金桥大型广场招聘暨政策咨询会】 3月4日，板桥街道劳动和社会保障所在板桥市民广场举办“迎春风架金桥”专场招聘会。招聘会配合“春风行动”开展面向失业、失地农民免费专场招聘，旨在缓解企业节后用工难题，解决辖区内失业、失地农民就业困难，为失业、失地农民就业和用工单位招工提供贴心服务。现场提供就业指导、劳动维权、技能培训、法律解答等咨询服务，发放劳动法规宣传册、求职指南“春风服务卡”等资料1000份。111家用人单位入场招聘，提供涉及营业员、物业管理员、司机、钳工、焊工、保安、服务员等73个工种岗位信息650个，吸引求职者1000人次，达成就业意向650人次，意向率65%。

【“关爱女性、慈善捐赠”文艺演出】 3月8日，板桥街道商会联合街道妇联、工会、文联等部门，举办“关爱女性、慈善捐赠”纪念“三八”妇女节101周年感恩回报文艺演出活动。雨花台区有关部门领导、各基层妇女组织负责人、村妇代会委员、各界妇女代表以及社区群众100人参加；街道商会会员企业家汪海集团董事长汪根海、佳择服装有限公司总经理唐诚为辖区40名困难女学生、困难女职工、单亲母亲、困难两癌(宫颈癌和乳腺癌)育龄妇女捐助2万元及40件冬衣，街道30名计生协会志愿者进行文艺演出。

3月8日，举办“关爱女性　慈善捐赠”文艺演出

【省市知名作家采风活动】 4月21日，由《雨花文艺》编委会和板桥街道文联联合举办“走进雨花，感受板桥”作家采风座谈会在板桥街道召开。国家一级作家姜琍敏、省作家协会副主席鲁敏、市文联作协副秘书长毛敏等省市知名作家，进行创作采风活动，共谋雨花台区文化建设良策，畅谈基层文化事业发展。区人大常委会科教文卫工委主任于志珍，《雨花文艺》杂志主编孔繁勋和板桥街道党工委副书记、文联主席刘军出席座谈会。

【三山村“民情4S驿站”揭牌】 6月10日，板桥街道三山村“民情4S驿站——永安花苑服务站”揭牌仪式在永安花苑小区举行，板桥街道党工委书记郭幼佩和三山村党总支部书记贲存保为“民情4S驿站”揭牌。该驿站以“行动快捷(swift)、态度严谨(strict)、服务真诚(sincere)、群众满意(satisfy)”为服务理念，在服务群众、化解矛盾等方面发挥作用。至年末，接待群众220人次，征集民意160条，帮助解决问题60件。

【“阳光村居”管理系统运行试点工作启动】 6月，雨花台区“阳光村居”管理系统试点工作在板桥街道启动。7月，成立由区纪委、区组织、区农工办、区民政、区财政及区信息中心等部门组成的工作领导小组，由区纪委监察局负责牵头，协调解决系统应用困难和问题；督促相关职能部门落实分工责任，组织区相关部门检查考核“阳光村居”管理系统使用情况，抓好组织落实。8月，在街道下辖村、社区正式运行。该系统通过内网业务流程再造、组织重构、在线监管,格式化管理农村集体"三资"、国有资产、重大项目资金等流程,推动"三资"等业务管理规范化、预防常态化、监督动态化和处置一体化。至年末,街道组织相关人员学习培训4次,输入内网便民信息、村务党务公开、"三资"报表315条,经审核上传到外网288条,调查统计用户6601户。

【板桥街道法治文化教堂揭牌】 7月4日,板桥街道法治文化基督教堂揭牌仪式在板桥街道三山教堂举行。区司法局局长孙跃进、板桥街道办事处副主任林文庆为街道法治文化基督教堂揭牌。法治文化基督教堂帮助宗教活动场所施教人员和信徒熟悉掌握相关法律知识,树立依法信教、办事观念;依法开展宗教活动,提高自我管理能力。

【街道社会救助服务中心投入使用】 2011年,板桥街道社会救助服务中心投入使用,该项目位于板桥街道社区服务中心,投资12万元。设置政策查询区、业务受理区、档案查询室、信访接待室4个服务功能区,实行"一站式审批""窗口式办公""一条龙服务" 综合扎口救助,为辖区困难群众办理低保认定、住房保障、临时救助、医疗救助、重残救助、教育奖学、教育助学等社会救助项目申请、受理、审核、发放服务。

【大学生村官试种"一亩示范田"】 9月2日,板桥街道大学生村官"一亩示范田"试种活动在板桥农业生态园展开,全区30多名大学生村官参与活动。该活动由区委组织部牵头,借助"一亩示范田"平台。引导大学生村官以实践课形式,增强农村、农业知识了解,帮助大学生融入基层,增长工作才干,服务人民群众,推动新农村建设。

9月2日,大学生村官"一亩示范田"试种活动

【全市首家国际标准化垂钓区建成】 2011年,全市首家国际标准化垂钓区建成投入使用。该垂钓区位于板桥农业生态园,占地6.67公顷,含标准圆池和标准长池两个,其中标准圆池外沿直径120米,内圆中心岛直径50米,净深2.5米,蓄水深度2.2米~2.3米;标准长池长100米,宽50米,净深2.5米,蓄水深度2.3米~2.5米。可承办300人规模专业垂钓比赛,兼具台钓、混钓、抛钓和多个单一品种垂钓功能。

【环梅山防污林提档升级工程竣工】 2011年,环梅山防污林提档升级工程竣工。该工程位于上海梅山冶金公司周边区域,总环绕长度11千米,投资516万元,提档升级工程增宽培厚原有防污景观林, 在江宁河以西、张家洼、史家、陈园等地块栽种高杆女贞、雪松、垂柳、栾树等树种10.5万余株,绿化造林面积66.67公顷,形成对梅钢生产区域环绕隔离,降低梅钢生产对周边地区环境影响, 成为覆盖梅山公司周边绿色生态屏障。

(张 瑛)

梅 山 街 道

【概 况】 梅山街道辖区包含上怡新村、上怡二村、梅清苑、中兴路、梅欣、梅岭、梅苑7个社区。占地面积10平方公里,常住人口7万人。2011年,完成地区生产总值22.25亿元;完成地方一般预算收入7787万元;完成全社会固定资产投资4.06亿元; 完成规模以上工业总产值10.52亿元;完成软件及信息服务销售收入8.27亿元;新增300万元以上注册企业4家; 新增注册资本0.42亿元。推进梅山供水系统切换工程,投入20万元改造上怡二村社区环境,建立梅山街道社会救助服务中心;投入16万元翻修梅欣市场22间门面房;投入60万元改造出新原梅山敬老院屋面防水; 协助完成203道口200米路面整治。构建"116"民生幸福工程体系,借鉴社区"扁平化"管理模式,建立和完善社区"网格化"管理机制，实施一站式为民服务。开展"联系市民、服务百姓"走访活动、"走百家门、知百家情"和"双优——满意"岗位练兵活动，提升社区工作者综合素质。按照每300户规模划分网格片区，落实社工分片包干制度，形成"社区—片区管理员—居民小组长"三级网格化管理体系。完成便民利民9件实事。全年新办理低保户14户21人次，发放低保金82万元，发放困难家庭临时生活补贴6.6万元，47户低收入家庭享受廉租住房补贴；救助大重病患者14人次，申请救济金4.32万元，临时救助4户，申请救助金6800元；实施"1+1"帮扶救助21人次，救助资金1.45万元；投入60万元，打造省级AAA级居家养老服务中心。举行大型招聘会1场，举办政策咨询4次，发布空岗信息50条，培训在职人员1715人次，培训失业人员150人次；新增就业岗位1100个，实现再就业430人次，援助困难人员就业28人次；为7人办理小额贷款110万元，培育自主创业人员51人次，带动就业529人次。调处劳动争议案件2起，处理劳动纠纷4起，为12名农民工调处工资拖欠11万元，满意率100%。至年末，梅山街道被南京市第六次人口普查领导小组评为第六次全国人口普查先进集体；街道社会事务科被南京市老龄工作委员会办公室评为江苏省老年文艺汇演南京分会场二等奖，被江苏省老龄工作委员会办公室、江苏省文化厅、江苏省老龄协会评为江苏省第24个敬老日老年文艺汇演三等奖，被市委、市政府评为南京市人口和计划生育工作先进集体；街道司法所被江苏省司法厅评为江苏省优秀司法所，被南京市公安消防局评为2010年度社会单位消防安全建设先进单位，被南京市依法治市领导小组评为2010年度法治街(镇)创建先进单位；街道文教办在2011年南京市第三届全民健身节中获得全健排舞比赛第二名，在南京市第18届"鼓楼杯"门球比赛中获第一名；街道社保所被江苏省农民工工作领导小组办公室评为2010年度全省农民工综合服务中心示范单位；梅欣社区被南京市精神文明建设指导委员会办公室、南京市关心下一代工作委员会评为南京市优秀校外教育辅导站；梅清苑社区被江苏省成人教育协会评为江苏省社区教育示范社区，被江苏省民政部门评为江苏省建设和谐社区示范单位；被南京市关心下一代工作委员会、南京市精神文明建设指导委员会办公室、南京市民政局评为"六好"示范社区(村)关工委；被南京市关心下一代工作委员会、南京市教育局等6部门评为南京市第八届中小学生科技活动先进集体；中兴路社区被南京市档案局评为江苏省档案工作二星级单位。

【社区团建工作联席会成立】 3月5日，梅山街道联合梅山公司、梅钢公司、宝化梅山分公司等15家团委、5个直属党总支、24个直属党支部，成立"梅山街道社区团建工作联席会"。梅山街道团建联席会的成立成为社企共建"相互交流、资源共享、优势互补、同驻共建"工作平台。年内，街道团工委借助该平台，组织开展广场便民服务，党团知识竞赛、保护虎凤蝶、创先争优我先行等系列活动。

3月5日，梅山街道社区团建工作联席会成立仪式

【省市关工委领导莅临梅清苑社区观摩指导】 5月25日，参加全省"老少携手学党史、颂党恩、跟党走"主题教育观摩会的领导莅临梅清苑观摩指导。省关工委名誉主任陈焕友等省市关工委领导，在副市长、雨花台区区委书记李侃帧，区委常委、组织部长孙朝晖陪同下，和来自全省各地130多位关工委领导出席观摩活动。与会人员观摩梅清苑社区"老少携手做红船"、"讲党史、颂党情"故事会和"纪念建党90周年马伯贤签名封展"，高度评价梅清苑社区依托校外教育辅导站等阵地及开展主题活动。观摩现场，梅清苑社区孩子向

省市关工委领导赠送亲手制作的红船。

【公民健康素养创建工作】 9月，梅山街道成立“健康素养”街道创建工作领导小组，构建科室、驻地企业和社区协同参与的三级组织网络，落实创建工作垂直管理制度。通过社区宣传栏、发放倡议书等途径加大宣传，更换社区宣传栏内容39期、板报16期，向居民发放公开信、倡议书4720份，举办培训、讲座4次。组织街道12个职能部门开展市容、环卫竞赛活动，每月进行检查考核，每季度进行评比评优。与梅钢公司爱卫办和业主委员会等成员单位定期召开联席会议，开展季度联合检查，编印《中国公民健康素养——基本知识与技能》《健康素养66条》宣传册。

【区首家独立司法所新址启用】 9月29日，雨花台区梅山司法所新址启用。市司法局局长孙绵琪和副区长姜纯公为梅山司法所新址启用举行揭牌仪式。梅山司法所搬入新址是区政府推进基础建设，加强司法所建设一项重大举措。区司法局和梅山街道投入大笔资金，为梅山司法所建设全新独立办公用房，配备全新办公设备，成为全区首家具备独立办公用房条件司法所。搬迁后的梅山司法所办公面积450平方米，功能区域齐全，划分清晰，达到省优秀司法所建设标准。

【开展联系市民服务百姓活动】 11月，街道结合“1+1”百人百户结对活动，开展“走百家门，知百家情”走访活动。全街道中层以上干部、党员骨干、入党积极分子划分责任片区，实行分片包干制度，活动深入梅钢企业职工、外来务工青年、征地农民等3类重点群体，重点走访“1+1”百人百户结对困难家庭，帮扶对象65户，收集社会保障、公共交通、文体休闲、市容市貌等困难和问题九大类48条。

【梅山街道篆刻作品展闭幕】 年内，梅山街道文联与南京静海寺纪念馆共同举办的《梅苑印社》篆刻作品展闭展。篆刻作品汇聚梅山地区20多位篆刻爱好者的100多方篆刻作品及部分书法作品，体现梅山地区篆刻、书法水平。通过印章实物与拓模对照，让参观者对印章篆刻内容一目了然。梅苑印社1997年成立，有成员30名，篆刻和书法作品曾获全国省市各级别奖项。篆刻作品展历时半个多月，接待中外参观游客1.5万人次。

【上怡新村社区创建省级充分就业示范社区】 2011年，梅山街道上怡新村社区作为区唯一一家创建省级“充分就业示范社区”单位，年初申报创建，根据辖区失业人员特点，实施“一人(家)一策”重点帮扶，制定就业援助方案，挨家挨户调查，摸清社区“双失双下”“零就业”家庭等困难人群的基本情况，并登记造册。全年，安置25名残疾人、8名两劳释放人员就业，培育自主创业人员21名，培训下岗失业人员及新生劳动力300人次。

（李祯祯）

雨花年鉴 2012

人　物

先 进 人 物

王有仁

雨花台区总工会主席，2011年被江苏省人民政府授予江苏省劳动模范称号。

王有仁，1953年9月生，大学学历，中共党员。王有仁是一位优秀军转干部，在部队期间，曾获精神文明建设先进个人、先进政治处处长等称号，个人荣立三等功。担任区总工会主席6年，组织开展劳动模范“两个带头”活动(即：带头发展经济，带头扶贫帮困)，雨花丰盛集团、汪海集团等5位企业家劳模为雨花台区和南京市上缴税收11亿多元，投入3600万元用于救助困难职工和弱势群体。引进2家投资额达2.15亿元的企业在雨花安家落户。王有仁采取行之有效的措施加强工会组建工作，雨花台区基层工会组织由2006年600多家发展为1536家，会员由6.7万人增加到14.7万人。2008年雨花台区总工会被江苏省评为全省工会工作模范区，2009年被区委评为创全国文明城市有功单位。

肖长苏

南京市雨花台中学英语教师、教研组长，2011年被江苏省人民政府授予江苏省劳动模范称号。

肖长苏，女，1959年12月生，大学学历，中共党员。肖长苏在教学一线工作30年，任英语教研组组长，担任过10届高三年级教学任务，所带每届毕业班高考本科录取率达90%。雨花台中学连续6年获南京市高中教育发展性评估一等奖，英语教研组获“市优秀教研组”“省课改先进集体”等荣誉。肖长苏撰写多本教学或教辅用书，带领团队参加国家级课题研究，被市教育局首批派往澳大利亚进修并获得TESOL国际证书。连续10年担任市高级教师评定工作评委、市教师资格认定专家、市教研室英语教学中心组成员。肖长苏曾去偏远薄弱学校支教，被聘为板桥中学英语组指导教师，曾先后获得南京市劳动模范、南京市第一届优秀青年教师、教学先进个人以及扬子晚报杯“最美丽女教师”等称号。

周明龙

铁心桥街道高家库村委会党支部副书记，2011年被江苏省人民政府授予江苏省劳动模范称号。

周明龙，1961年12月生，大专学历，助理农艺师，中共党员。高家库村属丘陵地貌，全村有山林资源400公顷，山体以次生林为主，植物单一，周明龙分管农业及农业旅游等工作后，结合高家库村生态旅游特色，对全村部分山林进行造林更新抚育，完成林相改造80公顷，换植雪松、花桃、高杆女贞等树种，初步实现林区树种的多样性。开展村庄道路出新、河岸清淤，在各村民小组主次干道和中心河岸栽植香樟、栾树、桂花等，形成以宁丹路，周家洼路、工业园路、将军山路和大石湖路为主的四横一纵绿色道路体系，实现道路景观化。在后庄休闲公园建设和龙泉寺生态湿地公园建设中，周明龙带领全村村民，先后完成宁丹路26.67公顷苗木产业带建设，种植乔木10万余株，改善高家库村整体生态环境，为村民增加土地租金收入100多万元，提供100多个就业岗位。2006年，周家洼农业旅游村被评定为国家“AA”级旅游景区，高家库村被评为“绿色江苏建设模范村”和“全国绿色小康村”。

梅马香

雨花台区板桥街道永安村村民，2011年被江苏省人民政府授予江苏省劳动模范称号。

梅马香，女，1964年6月生，高中学历。1998年，梅马香经人介绍从福建引进优良蘑菇菌种，开始种植蘑菇，10年种植期间，每年效益3万元，在取得较好经济效益后，梅马香没有忘记带领村民一起致富,她说作为一个农民她没有其他本领,只有尽其所能,把她的种植技术手把手的传给村民。在梅马香带领和影响下,村里10多户村民一起种植蘑菇,走上了共同致富之路。2009年,因种子老化等原因,梅马香停止蘑菇种植,转向各类蔬菜种植以及家禽养殖,保证年均收益3万元。

王　欢

雨花台区人力资源和社会保障局职业介绍所科员,2011年被南京市总工会评为市“五一”巾帼文明标兵。

王欢,女,1981年11月生,江苏省南京市人,中共党员,2002年9月参加工作,任雨花台区人力资源和社会保障局职业介绍所科员。王欢一直从事前台窗口就业优惠政策服务工作,2010年,发放灵活就业人员社保补贴13834人次,补贴金额1232.24万元;审核发放小额创业贷款53笔、120人,发放金额1109万元,援助就业困难人员就业381人,及时准确将政府的就业扶持政策落实到位,使老百姓切切实实得到实惠,感受到党和政府的温暖。

刘晓燕

南京市雨花台区总工会副主席,区总工会法律援助服务站站长,2011年被南京市总工会授予南京市“五一”劳动奖章,获南京市维护职工权益“双十佳”称号。

刘晓燕,女,1967年9月生,研究生学历,中共党员,1988年参加工作,先后任雨花台区广电局记者、编辑、编辑部主任,区文化广电局办公室主任,雨花台区人民广播电台台长,区文化广电局局长助理、副局长,办公室主任,区计生局副局长。2004年刘晓燕调入区总工会任副主席,抓维权机制建设,健全区、街、村、企业四级劳调网络,100%建立区、街道两级法援机构。调处劳资纠纷105件,为职工挽回经济损失226万元,其中开展法援16件,为职工追回薪酬26余万元;抓普法宣传教育,7年共开展法律咨询、知识竞赛、法援案例观摩庭等活动61场次,接受职工群众咨询1万多人次;突出法援重点,向农民工倾斜,向农民工中的女性倾斜。2010年8个法援案件中,6位是农民工,占75%;其中女性4位,占50%;建立法援快速通道,充分整合资源,想方设法缓解企业行政的恶意延期行为给职工带来的侵害,有意识地降低职工维权成本,提升工会维权效率,得到受援职工一致好评。2007年9月,刘晓燕被省高院、省总等评为全省“诉调对接”先进个人;2010年12月,被中华全国总工会评为“五五普法”先进个人。

郭华桥

南京天平彩色印刷有限公司车间主任,2011年被南京市总工会授予南京市“五一”劳动奖章。

郭华桥,1969年10月生,江苏南京市人,大专学历,1990年7月参加工作,先后任印刷车间班长,胶印车间主任,2002年参加业务培训后任四色机机长,包装、彩印车间主任等职。2005年公司在郭华桥提议下,推进ISO-9001质量体系论证,产品质量得到提高,分别获第四届至第九届中国包装委员会举办的全国印刷产品质量评比“金、银、铜奖”和“优质产品奖”,2008年被南京市新闻出版局、南京市印刷行业协会推荐为南京市“十佳”印刷企业。郭华桥在公司表现积极,注重突出社会影响力,为构建社会主义和谐社会和直接产生社会效益作出奉献。2010年公司实现人均产值26万余元、人均纳税接近2万元、人均收入3万余元的业绩。

汤洪明

南京丰盛超导技术有限公司高级工程师,2011年被南京市总工会授予南京市“五一”劳动奖章。

汤洪明,1978年8月生,浙江安吉人,博士,2006年7月参加工作,身为公司超导磁体研发的带头人,汤洪明率领科研团队经过艰苦攻关,成功完成国家首台拥有完全自主知识产权的1.5T人体全身成像超导磁体的研发,经国家权威部门认证该磁体各项技术指标均达到国际领先水平,打破国外企业在该技术上长期的垄断地位。汤洪明还成功组织7.0T动物功能成

像超导磁体研发,在研发攻关的同时不忘科技创新,已获批国家发明专利2项,实用新型专利3项,在国际国内期刊杂志上发表文章15篇。汤洪明具有强烈社会责任感,承担2010年江苏省重大科技招标项目——3.0T人体全身成像超导磁共振系统与国家"十二五"科技支撑计划——超导磁共振成像系统的产业化等科研成果转化任务,践行着一名优秀员工,一名科技工作者的职责。

孙福英

南京福音餐饮有限公司董事长,2011年被南京市总工会授予南京市"五一"劳动奖章。

孙福英,女,1957年生,初中文化,1983年随军到部队,1986年随转业的丈夫进入南京第二钢铁厂职工食堂工作。1997年企业改制,孙福英下岗了,在岗子村附近开了一家"福音小吃店",不久因道路拆迁,再次失业。2000年初向亲戚借了几万元钱,加上自己的一点积蓄,在高家库村租了面积约100平方米仓库,开了家有6张桌面的"福音农家餐馆"。诚信待客、"要舍得让人吃"的经营理念,吸引众多顾客,2002年"福音农家餐馆"扩大为"福音山庄",2008年"南京福音餐饮有限公司"正式成立,经营范围不断扩大,现已建成集餐饮、客房、会议、休闲、绿色蔬菜种植、生态家禽养殖为一体的度假山庄。在创业同时,孙福英积极带动周边人员就业,公司吸纳100多位下岗人员。每年为社会创造税收100多万元。

汪　晨

雨花台区司法局法律援助中心主任,2011年被南京市总工会授予南京市"五一"劳动奖章,被南京市政法委评为"十佳"法律工作者。

汪晨,1964年4月生,安徽省旌德县人,中共党员,大学文化。视困难职工为亲人,带着深厚感情去做法律援助工作,努力提供优质高效的法律关怀。3年来,汪

晨直接处置接待困难群众法律咨询560余人次,参与办理法律援助案件109件。其中,赵某道赔一案,被评为2010年度江苏省法律援助优秀案件。创新工作模式,在困难职工聚集的经济适用房小区设立法律援助工作站,成立一支32人专为困难职工服务的工会法律援助服务团,开通"法律援助直通车"进工地、进企业,为困难职工举办"法律援助大讲堂"60多场次,撰写200多篇工作经验、维权案例分别被《中国法律援助》《法制日报》等报刊登载,实现安德门法律援助站提档升级,安德门法律援助站成为全市外来务工(农民工)维权的品牌。

蓝皆宋

雨花台区公安分局板桥派出所三山社区民警,2011年被市政法委评为"优秀党员干警",被市局评为"优秀共产党员",被南京市精神文明建设指导委员会授予第十届"南京好市民"称号。

蓝皆宋,1976年5月生,福建龙海人,中共党员,大专学历,一级警司警衔,1995年参加工作,2007年由部队转业参加公安工作。蓝皆宋任板桥派出所三山社区民警期间,以"三基"工程和"平安创建"为载体,推进社区人防、物防、技防设施建设,夯实社区警务工作基础,走出一条适合新时期农村法制和警务基础建设的路子。蓝皆宋严厉打击辖区内各类违法、刑事犯罪活动,通过暂住人口管控法在责任区内抓获段某等7名网上三逃人员,有效预防和遏制辖区刑事案件发生。通过大走访活动关注弱势群体,积极落实春风关爱帮助行动,建立关爱帮教计划,打造出特色警务社区。2009年被市局评为"和谐春风使者",2010年被市局评为"优秀共产党员"。

王秋霜

南京同仁堂药业有限责任公司党委书记、常务副总,2011年被市政府授予第六批南京市"有突出贡献中青年专家"称号。

王秋霜，女，1962 年 9 月生，江苏宜兴人，中共党员，大学学历，1999~2000 年取得澳门科技大学 MBA 学位，高级工程师。王秋霜从事新药研发工作 10 多年，主持开发的新药“痔疮止血颗粒”“胆舒排石颗粒”“六味安神胶囊”等均取得了新药证书和生产批件，先后担任“排石颗粒的制剂优化与开发研究”“排石颗粒二次开发”“胆舒排石颗粒产业化研究”等省市科技攻关项目负责人，完成其攻关项目，获得“一种治疗气虚肾亏血瘀型骨质疏松症的药物组合及其制备方法”等 3 项发明专利。

新　闻　人　物

李华琴

雨花台区西善桥街道梅山村居民，2011 年被江苏省广播电视总台授予“江苏省第三届道德模范”称号，被南京市精神文明建设指导委员会授予“南京市第三届道德模范”“感动南京”2011 年度人物称号。

李华琴，女，1970 年 2 月生，江苏南京人。1993 年李华琴嫁给丈夫时婆婆患有间歇性狂躁精神病，为照顾婆婆，李华琴辞去了工作，承包村里一片鱼塘从事养殖，同时做卤菜生意。婆婆发病闯祸，李华琴受着委屈赔礼道歉；左手小指被婆婆扭断过，至今都不能伸直；怀孕时，婆婆突然发病，从地上拿起砖头就砸，李华琴当时就被砸晕，医院下了“病危通知书”，头上缝了 40 多针，可李华琴却从没放弃过婆婆。“精神病人都挺可怜的，她发病情绪不好，一是缺钱，一是缺情”，李华琴说，“我赚到钱就给她，生活上照顾得好好的，把婆婆当做我亲妈一样。”时间久了，婆婆的病慢慢好起来了。在李华琴的精心照料下，婆婆的病已经痊愈，现在婆媳俩成了最亲的人。李华琴说：“我特别欣慰，这个特殊家庭教我学会孝老、敬老。”

孙以智

雨花台区人民法院退休干部，雨花台区实验小学“孙津川中队”校外辅导员，2011 年被南京市精神文明建设指导委员会授予“南京市第三届道德模范”提名奖、“感动南京”2011 年度人物称号。

孙以智，女，1936 年 9 月生，大专学历，中共党员，是牺牲于雨花台革命烈士孙津川的侄女。30 多年来，孙以智坚持用雨花台烈士不朽业绩和伟大精神教育少年儿童。组织少先队员们参观烈士史料纪念馆、祭扫革命烈士墓，举办“英雄鲜血染晶石”故事会、“我为烈士描碑文”“烈士在我心中”等活动。组织少先队员在雨花台开辟“红领巾路”“红领巾苗圃”“红领巾管理区”，在雨花台烈士事迹陈列馆当“小讲解员”，开展“重温烈士精神，续写光辉历程”“学烈士，继传统，知荣辱”等一系列时代性、教育性、实效性很强的教育活动。孙以智被誉为“青少年成长引路人”，2007 年被团中央、教育部、全国少工委联合授予第七届“全国十佳少先队志愿辅导员”称号。

吴玉芝

雨花台区梅苑新村村民，2011 年被南京市精神文明建设指导委员会授予“感动南京”2011 年度人物、第十届“南京好市民”称号。

吴玉芝，女，1951 年生，河南人，小学文化，和老伴以做水产生意为生。2011 年 10 月 30 日，吴玉芝正在自家小店里忙碌着，突然听见不远处有人惊慌地大喊“救命”，吴玉芝连忙循着声音跑过去，只见小区后门河里，一个小男孩正在水中挣扎，两个一同玩耍的小伙伴站在岸边，吓得不知所措，紧急关头吴大妈想都没想就跳进河里，想把孩子拉上岸，可却忘记自己不会游泳，下到水里才发现河底淤泥又深又滑，呛了几口水，知道自己非常危险，可见男孩呛水更严重，吴大妈仍继续向河中间靠过去。千钧一发之际，路过该地的面包车司机陈太平和龙海建工集团职工卢峰及时赶到，跳入水中，将吴玉芝和男孩救上岸。见孩子没事了，吴玉芝和其他两位好心人才悄悄地离开。事后，经过记者的多方询问，才一一找到这3位舍己救人的好人。当记者问吴大妈“你现在想想这事还后怕吗？”大妈说，想来还是有点后怕，不过如果下次再遇到这种事，她还是会一样下去救的。

逝 世 人 物

史中哲

雨花台区人大常委会主任，1990年8月离休，2011年10月16日病逝，享年83岁。

史中哲，1928年4月生，山东省益都人。1945年2月参加革命工作，1946年1月加入中国共产党。1945年2月至1946年7月任益寿县委宣传干事，1946年8月至1949年8月在华东军区教导团任干事，1949年9月至1959年3月在南京市公安系统工作，1959年4月至1978年10月任江宁县委组织部部长、县委副书记，1978年11月至1983年11月任雨花台区区委书记、区革命委员会主任，1983年12月至1986年2月任雨花台区区委顾问，1986年3月至1987年4月任雨花台区人大常委会主任。

先进个人名录

2011年雨花台区受到市级以上单位表彰的先进个人名录(选编)

表42

姓　名	工作单位	荣誉称号	表彰单位
王有仁	区总工会	江苏省劳动模范	江苏省人民政府
肖长苏	南京市雨花台中学	江苏省劳动模范	江苏省人民政府
周明龙	铁心桥街道高家库村委会	江苏省劳动模范	江苏省人民政府
梅马香	雨花台区板桥街道永安村	江苏省劳动模范	江苏省人民政府
李华琴	雨花台区西善桥街道梅山村	江苏省第三届道德模范、南京市第三届道德模范	省广播电视总台、市精神文明建设指导委员会
邱宝文	江苏省新闻出版学校	全省新闻出版系统先进工作者	省人社厅、省新闻出版局
刘权政	江苏省新闻出版学校	全省预防青少年违法犯罪工作先进个人	省综治委预防青少年违法犯罪工作领导小组办公室
王秋霜	南京同仁堂药业有限责任公司	市“有突出贡献中青年专家”	市政府
汪　晨	区司法局	市“五一”劳动奖章、“十佳”法律工作者	市总工会、市政法委
刘晓燕	区总工会	市“五一”劳动奖章	市总工会
郭华桥	南京天平彩色印刷有限公司	市“五一”劳动奖章	市总工会
汤洪明	南京丰盛超导技术有限公司	市“五一”劳动奖章	市总工会
孙福英	南京福音餐饮有限公司	市“五一”劳动奖章	市总工会
王　欢	雨花台区人力资源和社会保障局	市“五一”巾帼文明标兵	市总工会
蓝皆宋	区公安分局	优秀党员干警、第十届“南京好市民”	市政法委、市精神文明建设指导委员会
孙以智	区人民法院退休干部	“南京市第三届道德模范”提名奖、“感动南京”2011年度人物	市精神文明建设指导委员会
吴玉芝	雨花台区梅苑新村	“感动南京”2011年度人物、第十届“南京好市民”	市精神文明建设指导委员会
杨有琴	板桥街道绿洲社区	第十届“南京好市民”	市精神文明建设指导委员会
臧　勇	宝钢集团上海梅山钢铁股份有限公司	第十届“南京好市民”	市精神文明建设指导委员会
费章君	南京南自信息技术有限公司	第十届“南京好市民”	市精神文明建设指导委员会
张德文	区文化局文化馆	第十届“南京好市民”	市精神文明建设指导委员会

雨花年鉴 2012

统计资料

一、综　合

2011年雨花台区国民经济主要指标实绩

表43

指　标	计量单位	2011年	2010年	2011年比2010年±%
一、综合				
街道(园区)	个	10	10	–
其中:园区	个	3	3	–
行政村	个	9	9	–
村民小组	个	203	211	-3.8
年末总户数(户籍)	户	8.25	8.07	2.2
年末总人口(户籍)	万人	23.19	22.66	2.4
常住人口	万人	40.83	39.13	4.3
乡村实有从业人员	万人	1.92	2.04	-5.8
土地面积	平方公里	134.60	134.60	–
地区生产总值(现价)	亿元	202.54	170.69	13.4
第一产业	亿元	0.43	0.55	-31.4
第二产业	亿元	90.72	81.59	6.6
其中:工业	亿元	78.43	69.42	7.6
第三产业	亿元	111.39	88.55	19.9
二、农业				
农林牧渔总产值(现价)	万元	7132	10568	-32.5
(1)农业总产值	万元	3492	4873	-28.3
(2)林业总产值	万元	–	–	–
(3)牧业总产值	万元	2356	3965	-40.6
(4)渔业总产值	万元	1239	1665	-25.6
(5)农林牧渔服务总产值	万元	45	65	-30.8
农村经济总收入	亿元	206.92	173.12	19.5
农村经济总费用	亿元	186.55	156.43	19.3
农村经济净收入	亿元	20.37	16.69	22.1
农民经营所得收入	亿元	5.27	4.82	9.3
三、工业				
规模以上工业企业单位数	个	128	215	-40.0
全部工业总产值	亿元	320.75	277	15.8
工业销售收入	亿元	298	256.90	16.0
工业利税总额	亿元	15.11	13.50	11.9
工业产品产销率	%	97.90	97.20	0.7
四、全社会固定资产投资	亿元	230.72	214.18	7.7
其中:工业投资	亿元	63.10	65.78	-4.1
房地产投资	亿元	66.19	59.15	11.9
五、批发零售贸易和餐饮业				
社会消费品零售总额	亿元	155.07	121.72	27.4

续表

指　　标	计量单位	2011 年	2010 年	2011 年比 2010 年±%
六、外经外贸				
实际利用外资	万美元	12032	9612	25.2
外贸出口	亿美元	22.80	19.70	15.7
对外承包劳务营业额	万美元	2394	2060	16.2
七、财政				
财政收入(全口径)	亿元	53.19	42.42	25.4
财政地方一般预算收入	亿元	26.06	20.58	26.6
八、人民生活				
城镇居民人均可支配收入	元	29321	25578	14.6
农民人均纯收入	元	15013	12810	17.2

注:地区生产总值 2011 年比 2010 年增长速度采用可比价增长速度

2011 年雨花台区人口状况(一)

表 44

街道名称	总户数(户)	总人口(人)			性别比%
		合　计	男	女	
总　计	82461	231937	120853	111084	108.79
宁　南	10697	37613	20672	16941	122.02
赛虹桥	13149	37443	20080	17363	115.65
雨花新村	12496	34580	18258	16322	111.86
西善桥	5261	14402	7399	7003	105.65
板　桥	7397	18380	8340	10040	83.07
铁心桥	10848	31556	15923	15633	101.86
梅　山	10802	29774	16311	13463	121.15
开发区	6729	16170	7736	8434	91.72
板桥新城	5082	12019	6134	5885	104.23

2011 年雨花台区人口状况(二)

表 45

街道名称	出生人口(人)	出生率(‰)	死亡人口(人)	死亡率(‰)	自然增长人口(人)	自然增长率(‰)
总　计	2209	9.64	1150	5.02	1059	4.62
宁　南	557	15.59	97	2.72	460	12.87
赛虹桥	468	12.68	154	4.17	314	8.51
雨花新村	271	7.78	226	6.48	45	1.30
西善桥	118	8.12	97	6.68	21	1.44
板　桥	160	8.58	125	6.70	35	1.88
铁心桥	270	8.60	160	5.10	110	3.50
梅　山	155	5.26	114	3.87	41	1.39
开发区	115	7.15	94	5.84	21	1.31
板桥新城	95	8.15	83	7.12	12	1.03

2011年雨花台区进入南京市“百强村”镇及涉农街道综合实力“二十强”街道名单

表46

位　次	行政村名称	位　次	行政村名称
009	铁心桥街道铁心村	041	板桥街道新建村
015	铁心桥街道尹西村	049	西善桥街道油坊村
017	铁心桥街道马家店村	050	铁心桥街道高家库村
023	铁心桥街道定坊村	055	板桥街道三山村
036	板桥街道孙家村	065	板桥街道永安村

注:板桥街道进入南京市2011年度镇及涉农街道综合实力“二十强”

2011年雨花台区社会消费品零售额完成情况

表47　　单位:万元

指　　标	2011年	2010年	2011年比2010年±%
全区合计	1550698.3	1217188.6	27.4
批发业	53763.8	137231.3	-60.8
限额以上	51909.4	34562.9	50.2
限额以下	1854.4	102668.4	-98.2
限下企业	1648.8	83893.1	-98
限下个体户	205.6	18775.3	-98.9
零售业	1462110.2	1036698.8	41.0
限额以上	1450313.2	1155323.1	25.5
限额以下	11797	-118624.3	-109.9
限下企业	7298.8	-11849.7	-161.6
限下个体户	4498.2	-106774.6	-104.2
住宿业	586	1040	-43.7
限额以上	223.9	237.5	-5.7
限额以下	362.1	802.5	-54.9
限下企业	199.9	603.9	-66.9
限下个体户	162.2	198.6	-18.3
餐饮业	34238.3	42218.5	-18.9
限额以上	33355.2	25960.2	28.5
限额以下	883.1	16258.3	-94.6
限下企业	273.9	1673.6	-83.6
限下个体户	609.2	14584.7	-95.8

2011 年雨花台区全社会固定资产投资

表 48 单位:万元

投资种类	2011 年	2010 年	2011 年比 2010 年±%
全社会投资合计	2307223	2141767	7.7
其中:工业投资	631035	657796	-4.1
私营、个体经济	474836	425501	11.6
一、城镇固定资产投资	1612983	1272058	26.8
其中:私营、个体经济	161713	140905	14.8
二、房地产开发投资	661872	591502	11.9
其中:私营、个体经济	309602	241022	38.7
三、农村非农户投资	32368	278207	-88.4
其中:私营、个体经济	3521	43574	-91.9

注:规模以上投资起报点均为 500 万元以上

2011 年雨花台区软件及信息服务业和科技创新指标完成情况

表 49

指　标	年计划	完　成	完成计划%	2011 年比 2010 年±%	累计完成
新增软件产业企业数(家)	42	55	131.0	–	277
新引进软件产业从业人员(人)	12000	17050	142.1	–	60000
新增软件及信息服务业建筑面积(万平方米)	35	43.13	123.2	–	229.13
软件及信息服务业收入(亿元)	500	520.55	104.1	69.0	–
服务外包执行额(万美元)	71500	83440	116.7	43.4	–
离岸外包执行额(万美元)	36400	48067	132.1	41.8	–
软件产业企业税收(亿元)	–	13.25	–	33.2	–
信息传输、计算机服务和软件业增加值(亿元)	–	49.09	–	28.1	–
软件产业投资(亿元)	–	16.04	–	-28.7	–
新增认定软件企业(家)	15	26	173.3	–	–
新增认定软件产品(件)	50	72	144.0	–	–
完成专利申请量(件)	1200	1706	142.2	–	–
其中发明类专利申请量(件)	500	628	125.6	–	–
专利授权量(件)	600	674	112.3	–	–
其中授权发明专利(件)	230	235	102.2	–	–
高新技术企业(个)	5	12	240.0	–	–
新增科技创业孵化面积(平方米)	9000	20000	222.2	–	–
引进国内外研发机构(家)	3	3	100.0	–	–
新建科技公共服务平台(家)	2	2	100.0	–	–

注:1.软件税收占财政收入 24.9%

2.信息传输、计算机服务和软件业增加值占地区生产总值 24.2%

3.软件产业投资占全社会投资 7.0%

二、农　业

2011年雨花台区农村经济收益分配统计一览

表50　　单位：万元

指　　标	合　计	铁心桥	西善桥	板桥街道	板桥新城	开发区
一、农村经济总收入	2069189	407905	852373	451178	223098	134635
1.农业收入	4861	931	159	2418	686	667
2.林业收入	–	–	–	–	–	–
3.牧业收入	2653	185	221	1624	342	281
4.渔业收入	1632	7	20	1362	100	143
5.工业收入	1432497	212142	593445	337190	192307	97413
6.建筑业收入	126809	37027	45774	27418	12404	4186
7.运输业收入	59140	3917	8925	32498	2486	11314
8.商饮业收入	237304	36173	148501	31033	7379	14218
9.服务业收入	130035	74250	31997	15693	2690	5405
10.其他收入	74258	43273	23331	1942	4704	1008
二、总费用	1865501	364967	801727	376350	212344	110113
其中：1.生产费	1406562	334222	477638	311377	179310	104015
2.管理费用	135416	26535	35697	47234	19860	6090
三、净收入	203688	42938	50646	74828	10754	24522
四、投资收益	2078	1835	–	102	–	141
五、农民外出劳务收入	5750	109	284	265	489	4603
六、可分配净收入总额	211516	44882	50930	75195	11243	29266
1.国家税金	57192	20067	21874	7118	1033	7100
2.上交有关部门	12340	10717	29	1070	–	524
3.外来投资分利	4384	2728	–	690	–	966
4.外来人员带走劳务收入	30789	2151	25617	903	255	1863
5.企业各项留利	48586	2416	648	44100	204	1218
6.乡村集体所得	5549	1958	93	2987	170	341
7.农民经营所得	52676	4845	2669	18327	9581	17254
七、农民人均所得(元)	14762	14981	14682	15064	14792	14870

三、工 业

2011 年雨花台区工业企业基本情况

表 51 单位:万元

指 标	企业单位(个)	平均职工(人)	工业总产值	利税总额	其中:利润总额	资产合计
合 计	816	49307	3207492	151134	57223	2492974
1.规模以上工业企业	128	33680	2872258	164953	76241	2280365
2.规模以下工业企业	733	15627	335234	-13819	-19018	212609

注:1.规模以上工业企业是指全部独立核算国有企业及年主营业务收入在 2000 万元以上的非国有工业企业,下同

2.规模以下工业企业数据为抽样推算数据

2011 年雨花台区规模以上工业总产值

表 52 单位:亿元

指 标	2011 年	2011 年比 2010 年±%
总 计	287.2	25.1
其中:轻工业	20.4	0.3
重工业	266.8	27.5
在总计中:大中型工业企业	144.2	15.4
小型工业企业	143.0	36.7
在总计中:1.国有企业	48.7	54.1
2.集体企业	8.9	15.5
3.股份合作企业	1.4	7.1
4.股份制企业	190.4	22.6
5.外商及港澳台商投资企业	21.5	9.7
6.其他经济类型企业	16.3	16.4

2011 年雨花台区规模以上工业企业主要经济指标

表 53

指 标	单 位	2011 年	2011 年比 2010 年±%
1.工业总产值	亿元	287.2	25.1
2.工业增加值	亿元	69.7	13.3
3.主营业务收入	亿元	265.5	19.0
4.实现利税总额	亿元	16.5	41.3
其中:应交增值税	亿元	7.7	42.7
5.利润总额	亿元	7.6	37.0
6.亏损企业亏损总额	亿元	2.9	45.7
7.资产合计	亿元	228.0	19.9
8.负债合计	亿元	151.0	22.7
9.产成品	亿元	13.3	33.9
10.从业人员平均数	人	33680	9.8

2011年雨花台区大中型工业企业主要经济指标

表54

指　标	单　位	2011年	2011年比2010年±%
1.企业单位数	个	19	–
2.工业总产值	亿元	144.2	15.4
3.主营业务收入	亿元	129.0	16.5
4.实现利税总额	亿元	5.2	16.2
其中:应交增值税	亿元	2.8	28.8
5.利润总额	亿元	1.8	-7.2
6.亏损企业亏损总额	亿元	2.5	48.9
7.资产合计	亿元	135.9	17.9
8.负债合计	亿元	92.5	23.7
9.产成品	亿元	9.1	41.6
10.从业人员平均数	人	15695	7.2

2011年雨花台区各街道、园区规模以上工业总产值

表55　单位:亿元

街道、园区	2011年	2011年比2010年±%
合　计	287.2	25.1
开发区	60.9	14.9
软件园	19.4	48.9
板桥新城	2.6	28.5
宁　南	2.5	24.9
铁心桥	22.8	35.9
板　桥	60.2	19.7
西善桥	60.7	17.5
赛虹桥	33.5	20.8
雨花新村	14.6	27.3
梅　山	10.0	20.3

2011年雨花台区各街道、园区规模以上工业产销率

表56

街道、园区	2011年产销率(%)	比2010年提高百分点(个)
合　计	97.9	0.7
开发区	100.1	0.0
软件园	101.7	-0.7
板桥新城	99.8	-2.7
宁南街道	100.0	-0.5
铁心桥街道	96.0	4.5
板桥街道	96.8	4.0
西善桥街道	97.5	-1.2
赛虹桥街道	94.4	1.5
雨花新村街道	100.0	0.0
梅山街道	99.6	-1.3

2011年雨花台区工业总产值亿元及以上企业名录

表57 单位:亿元

序 号	企 业 名 称	总产值	2011年比2010年±%
1	江苏雨花集团有限公司	32.9	18.1
2	南京中船绿洲机器有限公司	23.2	6.9
3	南京华润热电有限公司	16.0	-15.6
4	南京宁凯机械有限公司	15.7	37.3
5	南京高精齿轮集团有限公司	11.5	8.3
6	南京梅山能源有限公司	8.3	23.6
7	南京徐工汽车制造有限公司	8.0	132.8
8	江苏双龙集团有限公司	6.3	49.2
9	南京中伟达工贸实业有限公司	6.3	14.7
10	南京恒康化工有限公司	6.1	16.9
11	南京方正金属材料有限公司	5.8	25.0
12	江苏东大集成电路系统工程技术有限公司	5.4	47.2
13	南京新南宇玻璃有限公司	5.2	31.7
14	南京汪海投资发展集团有限公司	4.7	2.1
15	南京圣迪奥时装有限公司	3.7	44.2
16	南京曙光硅烷化工有限公司	3.6	52.2
17	南京雅骉金属制品有限公司	3.3	78.7
18	南京云泰化工总厂	3.3	10.0
19	南京贝斯特机械制造有限公司	3.2	73.8
20	南京金时川新型墙体材料有限公司	3.2	78.0
21	南京梅林金属制品有限公司	3.1	34.6
22	南京宏洋雨花混凝土有限公司	3.1	47.7
23	南京海龙干粉建材科技有限公司	3.1	84.9
24	南京龙源环保有限公司	3.1	114.3
25	南京鑫颜泰幕墙有限公司	3.1	52.5
26	南京新善恒基混凝土有限公司	2.6	49.5
27	南京大桥机器有限公司	2.5	24.9
28	嘉吉饲料(南京)有限公司	2.5	8.8
29	南京嘉盛混凝土有限公司	2.4	86.5
30	南京金衫汽车工程塑料有限责任公司	2.4	7.7
31	南京跨洋金属材料有限公司	2.2	18.3
32	南京吉山铁矿	2.2	35.9
33	南京乐安机械制造有限公司	2.1	79.5
34	南京宁南普迪混凝土有限公司	2.1	38.8
35	南京中船绿洲环保设备工程有限责任公司	2.1	13.5
36	南京时代传媒股份有限公司	1.9	39.4
37	南京金彰实业有限公司	1.8	67.1
38	南京压缩机股份有限公司	1.8	-1.9
39	南京舜康服装有限公司	1.7	357.3
40	南京金世邦工业设备制造有限公司	1.7	17.6
41	江苏鑫源电器制造有限公司	1.6	20.0
42	南京旭建新型建筑材料有限公司	1.6	-11.5
43	南京南自信息技术有限公司	1.5	27.1

续表

序　号	企业名称	总产值	2011年比2010年±%
44	南京板桥消防器材有限责任公司	1.4	23.4
45	南京费隆复合材料有限公司	1.4	7.1
46	南京梅宝新型建材有限公司	1.4	29.7
47	永丰余纸业(南京)有限公司	1.3	-1.6
48	南京雨花电镀厂	1.3	24.3
49	南京云台山硫铁矿有限公司	1.3	108.5
50	江苏国泰新能源科技有限公司	1.2	41.6
51	南京加豪新型建筑材料有限公司	1.2	22.3
52	南京普天长乐通信设备有限公司	1.1	2.7
53	南京王中峰工贸中心	1.1	29.8
54	南京韩威制冷空调设备厂	1.1	24.7
55	上海梅山梅利达工业总厂	1.1	4.9
56	南京通孚轻纺有限公司	1.0	-53.0

四、财　政

2011年雨花台区财政收支情况

表58　　单位:万元

	指　标	2011年	
		财政总收入	其中:地方一般预算收入
财政收入	一、国税	299084.13	87281.52
	1.增值税	215680.88	53920.22
	2.企业所得税	83403.25	33361.3
	二、地税	220840.03	160497.82
	1.营业税	103074.2	103074.2
	2.企业所得税	21831.90	8732.76
	3.个人所得税	78738.45	31495.38
	4.房产税	11318.65	11318.65
	5.印花税	4180.81	4180.81
	6.车船税	917.43	917.43
	7.耕地占用税(地税)	778.59	778.59
	三、财政局	13053.12	13053.12
	1.罚没收入	2982.92	2982.92
	2.行政性收费	6865.07	6865.07
	3.国有资源有偿使用收入	137.22	137.22
	4.国有资本经营收入	3067.91	3067.91
	四、专员办退增值税	-1113.36	-278.34
	合　计	531863.92	260554.12

	指　标	2011年	2011年比2010年±%
财政支出	一、一般公共服务	27408	29.57
	二、国防	1	-99.05
	三、公共安全	10022	11.89
	四、教育	30889	12.17
	五、科学技术	9625	75.32
	六、文化体育与传媒	1611	11.03
	七、社会保障和就业	19998	24.55
	八、医疗卫生	12543	15.19
	九、节能环保	2019	40.31
	十、城乡社区事务	32727	11.53
	十一、农林水事务	10514	9.64
	十二、交通运输	4137	-12.74
	十三、资源勘探电力信息等事务	45713	47.30
	十四、商业服务业等事务	3130	90.04
	十五、国土资源气象等事务	5394	470.19
	十六、住房保障支出	2601	-22.70
	十七、粮油物资储备管理事务	-	-100.00
	十八、金融监管等事务支出	247	-
	十九、其他支出	11212	33.24
	二十、基金支出	34733	-13.09
	合　计	264524	19.09

注:剔除基金支出,同比增长26.15%

五、教育·卫生

2011年雨花台区教育事业基本情况一览

表59

类别		学校(所)	在校学生(人)	教职工(人)
全区		64	39211	3741
高等学校		–	–	–
中等专业学校		–	–	–
市电大雨花分校		1	339	41
普通中学		11	11251	1291
职业中学		1	1887	95
技工学校		–	–	–
小学		16	14740	967
特殊教育		–	–	–
幼儿园		35	10994	1347
指标	九年义务教育入学率、巩固率(%)	100		
	小学毕业生升学率(%)	100		
	初中毕业生升学率(%)	98		

注:1.普通中学含民办实验学校1所,在校生2203人、教职工331人

2.小学含民办校2所,在校生1903人,教职工153人

2011年雨花台区教育部门办中学基本情况一览

表60 单位:人

学校	班级(个)	在校学生			教职工
		合计	初中	高中	
合计	227	9048	6005	3043	960
雨花台中学	80	3672	2038	1634	299
板桥中学	30	1203	502	701	135
共青团路中学	24	976	976	–	89
西善桥中学	12	302	302	–	44
春江学校	9	350	350	–	31
孙家中学	15	447	447	–	59
铁心桥中学	–	–	–	–	40
梅山第一中学	23	794	794	–	90
梅山第二中学	16	596	596	–	56
梅山高级中学	18	708	0	708	117

2011年雨花台区职业教育基本情况一览

表61 单位:人

校名			班级					在校学生					教职工
			三年制			高职		三年制			高职		
			合计	一	二	三	四	五	合计	一	二	三	四	五	
教育部门办附属中专概况	合计		60	15	13	10	12	10	2226	625	532	331	381	357	136
	中华中等专业学校	合计	49	13	11	8	9	8	1887	549	453	279	306	300	95
		职专	17	7	6	4	–	–	659	294	243	122	–	–	95
		高职	32	6	5	4	9	8	1228	255	210	157	306	300	
	南京市广播电视大学雨花分校(区教师进修学校)		11	2	2	3	2	2	339	76	79	52	75	57	41

2011年雨花台区教育部门办小学基本情况一览

表62

学校	班级(个)	学生(人)	教职工(人)
合计	327	12837	814
雨花台区实验小学	33	1523	94
共青团路小学	20	842	61
雨花外国语小学	35	1414	78
春江学校	20	887	41
铁心桥小学	23	883	63
雨花台小学	24	904	81
景明佳园小学	17	620	39
小行小学	23	660	44
西善桥小学	22	960	57
板桥小学	31	1327	73
古雄小学	19	571	39
星光小学	9	301	17
梅山第一小学	26	978	80
梅山第二小学	25	967	47

2011年雨花台区幼儿园基本情况一览

表63

园名		班级(个)	在园幼儿(个)	教师(人)		
				合计	全民	其他
教育部门办	合计	43	1392	165	23	142
	板桥小学附属幼儿园	9	313	34	7	27
	西善桥小学附属幼儿园	13	389	52	6	46
	小行小学附属幼儿园	13	395	51	10	41
	板桥小学金叶花园幼儿园	8	295	28	–	28

续表

园名		班级(个)	在园幼儿(个)	教师(人)		
				合计	全民	其他
集体办	合计	93	3394	374	-	374
	普德村幼儿园	9	299	44	-	44
	区实验幼儿园	15	529	62	-	62
	春江第一幼儿园	11	395	40	-	40
	春江第二幼儿园	11	368	39	-	39
	铁心桥中心幼儿园	10	368	40	-	40
	龙福幼儿园	10	315	38	-	38
	春蕾幼儿园	8	283	33	-	33
	现代艺术幼儿园	10	297	42	-	42
	花神美境幼儿园	9	540	36	-	36

2011年雨花台区民办非学历教育机构一览

表64

序号	校名	法人	校长
1	南京通用职业技术专修学校	陈为模	陈为模
2	南京四维教育培训学校	唐锦霞	唐锦霞
3	南京东吴教育中心	顾家兴	顾家兴
4	南京雨艺文化艺术培训中心	黄明	常春芬
5	南京市澳盛科艺培训中心	沈凤英	沈凤英
6	南京实验学校培训中心	冯静	王世樑
7	南京创新教育培训中心	杨崔明	杨崔明
8	南京市雨花少儿科艺培训部	陈建国	熊方万
9	南京点金培训学校	李婷	李婷
10	南京市启智学习技能培训中心	胡庆宁	胡庆宁
11	南京雨花汇才教育培训中心	刘淑兰	王钺
12	南京邱江工作室文艺培训中心	鲁红妹	鲁红妹
13	南京九州文化艺术专修学校	李正琴	周永东
14	南京二十一世纪足球培训学校	孙斌	夏公生
15	南京启明心父母教育培训中心	汤岚	马冬兰
16	南京常青藤教育培训中心	王春鸣	史朝辉
17	南京东软人才培训中心	李印杲	刘昊
18	南京环雅博德教育培训中心	韩笑	韩品煜
19	南京舒曼文化培训中心	戴巧茹	李立华
20	南京华教教育培训中心	汤深祥	赵旭然
21	南京江南文化教育专修学校	徐小牛	徐小牛
22	南京新意文化艺术培训中心	刘欣仪	马文俊
23	南京市春江培训中心	谭凤瑛	谭凤瑛
24	雨花台区尹西艺术培训中心	方明珠	李炜
25	南京市雨花台区翰儒文化教育培训中心	李瑛	李瑛
26	南京市雨花台区爱米艺术教育培训中心	端维真	黄河

续表

序　号	校　　名	法　人	校　长
27	南京市雨花台区美苑文化艺术培训中心	杨秀华	杨秀华
28	南京文思信息技术培训中心	陈淑宁	周　颖
29	南京雨花台区苏软人才培训中心	仲从斌	张春生

2011 年雨花台区医疗卫生事业基本情况一览

表 65

指　　标	单　位	2011 年	2010 年
机构数	个	67	68
其中:医院	个	6	5
卫生机构床位数	张	1111	1001
其中:医院	张	930	899
医院病床使用率	%	80	75
卫生机构工作人员数	人	1943	1871
卫生技术人员	人	1568	1515
其中:执业医师及执业助理医师	人	642	641
婴儿死亡率	‰	2.45	4.28
5 岁以下儿童死亡率	‰	3.53	5.19
孕产妇死亡率	1/10 万	–	–
传染病发病率	1/10 万	108	160.14

六、文化·体育

2011 年雨花台区文化事业基本情况一览

表 66

指　　标	单　位	2011 年	2010 年
群众艺术馆/文化馆(站)组织	个	50	44
群众文化活动	次	400	350
群文团体演出	场次	65	55
群文团体演出观众	万人次	38	32
公共图书馆藏书	万册	20	18
电视节目平均每日播出时间	小时	8	5
广播节目平均每日播出时间	分钟	20	30

2011年雨花台区体育事业基本情况一览

表67

指 标	单 位	2011年	2010年
体育事业经费决算数	万元	220	265
体育培训班人数	人	920	1860
市级以上运动会金牌	枚	20	11
体育场地	个	209	191
其中:体育系统	个	154	136
教育系统	个	45	45
其他系统	个	10	10
体育场地面积	万平方米	45.5	32.7

七、社会生活

2011年雨花台区农村居民家庭基本情况一览

表68

指 标	单 位	2011年	2011年比2010年±%
户均人口	人	2.96	-14.94
户均劳动力	人	1.91	-18.03
年人均总收入	元	15241	7.78
年人均纯收入	元	15013	17.20
年人均总支出	元	12178	17.60
其中:生活消费支出	元	10659	19.59

2011年雨花台区农村住户(100户)调查主要指标

表69

指 标	计量单位	总 量	户 均	人 均
一、总收入	元	4511291	45112.91	15241
二、全年家庭纯收入	元	4443871	44438.71	15013
三、总支出	元	3604715	36047.15	12178
其中:生活消费支出	元	3155062	31550.62	10659
1.食品消费	元	1097184	10971.84	3707
2.衣着消费	元	316411	3164.11	1069
3.居住消费	元	224154	2241.54	757
4.家庭设备、用品及服务	元	159108	1591.08	538
5.交通通讯消费	元	414248	4142.48	1399
6.文教娱乐用品及服务	元	704952	7049.52	2382
7.医疗保健消费	元	152485	1524.85	515
8.其他商品和服务消费	元	86520	865.20	292
四、常住人口	人	296	2.96	1

续表

指　　标	计量单位	总　量	户　均	人　均
五、年末住房面积	平方米	15137	151.37	51
六、农民家庭平均每百户耐用消费品拥有量				
1.洗衣机	台	98	0.98	0.33
2.电冰箱	台	100	1.00	0.34
3.空调机	台	158	1.58	0.53
4.抽油烟机	台	90	0.90	0.30
5.吸尘器	台	90	0.90	0.30
6.微波炉	台	9	0.09	0.03
7.热水器	台	96	0.96	0.32
8.自行车	辆	95	0.95	0.32
9.摩托车	辆	10	0.10	0.03
10.汽车(生活用)	辆	22	0.22	0.07
11.固定电话机	部	50	0.50	0.17
12.移动电话	部	511	5.11	1.73
13.彩色电视机	台	160	1.60	0.54
14.黑白电视机	台	–	–	–
15.摄像机	台	2	0.02	0.01
16.影碟机	台	27	0.27	0.09
17.照相机	架	49	0.49	0.17
18.家用计算机	台	74	0.74	0.25
19.中高档乐器	件	3	0.03	0.01

2011年雨花台区城镇居民家庭生活基本情况一览

表 70

指　　标	单　位	2011年
调查户数	户	100
户均家庭人口	人	2.57
户均就业人员	人	1.24
每一就业者负担人口(包括本人)	人	2.07
户均就业面	%	48.25
年人均家庭总收入	元	32115.60
年人均可支配收入	元	29321.27
年人均消费支出	元	18541.38

2011年雨花台区城镇居民(100户)调查主要指标

表71

指　标	计量单位	总　量	户　均	人　均
一、总收入	元	8253709	82537.09	32115.6
二、人均可支配收入	元	7535566	75355.66	29321.27
三、总支出	元	5981161	59811.61	23273.00
其中:消费支出	元	4765135	47651.35	18541.38
1.食品支出	元	1919965	19199.65	7470.68
2.衣着支出	元	490114	4901.14	1907.06
3.居住支出	元	223390	2233.90	869.22
4.家庭设备用品及服务	元	332846	3328.46	1295.12
5.医疗保健	元	222457	2224.57	865.59
6.交通和通讯	元	453615	4536.15	1765.04
7.教育文化娱乐服务	元	955369	9553.69	3717.39
8.杂项商品及服务	元	167379	1673.79	651.28
四、期末常住人口	人	257	2.57	1.00
五、年末住房建筑面积	平方米	7833	78.33	30.48
偶尔居住面积	平方米	1943	19.43	7.56
六、年末耐用物品				
1.摩托车	辆	4	0.04	0.02
2.助力车	辆	22	0.22	0.08
3.家用汽车	辆	19	0.19	0.07
4.洗衣机	台	100	1.00	0.39
5.电冰箱	台	101	1.01	0.39
6.彩色电视机	台	163	1.63	0.63
7.家用电脑	台	77	0.77	0.30
8.组合音响	套	22	0.22	0.08
9.摄像机	架	16	0.16	0.06
10.照相机	架	58	0.58	0.23
11.钢琴	架	3	0.03	0.01
12.其他中高档乐器	件	2	0.02	0.01
13.微波炉	台	95	0.95	0.37
14.空调器	台	178	1.78	0.69
15.淋浴热水器	台	100	1.00	0.39
16.消毒碗柜	台	9	0.09	0.04
17.洗碗机	台	2	0.02	0.01
18.健身器材	套	2	0.02	0.01
19.固定电话	部	93	0.93	0.36
20.移动电话	部	174	1.74	0.68
21.接入互联网的移动电话	部	39	0.39	0.15
22.接入有线电视网络的电视机	台	117	1.17	0.46
23.接入互联网的计算机	台	64	0.64	0.25

2011年雨花台区房地产开发投资情况一览

表72

指　　标	单　位	2011年	2011年比2010年±%
房地产开发投资额	亿元	66.19	11.9
1.按工程用途分			
住宅	亿元	48.08	-2.8
其中：经济适用房	亿元	8.47	-27.1
办公楼	亿元	3.05	8.8
商业用房	亿元	7.89	118.3
其他	亿元	7.17	118.6
2.房屋建筑面积			
施工面积	万平方米	400.76	27.8
其中：住宅	万平方米	294.91	20.1
竣工面积	万平方米	145.53	3206.3
其中：住宅	万平方米	118.86	2600.4
3.商品房销售面积	万平方米	77.27	2.7
其中：住宅	万平方米	72.27	-1.6
4.商品房销售额	亿元	79.56	13.0
其中：住宅	亿元	71.61	4.9

藤与花的交响

雨花年鉴 2012

附　录

文件选编

关于雨花台区 2011 年国民经济和社会发展计划执行情况与 2012 年国民经济和社会发展计划(草案)报告

区发展和改革局局长　王永进

2012 年 2 月 28 日

主任、各位副主任、各位委员：

受区政府委托，现向本次会议报告雨花台区 2011 年国民经济和社会发展计划执行情况及 2012 年国民经济和社会发展计划(草案)，请予审议。

一、2011 年国民经济和社会发展执行情况

2011 年，在区委的正确领导下，全区上下以建设现代化创新型生态新城区为目标，紧紧围绕“五大工程”建设，大力推进创新驱动、产业转型、城市功能提升及民生幸福等各项工作，经济社会各项事业发展成效显著。全区 309 项奋斗目标中，有 298 项完成全年计划，完成调整后目标的 96.4%，较好地完成了十六届人大四次会议确定的各项目标任务，实现了“十二五”良好开局。

1.经济平稳较快增长，综合实力显著提升。全年实现地区生产总值 202.5 亿元，同比增长 13.4%，完成年计划的 103.2%。其中第二产业增加值 90.7 亿元，同比增长 6.6%；第三产业增加值 111.4 亿元，同比增长 19.9%，完成年计划的 107.1%。三次产业结构调整为 0.2:44.8:55，第三产业比重较上年提升 3.1 个百分点。实现地方一般预算收入 26.06 亿元，同比增长 26.2%，完成调整后目标的 103.2%，增幅位居全市第二。实现全社会固定资产投资 230.7 亿元，同比增长 7.7%，完成年计划 100.3%，其中服务业投资 167.1 亿元，工业投资 63.1 亿元。实现社会消费品零售总额 155 亿元，同比增长 27.4%，增幅位居全市第一。实际利用外资 1.2 亿美元，完成年计划 120%。新发展私营企业 1086 家、个体工商户 3281 户。

2.主导产业加快集聚，城市经济特色彰显。软件谷规划建设全面启动，人才、政策、平台等各类资源加快整合，软件谷一期 45 平方公里控制性详规和产业发展规划编制、logo 形象征集等工作基本完成。软件产业规模持续放大，新引进软件企业 55 家，新增软件产业面积 43 万平方米，实现软件业务收入 520.5 亿元，同比增长 68.9%。实现服务外包执行额 8.3 亿美元，同比增长 43.4%，其中离岸外包执行额 4.8 亿美元，同比增长 41.8%。高端商务商贸业在宁南、赛虹桥等区域加快集聚，全区新增商务商贸设施面积 81 万平方米，明发商业广场、德盈国际广场全面招商运营，东方院线五星级影院、苏宁电器等一批高端商务商贸项目先后建成营业。先进制造业比重不断提升，实现规模以上工业总产值 287.2 亿元，同比增长 25.1%，高新技术产业产值占规模以上工业产值比重提高 8 个百分点。生物医药和文化创意产业初具规模，销售收入分别达到 27 亿元、35 亿元，南京中医药国际健康产业园、南海生物医药等项目加快推进，开发区国家级数字出版基地正式授牌运作。

3.科技创新加快推进，发展活力不断累积。政策体系不断完善，出台了鼓励支持科技创新创业的“1+8”行动计划，明确了全区科技创业特别社区建设、创新人才引进和培育、平台建设等方面的政策措施。创新平台加快建设，新增科技创业孵化面积 2 万平方米，新增产学研合作项目 42 个，新建校企联盟 1 个，江苏润和与南京大学成功对接。新建科技公共服务平台 2 家，分别为中兴通讯——江苏云计算业务应用创新企业研究院、医药集团——南京医药产业集团创新研究院。创新人才加快集聚，新引进软件人才 1.7 万人，引进符合省级标准的高层次创新创业人才 36 人，引进领军型科技创业人才 33 人，培育科技创业家 10 人，集聚国家千人计划人才 7 人。创新能力不断提升，

完成专利申请量1706件，专利授权量674件，其中发明专利授权量235件；新认定高新技术企业12家，高新技术产业销售收入540亿元。

4.重点项目扎实推进，发展后劲持续增强。重点项目建设克服外部经济环境、南部新城项目前置性审批和软件谷规划调整等多重因素影响，稳步推进。全区245个重点项目累计实现开工建设215个，除8个项目取消外，开工率达到90%。112个重点工商业项目中，诚迈科技、虹亚多媒体研发、东州科技等42个项目竣工或投产运营，中电十四所二期、华士电源、紫荆商业广场等29个亿元以上项目顺利开工建设。重大项目招商取得突破。全年引进规模以上项目150个，签约项目计划总投资200亿元，新增注册资本45亿元。中兴三区项目签订正式协议，集群软件、花样年和绿城房产等38个亿元以上项目成功签约。注册外资突破亿美元大关，引进中闽百货、泰景医疗、江苏中碳网络科技等千万美元以上重大外资项目7个。

5.城市建设步伐加快，功能品质渐次提升。基础设施支撑体系日趋完善。加快打造火车南站中轴景观，完成花神大道、雨花南路、雨花东路和雨花大道等11条主干道整治工程。管道路东延道路、岱山北路等23条道路建成通车，规划道路实现率达62.7%，供电、给排水设施项目全面按进度推进。城市居住品质不断提升。建成凤凰和美、观云国际等一批中高端房地产项目，商品房销售面积达到50万平方米以上。开工建设农花村、西善贾西等保障性住房35万平方米，锦华新城、板桥路西等49万平方米经济适用房顺利竣工。生态环境进一步优化。完成绿化造林143.33公顷，森林覆盖率达26.2%，绿化覆盖率达48.4%，城市人均绿地达18.36平方米。建成高家库林相改造、板桥农业生态园二期、开发区湿地公园景观绿化等30个生态环境项目，农村二次改水81.6公里，改厕406座。万元工业增加值能耗较上年下降6%，主要污染物排放量控制在市下达的指标范围内，环境质量综合指数达到82分。

6.社会事业优质发展，和谐程度全面提升。民生幸福工程有效推进，实现城镇居民人均可支配收入29321元，同比增长14.6%，农民人均纯收入15013元，同比增长17.2%。深入实施积极就业政策，新增城镇单位就业人数5943人，城镇登记失业率控制在3.5%以下。社会保障水平不断提升，城镇养老保险覆盖率达到99%，老年人福利机构床位拥有率达到25‰，各类养老补贴发放率达到100%。城乡低保标准首次实现统筹同标，其中城镇居民低保标准由400元提高到500元，农村居民低保标准由300元提高到500元，应保尽保率达100%。公共卫生事业优质发展，医改工作稳步推进，新建4个社区卫生服务精品站，居民在社区卫生服务机构就诊率达到70%，新型农村合作医疗筹资水平全市领先。教育均衡优质发展，创建南京市推进素质教育示范学校1所，省优质幼儿园2所，省平安校园2所。群众性文化活动持续开展，组织大型群众文化活动37场，送电影进社区260场，新闻及文学艺术作品创优28件。社会文明程度显著提升，公共文明指数位居全市前列。深入开展“平安雨花”、“法治雨花”创建工作，人民群众的幸福感、安全感不断提升，社会更加和谐安定有序。

2011年是“十二五”的开局之年，面对严峻复杂的国内外经济形势，克服了各种矛盾和困难，全区经济和社会发展取得了较好成绩，在南京市区县综合考核中位居榜首。但发展中面临的挑战和困难依然较多，主要表现在：世界经济形势复杂多变，不稳定不确定因素增多，国内经济环境总体良好，但需求放缓压力增加；资源环境约束日益加剧，淘汰落后产能工作难度加大，经济结构调整任务艰巨；公共服务平台、自主品牌企业及掌握关键技术的核心人才不足，科技创新水平有待提升；融资环境趋紧，软件谷启动建设及城市建设资金压力较大；民生保障压力更集中、更多元、更复杂。

二、2012年国民经济和社会发展计划（草案）

2012年是党的十八大召开之年，是贯彻落实省、市、区党代会精神，落实“十二五”发展规划、率先基本实现现代化目标的关键之年，也是全面推进中国（南京）软件谷建设、加快雨花转型发展至关重要一年，是雨花幸福城区建设的启动之年。全区上下要大力弘扬“三争一创”工作精神，统一思想、抢抓机遇、奋勇争先，不断增强经济和社会发展工作的预见性、主动性和创造性，努力推动全区更好更快发展。

（一）2012年经济社会发展总体思路

经济发展思路：深入贯彻落实科学发展观，以加快转变经济发展方式为主线，以“又好又快、提速转型”为总基调，紧扣率先基本实现现代化的目标要求，以“1+3”产业工程为重点，以软件谷工程为核心，坚持在转型发展上争第一、在软件名城建设上争第一，坚定不移实施创新驱动、内生增长、绿色发展战略，大力发展服务型和创新型经济，全面推进现代化创新型生态新城区建设。

社会发展思路:深入贯彻落实科学发展观,以在民生幸福、社会和谐、城市文明建设上争第一为目标,以“116”民生幸福体系为保障,加快实施“生态新城”、“和谐社会”工程,以经济发展夯实人民幸福的物质基础,以民生需求倒逼转型升级提速,以管理创新带动公共服务水平全面提升,扎实推进居民增收、社会保障、城市建设、社会管理等各项工作,把雨花建设成为最宜居、最舒适、最和谐的人与社会、人与自然协调发展的幸福城区。

(二)主要目标

2012 年,全区国民经济和社会发展目标共计 254 项,其中指标类 79 项,项目类 175 项。主要指标如下:

1.地区生产总值增长 13%;其中:服务业增加值增长 18%;

2.地方一般预算收入增长 15%;

3.全社会固定资产投资 240 亿元;

4.软件及信息服务业销售收入 640 亿元;

5.社会消费品零售总额增长 20%;

6.注册外资实际到账 1.4 亿美元;

7.服务外包执行额增长 45%;其中:离岸外包执行额增长 45%;

8.新增科技创业孵化面积 9 万平方米;

9.引进领军型科技创业人才 43 人;培育科技创业家 3 人;集聚千人计划创业创新人才 1 人;

10.城市生活垃圾分类收集覆盖率达到 40%;

11. 万元工业增加值综合能耗较上年同期下降 7.5%;

12.城镇居民人均可支配收入增长 14%;农民人均纯收入增长 14%。

(三)重点项目

2012 年全区重点建设项目 175 个, 计划总投资 452.5 亿元,其中 2012 年投资 142.4 亿元。其中:

1.服务业项目 131 个,计划总投资 425.2 亿元,其中 2012 年投资 125.5 亿元:

(1) 信息软件项目 37 个, 计划总投资 150.4 亿元,其中 2012 年投资 37.8 亿元;

(2) 商务商贸项目 41 个, 计划总投资 132.2 亿元,其中 2012 年投资 45.1 亿元;

(3)生物医药项目 10 个,计划总投资 18.5 亿元,其中 2012 年投资 6.5 亿元;

(4)文化创意项目 6 个,计划总投资 14.6 亿元,其中 2012 年投资 7.3 亿元;

(5)商住项目 18 个,计划总投资 102.3 亿元,其中 2012 年投资 25.8 亿元;

(6)公共服务项目 19 个,计划总投资 7.3 亿元,其中 2012 年投资 3.1 亿元。

2.制造业项目 12 个,计划总投资 8.9 亿元,其中 2012 年投资 5 亿元。

3.城市建设项目 32 个,计划总投资 18.4 亿元,其中 2012 年投资 11.9 亿元:

(1)基础设施项目 23 个,计划总投资 16 亿元,其中 2012 年投资 9.8 亿元;

(2)生态环境项目 9 个,计划总投资 2.4 亿元,其中 2012 年投资 2.2 亿元。

(四)重点工作

1. 以软件谷工程为核心, 加快建设中国软件名区。

软件谷开发建设有新进展。以打造中国软件名城核心区和标志区、建成中国软件产业第一基地为目标,全面推进中国(南京)软件谷建设,进一步壮大产业规模和经济总量。加快软件谷控制性详规、城市设计、产业规划的编制和落实,加快软件谷区域资源整合,促进软件谷运营效益提升。以建成世界一流科技园区为目标,加大区谷联动工作力度,加快体制机制创新。全面实施园区化的管理、公司化的运作模式,整体提高软件谷的规划、建设、管理和服务水平。

城市功能优化有新成效。按照一体规划、分步实施、全面推进的要求,全面启动秦淮新河以南核心区建设,加快城市化、现代化改造和服务功能完善。加快构建软件谷城市综合交通体系, 实现与南京南站、高铁、地铁以及河西新城无缝对接。加快道路、水电、通信等基础配套设施建设,加快人才引进、产业支撑、科技转化、金融服务、交流合作等高品质服务平台建设,形成专业特色显著、品牌形象突出、服务平台完善的科技园区,把软件谷建设成为推动雨花跨越发展新的增长极。

重大项目推进有新突破。实施“移植大树”和“育苗造林”双轮驱动,以重大项目带动园区加快建设,以高端项目促进产业结构优化,以优质项目保障经济效益提升,加快形成集聚度高、辐射力强、贡献度大的软件产业集群。重点推进软件谷区域中兴三区、集群软件、吉美思、方正产业园等 30 个重点信息软件项目建设, 全力推进重大项目地块拆迁和招拍挂等前期工作,凯润科技等一批项目主体建成,国泰紫金、江苏赛联产业研究所等项目建成入驻。

2. 以高端产业为引领，着力提升城市经济竞争力。

聚焦信息软件产业跨越发展。重点突出信息软件、服务外包和信息服务业，积极培育云计算、移动互联网等新一代信息技术产业，加快引进国内外领军型、骨干型软件企业，促进中小软件企业加速裂变成长，积极孵化创新型、成长型本土企业，推动产业链向高端延伸，加快形成“大软件”产业发展格局。全年新引进涉软企业40家；新增软件产业面积35万平方米；新增软件从业人员1万人；新增认定软件企业44家以上，新增认定软件产品65件以上，培育百亿级软件企业1个。

推动高端商务商贸业提速发展。加快南站现代高端商务商贸区建设，辐射延伸至安德门地区、秦淮新河沿岸及板桥新城等区域，以建成服务功能完善、运作模式与国际接轨的商务中心为目标，加快发展大型综合性商业广场、商务办公、金融及中介服务等高端业态。加快建设紫荆商业广场、花样年城市综合体、善水湾商业街等41个重点商务商贸项目，配合市委、市政府完成南京南站周边地区汽车4S店、汽配城等搬迁工程，高起点规划建设南京南站周边高端商务商贸区，提升雨花城市整体形象。全年新增商务商贸设施面积60万平方米，新增总部企业20家，新增500万元以上税收楼宇7幢，社会消费品零售总额增长20%。

力促先进制造业转型发展。引导和支持制造业内部活动服务化、服务活动外部化、外部交易市场化，努力推动先进制造业服务化转型。以研发、创新和增值为重点，加快“千企升级”和两化融合步伐，创建8家省两化融合试点(示范)企业，培育国家高新技术企业、创新型企业6家。优化制造业结构，重点推进梅山、板桥地区总投资达4亿元的企业生产线改造项目，加快西善桥圣戈班整体搬迁、板桥徐工集团项目建设，努力实现制造业比重降低、质量提高、效益提升。全区规模以上工业增加值增长8%，先进制造业对工业经济贡献度由40%提高到45%，高新技术产业产值占规模以上工业总产值比重提高2个百分点。

加快两大新兴产业倍增发展。加快生物医药产业园区建设。重点建设泰融医药创新园、南海生物医药研发基地、西善桥生物医药创业孵化园、南京中医药国际健康产业园等项目，打造赛虹桥、西善桥生物医药发展集聚区，全区生物医药产业销售收入突破30亿元。促进文化创意产业集聚发展。高标准完成国家级数字出版基地发展规划，加快基地开发建设，大力发展数字出版、移动多媒体、动漫游戏等新兴产业，形成辐射皖江经济带的新媒体产业集聚优势。加快宝德科技、慧翼展览、新华传媒、凤凰传媒和江苏移动中国手机游戏基地等一批项目建设。将文化创意发展基地向宁南、赛虹桥等区域延伸，加快推进华东奇石馆、南京市文联书画家创作基地等重点项目。确保文化创意产业销售收入突破40亿元，文化产业增加值占GDP比重达到3.51%。

3.以科技创新为驱动，全面增强区域发展活力。

建设高品质创新创业载体。聚焦“四个第一”，深入实施创新驱动战略。加快完善科技创新创业载体，以软件谷为核心，建设一批国际化的科技企业孵化器、加速器、中试用房和人才公寓，加快明发科技创业特别社区的规划建设，全年确保新增科技创业孵化面积9万平方米，集聚科技创业企业50家。建设多主体、多渠道、开放式公共服务平台体系，重点建设科技公共服务平台、产业技术平台、知识产权交易平台以及产学研合作平台，加快推进江苏省云计算服务中心、软件谷虚拟软件园、软件服务与测试平台、南京市软件产业综合服务中心等项目建设。加快引进高端研发机构，新增著名跨国公司研发中心5个，新增著名跨国公司其他机构1个。全年完成发明专利申请量660件，发明专利授权量230件。

汇聚高素质创新创业人才。坚持以人才引领高端产业发展，推进落实“1234”工程，重点加快江苏省软件人才培训联盟、北大软件与微电子学院实训基地建设。实施领军型科技创业人才引进计划，依托各类孵化器、加速器和中试基地，研究股权、期权激励政策，支持本土企业引进领军型科技创业人才，鼓励科技创业人才在雨花自主创办企业或担任引进项目负责人。加快科技创业家的开发和培育，引导和支持本土企业与高层次创新创业人才进行“嫁接”发展和联合重组，遴选一批成长型软件企业家给予滚动支持。依托国家“千人计划”和省“双创”计划，采取“人才+项目”的方式引进一批创新人才和团队。全年引进领军型科技创业人才43人，培育科技创业家3人，集聚国家千人计划人才1人。

4.以重点项目为支撑，迅速壮大优势产业集群。

依托优势突出高端招商。围绕“1+3”产业，探索代理招商、合作招商、以商引商等多种模式，开展专业招商、定点招商，重点引进具有带动效应的“引领型企业”，以及处于价值链高端的“主力型企业”。以软件谷为核心,重点突出软件产品开发、行业解决方案、系统集成服务、移动互联网以及云计算等业务模式,强化BPO专业服务,培育软硬件支持服务,引进和培育一批平台软件、应用软件和互联网公司。围绕"一主四副一带"的商务商贸业布局规划,重点推进丰盛商业广场、自行车厂地块等重大项目招商,超前谋划宁南汽贸区改建为中央商务区的招商工作。以赛虹桥生物医药产业园、开发区数字出版基地为载体,组织开展新兴产业项目招商。全年确保引进规模以上项目120个,签约项目计划总投资150亿元,新增注册资本35亿元,注册外资实际到账1.4亿美元。

整合资源强化集约招商。加快整合区域土地、楼宇资源,实现从招商引资到择商选资、从地块招商到楼宇招商为主的方式转变。严格准入门槛,提高开发强度,加强供地管理,盘活低效用地,实现土地使用集约化、精细化、高效化。突出增量带动和存量调整,以满足项目建设为前提,控制用地规模,优先保障具有带动作用的龙头型、基地型优质项目用地。对建设地块实施整体规划、多主体建设,提升发展层级。重点盘活90万平方米空置楼宇、200公顷闲置土地,加快互联网产业园的改造提升和明发工业原料城的功能转换,加快引进成长性强、发展前景好、技术含量高的中小型企业。支持成长型、处于培育期的项目入驻孵化器,较成熟、优质的项目以"先供房后供地"的模式推进。

统筹谋划提升项目质量。统筹政策、土地、资金、市场等资源向"1+3"产业倾斜,重点落实软件产业税收、土地、投资、人才、科技等方面的扶持政策。创新项目推进机制,以软件谷项目一体化推进为先导,进一步理顺项目推进流程,提升项目拆迁、环评、立项、招拍挂等前期服务能力。加快完善金融服务体系,建立覆盖企业初创期、成长期、成熟期等不同阶段、多元化的金融服务体系,加快发展担保公司、小额贷款公司,培育壮大风险投资,积极引导企业进入资本市场进行股权融资。全年引进风险投资公司1家,新增上市或新三板挂牌企业1家。

5.以品质提升为重点,加快建设现代化生态新城区。

高标准规划提升城市品质。按照规划统一、资源共享、发展统筹的要求,对接软件谷规划,以现代化城区作为城市规划的引领和标杆,引领全区城市环境、城市品质、人居质量提升。大宁南地区重点做好功能提升、环境提升和形象提升工作,依托南部新城规划,建设南京"城市客厅",成为雨花形象窗口。板桥新城地区重点加快综合商业配套建设,快速积聚人气,尽快形成新的区域中心。板桥南部地区要加快资源整合,以生态环境开发为切入点,以重大项目推进为突破口,加速开发建设步伐,尽快形成区域发展的新增长极。

高质量建设优化城市功能。以软件谷建设为突破点,加大基础设施投入力度,积极引导城市空间布局优化,加强枢纽性、功能性、网络化的重大基础设施建设,构筑城乡一体、内外通达、安全高效的城市综合交通体系。全年计划投资9.8亿元,建设各类城市道路15条,建成城南污水处理厂、铁心桥中心小学等片区给排水设施项目8个。重点推进软件谷区域宁丹路拓宽改造、滨江大道跨秦淮新河大桥、凤渡路等重大基础设施项目。稳步推进建发善水湾、金域华府等中高端房地产项目建设,带动城市居住环境、公建配套等功能品质全面提升。

高品位生态彰显城市特色。深入实施生态雨花建设规划,提升区域环境竞争力。加快推进软件大道环境整治、莲花湖公园周边绿化等工程,打造融合研发创新环境、生活居住环境、城市休闲旅游环境为一体的优美生态。坚持不懈抓好重点企业的节能减排,加快生态文明建设。坚持源头控制、科技支撑、严格监管"三管齐下",积极发展绿色经济、循环经济和低碳技术。加快传统产业转型升级,全年转型、搬迁、关停"三高两低"企业11家,万元工业增加值综合能耗较上年同期下降7.5%。实施"清水蓝天"工程,加大建筑工地、道路运输扬尘和工业粉尘烟气的整治力度,减少大气灰霾污染。环境质量综合指数稳定在82分以上,单位GDP氮氧化物、二氧化硫排放强度等指标控制在市下达指标以内。

6.以富民惠民为目标,全面推动幸福城区建设。

着力拓宽居民增收渠道。把增加城乡居民收入作为保障和改善民生的突破点,实施城乡居民收入"双倍增"计划,促进城乡居民收入持续增长,增加财富积累。创造条件增加城乡居民工资性收入,引导城乡居民就业致富。完善区、街道、社区三级就业服务网络,全年新增就业人数7000人,帮扶困难就业人员300人,农村劳动力转移就业1500人,职业技能培训5800人次。深化特色创业服务活动,全面落实各项创业扶持政策,全年扶持自主创业600人,创业带动就业5000人次。加大财政转移支付力度,巩固和完善被征地人员、失地农民进保工作,增加城乡居民财产性和转移性收入。

全面提升社会保障水平。突出民生需求保障的工作目标，完善覆盖城乡的社会保障体系。深入推进社会保险扩面征缴工作，城镇养老保险覆盖率达到99.1%。不断完善养老服务体系，强化社区养老服务功能，新增养老机构床位数408张，老年人福利机构床位拥有率达到30‰。完善社会救助体系，健全最低生活保障资金投入自然增长机制，适时提高城乡低保标准。不断提高医疗保障水平，新型农村合作医疗参保率达到100%，受益面达到90%以上。加大保障性住房建设力度，完善面向困难群体的廉租房制度，提高低收入群体住房保障能力。加快软件专家楼、人才公寓的规划建设，缓解引进人才的住房难题。

繁荣发展各项社会事业。推进更高水平的教育现代化建设。努力创建江苏省义务教育优质均衡改革发展示范区，加快板桥中学高中部二期、雨花外国语小学扩建等项目建设。加快构建终身教育体系，主要劳动年龄人口平均受教育年限达到11.82年。努力提升公共文化服务水平。深入开展"文化品质提升计划推进年"活动，建立健全公共文化服务体系，每万人拥有公共文化设施面积达到921平方米，城市社区"10分钟体育健身圈"覆盖率达到30%。深入实施全民健康工程。建立完善公共卫生服务体系、基层医疗服务体系、医疗保障体系和药品供应保障体系，完善"15分钟健康服务圈"。加快板桥医院等公共卫生设施建设，实现健康社区全覆盖。深化医药卫生体制改革，建立健全基层医疗机构补偿机制，基本药物全面实行"零差率"销售。

努力构建和谐文明城区。推进文明城区、和谐社区、平安社会建设，促进社会全面进步。创新城市管理方式，推进城市精细化、网络化、信息化管理，扎实推进市、区、街三级网格联动工程。深化文明城市创建工作，推进新市民素质提升十大计划等系列工程，实现市民文明素质与区域文明程度的共同提升。深入开展"平安雨花"、"法治雨花"创建活动，组织实施"六五"普法规划，大力推进社会矛盾化解、社会管理创新、公正廉洁执法，妥善处理各种社会矛盾。城乡和谐示范社区创建达标率分别达到85%、70%，人民群众公共安全感达到90%，民间纠纷调处成功率达到98%以上。加大食品药品安全管理力度，药品重点品种抽检合格率高于全市平均水平。强化安全生产管理，安全生产责任事故重伤死亡率控制在市目标以内。

雨花台区2011年国民经济和社会发展计划执行情况

表73

序号	责任单位	目标内容	全年完成情况	是否达到进度
1	发改局	地区生产总值增长15%	完成地区生产总值202.5亿元，可比价增幅13.4%(现价增幅18.6%)，完成年计划103.2%	完成全年计划
	发改局	其中：工业增加值增长10%，服务业增加值增长17%	其中：完成工业增加值78.4亿元，可比价增幅7.6%(现价增幅13%)，完成年计划102.7%；服务业增加值111.4亿元，可比价增幅19.9%(现价增幅25.8%)，完成年计划107.1%	完成全年计划
2	财政局	地方一般预算收入增长15%(目标调整为25.2亿元)	完成地方一般预算收入26亿元，增长26.2%，完成年计划103.2%	完成全年计划
3	发改局	全社会固定资产投资230亿元	完成全社会固定资产230.7亿元，增长7.7%，完成年计划100.3%	完成全年计划
	发改局	其中：服务业投资增长15%；工业投资60亿元	其中：完成服务业投资167.1亿元，增长15.1%；完成工业投资63.1亿元	完成全年计划
4	商务局	社会消费品零售总额增长18%	完成社会消费品零售总额155亿元，增长27.4%	完成全年计划
5	商务局	注册外资实际到账1亿美元	注册外资实际到账1.2亿美元，完成年计划120%	完成全年计划
6	商务局	引进规模以上项目100个，计划总投资130亿元，新增注册资本30亿元	引进规模以上项目150个，计划总投资200亿元，新增注册资本45亿元	完成全年计划
7	发改局	新增500万元以上税收楼宇7个，新增总部企业20家	新增500万元以上税收楼宇7个，新增总部企业20家	完成全年计划

续表

序号	责任单位	目标内容	全年完成情况	是否达到进度
8	商务局	新增商务商贸设施面积50万平方米	新增商务商贸设施面积81万平方米,完成年计划162%	完成全年计划
9	发改局	规模以上工业总产值增长20%	完成规模以上工业总产值287.2亿元,增长25.1%	完成全年计划
10	工商局	新发展私营企业700家、个体工商户2000户	新发展私营企业1086家、个体工商户3281户	完成全年计划
11	商务局	服务外包执行额增长35%;其中:离岸外包执行额增长40%	完成服务外包执行额8.3亿美元,增长43.4%,完成年计划116.7%;其中:完成离岸外包执行额4.8亿美元,增长41.8%,完成年计划132.1%	完成全年计划
12	科技局	软件及信息服务业销售收入400亿元,增长42%	完成软件及信息服务业销售收入520.5亿元,增长68.9%,完成年计划130.1%	完成全年计划
13	科技局	新增软件产业面积35万平方米;新引进软件人才10000人	新增软件产业面积43万平方米;新引进软件人才17050人	完成全年计划
14	科技局	新增认定软件企业15家,新增认定软件产品50件	新增认定软件企业26家,新增认定软件产品72件	完成全年计划
15	科技局	新引进软件企业35家	新引进软件企业55家	完成全年计划
16	科技局	实现高新技术产业销售收入420亿元,增长40%	实现高新技术产业销售收入540亿元,增长80%,完成年计划128.5%	完成全年计划
17	科技局	高新技术产业产值占规模以上工业产值比重提高2个百分点以上	高新技术产业产值占规模以上工业产值比重提高8个百分点	完成全年计划
18	科技局	积极有效地开展高新技术企业、技术先进型服务企业、创新型企业的培育和创建工作,企业数增加20%以上,其中申报国家高新技术企业5家	完成高新技术企业认定12家,企业数增加41%,其中申报省级创新型企业2家	完成全年计划
19	科技局	完成专利申请量700件,其中发明类专利申请量200件	完成专利申请量1706件,其中发明类专利申请量628件;专利授权量674件,其中授权发明专利235件	完成全年计划
20	科技局	新建立校企联盟1个,产学研合作项目数40个,举办大型技术供需对接和学术研讨交流活动1场以上	新建立校企联盟1个,产学研合作项目数42个,举办大型技术供需对接和学术研讨交流活动1场	完成全年计划
21	科技局	新增科技创业孵化面积9000平方米	新增科技创业孵化面积20000平方米	完成全年计划
22	科技局	引进国内外研发机构3家以上	引进国内外研发机构3家	完成全年计划
23	科技局	新建科技公共服务平台2家以上	新建科技公共服务平台2家	完成全年计划
24	人社局	引进符合省级标准的高层次创新创业人才35人,入选国家"千人计划"、省"高层次创新创业人才引进计划"、市"紫金人才计划"的高层次人才数8人	引进符合省级标准的高层次创新创业人才36人,集聚"千人计划"创新创业人才7人,已参加答辩、省"高层次创新创业人才引进计划"2人,入围已公示、市"紫金人才计划"的高层次人才数2人,2个江苏省创新团队共计12人已经入围公示	完成全年计划
25	质监局	争创省市名牌产品6个,省市质量管理奖2个	创市名牌7个、省名牌3个,市质量管理奖6个	完成全年计划
26	农业局	完成绿化造林66.67公顷,森林覆盖率达26.2%	完成绿化造林143.33公顷,森林覆盖率达26.2%	完成全年计划
27	住建局	新增绿地15万平方米、绿化覆盖率达48.4%,城市人均绿地达18.36平方米	新增绿地15万平方米、绿化覆盖率达48.4%,城市人均绿地达18.36平方米	完成全年计划
28	住建局	规划道路实现率达62.7%	规划道路实现率达62.7%	完成全年计划
29	环保局	环境质量综合指数82分	环境质量综合指数82分	完成全年计划

续表

序号	责任单位	目标内容	全年完成情况	是否达到进度
30	环保局	实施污染物排放总量控制，主要污染物排放量控制在市下达的指标范围内	主要污染物排放量控制在市下达的指标范围内	完成全年计划
31	发改局	万元工业增加值能耗较上年下降6%	万元工业增加值能耗较上年下降6%	完成全年计划
32	城管局	农村二次改水75公里，改厕400座	农村二次改水81.6公里，改厕406座	完成全年计划
33	农业局	农民人均纯收入增长10%	完成农民人均纯收入15013元，增长17.2%	完成全年计划
34	人社局	城镇居民人均可支配收入增长11%	完成城镇居民人均可支配收入29321元，增长14.6%	完成全年计划
35	人社局	新增城镇单位就业人数4500人，城镇登记失业率控制在3.5%以下	新增城镇单位就业人数5943人，城镇登记失业率控制在3.5%以下	完成全年计划
36	人社局	帮扶困难人员就业300人，农村劳动力转移就业1500人，职业技能培训5800人次	帮扶困难人员就业399人，农村劳动力转移就业3098人，职业技能培训7498人次	完成全年计划
37	人社局	城镇养老保险覆盖率达99%，各类养老补贴发放率达100%	城镇养老保险覆盖率达99%，各类养老补贴发放率达100%	完成全年计划
38	民政局	适时提高城乡居民低保标准，实现应保尽保率达100%	完成提标工作，城乡低保标准统一提高到每人每月500元，实现应保尽保率达100%	完成全年计划
39	民政局	新增福利机构床位数60张，全区老年人福利机构床位拥有率达25‰	新增福利机构床位数60张，全区老年人福利机构床位拥有率达25‰	完成全年计划
40	住建局	开工建设保障性住房35万平方米，竣工49万平方米	开工建设保障性住房35万平方米，竣工49万平方米	完成全年计划
41	卫生局	新型农村合作医疗人均筹资额达430元，参保率100%，行政村覆盖率100%，受益面达90以上	新型农村合作医疗人均筹资额达486元，参保率100%，行政村覆盖率100%，受益面达95%以上	完成全年计划
42	卫生局	新建4个社区卫生服务精品站，居民在社区卫生服务机构就诊率达55%以上	软件大道站已建成开诊；安德里站已完成改建；2个社区卫生服务站已建成。居民在社区卫生服务机构就诊率达70%	完成全年计划
43	卫生局	建成雨花台区卫生信息中心	建成雨花台区卫生信息中心	完成全年计划
44	综治办	人民群众对社会治安满意率达到95%	由于省市指标体系调整，该项指标调整为公众安全感，市下达指标为88%，已完成	完成全年计划
45	综治办	刑事案件破案率高于全市平均水平	刑事案件破案率高于全市平均水平	完成全年计划
46	综治办	技防入户工程达50%以上	技防入户工程达54%	完成全年计划
47	文明办	城市文明指数较上年度均分上升5%	城市文明指数较上年度均分上升5%以上	完成全年计划
48	文化局	新发展数字电视用户6000户，新增光节点20个，新增光缆20公里，新增数据网点10个	新发展数字电视用户7021户，新增光节点26个，新增光缆21.6公里，新增数据网点13个	完成全年计划
49	文化局	组织大型群众文化活动35场，送电影进社区250场，建立特色队伍6支，为社区配书20万元，新闻及文学艺术作品创优20件	组织大型群众文化活动37场，送电影进社区260场，建立特色队伍6支，为社区配书30.5万元，新闻及文学艺术作品创优28件	完成全年计划
50	文化局	加强文物保护，实现文物保护两个百分百	实现文物保护两个百分百	完成全年计划

续表

序号	责任单位	目标内容	全年完成情况	是否达到进度
51	计生局	计划生育率99%以上，流动人口管理服务率达90%以上，依法管理、优质服务率达90%	计划生育率100%,流动人口管理服务率达94%,依法管理、优质服务率达95%	完成全年计划
52	安监局	强化安全生产管理，安全生产责任事故重伤死亡率控制在市目标以内	安全生产责任事故重伤死亡率控制在市目标以内	完成全年计划
53	民政局	创建市级防灾减灾示范社区1个	创建市级防灾减灾示范社区4个	完成全年计划
54	教育局	创建南京市推进素质教育示范初中1所,省优质幼儿园2所,省平安校园2所	西善桥中学成功创建为南京市推进素质教育示范初中;金叶花园、小百合幼儿园顺利通过省优质幼儿园验收;雨花台区中学、雨花外国语小学顺利通过省平安校园验收	完成全年计划
55	教育局	创建市级街道社区教育中心1个	完成板桥街道社区教育中心创建工作	完成全年计划
56	教育局	启动雨花外国语小学扩建前期工作	已完成初步立项工作,正在进行规划申报	完成全年计划
57	卫生局	创建10个市级健康社区	完成10个市级健康社区创建工作	完成全年计划
58	卫生局	创建首家全国基层中医药工作先进单位	通过验收	完成全年计划
59	卫生局	创建南京市慢性病预防控制综合示范区，区卫生监督所率先通过省级示范所评估	通过南京市慢性病预防控制综合示范区验收，区卫生监督所率先通过省级示范评估	完成全年计划
60	卫生局	板桥社区卫生服务中心通过省级社区卫生服务示范中心评估,铁心桥社区卫生服务中心通过省中医药特色社区卫生服务中心评估	板桥社区卫生服务中心通过省级示范区卫生服务示范中心评估验收，铁心桥社区卫生服务中心通过省中医药特色示范中心评估验收	完成全年计划
61	食品药品监督管理局	创建10家江苏省餐饮服务食品安全示范单位	因省、市创建名额调整,雨花台区为3家申报名额,3家已通过南京市初审,2012年5月接受省级验收	完成全年计划
62	食品药品监督管理局	深入开展“安全用药进社区”活动,新增“安全用药服务点”10家	全年开展“安全用药进社区”活动8次,新增“安全用药服务点”10家	完成全年计划
63	质监局	雨花软件园争创国家级服务标准化试点单位	雨花软件园已被列入国家级服务业标准化试点单位	完成全年计划
64	综治办 依法治区办	积极创建省“平安区”和省“法治区”先进单位	创建省“平安区”和省“法治区”先进单位	完成全年计划
65	人武部	开工建设区民兵训练基地	项目涉及0.87公顷基本农田,正在积极协调相关事宜,无法开工建设,目标进度调整为开展前期工作	完成全年目标
66	公安分局	区看守所迁建项目	由于总平设计方案调整,目标进度调整为开展前期工作	完成全年目标
67	水利局	完成板桥河绿洲东路桥至王家山段(左岸)综合整治工程	完工,投资1000万元	完成全年目标
68	农业局	完成宁丹路拓宽沿线部分绿化工程	完工,投资350万元	完成全年目标
69	住建局	建成锦华新城一期	竣工,投资14400万元	完成全年目标
70	住建局	开工建设农花经济适用房二期	一期竣工;二期主体建设,投资30000万元	完成全年目标
71	住建局	建成管道路东延工程	完工,投资9100万元	完成全年目标
72	住建局	建成岱山北路	完工,投资8200万元	完成全年目标
73	住建局	建成岱山中路	完工,投资5800万元	完成全年目标
74	住建局	建成岱山东路	完工,投资3000万元	完成全年目标
75	住建局	建成小行规划二路	完工,投资2000万元	完成全年目标
76	住建局	完成纬九路环境整治工程	完成,投资2200万元,需追加投资扩建	完成全年目标
77	住建局	完成宁南片区部分雨污分流工程	根据全市工程进度统一推进,已投资200万元	完成全年目标

续表

序号	责任单位	目标内容	全年完成情况	是否达到进度
78	住建局	完成赛虹桥等片区街巷雨污分流工程	根据全市工程进度统一推进，已投资7000万元	完成全年目标
79	住建局	完成赛虹桥等片区街巷整治出新工程	根据全市工程进度统一推进，已投资4300万元	完成全年目标
80	住建局	完成雨花新村片区雨污分流工程	根据全市工程进度统一推进，已投资500万元	完成全年目标
81	住建局	完成铁心桥片区部分雨污分流工程	根据全市工程进度统一推进，已投资6000万元	完成全年目标
82	交通局	改造建设宁丹路铁心桥段	该项目未开工	未完成全年目标
83	住建局 板桥新城	建成新林芳庭一期	竣工，投资11507万元	完成全年目标
84	住建局 板桥新城	开工建设新林芳庭二期	开工建设，投资2800万元	完成全年目标
85	交通局 铁心桥街道	建成龙西路铁心桥段	竣工，投资5649万元	完成全年目标
86	住建局 板桥街道	建成板桥路西经济适用房二期	竣工，投资2.6亿元	完成全年目标
87	住建局 板桥街道	建通公司生活区改造	竣工，投资1.5亿元	完成全年目标
88	住建局 西善桥街道	建设西善桥贾西经济适用房	一期竣工，投资35600万元	完成全年目标
89	教育局 板桥新城	建设板桥中学高中部二期	基础建设，投资900万元	完成全年目标
90	教育局 宁南街道	开工扩建雨花台小学	由于学校建设规划未获市规划局批准，项目暂时无法开工建设。以“中小学校舍安全工程项目”替换	完成全年目标
91	开发区	完成苏宁数据中心技改项目	竣工，投资5914万元	完成全年目标
92	开发区	完成旺雨在线二期改造	竣工，投资5241万元	完成全年目标
93	开发区	开工建设宝德科技项目一期	该项目未开工	未完成全年目标
94	开发区	建成国图软件项目一期主体	开工建设，投资2000万元	未完成全年目标
95	开发区	建设奥拓电子项目一期	建设，投资1.5亿元	完成全年目标
96	开发区	完成国睿酒店设施提档升级工程	竣工，投资3102万元	完成全年目标
97	开发区	建成三鸿放心早餐配送基地	竣工，投资2586万元	完成全年目标
98	开发区	建设长江能源集团总部一期	建设，投资2亿元	完成全年目标
99	开发区	开工建设江洋贸易总部一期	开工建设，投资1.5亿元	完成全年目标
100	开发区	建设爱普莱斯项目二期	建设，投资5亿元	完成全年目标
101	开发区	建成博建科技项目主体	主体建成，投资4760万元	完成全年目标
102	开发区	开工建设元化二期工程	开工建设，投资5021万元	完成全年目标
103	开发区	建成宏图高科产业制造基地项目三期主体	主体部分建成，投资3亿元	完成全年目标
104	开发区	建设普天通信项目一期	由于企业内部人员调整和原产业不符合新的产业规划，项目暂停推进，以“开工建设十四所重点实验室项目”替换，该项目已开工建设	完成全年目标
105	开发区	开工建设泰通科技二期	主体建设，投资2502万元	完成全年目标
106	开发区	建成普天鸿雁电器项目一期主体	目标进度调整为“主体建设”，投资7034万元	完成全年目标

续表

序号	责任单位	目标内容	全年完成情况	是否达到进度
107	开发区	建成中电十四所产业基地二期主体	主体建成,投资 1.5 亿元	完成全年目标
108	开发区	建成中骏伟项目	竣工,投资 5021 万元	完成全年目标
109	开发区	建成特能电子项目二期	竣工,投资 2097 万元	完成全年目标
110	开发区	建成信诚艾尔克项目二期	竣工,投资 2079 万元	完成全年目标
111	开发区	建成板桥消防钢瓶项目主体	主体建成,投资 1.2 亿元	完成全年目标
112	开发区	建成三桥气体项目二期主体	竣工,投资 3102 万元	完成全年目标
113	开发区	完成华润热电脱硫设备技改工程	竣工,投资 5084 万元	完成全年目标
114	开发区	开工建设华士电源项目一期	开工建设,投资 1 亿元	完成全年目标
115	开发区	建设轴承厂项目一期	主体建设,投资 1.1 亿元	完成全年目标
116	开发区	建设中传重机产业制造基地项目一期	由于该地块尚未完成征地及招拍挂手续，年底无法开工建设,目标进度调整为开展前期工作	完成全年目标
117	开发区	建设华润电厂热能项目一期	竣工,投资 1.5 亿元	完成全年目标
118	开发区	开工建设石林房产 A 地块一期	场地平整,投资 1.3 亿元	完成全年目标
119	开发区	建成省消防总部大楼	建成,投资 7367 万元	完成全年目标
120	开发区	完成锦华新城有线电视配套工程	完成,投资 564 万元	完成全年目标
121	开发区	完成锦华新城小区燃气配套工程	完成,投资 1263 万元	完成全年目标
122	开发区	完成锦华新城数字管理工程	完成,投资 1156 万元	完成全年目标
123	开发区	完成锦华新城小区自来水配套工程	完成,投资 1522 万元	完成全年目标
124	开发区	建成天保社区服务中心	建成,投资 1098 万元	完成全年目标
125	开发区	建成市交通检测站	建成,投资 9173 万元	完成全年目标
126	开发区	建成开发区九号路西延工程	竣工,投资 743 万元	完成全年目标
127	开发区	建成开发区三号街北延工程	竣工,投资 581 万元	完成全年目标
128	开发区	建成开发区四号街南延工程	竣工,投资 1642 万元	完成全年目标
129	开发区	建成开发区四号路工程	竣工,投资 931 万元	完成全年目标
130	开发区	建成开发区二号路西延工程	竣工,投资 1025 万元	完成全年目标
131	开发区	建成开发区总部经济园一号路	由于与汽车产业园规划冲突,该项目停止建设,投资 300 万元	未完成全年目标
132	开发区	建成开发区中小创业园中心路	竣工,投资 503 万元	完成全年目标
133	开发区	建成开发区五号路工程	竣工,投资 1069 万元	完成全年目标
134	开发区	完成开发区部分新建道路亮化工程	竣工,投资 517 万元	完成全年目标
135	开发区	建成锦华新城小区配套道路工程	竣工,投资 963 万元	完成全年目标
136	开发区	完成开发区部分电力杆线迁移工程	竣工,投资 501 万元	完成全年目标
137	开发区	完成开发区部分变电站电网进出线工程	竣工,投资 8063 万元	完成全年目标
138	开发区	建成锦华新城电力配套工程	竣工,投资 5021 万元	完成全年目标
139	开发区	建成锦华新城污水管网工程	竣工,投资 603 万元	完成全年目标
140	开发区	完成城南自来水公司主供水管敷设工程	竣工,投资 3014 万元	完成全年目标
141	开发区	完成开发区部分主干道绿化工程	竣工,投资 799 万元	完成全年目标
142	开发区	完成开发区部分重点企业绿化景观工程	竣工,投资 875 万元	完成全年目标

续表

序号	责任单位	目标内容	全年完成情况	是否达到进度
143	开发区	完成龙藏大道景观提档升级工程	竣工,投资 639 万元	完成全年目标
144	开发区	完成锦华新城小区绿化景观工程	竣工,投资 656 万元	完成全年目标
145	开发区	完成板桥河堤加固工程	竣工,投资 524 万元	完成全
146	开发区	完成下闸老机站改建工程	竣工,投资 525 万元	完成全年目标
147	开发区	完成开发区河道整治及桥梁工程	竣工,投资 625 万元	完成全年目标
148	开发区	完成开发区部分水系改造工程	竣工,投资 597 万元	完成全年目标
149	开发区	完成板桥河入江口标准江堤工程	竣工,投资 826 万元	完成全年目标
150	开发区	完成地铁 12 号线跨板桥河水利工程	竣工,投资 599 万元	完成全年目标
151	开发区	完成湿地公园农场水系贯通工程	竣工,投资 500 万元	完成全年目标
152	开发区	建成湿地公园景观道路	竣工,投资 500 万元	完成全年目标
153	开发区	建成湿地公园景观桥梁两座	竣工,投资 629 万元	完成全年目标
154	开发区	建成南京水文巡测基地	竣工,投资 686 万元	完成全年目标
155	开发区	建成长江河道管理处防汛基地	竣工,投资 758 万元	完成全年目标
156	雨花软件园	开工建设沁恒科技项目二期	开工建设,投资 1500 万元	完成全年目标
157	雨花软件园	开工建设集群软件项目	该项目未开工	未完成全年目标
158	雨花软件园	开工建设软件园 13 号地块项目	开工建设,投资 2000 万元	完成全年目标
159	雨花软件园	开工建设软件园 8 号地块项目	开工建设,投资 3000 万元	完成全年目标
160	雨花软件园	完成诚迈科技服务外包改造项目	入驻,投资 2000 万元	完成全年目标
161	雨花软件园	完成虹亚多媒体研发改造项目	入驻,投资 5600 万元	完成全年目标
162	雨花软件园	完成软通动力外包改造项目	入驻,投资 3000 万元	完成全年目标
163	雨花软件园	完成易达康软件研发改造项目	入驻,投资 4200 万元	完成全年目标
164	雨花软件园	建设大族科技 C 地块一期	由于投资方未明确建设意向,设计方案未定,无法基础施工。以“开工建设舜天研发中心二期项目”替换,该项目已开工建设,完成投资 1 亿元	完成全年目标
165	雨花软件园	建成邦宁科技项目主体	主体建成,投资 3500 万元	完成全年目标
166	雨花软件园	建成国泰紫金项目主体	主体建成,投资 3000 万元	完成全年目标
167	雨花软件园	建成华驰软件研发及服务外包基地项目主体	主体建成,投资 3000 万元	完成全年目标
168	雨花软件园	建成中兴技术研发主体	主体建成,投资 4000 万元	完成全年目标
169	雨花软件园	建成丰盛大族科技研发项目二期	竣工,投资 5000 万元	完成全年目标
170	雨花软件园	建成宏图研发总部主体	内外装修,投资 5000 万元	完成全年目标
171	雨花软件园	开工建设圣迪奥研发项目	该项目未开工	完成全年目标
172	雨花软件园	建成宁南 8 号地总部楼	主体建成,投资 5100 万元	完成全年目标
173	雨花软件园	建设南海生物研发基地一期	建设,投资 6000 万元	完成全年目标
174	雨花软件园	完成伟斯医疗改造项目	建成入驻,投资 3000 万元	完成全年目标
175	雨花软件园	建成宏图上水园二期	竣工,投资 8500 万元	完成全年目标
176	雨花软件园	建成宁南 8 号地规划路二期	建成,投资 1000 万元	完成全年目标
177	雨花软件园	完成软件大道及周边道路景观提档升级工程	建成,投资 500 万元	完成全年目标
178	板桥新城	开工建设朗诗绿色街区一期商业项目	开工建设,投资 300 万元	完成全年目标

续表

序号	责任单位	目标内容	全年完成情况	是否达到进度
179	板桥新城	开工建设金地自在城一、二期商业项目	部分建成,投资1600万元	完成全年目标
180	板桥新城	建成新林芳庭一期商业项目	建成,投资3785万元	完成全年目标
181	板桥新城	建设金地自在城苏果社区店	受宏观调控、银根紧缩等因素影响,项目资金未到位,延后开工建设。以“建设江苏比华丽休闲娱乐项目”替换,该项目正在进行主体建设	完成全年目标
182	板桥新城	建成金地自在城一期	竣工,投资1.7亿元	完成全年目标
183	板桥新城	建成金地自在城二期主体	主体部分建成,投资3.9亿元	完成全年目标
184	板桥新城	建设金地自在城三期	主体部分建成,投资31710万元	完成全年目标
185	板桥新城	建成朗诗绿色街区一期主体	主体部分建成,投资1.8亿元	完成全年目标
186	板桥新城	建成朗诗绿色街区二期主体	主体部分建成,投资1.9亿元	完成全年目标
187	板桥新城	建设金地自在城二期社区服务中心	建成,投资526万元	完成全年目标
188	板桥新城	建成金地自在城幼儿园	竣工,投资1051万元	完成全年目标
189	板桥新城	开工建设金地自在城小学	开工建设,投资2453万元	完成全年目标
190	板桥新城	开工建设金地自在城农贸市场	建成,投资516万元	完成全年目标
191	板桥新城	建成古雄路工程	竣工,投资2800万元	完成全年目标
192	板桥新城	建成莲花湖西入口工程	竣工,投资1717万元	完成全年目标
193	板桥新城	建成莲花湖南入口工程	建成,投资500万元	完成全年目标
194	板桥新城	建成板东路	建成,投资2000万元	完成全年目标
195	板桥新城	建成板桥新城江大路下穿涵排水泵站	竣工,投资1400万元	完成全年目标
196	板桥新城	建成通往城南污水厂压力管道工程	前期,投资50万元	未完成全年目标
197	板桥新城	建成莲花湖污水管道工程	竣工,投资529万元	完成全年目标
198	板桥新城	建成1号污水泵站到2号污水泵站污水管道工程	竣工,投资1024万元	完成全年目标
199	板桥新城	完成莲花湖湖心岛景观工程	建成,投资400万元	完成全年目标
200	板桥新城	完成板桥新城部分绿化景观工程	建成,投资380万元	完成全年目标
201	宁南街道	完成南京金利中心酒店改造项目	装潢入驻,投资4000万元	完成全年目标
202	宁南街道	建成汉庭连锁酒店阅城旗舰店	建成装潢,投资8000万元	完成全年目标
203	宁南街道	建成南京大能总部商务楼	建成营业,投资1.2亿元	完成全年目标
204	宁南街道	开工建设石林二期地块商业项目	由于受南部新城建设影响,项目地块冻结,项目取消	项目取消
205	宁南街道	建成普天科技产业园南部商务区主体	受南部新城规划调整影响,项目容积率调整周期较长,目标进度调整为开工建设。该项目已开工, 完成投资1000万元	完成全年目标
206	宁南街道	建设紫荆广场商业项目	基础建设,投资7500万元	完成全年目标
207	宁南街道	建成明发广场东方院线五星级影院	建成营业,投资3000万元	完成全年目标
208	宁南街道	建成苏宁电器明发店	建成营业,投资5000万元	完成全年目标
209	宁南街道	建成爱涛房地产项目	建成封顶,投资5000万元	完成全年目标
210	铁心桥街道	建成正欣和通信研发中心一期	主体建设,投资12659万元	未完成全年目标
211	铁心桥街道	建设正欣和通信研发中心二期	主体建设,投资3890万元	完成全年目标
212	铁心桥街道	建成南京紫迪光电研发中心主体	农转用土地指标未下达,项目取消	项目取消

续表

序号	责任单位	目标内容	全年完成情况	是否达到进度
213	铁心桥街道	开工建设深圳迪威视讯南京研发中心	该项目终止洽谈，项目取消	项目取消
214	铁心桥街道	开工建设深圳银之杰科技南京研发中心	因南部新城及软件谷规划需要，该地块被市政府冻结。以“南京市殡仪馆项目”替换，该项目已开工建设	完成全年目标
215	铁心桥街道	建设江苏金路新材料科技研发中心项目	待软件谷规划出台后挂牌，项目取消	项目取消
216	铁心桥街道	开工建设铁心桥商务楼	由于南部新城规划制约，地块被冻结，项目取消	项目取消
217	铁心桥街道	建成蓝岸尚城项目	竣工，投资 8340 万元	完成全年目标
218	铁心桥街道	建成大定坊经济适用房一期	竣工，投资 1.1 亿元	完成全年目标
219	铁心桥街道	建设大定坊经济适用房二期	由于重新办理招投标手续时间长，暂时无法开工建设，目标进度调整为开展前期工作	完成全年目标
220	铁心桥街道	开工建设大定坊经济适用房三期	该项目未开工	未完成全年目标
221	铁心桥街道	建成春江新城 10.07 公顷经济适用房	竣工，投资 2 亿元	完成全年目标
222	铁心桥街道	建成凤翔新城二期	竣工，投资 1.8 亿元	完成全年目标
223	铁心桥街道	建设凤翔新城三期	该项目未开工	未完成全年目标
224	铁心桥街道	部分建成小村经济适用房一期	主体完工，投资 1.6 亿元	完成全年目标
225	铁心桥街道	建成京沪高铁铁心桥段商业配套项目	该项目未开工	未完成全年目标
226	铁心桥街道	完成南京爱德程科技项目改造	竣工，投资 2603 万元	完成全年目标
227	铁心桥街道	建成铁心桥自来水增压泵站二期	竣工，投资 1045 万元	完成全年目标
228	铁心桥街道	建成铁心桥三个便利加油站	建成标准加油站，投资 3000 万元	完成全年目标
229	铁心桥街道	建成铁心桥老年公寓	竣工，投资 2002 万元	完成全年目标
230	铁心桥街道	建设市政综合服务中心	投资主体不明确，项目取消	项目取消
231	铁心桥街道	建成大定坊经济适用房社区服务中心	竣工，投资 2203 万元	完成全年目标
232	铁心桥街道	建成大定坊经济适用房配套幼儿园	竣工，投资 1604 万元	完成全年目标
233	铁心桥街道	建成定坊农贸市场	竣工，投资 1000 万元	完成全年目标
234	铁心桥街道	完成凤翔、春江农贸市场升级改造	竣工，投资 500 万元	完成全年目标
235	铁心桥街道	建成南京徐工技改项目	建成，投资 11500 万元	完成全年目标
236	铁心桥街道	建设坦克路	路基施工，投资 1220 万元	完成全年目标
237	铁心桥街道	建成大定坊经适房配套道路	路基施工，投资 4710 万元	完成全年目标
238	铁心桥街道	建成铁心桥小学片区雨水排放系统	竣工，投资 2000 万元	完成全年目标
239	铁心桥街道	完成高家库等绿化工程	竣工，投资 1850 万元	完成全年目标
240	铁心桥街道	完成宁丹路绿化工程	竣工，投资 500 万元	完成全年目标
241	铁心桥街道	完成韩府山等水利土方及防汛消险工程	竣工，投资 1500 万元	完成全年目标
242	板桥街道	建成板桥社区商业街	营业，投资 2021 万元	完成全年目标
243	板桥街道	建成板桥古雄生态美食风情园	营业，投资 3500 万元	完成全年目标
244	板桥街道	建设汪海国际大酒店	内外装潢，投资 1.2 亿元	完成全年目标

续表

序号	责任单位	目标内容	全年完成情况	是否达到进度
245	板桥街道	建成板桥国美电器大卖场	建成装潢,投资2000万元	完成全年目标
246	板桥街道	建成板桥IT产业孵化楼	竣工,投资4000万元	完成全年目标
247	板桥街道	建成板桥商务楼	竣工,投资2000万元	完成全年目标
248	板桥街道	建成板桥路西经济适用房商业配套工程主体	部分封顶,投资9500万元	完成全年目标
249	板桥街道	建成南京宁宝灯泡生产线项目	投产,投资5024万元	完成全年目标
250	板桥街道	建成南京东拓护栏网生产线项目	投产,投资3012万元	完成全年目标
251	板桥街道	建成南京丰盛新能源材料项目	投产,投资7012万元	完成全年目标
252	板桥街道	建成梅宝新型建材二期项目	投产,投资1亿元	完成全年目标
253	板桥街道	建设板桥钢渣脱硫渣处理生产线项目	主体建设,投资2500万元	完成全年目标
254	板桥街道	建设板桥钢渣转炉渣处理生产线项目	主体建设,投资1996万元	完成全年目标
255	板桥街道	建成南京鑫翔城市污泥干化制砖项目	竣工,投资5108万元	完成全年目标
256	板桥街道	开工建设板桥绿洲南路经济适用房二期	开工建设,投资2000万元	完成全年目标
257	板桥街道	建成板桥路西经济适用房文化体育活动中心主体	主体建成,投资2000万元	完成全年目标
258	板桥街道	建成板桥路西经济适用房社区服务中心主体	主体建成,投资1500万元	完成全年目标
259	板桥街道	建成板桥路西经济适用房农贸市场主体	主体建成,投资1300万元	完成全年目标
260	板桥街道	建成板桥路西经济适用房社区配套工程主体	主体建成,投资7800万元	完成全年目标
261	板桥街道	建成板桥绿洲南路经济适用房农贸市场	建成,投资1535万元	完成全年目标
262	板桥街道	建设板桥街道污水干管敷设工程	开工建设,投资500万元	完成全年目标
263	板桥街道	建成永安马塘圩水系改造工程	建成,投资506万元	完成全年目标
264	板桥街道	建成板桥农业生态园二期	建成,投资1503万元	完成全年目标
265	板桥街道	建成永安高效农业示范园二期	建成,投资1506万元	完成全年目标
266	板桥街道	完成环梅山生态防污景观林提档升级工程	建成,投资516万元	完成全年目标
267	西善桥街道	建成东州科技项目	投产,投资2986万元	完成全年目标
268	西善桥街道	建成佳迅软件项目	投产,投资2007万元	完成全年目标
269	西善桥街道	建成美尔诺电子项目	投产,投资2957万元	完成全年目标
270	西善桥街道	建成新水源休闲会所	营业,投资2995万元	完成全年目标
271	西善桥街道	建成南京瀚豪宾馆	营业,投资2008万元	完成全年目标
272	西善桥街道	建成宜家快捷酒店	营业,投资2003万元	完成全年目标
273	西善桥街道	建成国学府商业街	受保障房建设规划调整等因素影响,该项目暂时无法开工建设。以"恒基新材料二期项目"替换,该项目已部分建成	完成全年目标
274	西善桥街道	建成西善花苑综合商业配套中心	内外装潢,投资4730万元	完成全年目标
275	西善桥街道	建成南京建发岱山保障房总部楼	竣工,投资5003万元	完成全年目标
276	西善桥街道	建成南京瑞贝丰科技服务项目	投产,投资2006万元	完成全年目标

续表

序号	责任单位	目标内容	全年完成情况	是否达到进度
277	西善桥街道	建成威特曼研发项目二期	投产,投资6002万元	完成全年目标
278	西善桥街道	建成建发岱山保障房一期	该项目由市直统,按市目标进度统一推进	完成全年目标
279	西善桥街道	建成西善花苑社区服务中心	竣工,投资2004万元	完成全年目标
280	西善桥街道	建成西善花苑卫生服务中心	竣工,投资2007万元	完成全年目标
281	西善桥街道	建成西善花苑老年活动中心	竣工,投资2015万元	完成全年目标
282	西善桥街道	建成西善花苑地下停车场	竣工,投资1002万元	完成全年目标
283	西善桥街道	建成西善花苑中小学(九年制)	竣工,投资5111万元	完成全年目标
284	西善桥街道	完成盛家岗至天保桥、岱山西路绿化工程	完成,投资250万元	完成全年目标
285	赛虹桥街道	开工建设明基系统大厦	由于南部新城规划影响,项目地块转变为商业用地,需重新办理招拍挂手续,暂时无法开工建设。以"南京百富投资大厦项目"替换	完成全年目标
286	赛虹桥街道	完成新天时光电改造项目一期	搬迁,投资2900万元	完成全年目标
287	赛虹桥街道	建设德盈国际商贸广场	建设,投资6.34亿元	完成全年目标
288	赛虹桥街道	建设星际园商务酒店	该项目未开工	未完成全年目标
289	赛虹桥街道	建设南京恒鹏科技大厦	封顶,投资4000万元	完成全年目标
290	赛虹桥街道	完成双联大酒店改造	建成,投资2350万元	完成全年目标
291	赛虹桥街道	开工建设江苏省合作经济产业园	由于土地规划性质为绿地,项目取消	项目取消
292	赛虹桥街道	完成赛腾商业总部经济大厦改造	招商,投资2000万元	完成全年目标
293	赛虹桥街道	完成长江市场改造	营业,投资2100万元	完成全年目标
294	赛虹桥街道	完成南京中医药国际健康产业园项目三期	竣工,投资14945万元	完成全年目标
295	赛虹桥街道	完成慈惠净化工程改造项目	投产,投资2500万元	完成全年目标
296	赛虹桥街道	建成凤凰和美项目二期	竣工,投资4500万元	完成全年目标
297	赛虹桥街道	建设海德名城世家项目二期	建设,投资4050万元	完成全年目标
298	赛虹桥街道	建成观云国际项目	竣工,投资8400万元	完成全年目标
299	赛虹桥街道	建设小行三合一房产项目一期	建设,投资6030万元	完成全年目标
300	赛虹桥街道	建设赛虹桥街道小行社区服务中心	建设,投资1000万元	完成全年目标
301	梅山街道	建成梅山职工技术培训中心	竣工,投资5000万元	完成全年目标
302	梅山街道	建设梅山备件制造修复中心项目	建设,投资2600万元	完成全年目标
303	梅山街道	建设梅山电机安装检修设施项目	建设,投资1500万元	完成全年目标
304	梅山街道	完成梅山供水系统切换改造工程	竣工,投资3000万元	完成全年目标
305	雨花新村	建成敦煌商业服务中心	竣工,投资1200万元	完成全年目标
306	雨花新村	建成雨花休闲会所	竣工,投资1050万元	完成全年目标
307	雨花新村	建成青龙山商业街区	竣工,投资2000万元	完成全年目标
308	雨花新村	南京火柴厂改造	开工建设,投资563万元	完成全年目标
309	雨花新村	金陵橡胶厂改造	受南京市对"三联动"企业政策变动影响,该地块无法变更土地证,无法开工建设,项目取消	项目取消

中共南京市雨花台区委员会　南京市雨花台区人民政府 关于高标准建设中国(南京)软件谷的行动计划

雨委发〔2011〕42 号

2011 年 9 月 30 日

为深入贯彻落实市委、市政府《关于以打造“一谷两园”软件产业集聚区为重点,高标准建设中国软件名城的意见》(宁委发〔2011〕39 号)和区第十次党代会的战略部署,制定本行动计划。

一、指导思想和主要目标

(一)指导思想

以科学发展观为统领,全面贯彻落实市委、市政府以打造“一谷两园”软件产业集聚区为重点、高标准建设中国软件名城的战略部署,坚持高起点规划、高标准建设、高效能管理,以体制机制创新为突破,以培育和引进国内外品牌软件企业为重点,突出以平台软件、互联网和应用软件为主的核心产业,培养和聚集一批优秀创新创业人才特别是产业领军人才,显著提高自主创新能力和核心竞争力,推动软件谷发展成为高端化、国际化、品牌化的软件产业集聚区,为建设成为国内外顶尖的软件产业基地打下坚实基础,为建设中国人才与科技创新名城提供强大引擎。

(二)主要目标

建成具有较强自主创新能力和软件产业发展能力,产业集聚、结构合理、配套完善、生态优越的软件产业园区;建成中国第一软件产业基地,中国(南京)软件名城的核心区和标志区,高端化、国际化、品牌化的软件产业集聚区;努力创建国家级高新技术开发区。

到 2015 年,认定的软件企业达到 500 家以上,基础软件收入占总收入比重达 5%以上,信息服务业收入占总收入比重达 30%以上。确保软件和信息服务业收入突破 2000 亿元,累计建成软件和信息服务业建筑面积 1200 万平方米,雨花百亿级软件和信息服务业企业达到 5 个以上,软件从业人员达到 40 万人左右。到 2020 年,确保软件和信息服务业收入突破 4000 亿元。

二、重点工作任务

(一)构建软件谷管理体制和运作机制,推进体制机制创新

着力推进体制机制创新,按照政府主导、企业化运作的模式,加快构建软件谷管理体制和运作机制。

1.搭建科学合理的运行机构。以建立统一、协调、精简、高效的管理体制为目标,组建软件谷党工委和软件谷管委会及其内设机构,成立南京软件谷发展有限责任公司,明确相关部门和公司的职责,发挥政府的主导作用,通过企业化运作手段强力推进软件谷的开发建设。初期强化政府主导,后期逐步强化企业化管理。

2.明确区谷之间的关系定位。按照区谷联动、一体运作、以区为主的原则,高位协调软件谷与区街道、园区以及相关单位的关系,凸显软件谷产业集聚区的特点,明确其以软件产业发展为主的经济职能,理顺所辖范围内的除经济职能以外其他管理职能的承担主体。建立利益协调机制,按属地原则与各相关单位进行收益挂钩,形成有利于调动各方积极性、发挥软件谷整体优势、实现共同发展的管理体制和运行机制。

3.建立健全高效的管理机制。大力推进软件谷决策和管理机构的建设,统一、规范行使南京市相关部门下放的软件谷范围内项目上的规划、建设、土地及引进等审批管理权限。建立软件谷独立的财政管理体制,理顺与现街道园区的债务和财政关系,着力实现软件谷的轻装上阵。强化软件谷的干部培养及选拔任用,在全区范围内选派优秀干部充实到软件谷,同时,面向全球招聘软件谷发展有限公司高级管理人才,实行考核竞争、能上能下、能进能出的用人机制。不断强化公司化运营,依托全资控股的软件谷发展公司,按照专业化和模块化的运作模式推进资本运作、开发建设和运营管理。

4.推进快速高效的政务服务。以零障碍、低成本、高效率为目标,实行优化流程、信息共享、网上审批、

工作联动的协同办理机制，提升政务服务水平和效率，全面推进行政综合审批，创造良好的政务环境。

（二）充分发挥规划的先导作用，加快基础设施建设

按照国际化、高端化的标准，科学规划建设软件谷，快速提升软件谷的城市化水平。

1.坚持规划引领。坚持统一规划、统筹布局、适度超前、跨越发展的原则，高起点、高标准编制软件谷的总体规划、控制性详细规划和专业规划，充分发挥规划的先导作用，强化规划的执行，高起点、高标准建设软件谷。

2.高起点进行城市设计。按照国际领先、国内一流的产业园区的标准，大胆、充分借鉴国内外先进的规划设计理念，突出低碳节能特色、彰显绿色生态魅力，精心做好软件谷城市设计，打造独特、自然、科技与和谐的核心园区。

3.加快重大基础设施工程建设。加快构建软件谷城市综合交通体系，形成干支相连、区域成网、内通外畅的城市路网。迅速启动宁丹路拓宽改造和凤渡路建设等重点工程，打通铁心桥地区交通瓶颈，实现与南站、高速、地铁等无缝对接。主动对接河西新城，全面建成滨江大道、开发区跨秦淮新河大桥以及龙藏大道北延对接江东中路等重点工程。完善水、电、气等市政配套设施，加速推进现代化的城市基础设施建设。

4.加快完善配套设施建设。依照集中与分散、内部与外部相结合的原则进行配套建设布局，重点打造秦淮新河沿岸商业区（秦淮新河商业区）集中配套，充分借助南部新城商业区以及将军山景区配套，积极为软件谷提供教育、人才、资本、商务、交通、居住、餐饮、金融通信等城市功能配套，提高资源、环境等区域承载能力。建成互联网数据中心。优化软件人才发展环境，按照未来软件从业人员的发展需求，规划建设150万平方米的人才公寓，切实解决各类引进人才居住、医疗和子女教育等问题。

（三）加快产业发展，提升软件谷核心竞争力

围绕中国第一软件产业基地的总体目标，突出高端化、国际化、品牌化产业发展方向，以产业集聚、知识创新、政府和市场推动为驱动力，提升软件谷核心竞争力。

1.优化产业功能布局。科学合理编制《软件谷产业规划》，明确软件谷70平方公里各主体功能区域的定位，科学安排产业和空间布局，整合好产业强化区（北部产业区）、产业拓展区（南部产业区）和产业提升区（雨花开发区）的各类资源。产业强化区以现有产业特色为基础，重点打造通信软件产业带、服务外包总部区域及高端信息服务业等高端产业，兼顾培育云计算、物联网、三网融合等新兴产业，引进高端研发机构。产业拓展区重点发展基础软件、行业应用软件、互联网服务和高端外包产业（BPO、KPO），兼顾高端研发机构和创新创业平台入驻。产业提升区做大做强互联网服务、数字新媒体产业、服务外包产业和电子商务，拓展行业应用软件、软件支持服务、系统集成和硬件维护服务等领域。结合软件产业创业特别社区建设，重点孵化高端研发机构和创新创业平台入驻。

2.培育优势产业。建立以平台软件、互联网服务和应用软件为主的核心产业，以BPO和专业服务为次核心产业，软件和硬件支持服务为辅助产业的产业发展体系。重点培育发展新一代移动通信、下一代互联网核心设备、三网融合、物联网、云计算技术平台及应用等高端软件与信息服务业；拉长服务外包产业链，进一步做大做强信息服务外包业（ITO），加快发展业务流程外包（BPO），培育发展知识流程外包（KPO）；积极拓展电子商务业，形成以通信软件、服务外包、信息服务业为特色的“大软件”产业发展格局。

3.培育和引进品牌企业。实施品牌化发展战略，重点引进具有引领效应的引领型企业以及能够承载主要价值的主力型企业。重点加快国内外著名软件企业研发中心集聚，吸引全球软件500强和中国软件百强企业研发机构进驻软件谷，建立国际软件企业研发园。扶持具有自主核心技术和自主品牌的软件企业做大做强，大力培育中小型软件企业加快裂变成长为旗舰企业，支持企业通过国际CMM/CMMI以及ISO 9000等认证。到2015年，力争百亿元级软件和信息服务业企业达到5个以上，引进世界500强和中国500强企业研发机构6家，引进全球软件500强前100家企业研发机构10家、中国软件百强企业研发机构20家，吸引50家以上国际软件企业落户。

4.加快软件项目建设。完善软件谷项目推进全新的管理体制和运行机制，为各类项目的落户建设提供优质快捷的服务。实行定人负责制和工作代办制，快速推进项目的各项手续办理和相关审批事项。及时巩固和扩大与美国、以色列及我国香港、台湾等地的重大招商成果，密切与跟踪IBM、微软、戴尔、凯捷、联想、联创等重大项目，促进尽早签约落户。紧盯中兴三区等有影响作用的重大项目，支持华为软件的扩建，推进中科院软件所、声学所，江苏集群、中兴移动等重

点项目建设,不断夯实软件谷产业发展基础。

5.强化知识产权开发应用。从产业政策、产业规划等方面支持科技研发和产品创新,引导企业不断增加研发经费投入,切实加强商标、品牌、专利和标准化建设,扶持企业积极参与国际标准、国家标准和行业标准制定,形成自主知识产权的技术和标准,鼓励支持企业积极开展自主品牌经营。促进知识产权转化应用,选择30家骨干型企业开展知识产权试点示范,建成江苏省知识产权示范区,促进专利技术产业化水平和经济贡献率显著提升。到2015年,全区专利申请量和授权量分别达到4000、2000件,其中发明专利比重达到50%以上,万人专利发明拥有量居全市前列,百件专利企业10家,实施重大专利技术产业化项目30项。

(四)集聚科技创新创业人才,增强软件谷智力支撑

发挥现有平台功能,大力实施"1234"人才计划,建立完善的人才引进政策体系,集聚科技创新创业人才,着力打造人才高地和创业高地,为软件谷提供持续不竭的智力支撑。

1.加快科技创新创业人才引进。实施领军型科技创业人才引进计划,充分发挥企业主体作用,采取"人才+项目"的方式加快引进一批优秀创新人才和团队。依托各类孵化器、加速器和中试基地,支持本地企业引进海内外领军型科技创业人才,鼓励海内外领军型科技创业人才在雨花自主创办企业,或以技术成果作价和自带资金入股投资为主、社会资本参股共同创办企业。到2015年,全区累计引进国家"千人计划"人才10人,集聚领军型科技创业人才300人。

2.加快科技创业家的开发培育。实施科技创业家培育工程,遴选一批成长型软件企业家给予滚动支持。重点培养具有国际化视野和持续创新能力、拥有核心自主知识产权、技术成果在国内外处于领先地位、项目具有良好市场前景、初步具备规模生产条件的国家和省市重点人才。对入选人才和项目实行"一人一档、一企一策"的培养措施。到2015年,培养和造就在相关领域开创技术新路径、商业新模式、产业新质态,成为高新技术产业或现代服务业领军人物的科技创业家20名。

3.加快软件人才的引进培育。以聚焦做大做强软件产业为导向,加快各类软件人才引进和培育。设立软件人才培养、引进和奖励专项资金,引导企业加大人才投入。到2015年,建成全省软件产业实用人才最大产源地。

4.设置软件谷顾问专家团。聘请软件及信息服务业的产业研究专家、软件技术专家以及国际知名咨询公司、招商机构、品牌化拓展机构等专业顾问,建立软件谷顾问专家团队,打造软件谷发展"智库",为软件谷持续快速发展提供强大技术支撑和智力支持。

(五)完善各类平台建设,营造创新创业最优环境

建立完善以市场为导向、企业为主体、产学研金结合的科技创新体系,加快建设具备国际水准的软件公共服务平台,为企业和创业者提供便利、优质的支撑服务。

1.加速构建企业孵化平台。实施软件创业特别社区计划,在铁心桥地块和雨花经济开发区地块建设占地2平方公里的紫金(雨花)科技创业特别社区(软件创新创业人才特别集聚区)。进一步整合现有孵化资源,加快推进中以智慧园、美加软件园、香港科技园、北大工学院产学研基地、归国留学生创业园等项目建设,着力打造一批国家级、省级孵化器。加快产业结构调整,充分盘活和利用存量资源,积极引导非软企业转型升级,侧重于企业孵化功能,融入创业指导、商务中心、投资融资、培训咨询、人才服务以及市场推进等拓展功能,为软件企业爆发式增长提供资源承载。到2015年,在孵企业1200家,毕业企业300家,培育高新技术企业、双软认定企业、创新型企业100家,年专利申请量力争突破1000件。

2.建设人才服务平台。打造靶向性强、实践价值高的专业人才服务平台,推进人才实训联盟,建立一个立体化的软件及信息服务专业教育培训体系,加快推进北大软件与微电子学院实训基地建设。依托江苏省软件人才交流服务中心,组建江苏省软件人才培训联盟,建设博士后工作站和江苏省大学生创业基地,加强与南大、东大、南邮等驻宁高校的合作,推进与清华大学继续教育学院的培训合作。通过2~3年的努力,建成中国南京软件大学。

3.建设公共技术服务平台。按照政府主导和整合集成、突出特色、共建共享的发展思路,建设融信息交换、要素交融、合作交流、成果交易等功能为一体的公共技术服务平台。建设南京软件产业博览馆、南京市软件产业综合服务中心、南京软件国际交流合作中心、中国南京软件谷虚拟软件园、江苏省云计算中心、南京市软件测试认证平台、江苏信息产业研究院、南京市软件和信息服务业创业投资引导基金等对产业具有重大促进作用的世界级、国家级公共服务平台。

到2015年,建成5个成果孵化中心,建设5个国家级的实验室、15个省级以上工程技术研究中心、2个大学科技园。

4.建设创新服务平台。积极支持和促进重大科研成果在软件谷转化和产业化;扶持领军人物快速成长、成长型软件企业加快发展;建设和完善知识产权保护管理体系,建成"一站式"知识产权综合服务中心;加快中兴、华为服务外包发包平台、科技企业沟通平台、生物医药产业综合性应用共性技术平台等创新平台建设;完成开放式科技成果转化项目库建设,到2015年,力争每年新增2~3个高校、科研院所作为项目库的长期合作机构。

5.完善投融资平台建设。创新科技创业投融资政策,搭建科技创业金融服务平台,促进金融资本要素向科技创业企业和创新创业人才集聚,积极推动企业上市融资,放大资本市场服务实体经济发展的功能。每年投入2000万元成立区科技创业投资基金,每年投入1000万元成立创业种子(天使)基金。到2015年,引进3家资质较好的风险投资公司,推动设立3~4家天使基金,推动20家以上的企业在国内外资本市场上市,形成20亿元以上的面向中小软件企业的授信规模。

6.建设交流合作平台。实施"软件谷"品牌宣传战略,充分发挥南京"软博会"等平台作用,积极参加国际国内各种软件产业发展交流。推进与硅谷、以色列软件协会和中科院软件所的合作,举办软件企业家沙龙、归国人员联谊会、国际软件创意大赛、软件人才峰会等各种学术研讨交流活动,打造一批国际合作交流新载体。

7.建设综合服务平台。争取市公共平台建设专项资金按比例支持软件谷的各类平台建设。在秦淮新河沿岸规划建设软件谷管委会大楼,作为中国(南京)软件谷的地标性建筑,除行政办公外,积极吸纳相关服务平台。建设南京市软件产业综合服务中心,为软件企业和科技人才提供的政策指导、创业辅导、资质认定、信息发布、项目合作等全方位服务。加快行业协会和中介服务建设,引进会计事务所、专利事务所、法律事务所、科技经纪人事务所等科技中介服务机构,为研究开发和中试转化提供高效便捷的综合服务。

8.完善招商平台建设。整合全区招商资源,完善招商平台建设。制定软件谷整体招商策略,采取推介招商、活动招商和渠道招商等手段,强化招商服务,拓展招商范围,实行定点招商和专业招商,在北京、深圳等重点城市设立常驻联系点,建立定向海外推介机制,不断提高招商的国际化和专业化水平。2012年完成招商全面布局。

三、保障措施

1.加强组织领导,形成工作合力。按照区谷联动、一体运作的原则,举全区之力推进软件谷发展。全区各街道(园区)、区级机关各部门要站在全局的高度,把思想和行动统一到加快软件谷建设上来,充分发挥职能作用,最大限度简政放权,实行最优惠的政策,努力营造支持软件谷建设与发展的最优环境。软件谷各职能部门要在软件谷党工委、管委会的领导下,明确工作职能,加强组织领导,强化自身建设,研究和落实软件谷建设与发展各项工作的实施方案和具体措施,排定年度计划和实施项目,积极推动软件谷各项工作迈向正轨。

2.强化政策支持力度。全面落实市委、市政府关于建设中国(南京)软件谷的各项优惠政策,用足用好市级下放的规划、建设、土地等审批权限,充分发挥软件谷的政策优势。积极对上争取政策支持和资金支持,争取软件产业发展资金、技术研发资金、企业自主创新资金、各类科技专项资金等政策性资金。加快制定和实施软件谷发展的配套政策措施,完善并细化软件产业发展的税收、土地、投融资、人才、科技、知识产权保护等鼓励政策。同时,区财政加大对软件谷倾斜力度,重点支持人才引进、科研开发、公共服务平台和创新能力建设。积极鼓励和引导社会资金和民间资本加大对软件谷建设和软件产业的投入,不断扩大金融机构对中小软件企业的信贷支持。

3.建立科学考评体系。建立差别化的考核评价机制,对软件谷只考核软件产业相关指标。制订完善软件谷发展绩效考评指标体系,加大对人才和科技指标的考核力度,制定出台软件谷各类考核激励机制和办法,形成科学、高效的目标责任评价体系。

4.加大推介宣传力度。借助专业机构,围绕软件谷开发、建设与发展主题,突出产业聚集、园区建设、人才引进和公共设施配套,高起点、高品位设计统一的宣传方案和标识体系,塑造包装软件谷高端、科技、生态、和谐的园区形象。建设软件谷网站,开展全方位推介宣传活动,展示软件谷良好的投资环境,提升其知名度和影响力。

文件目录选编

2011 年中共南京市雨花台区委员会文件目录(选编)

雨委发〔2011〕01 号	关于印发《雨花台区 2011 年国民经济和社会发展奋斗目标》的通知
雨委发〔2011〕02 号	关于印发《雨花台区 2011 年政治建设工作目标》的通知
雨委发〔2011〕03 号	关于印发《雨花台区 2011 年文化建设工作目标》的通知
雨委发〔2011〕06 号	雨花台区街道园区经济工作差异化考核办法(试行)
雨委发〔2011〕07 号	2011 年雨花台区党风廉政建设和反腐败工作要点
雨委发〔2011〕08 号	关于促进城乡居民增收的指导意见
雨委发〔2011〕09 号	关于表彰 2010 年度先进集体、先进个人的决定
雨委发〔2011〕14 号	关于建立健全区级机关挂钩联系村社区党组织和机关干部联系服务群众长效机制的意见
雨委发〔2011〕15 号	关于进一步推进“向心力”工程在全区组织开展“岗位争峰、共创一流”主题实践活动的意见
雨委发〔2011〕16 号	2011 年雨花台区防汛防旱工作意见
雨委发〔2011〕17 号	关于加快水利改革发展的意见
雨委发〔2011〕18 号	关于印发《雨花台区中长期人才发展规划纲要(2010~2020 年)》的通知
雨委发〔2011〕19 号	关于进一步加强人才工作的意见
雨委发〔2011〕20 号	关于印发《雨花台区软件产业人才队伍建设若干政策规定(试行)》的通知
雨委发〔2011〕21 号	关于中国共产党建立 90 周年纪念活动的通知
雨委发〔2011〕23 号	关于迅速开展安全事故隐患、拆迁公廉和强征强拆强建等三项排查工作的通知
雨委发〔2011〕24 号	雨花台区 2011 年上半年工作安排及下半年工作打算
雨委发〔2011〕25 号	关于表彰先进基层党组织、优秀共产党员和优秀党务工作者的决定
雨委发〔2011〕27 号	关于建立领导干部接访下访约访制度的实施意见
雨委发〔2011〕29 号	关于中国共产党雨花台区第十次代表大会和中国共产党雨花台区第十届委员会、纪律检查委员会第一次全体会议选举结果的报告
雨委发〔2011〕30 号	区第十次党代会关于区委第九届委员会报告的决议
雨委发〔2011〕31 号	区第十次党代会关于区委第九届纪律检查委员会报告的决议
雨委发〔2011〕34 号	关于印发《中共南京市雨花台区第十次代表大会报告相关任务分解》的通知
雨委发〔2011〕37 号	关于实施和谐社会工程、建设幸福雨花的意见
雨委发〔2011〕39 号	关于充分发挥统一战线在推进社会建设创新社会管理中作用的意见
雨委发〔2011〕40 号	关于表彰全区法治宣传教育先进集体、先进个人的决定
雨委发〔2011〕41 号	关于印发《中国(南京)软件谷组织运行方案》的通知
雨委发〔2011〕42 号	关于高标准建设中国(南京)软件谷的行动计划
雨委发〔2011〕44 号	关于实施党建工作创新工程的意见
雨委发〔2011〕47 号	关于开展“三争一创”实践活动的意见
雨委发〔2011〕49 号	转发《区人大党组关于做好区人大换届选举工作的意见》的通知

2011 年南京市雨花台区人民政府文件目录(选编)

雨政发〔2011〕18 号	关于下达 2011 年度财政一般预算收入任务的通知
雨政发〔2011〕19 号	关于表彰 2010 年度全区开放型工作先进单位和个人的决定
雨政发〔2011〕23 号	关于成立雨花台区被征地人员社会保障工作领导小组的通知
雨政发〔2011〕28 号	关于立项建设板桥河板桥新城东北组团段综合整治工程的请示
雨政发〔2011〕29 号	关于立项建设邓府山市民广场绿化改造工程的请示
雨政发〔2011〕32 号	关于立项建设大定坊经济适用住房配套市政道路工程的请示
雨政发〔2011〕34 号	关于 2011 年民兵预备役部队整组工作的通知
雨政发〔2011〕35 号	关于立项建设岱山保障房社区至城南污水处理厂污水管网收集系统的请示
雨政发〔2011〕36 号	关于立项建设春江新城市民广场工程的请示
雨政发〔2011〕37 号	关于立项建设雨花西路市民休闲广场改造工程的请示
雨政发〔2011〕38 号	关于实施大定坊经济实用住房园区规划路排水工程的请示
雨政发〔2011〕43 号	关于立项建设工农新村道路工程的请示
雨政发〔2011〕45 号	关于印发《雨花台区街道、园区、有关部门安全生产工作职责》的通知
雨政发〔2011〕46 号	雨花台区安全生产考核奖惩办法
雨政发〔2011〕47 号	关于编制《中国(南京)软件谷控制性规划》的请示
雨政发〔2011〕54 号	关于落实人大非税收入收缴管理工作改革情况报告的审议意见
雨政发〔2011〕55 号	关于转发《南京市政府进一步完善土地出让收支管理》的通知
雨政发〔2011〕60 号	关于立项建设铁心桥中心小学排水改造工程的请示
雨政发〔2011〕61 号	关于赛虹桥社区违规建办公用房处置情况的报告
雨政发〔2011〕62 号	关于雨花台区 2011 年第二批街巷整治出新方案的请示
雨政发〔2011〕66 号	关于审查并转报我区及部分街道土地利用总体规划(2016~2020)的请示
雨政发〔2011〕67 号	关于赛虹桥社区违规建房处置情况的请示
雨政发〔2011〕69 号	雨花台区国民经济和社会发展十二五规划纲要
雨政发〔2011〕71 号	关于启动南京“城市森林”项目情况的报告
雨政发〔2011〕72 号	关于成立雨花台区创建国家森林城市工作领导小组的通知
雨政发〔2011〕74 号	关于成立打击侵犯知识产权和制售假冒伪劣商品专项领导小组的通知
雨政发〔2011〕77 号	关于挂牌督办 2011 年第一批安全事故隐患的通知
雨政发〔2011〕78 号	关于裁决雨花台区板桥街道与江宁区谷里街道土地所有权权属争议问题的请示
雨政发〔2011〕80 号	关于成立雨花台区宁南商贸服务业管理工作领导小组的通知
雨政发〔2011〕81 号	关于提供铁心桥街道城乡统筹规划编制要点的请示
雨政发〔2011〕83 号	关于人民网网民反映小行路区建设问题的情况报告
雨政发〔2011〕84 号	关于调整大定坊社区服务中心用地性质的请示
雨政发〔2011〕86 号	关于落实对区政府科技创新和软件产业发展情况审议意见的情况报告
雨政发〔2011〕89 号	关于立项建设雨花东路等四条干道环境综合治理工程的请示
雨政发〔2011〕90 号	雨花台区小型建设工程招投标管理暂行办法
雨政发〔2011〕92 号	关于审批雨花台区 2011 年内秦淮河流域雨污分流主干道污水管改造可行性研究报告的请示
雨政发〔2011〕94 号	关于雨花台区第一批特色街巷出新工程未能按时完成任务的情况说明

雨政发〔2011〕97号	关于成立雨花台区道路交通管理委员会的通知
雨政发〔2011〕101号	关于将西善桥善水湾西侧地块纳入2011年市储备用地的请示
雨政发〔2011〕103号	关于立项建设雨花西路环境综合整治工程的请示
雨政发〔2011〕104号	关于立项建设陵武仓库周边规划道路的请示
雨政发〔2011〕105号	关于印发《2011年度雨花台区地质灾害防治方案》的通知
雨政发〔2011〕108号	关于板桥街道新建村外来农民私建住房坍塌致伤事故的情况通报
雨政发〔2011〕109号	关于居民反映南京南站综合枢纽机场高速施工对景民佳园小区造成影响的处理情况报告
雨政发〔2011〕110号	关于公交燕西线双麒路管养权限的请示
雨政发〔2011〕112号	关于印发《南京市雨花台区重大合同审查备案办法(试行)》的通知
雨政发〔2011〕114号	关于印发《雨花台区十二五环境保护规划》的通知
雨政发〔2011〕116号	关于印发《雨花台区2011年安全生产工作意见》的通知
雨政发〔2011〕117号	关于确认肖家山108号房屋应适用拆迁政策的请示
雨政发〔2011〕118号	关于成立雨花台区消防安全的通知
雨政发〔2011〕124号	关于成立雨花台区向部分家庭发放应急救援包工作领导小组的通知
雨政发〔2011〕125号	关于保留政府办二级医院区中西医结合医院的请示
雨政发〔2011〕128号	关于快速推进万仓投资公司地块整体征收工作的请示
雨政发〔2011〕129号	关于江苏省合作经济产业园地块规划用地性质的请示
雨政发〔2011〕132号	关于宁芜铁路建宁站一例地产开发影响铁路防治安全的有关情况的汇报
雨政发〔2011〕134号	关于举行IBM软件人才培训中心暨IBMSPSS南京研发中心揭牌仪式的报告
雨政发〔2011〕137号	关于加强铁路南京南站地区综合管理工作的紧急报告
雨政发〔2011〕138号	关于印发《关于进一步完善查处取缔无证无照经营综合治理工作机制的意见》的通知
雨政发〔2011〕142号	关于印发《2011年雨花台区城市长效综合管理考核办法》的通知
雨政发〔2011〕143号	关于板桥河龙飞桥至凤集桥段整治的通知
雨政发〔2011〕146号	关于进一步加强知识产权工作的若干政策意见
雨政发〔2011〕147号	关于印发《雨花台区安全生产突发事故应急预案》的通知
雨政发〔2011〕148号	关于落实季建业市长在市委全会城区组讨论时讲话精神的报告
雨政发〔2011〕149号	关于花神大道淹水情况的报告
雨政发〔2011〕150号	关于区政府领导同志分工调整的通知
雨政发〔2011〕155号	关于大定坊经济适用安置项目有关情况的报告
雨政发〔2011〕162号	关于趋势科技在雨花建设情况的报告
雨政发〔2011〕167号	关于成立区明外部—秦淮新河百里风光带建设领导小组的通知
雨政发〔2011〕169号	关于印发《行政执法案卷评查办法》的通知
雨政发〔2011〕175号	关于明确宁芜货运线外绕下穿变更方案的请示
雨政发〔2011〕179号	关于"百企走访"企业所提意见建议情况的报告
雨政发〔2011〕180号	关于配备城管执法队员和增加机构人员编制的请示
雨政发〔2011〕181号	关于立项建设翠岭银河T型规划路工程的请示
雨政发〔2011〕182号	关于立项建设西善花苑1号规划路工程的请示
雨政发〔2011〕183号	关于成立无偿献血工作领导小组的通知

雨政发〔2011〕192 号	关于立项建设绕城公路北侧规划路工程的请示
雨政发〔2011〕193 号	关于尽快审批《星际园商务酒店建设规划方案》的请示
雨政发〔2011〕195 号	关于宁南汽贸区搬迁有关工作的紧急请示
雨政发〔2011〕202 号	关于成立雨花台区“打四黑除四害”领导小组的通知
雨政发〔2011〕203 号	关于充分利用有效资源加快建设中国(南京)软件谷的行动计划
雨政发〔2011〕206 号	关于愿东一、二地块城中村改造项目有关情况的说明
雨政发〔2011〕208 号	关于成立雨花客运公司改制工作领导小组的通知
雨政发〔2011〕211 号	关于《雨花台区关闭搬迁企业遗留污染善后处置实施方案》的通知
雨政发〔2011〕213 号	关于明确中国(南京)软件谷四至范围的通知
雨政发〔2011〕216 号	关于印发《雨花台区深化消防安全五大活动开展清剿火患战役工作方案》的通知
雨政发〔2011〕217 号	关于印发《雨花台区财政税收收入考核奖励办法》的通知
雨政发〔2011〕221 号	关于成立雨花台区优化工业布局和整治“三高二低”企业工作领导小组的通知
雨政发〔2011〕222 号	关于划拨国有资产到中国(南京)软件谷发展有限公司的通知
雨政发〔2011〕224 号	关于立项建设岱山保障房区域道路连接线工程请示
雨政发〔2011〕225 号	关于农花村经济适用房项目施工建设情况报告
雨政发〔2011〕229 号	关于 2011 年度推进依法行政工作情况报告
雨政发〔2011〕236 号	关于软件谷及相关单位财政体制调整的通知
雨政发〔2011〕240 号	关于商标战略实施意见
雨政发〔2011〕248 号	关于在全区范围内推行企业单位一套表统计制度改革的通知
雨政发〔2011〕252 号	关于市政府 01 第 1662 号督查件办理情况的报告
雨政发〔2011〕254 号	关于印发《雨花台区 2012 年新型农村医疗合作实施办法》的通知

先进集体名录

雨花台区 2011 年度获得市级以上表彰先进集体名录(选编)

一、部省级(24 个)

雨花台区被国家人口计生委评为 2011 年全国计划生育优质服务先进单位

雨花台区被卫生部评为国家慢性病综合防控示范区

雨花台区被科技部评为 2011 年县(市)科技进步考核科技进步先进区

雨花台区被省委、省政府评为 2006~2010 年社会治安综合治理先进集体

雨花台区被省政府评为“十一五”人口协调发展先进县(市、区)

区政府办获 2011 年中国政府网站信息公布类精品栏目奖

区司法局被省委、省政府评为 2006—2010 年法制宣传教育先进单位

雨花软件园被中国软件与信息服务外包产业联盟、工业和信息化部软件与集成电路促进中心授予“ChinaSourcing2010 年度中国软件与信息服务外包最佳投资环境奖”

宁南街道丁墙社区被中央精神文明建设指导委员会评为全国文明村

雨花台中学被环保部评为国际生态学校

雨花台中学获全国阳光测向总决赛高中女子团体一等奖

雨花台中学获第 11 届中学生运动会足球比赛男子组第三名

雨花台中学被教育部教育管理信息中心授予全国中小学校“优秀网站”

中华中等专业学校、共青团路小学、西善桥小学、古雄小学、梅山第一小学、雨花台区实验幼儿园、龙福幼儿园被教育部艺术教育委员会评为第16届全国中小学生绘画书法比赛组织工作先进集体

中华中等专业学校在第八届全国中等职业学校“文明风采”竞赛中获“文明风采”竞赛优秀组织奖

实验小学获国际少儿艺术节儿童组舞蹈大赛金奖

共青团路小学被国家教育部中国教师发展基金会评为全国和谐教育名校

小行小学获2010年全国青少年阳光测向总决赛小学男子组团体奖

景明佳园小学被全国妇联授予“让我玩”体育公益项目基地学校

梅山第二小学被中国关心下一代发展中心授予全国青少年道德培养实验基地

实验幼儿园、龙福幼儿园获全国第16届中小学生绘画书法作品大赛优秀组织奖

实验幼儿园被全国妇联儿童工作部授予“心系好儿童”活动基地

普德村幼儿园获2011年全国幼儿基本体操比赛一等奖

青少年活动中心被国家教育部、共青团中央评为“心中有祖国,心中有他人”主题教育活动优秀集体

二、省厅级(89个)

雨花台区被省食品药品监督管理局评为城市社区药品两网建设示范区

雨花台区被省食品药品监督管理局评为安全示范区

软件谷被省经济和信息化委员会评为省信息化和工业化融合服务产业示范园

软件谷被省人力资源和社会保障厅授予博士后创新实践基地

区委统战部被省民族宗教事务局评为民族宗教系统五五普法工作先进集体

区妇联被省妇女儿童工作委员会评为省实施妇女儿童发展规划先进集体

区妇联被省妇联、省教育厅、省精神文明建设指导委员会办公室评为省家庭教育工作示范单位

区文联被省文联评为基层文联工作先进单位

区检查院派驻监狱检查室被省检察院评为优秀派驻检查室

区法院被省高院评为省学习陈燕萍先进集体

区法院被省高院评为省法院审判管理工作先进集体

区统计局被省统计局和省人口普查领导小组办公室评为省第六次全国人口普查先进集体

区司法局荣获省双促双助法律服务活动优秀组织奖

区物价局被省物价局评为省价格工作先进单位

区物价局被省物价局评为省价格政务信息工作先进单位(一等奖)

区农业局被省林业局评为2011年度绿色江苏建设森林防火先进县(市、区)

区审计局获省审计厅“十年回眸”部门预算审计征文三等奖

区法制办被省法制办评为县级政府法制工作规范化建设示范单位

区档案局获全省档案文化精品三等奖

区安监局被省安监局评为省安全生产教育培训先进单位

区安监局被省安监局评为省职业危害专项治理行动先进单位

区人社局被省人力资源和社会保障厅评为劳动保障监察两网化管理工作先进单位

区民政局被省民政厅评为省第九届村委会换届选举先进集体

区民政局被省民政厅评为省民政工作先进集体

区民政局被省民政厅评为省民政宣传工作先进集体

区民政局被省慈善总会评为慈善光明行杰出贡献奖

区民政局被省民政厅评为省社会组织培育管理创新先进单位

区人口计生局被省人口和计划生育委员会评为“十一五”时期计划生育药具工作先进集体

区人口计生局被省人口和计划生育委员会评为省人口和计划生育工作先进集体

区教育局被省委宣传部、省司法厅、省教育厅评为2006~2010年教育系统法制宣传教育先进单位

区教育局被省教育厅、省科协、省文明委、省科技厅、全国中小学生金钥匙科技竞赛组委会评为第23届“国际科学与和平”全国中小学生(江苏地区)金钥匙科技竞赛青少年科技教育先进单位

区法制办被省法制办评为法制工作规范化建设者示范单位

雨花新村街道被省住房和城乡建设厅评为2010年度住房保障优质服务窗口

雨花新村街道普德村社区被省人口和计划生育委员会、省计划生育协会评为人口和计划生育基层群众自治示范村(居)

西善桥街道被省教育厅评为省级社区教育示范街道

西善桥街道被省统计局、省人口普查领导小组办公室评为第六次全国人口普查先进集体

西善桥街道油坊社区被省民政厅评为省和谐示范社区

西善桥街道油坊社区被省维护妇女儿童权益联席会议暨“平安家庭”创建活动领导小组评为省“平安家庭”创建活动示范社区

西善桥街道油坊社区被国家民政部救灾司评为全国综合减灾示范社区

西善桥街道西善花苑社区被省人力资源和社会保障厅评为省2010年度充分就业社区

西善桥街道福润社区被省档案局评为省二星级档案室

板桥街道板桥社区被省妇联评为省妇联基层组织建设示范社区

赛虹桥街道安德门社区被省民政厅评为省和谐示范社区

赛虹桥街道安德门社区被省总工会评为省工会“职工书屋”示范点

板桥街道新建村被省委农村工作领导小组评为省社会主义新农村建设先进村

铁心桥街道被省“平安家庭”创建领导小组评为省“平安家庭”创建活动示范街道

铁心桥街道尹西村获省第三届农民体育节目展示金奖

铁心桥街道尹西村被省人口和计划生育委员会、省计划生育协会评为省人口和计划生育基层群众示范村

铁心桥街道景明佳园社区被省人口和计划生育委员会、省计划生育协会评为省人口和计划生育基层群众示范村

宁南街道被省综治委特殊人群服务管理工作领导小组评为省社区矫正工作先进集体

宁南街道被省统计局、省人口普查领导小组办公室评为“第六次全国人口普查先进集体”

宁南街道花神庙社区被省民政厅评为和谐示范社区

宁南街道花神庙社区被省依法治省领导小组评为民主法治示范村

宁南街道花神庙社区被省妇女联合会、省城镇妇女“巾帼建功”领导小组授予巾帼文明岗

宁南街道丁墙社区被省精神文明建设指导委员会评为省级文明村

宁南街道丁墙社区被省妇女联合会、省城镇妇女“巾帼建功”领导小组授予巾帼文明岗

宁南街道丁墙社区被省档案局评为社会主义新农村建设档案工作示范村

宁南街道翠竹园社区被省环境保护委员会评为2008~2011年度绿色社区

宁南街道翠竹园社区被省住房城乡建设厅评为节水型社区

开发区被省开发协会、省商务厅评为2011年度全省开发区信息工作先进集体

开发区被省经济和信息化委员会评为省信息化和工业化融合示范区

开发区天后村被省档案局评为社会主义新农村建设档案工作省级示范镇(村)

开发区天后村荣获省档案工作二星级

开发区天后村被省依法治省领导小组评为省民主法制示范村

梅山街道梅清苑社区被省成人教育协会评为社区教育示范社区

梅山街道梅清苑社区被省民政厅评为省建设和谐社区示范单位

板桥新城被省体育局评为全民健身宣传月先进集体

雨花台中学获第24届全国高中学生化学竞赛(江苏赛区)优秀成绩奖

雨花台中学被省教育厅评为学生军事训练工作先进单位

雨花台中学被省教育厅评为青少年科技教育先进学校

雨花台中学、孙家中学、雨花名国语小学、雨花台区实验幼儿园、龙福幼儿园被省教育厅评为平安校园

雨花台中学、雨花台区实验小学被省教育厅评为2011年度依法治校先进学校

中华中等专业学校被省语言文字工作委员会、省教育厅评为省级语言文字规范化示范学校

西善桥中学被省教育厅评为千校万师支援农村教育工程先进学校

雨花台区实验小学获省青少年足球比赛乙组第一名

雨花台区实验小学获第16届“驾驭未来”全国青少年车辆模型教育竞赛(江苏赛区)综合团体小学女子组一等奖

板桥小学被省教育科技工会授予模范职工之家

雨花外国语小学被省教育厅评为省教育国际合作交流先进学校

雨花外国语小学被团省委、省教育厅、省少工委评为江苏省优秀少先队集体

梅山高级中学荣获第二届上海市中学生创新实践活动二等奖

梅山第一中学被省语委、省教育厅评为规范汉字书写教育特色学校

梅山第二中学被上海市教育局授予上海市红旗大队

实验幼儿园被省教育厅授予优秀家长学校

实验幼儿园花神美境分园、普德村幼儿园现代艺术分园、金叶花园幼儿园、小百合幼儿园被省教育厅评为省优质幼儿园

板桥社区卫生服务中心被省卫生厅评为省中医药特色示范中心

板桥社区卫生服务中心被省卫生厅评为省城市社区卫生服务示范中心

妇幼保健所被省妇联、省总工会评为省“巾帼文明岗”先进集体

雨花公安分局被省公安厅评为全省公安执法优秀单位、全省公安机关执法示范单位

雨花公安分局刑警大队被省妇联授予维护妇女权益示范岗

三、市级(16个)

雨花台区被市委、市政府评为全市经济政治文化社会建设有功单位

雨花台区被市委、市政府评为2010年度工业和信息化投资先进单位

雨花台区被市委、市政府评为2010年度建设新南京有功单位

区卫生局被市委、市政府评为2011年度农村实事工程先进集体

区司法局被市委、市政府评为全市经济政治文化社会建设先进集体

区人社局被市委、市政府评为农村实事工程先进集体

区文化局被市委、市政府评为经济政治文化社会建设“五五”普法先进集体

区人口计生局被市委、市政府评为“十一五”人口和计划生育工作先进集体

西善桥街道被市委、市政府评为“十一五”人口和计划生育工作先进集体

西善桥街道被市政府授予市级文化站示范点

铁心桥街道被市委、市政府评为市“十一五”人口与计划生育工作先进集体

宁南街道被市委、市政府评为市“十一五”人口与计划生育工作先进集体

宁南街道被市委、市政府评为2006~2010年法制宣传教育先进集体

宁南街道被市委、市政府评为经汴政治文化社会建设“五五”普法先进集体

雨花新村街道被市政府评为2010年度、2011年度市容卫生优胜街道

开发区天后村被市委、市政府评为和谐社区

四、市部门级(110个)

雨花台区荣获市安全生产先进单位一等奖

雨花台区荣获2010年度区长环保目标考核江南八区第一名

雨花台区被市民政局评为年度殡葬改革工作优秀单位

雨花台区被市文化体制改革与产业发展领导小组、市委宣传部评为文化产业发展先进区县

雨花台区被市无偿献血领导小组评为无偿献血先进区县

雨花台区被市全面推进依法行政工作领导小组办公室评为2011年度行政执法案卷评查先进区县

软件谷被市科委评为市软件科技服务业集聚区

区委办被市委办公厅评为2010年度信息工作先进单位

区委办被市委办公厅评为2010年度密码工作先进单位

区人大办被市人大办评为2010年度新闻宣传工作先进单位

区政府办获市政府办公厅信息工作二等奖

区政府办被市政府机要通信局评为机要通信工作先进单位

区国家安全领导小组被市国安领导办评为2010年度国家安全人民防线建设考核工作先进单位

区委宣传部被市委宣传部评为宣传信息工作先进单位

区纪委被市纪委评为2010~2011年度纪检监察工作创新奖

区纪委被市纪委评为2011年度纪检监察机关办案工作

区文联被市文联评为区县、企业文联先进集体

区委政法委被市委政法委评为先进基层党组织

区委统战部被市民族宗教事务局评为平安宗教场所创建工作先进集体

区委统战部被市工商业联合会评为工商联系统民营企业文化建设工作先进单位

区信访局被市信访局评为2006~2010年度省信访系统优秀集体

区老干部局被市委组织部、市委老干部局评为老干部工作先进集体

区残联被市残联评为残联工作先进单位

区残联被市残工会评为残疾人体育工作先进单位

区总工会荣获2010年度中间层次工会经审工作考核一等奖

区总工会被市总工会评为2011年度工会新闻舆论宣传工作优秀单位

区总工会获2011年度工会工作创新创优成果奖

区总工会被市总工会评为2011年度工会工作优秀单位

区总工会被市总工会评为普遍建会“百日攻坚”集中行动先进单位

区妇联被市妇女儿童工作委员会评为实施“儿童保护体系与网络建设”项目有功单位

区妇联被市“巾帼建功”活动领导小组办公室评为巾帼建功先进集体

区委党校获党校系统第六届科研工作优秀组织奖

区委党校被市委党校评为市党校系统函授教育突出贡献单位

区检察院获类案研究和风险排查研判工作二等奖

区检察院被市检察院评为2010~2011年度关心下一代工作先进集体

区检察院被市检察院评为保护知识产权一站到达检察好新闻

区检察院被市检察院评为优秀检查建议

区检察院反贪局某案件被市检察院评为反贪十大精品案件

区法院被市中院评为市先进法院

区法院被市中院评为“2008~2010”年度全市法院信息工作先进集体

区人社局被市总工会评为五一巾帼标兵岗

区人社局被市流动人口服务管理工作领导小组评为流动人口服务管理工作先进集体

区人社局被市劳动争议仲裁委员会评为劳动人事争议仲裁委员会先进集体

区人社局被市社会保险扩面征缴工作领导小组评为社会保险扩面征缴工作先进单位

区司法局被市司法局评为2008~2010年度司法行政系统先进单位

区司法局被市司法局评为司法行政系统新闻宣传工作先进集体

区司法局被市司法局评为2008~2010年度普法网信息工作先进集体

区城管局荣获2010年城市长效管理考评全市第三名

区人防办被市人防办评为人防工作先进单位

区财政局被市财政局评为2007~2010年度财政系统先进集体

区财政局被市财政局评为2006~2010年度财政法制宣传教育先进集体

区财政局被市统计局评为2010年度统计工作先进集体

区审计局获2010年度区县审计机关综合考核优秀奖

区审计局获2010年度审计信息工作优秀奖

区审计局获2010年度区县审计机关公文质量优秀奖

区审计局获2010年度区县审计信息化工作进步奖

区审计局获审计机关建党90周年主题演讲比赛一等奖

区审计局获审计机关建党90周年主题征文比赛一等奖

区档案局被市档案局评为2011年民生档案专题数据库建设工作先进集体

区档案局获档案学术论文优秀组织奖

区环保局被市环保局评为环境监察工作先进单位

区环保局被市环保局评为环保执法责任制考核先进单位

区商务局获2011年社会消费品零售总额增幅全市第一贡献奖

区商务局获2011年市场运行监测工作二等奖

区商务局被市商务局、市财政局评为2010年服务外包产业园区综合评价一等级

区商务局供销合作联社荣获 2011 年度经济效益先进单位、新网工程建设先进单位、供销合作社系统综合业绩考评二等奖、年度创新服务奖、年度发展创新奖、年度合作创新奖、年度发展和服务创新综合考核奖

区药监局被市食品药品监督管理局评为 2010 年度食品药品监督管理工作先进集体

区药监局被市食品药品监督管理局评为 2011 年度重大案件查处工作先进单位

区药监局被市食品药品监督管理局评为 2011 年度食品药品监督管理工作先进集体

区文化局被市文物局评为市第三次全国文物普查信息登录工作先进单位

区文化局被市"平安景区"创建工作领导小组评为 2011 年度市平安景区创建先进组织单位

区交通运输局被市交通运输局评为 2009~2010 年度市交通运输双拥工作先进单位

区统计局被市统计局评为市统计工作先进集体

区统计局荣获市统计系统政务信息工作先进集体二等奖

区统计局被市第二次全国 R&D 资源清查领导小组办公室评为市第二次全国 R&D 资源清查工作先进集体

区安监局被市安监局评为市安全培训信息采编工作先进单位

区水利局被市水利局评为 2010 年度水利工程管理工作先进集体

区水利局被市水利局评为 2011 年度水利工作先进单位

区农业局被市绿化委员会评为绿化先进单位

区农业局被市农业嘉年华组委会评为有功单位

区农业局被市农委绿色南京建设小组办公室评为先进集体

区农业局荣获市"放心菜"工作一等奖

区人口计生局被市人口和计划生育委员会评为 2010 年度全市人口计生政务信息宣传报道工作先进单位

区计生协被市计划生育协会评为计划生育系列保险工作先进单位

区教育局被市教育局评为 2010 年度教育宣传(新闻)工作先进集体

区教育局被市文明办、市关工委评为校外教育辅导站工作先进单位

雨花软件园被市第二次全国 R&D 资源清查领导小组办公室评为第二次全国 R&D 资源清查先进集体

雨花新村街道被市爱国卫生运动委员会评为市公民健康素养促进行动示范街道

西善桥街道被市统计局评为 2010 年度市统计工作先进集体

西善桥街道被市体育局评为市农民体育幸福工程先进单位

赛虹桥街道被市工商联评为市级商会示范点

赛虹桥街道被市依法治市领导小组评为 2010 年度依法治街创建先进单位

赛虹桥街道被市失业保险结算管理中心评为四星级失业人员之家

铁心桥街道被市统计局评为市第十届综合实力二十强镇(街)

铁心桥街道被团市委评为 2010 年度五四红旗团委

铁心桥街道被市体育局评为市"农民体育幸福工程"全民健身系列活动先进单位

铁心桥街道被市残疾人工作委员会评为市基层残疾人组织建设工作先进单位

铁心桥街道被市第六次全国人口普查领导小组评为市第六次人口普查先进集体

铁心桥街道被市财政局、人行南京分行营业管理部评为下岗失业人员小额担保贷款信用街道

铁心桥街道被市菜篮子工程办公室评为市级绿色农贸市场

铁心桥街道被市绿化委员会评为 2011 年度绿化先进单位

铁心桥街道被市动物防疫中心评为市动物防疫工作先进集体

宁南街道被市失业保险结算管理中心授予失业人员之家

宁南街道获南京市真情相助失业特色活动奖

宁南街道被市第二次全国 R&D 资源清查领导小组办公室评为第二次全国 R&D 资源清查工作先进集体

梅山街道被市第六次人口普查领导小组评为第六次全国人口普查先进集体

板桥新城被市统计局评为 2010 年度统计工作先进集体

板桥新城被市绿化委员会评为 2011 年度绿化先进单位

板桥新城被市第六次全国人口普查领导小组评为第六次全国人口普查先进集体

雨花台派出所被市公安局授予"人民满意窗口"称号

雨花年鉴 2012

索　引

说　明

一.本索引采用主题索引方法,依据首字汉语拼音字母顺序排列,同音字按声调顺序排列;首字同音同调按笔画排列;首字音序相同,按第二字音序排列,依次类推。

二.类目、分目、副分目标题和人名作索引词的均用黑体字标明。

三.索引词后数字表示内容所在页码或参见页码(用黑体排列在索引词后第一位置的为主出处项),数字后字母表示从左至右内容所在栏别,索引词后括注"表"字样表示表;索引词后括注其他内容为说明项。

四."附见"内容悬挂缩进两格排印,附于相关款目之下。

五.彩页、特载、专文、人物、大事记、统计资料、附录、随文图片均不作索引。

A

B

D

E

F

K

L

M

P

Q

R

S

T

Y

Z